उड़ान

उड़ान की समीक्षाएं

अगर कहीं कैप्टन गोपीनाथ की मूर्ति लगी होती तो हज़ारों भारतीय उस पर माला चढ़ाकर धन्यवाद कहने के लिए लाइन में लगे होते।

—इंडिया टुडे

ये किताब भारतीय बिज़नेस स्कूलों में ज़रूर ही पढ़ाई जानी चाहिये। इसे हर उस शख्स को पढ़ना चाहिये जिसने अपने जीवन में कभी अपने दम पर कुछ नया करने की सोची है।

—मैन्स वर्ल्ड

हर मशहूर शख्स की आत्मकथा साहित्यिक पैमाने पर अव्वल हो, ये ज़रूरी नहीं होता। लेकिन कैप्टन गोपीनाथ एक बेहतरीन लेखक हैं और उनके पास बताने को कमाल की कहानियां हैं।

—इंडियन एक्सप्रेस

जब आप इस किताब का आखरी पन्ना पलटते हैं तो आपको मालूम पड़ता है कि ये शख्स असल में एक महामानव तो है ही, साथ ही ये ज़िन्दगी में मिलने वाली छोटी-छोटी ख़ुशियों का भी आनंद उठाता है। और फिर इसे कोई नया आईडिया चमक जाता है।

—डेक्कन हेरल्ड

ये किताब मैनेजमेंट के छात्रों और बाकी सभी को भी अच्छे सबक देती है।

—आउटलुक मनी

ये किताब एक ऐसे आर्मी अफ़सर की मनोरंजक कहानी है जिसने भारत का एक बहुत बड़ा ब्रांड बनाया।

—ओपन

ये किताब आपदाओं पर विजय की गाथा है।

—द पायनियर

ये किताब बेहतरीन है—शानदार बहाव में आपको बांधे रखेगी।

—बिज़नेस स्टैण्डर्ड

कैप्टन गोपी की आत्मकथा बेहद अहम् सवालों के जवाब देती है।

—मिंट

सब कुछ पा चुकने वाले शख्स की बेहद ईमानदार कहानी। एक किताब, जिसमें सब कुछ है।

—मेल टुडे

इस किताब में सीखने को बहुत कुछ है। लेकिन सबसे ज़रूरी है वो आशावाद जो सभी सफलता पाने के लिये स्ट्रगल कर रहे उद्यमियों को प्रेरित करेगा।

—बिज़नेस लाइन

उड़ान

एयर डेक्कन का सफर

कैप्टन जी.आर. गोपीनाथ

प्राक्कथन : ए.पी.जे. अब्दुल कलाम
एवं
हेनरी मिन्त्जबर्ग की असाधारण कहानी

अनुवाद
केतन मिश्रा

हार्पर
हिन्दी

प्रथम प्रकाशन 2025
हार्पर हिन्दी
(हार्परकॉलिंस *पब्लिशर्स* इंडिया) द्वारा प्रकाशित
4th फ्लोर, टावर A, बिल्डिंग नं. 10, डीएलएफ साइबर सिटी,
डीएलएफ फेज II, गुरुग्राम, हरियाणा – 122002, भारत
www.harpercollins.co.in

P-ISBN: 9789354896552
E-ISBN: 9789356291126

कवर डिजाइन © : हार्पर कॉलिन्स पब्लिशर्स इंडिया
टाइपसेटिंग : निओ साफ्टवेयर कन्सलटैंट्स, प्रयागराज (इलाहाबाद)
मुद्रक : रेप्रो इंडिया लिमिटेड

HarperCollins *Publishers*, Macken House, 39/40 Mayor Street Upper,
Dublin 1, D01 C9W8, Ireland

HarperCollinsIn

मेरे पिता को :
जिन्होंने मुझे सिखाया
मुझे सपने देखने चाहिए लेकिन ईर्ष्या नहीं करनी चाहिए।
मुझे अपने को काम में लगाना चाहिए लेकिन निराशा में नहीं।

मेरी पत्नी के लिए :
जिसने मेरे 'पागलपन' पर सब कुछ कुर्बान कर दिया और मेरा साथ नहीं छोड़ा
और अदम्य साहस का परिचय दिया।

मेरे दोस्त कैप्टन सैम, कैप्टन जयंत और कैप्टन विष्णु जो हैं
वास्तव में 'अनसंग हीरो'। जिनके बिना डेक्कन की कहानी
हुई ही नहीं होती।

और सबसे महत्वपूर्ण रूप से सभी सहकर्मी, लगभग 4000,
जिन्होंने डेक्कन को अपना दिल एवं पराक्रम दिया और पंख दिए
आम आदमी को।

विषय-सूची

प्राक्कथन

मुझे इस किताब *उड़ान* का प्राक्कथन लिखने में बेहद हर्ष की अनुभूति हो रही है। ये कैप्टन जीआर गोपीनाथ की आत्मकथा है जो कि इस देश में लो-कॉस्ट एयरलाइन के जनक हैं। कैप्टन गोपीनाथ एक वियतनाम की लड़की से प्रेरित हुए, जिसने 1969-75 में हुए युद्ध के बाद अपने देश को दोबारा समृद्ध करने में महत्वपूर्ण भूमिका अदा की। इसके बाद उन्होंने एक कम लागत में चलने वाली एयरलाइन के सपने को साकार करने की कोशिश शुरू की। यहां से एक सच्चे उद्यमी की अंतरात्मा का भी सभी से सामना हुआ क्योंकि पीटर ड्रकर ने कहा था, 'उद्यमी वह है जो ऐसी जगह संपत्ति की ज़मीन तैयार करता है जहां पहले ऐसा होता नहीं था। वो नया बाज़ार और नये ग्राहक तैयार करता है। ऐसे लोग कुछ नया, कुछ अलग शुरू करते हैं और इस क्रम में वो ये बदलाव इतने बड़े तौर पर करते हैं कि ये समाज को बहुत बड़े स्तर पर प्रभावित करता है।' कैप्टन गोपीनाथ की बनाई कम लागत की एयरलाइन ने भारत में पूरे एविएशन बिज़नेस को लय में बांधा और भारतीय एविएशन सेक्टर में स्वस्थ प्रतिस्पर्धा की शुरुआत की। कैप्टन गोपीनाथ ने सेना में अपने दिनों से ही हर काम में कमाल का उत्साह दिखाया। ये किताब एक ऐसे शख्स की शानदार कहानी है जिसमें खतरा उठाने की हिम्मत थी और उसकी बदौलत हवाई परिवहन के सेक्टर में एक नया आयाम स्थापित हुआ। डेक्कन एयरलाइन उनकी ही दूरदर्शिता और जीवन में ऊंचा उड़ते रहने के जुनून का नतीजा है। किताब का हर चैप्टर ये समझाता है कि वो कैसे कैसे तमाम कठिनाइयों से पार पाते हुए अपने लक्ष्य की प्राप्ति को आतुर थे।

मुझे खासतौर पर वो चैप्टर पसंद आया जहां वो नये उद्यम की नींव रखने की कोशिश कर रहे थे और इस क्रम में पहली दफ़ा उनका राजनीति से पाला पड़ा था। उन्होंने ये बताया कि राजनीतिक रैलियों में हिस्सा लेते हुए क्या घटा और फिर भारी अंतर से चुनाव हार गए। हालांकि उनके पास चुनाव लड़ने के लिये पैसे नहीं थे लेकिन उन्हें भीतर ही भीतर ऐसा लग रहा था कि वो कुछ नहीं से कुछ तो बना ही सकते थे। एक और रोचक चैप्टर वो है जिसमें वो अपने हेलीकॉप्टर लॉन्च की तैयारी कर रहे थे। यहां उन्होंने अपनी रिस्क लेने की क्षमता के बारे में सभी को बताया। डीजीसीए से बगैर हेलीकॉप्टर उड़ाने की परमिशन मिले, उन्होंने अपने उस वक्त के मुख्यमंत्री को अपनी हेलीकॉप्टर सेवा के उद्घाटन में बुला लिया और उन्हें हेलीकॉप्टर में उड़ाकर लाये।

इसे पढ़ने के बाद मुझे महसूस हुआ कि उद्यमियों के लिये बेहद ज़रूरी है गूढ़ सूत्रों से लैस होना जिससे उन्हें ख़ूब सीखने को मिल सकता है। साथ ही, क्योंकि ये भारतीय अनुभवों से भरी हुई है, अत: देश भर के मैनेजमेंट और उद्यमों को बढ़ावा देने वाले संस्थानों में इसे पाठ्यक्रम का हिस्सा भी बनाया जा सकता है। ये मेरी आशा है कि पाठकों को इस किताब से नये आयामों में प्रवेश करने के दौरान आने वाली चुनौतियों का बखूबी सामना करने की प्रेरणा मिलेगी। मैं कैप्टन गोपीनाथ को उनके भविष्य के सभी क्रियाकलापों के लिये ढेर सारी शुभकामनाएं देता हूं।

APJ Abdul Kalam

प्रस्तावना

ये कोई 'कैसे करें' वाली किताब नहीं है। ये एक गांव के उस गरीब लड़के की कहानी है जिसने कई सारी चीजें करने के बाद देश की सबसे बड़ी एयरलाइन की नींव रखी और उसे आकार दिया। ये एक बेहद निजी यात्रा है जिसमें मेरे गांव के शुरुआती दिन दिखेंगे, भारतीय सेना के साथ मेरे दिन दिखेंगे, मैं एक शरणार्थी के रूप में अपने गांव वापस आता दिखूंगा और साथ ही मेरे जीवन के तमाम उतार-चढ़ाव दिखेंगे।

ये मेरी कहानी है।

मैं कुछ खोजने की खातिर निकला था और मैंने अपना डेरा एक दूर, खाली चारागाह में डाला जो मेरे परिवार को उस जमीन के मुआवजे के रूप में मिला था जिसे हेमवती नदी पर बनने वाले बांध की खातिर सरकार ने ले लिया था। मैं बहुत सालों तक एक टेंट में और फिर मिट्टी के कच्चे झोपड़ीनुमा घर में रहा और इस दौरान खेती में लग गया। मेरे जीवन के अगले पंद्रह साल इस जमीन के साथ ही गुजरे। ज्वार-भाटे के बहाव, उसके मौसम, उसकी लय, उसकी आह, उसके भाव, उसकी सांस, उस पर पड़ने वाली फुहार और मानसून, उसका खिलंदड़ और चहकता स्वभाव। ये बहुत कुछ वैसा था जैसा मेरे प्रिय कवि रबीन्द्रनाथ टैगोर ने लिखा था:

> ... धरती के वातावरण जैसा जहां रोशनी और परछाईं लुका-छिपी खेलती हैं और हवा एक गड़रिये की तरह बादलों के झुंड के बीच बांसुरी बजा रही होती है। ये किसी को भी किसी निश्चित निष्कर्ष या किसी पक्के जवाब पर लेकर नहीं जाता; मगर इसके बावजूद

> भी ये रोशनी के कई आयाम दिखाता है, ... इसके पास वो संगीत होता है जो हमारे अंदर जगह बनाता जाता है।

और हां! मानसून की बारिश! उसका रौद्र रूप और उसकी चंचलता, उसकी विरक्ति जो हमारी जिंदगी पर कहर बनकर टूटती थी। लेकिन अंत में, वो मुझे बगैर किसी कड़वाहट या बेचारगी के, सहनशीलता के बारे में बहुत कुछ सिखा के जाती थी। मेरे पास बहुत कुछ नहीं था लेकिन मैं इतनी खुशी से भरा हुआ था कि उसका वर्णन नामुमकिन ही है।

लेकिन अंत में, हम सभी को जीवनयापन करना होता है अच्छे और सार्थक काम के जरिए अपना मकसद और फिर निर्वाण ढूंढना होता है। ग्रामीण भारत में बिताए समय ने मुझे बेहद समृद्ध और उदात्त बनाया। इसमें किसानी, गरीबी और कर्ज शामिल थे। कई दफा जब मुझे सब कुछ खत्म होता हुआ लगता था, मैं आशा और उत्साह से भरे ऐसे कुएं में गिर पड़ता था कि हर बार उठ खड़ा होता, अपनी शक्तियों को एकत्रित करता और नयी शुरुआत करता।

मैं हमेशा कुछ ढूंढ रहा था और हमेशा कुछ पाने की चाह रखता था। मैं दोहरी जिंदगी जी रहा था। जैसे कई पांडुलिपियां एक के ऊपर एक रखी हों। देशज में जीते हुए मैं उस हिरन की तरह बेतहाशा भाग रहा था जो अपनी ही कस्तूरी की गंध के मोह में भाग रहा होता है। वहीं हर बार मैं जमीन पर आ गिरता था क्योंकि मुझे जीवनयापन के लिए साधन जुटाने थे, परिवार को पालना था। और इस क्रम में मैंने खुद को कितनी ही बार कितनी अलग-अलग यात्राओं पर पाया।

मैंने दूध बेचने के लिए जानवर पाले, पोल्ट्री फार्मिंग में घुसा, रेशम के कीटों की खेती की, फिर मैं मोटर साइकिल का डीलर बन गया, उडुपी होटल का मालिक बना, स्टॉक ब्रोकर बना, सिंचाई के संसाधनों का डीलर बना, खेती के लिए सलाहकार बना, राजनीति में उतरा और फिर अंत में हवाई सफर के क्षेत्र में उद्यमी बना। इस क्रम में मैंने संघर्ष किया, गिरा, उठा, फिर गिरा, फिर खुद को उठाया और अंत में मैं उड़ने में कामयाब रहा।

कई मायनों में मेरी कहानी नए भारत की कहानी सी है। ये वो भारत है जिसमें गरीबी, अनभिज्ञता, भ्रष्टाचार, लालफीताशाही के बावजूद अपार संभावनाएं हैं। यहां अशांति, हलचल और हिंसा है। यहां पागल कर देने वाली, घटिया और भद्दी राजनीति है। और फिर भी मैं खुद को महानता के इर्द-गिर्द

पाता हूं। एक सुबह की सी निर्मल, उजली रोशनी में मेरी देह और आत्मा भीगती है।

जब मैं डेक्कन हेलीकॉप्टर्स और बाद में एयर डेक्कन और उससे पहले के व्यवसाय चला रहा था, मानो मैं किसी के वश में काम कर रहा था। मेरे प्रतिस्पर्धियों को नहीं मालूम था कि उन्हें मेरे साथ कैसे पेश आना था, मेरे घरवालों और मेरे साथियों को नहीं मालूम था कि मेरे साथ क्या करना था; यहां तक कि मुझे भी नहीं मालूम था कि मुझे खुद के साथ क्या करना था। मुझे 'झाड़-फूंक' की जरूरत थी! मैं किसी को कुछ समझता नहीं था, कई बार बहुत क्रूर हो जाता था और कई मौकों पर मैंने लोगों को हाशिये पर खड़ा कर दिया। और जैसा कि एक मौके पर मेरे बारे में पूछे जाने पर एक साथी ने मीडिया को दिये इंटरव्यू में कहा था—'वो हमेशा गुस्से में रहता है। हमेशा उतावला रहता है...'

मैं कोई आदर्श नेता, पति या पिता नहीं हूं। जब मैं कम उम्र का था तो घमंडी, हठी, लोगों से जिरह करने वाला, बुरी फितरत का था। मैं लोगों की कमियां तो नहीं बर्दाश्त कर पाता था लेकिन अपनी सभी कर लेता था। मैं स्वार्थी, बेहद जल्दी गुस्से से भर जाने वाला इंसान था और सिर्फ उम्रदराज लोगों को ही नहीं बल्कि हमउम्र साथियों को भी मूर्खता से भरा शख्स लग सकता था। अपनी पत्नी और बच्चों के लिए भी मैं एक तानाशाह की तरह रहा और लगातार उन्हें बगैर किसी वाजिब वजह के, परेशानियों से दो-चार कराता रहा। और इस दौरान मैं अपने काम में बेतहाशा मशगूल था। मुझे आज भी खीज उठती है कि मैं एक बेहतर बॉस, दोस्त, बेटा, पति और पिता बन सकता था। जैसा कि सॉमरसेट मॉम ने अपनी *अ राइटर्स नोट बुक* में लिखा था:

> मैंने कई ऐसे काम किए हैं जिन पर मैं शर्मिंदा हूं लेकिन मैं कोशिश करता हूं कि वो मुझे परेशान न करें। मैं खुद को ये समझाता हूं कि वो सब मैंने नहीं बल्कि मेरे एक दूसरे ही संस्करण ने किया था जो मैं उस वक्त था। मैंने कुछ चोटें बांटीं थीं मगर चूंकि उन जख्मों को मैं ठीक नहीं कर सकता था इसलिए मैंने दूसरों को कुछ सुख देकर चीजों को दुरुस्त करने की कोशिश की।

कई अजनबी और दोस्त, जिनका नाम मैंने यहां नहीं लिया है, मेरे जीवन में फरिश्ता बनकर आए और मुझे कई मुसीबतों और मुश्किल परिस्थितियों से बाहर निकाला। इनमें से कई शानदार दोस्तियां जीवन और बिजनेस की

मुश्किल यात्रा में, कभी अहम के चलते तो कभी असहिष्णुता के चलते, कभी मेरे ओछेपन के चलते तो कभी दरियादिली की अथाह चाह के चलते खत्म होती रहीं। मुझे ये बात बेहद चुभती है कि उन दोस्तियों को बचाने की खातिर मैंने जरूरी कदम नहीं उठाये।

एयर डेक्कन की सफलता के बाद, जब भी मैं वक्तव्य देने के लिए यहां या विदेश में गया, मुझसे एक सवाल हमेशा पूछा गया। एक गरीब स्कूल टीचर का बेटा, मैं, जिसे सेना से निकलते वक्त मात्र 6000 रुपए मिले थे, आखिर एक एयरलाइन कैसे बना ले गया जिसमें बहुत ज्यादा रकम की जरूरत होती है। जब उन्होंने मेरी कहानी सुनी तो कई लोग मेरे पास आए और मुझसे कहा कि मैं अपनी कहानी लिखूं।

तो, ये मेरी कहानी है। अगर आपको मेरे लहजे में अक्खड़पन या दंभ दिखे, तो मैं थोड़ी रिआयत चाहूंगा। अगर आप युवा हैं और आपने कुछ अलग करने के सपने पाले हुए हैं लेकिन आप संघर्षरत हैं, बार-बार हार का सामना कर रहे हैं, छला हुआ महसूस कर रहे हैं, हताश हैं और बस अपने कदम रोकने ही वाले हैं तो यहां से आप जो भी पा रहे हैं, वैसा ही करने की कोशिश न करें। कोशिश करें कि आप अपना रास्ता खुद बनाएं। अगर आप उम्र में पक चुके हैं और समझदार हैं, उन परिस्थितियों से आमना-सामना हो चुका है और सब कुछ आपकी आंखों के सामने घट चुका है, इसे एक कहानी की तरह पढ़ें और आनंद लें।

1

बचपन स्वर्ग होता है!

—विलियम वड्र्सवर्थ

नदी किनारे परवरिश

हेमवती नाम की एक बेहद खूबसूरत नदी सह्याद्रि में खोये हुए किसी बिंदु से फूटती है। ये कर्नाटक का दक्षिण-पश्चिमी कोना है। छोटी पहाड़ियों से होते हुए ये नदी कई गांवों में बहती है और फिर कावेरी नदी की सबसे पहली साथी बनती है। गोरूर ऐसा ही एक गांव है जो हेमवती के किनारे पड़ता है और मेरे जहन में माता-पिता के साथ यहां बिताए बचपन और घर की बेहद खुशनुमा और साफ यादें बसी हुई हैं। ये कोई बड़ी बात नहीं है कि इस इलाके में रहने वाले लोग नदी को बेहद पवित्र मानते हैं। क्योंकि हेमवती गोरूर की जीवनरेखा है जो यहां के खेतों को सींचती है और तट पर बसी जनसंख्या को समृद्ध रखने में बहुत बड़ा किरदार निभाती है। पीछे मुड़ के जब देखता हूं तो समझ में आता है कि वो पुराना गोरूर, जो अपने आप में बेहद शानदार था, मेरे दिल में बेहद खास जगह रखता है।

उस हरी-भरी जगह, वहां के और आस-पास के आकर्षक भूदृश्य के बारे में लिखने के लिए चंद शब्दों से काम नहीं चलेगा। ये वही जगह थी जहां मैंने अपने शुरुआती बरस बिताए थे। जिला मुख्यालय हस्सन से 23 किलोमीटर दक्षिण में स्थित इस बस्ती के पास नारियल के पेड़ों का अम्बार है, सुपारी की खेती है, पान के पत्तों की लताएं हैं, धान की खेती है और आम के बाग हैं। इलाके के बाकी गांवों की तरह इस गांव को भी पानी उसी तकनीक की बदौलत मिलता है जो सैकड़ों सालों में स्थानीय कारीगरों और मैसूर के महाराजाओं के हाथों विकसित होती रही हैं। उन्होंने बांध बनाकर हजारों एकड़ में फैले खेतों

को पानी पहुंचाया। पत्थर के इस बड़े काम में पर्यावरण के अनुकूल रहने वाली तकनीक का इस्तेमाल किया गया था जिसमें न ही पेड़ों की कटाई हुई, न ही लोगों को विस्थापित करना पड़ा, नदी भी अपने रास्ते पर रही जिससे इंसानों, जानवरों और यहां तक कि पेड़-पौधों का जीवन अस्त-व्यस्त होने से बचा रहा।

गोरूर मालेनाडु के एक किनारे पर स्थित है। कन्नड़ में मालेनाडु को 'पहाड़ियों की धरती' और 'बारिश की धरती' भी कहा जाता है। ये कर्नाटक के पश्चिमी घाट की दक्षिणी पहाड़ियों और उसकी तराई का इलाका है। मालेनाडु में कुछ जाने-माने शहर हैं। इनमें चिकमगलूर, मुदिगेरे, श्रृंगेरी, मदिकेरी और तिर्थाहल्ली शामिल हैं। पहाड़ियों पर कॉफी के बगान हैं और घने वर्षावन हैं।

ज्यादातर भारतीय गांवों की तरह गोरूर में भी सामाजिक वर्गीकरण बेहद साफ दिखता है। गांव में सभी वर्ग के लोग थे लेकिन इसमें ब्राह्मणों का हिस्सा अलग था, मछुआरों का अलग, दुकानदारों का अलग, लकड़ी का और दूसरे काम करने वालों का अलग। हर समूह और जाति के बीच ताकत की खींचतान चलती रहती थी। किसी भी झगड़े या जरूरी निपटारे में गांव के गौड़ा या पटेल का कहा अंतिम फैसला होता था और ब्राह्मणों के पास कोई बड़ी ताकत न होने के बावजूद, उन्हें श्रेष्ठ माना जाता था। अलग-अलग सम्प्रदायों के बीच सामान के लेन-देन या काम करवाने पर मनाही नहीं थी। हालांकि दलित समाज को गांव में सभी से अलग, मुख्य सीमा के बाहर ही रहना पड़ता था। ये बरसों से चली आ रही कुप्रथा का हिस्सा था।

मेरे पिता, अपने पिता की ही तरह, स्कूल में पढ़ाते थे और किसानी करते थे। वो पड़ोस के गांव में पढ़ाते थे और कम पैसे मिलने के बावजूद इस काम में लगे रहे। उन्हें अपने काम से प्यार था। मेरे पिता की तरह कितने ही ऐसे शिक्षक थे जो बेहद कम पैसे पाते थे। वो सभी अथक मेहनत करते थे और मुश्किल से जीवन यापन करते थे। मेरे पिता 40 साल शिक्षक रहे। हर दिन पौ फटने पर ही उठ जाते, मीलों चलकर स्कूल जाते और दिन ढलने पर पैदल वापस आते।

मैं गोरूर में नहीं बल्कि मेलुकोते में पैदा हुआ। मैसूर के पास ये जगह मेरा ननिहाल था जहां मंदिर ही मंदिर थे। ये गुरु रामानुज के अनुयाइयों के बीच बेहद लोकप्रिय जगह है।

मेरे नाना संस्कृत के विद्वान थे जो पूजा-पाठ भी करवाते थे। मेरी मां अक्सर अपने गांव जाती थीं और मैं हमेशा उनके साथ हो लेता था। मैं अपने नाना और भाई-बहनों के साथ उस खूबसूरत गांव में खूब घूमता। हमने पानी के हौज, मंदिरों के खंडहर ढूंढे और एक ऐसी पहाड़ी ढूंढी जो यूं कट चुकी

थी कि उस पर रखी मटमैली चट्टानें यूं लगती थीं मानो किसी ने एक के ऊपर एक मोटी डबलरोटियां रख दी हों। मेरे नाना संस्कृत के विद्वानों के एक समूह का हिस्सा थे और मुझे उनके शास्त्रार्थों और बहसों को सुनने का मौका मिल जाया करता था। मैंने वो पांडुलिपियां देखी हैं जो ताड़ के पत्तों पर लिखी गई थीं और जिन्हें बेहद संभाल कर रखा गया था। मैं उन विद्वानों को एक नीची मेज पर बैठ ताड़ के पत्तों पर एक खास तकनीक से लिखते हुए देखा करता।

गोरूर में एक समय पर ये माना जाता था कि सामाजिक वर्गीकरण को बनाए रखने के लिए ये बेहद जरूरी था कि लोगों को जाति और काम के आधार पर अलग रखा जाए। एक ब्राह्मण लड़का होने के नाते, मुझे वो अलिखित नियम मालूम थे जिनके अनुसार कामगारों और दलितों को हमारे रहने की जगह से दूर बसना होता था। ब्राह्मण बहुत वैभव में नहीं रह रहे थे लेकिन उन्हें अलग ही माना जाता था और वो सामाजिक तबके में सबसे ऊपर हुआ करते थे।

छुटपन में मुझे ये समझ में आ चुका था कि शोषक और शोषित की हैसियत में अंतर होता है। ऐसा इसलिए भी था क्योंकि मेरे पिता एक ठेठ ब्राह्मण नहीं थे और वो लगातार उस सिस्टम के खिलाफ बोलते रहते थे जो कुछ जातियों को श्रेष्ठ घोषित करने को और उनके कामगारों और दलितों के शोषण को सही ठहरा रहा था।

मेरे पिता ने पांचवीं कक्षा तक स्कूल में मेरा दाखिला नहीं करवाया। गांधी, टैगोर और हमारे शिवराम कारंत की तरह मेरे पिता भी इस बात में विश्वास रखते थे कि स्कूल अनुशासन में बांधते हैं और बच्चों का खुले स्कूलों में रहना बेहतर होगा जहां उन पर परीक्षाओं का बोझ न हो। टैगोर की बात दोहराते हुए वो कहते थे, 'असल शिक्षा जीवन के अनुभवों में है, स्कूल जेल की तरह होते हैं।' वो मुझसे कहते थे, 'देखो गोपी, मैं तुम्हें घर पर ही पढ़ाऊंगा।'

हर सुबह मेरे पिता मुझे दिन शुरू होते ही उठा देते थे और मुझे हेमवती नदी में डुबकी लगाने ले जाते थे। ये एक ऐसी रस्म बन गई जो कभी नहीं बदली। यहां तक कि झमाझम बारिश में भी हम नदी तक जाते थे। नदी में नहाने के बाद हम घर वापस आकर नाश्ता करते थे। इसके बाद वो मुझे नारियल और सुपारी की खेती के बीच ले जाते थे जो धान के खेतों के बीच एक द्वीप जैसी दिखती थी। मेरे पिता कभी भी संध्यावंदन नहीं करते थे लेकिन दिन निकलते वक्त नदी में नहाना उनके लिए सबसे श्रद्धा का काम था।

जब हम सुपारी के छोटे से खेत से गुजर रहे थे, मेरे पिता ने मुझे दलित पुरुष और महिलाएं दिखाईं जो धान के खेतों में बुआई कर रहे थे। वो सभी पूरी

तरह पानी में भीगे हुए थे। वो उनके जीवन से बातें निकालकर मुझे उदाहरण के रूप में बताते थे। वो कहते थे, 'तुम ब्राहमण हो। तुम्हें प्रबुद्ध और संस्कारी बने रहना पड़ता है। लेकिन इन्हें देखो। इनकी महिलाएं काम करते वक्त गीत गाती हैं। ये गरीब किसान गीत गाते हैं क्योंकि इनके दिल में उल्लास है।'

वो लोग दो झोले लेकर काम पर आते थे। एक झोले में छोटे-छोटे केकड़े भरते थे जो उन्हें काम करते हुए खेत में मिलते थे। और दूसरे में वो जंगली शाक भरते थे जो उन्हें आस-पास मिलती थी। मेरे पिता ने स्थानीय हरी शाक की पहचान सिखाई। उन्होंने मुझे समझाया कि छोटे पौधे असल में ज्यादा पोषण से भरी होते हैं। उस वक्त ज्यादातर लोग शाकाहारी होते थे। केकड़े खाना बुरा माना जाता था। यहां तक कि ठेठ मांसाहारी भी केकड़े और गोमांस नहीं खाते थे। दलित ये दोनों खाते थे और खुद को समाज के सबसे निचले स्तर पर पाते थे। कई सालों बाद जब मैं यूरोप गया तब जाकर मुझे मालूम चला कि केकड़े इस दुनिया के सबसे महंगे सीफूड में आते हैं। भारतीय शहरों में कुछ वक्त पहले तक मशरूम सिर्फ महंगे पांच सितारा होटलों में ही मिलता था। जबकि छोटी जगहों पर कितने ही वक्त से लोग खेतों में काम करते हुए मुफ्त में मशरूम खा रहे थे। मेरे पिता खेतों में काम करते हुए लोगों की ओर इशारा करते हुए मुझे दिखाते थे, 'देखो, उनकी देह लोहे सी हो चुकी है।'

वो अक्सर अपनी पसंदीदा किताबें मुझे पढ़ के सुनाते थे। मेरे शुरुआती दिनों में इन किताबों ने मुझ पर बड़ा असर डाला। यहां तक कि बाद के जीवन में भी इन किताबों का असर रहा। सुबह नदी में नहाने की हमारी रस्म के बाद वो मुझे एक घंटा गणित और विज्ञान पढ़ाते थे। हम ऐसा लगभग हर शाम को भी करते थे। वो गांधी, टैगोर, प्लेटो के जरिए सुकरात, एमरसन और ओलिवर गोल्डस्मिथ को पढ़ते थे।

मेरी मां धर्मपरायण महिला थीं जो बेहद दयालु, आतिथ्यकारी और शानदार खाना बनाती थीं। उनका काफी वक्त रसोई में ही गुजरता था। कई लोग आज भी हमारे घर का सत्कार याद करते हैं। एक मौके पर, जब मैं अमेरिका में था, मेरे भाषण के बाद ऑडियंस में से एक शख्स मेरे पास आया और बोला, 'कैप्टन गोपी, मैं वर्ल्ड बैंक की उस टीम का हिस्सा था जो लगभग बीस साल पहले गोरूर आयी थी। मुझे आपकी मां याद हैं। हम आपके घर आए थे और आपकी मां ने हमें बेहद शानदार खाना खिलाया था।' आगे आने वाले सालों में मुझे ऐसे बहुत से लोग मिले जिन्होंने मुझे बताया कि उनके पास मेरी मां की कई यादें थीं। ये सब कुछ मुझे उनके गुजरने के बाद मालूम चलता रहा।

मेरे परिवार में लोग मुझसे कहते थे, 'तुम्हें मालूम है गोपी, तुम्हारी मां अभी भी तुम्हारा खयाल रख रही हैं।'

मेरी मां के बड़े दिल के उलट मेरे पिता हाथ खींचकर रखने वाले शख्स थे। एक तरफ जहां मेरी मां हर किसी की मदद और सत्कार के लिए आतुर रहती थीं, वहीं मेरे पिता मुफ्तखोरों को दूर रखते थे और सीधे मुद्दे पर टिके रहते थे। मेरी मां धार्मिक थीं जबकि पिता नास्तिक थे और धार्मिक क्रियाकलाप में विश्वास नहीं रखते थे। लेकिन उन्होंने मेरी मां के पूजा-पाठ में दखल नहीं दिया। वो पूजा पाठ में कम और आध्यात्म में ज्यादा विश्वास रखते थे। जब मेरी मां मंदिर जाती थीं, वो मुझे गोद में बिठाते और गांधी और टैगोर की बातें पढ़ाते। वो ज्यादातर टैगोर की अपनी पसंदीदा कविता का पाठ करते:

यह मेरी आपसे प्रार्थना है कि मेरे प्रभु—मेरे दिल की दरिद्रता
की जड़ पर प्रहार करें
मुझे मेरे सुख-दुख सहने की शक्ति दें
मुझे मेरे प्रेम को सेवार्थ फलदायक बनाने की शक्ति दें
मुझे शक्ति दो कि मैं कभी भी गरीबों को अस्वीकार न करूं
और घृष्टता के आगे न झुकूं
मुझे रोज की छोटी-मोटी बातों से ऊपर उठने की शक्ति दो
मुझे प्रेम इच्छा के आगे समर्पण करने की शक्ति दो।

मुझे हमेशा मेरे माता-पिता की ताकतें पसंद थीं। ताकतें जो यूं दिखती नहीं थीं। बतौर शिक्षक, अपने जीवन के चालीस सालों में वो हर रोज सुबह 6 बजे उठते थे, नदी को जाते, मुझे पढ़ाते, फिर कितने ही बच्चों को दिन भर पढ़ाते, शाम को घर आते और रात के खाने से पहले फिर मुझे पढ़ाते। इस दौरान उन्होंने कभी भी थकान, उदासी या झुंझलाहट का एक निशान नहीं दिखाया। उन्होंने कभी भी ये नहीं कहा कि वो ऊब रहे थे। बगैर मनोरंजन के बाहरी साधनों के भी वो हमेशा खुश और तनाव मुक्त ही दिखे। वो मुझे बर्ट्रेंड रसेल की याद दिलाते थे।

> शायद ऊबना हमारे जीवन का एक बेहद जरूरी हिस्सा है। युद्ध, नरसंहार और अत्याचार का कारण ऊब से निजात पाने की चेष्टा ही है। यहां तक कि पड़ोसी से होने वाले झगड़े भी कुछ न करने से बेहतर ही लगते हैं। एक उतावलेपन से भरा जीवन थकान भी लेकर आता है। ऐसे में हम लगातार रोमांच की तलाश में रहते हैं क्योंकि

> हमें ये सुख पाने का एक जरूरी हिस्सा लगने लगता है। और इस क्रम में ज्यादा उत्तेजना न केवल हमारी सेहत पर बुरा असर डालती है बल्कि सभी प्रकार की खुशियों के मायने बदल देती है। ऐसी स्थिति में हम ज्ञान की बजाए चालाकी को चुनने लगते हैं, तसल्ली से संतुष्ट होने की बजाए चंद खयालों को चुनते हैं और खूबसूरती की जगह हम बस खुरदुरे अचंभों की तलाश में रहते हैं। इसलिए जीवन में खुशियों की खातिर, ऊब की जगह होना बेहद जरूरी है और ये एक ऐसी चीज है जो युवाओं को जरूर बताई जानी चाहिए। बगैर अथक श्रम के कोई भी बड़ा मुकाम हासिल नहीं होता... कई बड़ी चीजें तब तक हासिल नहीं होतीं जब तक आप एक ही काम को बार-बार न करते रहें।

मैं आठ बच्चों में दूसरे नंबर पर था। उन दिनों हमारे पास बेहद कम पैसे होते थे। लेकिन मेरे पिता की एकमात्र चिंता बस ये थी कि वो कैसे हम बच्चों को अच्छी शिक्षा दिलवा सकें और कैसे हम में संस्कारों के बीज बो सकें। हालांकि उन्होंने कभी ये जाहिर नहीं होने दिया लेकिन कई मौकों पर वो पैसों की कमी से गुजर रहे होते थे। लेकिन फिर भी वो इन सभी चीजों से खुशनुमा अंदाज में निपट रहे होते थे। और भले ही हम कठिन समय में ही रह रहे होते थे लेकिन जीवन में रोशनी ही घुली रहती थी क्योंकि ईर्ष्या और द्वेष हमारे आस-पास भी नहीं फटकते थे। जैसा अल्बर्ट कामू ने कहा था, 'सबसे पहले तो ये बता दूं कि मेरे लिये गरीबी बदकिस्मती का सूचक नहीं थी: वो रोशनी लेकर आयी थी'... मैं इस बात के लिए अपने परिवार का शुक्रगुजार हूं कि उनके पास कुछ भी नहीं था लेकिन उनमें ईर्ष्याभाव कभी नहीं रहा।

इस तरह मैंने जीवन में चीजों का सामना करना सीखा। अपने मां-बाप से। जीवन में अनगिनत मौकों पर ये सबक काम आए। तब, जब मैंने सेना की नौकरी छोड़ी। तब, जब लंबे वक्त तक मेरे पास आमदनी का कोई ठोस जरिया नहीं था और कई मौकों पर मेरे पास एक फूटी कौड़ी नहीं थी। ऐसे में मैं अपने खेत के दम पर जी रहा था, वहां से खुशियां पा रहा था।

सन 1951 में मेरे पिता को 40 रुपए की मासिक तनख्वाह मिलती थी। ये मेरी पैदाइश का साल था। इस तनख्वाह और खेत से होने वाली छोटी सी कमाई से मेरे पिता घर का खर्च उठाते थे। इस खर्च में हमसे गरीब रिश्तेदारों के और साथ रहने वाले कुछ और लोगों के बच्चों का खाना-पीना भी शामिल था। वो कर्नाटक के कई हिस्सों में चलने वाले सालों पुरानी रस्म को आगे बढ़ा रहे थे।

गरीब ब्राहमण अपने बच्चों को अच्छी शिक्षा तो देना चाहते थे लेकिन उसका खर्च नहीं उठा पाते थे। वो अपने बच्चों को गोरूर भेज देते थे। आस-पास के कई इलाकों में ये एकमात्र ऐसा गांव था जहां स्कूल होता था। चूंकि वहां उन दिनों कोई हॉस्टल नहीं होता था, बच्चे कई रिश्तेदारों के यहां बारी-बारी से रहते थे जिससे लोगों पर आर्थिक जोर बहुत ज्यादा नहीं पड़ता था। आतिथ्य के इस लगातार चलते रहने वाले क्रम को 'वारा' या 'वारन्ना' कहते थे। मेरे पिता ने फैसला किया था कि वो जितने ज्यादा बच्चों का खर्चा उठा सकेंगे, उतने बच्चों को घर पर रखेंगे। इसलिए हमारे साथ पांच से छह बच्चे रहा करते थे जो ऊपर अटारी पर हमारे साथ सोते थे। वारा सिस्टम में सिर्फ लड़कों को ही रिश्तेदारों के घर भेजा जाता था। क्योंकि छोटी बच्चियों को कोई भी अजनबियों के साथ रहने के लिए नहीं भेजना चाहता था। इस वजह से लड़कियों को पढ़ाई-लिखाई से महरूम रहना पड़ता था। मेरी मां सभी वारा लड़कों को बड़े अच्छे से रखती थीं और इसलिए हमारे घर में हमेशा चहल-पहल रहती थी।

भले ही मेरे पिता मुफ्तखोरों को दूरी पर ही रखते थे लेकिन जब भी किसी को मदद की जरूरत होती थी, उनका दिल मेरी मां के दिल से भी बड़ा हो जाता था। वो हर जरूरतमंद को आसरा, खाना और शिक्षा देते थे। मुझे हमेशा लगता था कि लोगों की मदद करने के लिए आपको खुद अमीर होना पड़ता है। लेकिन समय के साथ-साथ मुझे ये अहसास हुआ कि मेरे पिता अमीरी से कोसों दूर थे, बल्कि उनके हिस्से हमेशा पैसों की तंगी ही आयी। लेकिन मुझे अपने पिता से ये भी समझ में आया कि हम गरीबी में भी अपनी चीजों को एक-दूसरे से बांट सकते हैं। ये एक ऐसा सबक है जो हमेशा मेरे दिल और दिमाग में बसा रहा।

मेरी स्कूली शुरुआत

मेरे पिता ने स्कूल में मेरा दाखिला बहुत देर से करवाया और मैं सीधे पांचवी कक्षा में पहुंचा। स्कूल की कोई वर्दी नहीं थी और मैं नंगे पांव पहुंचता था। स्कूल की सबसे पुरानी याद ये है कि वो बहुत बड़ा था और मैं जमीन पर बैठा करता था। उस इलाके में वो एकमात्र मिडल-स्कूल हुआ करता था जहां लगभग बीस गांवों के बच्चे पढ़ने आते थे। हालांकि अब मैं स्कूल में पहुंच चुका था, लेकिन मेरे पिता मुझे अभी भी पढ़ाते रहते थे।

50 के दशक में लगभग 40 गांवों के लिए एक मिडल-स्कूल और लगभग 20 गांवों के लिए एक प्राइमरी स्कूल होता था। बच्चों को स्कूल पहुंचने के लिए कई मील पैदल चलना पड़ता था। मुझे याद है कि मेरे कई साथी एड़ी से चोटी तक भीगे हुए पहुंचते थे। छाता उनके लिए बड़ी चीज होती थी लिहाजा वो बरसाती ओढ़कर स्कूल आते थे। बारिश से बचने के लिए अपने सर पर वो सुपारी के पत्तों से बनी एक टोपी पहनते थे।

हेमवती के अलावा वहां यगची नदी भी है। दोनों नदियों का संगम होता है। दोनों नदियों के मेल की बेहद स्पष्ट यादें मेरे जहन में बसी हुई हैं। नदियों के दोनों किनारों पर रेत के बड़े टीले बना करते थे। हालांकि ऐसा तभी होता था जब नदियां शांत होती थीं और बाढ़ की स्थिति नहीं होती थी। ये भी बेहद सफाई से याद है कि कैसे भारी बारिश से आयी बाढ़ के वक्त नदी का पानी गांव के मंदिर के इर्द-गिर्द बहते हुए गांव के सबसे पहले घर में घुसता था। जो बच्चे काफी दूर से आते थे, वो नाव से नदी पार करते। जब नदी में पानी बहुत बढ़ा हुआ होता तो उन्हें नदी पार करने में बहुत वक्त लगता था और बच्चे स्कूल खत्म होने से कुछ वक्त पहले ही स्कूल पहुंच पाते।

स्कूल में शिक्षा का माध्यम कन्नड़ था और हमें गणित, विज्ञान और सामजिक विज्ञान पढ़ाया जाता था। अंग्रेजी बस एक विषय भर थी। स्कूल का समय मस्ती से भरा होता था। हम पिकनिक जाते थे और वहां खाना पकाना, कैंपफायर जलना सीखते थे। हम बगीचों से फल चुराते और खेतों में मिलने वाली तरह-तरह की चीजों से हमारी जेबें भरी होती थीं। कई बार, स्कूल का समय खत्म होने के बाद, हम दूसरे लड़कों के साथ कंचे और चिन्नी कोलू (हिंदी में गिल्ली-डंडा) खेलते। मेरे पास स्कूल के दिनों और खासकर हमारे उद्यमी हेडमास्टर को याद रखने की एक अलग ही वजह थी।

गांव के एक लड़के के रूप में, मुझे मेरे भविष्य के बारे में कुछ खास मालूम नहीं था। मेरे जहन में वहां से निकलकर दुनिया को देखने की तमन्ना थी। कन्नड़ कवि पु ती नरसिंहचर के शब्दों में: 'मंदिर से दूर, जंगल से दूर, सीमाओं से परे, नयी जमीन पर!' एक रोज हमारे हेडमास्टर ने हमसे एक परीक्षा की बात की जिससे हमारा दाखिला नए नवेले सैनिक स्कूल में हो सकता था। उन्होंने हमसे पूछा कि क्या कोई उस परीक्षा में बैठना चाहता था। मैंने बगैर कुछ सोचे अपना हाथ उठा दिया।

मैं अनजान दुनिया में कदम रखने के सपने देखने लगा था। और दूसरी तरफ मेरे हेडमास्टर ने मेरा अप्लिकेशन फॉर्म भर के भेज दिया। मुझे एक

इतवार हस्सन जाकर लिखित परीक्षा में बैठना था। मुझे ये भी नहीं मालूम था कि 'फौजी' शब्द का मतलब क्या होता था। मालूम था तो 'फौजी ढाबा', जहां मांसाहारी खाना मिलता था। मुझे लगता था कि फौजी का मतलब मांसाहारी खाना होगा। कर्नाटक के गांवों में एक शाकाहारी शख्स कभी भी होटल में नहीं जाता था। वो यात्रा के वक्त रास्ते में पड़ने वाले रिश्तेदारों के घरों पर खाना खाते थे। ज्यादातर मंदिरों में भी खाना मिलता था जो प्रसाद होता था। मेरे पिता ने मुझे असल मतलब समझाया और यहां से मुझे सेना की मूलभूत जानकारी मिली।

मैं बहुत उत्साहित था। मेरा पूरा गांव भी। ऐसा लग रहा था जैसे महज परीक्षा में बैठना ही एक बड़ी घटना थी। जब मुझे नोटिस मिला तो मेरे पिता परीक्षा में निगरानी रखने के लिए बाहर गए हुए थे। मैं अपने ताऊ के पास गया और उन्हें बताया कि मुझे परीक्षा में बैठने के लिए हस्सन जाना होगा। इसके लिए मैंने उनसे बीस रुपए उधार लिये। मैं परीक्षा के एक दिन पहले बस स्टॉप पहुंचा जहां से मुझे हस्सन के लिए सुबह छह बजे की बस पकड़नी थी। जब मैं हस्सन पहुंचा और बस से उतरा तो सूरज डूब चुका था और मैं अपने चाचा के यहां पैदल चलकर पहुंचा।

मेरे कई चाचा थे। हस्सन में मैं जिनके यहां आया था वो संस्कृत और कन्नड़ के विद्वान् थे और बेहद धार्मिक थे। उनका परिवार हर सुबह बहुत जल्दी उठ जाता था और प्रार्थना में लग जाता था। प्रार्थना और पूजा-पाठ के बाद मैं सैनिक स्कूल की परीक्षा देने के लिए सरकारी स्कूल तक चलकर पहुंचा। हस्सन जिले से कुछ 20 बच्चे इस परीक्षा में बैठ रहे थे। मैंने प्रश्न पत्र खोला और एक नजर डालते ही मेरा दिमाग सुन्न हो गया। सवाल अंग्रेजी में थे। मेरी खराब अंग्रेजी के चलते मैं एक भी सवाल का जवाब नहीं दे पाया और अपना सारा समय उत्तर पुस्तिका पर यूं ही कलम घिसते हुए बिता दिया। बाद में, मैंने हेडमास्टर को एकदम साफ बता दिया कि मुझे एक भी सवाल समझ में ही नहीं आया था क्योंकि सवाल अंग्रेजी में थे।

हेडमास्टर बीएस नन्जुनदैया प्रभावशाली शख्सियत के थे। उन्होंने उस एक छोटे से गांव से दिल्ली स्थित रक्षा मंत्रालय को कड़े शब्दों में चिट्ठी लिखी और उस परीक्षा पर सवाल उठाये। उन्होंने कहा कि चूंकि परीक्षा ऑल-इंडिया लेवल पर हुई थी, इसलिए प्रश्न पत्र स्थानीय भाषाओं में होना चाहिए। उन्होंने ये भी कहा कि अंग्रेजी में परीक्षा करवाना शर्मनाक था क्योंकि इस तरह

से योग्यता और बुद्धिमत्ता की बराबरी अंग्रेजी के ज्ञान से की जा रही थी। मेरे हेडमास्टर ने जो किया वो एक झटके में लिया गया फैसला था लेकिन इससे मुझे एक सीख मिली। अगर आपको कुछ करना है तो आपको चीजों के लिए रास्ता बनाना होगा और बेहद सक्रिय रहना होगा।

कुछ हफ्ते गुजरे और हेडमास्टर ने मुझे बुलाया और बताया कि रक्षा मंत्रालय ने कन्नड़ में नए सिरे से परीक्षा लेने का फैसला लिया था। उन्होंने मुझसे पूछा कि मैं परीक्षा में अभी भी बैठना चाहता था। मैंने एक बार फिर प्रयास किया और मुझे समझ में आया कि उद्यम असल में रंग लाता है। ये साल 1962 था और मैं सातवीं कक्षा में था। मैंने कन्नड़ में जवाब दिये थे और मुझे मालूम था कि मैंने परीक्षा में अच्छा किया था। मेरी मां परेशान थीं। पास होना तो दूर, वो तो ये भी नहीं चाहती थीं कि मैं इस परीक्षा में बैठूं। लोगों ने उन्हें और उकसाया। वो पूछते थे, 'जयलक्ष्मी, तुम्हें क्या हो गया है? तुम्हारा बेटा सिर्फ 11 साल का है और वो सेना में भर्ती होने जा रहा है?' मेरी मां दिन-रात भगवान से प्रार्थना करने लगीं। वो बेहद खुश होतीं अगर मैं परीक्षा में फेल हो जाता।

मेरे पिता परीक्षा खत्म होने तक बाहर मेरा इंतजार कर रहे थे। वहां से वो मुझे उडुपी होटल ले गए जहां साफ, स्वादिष्ट और गरमा-गरम शाकाहारी खाना मिलता था। एक महीने बाद मेरे हेडमास्टर ने मुझे बताया कि मेरा सेलेक्शन हो गया था। आस-पास सभी बहुत खुश थे और हेडमास्टर ने पूरे स्कूल में इस बात का ऐलान किया। मुझे हीरो की तरह देखा जा रहा था क्योंकि हस्सन से चुना जाने वाला मैं एकमात्र छात्र था। हर किसी ने मेरे पिता को बधाई दी और मैं तुरंत ही एक जाना माना नाम बन गया।

नतीजे आने के अगले दिन मेरे पास इंटरव्यू का कॉल आया। मुझे बताया गया कि हस्सन में जिले के डिप्टी कमिश्नर के दफ्तर में लेफ्टिनेंट कर्नल आरएन मलिक मेरा इंटरव्यू लेंगे। किसी ने मुझे सलाह दी कि मुझे आर्मी अफसर को सैल्यूट करना चाहिए। इंटरव्यू के दिन मैंने अपने कपड़ों और बालों का खास खयाल रखा। मेरे बाल करीने से काढ़े हुए थे और नारियल के तेल से चमक रहे थे। मैंने नए कपड़े पहने थे जो खास इस मौके के लिए ही सिलवाये गए थे। मैंने कानों में नयी बालियां पहनी थीं जो मेरी मां ने जबरदस्ती पहनायी थीं। मेरे नंगे पैर सोने पर सुहागा थे और दूर से ही दिख रहे थे। कर्नल कद काठी में बहुत अच्छे थे। वो लंबे थे, गोरे और गंभीर दिखने वाले थे। मैंने अपने नंगे पैर जमीन पर पटके, और अपने हाथ से अजीब सा सैल्यूट किया और जोर से

कहा, 'गुड मॉर्निंग सर।' अगर उन्हें ये खुश कर रहा था, तो उन्होंने ऐसा मुझे पता नहीं चलने दिया। उन्होंने मुझसे कुछ सवाल पूछे और मुझे चलता किया।

इंटरव्यू के कुछ वक्त बाद ही मुझे सैनिक स्कूल में दाखिले का ऑफर लेटर मिला। उसके साथ सामान की एक लंबी लिस्ट थी जो मुझे अपने साथ स्कूल लेकर जाना था। उसमें जूते, मोजे, जूतों की पॉलिश, जूतों का ब्रश, दांतों का ब्रश, मंजन, टाई, नाखून काटने की मशीन और नहाने का साबुन जैसी चीजें शामिल थीं। मैंने इससे पहले इनमें से एक भी चीज नहीं देखी थी। मेरी मां ने मुझे दांत मांजने के लिए आयुर्वेदिक पाउडर दिया। जबकि दूसरे गांव वाले नीम की दातुन चबाया करते थे। मेरी मां ने मैसूर में रहने वाले अपने भाई को खत लिखा और पूछा कि क्या वो सामान की खरीददारी में हमारी मदद कर सकते थे। मेरे मामा खुशी-खुशी राजी हो गए और मुझे मैसूर की दुकानों में ले गए और पूरा सामान खरीदवाया। मैं अपनी इस मिल्कियत को देख-देख खुश हो रहा था और अपने नए स्कूल जाने का बेसब्री से इंतजार कर रहा था।

मैसूर के महाराज जयचामाराजेन्द्र वाडियार, उस वक्त कर्नाटक के गवर्नर थे। उन्होंने स्कूल बनाने की खातिर अपनी कुछ जमीन और अपना महल देना चाहा लेकिन इसको मना कर दिया गया। शिक्षा मंत्री एसआर कांती एक पिछड़े शहर बीजापुर से थे और वो चाहते थे कि स्कूल वहां बने।

मेरे गांव से बीजापुर पहुंचने के लिए पूरे चौबीस घंटे की ट्रेन यात्रा करनी पड़ती थी। मुझे ट्रेन तक छोड़ने के लिए पूरा गांव आया हुआ था। जब मैंने अपनी मां को रोते हुए देखा तो मेरा गला भी रुंध गया। वो बहुत दुखी थीं और मेरे पिता को मुझे दूर भेजने के लिए कोस रही थीं। मेरे पिता ने भी बहुत मुश्किल से खुद को रोने से रोका हुआ था। उन्होंने अंत तक खुद को रोके ही रखा। मुझे हस्सन से बीजापुर की ट्रेन पकड़नी थी और वो पूरा अनुभव बेहद शानदार था। क्योंकि ये पहली बार था जब मैं ट्रेन देखने वाला था। लेकिन मुझे अभी से ही घर की याद आने लगी थी।

हस्सन पहुंचने पर एक तांगे से हम स्टेशन तक पहुंचे जहां से मुझे रात 11 बजे की ट्रेन पकड़नी थी। मुझे तांगे की वो यात्रा आज भी वैसी की वैसी याद है। मुझे सड़क पर घोड़े के पड़ते पैरों की लयबद्ध खिट-पिट खिट-पिट याद है। भाप से चलने वाले उस ट्रेन के इंजन को देखकर मुझे जो महसूस हुआ था, विलियम वड्र्सवर्थ ने बड़ी आसानी से उसे शब्दों में बयान किया था:

जब मैं आसमान में इंद्रधनुष देखता हूं तो मेरा दिल उछलने लगता है
ऐसा तब था जब मैं बच्चा था।
ऐसा ही अब है जब मैं आदमी हो गया हूं

आज भी जब ट्रेन स्टेशन से चलने वाली होती है, मुझे वैसा ही महसूस होता है।

उस यात्रा की एक और याद जो मेरी याद्दाश्त में छपी हुई है, वो है मेरे पिता का गांधी, नेहरू, तिलक और गोखले के निबंधों के कुछ हिस्सों को पढ़ कर सुनाना। इन सभी लोगों ने अपना जीवन, अपने विचारों और अपने लक्ष्य की प्राप्ति के लिए अपने संघर्षों की कहानी बयान की थी। मेरे पिता ने पश्चिमी लेखकों जैसे थॉरो, गोल्डस्मिथ और एमर्सन के लेख पढ़े और साथ ही टेनिसन और वर्डस्वर्थ की कविताओं का पाठ किया। उस यात्रा की याद कई तस्वीरों के रूप में मेरी आंखों में बसी हुई है। इसमें सबसे बड़ी तस्वीर वो है जिसमें मेरे पिता इन महान विभूतियों के लेख पढ़ रहे थे।

सैनिक स्कूल, बीजापुर में जब मेरा दाखिला हुआ तो आधा सितम्बर बीत चुका था। स्कूल की इमारत नहीं थी और विजय कॉलेज नाम के एक स्थानीय कॉलेज के एक हिस्से में ये स्कूल चला करता था। मेरी कक्षा में कुल आठ लड़के थे। उस वक्त मेरी उम्र 12 साल की थी और मुझे आठवीं कक्षा में जाने को कहा गया। हमारे सामने एक बहुत बड़ा कैंपस था लेकिन हमें एक ऐसी जगह रखा गया था जहां तम्बू लगे हुए थे और वहीं हमारी क्लास लगती थी। मुझे तम्बू में रहने में असहजता नहीं हुई। बाद के जीवन में भी मैं कई बार तम्बू की ओर लौटा।

स्कूल के शुरुआती दिनों में मुझे बुरे अनुभव हुए। हमारे यहां दो तरह की पृष्ठभूमि से आए हुए लड़के थे। एक ग्रुप ऐसा था जो प्राइवेट स्कूलों या मिशनरी द्वारा चलाये जा रहे कॉन्वेंट स्कूल से आया था। यहां से आए लड़के हम जैसे गांव से आए लड़कों के साथ ठीक से घुल-मिल नहीं रहे थे। गांव से आए लड़के बहुसंख्यक थे। उन्हें अंग्रेजी का एक अक्षर नहीं आता था और शहरी नफासत में वो फिसड्डी थे। मुझे बहुत अच्छे से याद है कि ये दोनों गुट लगातार रगड़ खाते रहते थे।

हमारे जीवन में एक अच्छी चीज थी। वो थी हमारे शानदार शिक्षक जो बेहद संवेदनशील भी थे। उन्होंने लड़कों के बीच इस खाई को पहचान लिया और इसे पाटने की हर संभव कोशिश की और इसमें सफल भी रहे। शिक्षकों का ये समूह आजाद भारत की तस्वीर था। प्रिंसिपल और हेडमास्टर सिख थे जबकि रजिस्ट्रार बंगाली थे। वहां हरियाणा, गुजरात, आंध्र प्रदेश, तमिलनाडु, उत्तर प्रदेश और कर्नाटक से टीचर्स थे। बच्चों में सिख, हिंदू, ईसाई, मुस्लिम और एक जैन लड़का भी था। ज्यादातर बच्चे कर्नाटक से ही थे।

केडी सिंह प्रिंसिपल थे और बेहद प्रेरक व्यक्तित्व के शख्स थे। वो हद दर्जे के अनुशासन बनाकर रहने वाले इंसान थे और क्या टीचर, क्या बच्चे, सभी उनकी बहुत इज्जत करते थे। वो भारतीय वायु सेना के एजुकेशन कोर में विंग कमांडर थे।

मुझे घर की बहुत याद आती थी। मैं खुद पर तरस खाता रहता था और लगभग हर रात तकिए में मुंह छुपाकर रोता था। मेरे पिता मुझे अक्सर खत लिखते थे। इन खतों में वो मुझे हिम्मत बनाए रखने को कहते। वो कहते कि मुझे अपने जीवन को एक आकार देना चाहिए और कुछ करना चाहिए। मैं अपनी किस्मत को हर रात कोसता था। खुद को भला-बुरा कहता था कि न जाने किस सनक में मैं गांव की अपनी मजेदार और आरामदायक जिंदगी छोड़कर वहां चला आया था। गांव में बेधड़क घूमना याद आता। पड़ोसियों के जामुन के पेड़ों पर धावा बोलना याद आता। मैं अपनी नयी जिंदगी को कतई पसंद नहीं कर पा रहा था। मैं वहां से भाग जाना चाहता था।

बंदिशों से भरा जीवन मुझे रास नहीं आ रहा था। सुबह ठीक 5 बजे बिगुल बजता और वो हमारे उठने का संकेत होता था। मुझे ऐसा लगता था जैसे मैं कितने बंधनों में बंध गया था। बिस्तर छोड़ते ही हम दौड़ते हुए मैदान के चक्कर लगाते, पीटी करते और 7 बजे से 8 बजे तक हमारी तैयारी होती। हम भागकर वापस आते और नहाते, कपड़े बदलते और टेंट में वापस जाते जहां नाश्ता दिया जाता था। इसके बाद हम अपनी कक्षाओं में चले जाते जहां से दोपहर 1 बजे खाने के लिए निकलते। इसके बाद हमें बहुत छोटा सा एक और ब्रेक मिलता और फिर एक घंटे के लिए पढ़ने का समय मिलता। इसके बाद हमें चाय-नाश्ता मिलता और खेलने का समय शुरू हो जाता। रात के खाने के लिए 8 बजे का समय निर्धारित था। इसके बाद मुझे घर की याद आनी शुरू होती। 9 बजे बत्तियां बुझा दी जाती थीं।

मैं बहुत रोता था। लेकिन मेरे आंसू मेरे अंदर पनप रहे संकल्प को और भी दृढ़ करते जा रहे थे। मैंने खुद से वादा किया कि मैं खाली हाथ घर नहीं लौटूंगा। गोरूर में मेरे दोस्तों की नजरों में मैं एक हीरो था। अगर मैं स्कूल से भागा तो उन्हें बेहद निराशा होगी और मेरे मेरे पिता भी बेहद मायूस होंगे।

मेरे टीचर बहुत ही सहज थे। उनमें से एक थे जॉन मेथियास। उन्होंने मुझे अपनी छत्र छाया में लिया था। उन्होंने मुझे शहर के तौर-तरीके सिखाये। अगर हम अच्छे नहीं दिख रहे होते थे तो वो हमें छोड़ते नहीं थे। वो आदेश देते थे—'छाती फुलाकर सीधे खड़े हो।' उन्होंने हमें मेज पर बैठना सिखाया, हर किसी को खाने की मेज के तौर तरीके बताते हुए छुरी-कांटे से खाना सिखाया। उन्होंने ये भी सिखाया कि अपनी कुहनियों से बगल में बैठे शख्स को परेशान किए बिना कैसे खाना खाया जाए। उन्होंने हमें खाने से पूर्व की जाने वाली प्रार्थना भी सिखाई। इससे पहले मुझे सिर्फ वैदिक प्रार्थनाएं ही मालूम थीं जो हम गांव में सामूहिक भोज के पहले कहते थे।

जॉन मेथियास ने मुझे सलीके से कपड़ा पहनना भी सिखाया। दीन-दुनिया के कई तौर-तरीकों के साथ उन्होंने वेस्टर्न टॉयलेट इस्तेमाल करना भी सिखाया। उनकी निजी पसंदें बड़ी कमाल की थीं और वो हम सभी के सामने प्रेरणा के बहुत बड़े स्रोत थे। उन्होंने हमें ये तक सिखाया कि हम कैसे जूते को पॉलिश करें और उसे चमका दें। हमें इतना सब कुछ सिखाने की उनकी ये पूरी कवायद स्कूल के दिनों में चलती रही। वो हमें एक जिम्मेदार नागरिक बनाने के लिए ऐसा कर रहे थे। मुझे जीडी काले भी याद हैं। वो हमारे संस्कृत के टीचर थे और वो हमारी एनसीसी की ड्रिल्स भी देखते थे और कई दफा उन्होंने पीटी भी करवाई। काले बेहद अनुशासन पसंद व्यक्ति थे और वो चाहते थे कि हम सभी मजबूत चरित्र वाले इंसान बनें।

एक दिन, अचानक, मिस्टर मेथियास ने मेरा नाम हाउस कैप्टन के लिए आगे बढ़ा दिया। वो यादगार दिन था। मैं अभी भी कच्चा था लेकिन उस रोज हवा में उड़ रहा था। मुझे मालूम था कि मुझे खुद को साबित करने का मौका मिला था। मुझे खेल-कूद बेहद पसंद था। हालांकि मैं किसी भी खेल में बहुत आगे नहीं था। मिस्टर मेथियास ने मुझे आगे बढ़ने को और खेल-कूद में दिलचस्पी लेते रहने को प्रेरित किया। उनके मार्गदर्शन में मैं काफी चुस्त रहता था और यहीं से मुझमें आत्मविश्वास आना शुरू हुआ।

दूसरे नए लड़कों की तरह ही मैं भी जीवन के प्रति जिज्ञासा से भरा था और मजे करना चाहता था। लेकिन स्कूल से निकाले जाने का डर मुझे हमेशा गलत कदम उठाने से रोक लेता था। निजी चाल-चलन और भाषा को लेकर स्कूल बेहद अनुशासित था। हमारे प्रिंसिपल केडी सिंह 'ब्लडी' शब्द सुनते ही बिदक जाते थे। उन्होंने हमें आगाह किया हुआ था कि अगर किसी को भी ये शब्द इस्तेमाल करते हुए सुन लिया तो उसकी खैर नहीं होगी। एक और मौके पर किसी ने मिठाई की दुकान से कुछ सामान चुरा लिया था। उस छात्र की पहचान सामने आयी और उसे कड़ी चेतावनी दी गई। विंग कमांडर सिंह ने उस छात्र को सीनियर पोजीशन से हटा दिया। ये स्कूल में होने वाली बहुत बड़ी घटना थी और इसे देखकर मैं डर गया था। मैं थियेटर जैसी पाठ्येतर गतिविधियों में अच्छा काम करता था। स्पेशल परेड भी ऐसी एक और चीज थी। मैं किस्मती था कि मैं स्कूल के बड़े नामों का ध्यान अपनी ओर खींच पाया और गणतंत्र दिवस पर दिल्ली में होने वाली परेड के लिए मुझे चुन लिया गया। सैनिक स्कूल के दिनों में ये एक चीज मुझे एक बड़ा अनुभव मालूम देती है।

ट्रेकिंग वो एक और चीज थी जो मुझे बेहद पसंद थी। मुझे कैडेट्स के कैंप में भुवनेश्वर भेजा गया था। इसके बाद मुझे एडवेंचर कोर्स के लिए दार्जीलिंग स्थित हिमालयन पर्वातारोहण संस्थान भी भेजा गया। स्कूल ने ही मुझे एडवेंचर की दुनिया से मुलाकात करवायी। ऐसी तमाम यात्राओं ने मुझे भारत की अलग-अलग संस्कृतियों से मिलवाया। कैंप जाते वक्त मुझे ट्रेन यात्राएं करनी होती थीं। ट्रेन कई प्रदेशों से होकर गुजरती और मुझे वहां के तौर-तरीकों के बारे में मालूम चलता। जब मैं गांव में रहता था और यूं ही घूमा करता था, इन सभी के बारे में मुझे कोई अंदाजा भी नहीं था।

पढ़ाई, खेल-कूद, थियेटर और कई कैंप के बीच चार साल बीत गए। मैं अब अपने जीवन के अगले चरण के लिए तैयार था। चौदह बरस का होने तक मैं स्कूल में सिर्फ 2 साल रहा था और किसी दूसरे ही खांचे में ढल चुका था जिसका मुझे अंदाजा भी नहीं था। सैनिक स्कूल के तमाम उद्देश्यों में से एक था लड़कों को पुणे में खड़कवासला स्थित नेशनल डिफेंस एकेडमी (एनडीए) के लिए तैयार करना। एनडीए में जाने के लिए आपको एक बेहद कठिन परीक्षा पास करनी होती है और फिर इंटरव्यू होता है। अभ्यर्थियों की शारीरिक, मानसिक और भावनात्मक जांच भी होती है। ये परीक्षाएं संघ लोक सेवा आयोग (यूपीएससी) करवाता है और हर साल हजारों छात्र इसमें भाग

लेते हैं। उन दिनों, लोगों के मन में सेना को लेकर काफी इज्जत थी और वो इसे एक बेहद प्रतिष्ठित करियर मानते थे। आईएएस और आईपीएस की जगह सेना में भर्ती होना कहीं बड़ा माना जाता था। एनडीए, जो सेना में भर्ती होने के लिए प्राथमिक ट्रेनिंग देता है, के पास विषय प्रसिद्ध ट्रेनिंग पाठ्यक्रम था और आज भी है। इसने अपनी सीमाओं में ही एक अलग दुनिया बसा रखी है। मेरे स्कूल में और भी लड़के थे जो एनडीए की तैयारी कर रहे थे। हमें ये बात तो मालूम थी कि अगर हमें नहीं चुना गया तो हमारी बड़ी बदनामी होगी और ये हमारे करियर के लिए भी घातक सिद्ध होगा। मैं डॉक्टर या इंजीनियर नहीं बनना चाहता था। इसलिए सेना में भर्ती होना मेरा एकमात्र लक्ष्य बन चुका था। मैं दिन-रात इसी के बारे में सोचता रहता था और इसकी तैयारी में जुट गया था।

जब एनडीए के नतीजे आए थे, मैं अपने चाचा के घर पर था। मैं 5 किलोमीटर चलकर पड़ोस के गांव पहुंचा जहां बिजली विभाग के एक दफ्तर से मैंने टेलिफोन कॉल किया। बहुत देर इंतजार करने के बाद मुझे मालूम चला कि मैं परीक्षा में पास हो गया था। खुशी से भरा हुआ मैं अगले ही दिन अपने गांव वापस आया और एनडीए में जाने की तैयारी करने लगा।

मेरे एनडीए के दिन

सैनिक स्कूल के बाद एनडीए में आना मेरे लिये दूसरा सबसे बड़ा मील का पत्थर साबित हुआ। इस बार मैं तैयारी के साथ भी आया था। एनडीए का कैंपस दुनिया के सबसे शानदार मिलिट्री कैंपस में से एक है। 7 हजार एकड़ के हरे-भरे कैंपस में घुड़सवारी के ट्रैक थे, कई स्विमिंग पूल थे, स्क्वाश कोर्ट थे, ग्लाइडिंग कोर्स था, योग के लिए क्लब था, नेचर क्लब था, फोटोग्राफी क्लब था, जिम थे, सेलिंग स्कूल था, शूटिंग रेंज थीं और कैडेटों की मानसिक और शारीरिक परीक्षा लेने के लिए कई कठिन कोर्स भी थे। एनडीए में तीन कठिन साल बिताने के बाद भारतीय सेना में दाखिला पाने के लिए आपको एक साल देहरादून स्थित इंडियन मिलिट्री एकेडमी में बिताना होता है। नौसेना और वायुसेना की ट्रेनिंग के लिए दूसरे केंद्र हैं। मैंने थल सेना चुनी और अगले चार सालों के बारे में सोचने लगा।

एनडीए सबसे आधुनिक, उचित और पूरी तरह से विकसित ट्रेनिंग देता है। वो पढ़ाई-लिखाई में सबसे बेहतर सुविधा देता था, उसकी लाइब्रेरी शानदार थी और इसके पास एक मूवी हॉल था जहां हर हफ्ते अंतर्राष्ट्रीय सिनेमा की बेहतरीन फिल्में दिखाई जाती थीं। एनडीए में कई ऐसी चीजें भी थीं जो आम जनमानस के लिए असहजता से भरी होतीं। मसलन, कैंपस में हर मौके पर चार अक्षर के शब्द सुनाई देते थे जो वहां की बोली का हिस्सा बन चुके थे। धीरे-धीरे मैं भी उनका आदी हो गया और आने वाले समय में वो मेरी जुबान पर भी चढ़ गए।

आम लोग एनडीए में होने वाली रैगिंग को भी बहुत अच्छी रोशनी में नहीं देखते हैं। सीधे शब्दों में वो निर्दयता थी। मैं भी दूसरे कैडेट्स की तरह ही रैगिंग का शिकार हुआ। एक बार मैंने एक शर्ट पहनी जिसका एक बटन गायब था। एक सीनियर कैडेट के लिए इतना ही काफी था। वो दौड़कर मेरे पास आया और बाकी के बटन भी तोड़ दिये। जाहिर था कि मैं बगैर बटन की शर्ट पहनकर क्लास में नहीं जा सकता था। इसलिए मैं भागकर अपने कमरे में गया, नयी शर्ट पहनी और सभी बटन बंद किए। जब मैं क्लास की ओर जा रहा था, मुझे इस बात का एहसास हुआ कि मैंने जो शर्ट पहनी थी, वो इस्त्री नहीं की गई थी। एनडीए में कोई भी सिलवटदार कपड़े पहनकर क्लास में नहीं आता था। इन सब चक्करों में मैं क्लास के लिए देर से पहुंचा और वहां मुझे दुबारा सजा मिली। मुझे सजा देने वाले का कोटा अभी खत्म नहीं हुआ था। उन्होंने मुझे बुलाया और कहा कि अपने रूमाल पर मैं इतने बटन टांकूं कि उस पर एक भी जगह खाली न बचे। मुझे याद है कि मैं करीब 500 बटन लेकर आया था और उन्हें अपने रूमाल पर सिल रहा था। मेरे मुंसिफ का मन अभी भी नहीं भरा था। जब मैं कशीदाकारी में मगन था, उन्होंने मुझे बुलाया और कहा कि रात 11 बजे मैं अपनी तैराकी की पोशाक में उनके केबिन के बाहर पहुंचूं। मुझे उनके आदेश का पालन करना था। वो आए और मुझे आदेश दिया कि मैं उनके दरवाजे पर सुबह पांच बजे तक हर घंटे दस्तक दूं। सुबह पांच बजे सभी कैडेट्स उठ जाते थे। यानी, मेरी उस दिन की सजा अगले दिन तक चली। मैंने वो रात बगैर सोये गुजारी। ठंड में, अपनी तैराकी की पोशाक में, मैं पूरी रात बहार खड़ा रहा। सुबह पांच बजे न्यायमूर्ति को मुझ पर रहम आया। उन्होंने मुझे वापस जाने को कहा। मैं अपने कमरे की ओर भागा, दाढ़ी बनायी, क्लास के लिए तैयार हुआ और दिन का काम करने लगा। ये बस एक आम दिन था!

उन तीन सालों में कैडेटों को कई शारीरिक और मानसिक मुश्किलों से पार पानी होती थी जो भविष्य के लिए उन्हें तैयार कर रही होती थीं। जिस रोज मैंने रुमाल पर 500 बटन सिये थे, मुझे मालूम था कि उस दिन के बाद से मैं कभी भी बगैर बटन की शर्ट नहीं पहनने वाला था।

हमारी सुबह की शुरुआत चहल-पहल से भरी होती थी। वहां फिजिकल ट्रेनिंग या घुड़सवारी होती थी, या हथियारों की ट्रेनिंग होती थी, या खेल-कूद होते थे या तैराकी होती थी। हमारे पास नाश्ता करने को मुश्किल से 20 मिनट होते थे। हम दौड़कर अपने कमरे तक पहुंचते थे, कपड़े बदलते थे और क्लास के लिए चले जाते थे। दोपहर का खाना 2 बजे मिलता था। वो खत्म कर के हम मैदान की ओर जाते थे जहां और खेल-कूद होते थे। खेल के वक्त के बाद हमें नहाने को बस आधा घंटा मिलता था। ठीक सात बजे बिगुल की आवाज आती थी। उस वक्त तक आपको फॉर्मल पोशाक में तैयार होकर रात के खाने के लिए अपने कमरे में मेज पर बैठा होना होता था। एक लंबे कॉरिडोर के दोनों ओर हमारे कमरे थे। हमारी खिड़कियां उस कॉरिडोर में ही खुलती थीं और खिड़की के ठीक नीचे कमरे में हमारी मेज रखी होती थी। और हर मेज पर रडयार्ड किपलिंग की कविता 'इफ' की एक प्रति रखी हुई थी।

आपकी मेज पर किताबें फैली होती थीं। रीडिंग लैंप जल रहे होते थे और उसके शेड भीतर की ओर होते थे। खिड़की और दरवाजे खुले हुए होते थे। शाम सात से आठ के बीच आप पढ़ सकते थे, सपने देख सकते थे या शून्य में ताक सकते थे। लेकिन आपको जो भी करना था, उस मेज पर बैठे हुए ही करना था। ये एनडीए का नियम था जिसका अक्षरशः पालन होना ही होना था। कोई एक डिवीजनल ऑफिसर राउंड पर आता था और हमारी खबर लेता था। आठ बजते बजते हमें सजा मिलती थी। इसकी सम्भावना बहुत ज्यादा थी और ज्यादा से ज्यादा लोग सजा पाया करते थे। हमारा दिन उत्तेजना से भरा हुआ होता था और गलती होनी तो तय ही थी। छोटी से छोटी गलती, जैसे ढीला सेल्यूट या खाने की मेज पर कोई गड़बड़ी हमें सजा के एक और दौर तक ले जाती। दिन खत्म होने से पहले कोई न कोई सीनियर सीढ़ियों पर लुढ़कने की सजा देता ही था। पूरी रात पीठ दर्द के साथ गुजरती।

पहला सत्र सबसे ज्यादा मुश्किल था। क्लास में खुद को जगाए रखना बेहद मुश्किल था। लेकिन इतना बड़ा पाठ्यक्रम भी सर पर था। हमें पास होने

के लिए बहुत मेहनत करनी पड़ती थी। इक्का-दुक्का कैडेट्स ऐसे भी थे जो फेल हो जाते थे। कुछ छोड़कर घर चले जाते थे तो कुछ ट्रेनिंग या रैगिंग में में चोटिल हो जाते थे। कई बार रैगिंग अपमानजनक मोड़ ले लिया करती थी। ऐसे ही किसी मौके पर पहले सत्र के छात्रों को मोजे खाने के लिए कहा जाता या सभी के सामने हस्तमैथुन करने जैसा बेहद भद्दा आदेश दिया जाता। कई सीनियर लड़के विकृत थे और जूनियर लड़कों को परेशान करने में सुख पाते थे। ऐसे लड़कों को अधिकारी सजा देते थे और कई लड़कों को तो निकाला भी जा चुका था। मैं किस्मती था कि मुझे ऐसे किसी मौके का सामना नहीं करना पड़ा था।

एनडीए में जीवन का एक और पहलू था। कैंपस के ठीक बाहर बागों पर कैडेट धावा बोलते थे। चूंकि ऐसे मौकों पर हर किसी का ठीक से काम करना बेहद जरूरी होता था, इनसे हमारे आपसी रिश्ते गाढ़े होते थे और हम में एकजुटता आती थी। ऐसे ही एक मौके पर मैं भी हिस्सेदार रहा। कैडेट्स के बीच ऐसे धावे एक अहम जगह रखते थे। एनडीए से पास हुआ कैडेट अगर उन बागों में नहीं गया होता था तो उसे ससम्मान पास हुआ कैडेट नहीं माना जाता था।

उन बागों के मालिक किसान हमारा इंतजार करते थे और उन्हें लूटने वाले कैडेट्स को पकड़ लेते थे। वो जिसे भी पकड़ पाते थे, पकड़ लेते थे और उसे पुलिस थाने ले जाते। जिस कैडेट को दो या ज्यादा बार पकड़ लिया जाता था, उसे एकेडमी से बाहर निकाला जा सकता था। लेकिन लड़कों को इससे डर कहां लगने वाला था। वो 25 से 30 लोगों का झुंड बनाकर पहुंचते थे। मौसंबी के बाग इन लड़कों का सबसे ज्यादा शिकार बनते थे। ये बाग 7-8 किलोमीटर दूर थे इसलिए आधी रात में हम क्रॉस कंट्री दौड़ लगा के वहां पहुंचते। हम अपने मिलिट्री के जूतों में ही होते थे। यहां का मामला हमारे नकली मिलिट्री अटैक से अलग होता था जहां हमें मालूम होता था कि हम पर किया जा रहा हमला हमारे ही साथी कर रहे थे।

मेरी पहली यात्रा पर, पहले राउंड के बाद सभी 'हमलावर' सही सलामत वापस आ गए। लेकिन किसानों को मालूम पड़ गया था और वो हमारे लिये तैयार थे। उन्होंने दूसरे चक्कर में कुछ एक कैडेट्स को पकड़ लिया और उन्हें बांध दिया। वहां एक छोटी-मोटी लड़ाई हुई। हमारे कुछ साथी पीटे गए और हमारे कुछ साथियों ने किसानों को भी पीटा। किसानों ने बंधक बनाए लड़कों को थाने ले जाकर पुलिस के हवाले किया। मैं जितने भी धावों में शामिल था, सभी में बचकर सकुशल वापस आया। वहां हर जगह एडवेंचर दिख रहा

होता था। एक और मौके पर कैडेट्स ने कैंटीन के ठेकेदार के खिलाफ प्लान तैयार किया। उन सभी का मानना था कि वो उन्हें ठग रहा था। एक रात एक सीनियर ने फैसला किया कि सभी जाकर कैंटीन पर धावा बोलेंगे। धावा बोलने वाले ग्रुप ने पूरी कैंटीन हिलाकर रख दी, सॉफ्ट ड्रिंक्स की बोतलें खाली कर दीं और ऊधम काट दिया। इसके बाद उन्होंने मिठाइयां उठायीं और लाकर मेरी स्क्वाड्रन में बांट दीं।

एनडीए मैं बिताए तीन साल मजे मस्ती से गुजरे। मैंने वहां बहुत कुछ सीखा। हालांकि मैं उस छद्म अनुशासन के बंधन से अब नफरत करने लगा था और सेना के दमनकारी अनुशासन के खिलाफ हो चुका था। मुझे साहित्य में शांति मिलती थी। काव्य में और महान विभूतियों के लेखों में मैं मगन था। लाइब्रेरी में मैं घंटों बिताने लगा था। इसके साथ ही परंपरागत शिक्षा में मैं विश्वास खोता जा रहा था। लेकिन मैं एनडीए से बगैर किसी टर्म के नुकसान के पास हुआ और आईएमए देहरादून में अपनी मिलिट्री ट्रेनिंग के लिए पहुंचा।

आईएमए से ग्रेजुएशन के बाद मुझे आर्मी के तीन अंगों इन्फेंट्री, आर्टिलरी या इंजीनियरिंग कोर में से एक चुनने को कहा गया। मैं इंजीनियरिंग कोर में नहीं जाना चाहता था इन्फेंट्री में पहाड़ों पर चढ़ाई का लालच तो था लेकिन तोपों ने मुझे काफी आकर्षित किया और मैंने 20 साल के ऑफिसर के तौर पर आर्टिलरी जॉइन कर ली। कई साल पहले गोरूर में देखा गया सपना साकार हो रहा था।

आईएमए में पासिंग आउट परेड की रीत एक बड़े कार्यक्रम के रूप में होती है। यहां ये पूरे धूम-धाम से संपन्न होता है और एक-एक कदम पर रिवाजों का पूरा खयाल रखा जाता है। जब मैंने इसमें हिस्सा लिया, मुझे वो भाव समझ में आया जो एनडीए के पहले ही दिन से हम सभी के अंदर भरा जा रहा था। सेना छोड़ने के बाद भी प्रेरणा का वो स्रोत आज मेरे साथ है। इसने मुझे हर कदम पर सशक्त किया है और मेरा हाथ थामा है। ये हमारे मुख्य ऑडिटोरियम पर गुदा हुआ था—

> आपके देश की सुरक्षा, सम्मान और सुख, हमेशा और हर बार, सबसे पहले आता है।
> आपके द्वारा आदेशित लोगों की सुरक्षा, सम्मान और सुख, हमेशा और हर बार, उसके बाद आता है।

> आपकी खुद की सुरक्षा, सम्मान और सुख, हमेशा और हर बार, सबसे अंत में आता है।

लीडरशिप में मुझे दूसरा सबक मिला आर्मर्ड कोर के कैप्टन जेएस वर्मा से जो मेरे प्रशिक्षक थे और मेरे डिवीजनल ऑफिसर भी। वो जनरल होकर रिटायर हुए। कैप्टन वर्मा ने मुझे बताया:

> जो भी काम तुम करो, अगर तुम्हें अपने आदमियों का सम्मान चाहिए तो तुम्हें अपने काम में उनसे बहुत बेहतर होना होगा। तुम्हें उनसे ज्यादा काम करना होगा। तुम्हें उनसे ज्यादा मेहनत करनी होगी। तुम खुद को यूं ही बचा नहीं सकते हो। अगर तुम उनसे छह घंटे काम करने को कहते हो तो तुम्हें आठ घंटे काम करना होगा। अगर तुम उनसे दस मील चलने को कहते हो तो तुम्हें बीस मील चलना होगा। अगर तुम उन्हें खाना खाए बगैर काम करने को कहते हो तो तुम्हें बगैर खाना और बगैर पानी के काम करना होगा। कुछ भी हो जाए, तुम्हें ये साबित करना होगा कि तुम मेहनत और योग्यता के हर आयाम में उनसे बेहतर हो। तुम कुछ भी करो, खुद से पहले तुम्हें उन्हें रखना होगा। उन्हें पहले रखने से तम्हें रास्ते मिलेंगे। तुम चाहे सेना में हो या सिविलियन जीवन में, अपने आदमियों को खुद से पहले रखने से तुम्हें हमेशा रास्ते खुलते दिखेंगे।

एक ऑफिसर कैडेट होने के नाते, मैं नासिक के पास देवलाली स्थित आर्टिलरी स्कूल गया। मैं खुद के ऑफिसर होने पर गर्व करता था लेकिन यहां का माहौल भी गांव की सामाजिक संरचना की तरह ही दिखा। सेना में वर्गीकरण काफी ज्यादा है। यहां थ्री-टियर पदानुक्रम है। सबसे ऊपर आते हैं ऑफिसर। इसके बाद जगह मिलती है जूनियर कमीशन ऑफिसर और अंत में आते हैं जवान। मैं बीस बरस के आस-पास था और मुझे बीस-तीस साल के अनुभव वाले लोग रिपोर्ट करते थे। मुझे मालूम था कि मुझे वरिष्ठ पद मिला हुआ था, लेकिन मुझे ये भी मालूम था कि मैं इन सभी से वरिष्ठ नहीं था। मुझे मालूम भी नहीं था कि मैं इस दुविधा से कैसे निपटूं। ऑफिसर अपना खाना एक अलग ऑफिसर्स मेस में खाते थे। जवान लंगर में खाते थे। मुझे अपनी ट्रेनिंग और पालन-पोषण पर गर्व था। मैं सम्मान, सेवा और सुख की कीमत जानता था, लेकिन मैं इस बात को अनदेखा नहीं कर पा रहा था कि ऑफिसर ऐसी सुविधाएं पा रहे थे जो बाकियों को नहीं मिल रही थीं और ये न्यायपूर्ण नहीं लग रहा था।

2

एक सैनिक का साहस मानव स्वभाव का
सबसे सस्ता और सबसे सामान्य गुण है।
—एडवर्ड गिब्बन

भारतीय सेना में मेरे कुछ दिन

सेना के जवान का जीवन बाकी पेशों में काम करने वाले लोगों के जीवन से कहीं कठिन होता है। वो जिन मुश्किल हालातों का सामना करता है, उसकी कल्पना करना भी मुश्किल है। लंबी और कठिन पोस्टिंग्स के दौरान जवान अपने परिवारों से दूर रहते हैं। जब वो मोर्चे पर होते हैं तो उनके रहने की भी कोई जगह नहीं होती। जब वो पीस स्टेशन पर वापस आते हैं, आधे से कम लोगों को ही रहने के लिए घर मिल पाता है। मुझे मालूम था कि 'मेरे आदमी' किन हालातों का सामना कर रहे थे और ऐसे में मैं अपराधबोध से दबा जा रहा था। मुझे नहीं मालूम था कि मैं क्या कर सकता था। जिस वक्त मेरे मन में इन शंकाओं ने घर बनाया हुआ था, उसी वक्त मैं एक आम आर्मी अफसर का जीवन जी रहा था। मैं मेहनत कर रहा था, शराब पी रहा था और जी जान से हर चीज का आनंद उठा रहा था।

सितंबर-अक्टूबर 1971 के दौरान, मैं आर्टिलरी स्कूल में ट्रेनिंग ले रहा था और इसी दौरान बांग्लादेश मुक्ति युद्ध शुरू हो गया। मेरी ट्रेनिंग बीच में ही रोक दी गई और मुझे सिक्किम में तैनात मेरी यूनिट के पास भेज दिया गया। मुझे नहीं मालूम था कि स्कूल ऑफ आर्टिलरी के मेरे नजदीकी दोस्त कैप्टन सैम, कैप्टन जयंत पोवैया और कैप्टन विष्णु रावल भविष्य में मेरे करियर और जीवन में बहुत बड़ा किरदार निभाएंगे।

देवलाली से बागडोगरा तक मैं ट्रेन से गया। वहां से गंगटोक तक जीप से सफर तय किया। मेरी यूनिट चीन सीमा के पास ही मैदानी इलाके में रुकी हुई थी। वहां से उसे गंगटोक भेज दिया गया था। युद्ध के लिए यूनिट को बढ़ाने का आदेश आ गया था। हवा में अजीब सी भुनभुनाहट थी। जब देश युद्ध की ओर कदम बढ़ा रहा होता है, जवानों में उत्साह भी होता है और टेंशन भी। उत्साह इसलिए होता है क्योंकि आप कब से युद्ध की ही तैयारी कर रहे थे, और टेंशन इसलिए क्योंकि जोखिम काफी होता और इस बात की संभावना काफी ज्यादा होती है कि आप कभी लौट के वापस ही न आएं। हर कोई ये महसूस करता है लेकिन इस बारे में कोई भी बात नहीं करता।

नजदीक आते जा रहे युद्ध की तैयारियां पूरे जोर पर थीं। वहीं अखबारों में अफवाहों को जगह मिल रही थी। पाकिस्तान सरकार ने पूर्वी पाकिस्तान, जो आज बांग्लादेश है, पर कब्जा करने के लिए टुकड़ियां भेजी हुई थीं। टुकड़ियां भेजने का मकसद था पूर्वी पाकिस्तान में पाकिस्तानी हुकूमत के खिलाफ पनप रहे विद्रोही स्वरों का दमन करना। पाकिस्तानी सेना ने विरोधियों को हिंसक तरीके से कुचलना शुरू किया। उनका मुख्य निशाना एक विद्रोही गुट था जिसे मुक्ति बाहिनी के नाम से जाना जाता था। ये गुट पाकिस्तानी हुकूमत से आजादी के लिए लड़ रहा था और इसे पूर्वी पाकिस्तान के आम लोगों का समर्थन हासिल था।

पूर्वी पाकिस्तान में सिविल वॉर के हालात थे। पाकिस्तानी सेना ने जिस तरह से हिंसा का सहारा लिया था, बहुत बड़ी संख्या में लोगों ने पूर्वी हिस्से से भारत में शरण लेनी शुरू कर दी। लगभग एक करोड़ लोगों ने सीमा पार की। इस सब के दौरान पाकिस्तानी सेना को उखाड़ फेंकने के लिए और ये सुनिश्चित करने के लिए कि भारत पहुंचे हुए शरणार्थी वापस सकुशल अपने देश पहुंच सकें, भारतीय सेना मुक्ति बाहिनी को ट्रेनिंग दे रही थी।

मेरी यूनिट के पास तोपें थीं और मेडिकल, सिगनल भेजने के संसाधन भी थे। जब आप युद्ध के लिए जाते हैं तो गैर-जरूरी सामान बेस पर ही छोड़कर जाते हैं। एक डिवीजन की मूवमेंट में बहुत सारा सामान खपता और साथ ही बहुत सारी प्लानिंग होती है। सबसे पहले ट्रेन या ट्रक से यूनिट के आदमियों और उनके सामान को भेजा जाता है। यूनिट कम से कम सामान अपने साथ रखती है और ये सारा सामान युद्ध के लिए जरूरी होता है। अफसरों को ये मालूम होना चाहिए कि एक ट्रेन के डिब्बे में या एक ट्रक में अधिक से अधिक कितना सामान जा सकता है। ये समझने के बाद उन्हें ये फैसला करना होता

है कि उन्हें यूनिट को भेजने के लिए कितनी ट्रेनों की जरूरत होगी। कई जगहों पर खच्चरों की मदद से सामान पहुंचाया जाता है। ऐसे में खच्चरों की लागत का भी अंदाजा लगाना होता है।

लामबंदी का आदेश आते ही सभी की छुट्टी रद्द हो जाती हैं और सैनिकों के परिवार को घर भेज दिया जाता है। जिस यूनिट को कूच करने के आदेश मिल चुके होते हैं, वो ऑपरेशनल ड्रिल में लग जाती है और बहुत ही बारीकी से सारे काम शुरू हो जाते हैं। मुझे ये समझ में आया कि संसाधनों और लोगों को सुचारू रूप से नियंत्रित करना और उन्हें व्यवस्थित रखना अच्छी सेना के लिए बेहद जरूरी हैं। जब मैं सिक्किम में अपनी यूनिट तक पहुंचा, रात हो चुकी थी। मुझे बेस स्टेशन पर ही बता दिया गया था कि मुझे कमांडिंग ऑफिसर लेफ्टिनेंट कर्नल केएलके सिंह के साथ जुड़ना होगा। कमांडिंग ऑफिसर चाहते थे कि उनके स्टाफ के साथ को ई-इंटेलिजेंस ऑफिसर आकर जुड़े।

बतौर इंटेलिजेंस ऑफिसर, मैं अपने कमांडिंग ऑफिसर की परछाईं बनकर रहा और पूरी प्लानिंग पर नजर बनाए रखी। लेफ्टिनेंट कर्नल सिंह जिस इन्फेंट्री ब्रिगेड का हिस्सा थे उसकी बागडोर एक ब्रिगेडियर के हाथ में थी। वो बहुत ही शानदार सिपाही थे। वो ईमानदार और बहादुर थे और अच्छी रणनीति बनाने और तुरंत फैसले लेने में माहिर थे। वहां सेकेंड भर में फैसले लेने पड़ते थे क्योंकि उन्हीं पर लोगों की जिंदगी निर्भर करती थीं। मुझे अब धीरे-धीरे ये अहसास होता जा रहा था कि हम युद्धाभ्यास नहीं कर रहे थे बल्कि असली जंग की तैयारी हो रही थी।

हमारी यूनिट सुबह पांच बजे चल पड़ी। इसमें लगभग 100 ट्रकों का काफिला था जिसमें जंग का सारा सामान लदा हुआ था। इसमें इंजीनियर और डॉक्टर भी थे। पहले दिन यूनिट सिलीगुड़ी पर रुकी। बॉर्डर यहां से नजदीक था और यहां 33 कोर का हेडक्वार्टर था। सीओ जहां भी जा रहे थे, मैं उनके पीछे-पीछे जा रहा था और इस तरह से मुझे एक सबसे ऊपरी तबके के नजरिए से बड़े युद्ध की अन्दर की जानकारी मिलती जा रही थी।

युद्ध में आर्टिलरी लड़ाकों और हथियारबंद गाड़ियों को सपोर्ट करती है। एक ब्रिगेड के पास वो सभी संसाधन होते हैं जो दुश्मन का सामना करने जा रहे सिपाही को सपोर्ट करने के लिए जरूरी होते हैं। आर्टिलरी के सहारे इन्फेंट्री के पैदल सिपाही दुश्मन से दो-दो हाथ कर सकते हैं।

हर दिन सुचारु रूप से व्यवस्था की जा रही थी। इसमें यूनिट को संभालना और ये सप्लाई लाइन को व्यवस्थित रूप से चलाये रखना शामिल था। हम इस बात पर भी नजर बनाए रखते थे कि जवानों को जरूरी चीजें समय पर मिलती रहें। नेपोलियन कहता था कि सेना अपने पेट के दम पर आगे बढ़ती है। इसका मतलब था कि सेना को बेहतर स्थिति में रखने के लिए ये बेहद जरूरी था कि जवान को युद्ध में जाने के लिए सभी जरूरी सामान समय पर मिलता रहे। इसमें खाना, जूते, बंदूकें और गाड़ियां मुख्य हैं।

सिलीगुड़ी में मैं ब्रीफिंग के लिए अपने सीओ के साथ ब्रिगेड कमांडर के पास गया। उस मौके तक मैंने युद्ध की रणनीतियों के बारे में सिर्फ सुना और पढ़ा था। अब मैं खुद को एक ऐसी ही मीटिंग में पा रहा था जो कमांड हेडक्वार्टर के बड़े तहखाने में हो रही थी और जहां डिवीजन के मुख्य अधिकारी, एक मेजर जनरल और ब्रिगेड कमांडर पूर्वी पाकिस्तान पर हमला करने और उसे आजाद करने की रणनीति बना रहे थे। मैं सम्मोहित होकर सब कुछ सुन रहा था और वहां उस शानदार प्लान के पन्ने एक-एक करके खुल रहे थे। बंकर में मैं ब्रिगेड कमांडर और मेजर जनरल के पास खड़ा था और वो एक के बाद एक अपनी बातें रख रहे थे। मैं नोट्स बनाता और सीओ के निर्देशों को आगे पहुंचाता।

अगले तीन से चार दिनों में हमारी यूनिट पूर्वी पाकिस्तान में घुसने वाली थी। हमें रात के अंधेरे में आगे बढ़ना था और दुश्मन के इलाके में गहरे तक पहुंचना था। ये हमला इन्फेंट्री के नेतृत्व में होने वाला था और आर्टिलरी और आर्मर इसे मजबूती देने वाले थे। मुझे मेरे बीच के कई साथी रात में तंबू में मिले जिसे हमने जुगाड़ से मेस में तब्दील किया हुआ था। हमें बताया गया कि हथियार इन्फेंट्री के ठीक पीछे होंगे और और सिलीगुड़ी में मौजूद 9 आर्टिलरी रेजिमेंट से एक अफसर हमले के वक्त आर्टिलरी के साथ रहेगा।

आर्टिलरी के पास हवाई जायजे के लिए भी पोस्ट थी। इसे एयरओपी कहा जाता था। इसमें छोटे हेलीकॉप्टर और हवाई जहाज थे। यही वो मौका था जब डेक्कन एविएशन का बीज बोया गया था। जब भी जरूरत होती, एक हेलीकॉप्टर या हवाई जहाज हमला करने वाली इन्फेंट्री के ऊपर चक्कर लगाता। पायलट स्थिति को समझते हुए आर्टिलरी को निर्देश देता और उसी के हिसाब से गोलीबारी की जाती। सभी हमलों में एक आर्टिलरी का अफसर होता है जिसे फॉवर्ड ऑब्जर्वेशन ऑफिसर (एफओओ) कहते हैं। ये अफसर आर्टिलरी की

गोलीबारी को दिशा देने के लिए साथ चलता है। वहीं, गोलीबारी गन पोजीशन ऑफिसर (जीपीओ) द्वारा की जाती है।

आगे बढ़ने के निर्देश आ चुके थे और मैं युद्ध के प्लान को दिमाग में रखे हुए मेस से वापस आ गया। मेरी यूनिट में किसी को भी इसके बारे में कुछ नहीं मालूम था। उन्हें तब जाकर मालूम पड़ा जब दिन में सीओ ने उन्हें बताया। लेफ्टिनेंट कर्नल सिंह ने यूनिट के सामने सारा प्लान रखा और बताया कि इन्फेंट्री आगे बढ़ेगी और चार दिन में हमला करेगी। बड़ी तोपें भी आगे बढ़ेंगी और जरूरत के मौकों पर पीछे से मदद करती रहेंगी। हमले के दौरान हर बैटरी यूनिट से एक अफसर इन्फेंट्री के साथ चलेगा और ऐसी लगभग 9 से 12 यूनिट होने वाली थीं। यानी, हमें मालूम था कि हम सभी को अगली सुबह एक-दूसरे से विदा लेनी थी। हमें ये निर्देश दिये गए थे कि हम किसी भी खत में अपनी लोकेशन या प्लान के बारे में कुछ भी नहीं लिखेंगे। ये खत आर्मी इंटेलिजेंस की नजरों से होकर ही जाते थे और जरूरत पड़ने पर सेंसर भी होते थे।

मैं इस बात का खास खयाल रखता था कि अपनी मां को भेज रहे खत में मैं क्या लिख रहा था। मेरी मां खत में सब कुछ बताती थी। वो कहती थीं कि मेरी सुरक्षा की कामना करते हुए वो तीर्थ यात्राएं कर रही थीं। मैंने उन्हें जवाब देते हुए लिखा कि मेरी चिंता न करें और मैं युद्ध में फ्रंट के नजदीक भी नहीं था। व्यक्तिगत तौर पर, हम में से हर कोई ये जानता था कि ये वो पल थे जो बेहद नाजुक थे। हम शायद इसके बाद एक-दूसरे से कभी नहीं मिलने वाले थे या हम में से कोई कभी वापस ही नहीं आने वाला था।

युद्ध की रणनीति अपने दिमाग में बसाकर, हम सभी ऑफिसर्स मेस में ड्रिंक के लिए मिले। हम जैसे ही वहां से निकलने वाले थे, जनरल मानेकशॉ सिलीगुड़ी में हमारे कैंप में आए और ये मेरी खुशकिस्मती थी कि मैं कुछ वक्त के लिए हेडक्वार्टर में उन्हें देख सका। उन्होंने मुझसे हाथ मिलाया और मैं उनके व्यक्तित्व से मोहित हो गया।

मुझे वो शाम बहुत अच्छे से याद है जब कुछ ही पलों में हम पूर्वी पाकिस्तान की सीमा मैं घुसने वाले थे। वो अक्टूबर की एक उमस से भरी रात थी। स्थानीय असैनिक अधिकारियों ने सेना के लिए एक फेयरवेल डिनर का आयोजन किया था। इसमें पुलिस और सिविल सर्विसेज के बड़े अफसर, मेरे सीओ और इंटेलिजेंस सर्विसेज के लोग शामिल हुए।

इसके बाद असल अभियान शुरू हुआ। हम आगे बढ़े और अपनी तोपों की पोजीशन तैयार की। हमने सबसे पहले दिनाजपुर जिले के छोटे से गांव भूरंगमरी पर हमला किया। इस गांव को पाकिस्तानी सेना ने अपना हेडक्वार्टर बनाया हुआ था। ये हमला रात को लगभग 10 बजे शुरू हुआ था। इन्फेंट्री का हमला मेजर जनरल एमसी नानजप्पा के नेतृत्व में हुआ। हमले के दौरान में अपने सीओ के साथ था और अपने सीओ की ओर से लगातार मेजर नानजप्पा (जो बाद में जनरल बने) से बात कर रहा था। मेरे सीओ उस वक्त पूरी ब्रिगेड को मिलने वाले आर्टिलरी सपोर्ट की देखरेख में लगे हुए थे हम एक और अफसर लेफ्टिनेंट मंजुनाथ से भी लगातार बात कर रहे थे। ये बातचीत कन्नड़ा में हो रही थी जिससे हमारी बात कोई और सुने भी तो समझ न सके। एक मौके पर मंजुनाथ ने बताया कि गोलीबारी के बीच वो अकेले फंसे हुए थे और उन्हें तुरंत ही मदद की जरूरत थी। वो लड़ाई में बुरी तरह से जख्मी हुए और 2 दिन तक मोर्चा संभाले रहने के बाद शहीद हो गए। पाकिस्तान ने अपनी पोजीशन संभाले रखने की हर संभव कोशिश की। हमें गांव में उनके हेडक्वार्टर से उन्हें खदेड़ने में दो दिन लगे। एक बार जब ये मोर्चा टूटा तो भारतीय सेना ने तेजी से कदम बढ़ाने शुरू कर दिये।

किसी करीबी का बिछड़ जाना सेना में बिताए जीवन का एक कड़वा हिस्सा होता है। मोर्चे पर निकलने से पहले मैं और मंजुनाथ ड्रिंक्स पर मिले थे। मुझे मालूम पड़ा कि वो शिमोगा से था जो हस्सन का पड़ोसी जिला है। मेरी यूनिट में एक और अफसर था जो मेरा बहुत करीबी था। एक गोले का टुकड़ा आकर उसके सर में लगा। उसके हेलमेट को भेदते हुए उस टुकड़े ने उसका सर खोल दिया। किस्मत की बात थी कि वो बच गया। मेजर नानजप्पा को युद्ध में उनके काम के लिए शाबाशी मिली और बहादुरी के लिए उन्हें वीर चक्र से सम्मानित किया गया। उसी युद्ध में, मेरी यूनिट के एक और साथी और एफओओ कैप्टन तीरथ सिंह ने इन्फेंट्री के कंपनी कमांडर के जख्मी हो जाने की सूरत में उनकी जगह कमान संभाली। इन्फेंट्री की छोटी सी टुकड़ी के साथ उन्होंने सफलतापूर्वक हमले किए और मेजर नानजप्पा के साथ मिलकर भूरंगमरी में पाकिस्तानी हेडक्वार्टर पर कब्जा किया। उन्हें भी वीर चक्र मिला।

जब हम पूर्वी पाकिस्तान में मार्च कर रहे थे, हमने देखा कि पूरे के पूरे गांव खाली हो चुके थे। हजारों लोग उन्माद और कत्लेआम से बचने के लिए बॉर्डर पार कर भारत में शरण ले चुके थे। पाकिस्तान की सेना ने इस बंगाली इलाके पर डेढ़ साल से कब्जा किया हुआ था। हालांकि, तकनीकी रूप से ये कब्जा नहीं था लेकिन मुक्ति बाहिनी के नेतृत्व और उसके सदस्यों का उत्पीड़न कुछ और ही कहानी बयान करता था। पाकिस्तानी सेना ने कई महिलाओं को बंधक बनाकर रखा था जिन्हें वो गांव के घरों में मानव शील्ड की तरह इस्तेमाल करते थे और उन्हें नियमित बलात्कार का शिकार होना पड़ता था। पाकिस्तानी सेना के अधिकारी इस घिनौने काम को बढ़ावा देते थे और गर्भ धारण से बचने के लिए अपने आदमियों को अच्छी खासी मात्रा में कंडोम मुहैया करवाते थे। मैंने अपनी आंखों से महिलाओं को डरावनी और बदतर हालत में देखा। वो अपने आस-पास की एक-एक शै से डरती थीं क्योंकि उन्हें महीनों से अपमानित किया जा रहा था, उनका शोषण किया जा रहा था।

हमने महिलाओं को बचाया और उन्हें पुनर्वास कैंप में भेजा और आगे बढ़े। युद्ध अपने अंत से बेहद दूर था। जैसे-जैसे युद्ध की चोटों के कारण हमारे अफसरों की ताकत कम हुई, मेरे सीओ ने मुझे बुलाया और बताया कि अब वो एक इंटेलिजेंस ऑफिसर नहीं वहन कर पाएंगे। अब मैं गन पोजीशन ऑफिसर (जीपीओ) बन गया। इस वजह से अब मैं युद्ध के बीचों-बीच आ चुका था।

जीपीओ को ओपी ऑफिसर के गोलीबारी करने के आदेश पर तुरंत और सटीक कार्रवाई करनी होती है। उसे तोपों को सही मौके पर सही जगह पर तैनात करना होता है जिससे वो सपोर्टिंग फायर के लिए मौजूद रहें। उसकी दक्षता पर हमले की सफलता निर्भर करती है। जीपीओ के कंधों पर जो जिम्मेदारी होती है वो बहुत ही बड़ी होती है। एक रेजिमेंट के पास तीन बैटरी होती हैं और हर एक के पास तीन भारी तोपें होती हैं। किसी भी युद्ध में आर्टिलरी दुश्मन को बहुत बड़ा नुकसान पहुंचा सकती है। तोपें कई मौकों पर अलग-थलग होती हैं और दुश्मन उन पर हमला करने की फिराक में रहता है। युद्ध के दौरान हर वक्त कुछ न कुछ चल ही रहा होता है। यहां तक कि खाना और सोना भी पूरी सतर्कता की अवस्था में करना पड़ता है। मोर्चे पर लंबे समय तक रहने और ठीक से खाना न खाने और कई दिनों तक नींद पूरी न होने की वजह से शरीर में एक अजीब सा अड्रेनलिन रश होता है।

लेकिन भयानक युद्ध, धमाकों और हवाई छापेमारी के बीच, हम थोड़ी सी भी ढील पाते ही अपने दोस्तों और साथी सैनिकों के साथ ड्रिंक करने का

मौका नहीं चूकते थे। इस दौरान जहन में जिंदगी की अनिश्चितता का ध्यान कुछ ज्यादा ही रहता था और हर कोई इस बारे में सोच रहा होता था। शुरुआती चरण के बाद हमारे जवान बिजली की तेजी से आगे बढ़े। हमारा लक्ष्य था कि हम दुश्मन को संभल कर वापसी करने का मौका ही न दें। ये दिनाजपुर और चटगांव में कुछ ज्यादा ही हुआ। कैप्टन केजे सैमुएल और मैं पूर्वी सेक्टर में थे, वहीं जयंत पोवैया जैसे मेरे कई साथी पश्चिमी छोर पर डटे हुए थे।

भारतीय सेना ने पूर्वी पाकिस्तान के तटीय भूगोल को ध्यान में रखते हुए अपनी रणनीति तैयार की थी। प्लान के मुताबिक कई नदियों पर बने पुलों को ध्वस्त करना था जिससे सेना की सप्लाई बंद की जा सके। इस पूरी कवायद से पाकिस्तानी डिवीजन अकेली पड़ गई। उन्होंने शुरुआत में तो कड़ी टक्कर दी लेकिन बाद में भागने लगे। उनकी हार की एक मुख्य वजह थी उनका नैतिक पतन। उन्होंने स्थानीय लोगों से जमकर बेअदबी की थी इसलिए मौका पड़ने पर उन्हें किसी भी तरह की मदद नहीं मिली। हमें स्थानीय लोगों, मुक्ति वाहिनी के लोगों से तो मदद मिली ही, उन अफसरों ने भी खूब मदद की जो हमारे ही थे लेकिन मुक्ति बाहिनी के सदस्य के रूप में छिपकर काम कर रहे थे। इतिहास ऐसी कहानियों से भरा पड़ा है जहां एक नैतिक रूप से पतित सेना की आगे चलकर लड़ने की इच्छाशक्ति ही खत्म हो जाती है और उसे खुद से कहीं बेहतर सेना के हाथों हार का सामना करना पड़ता है। दोनों सेनाओं के बीच फर्क साफ था। जबकि पश्चिमी मोर्चे पर पाकिस्तानी सेना पूरी चुस्ती के साथ तैनात थी वहीं पूर्वी छोर पर उसकी आत्मा मर चुकी थी।

पाकिस्तानी सेना तेजी से पीछे हट रही थी क्योंकि हम एक जगह से दूसरी जगह तक बड़ी तेजी से जा रहे थे। यहां तक कि कई मौकों पर इधर हम हमले के लिए अपनी तोपें तैयार कर रहे होते थे और उधर हमें आगे बढ़ने का आदेश मिल जाता। युद्ध में तीन मौकों पर मैं तोपों के पास था। हम दिन-रात गोलीबारी कर रहे थे। इस बीच एक ऐसा मुका आया जब मैं दुश्मनों के बेहद करीब पहुंच गया। मेरे बैटरी कमांडर मेजर बलकार सिंह ने कॉल कर के बताया कि पाकिस्तानी कमांडो हमारी सीमारेखा में घुस आए थे। वो मेरी यूनिट की तोपों को निशाना बनाने वाले थे क्योंकि ये आसानी से ढूंढा जा सकने वाला आसान निशाना था। कुछ वक्त पहले ही पाकिस्तानी सैनिकों ने नाली में ग्रेनेड डाल दिए थे जिससे कुछ आर्टिलरी के सैनिक शहीद हो गए थे और तोपें बर्बाद हो गई थीं।

मुझे देर रात कॉल आया कि पाकिस्तानी कमांडो के बीच रेडियो पर हुई बातचीत पकड़ ली गई थी। जब उसे डीकोड किया गया तो मालूम था कि वो मेरी पोजीशन के बेहद करीब हमला करने वाले थे। हमने तुरंत ही अपनी तोपों के सामने गड्ढे बना दिए और आने वाले दुश्मन से लोहा लेने के लिए तैयार हो गए। मुझ पर 100 आदमियों की और छह आर्टिलरी तोपों की सुरक्षा की जिम्मेदारी थी। ये बेहद नाजुक पल था। मुझे मेरे प्रशिक्षक कैप्टन जेएस वर्मा की बात याद आयी : 'अपने आदमियों की निष्ठा और उनका विश्वास जीतने के लिए तुम्हें उनसे कहीं ज्यादा मेहनत करनी होगी और उन्हें खुद से पहले रखना होगा।'

मुझे नहीं मालूम था कि पाकिस्तानी कमांडो किस दिशा से आने वाले थे। मुझे आदेश मिला हुआ था कि उन्हें खदेड़ना है और अपनी जान-माल का कम से कम नुकसान होने देना है। मैंने पूरी रात अंधेरे का फायदा उठाते हुए एक गड्ढे से दूसरे में जाते हुए बिताई। ऐसा बिलकुल भी नहीं है कि हम डरे हुए नहीं थे। डर और हिम्मत साथ-साथ ही चलते हैं। हिम्मत तभी हाती है जब युद्ध या व्यापार में कोई वाकई बेहद डरा हुआ होता है। ये बहुत कुछ वैसा ही है जैसे एक्टर जॉन वेन ने एक दफा कहा था, 'ऐसा नहीं है कि आप डरे नहीं होते हैं। आप डरे हुए हैं लेकिन आपने कमर कस ली है।' मैं पूरे वक्त हर चीज पर ध्यान दे रहा था। मैं अपने आदमियों से लगातार बात कर रहा था और उन्हें चौकन्ना रखने की जुगत में लगा हुआ था। अच्छी बात ये रही कि पाकिस्तानी कमांडो ने हमें नहीं चौंकाया। इसके कुछ ही वक्त बाद पाकिस्तानी सेना को घेरा जा चुका था और उन्हें समर्पण करने को कहा जा चुका था। मैं इस वक्त रेडियो सुन रहा था। वो मेरे जीवन के सबसे प्रेरणादायक मौकों में से एक था।

हमारी यूनिट और ब्रिगेड ने बांग्लादेश में अक्टूबर में घुसकर मोर्चाबंदी की थी। हमने कई लड़ाइयां लड़ीं। हालांकि पूरे जोरों-शोरों वाला युद्ध मात्र 2 हफ्ते ही चला। जनरल मानेकशॉ ने पाकिस्तानी टुकड़ियों से रेडियो पर कहा, 'पाकिस्तानी आर्मी के भाइयों, तुम घेरे जा चुके हो। बाहर निकलने का कोई रास्ता नहीं है। अपने हथियार डाल दो। हम तुम्हें कुछ नहीं करेंगे। इसलिए मैं तुमसे कह रहा हूं: सरेंडर, सरेंडर, सरेंडर!'

उनके शब्द ने पाकिस्तानी सेना को कंपा कर रख दिया होगा। हमारे लिये तो ये बेहद प्रेरणा देने वाला पल था। पाकिस्तानी सेना को चारों तरफ से घेर लिया गया था। वो एक कोने में दुबके हुए थे और उनका जोश ठंडा पड़ा हुआ था। अगर हमने उन पर हमला कर दिया होता तो वो आधुनिक इतिहास का

सबसे बड़ा नरसंहार होता। लेकिन उसकी जगह हुआ आत्मसमर्पण। वो एकदम फिल्मी दृश्य था। पूर्वी पाकिस्तान में पाकिस्तानी सेना के कमांडर को उनके सैनिकों के साथ सार्वजनिक समारोह में आत्मसमर्पण करवाया गया। उनके हथियार ले लिये गए और समर्पण कर चुके सैनिकों को देश में जगह-जगह बने पीओडब्ल्यू कैंप में भेज दिया गया। ये इतिहास में होने वाला सबसे बड़ा समर्पण था : 1 लाख से ऊपर लड़ाकों ने भारतीय सेना के सामने समर्पण किया था।

फिर हम उस जगह से बाहर निकले जिसे आज बांग्लादेश कहा जता है। मेरी यूनिट सिक्किम पहुंची। दिनाजपुर से रंगपुर और फिर सिक्किम तक, पूरे रास्ते लोग हमें शाबाशी दे रहे थे। वो सड़कों पर जश्न मना रहे थे और नारे लगा रहे थे 'इंदिरा गांधी जिंदाबाद', 'भारतीय सेना जिंदाबाद', 'मानेकशॉ जिंदाबाद'। शहरों, कस्बों और यहां तक कि छोटे से छोटे पल्ली गावों तक में लोगों को आजाद होने का और नए नवेले बांग्लादेश का नागरिक होने का अहसास मिल रहा था। मजदूर, आम लोग, कॉलेज जाने वाली लड़कियों और बच्चों ने मालाओं और फूलों से हमारा स्वागत किया। दोस्ती की निशानी के तौर पर उन्होंने हमें मिठाई दी।

युद्ध के बाद, डेढ़ बरस तक सिक्किम में ही मेरी तैनाती रही। ये वो समय था जब मैं आध्यात्मिक तौर पर जागृत हुआ। सिक्किम अभी तक संरक्षित राज्य था और पूरी तरह से भारत का हिस्सा नहीं था। इसके आर्थिक, सैन्य और विदेश संबंधी और बाकी सभी आधारभूत प्रणालियों की देख-रेख भारत ही कर रहा था।

सिक्किम के बाद मुझे 4752 नाम के पिकेट पर पोस्टिंग मिली जो भारत-चीन सीमा पर था। इस पिकेट के बगल में ही नाथूला दर्रा है जहां 1962 के भारत-चीन युद्ध के दौरान कई भयंकर लड़ाइयां लड़ी गई थीं। भारत वो युद्ध पूर्वानुमान और नेतृत्व के अभाव में हार गया। पिकेट 4752 उस इलाके में सबसे ऊंचाई पर स्थित है। इसका मतलब होता है समुद्र तल से ऊंचाई 4 हजार 752 मीटर (15 हजार 586 फीट)। मुझे वहां ऑब्जरवेशन पोस्ट ऑफिसर के रूप में तैनात किया गया था। मुझ पर चीनी सीमा पर नजर रखने और हर दिन रिपोर्ट सौंपने की जिम्मेदारी दी गई थी। ये इन्फेंट्री के साथ मेरी पहली-पहली पोस्टिंग थी और साथ ही हिमालय से मेरी पहली मुलाकात थी। एचएमआई दार्जीलिंग में बतौर कैडेट रहते हुए मैं हिमालय के निचले इलाके में जा चुका था। लेकिन उस वक्त इतनी ऊंचाई पर नहीं आ सकते थे। हमें इतनी ऊंचाई पर कई चरणों में जाना होता था जिससे हमारा शरीर ऊंचाई के अनुरूप आदी होता जाए। शुरुआती कैंपों में से एक मशहूर चांगू झील के पहले था जो लगभग 3

हजार मीटर की ऊंचाई पर था। वो बेहद खूबसूरत जगह थी और उस झील का पानी फिरोजी रंग का और एकदम साफ था। मैंने सुना था कि वो झील सर्दियों में पूरी तरह से जम जाती थी और आप उस पर जीप भी चला सकते थे। उसके बाद, हम वहां से रोड पर 3 से 4 किलोमीटर आगे बढ़ते और एक और ट्रांजिट कैंप लगा देते। वहां रोड खत्म हो जाती और फिर हमें लगभग 4 घंटे तक सीधी चढ़ाई चढ़कर 4752 पर पहुंचना पड़ता। बीच में काफी सारा रास्ता पूरी तरह से बर्फ से ढंका होता था। मेरा पिकेट जम्मू कश्मीर राइफल्स के साथ जुड़ा हुआ था। उस बंकर में अकेला मैं एक अफसर था और बाकी की यूनिट मेरे 60 मीटर नीचे थी। मेरे साथ आर्टिलरी के दो जवान थे जो कुछ नीचे ही बंकर में मौजूद थे।

वो मेरे जीवन के सबसे बेहतरीन दिनों में से एक थे। हर सुबह, आंख खुलते ही मुझे सूर्योदय से पहले की रोशनी में नहायी कंचनजंघा की विशालकाय श्रृंखला दिखती। लगभग पूरे साल, सुबह छह से नौ, मौसम पूरी तरह से साफ रहता। उसके बाद दिखना लगभग बंद ही हो जाता था। मेरे पिकेट के नीचे, कुछ ढलान पर एक झील थी जो ठण्ड में पूरी तरह से जम जाती थी। वो जमी हुई सतह जानवरों की आवाजाही सुलभ कर देती थी। उस झील का कोई नाम नहीं था। वो अनाम झील नक्शे पर भारतीय पिकेट और चीनी सीमा के बीच बस रखी हुई थी। हर दिन चीनी सैनिक हमारी ओर तेज आवाज में चीनी संगीत बजाते थे। इसके बाद वो ऐसे लेक्चर बजाते थे जिसमें बताया जा रहा होता था कि कम्युनिस्ट जीवन कितना महान होता है। इसके जवाब में भारतीय सेना दो से तीन घंटे हिंदी गाने बजाती और फिर हिंदी, अंग्रेजी और चीनी भाषा में भारतीय जीवन का गुणगान करती।

मैं चीनी सैनिक को पूरी गंभीरता से दिन भर देखा करता और वो भी वैसा ही करते। हमारे बीच एक अलग ही शीत युद्ध चल रहा था। मुझे हर दिन सिचुएशन रिपोर्ट देनी होती थी। कुछ दिनों मुझे दूसरी ओर से धमाके सुनाई दे रहे थे। मालूम पड़ता था कि उस ओर सड़क बनायी जा रही थी या बंकर बन रहे थे या तोपों को रखने के लिए जगह तैयार की जा रही थी। मुझे अक्सर खच्चरों के झुण्ड दिखाई देते थे जो आवाजाही कर रहे होते थे। कई बार पहाड़ी याक भी दिखती थीं। भारतीय मिथकों के अनुसार याक हिमालय के स्थानीय लोगों के लिए कामधेनु है। इससे दूध, मांस, चमड़ा तो मिलता ही है, साथ ही आने-जाने के लिए भी इसका इस्तेमाल किया जा सकता है।

वहां बेहद ठण्ड होती थी और सर्दियों में शरीर पूरी तरह सुन्न पड़ जाता था। देखने में वो जगह बेहद खूबसूरत लगती थी लेकिन वहां का वातावरण कतई रहने लायक नहीं है। इसके साथ ही वहां ऑक्सीजन की बेहद कमी होती है। गर्मियों में दिन का सर्वाधिक तापमान शून्य से दो या तीन डिग्री नीचे रहता था। रात में माइनस बीस डिग्री तक पहुंच जाता था।

वहां की नियुक्ति बेहद चुनौती भरी थी। वहां ताजे पानी का कोई स्रोत नहीं था और शेरपाओं को बर्फ में गड्ढे बनाकर पानी के लेवल तक पहुंचना होता था और वहां से कड़छी में पानी निकालकर कनस्तरों में भरकर ऊपर पिकेट तक लेकर आते। मैं डिब्बाबंद खाने पर जीवित था। गंगटोक तक आने वाली आर्मी की सप्लाई 2-3 दिन दूर थी। कई बार मैं बर्फ की वजह से दुनिया से पूरी तरह से कट जाता था। ऐसे मौकों पर खाने-पीने का सामान हवाई रास्ते से मुझ तक पहुंचाया जाता था। सेना के लोगों के लिए, जब वो युद्ध में नहीं भी होते हैं, लंबे समय तक बुरे हालातों में रहना बेहद मुश्किल भरा काम होता है। सैनिकों को वो आरामदायक चीजें देखने को भी नहीं मिलती हैं जो साधारण जीवन का साधारण हिस्सा होती हैं: महिलाओं और बच्चों के रोजमर्रा के काम, पानी, हरियाली और इसके अलावा हर वो चीज जो आम लोगों के जीवन का हिस्सा है और जिसकी हम कद्र ही नहीं करते हैं। उस वीरान, बर्फीली, बंजर जगह पर भूखी आंखों को और थके हुए दिमाग को राहत देने के लिए सिवाय भटक कर आ गई बकरी या शिकार की ताक में निकले तेंदुए के सिवा और कुछ भी नहीं मिलता। हिमालय की गोद में चार महीने लंबे कैंप के बाद बहते पानी की आवाज और हरियाली के दृश्य ने मुझे दूसरे जन्म सा अहसास दिलाया।

पिकेट में अकेलापन भी कुछ फायदे लेकर आता था। मेरे पास अपने प्रिय लेखकों को पढ़ने का खूब वक्त था। मैंने टॉलस्टॉय, दोस्तोवस्की, कामू, मोपासां, सॉमरसेट मॉम, पुश्किन, सात्र और शोलोखॉव को घंटों पढ़ा। दूसरी अच्छी चीज जो मेरे साथ हुई, वो ये थी कि मुझे पहाड़ों के ऐसे दृश्य देखने को मिले जो बहुत ही कम लोगों को नसीब होते हैं। मैं गश्त के लंबी दूरी तक के लिए जाया करता था। इसमें पहाड़ों पर, भारत-तिब्बत सीमा पर लंबी दूरी के ट्रेक होते थे जो पंद्रह से बीस दिन का वक्त लेते थे। इस दौरान हम समुद्र ताल से 6 हजार मीटर ऊपर होते थे। ये पट्रोल चीनी सेना द्वारा की जाने वाली संभावित घुसपैठ पर निगरानी बनाए रखने के लिए किए जाते थे। इससे हमें बड़ी बंदूकों की स्थिति की जानकारी भी मिल जाया करती थी। मेरे पहले पट्रोल के दौरान मैं पहाड़ों के नजारे देखकर मुग्ध हो गया था। मैंने बेहद शानदार दृश्य

देखे। शोर करते झरने, बर्फ से ढकी चोटियां और कल-कल बहती नदियां। मैं उस वक्त टैगोर के काव्यरस में डूब गया और वो अनुभव बेहद आत्मिक था। बोनस के तौर पर, मैं सिक्किम में उस जगह गया जहां वहां के लोगों ने कभी भी गाड़ी नहीं देखी थी। हमने उस दुर्गम जगह पर रहने वालों को दवाईयां बांटी, याक का दूध पिया और याक के मांस पर जीवित रहे।

सिक्किम की महिलाएं बेहद खूबसूरत होती हैं। वहां महिलाओं का सारा काम करने का और पुरुषों का बैठकर थुम्बा पीने का दृश्य आम था। थुम्बा वहां की स्थानीय शराब होती है जो बाजरे से बनायी जाती है। सिक्किम से हम भूटान पहुंचे। वहां के राजा की अचानक मृत्यु हो गई थी, 17 साल के राजकुमार की ताजपोशी होने वाली थी। सेना ने मुझे मेरी यूनिट के साथ दो मिशनों पर भेजा था। पहला था चीन-भूटान सीमा का निरीक्षण और दूसरा मिशन था ताजपोशी के कार्यक्रम में उपस्थित रहना। भूटान को शांगरी ला कहा जाता है। इसका अर्थ होता है- बाकी दुनिया से छिपा हुआ। अर्थात इसके लोग और इसकी संस्कृति किन्हीं भी अर्थों में अपभ्रष्ट नहीं हुई है। यहां किसी भी तरह का कोई अखबार नहीं था और बाकी दुनिया से यहां संचार का कोई साधन नहीं था। लोग पारम्परिक राष्ट्रीय परिधान में रहते थे और अपनी परम्पराओं के अनुसार ही चलते थे। उनका राजा बेहद कृपालु था और वो उससे डरने से ज्यादा प्रेम करते थे। मैं भूटान को जितना देखता गया, मुझे यकीन होता गया कि ये बौद्ध धर्म का गढ़ है। मैंने भूटान में बेहतरीन डेढ़ महीने बिताए। ताजपोशी के कार्यक्रम में शिरकत की और बंदूकों की सलामी देखी। मैं भूटान के अंदरूनी इलाकों में भी गया।

युद्ध खत्म होने के बाद मैं एक अजीब सी उलझन में पड़ा हुआ था। मेरे पिता ने मुझे गांधी के बारे में बताया था। और मैं सब कुछ गांधी के चश्मे से ही देखता था। मैं उनके लेखन को दिमाग में लेकर चल रहा था और सोच रहा था कि वो मेरी स्थिति में होते तो क्या करते। मैं आत्मिक और भावुक स्तर पर बदलाव और संकट की स्थिति से गुजर रहा था। मैंने अपने पिता को खत लिखकर कहा कि सेना और इसके मिशन अब मेरे लिये वो प्रेरक शक्ति नहीं रह गए हैं। असल में, अब वो मेरे लिये कोई मायने नहीं रखते थे। खत में, मैंने इच्छा जताई कि मैं सामाजिक-आत्मिक स्तर पर कुछ करना चाहता था और मुझे नहीं लगता था कि वो सेना में रहते हुए किया जा सकता था। हालांकि, अगर मैं सेना छोड़कर गरीबों के लिए कुछ करने लगूंगा तो समाज पर भार बन जाऊंगा क्योंकि मेरे पास खुद को पालने के लिए ही कोई नौकरी नहीं होगी।

मेरे पिता ने मुझे लंबे-लंबे खत लिखे और कहा कि मैंने जो चुना है, उसी में लगा रहूं। उन्होंने कहा कि मैं कायर हो गया था। वो मुझे गीता की लाइनें लिखकर भेजते: 'नियतं कुरु कर्म त्वं कर्म ज्यायो ह्यकर्मण:। शरीरयात्रापि च ते न प्रसिद्ध्येदकर्मण:।।' उन्होंने मुझे याद दिलाया कि मेरे कर्मों का फल जीवन में मुझे कुछ समय बाद मिलेगा।

सेना का जीवन कमाल का था। वो पंथ निरपेक्ष था, आरामदायक था और इसमें मुझे बहुत कुछ सीखने को मिला। लेकिन ये बहुत ही एकरूपी था जो मुझे रास नहीं आ रहा था। इस क्रम में मैंने अपने पिता से लंबी बातचीत की। उन्होंने बातचीत का अंत करते हुए कहा, 'गोपी, तुम्हारे कर्म और तुम्हारे धर्म की नियति तुम्हारे कर्म तय करेंगे।' मैं इस वक्त कुछ और कह नहीं सकता था इसलिए चुप रहा। इसी उधेड़बुन के दिनों में मेरी पोस्टिंग कश्मीर में हो गई। यहां मेरे हिस्से एक बड़ा अनुभव आया। चढ़ाई करने की एक घटना के दौरान मैं अपना संतुलन खो बैठा और 12 मीटर नीचे ग्लेशियर में जा गिरा। मैं किस्मत वाला था जो मौत के मुंह में जाने से बच गया। मेरे आदमी मुझे माचुई ग्लेशियर से उठाकर 25 किलोमीटर दूर बेस कैंप तक लेकर आए। मेरी बांह चूर हो चुकी थी और मुझे लग नहीं रहा था कि जीवन में दोबारा कभी उसे इस्तेमाल कर पाने वाला था। जिस वक्त मुझे वो चार लोग उठाकर ले चल रहे थे, मुझे आइन्स्टीन के शब्द याद आ रहे थे कि हमारा जीवन बहुत हद तक दूसरों के श्रम पर निर्भर करता है। हमारे जीवन एक दूसरे पर निर्भर करते हैं। इस तरह, मानो उनमें कोई जाल बन गया हो।

मैं पशोपेश में था। मैं न ही सेना में रहना चाहता था और न ही ये जानता था कि मुझे और क्या करना था। मैं सभी बंधन तोड़ के संन्यासी बन जाना चाहता था। लेकिन उसका मतलब ये होता कि मैं पेट भरने के लिए दुनिया पर आश्रित हो जाता और इस तरह मैं इस दुनिया पर भार बन जाता। मैं अपने काम और अनुभव के दम पर किसी नतीजे पर पहुंचना चाहता था। मुझे असहनीय दर्द हो रहा था। मुझे मॉरफीन दी गई थी और मैं स्ट्रेचर पर असहाय पड़ा हुआ ऊपर शून्य में ताक रहा था और इस आस में था कि मुझे इन सवालों का कोई जवाब मिल जाएगा। उस दुर्घटना, दर्द और शरीर का एक अंग खो देने के भयानक डर ने मुझे शांत रखा हुआ था। उस चोट ने मेरी उहापोह को शांत किया। सोनमर्ग से मुझे श्रीनगर स्थित बेस कैंप लाया गया। चार महीने इलाज चला और इस

दौरान एक ऑपरेशन भी हुआ। कुछ वक्त में मैं ठीक हो गया और जब बेहतर महसूस करने लगा तो खुद को ढूंढने की यात्रा पर निकल पड़ा।

मैं बेंगलुरु में मेडिकल पोस्टिंग पर एक साल रहा। चिकित्सकीय तौर पर मैं फिट नहीं था क्योंकि मेरी बांह काफी चोटिल हुई थी। इसके बाद एक मजेदार चीज हुई। ठीक होने के बाद, मेरी पोस्टिंग तिरुवनंतपुरम में हुई। यहां मैं एक छोटी यूनिट का कमांडेंट था जिसका नेतृत्व ब्रिगेडियर एनएसआई नरहरी (जो आगे चलकर जनरल बने और बहुत वक्त के बाद डेक्कन एविएशन के चेयरमैन) के हाथ में था। वो मेरे कमांडर थे। वो एक शानदार सैनिक, इंजीनियर, छत्रसैनिक (पैराट्रूपर), गोताखोर और खिलाड़ी थे। वो इन्फेंट्री स्कूल में पढ़ा भी चुके थे। मुझे उनके जीवन के दर्शन के बारे में उस रोज मालूम पड़ा जब उन्होंने ऑफिसर्स ब्रिगेड की कमान संभालते वक्त भाषण दिया और इन शब्दों के साथ अपनी बात खत्म की थी: 'मैं काफी मेहनत से काम करता हूं। मैं जितनी मेहनत से काम करता हूं, उससे भी ज्यादा मेहनत खेलने में करता हूं। मैं अपने खेल से भी ज्यादा पार्टी करता हूं। काम और खेल में मैं कोई समझौता नहीं करता।'

मैं ब्रिगेडियर से सलाह मांगता था। वो कई मौकों पर मेरी निगाह में और भी ऊपर उठते गए। मैं तिरुवनंतपुरम में मेस सेक्रेटरी था। मैं अक्सर भावनाओं के वेग में इधर से उधर बह जाया करता था। एक मौके पर एक आर्मी डिनर का आयोजन हुआ जिसमें एक जनरल को पधारना था। मुझे बताया गया कि वो सिर्फ स्कॉच ही पीते थे। सेना में ये रिवाज था कि अगर जनरल स्कॉच पीते थे तो मेस सेक्रेटरी को कैसे भी वो लानी होती थी और स्टेशन के बाकी अफसर उसका भुगतान करते थे। आर्मी की रीति के हिसाब से, जनरल को कभी भी खाने और पीने का बिल नहीं थमाया जाता था।

मैं जिस तरह का शख्स था, मैंने फैसला किया कि इस बेढंगे रिवाज को आगे नहीं बढ़ने दूंगा। अगर जनरल को स्कॉच पीनी थी वो पियें लेकिन उन्हें बिल दिया जाएगा। में ब्रिगेडियर नरहरी के पास गया और उन्हें बताया कि जनरल के एडीसी ने मुझे क्या संदेशा दिया था। ब्रिगेडियर नरहरी ने कहा, 'कुछ नहीं। हम उन्हें बिल नहीं देंगे लेकिन हमारे पास जो है, वही परोसेंगे।' फिर उन्होंने पूछा, 'हमारे पास क्या है?' मैंने कहा, 'इंडियन व्हिस्की और रम। ब्रिगेडियर नरहरी ने आदेश दिया, 'उन्हें वही परोसो जो हमारे पास है।'

जनरल तय समय पर आए लेकिन हम सभी तनाव में थे। सेना के रिवाजों से हटकर चलने पर जनरल बिदक भी सकते थे और ऐसे में वो खराब रिपोर्ट भी दे सकते थे। शाम होने तक मेस में शीशे की खनक भर चुकी थी। साथ

में अफसरों की भुनभुनाहट भी। बीच-बीच में हंसी ठिठोली की आवाजें भी आ रही थीं। जनरल साहब आए और अपनी कुर्सी पर विराजमान हुए। व्हिस्की पेश की गई और जनरल ने अपना गिलास उठाया। वो एक मंझे हुए स्कॉच प्रेमी थे और इस फन में इतने माहिर थे कि हवा में फैली गंध से ही बता सकते थे कि गिलास में तैर रहा द्रव्य शुद्ध स्कॉच है या नहीं! जनरल ने वो बोतल में भरा तरल गिलास में उड़ेला और उन्हें स्कॉच की नहीं बल्कि इंडियन व्हिस्की की गंध आयी। उन्होंने ऊंची आवाज में अपनी नाखुशी दर्ज करवाई। उन्होंने कहा कि इससे बेहतर है कि वो सूप पी लेंगे। इस मौके तक एक रिवाज टूट चुका था। अब एक और के टूटने की बारी थी। रीति ये थी कि अगर जनरल नहीं पी रहे हैं तो कोई भी नहीं पिएगा। लेकिन ब्रिगेडियर नरहरी ने अपनी ड्रिंक ऑर्डर की और बड़े करीने से कहा, 'मैं तो अपनी रम लूंगा।' जनरल हड़बड़ी में उठकर चले गए।

ब्रिगेडियर नरहरी खूब शराब पीते थे लेकिन हमेशा संभले और संतुलित रहते थे। हालांकि वो एक बहुत वरिष्ठ अधिकारी थे लेकिन वो सभी आउटडोर और इनडोर खेल खेलते थे, जमकर पार्टी करते थे और कभी-कभी तड़के तक ऑफिसर्स मेस में नाचते थे। उन्हें अपने कमांडेंट के रूप में पाकर बहुत मजा आया। व्यवहार में बहुत सुखद, काम में निष्पक्ष और संतुलित थे। वह बहुत दृढ़ और मुखर भी थे। आईएएस में प्रमोशन समयबद्ध है। इंफोसिस के नारायण मूर्ति ने एक बार कहा था कि एक आईएएस अधिकारी अपने प्रशासनिक करियर के दौरान केवल एक बार परीक्षा देता है: जब वह सेवा में शामिल होता है। वहीं सेना के अधिकारी का उसके करियर के हर महत्वपूर्ण पड़ाव पर परीक्षण किया जाता है। सौ सैनिकों में से एक को पदोन्नत होकर कर्नल का पद मिलता है। ब्रिगेडियर के पद का अनुपात और भी अधिक है। हजारों में से एक जनरल का चयन किया जाता है। आमतौर पर यह माना जाता है कि कई संगठनों में, और विशेष रूप से सेना में, यदि कोई मुखर है तो उसे बहुत ऊंचे पद तक जाने को नहीं मिलता है। ब्रिगेडियर नरहरी इस मामले में एक विलक्षण उदाहरण थे। वो बेहद सीधे भी थे और एकदम साफ भी, उन्हें शीर्ष पर पहुंचने से कुछ भी नहीं रोक सकता था।

मेरी अनसुलझी दुविधाओं ने मुझे नई चीजें देखने-करने से नहीं रोका। मैं ट्रेकिंग और स्विमिंग करने गया। मैं गांधी से प्रेरित होकर बगैर सोचे-समझे निकल पड़ा था। गांधी ने खुद को आजादी के आन्दोलन में झोंकने से पहले एक साल पूरे देश की यात्रा की थी। मैं भी हमेशा से भारत के कोने-कोने में

जाकर घूमने की इच्छा पाले हुआ था। इसीलिए, मैंने अपनी जावा मोटरसाइकिल निकाली और राजस्थान की ओर निकल पड़ा। मेरे पास मेरा टेंट, स्लीपिंग बैग और जरूरत का सामान था। मैंने बीकानेर से शुरुआत की और अगले तीन महीनों में 4 हजार किलोमीटर की यात्रा की। मैं अपनी जमीन और इसके लोगों से परिचित होना चाहता था और

असली भारत के बारे में जानना चाहता था। मैंने होटलों से परहेज किया और रातें आश्रमों में या नदी के किनारे खर्च कीं। एक छोटी सी राशि के बदले मुझे किसानों के घरों में या उनके खेत के एक कोने में या उनकी खली झोपड़ी में रहने को मिल जाता था। 15-20 रुपए में किसान मेरे लिये रात के खाने में खिचड़ी बना देते थे और मुझे रहने की जगह दे देते थे। बीकानेर से मैं जयपुर, जैसलमेर, अजमेर, दिल्ली, लखनऊ, कानपुर, खजुराहो, सांची, भोपाल, उज्जैन, मांडू और अहमदाबाद गया। मैंने मंदिर देखे, महल, किले देखे। मैंने न जाने कितने तरह के लोगों से मुलाकात की। भारत की ये तस्वीर, जिसमें न जाने कितने तरह के रंग थे, बेहद भव्य थी।

जब मैं सड़क पर था, मुझे ये अहसास हो गया था कि मुझे सेना से विदा लेनी होगी। मैंने इस बारे में ब्रिगेडियर नरहरी से भी बात की हुई थी। उन्होंने मुझसे कहा था, 'तुम्हें छोड़ देनी चाहिए। क्योंकि मुझे दिख रहा है कि तुम्हारा इस नौकरी में दिल नहीं लग रहा है। इसलिए तुम्हारा चले जाना सेना के लिए भी बेहतर ही होगा। लेकिन तुम बाहर करोगे क्या?' ये वाकई एक बहुत बड़ा सवाल था। मुझे सिर्फ और सिर्फ वो काम आते थे जो सेना के एक जवान को आते हैं। मैंने कहा कि मैं बाहर निकलूंगा और देखूंगा कि क्या करना चाहता हूं। लेकिन शुरुआत के लिए मैंने सोचा कि मैं किसानी करूंगा। वैसे मैं इस खयाल में भी डूबा रहता था कि मैं विदेश जाकर नेशनल ज्योग्राफिक सोसायटी के साथ कुछ सालों के लिए जुड़ जाऊंगा और दुनिया घूमूंगा। मैं मिस्त्र, यूनान और इटली घूमना चाहता था। मैंने सोचा कि मैं धीरे-धीरे काम सीख जाऊंगा और नेशनल ज्योग्राफिक के लिए संवाददाता का काम करने लगूंगा। लेकिन कम से कम ये बात मेरे दिमाग में एकदम साफ थी कि मैं सेना छोड़ने वाला था और सरकारी नौकरी नहीं करने वाला था।

चूंकि अभी तक मैंने बेहद संरक्षित जीवन जिया था, इसलिए मैंने आर्थिक रूप से असुरक्षित होने की संभावना पर विचार ही नहीं किया। सेना में एक अधिकारी के रूप में मेरा पहला वेतन 400 रुपए था। साथ में भत्ते के रूप में 223 रुपए मिलते थे। इसमें से हर महीने 200 रुपए अपने भाई-बहनों के पालन

के लिए पिता के पास भेज देता था। मेरा मेस का मासिक खर्च 100 रुपए के आस-पास आता था। इसके अलावा और कोई बड़ा खर्च नहीं था। लिहाजा मैंने कुछ पैसे बचाये हुए थे और आराम से जीवन कट रहा था। लेकिन, 'सीमाओं से आगे और जंगल के पार' जाने की इच्छा अभी भी दिल में घर किए हुई थी। ये बात सच है कि एक जहाज के लिए सबसे सुरक्षित जगह बंदरगाह होती है लेकिन एक सच ये भी है कि जहाज अनंत समंदर को पार करने के लिए बने होते हैं। ये सब सोचते हुए मैंने फैसला किया कि मैं अपने बंधनों को तोड़ते हुए, सुरक्षित जीवन से निकलते हुए, अपनी और अपनी चाहत की खोज में यात्रा पर निकलूंगा। ये पागलपन था लेकिन इस खयाल ने मुझे जकड़ रखा था। यही वो मौका था जहां मेरी मुलाकात एक लड़की से हुई मुझे एक बेहद अनोखे अनुभव से दो-चार होना पड़ा।

हम कुछ नौजवान तिरुवनंतपुरम में थे। वो एक हॉस्टल में रहती थी और हमारी दोस्ती हो गई। हम मेरी बाइक पर अक्सर बाहर जाते। उसकी दो दोस्त, मेरे दो दोस्तों कैप्टन ईजे कोचेकन (जो अब मेजर जनरल हैं) और कैप्टन सुरेश राव की अच्छी दोस्त थीं। उसके मां-बाप विदेश में रहते थे। हालांकि हम बेहद अच्छे दोस्त थे, हम एक-दूसरे के बारे में जो भावनाएं रखते थे, वो बात अलग थीं। वो मुझसे प्रेम करती थी लेकिन मैं उसके बारे में ऐसा नहीं सोचता था। मैंने ये बात उसे साफ शब्दों में बताई भी थी। उस वक्त मेरे जीवन का एकमात्र उद्देश्य था कि मैं सेना से निकलना चाहता था। लिहाजा, मेरे जहन में किसी सीरियस रिलेशनशिप या शादी का दूर-दूर तक कोई खयाल ही नहीं था। हम कई बार साथ में बाहर जाते थे। किस तरह से उसके मां-बाप को मालूम पड़ गया कि वो मुझसे प्रेम करती थी। उसके घरवाले तुरंत ही मिडल-ईस्ट से आ पहुंचे। असल में उन्हें एक लड़का मिल चुका था जिससे वो अपनी बेटी की शादी करवाना चाहते थे।

एक दिन, जब मैं ब्रिगेडियर नरहरी के साथ टेनिस खेल रहा था, उसने मुझे दहाड़ें मारकर रोते हुए फोन किया। उसने बताया कि पंद्रह दिनों में उसकी शादी करवाई जा रही थी। उसके मां-बाप ने उसे कैद कर के रखा हुआ था और वो मुझसे मदद मांग रही थी। मैं उसके साथ हमेशा ही ईमानदार रहा था और कभी भी झूठे वादे नहीं किए थे। उसे मालूम था कि मैं घर बसाने का इरादा नहीं रखता था। लेकिन वो चाहती थी कि मैं उसकी मदद करूं और उसे आजाद करवाऊं। वो चाहती थी कि मैं उसे वहां से दूर जाने में और थोड़ी आर्थिक मदद कर दूं, जब तक उसकी नौकरी नहीं लग जाती। उसने मुझसे कहा, 'मैं अभी

शादी नहीं करना चाहती। क्या तुम प्लीज मेरी मदद करोगे?' मैंने इस मामले के बारे में गंभीरता से सोचा फिर उसकी मदद करने के लिए राजी हो गया। मुझे पहले माले पर बने उसके बेडरूम से उसे बचाना था और फिर बेंगलुरु भेजना था। मुझे लगा कि उसकी मदद की जानी चाहिए। लेकिन ऐसा करने से पहले मैंने एक बार फिर उससे ये बात साफ की कि वो इस भ्रम में कतई नहीं रहे कि मैं उससे शादी करूंगा, क्योंकि मैं सेना छोड़ने वाला था। मैंने उससे कहा कि वो आरामदायक कपड़े पहने और कम से कम सामान बांधे। साथ ही मैंने ये हिदायत भी दी कि वो कैनवास के जूते पहने।

मेरी एनडीए की ट्रेनिंग के दौरान ऐसी छापेमारी की तालीम मिल चुकी थी। मैंने कोचेकन को याद किया और इस प्लान के बारे में उसे बताया। हमने एक और मोटरसाइकिल का जुगाड़ किया। मैंने प्लान किया था कि उसके घर से उसे 'बचाकर' उसे आर्मी की जीप में कोल्लम तक ले जाऊंगा जहां से कोचेकन उसे कोच्ची तक ले जाने वाला था और बेंगलुरु की ट्रेन पर बिठाने वाला था। वहां उसे मेरे दोस्तों से मिलना था जो उसे कुछ दिनों के लिए रहने की जगह देने वाले थे। इन कुछ दिनों में वो नौकरी ढूंढने वाली थी। इधर, उसे कोचेकन को सौंप कर मैं कैंप लौट आया।

ये बचावकार्य एक खालिस आर्मी के छापे जैसा ही प्लान किया गया था। हमने दिन में जगहों का सर्वे किया और रास्तों की पहचान की। 10 बजे के आस-पास उसके घर पहुंचने पर हम दीवार पर चढ़े। कोचेकन अपनी पीठ दीवार से सटाकर खड़ा था और मेरी ओर देख रहा था। मैंने एक पैर उसकी बांह पर रखा, पाइप पर चढ़ा और फिर पीछे बनी सीढ़ी पकड़ी। उसने सामान बांध रखा था और निकलने को तैयार थी। मैं उसे बाहर लेकर आया और नीचे उतरने में उसकी मदद की। दूसरी बाइक पर उसे बिठाया और सीधे एक दोस्त के घर पहुंचे।

मैं अपनी मिलिट्री पुलिस का कमांडेंट था जो ब्रिगेड के अनुशासन की देख-रेख करती थी। मुझे मालूम था कि जो मैं करने जा रहा था, वो नियमों के अनुसार गलत था। लेकिन मेरी भावनाओं ने मुझ पर दबाव बनाया हुआ था और उस वक्त मैं बहका हुआ था। मिलिट्री की गाड़ी के लिए मैंने पैसे दिये और उसे कोल्लम लेकर पहुंचा। वहां से कोचेकन उसे कोच्ची लेकर गया और प्लान के मुताबिक उसे बेंगलुरु की ट्रेन पर बिठा दिया।

अगले दिन, साधारण दिन की तरह, मैं ड्यूटी पर पहुंचा। मेरी गर्लफ्रेंड के मां-बाप को मालूम चल चुका था कि उनकी बेटी गायब थी और उनकी शक की सुई मेरी ओर ही घूम रही थी। पुलिस का फोन आया और मैंने किसी भी तरह की कैसी भी जानकारी होने से इंकार कर दिया। बाद में, ब्रिगेडियर नरहरी ने जवाब-तलब किया और मुझसे बताया कि मुख्यमंत्री और स्थानीय सांसद ने उन्हें फोन किया था और असेम्बली में मुद्दा उठाने की धमकी तक दी थी। अगर ऐसा होता तो ये सेना के लिए बहुत बड़ी बदनामी का सबब बनता। ब्रिगेडियर नरहरी ने मुझसे आंखों में झांककर कड़े शब्दों में पूछा। 'तुम इस बारे में कुछ भी जानते हो? अगर सच बता दोगे तो मैं तुम्हारा बचाव करूंगा।'

ब्रिगेडियर नरहरी दो लड़कियों के पिता भी थे जो मेरी दोस्त की उम्र की ही थीं। मैंने फैसला किया कि वो सच बोलने का समय था। मैंने उन्हें बताया कि क्यों नहीं वो किया जो किया। मैंने कहा, 'मैंने उसे 5 हजार रुपए दिए हैं। वो एक नौकरी ढूंढ रही है। चिंता करने की कोई बात नहीं है।' उन्होंने कहा, 'लेकिन उसके घरवाले चिंता करेंगे।' इसके बाद जब उसके घरवालों ने ये वादा किया कि वो उसकी मर्जी के बगैर उसकी शादी नहीं करेंगे तो मैं बाद में उसे वापस ले आया। लगभग पंद्रह दिनों के बाद ब्रिगेडियर नरहरी ने मुझे अपने घर बुलाया और मुस्कुराते हुए कहा, 'लड़के, अपना केक लो और इसे खाओ भी। लड़की के घरवालों ने तुम्हारे 5 हजार रुपए लौटाये हैं और साथ में शुक्रिया कहते हुए एक खत भी भेजा है।'

मैंने पैसे लिये और उन्हें सैल्यूट किया। कोई भी दूसरा कमांडर होता तो बेहद नाराज होता, मुझे गिरफ्तार करता और कोर्ट मार्शल करवा देता। वहीं, ब्रिगेडियर नरहरी ने मुझे एक बेहद जरूरी सबक सिखायाः कि जीवन को सिर्फ सफेद और काले रंगों में नहीं देखा जाना चाहिए और लोगों को और परिस्थितियों को तार्किक होकर और उदारता की रोशनी में देखना चाहिए। इससे पहले मैं भ्रष्ट लोगों को सजा देने में निर्ममता बरतता था। लेकिन इस वाकये के बाद मुझे समझ में आया कि किसी को कोई सबक सिखाना है तो जरूरी नहीं कि उसे सजा ही दी जाए। मुझे समझ में आया कि लोगों को दूसरा मौका भी दिया जाना चाहिए।

जॉन स्टेनबेक की ट्रेवल्स विद चार्ली पढ़ने के बाद, जिसमें लेखक चार्ली नाम के कुत्ते के साथ एक कैरावैन में 2 साल तक घूमता है जिससे वो अमेरिका को अच्छे से जान सके, मैंने अपनी बड़ी बहन भाग्या और उसके पति के घर वॉशिंगटन डीसी में कुछ दिन बिताने का फैसला लिया। मेरी बहन

के पति विश्व बैंक में काम करते थे। मैं वहां सहज होने लगा था और एक रुटीन में बंधने लगा था। लेकिन फिर मुझसे किसी ने पूछा, 'गोपी, क्या तुम इतनी दूर इंडिया से यहां अमेरिका तक रामास्वामी और कुप्पुस्वामी से मिलने और इडली-सांभर खाने ही आए हो?' इस सवाल ने मुझे हिलाकर रख दिया। मैं सीधा उस दुकान पर पहुंचा जहां कैंपिंग का सामान मिलता था। मैंने वहां से जींस की एक जोड़ी खरीदी, एक टेंट खरीदा, एक स्लीपिंग बैग खरीदा, कैंपिंग का और सामान इकठ्ठा किया, एक ग्रे हाउंड बस का पास बनवाया और 10 हजार किलोमीटर की यात्रा पर दूसरों की गाड़ियों में सवार होते हुए निकल पड़ा। मैंने वॉशिंगटन डीसी से शुरुआत की थी जहां से मैं न्यू यॉर्क जा रहा था। मेरी जेब में 500 अमेरिकी डॉलर थे। मेरी यात्रा में मैं ओहायो, इलिनॉई, साउथ डकोटा, नॉर्थ डकोटा, मोंटेना, यूटाह, येलोस्टोन नेशनल पार्क से लेकर ग्रैंड टेटन नेशनल पार्क, सेक्वोया नेशनल पार्क, कोलोरैडो, ग्रैंड केन्यन, लास वेगस, नेवाडा, नेब्रास्का, लॉस एंजेल्स, सैन फ्रांसिस्को गया और वापस आया। मैंने ट्रैवल करने का एक आर्थिक नियम बनाया हुआ था—मुझे खर्च कम करना था और देखना ज्यादा था। मैं होटलों में नहीं रुक सकता था और मैंने गाड़ियों में लिफ्ट मांग-मांगकर यात्रा की। मैंने रास्ते भर दोस्त बनाए, खाना बांटा, जीवन की कहानियां बांटीं। एक-दूसरे से विदा लेने से पहले हम स्मृतिचिन्ह भी लेते-देते थे। मेरे पास मेरा कैंपिंग का सामान था: एक चूल्हा, बर्तन और एक टेंट। मुझे रास्ते में एक डैनिश मेजर मिला जो अलग से बनवायी एक कैरावैन में चल रहा था। इसमें माइक्रोवेव ओवन था, एक टीवी लगा हुआ था और खाने की मेज भी थी। हमने साथ में कुछ दिन यात्रा की और फिर मैं अपने रास्ते पर चल पड़ा।

मैं ज्यादातर शहर के बाहर ही अपना कैंप लगाता था। न्यू यॉर्क में मुझे एक शख्स मिला जिसे मैं हिंदुस्तानी समझ रहा था। मैंने उससे हिंदी में बात की। वो हिंदी और पंजाबी में जवाब देता। बाद में मैं खुशी में चौंका जब मुझे मालूम चला कि वो पाकिस्तानी था। मालूम पड़ा कि वो पशुओं का डॉक्टर था और फिलहाल एक रेस्टोरेंट में वेटर का काम करता था। वो एक अच्छे काम की तलाश में था और ग्रीन कार्ड पाना चाहता था। जब उसे मालूम पड़ा कि मैं दूसरों की गाड़ियों पर आ-जा रहा था तो उसने मुझसे कहा कि वो मुझे न्यू यॉर्क घुमाएगा। उसने ब्रुकलिन में अपने एक कमरे के अपार्टमेंट में रुकने के लिए मुझे भी थोड़ी सी जगह दी। पहले तो उसने मुझे खाना खिलाया, फिर वो मुझे बाहर लेकर गया। उसने जिस तरह से दिल खोलकर अपने पंजाबी लहजे में मेरा सत्कार किया था, मैं अभिभूत था। वो मुझे बिग ऐप्पल की रातें दिखाने ले गया। मैं उसके साथ 42 स्ट्रीट गया जो 70 के दशक में न्यू यॉर्क की रातों की

रंगीनियत का केंद्र था। यहां हमें कई सारे भारतीय जोड़े मिले, भारत सरकार में काम करने वाले लोग मिले। इसके अलावा, यहां हर तरह के, हर पृष्ठभूमि के लोग मौजूद थे। यहां हमें हरे कृष्णा मूवमेंट के धर्मंतारक भी मिले, सेव जीसस मूवमेंट से जुड़े लोग भी दिखे, दलाल दिखे, ब्लू बार और सेक्स शॉप दिखीं। कुछ सिनेमाघरों में हर वक्त एक डॉलर में पोर्न फिल्में दिखाते रहते थे। स्टेज पर लाइव सेक्स हो रहा था। ये सब मेरे लिए हतप्रभ कर देने वाला अनुभव था।

मैं ग्रैंड केन्यन भी गया जहां मैंने अधिकारियों से ब्राइट एंजेल नेशनल पार्क में कैंपिंग करने की इजाजत ले ली। मेरे पास वहां रात में रुकने का सारा सामान था। नजदीकी रिहायशी इलाके से लेकर ग्रैंड केन्यन के बीच तक 51 किलोमीटर लंबी दूरी है जो आपको पैदल तय करनी होती है। लोग झुंड में ये दूरी तय कर रहे थे जबकि मैं अकेला पैदल चल रहा था। कुछ वक्त के बाद मुझे ऐसा लगा कि कोई तो था जो मेरे पीछे-पीछे चल रहा था। मैं रुका और उस पीछा करने वाले शख्स को पकड़ा। मुझे मालूम पड़ा कि वो एक लड़की थी। वो अच्छी साथी थी। हम साथ में चलने लगे और उसने बताया कि वो एक नर्स थी जो अपने खाली वक्त में नेब्रास्का से पढ़ाई भी कर रही थी। मैंने उसे बताया कि मैं केन्यन में रात गुजारने वाला था। उसने मुझसे पूछा कि क्या वो मेरे साथ कैंप कर सकती थी।

घाटी में नीचे उतरना बेहद मुश्किल भरा काम है। वहां बेहद गर्मी होती है और गर्मियों में तापमान 41-42 डिग्री तक पहुंच जाया करता है। हालांकी, वहां पार्किंग करने की बेहद अच्छी सुविधा है। साथ ही पब्लिक के लिए शौचालय की सुविधा भी बहुत ही अच्छी है। घाटी भर में लोग फैले हुए थे और उन्होंने छोटी-छोटी आग जला राखी थीं। मैंने कैंप लगाने की एक अच्छी जगह चुन ली। कोलोरैडो नदी, जो स्थानीय अमरीकियों की जीवन रेखा थी, कुछ सौ गज की दूरी पर बह रही थी। उसका पानी बेहद ठंडा था लेकिन वहां का वातावरण बेहद गर्म था। मैंने अपने कपड़े उतारे और पानी में कूद गया। कुछ ही देर में मैंने देखा कि ट्रेकिंग की मेरी साथी भी नदी में तैर रही थी। बगैर कपड़ों के!

अंत में, हम अपनी कैंप की जगह पर आए, अपना तम्बू लगाया, वहां आग लगाई और अपना डिब्बाबंद खाना पकाया और सोने चले पड़े। मुझे वो रात बहुत अच्छे से याद है। मैं आधी रात में, चांदनी से नहाये नजारे को देखने के लिए उठा और मुझे वहां आस-पास सैकड़ों हिरन दिखाई दिये। उस पूरे इलाके में कितने ही जोड़े थे जो उस गर्मी में, बगैर कपड़ों के पड़े हुए थे। उनकी देह चांदनी में नहा रही थी। अगले दिन हमने 29 किलोमीटर के उस पूरे सफर को

पैदल तय किया। उसके पास एक वॉक्सवैगन थी जिसमें हमने अगले कुछ दिन सफर किया और फिर एक-दूसरे को अलविदा कहा। अब मेरा भारत लौटने का समय आ चुका था।

भारत वापसी

जब मैं लौटा, मैं सीधे ब्रिगेडियर नरहरी के पास गया और कहा कि मैंने सेना छोड़ने का मन बना लिया है। मैं अभी भी ये नहीं समझ पाया था कि मैं वहां से निकलने के बाद क्या करने वाला था। मैंने सोचा था कि मैं गांव वापस जाऊंगा और देखूंगा कि मुझे क्या करना था। उन्होंने हामी भरी और मैंने इस्तीफा देने के बाद गोरूर का रुख किया। कागजों पर तो मैंने ये लिखा था कि मैं सेना इसलिए छोड़ रहा था क्योंकि मुझे अपने बूढ़े हो रहे मां-बाप का खयाल रखना था और भाई-बहनों को पालना-पोसना था। मुझे इस दौरान ये भी खयाल आया कि भविष्य में मेरे आर्मी स्टाफ के चीफ बनने की संभावना काफी ज्यादा भी थी और नही भी थी। मेरे दोस्त और सीनियर अधिकारी इस बारे में मेरा मजाक उड़ाते रहते थे। वो कहते थे, कैप्टन गोपीनाथ, तुम या तो जनरल बनोगे या फिर तुम्हारा कोर्ट-मार्शल होगा। संभावना तो यही है कि दूसरा काम होगा!'

मैंने सेना में वो सेवा नहीं की थी जिसकी मुझे पेंशन मिले। इसलिए, जब मेरा सारा वारा-न्यारा हुआ, तो मुझे 6,350 रुपए मिले। इस रकम के अलावा एक पाकिस्तानी रायफल भी मिली जो मैंने बरामद की थी। ये बोनस था। मैं बेहद खुश था। आजाद महसूस कर रहा था। मुझे भविष्य के बारे में कुछ भी नहीं मालूम था लेकिन मेरे अंदर शांति भरी हुई थी। मुझे इस बात का विश्वास था कि मैं अपने भविष्य को एक आकार दे सकता था और ये जान सकता था कि मैं क्या करना चाहत था।

जब मैं गोरूर वापस आया तो मेरा पूरा परिवार और पूरा गांव मेरे फैसले पर आश्चर्य जता रहा था। मेरे पिता खासकर बेहद चकित थे और गमगीन थे। मेरे बाकी के रिश्तेदार, यहां तक कि मेरे खुद के भाई-बहन, अमेरिका या विदेशों के बड़े शहरों की ओर जा रहे थे। वहीं मैं घर की ओर वापस आ रहा था। हालांकि कोई ऐसा भी था जो बेहद खुश था- मेरी मां। उन्होंने भले ही पहले तो ऐसा कुछ भी नहीं दिखने दिया लेकिन मुझे मालूम था कि वो बेहद खुश थीं और राहत की सांस ले रही थीं क्योंकि अब मैं सेना में नहीं था।

इस बीच सरकार ने हेमवती और यागाची नदियों के संगम पर एक बांध बनाने का फैसला किया। ये योजना करीब 20 साल बन चुकी थी। सरकारी मशीनरी चलने में धीमी होती है लेकिन निर्माण शुरू होने का समय आ चुका था। हमारा गांव बच गया क्योंकि निर्माण की जगह एक किलोमीटर आगे थी। लेकिन आस-पास के लगभग 60 गांव जलमग्न होने वाले थे। हमारी पारिवारिक खेती की जगह भी बांध के पानी की भेंट चढ़ने वाली थी।

हमारे परिवार की ज्यादातर जमीन बंटाई पर चढ़ी थी। अनाज का एक हिस्सा बंटाईदार के पास जाता था और बाकी हमारे पास आता था। बांध बनकर पूरा ही होने वाला था और हर कोई गांवों में पानी भरने और पुश्तैनी जमीन के हाथ से फिसल जाने के बारे में ही बात कर रहा था। बांध का ये प्रोजेक्ट स्थानीय लोगों को और हर जीवित चीज को उखाड़ के फेंकने वाला था। ये जमीन न जाने कब से गांववालों के जीवनयापन का सहारा थीं और ऐसे में ये सभी लोग गुस्से और निराशा से भरे हुए थे। ये लोग जो गंवाने जा रहे थे, सरकारी मुआवजा उसका मुकाबले कहीं भी नहीं ठहरता था। इसके अलावा ये सभी लोग विस्थापितों का जीवन जीने वाले थे जिनका भविष्य अंधकार में था।

हमारा पूरा परिवार सदमे में था। हमने फिर भी एक दूसरे को ये कहकर हिम्मत दिलाने की कोशिश की कि हमारे पास हमारा घर था। और जिस गांव में हम थे वहां ज्यादातर गरीब थे जिन्होंने शुरुआती शिक्षा भी हासिल नहीं की थी। ऐसी जगह पर हम पढ़े-लिखे परिवार के लोग, उनसे कहीं बेहतर स्थिति में होने वाले थे।

मेरे पिता और उनके तीन भाइयों को बेलूर और हालेबिडु मंदिर के आगे, सूखे इलाके में दस-दस एकड़ जमीन मिली थी। ये हमारे गांव से कई किलोमीटर दूर था और किसी ने भी इस जमीन को अपनी आंखों से कभी नहीं देखा था। उधर मेरा परिवार भी अपना पुश्तैनी मकान और गोरूर छोड़कर कहीं और नहीं बसना चाहता था। हमें मालूम था कि नयी जगह जाकर बसर करना मुश्किल साबित होगा। मेरे पिता ने फैसला किया कि वो मुआवजे में मिली जमीन बेच देंगे क्योंकि वो ज्यादातर बंजर थी जिस पर झाड़-झंखाड़ उगा हुआ था और वहां पहुंचने का कोई ढंग का रास्ता भी नहीं था। उस जगह पर सड़क, बिजली, पानी का कोई स्रोत, अस्पताल या स्कूल जैसी बुनियादी सुविधाएं भी नहीं थीं। सामाजिक और भौतिक सुख सुविधाओं का अभाव एक बड़ी वजह थी कि वहां कोई भी नहीं जाना चाहता था। मेरे पिता को उस जगह पर मेहनत करते हुए शुरू से शुरुआत करना अच्छा ऑप्शन नजर नहीं आ रहा था। इसी

दौरान में समस्याओं को हड़बड़ी में नहीं देख रहा था बल्कि मैं खेतों में दौड़ लगाया करता था और नदी में नहा रहा था। कसरत और शारीरिक चुस्ती ने मुझे समस्याओं से दूरी बनाए रखने में और चीजों को अलग नजरिए से देखने में मदद की।

मैसूर के महाराजाओं के राज में, शासक कई सारे खेत ऐसे नियुक्त करते थे जहां शाही जानवर चरने के लिए छोड़े जाते थे। ऋतु बदलने पर ये जानवर तय सीमा के अंदर ही, एक जगह से दूसरी जगह जाते थे। कर्नाटक में इसे अमृत महल कावल कहा जाता था। इसका नाम पुराने मैसूर में पायी जाने वाली बैल की एक नस्ल के नाम पर पड़ा था। ये जानवर आमतौर पर राजा की सेना का भार ढोने और दूध के लिए इस्तेमाल किए जाते थे। ये जानवर उस जमीन के टुकड़े पर जहां मर्जी चाहे चर सकते थे, उन्हें कोई रोक-टोक का सामना नहीं करना पड़ता था। महाराजा इस जमीन के लिए एक सेवादार की नियुक्ति कर देते थे। जो जमीन हमें मिली थी, असल में वो ऐसी ही जमीन का हिस्सा थी।

एक सुबह मैं उस जमीन को देखने के लिए बस पर चढ़ा और वहां के नजदीकी ग्राम मुख्यालय पहुंचा और लेखपाल से मुलाकात की। वो नक्शा लेकर आए और मेरे साथ चलकर उस जगह पर पहुंचे जो जवागल नाम के नजदीकी गांव से 8 किलोमीटर दूर थी। कुछ देर बाद हम एक छोटी सी धारा के पास पहुंचे। उसे पार करने में हमें कोई खास समस्या नहीं हुई लेकिन दूसरी ओर बेहद घनी झाड़ियां थीं जो लगभग अभेद्य थीं। इसलिए हम चरवाहों द्वारा बनायी गयीं कई पगडंडियों के सहारे चलकर एक पहाड़ी पर पहुंचे। ऊपर चढ़कर हमने जब नीचे देखा तो मेरे गाइड ने मुझे वो जमीन दिखाई जो उस धारा के किनारे थी। यही वो मौका था, जब मेरे अन्दर भावनाओं का प्रसार हुआ और यहीं मेरे सपने और मेरे जुनून ने जन्म लिया।

उस जमीन पर रहने और उस पर काम करने का ये फैसला, मेंने आनन-फानन में लिया था। मैं वहां एक फार्म बनाना चाहता था और ये सपना मेरे अन्दर घर कर चुका था। मेरी आंखों में वो दृश्य तैर रहे थे जिसमें मैं उस जमीन पर गायों को चरते हुए, बैलों को गाड़ी खींचते हुए, खड़ी हुई फसल और हवा में लहराते नारियल के पेड़ देख सकता था। मैं वहां खुद को हर सुबह और शाम टहलते हुए देख रहा था। मैं देर तक उस पूरी ऊबड़-खाबड़ जमीन को निहारता रहा जिसके किनारे झंखाड़ उगा हुआ था और जिसमें जहां-तहां हरियाली भी

दिख रही थी। मुझे अहसास हुआ कि ये सदियों पुरानी जमीन थी और कितने पुराने शाही रिवाज का हिस्सा रह चुकी थी। मैं भूतकाल की उन कहानियों के साथ अपने वर्तमान और भविष्य की संधि कराने को आतुर था।

मैं नए उद्यम और उत्साह को अपने भीतर लिए मचल रहा था। मिट्टी की गंध में नमी, घनी झाड़ियों की मादक गंध मिल रही थी और मुझे पहली बारिश की याद दिला रही थी। कम शब्दों में कहूं तो मैं मोहित था। मैं खुद को नीचे झुककर, मुट्ठी में मिट्टी भरने से रोक नहीं सका। मैंने मुट्ठी दबायी और उस भुरभुरी मिट्टी को अपनी गदेली पर टूटते हुए महसूस करने लगा। मैं जब वहां से वापस आ रहा था तो पूरी तरह से सम्मोहित था। घर लौटकर, तो मैंने सभी को बताया कि वो जमीन का टुकड़ा शुद्ध, उर्वरक जमीन थी जहां मैंने फार्म बनाने का और रहने का फैसला किया था। मेरे पिता के पास शब्द नहीं थे। उन्होंने खुद को संभालते हुए कहा, 'तुम पागल हो गए हो?'

हमने रात भर बात की और मेरे पिता ने मेरे दिमाग से किसानी के खयाल निकालने के लिए हर संभव प्रयास किए। उन्होंने किसान के सामने आने वाली हर मुश्किल मेरे सामने रखी। कि कैसे उसे सही बीज मिलने में, खेतों में काम करने के लिए सही मजदूर मिलने में और मानसून के नखरे झेलने में मुश्किलों का सामना करना पड़ेगा।

इस सबसे ऊपर, एक किसान, आजीवन अपनी जीविका चलाने में संघर्षरत रहता है। वो नहीं चाहते थे कि शुरुआती उत्साह ठंडा पड़ जाने के बाद मैं सच्चाई का सामना करूं और निराश हो जाऊं। किसान को सोचने पर एक बेहद रूमानी तस्वीर दिमाग में आती है। लेकिन वो कहते थे कि ये रूमानियत कुछ दिनों की ही मेहमान रहती है और इसे बीच में ही छोड़ दिये जाने की संभावना कहीं ज्यादा होती है।

मेरा ये मानना था कि जीवन में जिसकी चाहत है, वो काम करना जरूरी था। मैंने उन्हें जवाब दिया, 'मैं क्यों दूसरों को खुश करने के लिए कोई काम करूं?' सेना ने मुझे परिपक्व बना दिया था और शारीरिक चुनौतियों से पार पाने में मुझे सशक्त कर दिया था। उसने मुझे कठोर और मानसिक तौर से सुघड़ बना दिया था। मेरे दिमाग में फार्म की तस्वीर बनने लगी थी और मैं चुनौती स्वीकार करने को पूरी तरह से तैयार था। मुझे वहां असीम संभावनाएं दिख रही थीं।

उन्हें इस बात का अहसास भी नहीं हुआ लेकिन बहुत ही जल्द मेरे पिता मेरे नजरिए से चीजों को देखने लगे और एक अच्छा किसान बनने के लिए जरूरी सलाह देने लगे। सुबह के 6 बजने को थे। मुर्गे ने नियत समय पर सूरज

उगने के साथ ही बांग दी और चिड़ियों के कितने ही झुण्ड हरकत में आ चुके थे। ये जानकर अच्छा महसूस हो रहा था कि मेरे पिता मेरे फैसले के साथ थे। आखिरकार मुझे नींद आयी। मैं काफी थका हुआ था। मेरे पिता के बदले नजरिए और उनकी नयी प्राथमिकताओं ने एक अलग ही शांति और नए-नए आत्मविश्वास की जगमगाहट पैदा कर दी थी। वो तो मुझे ये तक बता चुके थे कि मुझे क्या उगाना चाहिए, कब उगाना चाहिए और फार्म की देख-रेख कैसे करनी चाहिए।

मुझे महान कन्नड़ कवि सर्वज्न याद आए जिन्होंने किसानी के बारे में यशस्वी भाव से लिखा था। उन्होंने लिखा था 'कोटि विद्येगालु, कोटि विद्येयाल्ली मेटी विद्येये मेलु' ('करोड़ों पेशे हैं, उन सभी में हल जोतने का पेशा सबसे श्रेष्ठ है')। और, जैसा कि एमर्सन ने कहा था, 'किसानी इंसान का सबसे पहला व्यवसाय था। ये मानवजाति का सबसे पहला पेशा था। इसी के चलते खाना आया, सारे पेशे शुरुआत में यहीं से निकले। पहला किसान पहला इंसान था।'

एक बार जब ये सभी बातें मेरे चाचा तक पहुंचीं, मैंने काम में तेजी लानी शुरू कर दी। 10-10 एकड़ के तीन हिस्सों का मतलब था कि वहां 30 एकड़ जमीन थी। ये बड़ी किसानी के लिए अच्छी-खासी जमीन थी। मुझे मालूम था कि मेरे पिता के भाई उस जमीन को बेचकर उससे होने वाली कमाई बैंक में रखना चाहते थे। इसलिए मुझे उनसे डील करनी थीं। मेरी एकमात्र समस्या थी पैसा। मेरे पास सिर्फ 6 हजार रुपए थे। मैं उन्हें उस जमीन पर उगायी फसल से पैसे देना चाहता था। उस जमीन से पैसा निकालने में मुझे कोई संशय नहीं था लेकिन मुझे समझ नहीं आ रहा था कि मैं वो जमीन खरीदूंगा कैसे। मैंने अपने उद्यम की सबसे पहली डील अपने पिता के भाइयों से की। जितने पैसे उन्हें जमीन बेचने से मिलने वाले थे, मैंने उन्हें उससे कहीं ज्यादा पैसे देने का वादा किया। मैंने ये भी कहा कि मैं बैंकों से ज्यादा ब्याज दर दूंगा। शर्त बस एक ही थी: मैं उन्हें अपनी उगाई फसल से पैसे देने वाला था इसलिए पैसे कुछ देर से आने थे। मैंने कभी भी किसानी से पैसे कमाने की अपनी क्षमता पर शक नहीं किया। ये प्लान बहुत ही अच्छे से चल पड़ा। मेरे पिता के भाइयों ने सहमति जाहिर की और इस तरह से, बगैर किसी भी झंझट के, मैंने पहला पड़ाव पार कर लिया था।

मैं बेंगलुरु गया और वहां मैंने एक सेकेंड हैंड एनफील्ड बुलेट मोटरसाइकिल और एक टेंट खरीदा। अपने फार्म पर साथ रखने के लिए एक डोबरमैन भी खरीदा। हस्सन पहुंचकर मैंने कैंपिंग और किसानी से जुड़े औजार

वगैरह खरीदे। इसके साथ एक महीने का राशन भी जुटाया। जमीन जोतने और अकेले रहने का ये आइडिया बड़ा ही रोमांचकारी था। मेरी मां ने मेरे निकलने के लिए एक शुभ दिन तय किया। अब लग रहा था कि चीजें आकार ले रही थीं।

आजादी के बाद कागजों पर बंधुवा मजदूरी खत्म हो चुकी थी और ऐसा करना किसी को जेल भेज सकता था। लेकिन मुझे ये जानकर बेहद आश्चर्य और दु:ख हुआ कि ये प्रथा अभी भी ग्रामीण समाज में धड़ल्ले से चल रही थी। चूंकि युवाकाल का मेरा ज्यादातर वक्त स्कूल और एकेडमी के माहौल में बीता, मुझे इसके अस्तित्व के बारे में कुछ भी नहीं मालूम था। ये समाज का हिस्सा बन चुका था और कोई भी इसके खिलाफ कुछ नहीं कहता था। जो भी इसके खिलाफ आवाज उठाता था, उसे बहिष्कृत कर दिया जाता था।

एक गरीब दलित लड़का राजू, हमारे और हमारे पड़ोसी के घर में काम करता था। एक अलिखित इकरार ये था कि वो घरों में काम करेगा क्योंकि उसके पिता ने गांव के कुछ घरों से पैसे लिये हुए थे। वो जानवरों को चराने के लिए ले जाता था और छोटे-मोटे काम करता रहता था। एक दिन मैंने अपनी योजना के बारे में राजू से विमर्श किया और पूछा कि क्या वो मेरे साथ उस जमीन पर चलेगा जहां हम जमीन जोतेंगे और फसल उगाएंगे। हमारे बीच ये वादाबंदी हुई कि जब मैं काम करूंगा तो वो खाना बनाएगा और जब वो काम करेगा तो मैं खाना पकाऊंगा। राजू को इस योजना में अपनी आजादी दिखी और उसने तुरंत हामी भर दी।

जिस दिन मुझे जाना था, हस्सन से एक किराये का ट्रक आया। मैंने उस पर अपना सारा सामन, कैंप की जरूरी चीजें और अपने एक महीने के पिल्ले को रखा जिसे मैं प्यार से टीपू बुलाता था। एक बार फिर गांव के लोग एक अनोखी यात्रा के लिए मुझे अलविदा कहने के लिए आए। मैंने देखा कि जब मैं अपने मां-बाप का आशीर्वाद ले रहा था, मेरी मां के चेहरे पर वैसे ही भाव थे जैसे मेरे सेना में भर्ती होने जाते वक्त थे। एक बार फिर, मैं दूर किसी जगह पर जा रहा था जहां मुझे सभी से दूर तम्बू में रहना था। किसी को नहीं पता था कि आगे मेरा क्या इंतजार कर रहा था। मेरी मां की आंखों में सभी प्रकार के खतरे एक समान थे।

दोपहर में हम अपनी नयी शुरुआत की ओर निकल पड़े। हम जब उस जमीन पर पहुंचे, सूरज डूब चुका था। उस पानी की धारा तक सड़क खत्म हो जाती

थी और ट्रक को वहीं रुकना था। हमने सारा सामान उतारा और पानी की धारा के पार ले गए। चार-पांच चक्कर लगाने के बाद हम सारा सामान वहां पहुंचा पाये। इस वक्त तक पूरी तरह से अंधेरा हो चुका था। कैंपिंग के लिए मैंने सबसे ऊंचा बिंदु चुना क्योंकि वहां से पूरी जमीन दिखाई देती थी। मैंने और राजू ने हंसिया और खुरपी निकाली और उस जमीन की सफाई करने लगे जहां कैंप लगाना था। हमने उसे साफ किया, समतल किया और आस-पास एक फुट के गड्ढे खोद दिये जिससे सांपों और बारिश के पानी से बचाव होता रहे। बीचों-बीच कैंप लगाने के बाद हमने आग जलाने के लिए कुछ लकड़ियां इकठ्ठा कीं और आग जलायी। उसी आग पर पहली बार हमने अपना खाना पकाया। मेरी मां ने मुझे सांभर मसाला दिया था। मैंने उसमें कुछ सब्जियां डालीं। हमने चावल पकाये और सादा लेकिन स्वादिष्ट खाना तैयार था। मैंने टेंट के सामने टाट बिछाई और फिर उस पर दरी डाली। उस शाम मैं उसी पर पड़ा रहा और तारों को निहारता रहा। मैं खुश था कि मैं वो करने निकल पड़ा था, जो करना चाहता था। आने-जाने और वहां काम करने से मुझ पर थकान हावी हो रही थी लेकिन मैं अंदर से बेहद शांत महसूस कर रहा था। मुझे धरती, आस-पास की हरियाली, पानी की धारा, वहां के पेड़-पौधों, आसमान और तारों से एक जुड़ाव महसूस हो रहा था। मैं खुद को एक पहेली का हिस्सा पा रहा था और जीवन की गुत्थी सुलझाने के दबाव से भी खुद को मुक्त हुआ पा रहा था। हम खुले में, तारों के सानिध्य में, शांति से सोये और सुबह कितनी ही चिड़ियों के शोर ने हमें जगाया।

3

प्यार और काम यही मायने रखता है।

—सिगमंड फ्रॉयड

फार्म पर गुजरे दिन

मैं खुद को पक्षी विज्ञानी नहीं मानता हूं। लिहाजा, मुझे ये नहीं मालूम था कि किन पक्षियों का कोलाहल सुनाई दे रहा था। और ये अज्ञानता मुझे कतई परेशान नहीं कर रही थी। जैसा कि भौतिकविज्ञानी रिचर्ड फेनमैन ने कहा था, 'मुझे बहुत पहले ही किसी चीज के बारे में जानने और उसका नाम जानने के बीच अंतर के बारे में मालूम चल चुका था।' उस कलरव ने मुझे अंदर तक खुशी से भर दिया था और मैं सब कुछ बेहद अचरज भरी निगाहों से देख रहा था। उस पल की खूबसूरती और उसका सूफीपन ही सब कुछ था। इससे पहले, मेरे सेना के दौरान ट्रेक पर मैंने सूर्योदय और सूर्यास्त के मौकों पर ऐसी ही चीजें महसूस की थीं। वो पल मेरी सारी थकान छीन लेते थे।

जैसा कि वड्र्सवर्थ ने कहा था:

पृथ्वी के पास इससे सुंदर जगह कोई नहीं
कोई आत्मा से शिथिल ही होगा जो यहां से गुजर जाएगा
ये दिल को छू लेने वाला शानदार नजारा है...
सूरज ने कभी भी इतनी खूबसूरती से नहीं ढकी
अपनी पहली किरण से घाटी, चट्टान और पहाड़ी
मैंने इतनी गहरी शांति न देखी, न महसूस की!

मैंने अपनी कर्मभूमि से अपनी मुलाकात एक ऊर्जा से भरी चहलकदमी के साथ की। मैंने वहां कितने ही अलग-अलग तरीकों के पक्षी देखे, छोटी मधुमक्खियां

और कीड़े-मकोड़े भी देखने को मिले। वहां जंगली फूलों और झंखाड़ की भरमार थी। ये सब देखकर मैंने मन बना लिया था कि मैं इस जगह के जंतुओं और यहां की हरियाली के बारे में किसी ऐसे शख्स से बात करूंगा जो इनके बारे में जानकारी रखता हो। राजा और मैं उस नयी जमीन पर सादा जीवन जी रहे थे और मिल-बांट कर काम कर रहे थे। खाने में हमने एक साल तक एक ही व्यंजन पकाया। सुबह नाश्ते में हम उपमा बनाते थे जो स्वादिष्ट भी होता है और पौष्टिक भी (जो मेरी दादी बताया करती थीं), इसके साथ ही वो पकाने में भी आसान होता है। दिन और रात के खाने में हम चावल, साम्भर और दही खाते थे। हर शाम की कैंपफायर के वक्त मैं खुद को रम और स्वादिष्ट नारियल पानी की दावत देता था। यदा-कदा, हम चिकन या मटन करी की दावत भी उड़ाते थे।

पहले ही दिन से मुझे ये अहसास हो गया था कि समय बहुत ही जल्दी भागता है और करने को बहुत कुछ था। मैं जब भी फार्म को देखता, हमेशा नयी आंखों से देखता।

टी.इ. लॉरैन्स अपनी *सेवेन पिलर्स ऑफ विज्डम: अ ट्रायम्फ* में कहते हैं:

> हर इंसान सपना देखता है: मगर बराबर नहीं। जो रात में, थके मन से सपने देखते हैं, वो सुबह उठकर पाते हैं कि वो एक छलावा था। लेकिन दिन में सपने देखने वाले इंसान खतरनाक होते हैं क्योंकि वो खुली आंखों से देखे उन सपनों को पूरा करने की कोशिश भी करते हैं।

मैं खुली आंखों से ही सपना देख रहा था। मेरा दिमाग फार्म के बारे में तरह-तरह के विचारों से भरा हुआ था। मेरे एजेंडे में सबसे ऊपर था गोबर गैस प्लांट। मेरा ये मानना था कि ये आधुनिक विज्ञान का एक बेहद उपयोगी और अभिनव सृजन था। इसका काम करने का सिद्धांत भी बेहद सादा है। आपको एक बड़े गड्ढे में गाय का गोबर भरते जाना है और उसे ढंकते रहना है। जब गोबर सड़ना शुरू करता है, उसमें मीथेन पैदा होती है और उसे आगे एलपीजी के तौर पर इस्तेमाल किया जा सकता है। ये बेहद चटख नीली आग के साथ जलता है और आप बर्नर रखकर इससे खाना पका सकते हैं। इसके साथ ही, इसका इस्तेमाल रोशनी के लिए भी किया जा सकता है। इसके बाद, गोबर सूख कर अच्छी खाद के रूप में भी इस्तेमाल हो सकता है। कुल मिलाकर, गोबर गैस प्लांट ग्रामीण पर्यावेश के लिए एकदम मुफीद है।

मैं उस हरे मैदान में गाय चराने और उन्हें पालने के सपने देखता था। वो मेरी चाय के लिए दूध मुहैया करतीं। उस दूध का दही जमता, मथकर लस्सी बनता और दूध से मक्खन भी मिलता। चूंकि मैं केरोसीन स्टोव पर खाना पका रहा था, मुझे दूसरा कोई ईंधन भी चाहिए होता। खुद के लिए दूध, फार्म के लिए खाद और जुताई करने और गाड़ियां खींचने की भी जरूरत थी। मवेशी सबसे अच्छा समाधान नजर आते हैं। मैं हर पल उस जगह पर टहलते हुए बिता रहा था और अपने फार्म के बारे में सपने संजो रहा था। मैं उस जलधारा में नहाता था जो मेरी जमीन के पास थी और जंगली फूलों के पराग ने मुझे मदहोश किया हुआ था। मुझे लग रहा था कि मैं दुनिया जीत लूंगा।

मैंने तय किया कि मैं शारीरिक काम दिन में करूंगा और सूरज डूबने के बाद पढ़ाई और अपनी योजना पर काम करूंगा। मेरे दिमाग में तस्वीरें बन रही थीं और वो मुझे योजनाबद्ध तरीके से काम करने के लिए प्रेरित करती जा रही थीं। मैंने सोचा कि डेरी से मैं रोज की कमाई कर सकता था जबकि पोल्ट्री और कपास की खेती मासिक कमाई लाने वाली थी। मैं मौसमी फसलें उगा सकता था और उससे हम साल भर में 3 बार कटाई कर सकते थे। मुझे लगा कि केले अच्छी सालाना फसल हो सकते थे और नारियल के पेड़ों का, जो करिश्माई होते हैं, सात-आठ साल पालन-पोषण करने पर वो मुझे सौ साल तक पैरों पर खड़ा रख सकते हैं। शास्त्रों में, नारियल के पेड़ को कल्पवृक्ष कहा गया है। यानी, वो पेड़ जो बेहद लंबे समय तक चलते हैं और सभी मनोकामना पूरी करते हैं। मेरे फार्म की सफलता या असफलता, उस समयावधि के खत्म होने पर तय की जाने वाली थी, जितने मुझे नारियल के पेड़ उगाने में लगने वाले थे, मैंने तय किया कि मैं खुद को 10 साल इस समेकित फार्म में पूरी तरह से लगा दूंगा।

मैं ये मानता हूं कि मुझमें शुरुआत से ही किसानी करने की प्रवृत्ति थी। जब छोटा था तो किसानों के इर्द-गिर्द रहते हुए मैंने चीजें देखी थीं। मेरे पिता मेरे गाइड और परामर्शदाता थे। किसानी हमारा पारिवारिक पेशा था और मुझे लगता था कि प्रकृति के बीच काम करने की मेरी इच्छा मेरी शुरुआती गलतियों का प्रायश्चित था।

मैंने वहां घास और कंटीली झाड़ियां साफ करनी शुरू कीं। मेरे काम में हर दिन उस बहते पानी में नहाना शामिल था। इधर मैं उस जमीन से नजदीकियां बढ़ा रहा था और मुझे घनी कंटीली झाड़ियों के नीचे छोटे पौधे और शाखाएं दिखीं। ये झाड़ियां जहां थीं, उसे बंजर जमीन कहा जाता था। मैंने एक पुराने किसान से इस बारे में पूछा। पक्षी इन कंटीली टहनियों पर बैठते थे और कोई

फल वगैरह खाने के बाद उसके बीज वहीं गिरा देते थे। कई बार पक्षियों की बीट के साथ बीज जमीन तक पहुंच जाते थे। इसके बाद जब मानसून आता था तो उन बीजों से अंकुर फूटते थे। उन्होंने वो तमाम अंकुर देखकर बताया कि वो सभी नीम, चन्दन, हांग, इमली, अंजीर, जामुन आदि के थे।

मेरे फार्म के इर्द-गिर्द घूमती-घुमाती धारा बहती थी। बरसात में वो चौड़ी हो जाती थी और गर्मी में उसकी धारा पतली रहती थी। ऐसे में एक के बाद एक गीलेपन और सूखेपन के चरण आते रहने के चलते वहां अलग-अलग तरह की चीजें उगायी जा सकती थीं। पेड़ों का झुरमुट कई कीड़े-मकौड़ों, गुबरैलों, चूहों और सांपों के साथ-साथ जंगली बिल्लियों, तेंदुओं, जंगली कुत्तों, भेड़ियों, खरगोशों और लोमड़ियों के लिए रहने की अच्छी जगह बनाता था। मेरे पिता ने कहा कि इन झुरमुटों से प्राकृतिक अवरोध भी बनता था जो हवा की गति पर लगाम लगता था और उसी वक्त वो पानी की धारा मिटटी में नमी बनाए रखती थी।

ज्यादातर नए किसान अपनी जमीन पर मौजूदा घास-फूस और बाकी हरियाली को हटाने के लिए बड़े-बड़े औजारों का इस्तेमाल करते थे। वो बड़े बुलडोजरों से जमीन खोद देते थे और पूरी घास-फूस हटा देते थे। जैसे ही मालूम चला कि सरकार बांध के पानी में डूबने वाली जमीन के मुआवजे के रूप में ये जमीन देने जा रही थी जहां कभी शाही मवेशियों को चराने के लिए लाया जाता था, स्थानीय किसान आए और वहां लगे पेड़ों की कटाई शुरू कर दी। अब वहां सिर्फ झाड़-झंखाड़ ही बचा था।

मुझे नहीं मालूम ऐसा क्यों था, लेकिन मैं इसे देखकर बेहद असहज महसूस कर रहा था। बाद में मुझे मालूम चला कि घास-फूस और झाड़ियों के बीच पक्षियों द्वारा गिराए बीजों को पहली बारिश में ऐसा माहौल मिलता था कि उनमें अंकुर फूट जाता था और फिर वो पेड़ बन जाते थे। ये सब ध्यान में रखते हुए मैंने नियम बनाया: खेत की पूरी सफाई नहीं की जानी है।

मैं इस बारे में सोचने लगा था कि मुझे वहां कौन से पेड़ लगाने थे। ये मेरे लिये कोई चिंता का विषय नहीं था क्योंकि मुझे इतना तो विश्वास था कि पक्षी यहां अच्छे फल वाले पेड़ों के बीज तो लेकर आएंगे ही। जो पक्षियों के लिए अच्छा था वो मेरे फार्म के लिए भी अच्छा होने ही वाला था।

एक कहावत है: कम शासन ही अच्छा शासन है। मैंने इसके समानांतर एक कहावत खड़ी की: कम किसानी ही अच्छी किसानी है। मैंने कुछ नियम बनाए। इन नियमों के अनुसार, जमीन पर जो भी उगने वाला था, उसे कोई

भी हाथ नहीं लगा सकता था। ये नियम पूरी जमीन पर लागू था। धीरे-धीरे मैंने पेड़-पौधों की अलग-अलग प्रजातियां पहचाननी शुरू कर दीं। मैं हर संभव प्रयास करता था कि सभी प्रजातियां वहां पनपें और मिट्टी को हवा देने के लिए घास की हल्की-फुल्की छंटाई करता रहता था।

मैंने जो पैसे लगाए थे, उनकी अच्छी से अच्छी वापसी के लिए जरूरी था कि मेरे पास और पैसे हों। मेरे आर्थिक स्रोत बेहद सीमित थे: मेरे पास कुल 40 हजार रुपए थे जिसमें सेना से निकलने के बाद मिलने वाली सारी राशि शामिल थी। इसके अलावा मेरे पास 35 हजार रुपए और थे जो मैंने इस वादे के साथ अपने दोस्त से उधार लिये थे कि बैंक से लोन मिलते ही लौटा दूंगा।

मानसून अभी 6 महीने दूर था और मुझे किसानी का वक्त शुरू होने से पहले-पहले ही पैसों का इंतजाम करना था। मैं अपनी मोटरसाइकिल से रोज हस्सन जाता था। वहां के बैंकों में एक मेज से दूसरी मेज तक मैं अपने सपने को बेचने की कोशिश कर रहा था। बैंक मैनेजर ने मुझसे मेरा प्लान पूछा। मैंने कागज पर हाथ से लिखी योजना वाला दस्तावेज सामने रखा जिसमें मेरी सभी जरूरतें बताई गई थीं। लेकिन इसमें मैं ये नहीं लिखकर लाया था कि मैं ये पैसा कैसे और कितने वक्त में वापस करूंगा।

मैंने हस्सन के लगभग सभी आठ या दस पब्लिक सेक्टर के बैंकों के चक्कर लगा लिए थे। इनमें कैनरा बैंक, सिंडिकेट बैंक, विजया बैंक जैसे बैंक भी शामिल थे जिनका राष्ट्रीयकरण भी हो चुका था। मैं हर दिन, खाली हाथ लौट रहा था। मैनेजर मुझसे वादा करते जा रहे थे कि वो मुझसे संपर्क करेंगे। एक दिन, एक मैनेजर ने ये कहलवा भेजा कि वो व्यस्त हैं और मुझसे नहीं मिल सकेंगे। मेरा दिमाग खराब हो गया। मैं उसके कमरे में घुसा और उस पर आरोप लगाया कि वो मेरा शोषण कर रहा था। मैंने ऐसे शब्दों का इस्तेमाल किया जो मेरे स्कूल के प्रिंसिपल को बेहद नाराज कर सकते थे।

अधिकारियों के अपनी अधिकार होते हैं। मुंह बाए खड़े उस मैनेजर ने मेरी फाइल उठायी, मेरे हाथ में रखी और कहा: 'इसे ले जाओ। मैं कुछ नहीं कर सकता।' उस मैनेजर से वो मेरा आखिरी संवाद था। लेकिन मैंने निश्चय कर लिया था कि मैं हार नहीं मानने वाला था और ऐसा सोचकर मैंने बड़े अधिकारियों से इस बारे में बात करने की ठानी।

ये वो समय था जब वित्त मंत्रालय में जनार्दन पुजारी हुआ करते थे। वो कर्जदार के पक्ष में रहने वाले शख्स थे और किसानों को पैसा न देने वाले मैनेजरों की मिट्टी पलीद करने के लिए जाने जाते थे। सरकार भी इस बात

का ढिंढोरा पीट रही थी कि वो ऐसी योजनाएं बना रही है जो किसानी के पक्ष में खड़ी थीं। सरकारी कार्यकारिणी ये दावा कर रही थी कि किसानी को वो सबसे ज्यादा तवज्जो दे रही थी। उनका कहना था कि किसानों को लोन और बाकी सभी तरह की मदद जरूर दी जानी चाहिए। लेकिन धरातल पर सच्चाई इन दावों से बेहद दूर दिख रही थी।

बैंक वाले लोग बेहद रूखे थे, अशिष्ट थे और उन्हें फर्क नहीं पड़ रहा था। मैं गुस्सा कर रहा था लेकिन धैर्य नहीं खो रहा था। मुझे अहसास हुआ कि चूंकि बैंक मैनेजर पब्लिक के पैसों की चौकीदारी कर रहे थे, उन्हें लगता था कि गरीब किसान पैसे कैसे लौटा पाएगा। ऐसे में वो कर्ज देने में बहुत रियायत नहीं बरतते थे। लेकिन मैं लगा हुआ था और ये तय कर चुका था कि खाली हाथ तो नहीं लौटूंगा। सरकार की किसानी के पक्ष में खड़ी दिख रही योजनाएं मुझे हौसला दे रही थीं। मैं फिलहाल ठीक हालत में था लेकिन मैं भविष्य के बारे में सोच रहा था और इस तरह से मैं बैंकों में जुगाड़ लगाने की नयी योजनाएं बनाने लगा।

वहां कुछ पांच-छह और ऐसे किसान थे जो विस्थापित हुए थे और अपनी नयी जमीन पर आकर बस रहे थे। उनके पास कोई भी पढ़ाई-लिखाई का तजुर्बा नहीं था और न ही उन्हें ज्यादा कोई जानकारी थी। इनमें से बस एक ही था जो अपने दिमाग में योजना बनाकर आया था कि वो अपनी नयी जमीन पर क्या करना चाहता था। वो मेरे पड़ोस का ही था और छप्पर वाले झोपड़ी में रहता था। मैंने एक रात अपने पड़ोस में कुछ हल्ला सुना। मालूम पड़ा कि वो लोग जो उस जमीन पर अपने जानवर चराते थे, नए बसने वालों पर हमला बोलने आ गए थे। उन्होंने झोपड़ियों में तोड़-फोड़ की, बर्तन तोड़ दिये और मवेशियों को चोट पहुंचाई। एक तरह से देखें तो गांववालों का गुस्सा भी जायज था। लेकिन कानूनन उनका कोई हक नहीं था उस जमीन पर, जिस पर लोगों को विस्थापित किया गया था, जिन्हें उनके कोप का शिकार होना पड़ा।

लोगों की ये अजीब फितरत होती है कि वो अपनी जगह किसी के साथ बांटना नहीं चाहते। ट्रेन में सफर के दौरान वो नहीं चाहते हैं कि बीच यात्रा में नए लोग उनके सफर में जुड़ें। हमारी सोच ही ऐसी बन गई है कि हमारे बगल वाली सीट पर हमसे बाद में आने वाला शख्स हमें घुसपैठिया नजर आता है। स्थानीय किसानों को हमारे बारे में ऐसा ही कुछ लग रहा था। वो उस जानवरों को चराने वाली जमीन पर अपना 'अधिकार' हमें नहीं देना चाहते थे। माहौल काफी गर्म था।

मैं अपने टेंट में सो रहा था और अचानक मुझे धरती कांपती सी महसूस हुई। सुबह बस होने ही वाली थी। मैं तुरंत बाहर निकला और देखा कि बड़ी संख्या में किसान आए हुए थे और मेरी जमीन पर जुटे हुए थे। उन्होंने जानवरों की मदद से हल गाड़े हुए थे और वो नयी-नयी खेती को उखाड़ रहे थे। वो जितना कुछ भी भी बर्बाद कर सकते थे, कर चुके थे। मैंने दो पल में मामला समझा और और तुरंत ही फैसला लिया कि मुझे आगे क्या करना था।

मैं गया और उनके नेता की आंख में आंख डालकर चिलाया, 'देखो! मैं उस जमीन के एक इंच को भी हाथ नहीं लगाऊंगा जिस पर मेरा हक नहीं है। लेकिन मैं उस जमीन का एक इंच किसी को छूने भी नहीं दूंगा, जो मुझे दी गई है। ये जमीन मेरी है।' मुझे ये समझ में आ गया था कि मुझे मेरे आस-पास के संसाधन इन सभी लोगों के साथ बांटने होंगे। भविष्य में हमें एक दूसरे की मदद की जरूरत भी पड़ेगी। ये किसान भले लोग थे और इसीलिए गुस्सा थे क्योंकि सरकार ने बगैर कुछ सोचे-समझे इनके चारागाह को विस्थापित लोगों को दे दिया था।

मैंने वहां उत्पात मचाने वालों से बात की। उनसे वादा किया कि हम मिलकर सरकार से बात करेंगे और बाकी बची जमीन उन्हें दिलवाने की कोशिश करेंगे। हमने ये भी तय किया कि हम सरकारी सर्वे करने वाले को बुलाएंगे और मेरी जमीन की सीमा चेक करवाएंगे। मैंने वादा किया कि तब तक मैं कैसी भी निराई-गुड़ाई नहीं करूंगा और गांव की राजनीति या लोगों के जीवन में दखल भी नहीं दूंगा। मेरे पड़ोसियों ने मेरी बात पर विश्वास किया और हमने हाथ मिलाये।

सर्वे करने वाला आया और मेरे खेत की सीमा तय की गई। उसने ये भी बताया कि बची हुई सैकड़ों एकड़ की जमीन पर किसी का दावा नहीं था। स्थानीय किसान सरकार से गुजारिश कर सकते थे कि वो जमीन उन्हें दे दी जाए। ये वो समय था जब सरकार किराये पर जमीन लेने वालों को और बगैर जमीन के किसानों को जमीन का मालिकाना हक दे रही थी। मेरे पड़ोसियों को ये खबर बहुत अच्छी लगी। सरकार ने भी उनकी बात सुनी और वो जमीन उन्हें दे दी।

गांव की भीड़ के साथ ये मेरी पहली मुलाकात थी। मैंने पहला सबक सीखा और ये समझ आया कि स्थानीय लोगों के साथ मिलकर ही काम करना होगा और ऐसे नतीजे निकालने होंगे जो सभी के पक्ष में हों। मुझमें ये आदत थी कि मैं चीजों को दूसरों के नजरिए से देखा करता था। ये मेरे पिता की देन थी। कई मसलों से निपटने में इसने बहुत मदद की। अगर मैं उन स्थानीय लोगों

से लड़ाई मोल ले लेता तो मैं एक मूर्ख कहलाया जाता। साथ ही मैंने वहां के माहौल को हमेशा के लिए खराब कर दिया होता। मुझे मालूम था कि मैं धीरज दिखाऊंगा तो वो मेरे नजरिए से भी सब कुछ देखेंगे। ऐसा हुआ भी और अब वो सभी मेरे मित्र थे। वो मेरे लिये काम करने भी आए। मैंने भी उनसे वादा किया कि मैं उनके संसाधनों की स्थिति सुधारने की कोशिश करूंगा। मैं सड़क सुधार और बिजली लाने की कोशिश भी करूंगा। उन्होंने मेरी बातें स्वीकारीं और गुस्सा थूक दिया।

पानी की वो धारा नए आए लोगों और पुराने किसानों के बीच सीमारेखा का काम कर रही थी। नए विस्थापित लोगों को धारा के पश्चिम और उत्तर में जमीन दी गई थी। दक्षिण और पूर्व में पुराने रहने वालों की जगह थी। एक तरह से, मुझे केंद्र में जमीन मिली हुई थी। चारागाह वहां के महाराजा की दूरदर्शिता का गवाह था। उनकी सरकार ने आने वाली पीढ़ियों को ध्यान में रखते हुए आर्थिक विकास की रूपरेखा तैयार की थी।सामान्य आर्थिक संसाधनों के विकास में सड़क और हाईवे, टैंक और बांध, सरकारी बगीचे और चारागाह शामिल थे। सड़कों के किनारे और टैंक के इर्द-गिर्द जो पेड़ लगाए जाने थे, वो लकड़ी या फल देने वाले पेड़ होते थे। कई मौकों पर वो तेज हवाओं के खिलाफ भी काम करते थे। नए राजाओं को पुराने महाराजाओं से कई सबक लेने चाहिए।

शुरुआती दिनों में अपनी जमीन पर काम करते हुए मैंने एक चीज देखी। मेरे पड़ोसियों के यहां जो मेहमान आते थे, वो उनके खेत में काम करते थे। मैंने आश्चर्य और शर्म की भावना के साथ देखा कि वो सुबह से ही खेत के कामों में व्यस्त हो जाते थे। मेहमान गाय दुहने में मदद करते थे, गोबर इकट्ठा करते, और दीवारों को गोबर से लीपते। वो आंगन की सफाई करते, रसोई में मदद करते, सब्जियां तोड़ते, और नाश्ता बनाने में मदद करते। बाद में, दिन में वे खेत में भी मदद करते। समबंधियों और मेहमानों की अच्छी खातिरदारी होती थी लेकिन वो सभी काम में हाथ बंटाते थे। मुझे यह बहुत अच्छा लगा। हमारे घरों में आने वाले मेहमान खाना-पीना करते थे लेकिन खेती के काम में कभी भी हाथ नहीं बंटाते थे।

एक दिन, जब मैं अपने खेत की सफाई कर रहा था, मुझे एक सांवला, खूबसूरत सा आदमी मेरी ओर आता दिखा। उसकी उम्र 40 पार की होगी। उसकी कदकाठी बेहद मजबूत थी और उसने एकदम सफेद धोती पहनी हुई थी। वो आत्मविश्वास से भरा हुआ दिख रहा था। उसने खुद का परिचय मांजे

गौड़ा के रूप में दिया। उसने बताया कि वो मेरा पड़ोसी था। मैंने उसे नमस्ते किया और हमने हाथ मिलाया। उसका हाथ किसानी वाला कठोर हाथ था। मैंने मांजे गौड़ा के बारे में सिर्फ सुना था जो बेहद अच्छा किसान था और पानी की धारा के पूर्व में रहता था। मैंने ये भी सुना था कि वो अकेले ही रहता था। उसकी पुश्तैनी जमीन लगभग 30 साल पहले बंटने वाली थी। मांजे गौड़ा ने वो बड़ा हिस्सा ले लिया था जिस पर जंगल उगा हुआ था। वो अपनी पत्नी के साथ वहां आया और अपना कैंप लगाया। अब वो वहीं एक झोपड़ी में रहता था। उसके बारे में कई कहानियां चलती थीं। कि वो कितना निडर इंसान था और बेहद हिम्मती भी। उसने जंगल को हराकर वहां नारियल की पैदावार की। उसने कितने ही डकैतों से लोहा लिया और जंगली जानवरों को पास भी नहीं फटकने दिया। उसे और भी परेशानियां जरूर ही हुई होंगी। लेकिन वो पूरे दौरान गांव की राजनीति से कोसों दूर रहा (और अपनी हिम्मत और इच्छाशक्ति के दम पर तरक्की करता गया)।

मैं उससे हाथ मिला रहा था और उसकी मजबूत कद-काठी देख रहा था। मुझे यकीन हो गया कि मैंने जो भी सुना था, उसका बहुत सा हिस्सा सच था। इसके साथ ही मुझे मुझ पर अब कुछ कम गर्व हो रहा था क्योंकि अभी तक मुझे ऐसा लगता था कि मैंने अपने जीवन में काफी कुछ रोमांचकारी किया हुआ था। वहीं, मेरा इस बात में भी यकीन बढ़ने लगा था कि मैंने उस फार्म के बारे में जो भी सोचा था, उसमें मैं सफल होकर रहूंगा।

मांजे गौड़ा आम किसानों से बेहद अलग तरीके का किसान था। कर्नाटक के किसान परिवारों में ये प्रथा थी कि किसान का पूरा परिवार किसानी से जुड़े कामों में हाथ बंटाता था। परिवार के सदस्य निराई-गुड़ाई और रोंपाई में मदद करते थे, फसल की निगरानी करते थे, कटाई, ढुलाई, मड़ाई और बाकी कामों में भी हाथ बंटाते थे। वहीं मांजे गौड़ा अकेले काम करता था।

उसने मेरी जमीन पर लोगों को काम करते हुए देखा था और उसे मालूम था कि मैं अपना खाना खुद ही बनाता था। न जाने क्यों, लेकिन वो मुझे पसंद करता था। फिर, जैसे-जैसे दिन निकले, हम दोस्त बनते गए। ये सही मायनों में दोस्ती थी। मुझे अक्सर मांजे के घर से रागी की रोटी और चटनी मिलती रहती थी। उसकी पत्नी केले के पत्तों में रोटी रखती, दो किलोमीटर की दूरी तय करते हुए नदी की धारा को पारकर मेरे यहां तक आती और खाना देती। मांजे गौड़ा ने अपनी पत्नी से कहा था, 'वो एक टेंट में रहता है। खेत में अकेले काम करता है। उसकी शादी नहीं हुई है। उसका परिवार भी उसके साथ नहीं है। तो

तुम जाकर उसे खाना दे आया करो।' मुझे उस परिवार ने जैसा प्यार दिया, मुझे बहुत खुशी हुई। मांजे गौड़ा और उसकी पत्नी मेरे घरवालों की तरह मेरी देखभाल कर रहे थे। जब भी गांव में त्योहार मनाया जाता था, वो मुझे अपने घर खाने पर बुलाते। वो शानदार दावत होती थी। गौड़ा परिवार के पास भले ही बहुत धन-दौलत नहीं थी लेकिन उनका दिल बेहद बड़ा था। उनके और मेरे पिता जैसे लोग ही हमें ये सिखाते हैं कि लोगों से बांटने के लिए ये बहुत जरूरी नहीं है कि आपके पास बहुत माल-असबाब होना ही चाहिए।

लोग आते थे और मुझे खेती से जुड़े सुझाव देते रहते थे। मुझे मालूम था कि ग्रामीण जीवन में किस किस तरह की चुनौतियां सामने आती थीं। लेकिन मैं इस पूरे दौरान अपनी जमीन पर काम करने वाले मजदूरों के कभी न खत्म होने वाले उत्साह और उनकी फुर्ती और जमीन से जुड़े रहने वाले व्यक्तित्व से प्रेरणा लेता रहा। उन्होंने कम से कम संसाधनों में जीवन जीने के तरीके तलाश लिए थे। खराब किस्मत को कोसने और उसको लेकर रोने और भविष्य की अनिश्चितताओं से परेशान होने की बजाए वो अपने आज में विश्वास करते थे और जी-जान लगाकर अपना रोज का काम करते थे। वो अक्सर एक कन्नड़ कहावत कहते थे: 'अगर उसने तुम्हें बनाया है, तो क्या वो तुम्हें खिलाएगा नहीं?' और त्योहार के दिन, वो सब कुछ छोड़कर पारंपरिक पकवान और मिठाई बनाते और मजे करते। लोग श्रमदान कर, जानवर देकर या नए तरीके सुझाकर एक-दूसरे की मदद करते। मेरे पैसे कम होते जा रहे थे लेकिन मुझे कोई खास चिंता नहीं थी क्योंकि मैं अपने आस-पास के जीवन में पूरी तरह से मशगूल हो चुका था।

एक दोपहर, जब मैं अपने काम में लगा हुआ था, मेरी छठी इन्द्री ने मुझे इशारा किया कि आस-पास कोई अनजान व्यक्ति घूम रहा था। मैंने पीछे देखा तो पाया कि वेस्टर्न सूट पहने हुए एक शख्स वहां टहल रहा था।

मैंने उससे हेलो कहा।

उसने खुद का परिचय विजया बैंक की जवागल ब्रांच के मैनेजर चंद्रशेखर के रूप में दिया। मैंने सोचा कि आखिर बैंक का मैनेजर मेरी जमीन पर क्या कर रहा था। पहली बात तो ये कि वो वहां पहुंचा कैसे? क्या वो धारा पार कर के आया था? अगर पानी कम होगा तो कोई वहां से आ भी सकता था।

चंद्रशेखर ने कहा कि उसने एक पागल आर्मी अफसर के बारे में सुन रखा था जो एक टेंट में अकेला रह रहा था। वो अपनी आंख से ये अचंभा देखना चाहता था। मुझे नहीं मालूम था कि लोग मेरी पीठ पीछे मुझे पागल

कह रहे थे! बैंक मैनेजर ने कहा कि वो मेरे जज्बे और हिम्मत का कायल हो गया था। गांववालों को ऐसा लग रहा था कि चूंकि मुझे लोन नहीं मिल पा रहा था इसलिए मैं कभी न कभी सारा सामान उठाकर चलता बनूंगा। वो आकर ये देखना चाहता था कि क्या किसी तरह से वो ऐसा होने से रोक सकता था।

मैंने मैनेजर से कहा कि वो दोपहर के खाने तक रुके। मैंने अपने हाथों से खाना पकाया। खाने में वही था। सब्जी वाला साम्भर और चावल। हां, मैंने इसके साथ कोसंभारी भी बनाया था। ये एक तरह का सलाद होता है जिसमें भीगी हुई दाल होती है, छोटे कटे खीरे और गाजर होते हैं। इसके साथ दही चावल ने इस सादे मगर स्वादिष्ट खाने को पूरा किया। वो खाना बेहद लजीज इसलिए भी लग रहा था क्योंकि मुझे आशा की एक किरण दिखाई दे रही थी। एक काली सुरंग में कहीं से रोशनी आ रही थी। मैनेजर ने मुझसे कहा कि वो मेरे घर आए जहां बैठकर हम मेरे केस पर बात करेंगे।

उस दिन शाम को नियत समय पर मैं मैनेजर के घर पहुंचा। उनका घर बैंक के ऊपर ही था। मैंने अपनी योजना एक कागज पर लिखकर उन्हें दी और चंद्रशेखर ने एक पुराने टाइपराइटर पर मेरे सपनों का ब्लूप्रिंट तैयार किया।

मैं उन्हें एक के बाद एक, अपनी योजना के बारे में बताता जा रहा था। मैं फार्म के चारों ओर बाड़ लगाने के बाद वहां बोरवेल की खुदाई करना चाहता था, गोबरगैस प्लांट लगाना चाहता था, मवेशी खरीद कर डेरी फार्म लगाना चाहता था। इसके साथ ही मैंने वहां रेशम के कीड़ों की खेती करते हुए शहतूत भी उगाना चाहता था। इसके साथ ही मेरी योजना में केले और नारियल की खेती भी शामिल थी।

मैंने अपनी जरूरतों को न्यूनतम रखने का निर्णय लिया क्योंकि मैं शुरू में ही बहुत ज्यादा पैसे उधार लेना नहीं चाहता था। मैंने सोचा कि मैं शुरू में एक प्रोजेक्ट के लिए बेहद सीमित राशि आवंटित करूंगा और उस पर काम करूंगा। लागत में कटौती करना मुझे पसंद भी था और ये गुर मुझमें था भी। सालों बाद एयर डेक्कन लॉन्च करने के लिए काम करते हुए, मैंने कटौती करने की हर संभव कोशिश की। दरअसल, मेरी कम लागत वाली एयरलाइन का बीज मेरी खेती के दिनों में ही बोया गया था।

मैंने निर्दयी भाव से खुद पर भी ऐसे नियम थोपे जिनसे कम से कम खर्चा हो। तर्क बहुत आसान थे: जो कुछ भी मुझे फायदा नहीं पहुंचाने वाला था, वो बेकार का खर्च था। इस हिसाब से खर्चे की लिस्ट में घर आखिरी पायदान पर था। क्योंकि उससे कोई भी आय नहीं आने वाली थी। मैं प्रकृति से प्यार

करता था, मेरी जरूरतें बेहद सादी थीं और मैं अपने टेंट में रहता था। हालांकि, मैं ये महसूस कर चुका था कि तम्बू 2 साल से ज्यादा दिन नहीं टिकने वाला था, इसलिए मैंने 5 हजार रुपए अलग रख लिये थे जिसमें मिट्टी, फूस और मजदूरों की लागत शामिल थी। तम्बू के बाद मैं छप्पर वाली झोपड़ी में रहने का मन बना चुका था।

इसी बीच मैनेजर ने मेरे ब्लूप्रिंट को 7 साल के बिजनेस प्लान में बदल दिया था। उन्होंने कैश के आने-जाने का अनुमान लगाया और उससे मेरे पैसे लौटाने का एक संभावित प्लान तैयार हुआ। उनकी ही वजह से मुझे मालूम पड़ा कि पूंजीगत व्यय क्या होता है, नकदी प्रवाह और ऋण परिशोधन के क्या मायने होते हैं। कुल मिलाकर, मुझे थोड़ी बहुत बैंकिंग की जुबान आने लगी थी।

अगले दिन, चंद्रशेखर ने मेरी योजना अपने रीजनल मैनेजर तक पहुंचाई। वो आशावान थे कि उनके सीनियर अधिकारी लोन मंजूर कर देंगे। ऐसी चीजें जो मेरे लिए फॉर्मूला में तब्दील हो चुकी होती हैं, मैं उनकी पुनरावृत्ति करने से नहीं झिझकता। ये तो एक उद्यमी का मुख्य सबक होता है:

> पैसों से कहीं ज्यादा जरूरी आपकी ऊर्जा, आपका जुनून और सब कुछ छोड़कर अपने काम की छोटी-छोटी बातों में खुद को पूरी तरह से खो देना होता है। आपकी सोच आपका धन है, आपका उद्यम आपका रास्ता है और आपकी कड़ी मेहनत समाधान है।
>
> —एपीजे अब्दुल कलाम

जिस दिन से मैंने अपने खेत पर कदम रखे थे, उस दिन से 10 साल बाद उसे छोड़ने तक, फार्म और उसकी सफलता ही मेरा एकमात्र जुनून था। मैंने फार्म को एक फलने-फूलने वाला उद्यम बनाने का काम पूरे उत्साह और जोश के साथ किया। हिंदू शास्त्र कहते हैं: 'यदि आप मोक्ष प्राप्त करना चाहते हैं तो आपको स्वयं को उत्कृष्ट वास्तविकता के सागर में डुबो देना होगा।' मेरा खेती का अनुभव ऐसा ही वेदान्तिक था। मेरे हिसाब से, उद्यमी विचार में तब्दील हो जाता है, उसमें घुल जाता है; उससे बाहर उसका कोई अस्तित्व ही नहीं रह जाता। उद्यमी और विचार एक हो जाते हैं। रहस्यवादी जो कुछ देखते हैं, उसमें ईश्वर का अक्स समझते हैं। मैंने जो कुछ भी देखा और किया, उसमें अपना उद्यम देखा। इसे ही अपना दिल और आत्मा दी। यह एक तरह की आध्यात्मिक यात्रा थी। महान संगीतकार लियोनार्ड बर्नस्टीन ने एक बार कहा था: 'यदि आप एक कलाकार हैं तो आप यह नहीं पूछते, "क्या मैं एक वायलिन वादक

बनूंगा?" आप बस उसे बजाना शुरू कर देते हैं।' मेरे फार्म के साथ मेरा ऐसा ही अनुभव था।

एक हफ्ते बाद वो बैंक मैनेजर मेरे फार्म पर फिर से आए। मैंने उनका स्वागत किया और मैं अच्छी खबर के इंतजार में था। मुझे अच्छी खबर पहले बताई गई। मुझे 1 लाख 47 हजार रुपयों का कर्ज मिलने वाला था। इसके बाद बुरी खबर बताई गई और मेरा जश्न वहीं रुक गया। बैंक की एक शर्त थी; मुझे लोन के लिए एक गारंटर देना था। ये मेरे लिए एक नया शब्द था। इसका मतलब था कि अच्छी वित्तीय स्थिति वाले किसी शख्स को मेरे लिए जमानत देनी थी। बैंक ने मेरे खेत की कीमत 90 हजार रुपए आंकी थी। वो जो रकम मुझे देने के लिए तैयार थे, मेरे खेत की कीमत उससे कम थी। इसलिए बैंक एक गारंटर चाहता था। क्योंकि किसान हमेशा कर्ज में होते थे और अमूमन पैसा नहीं लौटा पाते थे।

मैं निराश नहीं हुआ और अगले ही दिन अपनी मोटरसाइकिल पर निकल पड़ा। मैं सभी दोस्तों और रिश्तेदारों से मिलने और उनसे बतौर गारंटर मेरे साथ खड़े होने का अनुरोध करने की योजना के साथ निकला था। मुझे अपने मूल्य का अच्छा अनुमान था। लेकिन, जैसे-जैसे मैं एक के बाद एक, लोगों से मिला, मुझे ये अहसास हुआ कि ये सभी व्यापार में मेरे प्रदर्शन को लेकर थोड़ा असमंजस में थे। हालांकि, मुझे इसमें कोई शक नहीं था कि मैं फार्म से अच्छी कमाई करने वाला था और बड़ी आसानी से लोन की रकम भी चुकाने वाला था।

मेरे रिश्तेदार और दोस्त विनम्र थे। किसी ने मदद करने से इनकार नहीं किया और सभी ने यही कहा कि वो मुझसे बात करेंगे, लेकिन कोई भी पलट कर नहीं आया। मेरे पास समय खत्म हो रहा था और मुझे समझ में आया कि मुझे वास्तविक दुनिया की समझ कुछ कम थी। मेरे पिता ने एक बार बताया था कि एक अच्छा दोस्त वो होता है जो पैसों की जरूरत पड़ने पर आपका साथ दे। मैंने बेंगलुरु, मैसूर और हस्सन के चक्कर लगाए लेकिन अंत में कोई भी साथ देने नहीं आया।

एक दिन, गारंटर की तलाश में एक और निराशाजनक मोटरसाइकिल यात्रा से लौटने पर मुझे मेरा पड़ोसी और दोस्त मांजे गौड़ा गेट पर खड़ा मिला। वो आशंका का भाव लिये मेरे पास पहुंचा और पूछा, 'कप्तान साहब! मैंने सुना है कि आप शायद वापस जा रहे हैं क्योंकि आपको लोन नहीं मिल सका। और आपको लोन इसलिए नहीं मिल रहा है क्योंकि आपके पास कोई गारंटर नहीं है। क्या ये सच है?' मैंने कहा, 'हां, ये सच है।' मेरे पड़ोसी ने पूरी गंभीरता

से जवाब दिया, 'कप्तान, चिंता मत करो। मैं गारंटी दूंगा। मैं अपना खेत गिरवी रख दूंगा। आप मेरे बच्चों के लिए एक प्रेरणा हैं। मैं नहीं चाहता हूं कि आपको यहां से जाना पड़े। हम आपके यहां होने से बहुत फायदे में रहेंगे।' मैं स्तब्ध और अवाक था। वो एक किसान था जिसे मैं महज 3 महीने से जानता था। और पूरी दुनिया में वो एक ऐसा शख्स था जो मेरे लिए अपनी जमीन गिरवी रखने को तैयार था। ऐसा लग रहा था जैसे मांजे गौड़ा को भगवान ने मेरी मदद करने के लिए और मुझे मुसीबत से निकालने के लिए भेजा था। ज्यादातर लड़ाइयां दिमाग में लड़ी जाती हैं। अगर मैंने फार्म में काम करने का प्रोजेक्ट छोड़ दिया होता और वापस चला जाता तो मैं निराश, पराजित और बुरा महसूस करता। मांजे गौड़ा ने समय पर मदद की पेशकश की और इसने लोगों में मेरे विश्वास को फिर से जगाया।

मेरे पड़ोसी से मिली ये मदद मुझे पीजी वोडहाउस के बारे में एक वाकये की याद दिला गई। उनका एक दोस्त उनसे मिलने गया। वो बैठ के वोडहाउस को खत लिखता देख रहा था। लेखक साहब ने खत खत्म किया, उसे एक लिफाफे में रखा, सीलबंद किया और उस पर पता लिखा। फिर वो तीसरे माले के अपने अपार्टमेन्ट की खिड़की तक गए और नीचे गली में उसे फेंक दिया। उनके दोस्त ने आश्चर्य व्यक्त किया। वोडहाउस ने अपने मेहमान से कहा, 'तुम्हें ये जानकार अचरज होगा कि इस दुनिया में कितने अच्छे लोग हैं। जो भी इसे उठाएगा, जाकर पोस्ट बॉक्स में डाल देगा। उन्हें ऐसा ही लगेगा जैसे किसी से गलती से गिर गया होगा।' और ऐसा ही कुछ टैगोर ने भी कहा था, 'लोग निष्ठुर हैं। लेकिन इंसान दया से भरा हुआ है।'

मैं मांजे गौड़ा की मदद लेने में कुछ असहज महसूस कर रहा था लेकिन वो मेरा हाथ पकड़कर मुझे बैंक तक ले गया। वहां उसने 10 एकड़ में अपनी नारियल की खेती के कागजात जमा किए। मुझे 1 लाख 47 हजार रुपए मिले जो मुझे अपने फार्म पर अलग-अलग कामों में लगाने थे।

मुझे मांजे गौड़ा और उसकी पत्नी जयम्मा की मेहमाननवाजी का गवाह बनने का मौका कई बार मिला। ऐसे ही दशहरा के दिन एक मौका आया। इस दिन पूर्वजों की आत्माओं को ध्यान में रखते हुए प्रार्थनाएं की जाती हैं और खाना-पीना होता है। मांजे गौड़ा के वंश के वृद्ध लोग एक दूसरे को न्योता देते थे। मांजे गौड़ा ने मुझे बुलाया था।

पारम्परिक तौर पर, उस दिन के लिए एक कुर्बानी वाली भेड़ तैयार की जाती थी। उसका मांस मेरिनेट किया जाता था और तेज मसालों में लकड़ी की आग पर मुख्य व्यंजन तैयार होता था। उसकी तगड़ी महक काफी देर तक हवा में तैरा करती थी।

जिस दिन ये दावत होने को थी, उस दिन हलकी बारिश हुई। रात भर में बारिश तेज हो गई और पानी की धारा चौड़ी हो चली। मांजे गौड़ा अब मेरा बहुत ही अच्छा दोस्त हो चुका था और मैं उस दावत में अनुपस्थित नहीं रहना चाहता था। शाम से आगे का वक्त हो चला था और मैंने फैसला किया कि मैं तैर कर उस पार पहुंचूंगा। वो धारा अपने पूरे रौब में थी और लगभग 20 मीटर चौड़ी थी। दोनों ही तरफ छिछली जमीन थी जबकि सबसे ज्यादा गहराई 5-6 मीटर की थी। चूंकि मुझे तैराकी का अच्छा अनुभव था, मैंने शॉर्ट्स और टी-शर्ट पहनी और तैर गया। मैं गीली जमीन से बस बाहर ही निकल रहा था कि मुझे उस तेज हवा में ठण्ड लगनी शुरू हो गई।

इसके बाद एक और किलोमीटर चलकर मैं मांजे गौड़ा के घर पहुंचा और बहार से उन्हें आवाज दी। मांजे और जयम्मा ने मुझे वहां एक प्रेतात्मा के जैसे खड़े देखा और वो अपनी आंखों पर विश्वास ही नहीं कर पा रहे थे। बेहद खुशी के साथ मांजे गौड़ा तौलिया लेकर आया और मैंने कपड़े बदले। इसके बाद रम और नारियल पानी के साथ मेरा सत्कार हुआ।

गौड़ा परिवार ने पूरे आदर भाव के साथ मुझे रखा। खाना आया। खाने में कई प्रकार के व्यंजन थे और बेहद अच्छे से पका हुआ मटन था। शानदार खाना, रम और अच्छे मौसम ने मुझे खासा मदहोश कर दिया। मैं उस रात वहीं रुका और घोड़े बेचकर सोया। आज भी मैं यही मानता हूं कि उस रात का खाना मेरे जीवन का सबसे बेहतरीन खाना था।

मांजे गौड़ा की मदद की बदौलत अब मेरे पास पैसे थे और मैं अपनी योजना पर मन लगाकर काम कर सकता था। मेरे एजेंडें में सबसे पहले डेरी का काम था। मैंने आस-पास के गांवों में घूमना शुरू किया और दुधारू गायों की खोज शुरू की। साथ ही मैंने गोबर गैस प्लांट भी लगाया। (वो गोबर गैस प्लांट आज भी, लगाए जाने के तीस साल बाद, काम कर रहा है।)रेशम उत्पादन के लिए मैंने एक मिट्टी की ईंटों और मिट्टी की ही लिपाई से घर बनाया। मैंने एक बैलगाड़ी भी खरीदी और स्थानीय ठेकेदार को 3 हजार रुपए देकर एक घर भी बनवाया।

मेरे छोटे भाई संपत ने हाल ही में अव्वल दर्जे में इंडस्ट्रियल केमिस्ट्री में मास्टर्स की डिग्री पूरी की थी। वो मुझे फार्म में रहते हुए देख चुका था और 9 से पांच की नौकरी की लालसा से पिंड छुड़ा चुका था। उसने फार्म पर मेरा साथ देने का फैसला किया।

मैं अपनी योजनाओं में पैसा लगा रहा था। लेकिन मुझे ये समझ में आया कि मैंने अनुमान लगाने में गलती की थी और इन सभी योजनाओं में मेरी सोच से ज्यादा पैसे लग रहे थे। जैसे, डेरी फार्म के लिए 12 हजार रुपए लगे जबकि मेरा अनुमान था कि उसमें मात्र 8 हजार रुपए लगेंगे। रेशम उत्पादन में भी ज्यादा रकम लगी। मेरी जो भी छोटी-मोटी कमाई हो रही थी, वो मैं अपने कामों में ही लगता जा रहा था। ऐसे में लोन चुकाने को पैसे ही नहीं थे। मुझे लगने लगा था कि मुझे सफलता थोड़ी जल्दी मिलती, अगर मैंने कुछ ज्यादा पैसे लिये होते या कम योजनाओं कीई तैयारी की होती।

शादी और किसानी

फार्म में दिन निकलते जा रहे थे। एक दिन, अचानक, मेरे पिता ने कहा कि मैं गोरूर आऊं। मेरे लिये शादी का प्रस्ताव आया हुआ था। उन्होंने कहा, 'मुझे मालूम है कि तुम्हारे पास कमाई का कोई पक्का जरिया नहीं है। लेकिन तुम 27 साल के हो चुके हो और तुम्हें इस प्रस्ताव के बारे में सोचना चाहिए।' मैंने सोचने के लिए एक सेकेंड भी खर्च नहीं किया और अपने पिता पर चीखा, 'प्लीज जाओ उन्हें बता दो कि मैं कोई ऐसा किसान नहीं हूं जो बहुत मजे में है और जो बड़े फार्मों और बंगले का मालिक है। न ही मैं अब सेना में कोई अफसर हूं। उन्हें शायद ऐसा ही लगता है और आपको ये चीजें साफ कर देनी चाहिए।' मैंने अपने पिता से ये भी कहा कि वो उन्हें मेरे बैंक के लोन के बारे में भी बता दें और ये भी बता दें कि मैं शायद उसको चुका नहीं पाऊंगा। मुझे लगा कि ये सभी बातें उनसे पिंड छुड़ाने के लिए काफी होंगी। क्योंकि शायद ही कोई लड़की या उसका परिवार ऐसी स्थितियों में आना चाहेगा। मैं खुद शादी वगैरह के बारे में कुछ नहीं सोच रहा था। मैं उस वक्त तक परिवार चलाने की स्थिति में नहीं था।

मैं अपने पिता से एक महीने बाद मिला। उन्होंने कहा कि उस लड़की को मेरी कहानी मालूम थी और उसकी ही वजह से वो और भी ज्यादा मुझसे मिलना चाहती थी। मैं हैरान तो था लेकिन मेरी प्रैक्टिकल मति मुझसे यही कह

रही थी कि ये असंभव था। मैंने अपने पिता से कहा कि वो उन्हें खत लिखें और समझाएं कि मेरे पास कोई भी नौकरी नहीं थी। इसके बाद उस लड़की के पिता और मेरे पिता के बीच चिट्ठियों का एक और दौर चला। मालूम पड़ा कि लड़की अभी भी अड़ी हुई थी।

गोरूर में मेरे माता-पिता के घर पर ही हम सभी मिले। तय दिन पर वो सभी हमारे घर आए। लड़की, लड़की की बहन, उसके मां-बाप और गांव के पंडित थे। गांवों में ये एक आम रिवाज होता है और उसमें यही लोग आते हैं। कई ऐयंगर परिवारों में लड़के को लड़की के घर जाना होता है। बाकियों में इसका उल्टा होता है। लड़के को उसकी पढ़ाई-लिखाई और काम के आधार पर ही चुना जाता है। अगर उसके पास ऐसा नहीं होता है तो उसके पास मौजूद धन-दौलत और जमीन उसका पलड़ा भारी कर सकती है। अगर लड़की गाना गा लेती है, सितार या वीणा बजा लेती है, खाना पका लेती या सिलाई-बुनाई में पारंगत है तो ये उसके पक्ष में गिना जाता है। घर को संभालने की क्षमता और कला, इससे इतर गिने जाते हैं। और अगर इनमें कोई कमी होती है तो ये माना जाता है कि इनकी खानापूर्ति दहेज से कर दी जाएगी।

मुझसे जो लड़की मिलने आई, उसने हमारे लिए गाना गाया। उसके पास सुंदर आवाज थी और वो बेहद आकर्षक थी। वो शालीन थी और उसकी मुस्कान मन को मोहने वाली और बेहद उजली थी। मैं हार गया था। हालांकि मैं इस बात से वाकिफ था कि शादी विपदा का सबब भी बन सकती थी। मैं दो बेहद मजबूत भावनाओं के बीच फंसा हुआ था। मुझे इससे बाहर निकलने का रास्ता निकालना था। इसलिए, मैंने पूछा कि क्या मैं उससे बात कर सकता था। हमारे गांव के घर में एक बालकनी थी, और हम वहां ऊपर गए। मैंने बिना लाग लपेट के अपनी भौतिक परिस्थितियों की तस्वीर उसके सामने रखी। मैंने उससे साफ-साफ कहा कि मेरे पास रहने के लिए न तो उचित घर था और न ही स्थिर आमदनी। उसने ध्यान से सुना और मुझसे एक समझदारी वाला सवाल पूछा। उसने पूछा कि भविष्य में मेरी आमदनी कैसी होगी। मैंने उससे पूरी ईमानदारी से कहा कि मैं बैंक से कर्ज लेकर फसलों में निवेश कर रहा था; मवेशियों और डेरी में पैसा लगा रहा था और रेशम उत्पादन में भी। ये मेरी आय के स्रोत होने वाले थे। उसने कहा कि उसके हिसाब से ये ठीक था और वो मुझसे शादी करना चाहती थी। मुझे एहसास हुआ कि फार्म पर मेरे अकेले जीवन में मुझे पत्नी का साथ मिल जाएगा जो मेरे लिये खाना भी बना दिया करेगी। मैं अनुकूल रूप से शादी करने का इच्छुक था लेकिन मैंने सुझाया

कि हम दोनों को इस पर कुछ समय और विचार करना चाहिए। मैंने सोचा कि शायद वो अपना मन बनाने से पहले एक बार फार्म पर आना चाहे। लड़की का नाम भार्गवी था। वो नहीं आना चाहती थी और आश्वस्त थी कि सब कुछ ठीक था। हालांकि मैं चाहता था कि वो सब कुछ देख ले और समझ ले कि वो किन परिस्थितियों से दो-चार होने वाली थी। ये जरूरी भी था क्योंकि ये नहीं मालूम था कि कहीं उसने फार्म में रहने के इर्द-गिर्द कोई बहुत अजीब और शानदार तस्वीर अपने दिमाग में न बसा रखी हो। इसलिए एक दिन तय किया गया और उस दिन उसके परिवार को मेरे खेत पर आना था।

मेरे पिता की ही तरह, भार्गवी के पिता भी एक शिक्षक थे। साथ ही वो सरकारी पद पर भी थे: कर्नाटक के एक जिले में वो शिक्षा विभाग के डिप्टी डायरेक्टर थे। उनका परिवार शिमोगा में रहता था जो मलनाद और जिला मुख्यालय से उत्तर में था। वो मेरी ही तरह के एक साधारण परिवार से आती थी जो ग्रामीण पृष्ठभूमि के लोग थे। वो लोग भी मिडल क्लास लोग ही थे। वो राज्य के लगभग हर हिस्से में रह चुकी थी और स्थिर दिमाग वाली लड़की थी। मुझे विश्वास था कि वो मेरे परिवार और रिश्तेदारों के साथ अच्छे से घुल-मिल जाएगी, जो सभी मिडल क्लास लोग ही थे। मैं ऐसी पत्नी नहीं चाहता था जिसकी आंखों में ऊंचे ख्वाब हों और मुझे उसकी अपेक्षाओं को पूरा करने में अपने सामर्थ्य से बाहर जाना पड़े। इस मामले में, और बाकी सभी मामलों में भी, भार्गवी मेरे लिए एकदम सही पसंद थी। मुझे मालूम था कि हम अच्छा करेंगे।

हमने भार्गवी और उसके परिवार के मेरे फार्म पर आने की एक तारीख तय की। मेरा फार्म बस स्टॉप से 8 किलोमीटर दूर था। वहां तक आने के लिए कोई अच्छा साधन भी नहीं था। मेरे दोस्त मांजे गौड़ा ने अपनी बैलगाड़ी मुझे देने की बात कही। उसने राम और भीम नाम के दो पुराने बैलों को गाड़ी में लगाया। इन दोनों को इसलिए चुना गया था क्योंकि वो उस जगह से पूरी तरह से परिचित थे। उसने उन्हें बढ़िया से नहलाया, गाड़ी की सफाई की और उस पर साफ दरी बिछाई। मांजे गौड़ा के बेटे शीना ने गाड़ी चलायी, मैं अपनी बाइक पर बैठा और हम बस स्टैंड की ओर निकल पड़े। भार्गवी और उसका परिवार बैलगाड़ी में बैठा और मैं आगे निकल आया जिससे मांजे गौड़ा के घर सभी का अच्छा सत्कार होना सुनिश्चित हो सका। वहां पहुंचकर मैं बैलगाड़ी का इंतजार करने लगा।

कर्नाटक में एक आम बैलगाड़ी गांव की सड़कों पर चलने के लिए बनी होती हैं। सागौन की लकड़ी के बने पहिये अमूमन 5 फीट के व्यास के होते

हैं। रिम पर स्टील की पत्ती चढ़ी होती है। पारंपरिक बनावट के चलते, बैलों को बेहद कठिन कीचड़ भरे रास्ते में भी उसे खींचने में कोई दिक्कत नहीं होती है।

गांव की सड़क पर एक मील दूर से ही हमें बैलगाड़ी की आवाज सुनाई देने लगी। बैलों की आवाज हवा हम तक पहुंचा रही थी। पथरीले रास्ते पर पहियों की आवाज भी आ रही थी। बैलों के गले में पड़ी घंटी भी बीच-बीच में आवाज कर रही थी और मैं यही सोच रहा था कि न जाने भार्गवी को ये सब कैसा लग रहा होगा। उसके माता-पिता शायद इस यात्रा से बहुत खुश नहीं होंगे। मुझे भी उस बैलगाड़ी की आवाज से कुछ अच्छा नहीं लग रहा था। और इसी बीच मांजे गौड़ा भागकर बाहर गया और अपने बेटे श्रीनिवास (शीना) को गालियां बकते हुए उससे पूछा, 'ऐ शीना, ऐ मुंडे मग्ने, एक्सेल पिन कहां हैं?' होने वाली दुल्हन को घर लाने के जोश और खुशी में श्रीनिवास एक्सेल को पहिये से कसने वाली पिन ही लगाना भूल गए थे। ये किस्मत की बात थी कि बैलगाड़ी इतनी सवारियों और सामान के साथ, ऐसे रास्ते पर चलते हुए सही सलामत वापस आ गई थी। पहिए किसी भी वक्त बाहर आ सकते थे। अगर ऐसा हुआ होता तो बहुत बड़ी दुर्घटना होती और शादी के मामले में ये बहुत बड़ा अपशकुन होता।

मुझे कभी-कभी ये खयाल आता है कि जोड़ियां स्वर्ग में बनती हैं। जोड़ियां यकीनन स्वर्ग में ही बनती हैं! उनका परिवार गाड़ी से उतरा। मांजे गौड़ा असमंजस में था कि होने वाले ससुर उसके घर में खाना खाना पसंद करेंगे या नहीं। लेकिन भार्गवी और उसके परिवार ने खुले दिल से मांजे गौड़ा की मेहमाननवाजी को स्वीकार किया। दोपहर के खाने के बाद हम सभी मेरे फार्म की ओर बढ़े जो वहां से एक किलोमीटर दूर था। उन लोगों को उस पानी की धारा का सामना करना पड़ा। मैंने नदी में कुछ बड़े पत्थर लगा रखे थे जिससे उन्हें पैर रखने के लिए जगह मिलती रहे और उन्हें आधा भीगना न पड़े।

जमीन देखने के बाद मेरी होने वाली सास अपनी निराशा छुपा नहीं सकीं। वो खुद को ये कहने से रोक नहीं सकीं—'यहां तो बस कांटे ही कांटे हैं।' ये मेरे लिये एक थप्पड़ के समान था। वो अपनी बेटी को सावधान कर रही थीं और इस ओर इशारा कर रही थीं कि वो दोबारा विचार कर ले। हां कहने से पहले ये उसके लिए आखिरी मौका था। उनकी बेटी अभी भी मना कर सकती थी।

मैंने खुद को संभाला और सारी बातें सामने रखनी शुरू कीं। मैंने उन्हें बताया कि मैंने ये बीड़ा इसलिए उठाया था क्योंकि वो जमीन एकदम वीराने में पड़ी हुई थी। मैं वहां कुछ बड़ा करना चाहता था। मैं चाहता तो गोरूर में

अपने मां-बाप के पास आराम से रह सकता था लेकिन मैं ये चाहता नहीं था। मेरी होने वाली सास ने बेहद संयम के साथ मेरी बातें सुनीं। उन्होंने मेरे जज्बे की तारीफ और मेरे अच्छा करने की कामना की।

वो रात को वहीं रुके। ऐसा लगा जैसे मेरा पूरा परिवार आया हुआ था। उन्होंने हमारे लिए खाना बनाया। उन्हें पसंद करना बेहद आसान था। मैंने भार्गवी को फार्म के आस-पास का इलाका दिखाया। हमने बहुत देर तक बातें कीं। लगभग तीन से चार घंटे। हम एक बरगद के पेड़ के नीचे बैठ कर बातें कर रहे थे। वो पेड़ आज भी वहां मौजूद है। मैंने उसे अपने पिछले वक्त के बारे में, मेरी पसंद और मेरे सपनों के बारे में बताया। मैंने बताया कि मैं कम से कम अगले 10 साल वहां उस फार्म पर रहना चाहता था। उसके बाद मैं क्या करने वाला था, इस बारे में मैंने कुछ नहीं सोचा था। लेकिन मैं इतना सोच चुका था कि वहां बहुत ही अच्छा फार्म बनाऊंगा। मैंने उससे कहा, 'अगर तुम्हें किसानी या दूर के इलाकों में रहना पसंद है तो हम यहां अच्छे से रह सकेंगे। तुम्हें शायद यहां मजा भी आए।' मैं मन ही मन ये कामना कर रहा था कि वो हां कह दे। लेकिन इसके साथ ही मैंने उसे वो सभी मुसीबतें भी बतायीं जिनका वहां रहते हुए सामना करना पड़ता था। उसने कहा कि वो फैसला कर चुकी थी और अपनी बात से पीछे नहीं हटेगी। वो मुझसे शादी करना चाहती थी। बुद्ध ने बोधि पेड़ के नीचे एक बड़ा फैसला लिया था और अपने परिवार से दूर चले गए थे। हमने बरगद के पेड़ के नीचे साथ रहने का अपना फैसला लिया था।

अगले दिन भार्गवी और उसके माता-पिता चले गए। मांजे गौड़ा ने सुनिश्चित किया कि इस बार बैलगाड़ी में कोई कमी नहीं रह गई थी और पहिये ढंग से लग गए थे। तय हुआ कि 26 अक्टूबर को हमारी शादी होगी। उस वक्त अप्रैल-मई का वक्त था। मेरे पास चीजों का इंतजाम करने का वक्त था।

अगले 6 महीनों में मैंने फार्म को एक रूप लेते देखा। मुझे कई हिदायतें मिलती रहीं और मैं उन्हें मानता गया। एक शख्स ने बेहद अच्छी बात बताई। उन्होंने कहा, 'ध्यान रखना कि मिट्टी की सबसे कीमती ऊपरी परत को उड़ने मत देना। वो ऊपरी परत ही है जिसने इस दुनिया को बांधे रखा है।' ये मेरी किस्मत थी कि मुझे ऐसे लोगों से सलाह मिल रही थी जो किसानी के बारे में कितना कुछ जानते थे। मैं कितने ही तरह के किसानों से मिला। कुछ अच्छे, कुछ बुरे। कुछ पुरानी तकनीकों का इस्तेमाल करते थे और कुछ बेहद आधुनिक।

मैंने महसूस किया कि कम खर्च, कम उपज के तरीकों और ज्यादा खर्च, ज्यादा उपज के तरीकों में भारी असंगतियां थीं। मुझे उर्वरकों के इस्तेमाल को लेकर आपत्ति थी। टिलर, ट्रैक्टर और कंबाइन हार्वेस्टर जैसी मशीनरी का इस्तेमाल बहुत भारी-भरकम लग रहा था जबकि पारंपरिक ज्यादा सहज और प्रकृति के अनुरूप अधिक मालूम दे रहा था।

पुराने जमाने के किसान अपनी खेती में 'बेरेगु' की भावना से प्रेरित नजर आ रहे थे। पारंपरिक तरीके से, खेती का मतलब है प्रकृति के अनुरूप और उसके संग चलना। इसका मतलब है फसल रोपने के लिए सही मौसम, सही दिन, सही समय, सही तापमान, सही नमी और सही मिट्टी में बीज बोया जाए और फिर फसल काट ली जाए। इन किसानों के लिए खेती दूसरी प्रकृति थी; और वो इसे पूरी सहजता से कर रहे थे।

आधुनिक किसानी में प्रकृति को जीत लेने की होड़ सी लगती दिखती है। मैं इन दोनों तरीकों में किसे चुनूं, इसी सोच में पड़ा हुआ था और कोई फैसला नहीं ले पा रहा था। आधुनिक विज्ञान और पुराना ज्ञान, दोनों ही ये बताते हैं की मिट्टी की ऊपरी सतह खेती का सबसे बड़ा खजाना है। इसलिए, मैंने ऊपरी सतह को बेहद सावधानी और सतर्कता के साथ खोलना शुरू किया। मानो कोई सर्जन अपने मरीज का ऑपरेशन कर रहा हो। मैंने बारिश के पानी को इकठ्ठा करने और ऊपरी सतह को बहने से बचाने के लिए मेड़ बनायीं। मैंने कई तरह की फसलें बोईं जिसमें धनिया और रागी से लेकर ज्वार और बंगाली चना शामिल था। पारंपरिक रूप से खेती करने वाले लोग मिट्टी की तबीयत, घास-फूस का प्रकार समझते हैं और उन्हें मालूम होता है कि कैसे सिंचाई करने से सबसे अच्छी फसल मिलेगी, और पौधे कितना बारिश का पानी सोखते हैं। मैं लगातार उन्हें देखता रहता था, उनसे बात करता रहता था और उनसे सीखता रहता था।

इसके साथ ही मैं आधुनिक तकनीक को भी वहां काम में लाता जा रहा था। मैंने वहां गोबर गैस प्लांट लगाया, डेरी, पोल्ट्री और रेशम के कीड़ों की खेती के लिए कमरों का इंतजाम किया। दूसरे किसानों की तरह मैं भी जल्दी ही कर्ज में दब गया। लोन चुकाने की मेरी हर कोशिश नाकाम हो रही थी। मुझे मालूम था कि कहीं कुछ तो ऐसी चीज थी जो गड़बड़ हो रही थी। किसानी के साथ मुझे समस्याएं मिलती ही जा रही थीं। अगर बीज सही होते थे, तो उनका अंकुरण ठीक नहीं हो रहा था। अगर पौधे अच्छे निकल रहे थे तो सिंचाई ढंग से नहीं हो पा रही थी। कभी बारिश बहुत हो रही थी और कभी बहुत कम।

किसी न किसी तरह से, प्रकृति की चोट, या ये कहें कि प्रकृति को ढंग से न समझ पाना मुझे परेशान करता जा रहा था। प्रकृति के अलावा, बाजार की ताकतें भी थीं। वो भी मेरी मुसीबतों को बढ़ाने कि साजिश करती जा रही थीं। फसल अच्छी हुई लेकिन मुझे उसके अच्छे दाम नहीं मिले। मैं कर्ज में डूबता ही जा रहा था। सरकार, कृषि और बागवानी विभाग की कही बातों का भी पालन कर रहा था लेकिन चीजें काम नहीं कर रही थीं।

किसानी के साथ मुझे जो समस्याएं आ रही थीं, उनके चलते मुझे अध्यात्मिक आयाम मिला। मुझे महसूस हुआ कि मैं पर्यावरण के साथ मेल-मिलाप कर रहा था और उससे जुड़ाव महसूस कर रहा था। हर सांस के साथ मैं सुबह को अपने अंदर प्रवेश करते हुए महसूस कर रहा होता था और जब मैं खेतों में चल रहा होता था तो मेरे नथुनों में ताजी खुली मिट्टी की महक घुस रही होती थी। मैं फसल, मौसम और मिट्टी को समझने के प्राकृतिक तरीकों की तलाश में था। वहीं एक तरफ मैं परम्परागत किसान बनने की कोशिश कर रहा था। मैं खेती कर के फसल पैदा करना चाहता था, उसे बाजार में बेचकर पैसा कमाना चाहता था जिससे एक बार फिर यही काम दोहरा सकूं। लेकिन जीवन का ये नीरस पहलू मुझे प्रकृति की छिपी शक्तियों के सहजीविता को समझने की कोशिश करने से रोक नहीं सका। ये शक्तियां थीं: मिट्टी, फसल और किसान। ये शुरुआत अच्छी थी और मुझे इतना तो मालूम चल चुका था कि मैं किसानी के बारे में कुछ भी नहीं जानता था।

बहुत सारी मुश्किलें थीं। वायरल हमले हुए, कीड़े आए और घास-फूस बहुत थी। मैंने केलों की खेती की जो सदाबहार फसल है। पहली फसल तो मुझे मिल गई लेकिन दूसरी खेप में वायरस का हमला हुआ और फसल बर्बाद हो गई। दुनिया में केले के वायरस से लड़ने की कोई दवा नहीं है और ये समझने में मुझे बहुत नुकसान उठाना पड़ा।

मुझे किसानों के कर्ज के चक्करों की असलियत भी समझ में आने लगी थी। असल में ये उन लोगों की चांदी का वक्त होता है जो स्थानीय तौर पर लोगों को पैसा उधार पर देते हैं। तीन चक्रों में उनकी लॉटरी निकलती है। वो किसानों को कर्जे पर बीज देते थे, बीजों के एक्सचेंज की कीमत पर भी पैसे बनाते थे और कर्ज पर ब्याज भी खाते थे। वो किसानों को उधार पर उर्वरक और कीटनाशक देते थे, उसकी कीमत पर पैसे कमाते थे और इस पर मिलने वाले ब्याज की भी कमाई लेते थे। इसके बाद वो किसानों की फसल सस्ते भाव में, बाजार से कम दाम पर लेते थे, और उस पर कमाते थे। इस तरह से

पैसे उधार पर देने वाले लोग किसान की फसल के बाजार में आने से पहले ही लगभग हर मौके पर किसानों से कमाई कर रहे थे। इस तरह से किसान चारों मौकों पर पिछड़ रहा था: बीज, उर्वरक, कीटनाशक और फसल। चूंकि उन्हें बाजार के मोल-भाव का कोई अंदाजा ही नहीं था, वो फसल के बाजार में आने से पहले ही उसे बेच देते थे जिसका सौदा काफी कम दाम में होता था। और इस तरह से लगभग हर किसान अपने आप को कर्ज में पाता था। पैसे उधार पर देने वाला असल और सूद काट लेता था और ऐसे में किसान बहुत ही कम पैसा घर लेकर जाता था। कर्ज के इस चक्र से निकलना किसान के बस की बात नहीं थी।

सूदखोरी के इस कुचक्र के साथ-साथ मुझे एक और बात मालूम चली जो बहुत से लोगों को नहीं मालूम है: आधुनिक किसान जितना लगाता है, उससे कम पाता है।

फार्म पर मुझे प्राकृतिक इतिहास के बारे में सबक मिलते जा रहे थे और मैं उनका खुले ह्रदय से स्वागत कर रहा था। फार्म पर लाखों कीड़े थे। मुझे समझ में आया कि जब वो मर जाते हैं तो मिट्टी की ऊपरी सतह में मिल जाते हैं और मिट्टी को उर्वरक बनाते हैं। वहीं उर्वरकों और कीटनाशकों के इस्तेमाल से छोटे समय के लिए तो अच्छी फसल आ जाती है लेकिन ये तकनीक दोधारी तलवार साबित होती है। मिट्टी की ज्यादा और गहरी जुताई से उसका कटाव होता है। उर्वरकों के काफी इस्तेमाल से मिट्टी की ऊपरी सतह में केमिकलों की मिलावट होती है और ये वहां होने वाली तमाम जैविक गतिविधियों के लिए खतरनाक साबित होता है। इससे मिट्टी में मौजूद पोषक तत्वों की कमी होने लगती है। कृत्रिम उर्वरकों से मिट्टी के रासायनिक प्रकृति में भी बदलाव आता है और लंबे वक्त में वो उर्वरक नहीं रह जाती।

धीरे-धीरे मुझे समझ में आ रहा था कि किसानी फॉस्फोरस और नाइट्रोजन यौगिकों और रासायनिक कीटनाशकों तक ही सीमित नहीं थी। ये ऐसे तत्व थे जिन्हें हम इस चक्र में शामिल कर बैठे और इनके लंबे असर के बारे में हमने बहुत सोचा नहीं। किसानी असल में प्रकृति के साथ संबंध बनाने और उन्हें बनाए रखने की कला का नाम है। आधुनिक विज्ञान किसानों से कह रहा था कि वो फसल के हर पड़ाव पर केमिकलों का इस्तेमाल करें। मुझे नहीं समझ में आ रहा था कि ऐसा करते हुए हम मिट्टी से उसकी ताकत छीन रहे थे। पहली फसल शायद कृत्रिम उत्पादों से अच्छी हो जाए, लेकिन उसके बाद

मिट्टी वो पैदावार तब तक नहीं करती जब तक और केमिकलों का इस्तेमाल न किया जाए।

मैंने देखा कि किसानों को मिट्टी की ताकत वापस लौटाने के लिए कृत्रिम कवक और केंचुए इस्तेमाल करने के लिए कहा जा रहा था। यहां जिस बात को अनदेखा किया गया, वो ये था कि केंचुए तो पहले से ही प्रकृति का हिस्सा हैं। उनकी खेती करने की जरूरत नहीं थी। ये घर पर अपने लिए कुछ ऑक्सीजन पैदा करने जैसा है; यानी, आप जाकर शहर को प्रदूषित करें और फिर जीवन का एक हिस्सा पाने के लिए किसी ऑक्सीजन बार में जाकर सांस लें।

हमने प्राकृतिक एजेंटों को विनियमित करने का बीड़ा खुद ही उठा लिया है। उदाहरण के तौर पर, किसने, या किस एजेंसी ने जंगलों में दीमक के हमले को रोका? जंगलों में सबसे शानदार और बेतहाशा पैदावार देखी गई है लेकिन एक भी प्रमुख जंगल के बारे में हमने ये नहीं सुना कि वहां किसी बीमारी के चलते सब नष्ट हो गया। एक रानी दीमक 10 साल तक 15 से 20 हजार अंडे हर दिन देती है। इसलिए उनके प्रसार को रोकने का तो कोई रास्ता ही नहीं है। चींटियों की तरह दीमक प्रकृति की न रोकी जा सकने वाली शक्ति हैं। और इन्हें रोका भी क्यों जाना चाहिए? दीमक संतुलन का एक हिस्सा हैं जिसे प्रकृति ने स्थापित किया है और वो ही मोटी लकड़ियों को वापस मिट्टी तक लेकर आता है।

इन अनुभवों ने मुझे वैज्ञानिक खोज के तर्क और पद्धति के बारे में जानकारी दी। एक अनुभव को मैं अपना यूरेका पल बता सकता हूं। बांदीपुर के वन्यजीव अभयारण्य में मुझे कुछ नजर आया। ये उपयोगी कृषि पद्धतियों को विकसित करने में काम आया। मैंने देखा कि केवल मर चुके पेड़ों पर ही दीमकों का हमला हो रहा था; स्वस्थ पेड़ एकदम ठीक खड़े थे। मैंने सोचा की क्या दीमक स्वस्थ पेड़ों पर इसलिए हमला नहीं करते क्योंकि उन पेड़ों के नीचे उनके लिए भरपूर भोजन रहता था। भोजन के रूप में वहां पेड़ों से गिरने वाली चीजें, जैसे टहनियां और शाखाएं, पत्तियां, फूल, पके फल, बीज, पक्षियों का गिराया खाना, और मरे हुए कीड़े और जानवर होते थे। दीमक ये सब खाते और पेड़ों को अकेला छोड़ देते।

जब दीमकों ने हमारे खेत में नारियल के पेड़ों पर हमला किया था तो हमने इनसे छुटकारा पाने के लिए बेंजीन हेक्साक्लोराइड का इस्तेमाल किया। जब बारिश हुई तो वो स्प्रे पानी में मिलकर मिट्टी में मिला और बहकर पास की धार में जा मिला जिससे मिट्टी, धारा, तालाब और जमीन के अंदर का पानी,

सब प्रदूषित हुए। रासायनिक कीटनाशक ने मिट्टी के सभी जीवों को मार डाला और धारा के पारिस्थितिक तंत्र को भी प्रभावित किया। मुझे जल्दी ही समझ में आ गया कि दीमक नारियल के पेड़ों पर हमला कर रहे थे क्योंकि मिट्टी एक कंक्रीट की फर्श की तरह थी जहां उन्हें खाने को कुछ भी नहीं मिल रहा था। मिट्टी को साफ रखने के हमारे जुनून में हम सभी टहनियों, शाखाओं, मृत जीवों को हटा रहे थे, जिससे मिट्टी का परिवेश बुरी तरह प्रभावित हो रहा था।

मैं ये समझने की कोशिश कर रहा था कि कैसे स्वाभाविक रूप से खेती की जाए और ऐसा करते हुए अच्छी उपज हासिल हो। उस समय कुछ भी ऐसा नहीं हो रहा था जो मेरे लिए हितकारी साबित होता। बाजार जैसे काम कर रहा था, वो मेरे लिए दुखदाई था। खेती के उत्पादों को छोड़कर सभी की कीमतें बढ़ रही थीं। मैं इस बात से नाराज था कि व्यवसायी अपनी लागत के बाद भी वेतन ले रहे थे और फिर भी वर्ष के अंत तक ये सुनिश्चित कर पा रहे थे कि वो फायदे में रहे। हालांकि मैं इसलिए ज्यादा किलस रहा था कि एक किसान कभी भी तनख्वाह नहीं लेता था और फिर भी वो ये नहीं कह सकता था कि उसका साल मुनाफे से भरा होगा या नहीं। एक किसान सुबह से शाम तक काम करता था। ऐसा कोई किसान नहीं दिखेगा जिसकी देह में एक पाव भी चर्बी दिखती हो। मेरे शहर के दोस्त जिम और कसरत की बातें करते थे। अगर आप एक किसान को कसरत करने का सुझाव देंगे तो वो आपको पागल समझेगा। व्यायाम उसके लिए व्यर्थ का श्रम है। वो दिन में अपने खेतों में और आस-पास कई किलोमीटर चलता है। वो हर मौसम में पूरे दिन बुवाई, जुताई, निराई, पक्षियों को दूर भगाने, फसल कटाई, ओसाई और भंडारण का काम करता है। वो खुद फसल को बाजार तक ले जाता है जहां उसका पूरा शरीर काम पर लगा होता है। एक किसान के जीवन में खून-पसीना और बहुत सारे आंसू होते हैं।

शादी का दिन नजदीक आ रहा था। जैसा कि मैं ज्यादातर पैसा खेत के उत्पादक क्षेत्रों में लगाना चाहता था, मैंने बड़े भारी मन से 20 बाई 30 फीट का एक कमरा बनवाया। एक कोने को नहाने-धोने के लिए बाथरूम के रूप में बनवाया और एक को रसोई के रूप में तैयार करवाया। एक तीसरा हिस्सा हमारा सोने का कमरा बना जहां मैं और मेरी पत्नी सोने वाले थे। राजू टेंट में ही रहने वाला था जो वहीं था जहां शुरुआत में लगाया गया था।

मैं हस्सन गया और घर के लिए 6 बांस की कुर्सियां और अन्य फर्नीचर लेकर आया। मैंने घर के बजट के लिए 3 हजार रुपए रखे थे और उस पर 1,200 रुपए ज्यादा खर्च हुआ था। मुझे ऐसा लग रहा था जैसे मैं अपना खजाना खाली कर रहा था। हालांकि, पीछे मुड़कर देखता हूं तो मैंने अपनी पत्नी के साथ जो किया, उसके लिए मुझे बेहद बुरा लगता है। मैं और भी आरामदायक झोपड़ी बना सकता था। लेकिन उस वक्त फार्म को लेकर मैं इतना जुनूनी था कि किसी भी और चीज पर एक रुपया खर्च करना भी मुझे गंवारा नहीं था।

उन दिनों में भी दहेज इस समाज की उतनी ही बड़ी सच्चाई थी जितनी आज है। अगर साफ तौर पर नकदी नहीं दी जाती थी तो अनेक मौन रूपों में वो मौजूद होती ही थी। मुझे इस बात का गर्व है कि मेरे पिता ने मेरी मां के घर से कुछ भी नहीं लिया था। दहेज से मेरा कोई लेना-देना नहीं था और मैंने अपनी होने वाली पत्नी की मां से दो-टूक ये कह दिया था कि वो कुछ भी सामान न भेजें। यहां तक कि दुल्हन के साथ आने वाली पारंपरिक साड़ियां भी नहीं। मैं एक साधारण शादी चाहता था और चाहता था कि मेरी मां, बहनों या भाइयों को कोई उपहार न दिया जाए। मैंने कहा कि मैं सभी के लिए साड़ियां खरीदूंगा।

भारतीय शादियां दिखावे का आयोजन होती हैं। लोग ये दिखाने की कोशिश करते हैं कि वो अपने असल सामजिक स्तर से कम-से-कम एक पायदान ऊपर हैं। लड़की के पिता पर भयानक दबाव होता है। मैंने इसे अपने ही परिवार में भी देखा है। जब मेरी बहन की शादी हुई तो मेरी मां ने मेरे पिता पर जबरदस्त दबाव डाला था और उन्हें मजबूरन पैसे उधार लेने पड़े थे। मेरे पिता को जिन कठिन परिस्थितियों का सामना करना पड़ा था, मैं उसका गवाह रहा हूं। इसलिए मैंने फैसला किया कि मैं अनावश्यक भव्यता और धूमधाम की अनुमति नहीं दूंगा। मैं इस भव्य फिजूलखर्ची का बहुत बड़ा आलोचक था लेकिन मुझे क्या ही मालूम था कि आगे चलकर इसी के दम पर मेरे हेलीकॉप्टर के बिजनेस की मदद होने वाली थी। एक दिन एक अमीर बिजनेसमैन शादी करने वाले जोड़े पर गुलाब कि पंखुड़ियां डालने के लिए हेलीकॉप्टर का इस्तेमाल करेगा। एक और बारात में घोड़ी की बजाए हेलीकॉप्टर का इस्तेमाल करने वाला था!

मैंने गोरूर में अपने गांव के मंदिर में एक भोज का आयोजन किया। योगनरसिंह स्वामी मंदिर गोरूर में नदी के किनारे पर है और हमारे पास इस आयोजन के लिए इससे ज्यादा सुरम्य जगह नहीं हो सकती थी। पूरे गांव को बुलाया गया था। गांव से और सेना से रिश्तेदार, दोस्त आए थे। आर्मी के दोस्तों

ने मुझे चिढ़ाया कि मैं पूरा किसान बन गया था और फिर मुझे आखिरी बार कुंवारा रहते हुए दारू पिलाने के लिए ले गए।

शादी हस्सन में हुई। इस शहर को कभी-कभी गरीबों का ऊटी कहा जाता है क्योंकि यहाँ पूरे साल स्वास्थ्यप्रद जलवायु का आनंद लिया जा सकता है और ये शहर बहुत महंगा भी नहीं है। हमारी शादी ठेठ अयंगर तौर-तरीकों से हुई और शादी का पूरा समारोह 3 दिन चला। हमने सबसे सरल चीजें चुनी थीं और हमारी शादी पर संस्कृत में मंत्रोच्चार हुए।

चाचा गोरूर रामास्वामी अयंगर शादी में शामिल हुए। शादी के बाद हम लकड़ियों में आग लगाकर उसके चारों ओर बैठे और खूब बातें कीं, किस्से-कहानियां सुनायीं और खूब हंसी-ठिठोली हुई। मेरी पत्नी एक पारंपरिक अयंगर रेशमी साड़ी में बेहद खूबसूरत दिख रही थी। वो छोटी सी दिख रही थी (और ऐसा नहीं है कि मैं बहुत लंबा इंसान हूं)। मेरे चाचा ने सब कुछ देखा और फिर मुझसे कहा 'आज तुम्हारा दिन है, बेटा। खूब खुशियां लूटो।'

फिर उन्होंने एक घटिया कहानी सुनाई, जिसका महत्व मुझे बहुत बाद में समझ में आया। उन्होंने साबरमती आश्रम में हुई एक घटना बताई। उन्होंने बताया कि वहां एक व्यक्ति था जो बलूच या पख्तून था। क्या वो खान अब्दुल गफ्फार खान का जिक्र कर रहे थे जो आगे चलकर फ्रंटियर गांधी कहलाये? मैं पक्के तौर पर नहीं कह सकता। वो खान बहुत लंबा आदमी था। इस आदमी की एक पत्नी थी जो लंबाई में छोटी थी। आश्रम के साथियों ने पठान के बारे में एक जोक बनाया हुआ था। उन्होंने उसका नाम 'भूचुम्बी' रखा था जिसका अर्थ था 'भू का चुम्बन करने वाला'। इस बात का संदर्भ बहुत निकट था और उस दृश्य को सोचकर भी हंसी आती है कि उसे अपनी पत्नी को चूमने के लिए इतना झुकना पड़ता था जैसे वो धरती को चूम रहा हो। ये एक चुटकुला था और सभी हंस रहे थे। मगर चाचा ने एकदम गंभीर मुखमुद्रा के साथ ये चुटकुला सुनाया। मैं कुछ देर तक तो सोचता रहा लेकिन फिर जैसे ही मुझे समझ में आया, मैं हंसता हुआ वहां से निकल गया।

अगले दिन मैंने अपने फार्म पर लगभग 35 लोगों को न्योता दिया। मैंने उन्हें बताया कि मेरे पास बस एक ही कमरा था और उन्हें उसी में कैसे भी गुजर करनी पड़ेगी। मैंने एक बड़ी सी कैंप फायर का इंतजाम किया और रम का बंदोबस्त किया। मेहमान आग के इर्द-गिर्द बैठे और देर रात तक हमारी पार्टी चली। रात के लगभग 2 बजे बारिश होने लगी। हम कमरे में भागे और वहां इकट्ठा हुए। हम सभी एक दूसरे के कंधों से कंधे मिलाकर सो रहे थे।

देखने पर लग रहा था कि कमरे में शरीरों को कैसे भी भर दिया गया था। ठीक पैंतीस लोग एक दीवार से दूसरी दीवार तक लेटे हुए थे। अगली सुबह, जब मेहमान जाने लगे, मैंने देखा कि नयी दुल्हन पर शादी के समारोह का अंत भारी पड़ रहा था। उसने डबडबाई आंखों से अपनी मां को देखा। शादी खुशियों और आंसुओं का एक मिश्रण है। उसके माता-पिता के लिए ये एक चिंताजनक विचार रहा होगा कि वो अपनी बेटी को छप्पर की झोपड़ी में रहने के लिए छोड़ रहे थे जहां जंगली माहौल था और सिर्फ मैं साथ में था। दूसरी ओर, उन्हें वास्तविकता के इस दूसरे पक्ष से भी सांत्वना मिली होगी कि ये उनकी बेटी के नए जीवन की शुरुआत थी। मेरी सास ने उदासी भरे स्वर में कहा, 'मेरी बेटी का खयाल रखना।' उनकी आंखों में आंसू आ गए थे लेकिन उन्होंने बहादुरी से खुद को पूरी तरह टूटने से रोक लिया। मैं भी इस अहसास से भरा हुआ था कि मेरे जीवन के भी एक नए पड़ाव की शुरुआत हो रही थी और मैं इस चिंता में गहराई तक डूबा हुआ था कि क्या वो जीवन के संघर्षों का सामना कर पाएगी? वहां न ही बहता पानी था, न बिजली थी, और हर चीज को पाने के लिए शुरू से शुरुआत करनी थी। मेरे पास शहरी जीवन का कोई भी दिलचस्प विकर्षण या आधुनिक सामान नहीं था। था तो बस एक रेडियो, किचन के कुछ बर्तन और बांस की 6 कुर्सियां। ये वो भौतिक संसार था जिसके बीच भार्गवी खुद को पा रही थी।

फार्म में बीत रहा हर दिन एक ऐसा पल जरूर देता था जो जादुई मालूम होता था: दिन ढलने का समय, जब पूरा खेत हाली सुनहरी रोशनी में नहाया सा लगता था। जो भी इसे देखता, उसके भीतर ऐसी भावना आती जिसमें आनंद और अस्पष्ट लालसा का एक उदासीन मिश्रण होता। ये जादुई पल हर बार रहस्यमयी तरीके से मुझे ये समझाता कि एक नए जीवन की शुरुआत होने वाली थी। और ये शुरुआत सिर्फ मेरे और मेरी पत्नी ही नहीं बल्कि पूरे फार्म के लिए होने वाली थी।

अगले कुछ साल मेरे जीवन के सबसे बेहतरीन साल थे। मेरी नयी दुल्हन और मैंने ढेर सारा समय इकट्ठे गुजारा। हम बहुत ज्यादा बात नहीं करते थे लेकिन चुप्पी भी एक अच्छा पुल का काम करती है और शब्दों से कहीं ज्यादा बयान करती है। समय-समय पर हमारे दोस्त आते रहते। हालांकि ज्यादातर वक्त फार्म पर मैं और भार्गवी ही अकेले होते। हर सुबह और शाम को हम देर तक टहलते। वो बहुत अच्छा खाना पकाती थी और अब भी पकाती है। हम साथ में खाना खाते और शाम को एक-एक ड्रिंक लेते। मैं अक्सर दूर से उसको देखा

करता। वो फार्म पर खिलने वाले फूलों सी कोमल दिखती। वो उस पूरे दृश्य और मेरे जीवन का हिस्सा बन चुकी थी!

इधर फार्म को हाथ लगाने की जरूरत थी और मैं किसी भी तरह से लोन वापस करने की स्थिति में पहुंच ही नहीं पा रहा था। भौतिक तौर पर हम हाशिये पर जी रहे थे। लेकिन आध्यात्मिक तौर पर हम बेहद अमीर थे और छोटी-छोटी चीजों में ढेरों खुशियां थीं।

मैंने अपना पूरा जीवन आय के वैकल्पिक तरीकों की तलाश में लगा दिया। झुंझलाहट, भय या निराशा के रास्ते कठिनाई का सामना नहीं किया जा सकता है। मैंने प्रकृति की महीन बातें सुनने में सक्षम होने के लिए खुद को पर्याप्त रूप से संवेदनशील बना लिया था। मैंने उन लेखकों को भी पढ़ा जिन्होंने अपना जीवन इस बात का अवलोकन करने और समझने में खर्च कर दिया कि प्रकृति कैसे काम करती है। मैंने रेचेल कार्सन, डेविड ओर, हेनरी डेविड थॉरो, राल्फ वाल्डो एमर्सन, डेविड एटनबरो, अल्बर्ट आइंस्टीन, रिचर्ड फेनमैन, मासानोबु फुकुओका, एडविन श्रोडिंगर और लुई थॉमस को पढ़ा। थॉमस एक महान जीवविज्ञानी और रोगविज्ञानी थे। उन्होंने न्यू यॉर्क में मेमोरियल स्लोन-केटरिंग कैंसर सेंटर के अध्यक्ष के रूप में काम किया। उनकी महान कृतियों में *लाइव्स ऑफ ए सेल* (1975) और *द मेडुसा एंड द स्नेल* (1986) शामिल हैं। लुईस थॉमस प्रकृति की रचनाओं के बीच जटिल संबंध और सहजीवन के बारे में व्याख्या करते हैं। प्रकृति से जुड़े कितने ही रहस्य हैं लेकिन वहां विज्ञान भी है जो अन्तर्निहित है। तमाम सीमाओं के पार जाने वाले वैज्ञानिकों ने अक्सर प्रकृति और रहस्य के बीच अंतर को अनदेखा किया और पाया कि जीवन और पदार्थ के इस ब्रह्माण्ड में सब कुछ एक दूसरे से जुड़ा हुआ चल रहा है। मैंने किसानी के बारे में उनकी लेखनी के जरिए बहुत कुछ जाना। हालांकि वो जो भी कह रहे थे, उसमें सीधे तौर पर किसानी की बात नहीं की जा रही थी।

बादलों की निगरानी करने वाला: फार्म के और भी किस्से

फार्म पर शुरुआती दिनों में लोग अक्सर मुझसे पूछते थे कि मैं क्या कर रहा था। मैं उनसे कहता था कि मैं असल में 'बादलों की निगरानी कर रहा था'।

असल में मैं यही कर रहा था। सभी किसान बादलों की निगरानी करते हैं। समय पर बारिश होने के विचार के साथ किसानों का गहरा मनोवैज्ञानिक रिश्ता है, क्योंकि उनका जीवन इसी पर निर्भर करता है। मेरे साथ भी ऐसा ही कुछ मामला था। हर दिन मैं आसमान के पश्चिमी हिस्से को गौर से देखता था और बारिश वाले बादलों के आने की उम्मीद करता था। मेरे पास खेत में बिजली नहीं थी और में उम्मीद कर रहा था कि बिजली विभाग को मैंने जो मसौदा तैयार करके भेजा था, वो जल्द ही फलित होगा। इसलिए मैंने डीजल पंप-सेट में निवेश नहीं किया था। पुराने दिनों में किसान जल की धारा या किसी जलाशय से पानी उठाने के लिए फारसी पहिये का इस्तेमाल करते थे। बचपन में मैंने ऐसे कई पहिये देखे थे। येटा में एक तरफ वजन होता है जिससे पानी निकलकर एक कुंड में गिरता रहता है और वहां से एक नाली के जरिए वो बहता है। ये कर्नाटक के सुपारी की बागों में खूब पाया जाता है। एक आदमी तख्त पर खड़ा होता है वो कुंड को तालाब की तली तक डुबाता है जब उसमें पानी भर जाता है, तब वो उसे ऊपर उठाता है। जब कुंड जमीन के स्तर तक आ जाता है, तो वह उसे लकड़ी के चैनल के अर्ध-आरी वाले खंड में डाल देता है और पानी खेत में बहने लगता है।

येटा अब अंदरूनी इलाकों में ही देखा जाता है। काफी पहले हर खेत का एक तालाब था जिसमें येटा था और हर घर में एक कुआं होता था जिससे पीने वाला पानी निकाला जाता था।

मैं बेहद गलाकाट बजट पर जी रहा था। मुझे समझ में आया कि डीजल पंप-सेट खरीदना बेकार होगा क्योंकि बिजली आने पर उसे बेचना होगा। मैं एक लाइलाज आशावादी इंसान था। अपने एकांतवादी आशावाद में मैंने इस पर ध्यान नहीं दिया कि चीजों के होने का अपना एक तरीका होता है। मैंने देखा कि मैं जिसे आशावाद समझ रहा था, असल में वो बेवकूफी थी। ऐसे स्वभाव की वजह से मैं बुरे हालातों से भी निकला था लेकिन इन्हीं की वजह से मैं परेशानियों से भी घिर जाया करता था। मैं ये समझ नहीं पा रहा था कि ये अच्छी बात थी या बुरी।

मैं बागवानी विभाग और उत्पादकों के पास गया और लगभग 1 हजार नारियल के पौधे खरीदे। मेरा खेत एक ऐसे इलाके में था जहां बारिश बहुत नहीं होती थी। भारत में अधिकांश किसानी बारिश पर निर्भर करती है। इससे ये भी मालूम चलता है कि क्यों इतने सालों से किसानी की दूरदर्शी तकनीकें और वर्षा प्रबंधन की तकनीकें भारतीय जमीन पर विकसित होती आयी हैं। ये तरीके

उप-भौगोलिक स्थितियों के एकदम मुफीद हैं और पूरे उपमहाद्वीप में काम में लाए जा सकते हैं। ऐसे इलाकों में, जहां कम बारिश होती है, किसानों के पास वर्षाजल से सिंचाई करने की तकनीकें मौजूद थीं। उन्हें बड़े अच्छे से मालूम था कि वो कैसे पानी बचा कर उसकी आखिरी बूंद तक का इस्तेमाल कर सकते थे। किसानी के ज्ञान के रूप में ये पीढ़ी-दर-पीढ़ी चलता आ रहा था।

मेरे किसान मित्रों और परिचितों ने बताया कि चीजें अब बदल रही थीं। बारिश के पैटर्न में, शायद जलवायु परिवर्तन के कारण, बड़े बदलाव आ रहे थे। किसानों ने बताया कि इक्का-दुक्का अकाल छोड़ दें तो बारिश ऋतुओं की लय, क्लाउड-स्काई मैप और ग्रहों की चाल का अनुसरण कर रही थी। वो बस इस मैप के अनुसार चल रहे थे और ये समझ गए थे कि कब उन्हें बीज बोने थे, कब कटाई करनी थी। मैं किसानों के इस ज्ञान में पूरी श्रद्धा रखता था और ये समझता था कि चीजें कभी बिगड़ ही नहीं सकतीं। तो मेरे लिए हर सुबह और शाम को आकाश, बादल देखते रहना दिनचर्या का हिस्सा बन गया। मैं बेसब्री के साथ बारिश वाले बादलों का इंतजार कर रहा था। और इस तरह से एक आत्म-घोषित बादलों की निगरानी करने वाला बन चुका था।

एक ओर मैं मानसून के गीतात्मक, रहस्यमय जादू से ग्रसित था: आसमान को रंग बदलते देख रहा था और बीज में जीवन के उद्भव के बारे में सोच रहा था, पौधों को इंच-दर-इंच बढ़ते देख रहा था, जानवरों, पक्षियों और मधुमक्खियों में पनपे नए जोश को विस्मय में टकटकी लगाए देख रहा था। वहीं दूसरी ओर, मैंने एक किसान के रूप में अपने प्रयास को देखना शुरू किया। वो दुर्लभ मौका जब मैं अपने अस्तित्व में होने के अभिमान को किनारे रख पाने में कामयाब हुआ और उस प्रकृति का हिस्सा बन सका जो मेरे चारों ओर थी और लगातार बदल रही थी।

पहली बारिश ने ये संदेश दिया कि बसंत का आगमन हो चुका था। आप फार्म पर रहते हैं और वहां के माहौल से वाकिफ हैं तो आप ये महसूस कर पाते हैं कि आपकी सांसें, आहें और भावनाएं, धरती की सांस और आह के साथ लयबद्ध हो चुकी हैं।

जब पहली बारिश पड़ने को होती है, आसमान अपना रंग बदल लेता है। वहां एक अजीब सा एकांत हो जाता है, एक सन्नाटा जन्म लेता है और माहौल गर्म हो जाता है। गड़गड़ाहट होती है और बिजली चमकती है। आप चाहते हैं कि जमकर बरसात हो और आप अंदर तक भीग जाएं। बारिश की पहली बूंद

के साथ उठती सोंधी महक आपके अस्तित्व में घुल जाती है। मुझे वो रोमांच याद है जब बारिश की आमद हुई थी।

ये मेरी शादी के पहले की बात थी। हमने कुछ आठ-दस लोगों का समूह बनाया था। जैसे ही बारिश आयी, हमने जमीन खोदनी शुरू कर दी, नारियल के पौधे गड्ढों में भरे, ऊपर मिट्टी और खाद डाली और पौधों को सुरक्षित कर दिया। दूसरे दिन के अंत तक हमने 20 एकड़ जमीन कवर कर ली थी और कुछ 800 नारियल के पौधों की रोंपाई कर दी थी। मैं ऊंचाई पर खड़ा हुआ और अपनी बोई पहली फसल को निहारने लगा। मैं वहां खड़ा-खड़ा 2-2 फीट के पौधों को इंच-इंच बढ़ते हुए ऊंचे पेड़ों में तब्दील होने का सपना देख रहा था।

उस लंबे और कठिन दिन के बाद जब वापस आया तो भले ही मैं थका हुआ था लेकिन मुझमें खुशी और कुछ पूरा कर लेने की भावना थी। हल्की सी बारिश शुरू हो चुकी थी। मैं अपने टेंट में सो गया था और सुबह उठा तो पाया कि मैं पूरी तरह से भीगा हुआ था। पूरी रात बारिश होती रही थी। कन्नड़ में एक कहावत है कि शाम की बारिश और शाम के मेहमान रुकने के लिए आते हैं। पूरी सुबह बारिश बंद नहीं हुई। पानी टेंट के अंदर घुसता रहा।

मैंने कभी नहीं सोचा था कि बारिश ऐसा रौद्र रूप ले सकती है। वरना मैं टेंट में एक कंक्रीट का प्लेटफॉर्म बनवा लेता। मैं एक कोने में दुबका रहा। पहली बारिश हमेशा अच्छी किस्मत का सूचक होती है। थोड़ी ही देर में मुझे कुछ आवाजें सुनाई देने लगीं। राजू मुझे पुकार रहा था और बाहर आने को कह रहा था। वहां और भी किसान थे और मवेशियों वाले लोग भी थे। राजू चीख रहा था- 'सर, बाहर आकर देखिये यहां क्या हो गया है!' मैं फुर्ती में बाहर आया और देखा कि पानी की धारा में बाढ़ आ चुकी थी और हर तरफ पानी ही पानी था। उस 20 एकड़ की जमीन पर, जहां हमने नारियल के पौधे लगाए थे, पानी ही पानी था। पूरा खेत बाढ़ की चपेट में था। वो धारा अपने सामान्य लेवल से पंद्रह से बीस फीट ऊपर बह रही थी। मैं एक ऊंची जमीन पर चढ़कर जायजा लेने लगा। वहां मुझे सिर्फ और सिर्फ मेरा नुकसान ही दिखाई दिया। मेरी, राजू की और कई मजदूरों की सारी मेहनत पर पूरी तरह से पानी फिर चुका था। अब वहां हरियाली का एक भी निशान मौजूद नहीं था।

ये एक बहुत बड़ा झटका था। पानी तीन दिनों तक नहीं उतरा और जब उतरा, मेरी जमीन ठीक वैसी ही दिख रही थी जैसी उस दिन दिख रही थी जब मैंने पहली बार उसे देखा था। पानी की धारा ने अपने पीछे मिट्टी की एक उर्वरक परत छोड़ी हुई थी। बगैर रोये-पीटे, मैं सोचने लगा कि उस उर्वरक गाद

का कैसे अच्छा इस्तेमाल किया जा सकता था। एक तरफ तो मुझे नुकसान का दुख था, वहीं दूसरी तरफ मैं खुश था कि पानी अपने पीछे वो मिट्टी छोड़ गया था। मुझे ये काफी वक्त से मालूम था और मैंने स्कूल के दिनों में ये किताबों में भी पढ़ा था कि दुनिया की तमाम मानव सभ्यताएं इसी उर्वरक मिट्टी के दम पर पनपीं और फली-फूलीं। गंगा की तलहटी में, सिन्धु घाटी में और नील नदी के किनारे। अब मैं इस बात पर ध्यान केन्द्रित कर चुका था कि भविष्य में मैं अपने नारियल के पौधों को कैसे सुरक्षित रखूंगा। और अगर ये दुर्घटना एक सालाना कार्यक्रम का हिस्सा थी, तो मुझे पीछे रह जाने वाली वो उर्वरक मिट्टी को बचाने की कोई तकनीक बनानी पड़ेगी।

मेरे पिता ने मुझे हमेशा ये सिखाया था कि मिट्टी का कटाव रोकने के लिए नदी की कैसी भी धारा के किनारे पौधे लगाने चाहिए। मैंने उस धारा की बीस से चालीस फीट तक की जगह को चिह्नित किया और वहां किसी भी तरह की गतिविधि रोककर हरियाली को फलने फूलने देने का फैसला किया। जहां तेज बारिश की वजह से नदी का किनारा कट गया था और गलियारा बन गया था, वहां-वहां मैंने कई प्रजातियों के पेड़ लगाए जो उस जगह आसानी से उग सकते थे। मैंने इलाके का घेराव किया और लोगों से बेहद सख्ती से कहा कि वो उस जगह से दूर रहेंगे। इसके अलावा मैंने धारा के साथ-साथ एक ऊंची मेंड़ भी बनाई जहां घटते पानी की गाद जमा हो सकती थी। मैं चाहता था कि धारा के साथ का वो इलाका घनी पौध वाला इलाका बनकर तैयार हो जाए। हमने तय किया कि अगली दफा हम पौधों को लंबे पत्थरों से बांध देंगे जिन्हें गहरे तक धांसा जाएगा। क्योंकि अगर तेज बारिश हुई तो लकड़ी के फट्टे किसी काम नहीं आएंगे और उनमें दीमक के हमले का भी खतरा था।

नारियल के पेड़ों को पानी बहुत प्रिय होता है। लिहाजा बाढ़ हमारे काम आ सकती थी। उस सीजन में हमने जो खाई खोदी, उसने बाढ़ का पानी फार्म तक पहुंचने से रोके रखा। उसमें गाद जमा होती गई और साथ ही बारिश के पानी का भी संरक्षण हो गया। इसके साथ ही वहां आस-पास काफी पौध मौजूद होने लगी। इस तरह से पानी की धारा और उस खाई में अपना ही पारितंत्र शुरू हो चुका था।

एक बार फिर नारियल के पौधों कि रोपाई की जा चुकी थी और उन्हें सर्दी के कई शुष्क महीने झेलने थे। क्योंकि वहां अगली बरसात तक कैसी भी नमी नहीं मिलने वाली थी। इसलिए, उन्हें पानी की जरूरत पड़ने वाली थी। और ये सब सोचते हुए मैंने बिजली विभाग के चक्कर लगाने शुरू किए।

बिजली की चाह में मैंने कई दरवाजे खटखटाए। मैंने अक्सर सरकारी दफ्तरों में कनेक्शन मांगते हुए पाया जा रहा था। रटा-रटाया जवाब मिलता था- 'चिंता न करें सर, हम देख रहे हैं।' उन्होंने कहा कि उन्हें 15 किलोमीटर दूर डिस्ट्रीब्यूशन नोड से बिजली पहुंचानी पड़ेगी। बिजली देने के लिए ये जरूरी था कि वहां कम-से-कम 300 हॉर्सपॉवर की खपत हो रही हो क्योंकि बिजली विभाग को इतनी दूरी से बिजली पहुंचाने में काफी लागत लगानी पड़ रही थी। मेरा फार्म अधिक से अधिक 20 हॉर्सपॉवर की खपत करने वाला था। बाकी 280 हॉर्सपॉवर का मैं क्या करता?

इस मुसीबत से निकलने का एक जुगाड़ मेरे दिमाग में आया। मैंने कुछ अपने जैसा सोचने वाले किसानों से बात की। मांजे गौड़ा ने 10 हॉर्सपॉवर की रजामंदी की। मैंने बिजली आने के रास्ते पर यात्रा की और लोगों से बात करते हुए 300 हॉर्सपॉवर की बिजली की खपत का जुगाड़ कर लिया। मुझे मालूम चला कि लोग बस किसी और के शुरुआत करने का इंतजार कर रहे थे। कई फार्म ऐसे थे जो बारिश के पाने से सिंचाई कर रहे थे और उन्हें जैसे ही बिजली पाने का मौका मिला, वो तुरंत राजी हो गए। मैंने सभी से साइन करवाया और बिजली विभाग के सामने एक पक्का केस रख दिया।

लेकिन विभाग ने प्रोजेक्ट शुरू नहीं किया। पूरे सिस्टम में निष्क्रियता फैली हुई थी और काम करने के लिए जरूरी धक्के के रूप में रिश्वत पेश करनी होती थी। उन्हें ऐसा लग रहा था कि वो हम पर एहसान कर रहे थे। रिश्वत देने के खयाल ने मुझमें आग भर दी। मैं चाहता तो उन्हें रात को खाने पर बुलाता, रम की कुछ बोतलें देता और मेरा काम शुरू हो जाता। लेकिन रिश्वत की बात मुझे कतई गवारा नहीं थी।

मैं बिजली विभाग के सेक्रेटरी से मिलने के लिए बेंगलुरु गया। मेरे पास कोई विजिटिंग कार्ड जैसी चीज नहीं थी इसलिए मैंने उनसे मिलने की गुजारिश एक कागज के टुकड़े पर लिखकर भेजी जिस पर मेरा नाम और ओहदा, हाथ से लिखा गया था। उस पर्ची पर लिखा था—'कैप्टन गोपीनाथ'। सेक्रेटरी ने मुझे अंदर बुलाया। मैंने अपना परिचय दिया और कहा, 'सर, मैं एक आर्मी का अफसर हूं और अपने खेत में एक टेंट में रहता हूं। आपकी सरकार ने कितनी बार किसानों का साथ देने की बातें कही हैं। मैंने अपने फार्म पर बिजली लाने के लिए आवेदन दिया हुआ है। बीते एक साल से मैं दर-दर चक्कर लगा रहा हूं लेकिन कुछ भी नहीं हो रहा है। आपके विभाग ने कहा कि वो 300 हॉर्सपॉवर से कम बिजली नहीं देंगे जबकि मुझे मात्र 20 हॉर्सपॉवर चाहिए।

खुद से जाकर मैंने लोग इकट्ठे किए और 300 हॉर्सपॉवर की खपत सुनिश्चित कर दी। लेकिन अभी भी मुझे कुछ भी होता हुआ नहीं दिखाई दे रहा है। मेरी नारियल की खेती सूख रही है। मैंने उन्हें इस उम्मीद में बोया था कि बिजली आएगी और मैं पम्प-सेट से सिंचाई कर पाउंगा। लेकिन ऐसा नहीं हो पाया। मैंने सुबह पांच बजे से शाम के छह बजे तक खेतों में काम करता हूं जहां हाथों से सिंचाई करनी पड़ती है। क्या आप प्लीज मेरी कुछ सहायता कर सकते हैं?'

ईश्वर वाकई उनकी मदद करता है जो अपनी मदद खुद करते हैं। आप बैठे-बैठे ये नहीं कह सकते हैं कि सरकारी अधिकारी रिश्वत लेते हैं। आपको जाकर अपने अधिकारों के लिए लड़ना पड़ता है। आपको जो चाहिए, उसकी मांग करनी पड़ती है। मैं एक और सिद्धांत में यकीन रखता हूं और इसे नियम में तब्दील होना चाहिए: अगर आप किसी ऐसी स्थिति से दो-चार हो रहे हैं जो अनुचित है, तो उठिये और उसके खिलाफ विद्रोह करते हुए उससे लड़िये।

हर कोई भ्रष्ट नहीं होता। सेक्रेटरी ने मेरी पूरी बात पूरे धैर्य के साथ सुनी और पूछा कि मेरा फार्म कहां पर था। इसके बाद उन्होंने सीधे जिला विद्युत बोर्ड के एग्जेक्युटिव इंजीनियर से बात की। मैं उनकी बात सुन रहा था। वो कह रहे थे कि अगर अगले तीस दिनों में कैप्टन गोपीनाथ के फार्म पर बिजली नहीं पहुंची तो समझ लिया जाएगा कि वो अपने पद के लिए उचित व्यक्ति नहीं हैं और उन्हें बर्खास्त कर दिया जाएगा। अब वो मुझसे मुखातिब हुए और बोले, 'अगर अगले तीस दिन में ये काम नहीं होता है, प्लीज मुझसे मिलिये आके।' मैंने बेंगलुरु से बस पकड़ी और वापस अपने खेत की ओर चल पड़ना। ठीक अगली सुबह, सूरज के उगते ही, मेरे फार्म पर कोलाहल सुनाई देने लगा। स्थानीय, तालुका और जिला बिजली बोर्ड के करीब बीस लोग वहां काम में जुटे हुए थे। ये उस सेक्रेटरी के कड़े शब्दों का नतीजा था। इन लोगों में ऊर्जा का संचार हो चुका था। और अब मुझे सुरंग के दूसरे छोर पर रोशनी नजर आ रही थी।

उन दिनों मैं अक्सर हस्सन जाता था। जब मेरी बाइक मरम्मत के लिए मैकेनिक के पास भेजी जाती थी, मुझे नजदीकी बस स्टॉप से पांच किलोमीटर पैदल चलना पड़ता था। इस दौरान बेहद खूबसूरत नजारे देखने को मिलते थे। मगर एक दिन, मैंने खुद को गधों के झुंड के बीच पाया। एक स्थानीय धोबी उन जानवरों को हांक रहा था। जानवरों के ऊपर बड़े-बड़े बंडल लदे हुए थे। जिन पर बोझ लदा हुआ था, वो जानवर बेहद छोटे थे और बोझा बहुत ज्यादा था। उन जानवरों के पेट लगभग जमीन को छू रहे थे। कई बार धोबी जानवरों

के साथ चलता था। मैंने यूं ही उससे बात करनी शुरू कर दी। उसने बताया कि वो जन्म से अगासा है और पास ही तालाब की ओर जा रहा था। मैं उसके जीवन के बारे में जानना चाहता और उससे बात करता रहा। कठिन श्रम भरे जीवन के बावजूद उनकी आंखों में चमक और आवाज में खनक होती थी। वो छोटी-छोटी चीजों में खुशियां ढूंढते थे। मसलन, एक त्यौहार पूरे समुदाय के लिए बहुत बड़ा मौका होता था।

फार्म पर काम करने वाले मजदूर भी त्योहारों का खूब आनंद उठाते थे। वो सभी अपने मुश्किल दिनों को भूलकर त्योहारों पर काम नहीं करते थे और आगे-पीछे के दिनों में छुट्टी लेकर अपना थोड़ा-बहुत पैसा नए कपड़ों, मिठाइयों और फूलों पर खर्च करते। जिन त्योहारों पर मांस खाया जा सकता था, वो चिकन पकाते और परिवार और दोस्तों के साथ बांटते। उनके जश्न में संगीत और नाच होता और वो सभी अपने स्थानीय देवता को पूजते।

उस धोबी के साथ बात करते हुए मुझे अहसास हुआ कि उसके लिए गधों का इस्तेमाल करना पैसों के हिसाब से ज्यादा ठीक रहता होगा जबकि ट्रैक्टर या जीप महंगी पड़ती। उसने बताया कि एक गधा 65 से 75 रुपयों में मिल जाता था। ठीक इसी समय मुझे बहुत बड़े ज्ञान की प्राप्ति हुई। हालांकि ये दूर की कौड़ी ही थी। बिजली का आना अभी दूर था। हम पानी की धारा से पानी लाने का काम गधों से क्यों नहीं करवा सकते थे? उस वक्त मैं लोगों को रख रहा था जो बड़े बर्तनों में पानी भरकर लाने का काम कर रहे थे। मजदूर भी बड़ी मुश्किल से मिलते थे क्योंकि जिनके पास भी थोड़ी सी जमीन थी, वो अपनी किसानी करते थे और मजदूरी नहीं करते थे। फार्म पर काम करने वाले मजदूरों की संख्या लगातार कम हो रही थी। ऐसे मैं मैंने गधे खरीदने का फैसला किया और राजू को 700 रुपए दिये और कहा कि जाकर 10-12 गधे ले आए। और इस तरह से मैं गधों का मालिक बनने वाला था।

एक दिन राजू सात-आठ गधे लेकर आया। बात आस-पास फैल गई और आजू-बाजू के गांवों में ये मालूम चल गया कि मेरे पास फार्म पर गधे थे। लोग उत्सुक थे। वो जानना चाहते थे कि क्या मैं धोबी बनने वाला था। क्या मैं नए व्यवसाय की ओर कदम बढ़ा रहा था? वो फार्म पर आकर देखने की कोशिश कर रहे थे। मैंने अगासा से पूछा कि वो जानवरों को क्या खिलाता था। उसने कहा कि वो उन्हें गांव में चरने के लिए खुला छोड़ देता था। गधे जो खाना चाहते थे, खा लेते थे। वो घर का बचा-खुचा खाना खा लेते थे, फूस खा लेते थे और उगी हुई घास भी खा सकते थे। मुझे समझ में आया कि गधों का भले

ही मजाक उड़ाया जाता हो, लेकिन वो काफी बुद्धिमान जानवर होता है। इसका सबूत हर सुबह मिलता था: वो बहुत जल्दी काम सीख जाता है और इस तरह हमें काफी कुछ सिखाता है। फार्म पर किसी को भी नहीं मालूम था कि गधों से कैसे काम करवाया जाता है। पहले दिन हमने उनके दोनों ओर एक-एक मटका लटकाया।

आदिकाल से, जानवरों को संभालना अपने आप में एक कला है और आपको इसमें पारंगत होना पड़ता है। हाथियों से काम करवाने और उन्हें सिखाने के लिए महावत रखे जाते थे। मवेशियों को अलग लोग चराते थे। सूअरों के लिए अलग लोग रखे जाते थे। घोड़ों के अस्तबल को संभालने के लिए बेहद अलग तबीयत के लोग आते थे। पक्षियों की देख-रेख के लिए बहेलिये होते थे और भेड़ों के लिए गड़रिये। घुड़सवार अलग-अलग घोड़े से अलग-अलग तरीके से पेश आते थे क्योंकि हर जानवर अलग तरह से बात और काम करता था। हमें पहले दिन से ही समझ में आ गया था कि गधों से काम लेना कोई आसान काम नहीं था और धोबी ही अकेला ऐसा शख्स था जो इस कला का जानकार था। गधों के बारे में हमारे सीमित ज्ञान ने हमें कई ऐसे मौके दिये जो बेहद मजेदार थे। जब फार्म से उस पानी की धारा तक बर्तन लाने के लिए उन गधों को हांकने की कोशिश की गई तो उन्होंने अपने खुर धरती में जमा दिये और अपनी जगह से हिलने से इनकार कर दिया। कुछ ने अपने पिछले पैर हवा में उठाये और लात मारी। कुछ भाग खड़े हुए। कुछ जोर से चीखे। गधे की कर्कश आवाज में एक ही स्वर का भारी श्रृंखलाबद्ध शोर होता है। एक से पांच के पैमाने पर उस संगीत में सबसे कम मधुरता मौजूद होती है। कुछ बस खड़े थे, कुछ दुलत्ती मार रहे थे, कुछ चीख रहे थे, कुछ बेतहाशा दौड़ रहे थे। कौतुहल से देख रहे लोगों का खूब मनोरंजन हो रहा था। हम झुंझला रहे थे।

जानवर खरीदते वक्त गांव में शानदार मेलों में या जातरे में जाना मुझे याद है, जहां घरेलू पशुओं को खरीदा और बेचा जाता था। पूरे राज्य से वहां किसान आते थे और अपने जानवरों को खुले में बांध कर वहीं पास में टेंट लगाकर रुकते थे। मेरे रिश्तेदार भी अपने मवेशियों के साथ इन शिविरों में आते। लोग वहां डेरा डालते, अलाव जलाते और उस पर अपना भोजन पकाते और बैलगाड़ी के नीचे सो जाते। इन मेलों में किसान और व्यापारी एक दूसरे के जानवरों के कुछ विशेष लक्षणों का निरीक्षण करते। यदि आप मवेशी खरीद रहे हैं तो आप उम्र के लिए उनके दांतों की जांच करते हैं। गाय के लिए आपको चेक करना होगा कि वो दुहने के लिए ठीक है या नहीं, और बैल के बारे

में देखना होगा कि वो सूखे में ठीक रहेगा या नहीं। गधों के भी कुछ लक्षण पहचाने जाने चाहिए। धोबी इन लक्षणों के बारे में सब जानते थे, हम नहीं। कम से कम राजू ने जब गधे खरीदे थे, वो उनके बारे में कुछ नहीं जानता था। हम गधों को फार्म पर उनके आचरण के हिसाब से उन्हें वर्गीकृत कर चुके थे। गधे अलग-अलग प्रकार के थे। कामचोर, शरारती और अकेले काम करने वाले। कई जानवर ऐसे थे जो बोझ उठाने को राजी नहीं थे। वो हिलते-डुलते रहते और कूदते रहते। कोई उन्हें सीधा नहीं खड़ा रख पा रहा था। घोड़ों की लगाम होती है; मवेशी लगाम या नाक के तार से बंधे होते हैं। गधा रस्सी के लिए भी तैयार नहीं होता है। खेत के मजदूर अपनी बुद्धि खो चुके थे। मैं भी।

हमारे गधे न केवल लात मार रहे थे बल्कि खाना खिलाने वालों के हाथ भी चबा रहे थे। बस एक-दो ही ऐसे थे जो अच्छा बर्ताव कर रहे थे और काम के थे। बाकी हमारी माथाफोड़ी के मजे ले रहे थे। अगर वो पानी लादने के वक्त तक ठीक खड़े रहते थे तो बहुत ही जल्द हिल-डुल कर पानी गिरा देते थे। लोग मुझ पर हंस रहे थे लेकिन उसने मुझे परेशान नहीं किया क्योंकि मैं उन गधों से ठीक-ठाक मदद पा रहा था।

अब गधों का फार्म पर रहना या न रहना, महज दो बातों पर निर्भर करता था। सुबह उनकी सुस्ती एक बात थी। गधे सुबह अलग नाटक करते हैं, दोपहर में अलग और रात में अलग। जब वो फार्म पर आए थे, वो मासूम लग रहे थे। मुझे तो वो प्यारे भी लगे। लेकिन फिर कुछ ही वक्त में उस प्यार की जगह गुस्से ने ले ली और फिर झुंझलाहट का दौर शुरू हुआ। अब मेरे सामने वो एक ऐसी प्रजाति थे जिसने मेरी चालाकी को ललकारा था। और एक वक्त पर जहां मैं अपने अभिनव प्रयोग पर इतरा रहा था और सोच रहा था कि मैं चुनौतियों से लोहा ले सकता हूं, अब इन जानवरों द्वारा गलत साबित हो चुका था। हम सभी के लिए इन गधों को पकड़ना एक बड़ा काम बन चुका था क्योंकि ये फार्म पर उगी हरियाली को चरने लगते थे। अगर हम इन्हें पकड़ पाते तो इन्हें बांधकर दूसरे काम करवा सकते थे। इन्हें मालूम होता था कि हम इन्हें बांधने वाले थे। जैसे ही हम में से कोई इनके करीब जाता, ये जान बचाने के उद्देश्य से जहां मर्जी आती, वहां भागते थे। ये हमारी पकड़ से दूर भागते रहते और काम पर लगने से बचते जाते।

गर्मी की एक रात आखिरी कील साबित हुई। मैं और भार्गवी खुले आसमान के नीचे सो रहे थे। हमने अपना पूरा दिन बंगाली चने की कटाई में निकाल दिया था। फसल अच्छी हुई थी और हमने उसे बोरों में भरकर थ्रेशिंग

वाले यार्ड में रख दिया था जहां से उसे अगले दिन बाजार के लिए भेजा जाने वाला था।

गर्मियों में हम अक्सर खुले में ही सोते थे क्योंकि अंदर बेहद गर्मी होती थी। हम गहरी नींद में सो रहे थे कि अचानक भार्गवी की आँख खुली। उसने कहा कि उसे कुछ आवाज सुनाई दी थी। ये सच था कि आवाज आ रही थी। असल में वो जुगाली की आवाज थी। मैंने सर उठाया तो देखा कि गधों का झुंड मेरी काटी हुई फसल पर जुटा हुआ था। मैंने उन्हें खदेड़ा। हम फिर सो गए। हमें फिर से उठना पड़ा। अभी भी वो जानवर वही कर रहे थे। मुझे फिर से उन्हें खदेड़ना पड़ा। तीसरी बार फिर ऐसा ही हुआ। अब मैंने फैसला कर लिया था कि ये जानवर इस फार्म पर और नहीं रहेंगे। मुझे उनके जाने का दुख होने वाला था और कुछ जानवर मासूम भी दिख रहे थे लेकिन मुझे ये समझ में आ चुका था कि खेती करने में गधों के पीछे भागने के अलावा और भी बहुत कुछ करना होता है।

पानी की पेशीनगोई और बाकी वाकए

एक साल उस इलाके में भयानक सूखा पड़ा। बारिश हुई ही नहीं और पानी कि वो धारा सूख गई। फार्म पर पानी नहीं था और अब बोरवेल की खुदाई हमारे पास आखिरी उपाय था। दोस्तों ने सुझाव दिया कि मुझे एक भूवैज्ञानिक की मदद लेनी चाहिए जो मुझे बता सके कि कहां खुदाई करना ठीक रहेगा। मैं खदान और खनन विभाग में एक भूवैज्ञानिक से बात करने में सफल हुआ और उन्हें अपने फार्म पर लेकर आया। उन्होंने अपने नक्शे को गौर से देखा और अलग-अलग झंडों से लोकल पठार, चट्टान, पानी के गलियारे और निचली जमीन को चिह्नित किया।

उन्होंने पूरे फार्म पर कई दफा चहलकदमी की और कई अड्डे दिखाए। उन्होंने कहा, 'यहां खोदो, पानी मिलेगा।' हम बोरवेल की खुदाई वाला सारा सामान लेकर आए और उनकी बताई जगह पर खुदाई की। लेकिन 60 मीटर खोदने के बाद भी हमें पानी नहीं मिला।

भूवैज्ञानिक के फेल होने के बाद अब मैं भूभौतिकीविद को लेकर आया। वो अपने साथ अल्ट्रासोनिक उपकरण लेकर आए और धरती में तरंगें छोड़नी शुरू कीं और फिर नोट्स बनाए। इसके बाद उन्होंने एक जगह बताई जहां खुदाई

करनी थी। हमने खोदना शुरू किया तो एक बहुत बड़ी चट्टान से टकराए। इसके बाद आगे की खुदाई रोक दी गई।

अब मैं परेशान हो रहा था। अगर हमें जल्दी ही पानी नहीं मिला तो हमारे बीते महीनों की मेहनत पर पानी फिरने वाला था। इससे बुरी चीज ये भी होती कि मेरे नारियल के पौधे मर जाते। विज्ञान हमारी बहुत मदद नहीं कर पा रहा था। किसी ने कहा कि दैवीय रूप से पानी का अनुमान लगाने वाले को बुला लिया जाए। पानी की भविष्यवाणी करने वाले को एक शाम आना था। बारिश हो रही थी। पानी की धारा अपने चरम पर बह रही थी और उसे आसानी से पार नहीं किया जा सकता था। हमने उसमें जो बड़े पत्थर रखे थे, वो किसी काम के नहीं थे क्योंकि पानी बहुत ऊपर बह रहा था। जिसे आना था, वो तैर अन्हीं सकता था, इसलिए हमें कोई जुगाड़ लगाकर अपने फार्म तक लेकर आना था।

हमने तय किया कि हम एक रस्सी बांधेंगे जिसे पकड़कर वो इस छोर तक आ जाएगा। वो मोटी नारियल की रस्सी थी। हम में से सबसे ताकतवर शख्स ने उसे धारा के उस ओर फेंकने की कोशिश की। लेकिन हर बार वो पानी में गिर जाती और भारी होती जाती। मैं तैरकर उस पार गया और रस्सी को एक तगड़े पेड़ से बांधा। बाकी लोग पीछे रहे और उन्हें पानी की भविष्यवाणी करने वाले की मदद करनी थी। उन्होंने उसकी कमर में रस्सी बांधी और दूसरा छोर पकड़ा। बहुत मुश्किलों के बाद, उस आदमी ने जैसे-तैसे वो धारा पार की।

पानी का अनुमान लगाने वाले अनेक प्रकार के होते हैं। कुछ होते हैं जो धातु के पेंडुलम को एक छड़ से बांधे होते हैं। वो उस छड़ को धरती के समानांतर रखते हैं और अपना काम करते हैं। वो खुद एक माध्यम बनते हैं जिससे ऊर्जा पेंडुलम तक पहुंचती है। जहां पानी होता है, वहां ऊर्जा के चलते पेंडुलम गोलाकार दिशा में घूमने लगता है। ऐसे घूमते ही मालूम पड़ जाता है कि पानी वहीं कहीं नीचे है।

लेकिन हमारे साथ जो शख्स था, वो ऐसा नहीं था। उसने फार्म पर मौजूद एक पेड़ से एक टहनी तोड़ी। वो टहनी अंग्रेजी के वाई अक्षर के आकार की थी। गुलेल बनाने के लिए इस्तेमाल की जाने वाली टहनी से कहीं बड़ी। उसने उसकी छाल और पत्तियां वगैरह साफ कीं और कर्मकांड के लिए अपना औजार तैयार किया। अपने पेट से हाथ भर की दूरी पर दोनों हाथों से उसने वो टहनी पकड़ी और चलने लगा। वो ऐसे चल रहा था जैसे किसी मन्त्र के वश में हो।

उसने मेरे चेहरे के भाव देखकर ये तो जान लिया था कि मैं आस्तिक नहीं था। इसलिए, ये विश्वास दिलाने के लिए, कि वो पानी की शर्तिया खोज

कर देगा, उसने हजार रुपए की फीस बताई। उसने गारंटी भी दी कि वो पानी खोजकर ही दिखाएगा। साथ ही, ये भी कहा कि अगर वो ऐसा नहीं कर पाया तो पैसे वापस कर देगा।

टहनी का इस्तेमाल करके पानी ढूंढने वाले लोगों को अचानक से टहनी में तेज झटके लगते हैं। झटके जितने तेज होते हैं, पानी का स्रोत उतना ही मजबूत होता है।

मैं उसे पूरे ध्यान से देख रहा था। मैं आशा से भरा हुआ था। लेकिन साथ ही खुद से नाराज भी था कि क्यों मैं ऐसे शख्स पर भरोसा कर रहा था जिसके लॉजिक में कोई दम नहीं था। वो अचानक से रुका। पता नहीं वो अपने हाथ से ही झटके दे रहा था, जिसकी उसने सालों से प्रैक्टिस की हुई थी, या वाकई कोई ऐसी ऊर्जा का संचार हो रहा था, जिसके बारे में तमाम भौतिकविदों को कुछ भी नहीं मालूम था। लेकिन वहां एक चमत्कार हुआ। वो टहनी घूमी। वो मंत्रमुग्ध सा नीचे झुका और जमीन का परीक्षण करने लगा। फिर, उसने लंबी सांस ली और गहरी आवाज में कहा, 'यहां खुदाई करो, पानी मिलेगा।'

इसके बाद उसने एक दो जगहें और दिखाईं। हमने एक जगह खुदाई की लेकिन कुछ नहीं मिला। हमने दूसरी जगह भी खोदा, हमें कुछ नहीं मिला। तीसरी जगह हमें 60 मीटर की गहराई में पानी का यो छोटा सा फव्वारा निकलता हुआ मिला। एक घंटे में वो कुछ लीटर पानी दे रहा था जो नहाने और खाना बनाने के लिए काफी था। हमने वहां एक छोटा सा पम्प लगाया। पानी की भविष्यवाणी करने वाला ये शख्स बाकियों से ज्यादा काम आया। लेकिन ये बस इत्तेफाक से हो गया था। लेकिन न जाने कैसे, दिन बीतते गए और बोरवेल से ज्यादा पानी निकलता गया। एक साल बाद वहां से एक घंटे में लगभग 10 हजार लीटर पानी निकल रहा था। मैंने कभी भी ये खुल के तो नहीं कहा लेकिन आज भी मैं यही समझता हूं कि पानी की खोज करने वाले तीनों लोग तुक्का मार रहे थे। और चूंकि तुक्का ही मारना था, कुछ साल बाद मैंने 10 जगहों पर राजू से खुदाई करवाई। हमारी सफलता की दर थी 40 प्रतिशत।

हम बहुत ही छोटे बजट में काम कर रहे थे। कमखर्ची समय की मांग थी और इसी वजह से गधों की शरण में हमें जाना पड़ा था। जीवन के कठिन दौर से निकलने में हमारी मदद के लिए संसाधन नहीं बल्कि संसाधनों का प्रबंधन ज्यादा जरूरी होता है। जैसा कि ऐपल के स्टीव जॉब्स ने कहा था, 'कई बार जब

आप प्रयोग करते हैं, आप असफल होते हैं। अच्छा ये होगा कि आप अपनी गलतियों को मानें और अपने प्रयोगों को सुधारने में जल्द से जल्द लग जाएं।' हम सभी, जिसमें मेरे मजदूर भी शामिल थे, लगातार नए विचार सामने रखते जा रहे थे। कुछ बड़े अच्छे थे और कुछ बेहद बकवास। हमने मवेशियों के साथ प्रयोग किए, कटाई और रोपाई में प्रयोग किए। वहां नए तरीकों के बारे में सोचना जीवन का एक हिस्सा बन चला था। साथ ही, फार्म पर अब बिजली भी पहुंच चुकी थी और जब पम्पिंग सेट चालू हो गए, मैंने गधों को बेचने का फैसला कर लिया था।

पानी की धारा के किनारे जो सूखा इलाका था, जिसे मैंने हरियाली के उगने के लिए ऐसे छोड़ दिया था, वहां पांच साल में एक छोटा सा जंगल बन चुका था। उन पेड़ों में उल्लू आकर बस चुके थे, एक तेंदुआ भी वहां घनी झाड़ियों में अपना घर बना चुका था। इसके बाद वहां मधुमक्खियों और ततैयों का आगमन हुआ। एक दिन अचानक सैकड़ों चमगादड़ आए और धारा के किनारे लगे पेड़ों पर डेरा जमा लिया। कई तरह के पक्षी वहां आ चुके थे। फार्म में एक नयी ही दुनिया बस चुकी थी।

प्रकृति से मैंने जो एक चीज सीखी, वो ये थी कि अच्छी फसल का खेत में अनुकूल मात्रा में मौजूद कीटों से सीधा कनेक्शन होता है। जब हम पढ़ाई कर रहे थे तो हमें बताया गया था कि हमारे खाद्यान्न की फसल के ८0 प्रतिशत हिस्से में क्रॉस-परागण होता है। परागण के लिए कीड़े-मकौड़े सबसे बड़े कारक होते हैं। वो कितने ही पौधों पर मकरंद और परागकण के लिए जाते हैं। ऐसे में वो एक पौधे के परागकण दूसरे पर छोड़ देते हैं जिससे क्रॉस-परागण होता है। कीड़ों की लाखों प्रजातियां होती हैं और यही हाल फूलों का भी है। हर कीट की प्रजाति इस तरह से आगे बढ़ी है कि वो एक प्रकार के फूल से जुड़ चुकी है। इस तरह से, प्रकृति में बना हुआ संतुलन बेहद नाजुक हो चला है और किसानों के लिए ये बेहद जरूरी है कि वो इस बड़े से चक्र में कैसा भी झोल न होने दें। किसान जो फसल उगाते हैं उसका परागण इत्तेफाक से ही होता है। कीड़े को तो अपने फूल से मकरंद लेना होता है। इस तरह से, बगैर सोचे-समझे मौजूदा पेड़-पौधों को काटने से किसान अपनी ही फसल के बेहतर उत्पादन की उम्मीदों का गला घोंट रहे होते हैं। वैज्ञानिक अभी भी इस बात पर रीसर्च कर रहे हैं कि किस प्रजाति के कीट किस तरह के पौध के लिए योग्य हैं।

रासायनिक कीटनाशकों के इस्तेमाल का एक बुरा नतीजा मकड़ियों में देखा गया है। केमिकल के छिड़काव का शिकार मकड़ियां बनती ही हैं। खेतों में ये मकड़ियां कई काम करती हैं। कई जगहों पर उनके जाले बुने होते हैं जिसकी वजह से कितने ही नुकसान पहुंचाने वाले कीट फसल तक पहुंच ही नहीं पाते। मकड़ियों की कई प्रजातियां होती हैं और उन्हें नुकसान पहुंचाकर हम अपने मित्र को ही नुकसान पहुंचा रहे होते हैं।

एक कीट एक पर-परागणक और किसान का एक उपयोगी प्राकृतिक सहायक है। कीट की सकारात्मक भूमिका को स्वीकार करते हुए, किसान को यह भी करना चाहिए कि कीट को खाना मिलता रहे और वो भूखा न रहे।वो वही खाएगा जो आसानी से उपलब्ध होगा: किसान जो फसल उगा रहा है, उसकी पत्तियां। ये एक सीधे-सादे लेन-देन का मामला है। इल्लियां पत्तियां खाती हैं। कितने ही प्रकार की इल्लियां होती हैं जो आगे चलकर पतंगा या तितली बन जाती हैं। तितलियां पराग की कूरियर का काम करती हैं। यानी, अगर आप इल्लियों को मारेंगे तो तितलियां भी नहीं बचेंगी। इस तरह से, हम कीटों को पूरी तरह से खत्म करके अच्छी फसल नहीं पा सकेंगे।

गोरूर के लोग एक समय पर नदी से मछली पकड़ कर खाते थे। आज वहां एक भी मछली नहीं होती। हर गांव में एक आम तालाब होता था जिसमें मछलियां पाली जाती थीं जिससे पूरा गांव उन्हें खाता था। अब मछली पालन व्यवसाय बन चुका है और गरीब लोग मछली नहीं खा सकते हैं। खेतों में तमाम रासायनिक कीटनाशकों के इस्तेमाल से पानी के जीवन पर बेहद बुरा असर पड़ा है। मीडिया में लगातार रिपोर्ट्स आती रहती हैं जिसमें मालूम चलता है कि हजारों कि संख्या में मछलियां नदी के किनारे मरी मिलती हैं। धरती के हर कोने पर अलग-अलग प्रजाति के जानवर और पौधे पाए जाते हैं। वन, जंगल, बड़ी घास के मैदान, खुले मैदान, दलदल, और प्राकृतिक और कृत्रिम बाड़ों वाली जमीन, ये सभी कितनी ही प्रजातियों का आवास है। यही बात इंसानों के अस्तित्व पर भी लागू होती है जिसमें गांव, कस्बे और शहरी इलाके शामिल हैं। मानव निवास धीरे-धीरे पौधों और पशु जीवन के रहने की जगहों में घुस रहा है। प्रजातियां विलुप्त हो रही हैं क्योंकि इस तरह का अतिक्रमण उन प्रजातियों की जगह खाता जा रहा है। नयी कब्जाई जमीन पर, जिसे 'विकास' का नाम दिया जाता है, नया इंसानी निवास तैयार किया जाता है और वहां खेती की जाती है। इस दौरान खेती, बागवानी और पशुपालन के लिए जिन तरीकों का इस्तेमाल होता है, वो लगभग पूरी तरह से रसायन पर आधारित होते हैं। कुल

मिलाकर, हर जगह केमिकलों का इस्तेमाल हो रहा है जो जमीन तक पहुंच ही जाता है। यहां से वो पानी में मिलकर उसे दूषित करता है और फिर झीलों, नदियों में मिलाकर अंत में समुद्र तक जाता है। नतीजतन, धरती धीरे-धीरे ये जहर पीती जा रही है।

1984 में रोटरी इंटरनेशनल ने यूनाइटेड स्टेट में एक स्कॉलरशिप प्रोग्राम में हिस्सा लेने के लिए चार अलग क्षेत्रों से लोगों को बुलाया था। उन्होंने एक बैंकर, एक डॉक्टर, एक वकील और एक किसान को चुना था। इस ग्रुप में चुना गया किसान मैं था। इस प्रोग्राम में अमेरिकी खेतों में जाना भी शामिल था। हमें उस देश में किसानों द्वारा इस्तेमाल की जा रही तकनीकों को सामने से देखने का मौका मिल रहा था। मैं यूएस में 6 हफ्ते रहा और वेरमोंट और न्यू हैम्पशायर जाने का मौका मिला। मुझे काफी अच्छी जानकारी मिली। लेकिन एक अमेरिकी फार्म पर मुझे ऐसा कुछ देखने को मिला जिसने मुझे बहुत बड़ा झटका दिया। उस अनुभव ने मुझे ये बताया कि असल में प्रकृति तरीकों से किसानी ही सही तरीका है।

मैं उस पीढ़ी से ताल्लुक रखता हूं जिसने हमेशा नदियों को विस्मय और श्रद्धा के भाव से देखा। मैंने उन्हें पवित्रता के पर्याय के रूप में देखा जिन्होंने जीवन बनाए रखा और लोगों के भौतिक और नैतिक अनाचार को साफ किया है। मैंने नदी को शुद्धता के अवतार के रूप में देखा है। खुद को ऊर्जा से भरने और अपनी आध्यत्मिक सक्रियता लौटाने के लिए एक डुबकी ही पर्याप्त थी। बचपन के दिनों में गोरूर नदी हर मौके पर मौजूद रहा करती थी। वो मेरे जीवन की अंतर्धारा थी। हम लड़कों के लिए, किसी भी बहाने से नदी की ओर भाग जाना बेहद सामान्य सी बात थी। प्यास लगने पर, हम अपनी हथेलियों में वो मीठा, साफ पानी भरते और पी लेते। मेरे पिता 'आस्तिक' शब्द का जो सामान्य अर्थ होता है, वो नहीं थे। लेकिन मुझे यही अहसास हुआ कि उनका भी नदी के साथ एक अनकहा, आध्यात्मिक बंधन था। मेरी मां और अन्य महिलाओं ने भी नदी को आध्यात्म से जोड़ा हुआ था लेकिन उनका इसके साथ हर दिन का रिश्ता था। वो हर सुबह और शाम, बिना नागा, झुंड में नदी तक जाती थीं। वो अपने ताम्बे के बर्तन और मटके पानी से भरते, बर्तन साफ करते जीवन के बारे में बातचीत करतीं और वही मीठा, स्वादिष्ट पानी लेकर घर वापस आतीं।

दो हालिया निजी अनुभवों ने मुझे इस बात का अहसास करवाया कि हमने अपने जलाशयों को कितना नुकसान पहुंचाया है और उसकी अब कोई भरपाई नहीं की जा सकती है। कुछ साल पहले, दिल्ली यात्रा के दौरान मेरा एक दोस्त मुझे अपने फार्म हाउस ले गया। वो उसे रिवरसाइड फार्म हाउस कहता था। हम उस फार्महाउस में आंगन में बैठे हुए बतिया रहे थे। मैं लगातार नदी के बारे में सोच रहा था और उसे देखने के लिए व्याकुल था क्योंकि नदी से मुझे अलग ही प्रेम है। हम नदी की ओर लगभग 100 कदम ही चले होंगे। मेरे दिमाग में जो तस्वीर थी, उसमें बहती हुई नदी थी जिसके दोनों ओर पेड़ लगे हुए थे। उस तस्वीर में नदी का मोड़ भी था, किनारे पर हलके थपेड़े भी थे, पक्षी और कीट वगैरह भी थे और साथ ही पौधे और जलाशयों में पाया जाने वाला जीवन भी था। सूरज ढल रहा था और मुझे लगा कि वहां सुर्ख हो रहे आसमान की पृष्ठभूमि में मुझे उन पक्षियों की काली आकृतियां देखने को मिलेंगी जो नदी में शिकार पकड़ने की ताक में होंगे। लेकिन मैंने जो देखा, वो मेरी इस काल्पनिक तस्वीर से कोसों दूर था। उस दृश्य में काला, गंदा, दलदली, चिपचिपा द्रव्य था जो गाद और प्लास्टिक से बने आधे सूखे द्वीपसमूह के इर्द-गिर्द अपना रास्ता खोज रहा था। इस पूरे भयावह दृश्य का एक भी हिस्सा जीवनदायी नहीं था। ये मृत्यु और बीमारी का भण्डार मालूम दे रहा था। मैंने अपने दोस्त से पूछा कि वो कौन सी नदी थी। उसने भावशून्य होकर कहा, 'ये? ये यमुना है!' मेरा दिल बैठ गया, आत्मा में एक विस्फोट सा होता हुआ मालूम पड़ा। छोटी उम्र से एक नदी की जो तस्वीर मेरे जहन में बसी हुई थी, उस पर ये सबसे बड़ी चोट थी। मैंने खुद से पूछा कि अगर हम इस तरह से अपनी पुरानी और पवित्र नदियों की कद्र करते रहेंगे तो भविष्य में हमारा अस्तित्व किस आधार पर बना रहेगा?

दूसरा अनुभव अमेरिका में हुआ। एक यात्रा के दौरान, एक किसान ने बताया कि वो अपने खेत से निकलने वाला पानी या आस-पास बहने वाला पानी नहीं पीता था। मुझे यकीन ही नहीं हुआ कि कोई शख्स किसी कुएं या नदी के पानी को इस तरह से अविश्वास की नजरों से देखता होगा। मैं इस बात पर भी यकीन नहीं कर सका कि पानी जहरीला होगा। ये करीब 20 साल पहले की यात्रा की बात है। उस वक्त भारत में पैक किया हुआ पानी बहुत आम नहीं होता था। मेरे मेजबान ने बताया कि जमीन में 100-150 मीटर नीचे से निकाले गए पानी के सैम्पल पूरी तरह से प्रदूषित थे और उसमें बेहद खतरनाक यौगिक पदार्थ थे जो अनुमेय स्तर से कहीं ऊपर थे। मैंने जाना कि वहां प्रदूषण की मुख्य वजह थी खेती की 'नो टिल' तकनीक और सभी किसान इसी का इस्तेमाल कर रहे थे।

'नो टिल' खेती में किसान अपनी हर फसल के बाद खेत के ऊपर खरपतवार नाशकों की एक परत चढ़ा देते थे। उनकी ये पद्धति इस बात का नतीजा थी कि उन्हें खरपतवार का सही मतलब नहीं मालूम था। खरपतवार क्या होता है? अंग्रेजी में इसे वीड कहते हैं। राल्फ वाल्डो एमरसन इस शब्द की व्याख्या यूं करते हैं: 'वीड एक ऐसा पौधा है जिसके उपयोगी गुणों के बारे में अभी मालूम नहीं चला है।' यानी, खरपतवार पारिस्थितिक तंत्र का एक अभिन्न हिस्सा है और संतुलन बनाए रखने के लिए ये जरूरी है कि आप खरपतवार को प्रकृति तक वापस पहुंचाएं।

अमेरिकी कृषि वैज्ञानिकों ने खरपतवार को पूरी तरह खत्म कर देने की ये तकनीक विकसित की थी। 'नो टिल' वाला किसान मक्के या गेहूं की अगली फसल के लिए बीज बोता था। खरपतवार नाशकों के साथ किसानी के अगले चक्र की शुरुआत होती थी। इसके बाद रासायनिक खाद और रासायनिक कीटनाशकों का दौर चलता था। बेहद खतरनाक केमिकल मिट्टी में मिल रहे थे। यहां से बहकर वो जलाशयों में मिल रहे थे। पानी, जो धाराओं, नदियों में बहता था, केमिकल भी इकट्ठा कर रहा था और इस तरह वो पीने लायक नहीं रह रहा था। ये सच है कि अमेरिकी किसानों को बड़ी पैदावार मिलती थी। लेकिन ये सब किस कीमत पर हो रहा था? निश्चित रूप से ये दीर्घकालिक खेती नहीं है।

सिर्फ आधुनिक किसानों के लिए ही नहीं बल्कि इस धरती के सभी हिस्सेदारों के लिए, मैं लुईस थॉमस के कथन को सामने लाना चाहता हूं। थॉमस ने कहा था:

> मनुष्य के लिए किसी ऐसी चीज का आविष्कार करना कोई नई बात नहीं है, जिसके बारे में वो सोचता हो कि वो शेष जीवन से ऊपर है। सहस्त्राब्दियों से ये उसका सबसे सुसंगत बुद्धिजीवी परिश्रम रहा है। भ्रम के रूप में, इसने कभी उसे संतुष्ट नहीं किया और न ही आज करता है। आदमी प्रकृति से पूरी तरह जुड़ा हुआ है। हाल के वर्षों में जैविक विज्ञान इसे बहुत बड़ा तथ्य बनाता जा रहा है। हम अंदर-ही अंदर एक दूसरे से कितने बंधे हैं, इस बात के नए और गहन अहसास का सामना करना हमारे लिये नयी और बेहद कठिन समस्या होगी... संस्थाओं के रूप में हम अस्तित्व में नहीं हैं और ये एक अच्छा मामला बनाया जा सकता है। जैसा हम हमेशा सोचते थे, हम अपने क्रमिक विकास में अकेले उतने समृद्ध नहीं हैं। हम

> साझा किए गए हैं, किराए पर हैं और हम पर कब्जा किया गया है... ऐसा करने वाले हैं अलग-अलग छोटे-छोटे जीव, प्रवासी प्राक्केंद्रकों की औपनिवेशिक वंशावली और शायद आदिम बैक्टीरिया, जो हमारी यूकेरियोटिक कोशिकाओं से पूर्वजों के पूर्वजों में आ पहुंचे और वहीं रह गए। तब से, वो हमारे अंदर ही हैं और उन्होंने खुद को और अपने तरीकों को बरकरार रखा है और अपने डीएनए और आरएनए में बदलाव को बढ़ाया भी है। जो ये हमारे डीएनए और आरएनए से बेहद अलग है। वे उतने ही सहजीवी हैं जितने फलियों की जड़ों में राइजोबियल बैक्टीरिया होते हैं। इनके बिना न हम एक भी मांसपेशी में कैसी भी हरकत कर पाएंगे, न उंगलियां हिला पाएंगे और न ही कोई विचार मन में ला पाएंगे... मुझे ये सोचकर कुछ ठीक लगता है कि हरे पौधों में भी ऐसा ही कुछ होता है... वायरस, जो बीमारी और मृत्यु का एकसूत्रीय कार्यक्रम लेकर चलते हैं, अब मोबाइल जीन की तरह मालूम देने लगे हैं। हम वायरसों के समूहों के बीच जीवित हैं; वो एक जीव से दूसरे पर यूं जाते हैं जैसे मक्खियां करती हैं। पौधों से कीटों तक, फिर किसी जानवर पर, फिर मुझ पर और फिर समंदर में...

आदिकालीन वनों को देखकर, वृद्ध किसानों से बात करके, और लोगों को पढ़कर लुईस थॉमस की तरह ही मैंने भी महसूस किया कि हम आधुनिक समय के किसानों ने कीटों को नाशक जीवों की तरह देखा और हर मौजूदा उपकरण का इस्तेमाल करते हुए उनका अस्तित्व खत्म करने की हर संभव कोशिश की। चीटियां मिट्टी में सबसे ज्यादा भोजन तलाशने वाली जीव होती हैं। जब वो खाना ढूंढ रही होती हैं, वो मिट्टी को शक्ल दे रही होती हैं। जब वो काम कर रही होती हैं, जो वो लगातार करती हैं, वो वे मिट्टी में मृत कीड़ों को संसाधित करती हैं और छानती हैं। इस तरह से मृत जीवों के रस से वो मिट्टी को समृद्ध बनाती हैं।

मैंने अनुभव से चींटियों के बारे में और सीखा। एक दिन मैं बीज से भरे तीस झोले लेकर घर लौटा। इन झोलों में ऐसे कीड़े थे जो लगातार बीजों को भीतर से खा रहे थे। कई बीज, जिनमें कीड़े लगे थे, खोखले हो चुके थे और आसानी से टूट रहे थे। मैंने झोले खोले और बीजों को हवा खिलाने के लिए

उन्हें जमीन पर फैला दिया। जब मैं वापस आया तो मालूम पड़ा कि जितने बीज थे, उतने ही कीड़े भी थे। मैंने देखा कि चींटियों की एक कतार बीजों से आ रही थी और एक उस ओर जा रही थी। मुझे ये जानकार आश्चर्य हुआ कि चींटियों ने उन बीजों पर हमला बोल दिया था। लेकिन जब गौर से देखा तो मालूम चला कि असल में चींटियां बीज नहीं बल्कि उन कीटों को ले जा रही थीं जिन्होंने बीजों पर हमला बोला हुआ था। चींटियां कीड़ों को खा रही रही थीं और प्रकृति ने मुझे सबसे अच्छे कीटनाशक का पता बता दिया था। मुझे तुरंत ही ऐसा लगा कि इस तरह से किसानी को प्राकृतिक और लाभकारी बनाया जा सकता था।

मैंने ये तय कर रखा था कि मैं आस-पास के और दूर के गांवों में भी जाकर खेती की तकनीक देखता रहूंगा। कोलार, चामराजनगर और कुनिगल रेशम के कीड़ों की खेती वाले इलाके हैं। मेरी सैकड़ों खेतों की इस यात्रा के दौरान एक चीज थी जो आम थी: सभी खेतों में, रासायनिक खाद के बावजूद, शहतूत के पत्तों की अच्छी क्वालिटी और अच्छी मात्रा नहीं मिल रही थी। इस वजह से वहां रेशम के कीटों की अच्छी पैदावार नहीं हो रही थी। रेशम के कीट शहतूत के पत्तों पर जीवित रहते हैं और इन्हीं कीटों की वजह से कर्नाटक अपने रेशम के लिए मशहूर भी रहा है। लेकिन, रसायनों के भारी इस्तेमाल के चलते मिट्टी बंजर और जहरीली हो चली थी, जिससे हजारों किसान गरीब हो रहे थे।

किसानों को यूरिया के जरिए नाइट्रोजन, पोटाश के माध्यम से पोटैशियम और फॉस्फेट के माध्यम से फॉस्फोरस देने की सलाह दी जाती है। ये तीन मुख्य चीजें थीं और इनके साथ कुछ और सूक्ष्म पोषक तत्वों का इस्तेमाल किया जाता था। मिट्टी को एक ऐसी स्थिति में होना चाहिए जिसके बारे में पारंपरिक किसान अंतर्ज्ञान से जानते हैं। वे जानते हैं कि पेड़ खुद अपना भोजन होता है। पेड़ अपनी तरह वालों की मृत्योपरांत उनका भक्षण करता है। ये प्रकृति का नियम है और इस में कुछ भी अजीब नहीं है। इसलिए, यदि आपके पास नारियल का पेड़ है, तो वास्तव में आपके पास पेड़ का तना है, लंबे और बड़े पत्ते हैं, फूल हैं, फल हैं, जिसमें भूसी भी शामिल है, खोल है, और खोपरा है। किसान को बस खोपरा लेना होता है और बाकी सब उस पेड़ को वापस दे देना होता है। इस ज्ञान में कहीं विज्ञान भी नहीं है। ये बस आपको इतना बताता है कि पेड़ से मिलने वाले 'कूड़े' को न ही बेचें और न ही उसे जलायें। बल्कि ये ऐसा कहता है कि आपको जो भी मिल रहा है, सब कुछ पेड़ को वापस

कर दें। ऐसा जंगलों में होता है जहां टूटा तना, पत्ते और बाकी सब मिट्टी को समृद्ध करते रहते हैं।

वहीं एक तरफ तो हम नारियल की भूसी और पत्ते बेच देते हैं और दूसरी तरफ नारियल के पेड़ों के लिए खाद खरीदते हैं। इसलिए, ये सब समझने के बाद मैंने अपने यहां काम करने वाले मजदूरों से कहा कि वो नारियल के बाग से कुछ भी नहीं हटाएंगे। मैंने उनसे कहा कि पेड़ से जो जहां गिरता है, उसे वहीं पड़ा रहने दें। एक चमत्कार की तरह हमने देखा कि अब नारियल के पेड़ों को दीमकों ने परेशान करना बंद कर दिया था और वो अब नीचे पड़ी सामग्री चट कर रहे थे।

चूहों की प्रजातियां हर नारियल के किसान की दुश्मन होती हैं क्योंकि वो नारियल खूब खाते हैं। अगर आप चूहेमार का इस्तेमाल करते हैं तो चूहे मर जाते हैं लेकिन फिर मरे चूहे को और जानवर खाते हैं। एक उल्लू या बाज या कोई और शिकार करने वाला पक्षी उस मरे चूहे को खाता है और खुद भी मर जाता है। कुछ समय बाद चूहों पर भी जहर काम करना बंद कर देता है। वो दोबारा उतनी ही तेजी से प्रजनन करने लगते हैं। वहीं उल्लू इतनी तेजी से नहीं बढ़ते हैं और इसलिए प्रकृति में संतुलन बिगड़ने लगता है। इसके बाद चूहों की भरमार हो जाएगी और उल्लुओं की संख्या कम हो जाएगी। इसलिए, इस बात को मानना बेहद जरूरी है कि आप एक मौके पर भले ही अपनी फसल का एक हिस्सा चूहों की वजह से खो दें, लेकिन अगर आप बड़ी तस्वीर को देखेंगे तो पाएंगे कि वो चूहे पर्यावरण में संतुलन बनाए रखते हैं और आगे चलकर उन्हीं की वजह से अच्छी पैदावार होती है।

मैंने फैसला किया कि मैं फार्म पर नारियल के पेड़ों और शहतूत के पौधों की संख्या में धीरे-धीरे इजाफा करूंगा। साइंस, नेचर, नेशनल ज्योग्राफिक जैसी मैगजीन में ऐसे आर्टिकल आते थे जिन्हें जीव-विज्ञानियों, वनस्पतिविदों और वैज्ञानिकों ने लिखा होता था। इनके दिये ज्ञान का समायोजन करके मैंने अपने फार्म के लिए कुछ योजनायें तैयार कीं। अब धीरे धीरे ही सही, फार्म की तस्वीर बदल रही थी। अब मेरी लागत कम होने लगी थी और पैदावार बढ़ रही थी। इस मौके पर आते-आते मैं किसी भी हालत में रेशम के कीटों की खेती को बढ़ाना चाहता था। मैंने शहतूत के साथ कई प्रयोग किए और इसकी पैदावार के नए तरीके खोजे। जो नए तरीके मैंने अपनाए, उसमें वर्षा जल का पानी और तालाब में जमा पानी मिलाकर इस्तेमाल किया, खरपतवार को मैनेज

किया, मिट्टी में नमी को रोका, गुड़ाई को सीमित किया और चुने हुए कीटों की ही रोकथाम की।

मैं पारंपरिक रेशम उत्पादकों से सलाह लेता और उनसे सीखता। उनके देसी तौर-तरीकों और सहज ज्ञान ने मुझे बेहद प्रभावित किया। वृद्ध किसान रेशम का उत्पादन बीते 60-70 सालों से करते आ रहे थे और उन्हें मालूम था कि प्रकृति को कैसे अपना दोस्त बनाया जा सकता था। उनकी तकनीकों को देखकर मैंने उनसे सीखा और अपनी किसानी में उसका इस्तेमाल करना शुरू किया। इस तरह से मेरे रेशम उत्पादन के प्रोजेक्ट में बढ़ोत्तरी हुई।

मैंने एक विचार पर काम करना शुरू किया। मेरे पास इसके लिए कोई डेटा मौजूद नहीं था लेकिन मैं इसके बारे में अपने अनुभव और अवलोकन के आधार पर सोच रहा था। इससे भी बड़ी बात ये थी कि मेरा फार्म और भी ज्यादा सुयोग्य होता जा रहा था। मुझे ये समझ में आने लगा था कि 'जो कुछ भी पर्यावरण के लिए ठीक नहीं था, वो आगे चलकर आर्थिक तौर पर भी ठीक नहीं ही होगा।'

मैंने कोकून के चरण में नए उपायों को काम में लाने की शुरुआत की। किसान रेशम के कीड़ों के लिए कोसा निर्माण के लिए बांस के तनों और शाखाओं का इस्तेमाल करते थे। इस वजह से बांस की काफी जरूरत पड़ने लगी। कोसा बांस पर कोसा की पैदावार होती थी और इसके लिए एक भंडारण स्थान की जरूरत होती थी और उन्हें संक्रमण से दूर रखना होता था। किसान कीटाणुनाशक का इस्तेमाल करते थे जो आस-पास के श्रमिकों को नुकसान पहुंचाते थे और अंततः उस मिट्टी को भी खराब करते थे जिसमें बहकर पहुंचते थे।

मैंने फैसला किया कि मैं रेशम के कोकून को धान की भूसी में पैदा करूंगा जिसे बाद में फार्म में इस्तेमाल कर लिया जाएगा क्योंकि उसमें कीड़ों के अवशेष भी रहेंगे। ये बड़ा पुराना तरीका है जिसे भुला दिया गया है। मैंने इसे दोबारा जिलाया और बहुत छोटे छोटे बदलाव किए। मुझे पैसे कम मिल रहे थे लेकिन मेरी लागत लगभग बंद हो चुकी थी। यानी, यहां से मुझे फायदा ही हो रहा था और मेरी बैलेंस शीट अच्छी दिख रही थी। ये तरीका हर बार काम आ रहा था और मेरी एक भी फसल खराब नहीं हुई। इसके साथ ही, पैदावार अच्छी थी और केमिकल इस्तेमाल करके पैदा की गई फसल से अच्छे दाम मिल रहे थे। इसका परिणाम ये निकला कि मैंने आर्थिक मामले और पर्यावरण को लेकर जो थ्योरी बनायी थी, उससे ये भी मालूम चला: 'जिसमें कम लागत

लगती है, वो पर्यावरण के लिए ठीक है और इसी तरह से, जो पर्यावरण के लिए ठीक है, वो सस्ती तकनीक है।'

मैंने कोकून को धान की भूसी में रखने के साथ-साथ बांस की खपच्चियों का इस्तेमाल बंद कर दिया। मुझे समझ में आया कि अगर पूरे प्रदेश भर में ऐसा ही किया जाने लगे तो लाखों बांस के पेड़ों की कटाई रुक जाएगी, और इस तरह से बार-बार इस्तेमाल किए जा रहे बांस पर कीटनाशकों का इस्तेमाल भी रुक जाएगा। इसके साथ ही मैंने इस प्रोजेक्ट के लिए कंक्रीट के घरों की जगह छप्पर वाली झोपड़ियों का इस्तेमाल किया। इस तरह से मैं उतने ही पैसों में चार गुनी जगह पर झोपड़ियां बना सका। ज्यादा जगह के साथ अब वहां का तापमान ऑटोमेटिक और बेहतर तरीके से नियंत्रित किया जा सकता था। ऐसा इसलिए था क्योंकि सर्दियों में अंदर गर्मी रहती थी और गर्मियों में अंदर का तापमान ठंडा रहता था। इस तरह से रेशम के कीटों के लिए अच्छा वातावरण मौजूद था और ये सब कुछ कम लागत में हो रहा था।

मैंने बाजार से मवेशियों के लिए जो खाना खरीदा, मालूम पड़ा कि वो कुछ और नहीं बल्कि खाना बनाने वाली कम्पनियों द्वारा पैक किया अनाज ही था। ये कंपनियां किसानों से उनकी फसल खरीद रही थीं और उसे ही मवेशियों का खाना बताकर वापस बेच रही थीं। वो उसमें बस पैकेजिंग को जोड़ रहे थे और उनके ब्रांड का नाम किसानों को आकर्षित कर रहा था। ये एक अनावश्यक चक्र था और किसान अपनी ही फसल के लिए कीमत अदा कर रहे थे। मुझे समझ में आया कि इन कम्पनियों से खरीदने की बजाए, मैं सीधे आस-पास के किसानों से ही अनाज खरीद सकता हूं और समय आने पर अपने ही फार्म पर अनाज उगा भी सकता हूं। मैंने कुछ मुर्गियां भी पालीं और उन्हें मवेशियों के बीच छोड़ दिया। इससे मवेशियों में लगने वाले कीड़ों पर भी लगाम लगाई जा सकी। कैटल ईग्रेट और मैना ऐसे कीड़ों को मारने वाले बड़े नाम हैं। आधुनिक डेरी उद्योग में, मवेशियों को बंद जगहों पर रखा जाता है जहां ऐसे कीड़े बहुत तेजी से बढ़ते हैं। ऐसे में किसानों को केमिकल का इस्तेमाल करना पड़ता है।

किसानी करने के लिए ऐसे अभिनव प्राकृतिक प्रयोगों की वजह से मेरे फार्म पर काफी नयी चीजों का इस्तेमाल हो रहा था और मेरे जीवन की नयी शुरुआत हो रही थी। बहुत ही जल्द, मैं आर्थिक तौर पर सक्षम होने लगा और बैंक से

लिया कर्ज वापस करने में सफल रहा। मैं बहुत अमीर तो नहीं हुआ था लेकिन पांच साल में ही खुद को ठीक-ठाक जगह पर पा रहा था।

लोग मेरे फार्म पर आते और वहां चीजों को देखते। वो बस, मोटरसाइकिल और गाड़ियों में आते। मेरे फार्म पर कर्नाटक, आंध्र प्रदेश, तमिलनाडु और भारत के दूसरे प्रदेशों से भी किसान आए। वो देखना चाहते थे कि आखिर कैसे मैंने रेशम के कीटों की किसानी में बदलाव किए थे।

लोकल अखबारों और मैगजीन ने रेशम उत्पादन में मेरे प्रयोगों के बारे में लिखना शुरू किया। स्थानीय रेडियो स्टेशनों ने मेरे नए प्रयोगों के बारे में बात करनी शुरू कर दी थी। लोग मेरा नाम जानने लगे थे। रोलेक्स कमिटी तीन अलग-अलग केटेगरी में अभूतपूर्व काम करने वाले लोगों की पहचान करती है और उन्हें पुरस्कृत करती है जिसमें कैश भी शामिल होता है। तीन केटेगरी हैं: लोगों का जीवन बदलने वाली तकनीकी खोज, दुनिया के बारे में और भी ज्यादा जानकारी देने वाली कोई खोज, और स्थानीय पर्यावरण को बचाने की दिशा में किए गए ऐसे काम जिन्होंने लोगों के रहने के तौर-तरीकों में बेहतरी हेतु बदलाव किए हों। हर तीसरे साल दिये जाने वाले इस पुरस्कार का नाम है रोलेक्स लॉरेट अवॉर्ड। किसी ने पूछा कि क्या वो मुझे इस पुरस्कार के लिए नामांकित कर सकते थे। मैं राजी हो गया। मैं कृषि विद्यालयों में लेक्चर दे रहा था और रेशम उत्पादन से जुड़े सेमिनारों में बुलाया जा रहा था। मैं मैगजीनों में आर्टिकल भी लिखने लगा था। ये भले ही बहुत सीरियस काम नहीं था लेकिन कम से कम मैं अपने अनुभवों के बारे में तो लिख ही रहा था। रोलेक्स तक मेरा काम पहुंचाया गया और उन्होंने एक टीम मेरे फार्म पर भेजी। उस टीम ने राज्य भर में कई लोगों से मेरे काम के बारे में बात भी की। वो डॉक्टर उडुपी श्रीनिवास से भी मिले, जो भारतीय विज्ञान संस्थान में प्रोफेसर थे और उन्हें पर्यावरण संबंधी प्रयोगों और रीसर्च के लिए जाना जाता है। वो रेशम उत्पादन विभाग के कई अधिकारियों से भी मिले। इसके बाद टीम मेरे फार्म पर आयी थी। उन्होंने कहा कि दुनिया भर के हजारों नामांकित लोगों में से उन्होंने 100 लोगों को चुना था। उन्होंने मुझे बताया कि अंत में वो सबसे अच्छे प्रोजेक्ट को चुनेंगे और उसे नकद रुपए और एक स्टील और सोने की रोलेक्स घड़ी मिलेगी। मुझे उद्योग के क्षेत्र में 1996 में रोलेक्स अवॉर्ड मिला। पैसों से ज्यादा मुझे इस बात की खुशी थी कि मेरे प्रयोगों से दुनिया भर में पर्यावरण को लेकर जागरूकता फैलेगी और ईको-फ्रेंडली किसानी के बारे में भी लोग और जानेंगे।

अगर आप किसानी की नयी तकनीकों को नहीं मानते हैं तो आप पर पुरानी सोच वाला इंसान होने का ठप्पा लगने का डर हमेशा रहता है।

मैं इस बात का घोर समर्थक हूं कि किसानों को आंख बंद कर के किसी चीज का अनुसरण नहीं करना चाहिए। उन्हें ठेठ बिजनेसमैनों की तरह सोचना चाहिए और ये समझना चाहिए कि मौजूदा तौर-तरीके न तो उनके कर्ज चुका पाएंगे बल्कि ऋण, पर्यावरण का नुकसान, खराब फसल, रसायनों के और इस्तेमाल का एक बुरा चक्र शुरू कर देंगे। अपनी मौजूदा तकनीकों के जरिए वो पर्यावरण की नींव को हिला रहे हैं जिसमें मिट्टी और उस पर आश्रित जीव शामिल हैं। उन्हें ये समझना होगा कि कृषि, कोई फैक्ट्री नहीं है और इसमें सब कुछ जीवों के सम्मेलन से ही संभव है।

प्रकृति के बारे में मिली गूढ़ जानकारियां, अंतर्बोध और सहज ज्ञान ही आगे चलकर मेरे भविष्य के उद्यमों का आधार बने। अगर कुछ पारिस्थितिक रूप से ठीक नहीं है, तो वो आर्थिक रूप से भी साध्य नहीं होगा। ये एक साधारण सा नियम था, जो मेरे हिसाब से, जीवन के हर मोड़ पर लागू होता है। एक बिजनेस को चलायमान रखने के लिए, उद्यमियों को उस उद्यम के लिए और उससे जुड़े सभी कामों के लिए, सही परिस्थितियों को बनाए रखना होगा। भविष्य में अस्तित्व में आने वाले कम पैसों वाली एयरलाइन और बाकी उद्यमों का बीज यहीं बोया गया था।

एक बार जब फार्म स्वपोषी हो गया, मैं हस्सन आकर बस गया। यहां से फार्म पर मेरे चक्कर लगते रहते। हस्सन आने की एक बड़ी वजह थी—मेरी बेटी। हमारे शादी के 2 साल बाद हमारी बेटी पल्लवी का जन्म हुआ था। वो खेतों में पलने वाली दूसरी लड़कियों की तरह ही पली-बढ़ी। गांव के बच्चे अक्सर गायों को जन्म देते हुए या बैल को गाय के साथ सहवास करते हुए देखते हैं। वो बेहद सहज तरीके से प्रकृति के तौर-तरीकों को जानने-समझने लगते हैं। अब मुझे उसकी शिक्षा पर ध्यान देने की जरूरत थी।

यहां मैं उस असमंजस की स्थिति की बात भी करना चाहता हूं जो डेरी के मामले में मेरे सामने आकर खड़ी हुई। डॉक्टर वर्गीज कुरियन के नेतृत्व में इस देश में जो श्वेत क्रान्ति आयी थी, उसने हर डेरी उत्पादक को प्रभावित किया हुआ था। हालांकि इसका एक दूसरा पहलू भी था। देश भर में बड़े पैमाने पर कृत्रिम गर्भाधान करवाया जा रहा था। देसी मवेशी यहां कि परिस्थितियों से

पूरी तरह से परिचित हैं लेकिन वो दुधारू नहीं होते हैं। लेकिन वो कम लागत में पाले जा सकते हैं और खाने की कमी में भी अच्छे से काम चला सकते हैं। विडंबना ये थी कि कई किसान जो डेरी उत्पादन में घुसे, कंगाल होकर निकले। कोई भी किसान आपको ये बता देगा कि ढेर सारा दूध पैदा करने वाली गायें कृत्रिम गर्भाधान के जरिए ही पैदा होती थीं और इससे बिजनेस मॉडल खराब होने लगे। ज्यादा दूध उत्पादन के फलस्वरूप होने वाली कैल्शियम की कमी को दूर करने के लिए मवेशियों को नियमति रूप से कैल्शियम के इंजेक्शन लगाए जाते। उनके रखरखाव में भी खासी रकम जा रही थी। अंततोगत्वा, डेरी का काम करने वाले किसान को जो पैसा मिल रहा था, वो उसकी लागत से कम था। डेरी में जाने वाले अधिकतर किसानों की यही कहानी थी। लेकिन कुरियन ने जहां बढ़िया काम किया, वो ये था कि अब किसान कोऑपरेटिव सोसायटी के अंतर्गत संगठित हो चुके थे और अब वही किसान, बगैर किसी दलाल के उत्पादन और वितरण पर आया मुनाफा पा रहे थे। यहां से एक ऐसी प्रक्रिया भी सामने आयी जिसने देश की दुग्ध उत्पादन की ताकत को भी हमारे सामने पेश किया। इस मामले में कुरियन का कोई सानी नहीं है। लेकिन राष्ट्रीय डेरी विकास बोर्ड और प्रादेशिक स्तर पर वैसी ही संस्थाओं ने कृत्रिम गर्भधारण को देश भर में फैलाया और इस तरह से देश के देसी मवेशियों को काफी नुकसान पहुंचा।

एक तरफ, जहां हाइब्रिड गायों के 25-30 लीटर दूध की तुलना में देसी मवेशी महज 2 या 3 लीटर दूध ही पैदा कर रहे थे, वहीं उनके रखरखाव में कोई खर्चा आ ही नहीं रहा था। वो खेतों में चरते थे और घर का बचा-खुचा खाना खाते। जो भी दूध पैदा होता, किसान के लिए तो वो मुनाफे में ही आता। हालांकि राष्ट्रीय डेरी विकास बोर्ड और बाकी संस्थाओं के प्रयासों ने भारत को दुनिया का सबसे ज्यादा दूध पैदा करने वाला देश बना दिया है, लेकिन हमें ये नहीं समझ में आया है कि इसका कितना बड़ा नुकसान हमें झेलना पड़ेगा। आनंद के वर्गीज कुरियन, जिनसे मैं बाद में मिला भी, के चलते देश के कितने ही किसानों की जिंदगी बदल चुकी थी। आनंद कोऑपरेटिव आंदोलन ने एक ब्रांड तैयार किया था और डेरी उत्पादकों के लिए एक व्यवस्था तैयार करते हुए उन्हें सशक्त किया था। लेकिन कृत्रिम गर्भाधान की भड़भड़ में किसानों ने गांव की हर गाय के साथ ऐसा किया। विदेशी नस्ल की इस चाह ने देसी नस्ल को अनदेखा कर दिया। और अब हम अमृतमहल, हलिकर और ओंगोल नस्ल की गायों को खोने की कगार पर आ पहुंचे हैं।

एक नए उद्यम की शुरुआत

मैंने कई और धंधों में भी हाथ आजमाया। उन दिनों मैं एक एनफील्ड मोटरसाइकिल चलाता था जिससे मैं एक से दूसरे खेत जाता था। एक दिन अपनी बाइक कि मरम्मत करवाने के लिए मैं हस्सन पहुंचा। दुकान बंद मिली और मेकेनिक ने बताया कि डीलरशिप बंद की जा चुकी थी और इसीलिए दुकान के मालिक ने वहां ताला डाल दिया था। वहां 2 बेहद मशहूर मोटरसाइकिलें थीं। एक थी जावा, जो मैसूर में आइडियल जावा द्वारा निर्मित होती थी, और ये उस वक्त के उद्योगों में एक बहुत बड़ा नाम था। ये अब अस्तित्व में नहीं है लेकिन उस समय की नयी पीढ़ी में ये बेहद चर्चित रहती थी। दूसरी थी चेन्नई में बनने वाली रॉयल एनफील्ड, आगे चलकर जिसके निर्माताओं का नाम एनफील्ड इंडिया हो गया। जब मुझे मालूम चला कि डीलरशिप बंद हो चुकी थी, मेरे दिमाग में सबसे पहला सवाल ये कौंधा कि आखिर सड़क पर चलने वाली सैकड़ों मोटरसाइकिलों की सर्विसिंग कौन करेगा और कौन उन गाड़ियों के स्पेयर पार्ट्स मुहैया करवाएगा? डीलरशिप भले ही किन्हीं भी कारणों से बंद हुई हो, हस्सन में लोगों को अभी भी सर्विस की जरूरत तो पड़ेगी ही। ठीक उसी समय पर मैं हस्सन जाकर रहने की और अपने बेटी का स्कूल में दाखिला करवाने के बारे में भी सोच रहा था। हस्सन में एक केन्द्रीय विद्यालय था। मुझे अपनी गाड़ी को मेंटेन रखना था और समय-समय पर मरम्मत भी करवानी थी। इन्हीं सब वजहों से अब मैं बाइक की डीलरशिप लेने के बारे में विचार कर रहा था।

मेरे कुछ दोस्त थे जो हस्सन के बाहरी इलाके में अपने फार्म पर रहते थे। रवि खंडिगे उनमें से एक था। वो उस वक्त एक मोबाइल रेस्टोरेंट चलाता था। वो ताज में काम कर चुका था और हॉस्पिटैलिटी सेक्टर में खासा अनुभव रखता था। मैं कई बार उसके यहां जाकर उससे बातें करता था। एक दिन मैंने उससे पूछा कि क्या वो मेरा बिजनेस पार्टनर बनेगा। मैं हस्सन में रहना नहीं चाहता था। मुझे ऐसा लगता था कि अगर मैं अपने फार्म पर नहीं रहूंगा तो वहां की गई मेरी मेहनत खराब होती चली जाएगी। मैं ऐसा किसान तो था नहीं जो एक मैनेजर रख सकता था। और मेरे बाहर रहने से मैं अपने फार्म के लिए बाहरी शख्स होता चला जाऊंगा। मुझे लगा कि मुझे अपने फार्म को 9 से 20 साल देने होंगे। मुझे वहीं जीना होगा, वहीं की हवा सोखनी होगी और वहीं काम करना होगा। जब नारियल के पेड़ पूरी तरह से परिपक्व हो जाएंगे, तब ही मैं उस पूरी जगह को किसी हेल्पर को दे पाउंगा। तब तक उस जगह को मेरी जरूरत थी।

मैं ये कह रहा था कि मान लेते हैं कि हमें मोटरसाइकिल की डीलरशिप मिल जाएगी। ऐसे में रवि, एक बिजनेस पार्टनर के तौर पर, दैनिक कामों को देखेगा। रवि ने इस प्लान के लिए हामी भर दी। और शाम के पांच बजे तक हम दोस्त से बिजनेस पार्टनर बन चुके थे।

स्थापित बिजनेस करने वाले स्थानीय लोग डीलरशिप या फ्रेन्चाइजी लेते ही रहते थे। लेकिन यहां एक मैं था, जो इस दुनिया के लिए नया-नवेला इंसान था और जिसकी बिजनेस में न ही कोई पृष्ठभूमि थी और न ही कोई अनुभव। लेकिन मुझे कोई मुश्किल नहीं दिखाई दी। मुझे ऐसा लगता था कि चूंकि मैं इतने वक्त से मोटरसाइकिल चला रहा था, इसलिए मुझे ग्राहकों की मुश्किलों और उनके मिजाज के बारे में जानकारी थी, क्योंकि एक वक्त पर मैं भी ग्राहक ही था। लिहाजा, डीलरशिप में, ग्राहकों का रवैया एक महत्वपूर्ण चीज थी, जो मैं लेकर आ रहा था।

मामला सुरक्षित होता दिख रहा था। चूंकि मेरी मोटरसाइकिल को मरम्मत की जरूरत थी, मेरे जवागल तक बस लेने की बजाए, मैंने और रवि ने उसी रात चेन्नई के लिए बस पकड़ी। हम सीधा एनफील्ड के कॉर्पोरेट ऑफिस पहुंचे। एनफील्ड के अधिकारी ने हमसे कहा कि सबसे पहले हमें बिजनेस के लिए एक जगह ढूंढनी होगी। इसके साथ ही उसने हमें कुछ दस्तावेज भी दिये। उसने कहा कि जगह मिलने पर हमें उसे इस तरह से बनाना होगा कि उसमें वर्कशॉप, गैराज और बाकी तरह की जरूरतें भी पूरी होती रहें। डीलरशिप फाइनल करने से पहले वो लोग आकर हमारी जगह का निरीक्षण करने वाले थे। मेरे सामने सब कुछ था। 24 घंटे में ही हम बिजनेसमैन बनने वाले थे। सब कुछ इतनी तेजी से हुआ कि मुझे इस काम के बोझ का अहसास तब हुआ जब मैं मैनेजर बनकर कमरे में बैठा। मेरा दोस्त भी अचानक हुए घटनाक्रम से भौंचक्का था।

मुझे मालूम था कि अगर आप मौकों को न पकड़ें तो वो हाथ से निकल जाते हैं। मुझे इस बात का विश्वास था कि अगर डीलरशिप मिल जाती है तो मैं संसाधन जुटा लूंगा। मुझे ये भी मालूम था कि अगर मैं हिचका तो ये मौका हाथ से निकल जाएगा। मैंने खुद से ये भी कहा कि कहीं न कहीं से मैं इस बिजनेस में पैसा लगाने का भी जुगाड़ कर लूंगा।

डील पक्की हो गई और हमें एनफील्ड इंडिया से आशयपत्र मिल गया। मेरे लिये ये एक नए सफर की शुरुआत थी। चेन्नई से हस्सन की वापसी की यात्रा के दौरान मैं बिना रुके सपने संजोता जा रहा था। मैं सोच रहा था कि हस्सन में शोरूम शुरू करूंगा और उनकी संख्या 20 तक ले जाऊंगा। रवि

और मैंने एक छोटी जगह लेने की सोची। जैसे-जैसे हमारी कमाई बढ़ती जाएगी, हम बड़े घर लेते जाएंगे। हमें 9 बाई 6 मीटर की एक छोटी बिल्डिंग दिखी जो बेंगलुरु-हस्सन-मैंगलोर हाईवे पर थी। उसके पीछे एक बड़ा सरकारी मैदान था। मैंने सोचा कि रिपेयर के लिए आने वाली बाइकें हम उस बिल्डिंग में तो नहीं रख सकते थे लेकिन पीछे खाली मैदान में बगैर कोई किराया दिये उन बाइकों को रखा जा सकता था। सामने वाला हिस्सा हमारे सेल्स ऑफिस के रूप में काम करने वाला था। हमने वही चुना। 600 रुपए किराए के रूप में निर्धारित हुए। हमने 10 हजार रुपए एडवांस के रूप में दिये। मेरे अकाउंट में उस वक्त इतनी ही रकम थी।

उन दिनों, मांग के मुकाबले मोटरसाइकिलों की आपूर्ति कम थी। ग्राहक एडवांस में पैसे देते थे जिससे हमारा काम चल सकता था। लेकिन फिर भी, हमें कुछ तो लागत लगानी ही थी। इसलिए, हम बैंक गए और वहां एक बिजनेस प्लान पेश किया और कर्ज मांगा। बैंक ने देखा कि हमने काफी लागत पहले से लगाई हुई थी, लिहाजा उन्होंने लोन दे दिया।

बैंक से लिये पैसों से हमने दो बुलेट मोटरसाइकिलों का ऑर्डर दिया। एक मोटरसाइकिल का दाम लगभग 10 हजार रुपए था। हमने सोचा कि इन दोनों मोटरसाइकिलों को शोरूम में रखकर हम अपना बिजनेस शुरू करेंगे। हमने औजारों और कुछ स्पेयर पार्ट्स भी लिये। मुझे ये सोचकर बेहद अचरज हो रहा था कि हमारे पास कुछ भी नहीं था और हम कुछ नया बनाने जा रहे थे। इससे हम नयी नौकरियां बना रहे थे और हमारे सामने एक बड़ा ग्राहक समूह था।

हमने उस जगह को एक शक्ल देने के लिए सजावट करने वालों की भी सेवा ली। एक दिन, जब मैं इसी बिजनेस के काम में ही लगा हुआ था, पुराने शोरूम के मुख्य मेकेनिक ने मुझसे नौकरी के लिए संपर्क किया। मैंने उसे बतौर मुख्य मेकेनिक, अपने पास रख लिया। वो हमारा पहला कर्मचारी था। मैंने एक लड़का और रखा जो हमारे फ्रन्ट ऑफिस का ख्याल रखता था। मुख्य मेकेनिक कि तनख्वाह 500 रुपए प्रतिमाह थी और ऑफिस बॉय की 250 रुपए।

मुझे हमेशा किसी चीज के नामकरण में शामिल रचनात्मकता बहुत आकर्षित करती थी। आजकल तो वैसे भी नाम रखना एक ब्रांड को बनाने के क्रम में बहुत बड़ा कदम होता है और इसके लिए कंपनियां कंसल्टेंट तक रखती हैं। मुझे लगा कि बड़ी कम्पनियों के नाम उन लोगों के नाम पर रखे जाते हैं जो उसकी आधारशिला रखते हैं। मसलन, टाटा, बजाज या फोर्ड। आपका नाम वही होता है जो आपके पिता देते हैं। आप फेमस इसलिए होते हैं क्योंकि

आपने कुछ किया होता है, न कि अपने नाम की वजह से। इसी तरह से, ब्रांड के तौर पर टाटा या बजाज का नाम फेमस उनके कर्मों की वजह से हुआ। मैंने 10 सेकेंड संभावित नाम सोचे। हम मोटरसाइकिल बिजनेस के मामले में मलनाड इलाके में थे। इसलिए हमने दोनों को मिलाते हुए नाम सोचा मलनाड मोबाइक्स। हमने हस्सन में इस नाम को रजिस्टर करवाया जो आज तक वहां मौजूद है। हमने इसके उद्घाटन के लिए एक दिन तय किया। हमने एसपी को और स्थानीय विधायक को बतौर मुख्य अतिथि न्योता दिया। हमने एनफील्ड इंडिया के सेल्स और मार्केटिंग के मुखिया को खत लिखा और शोरूम के उद्घाटन की बात बताते हुए उन्हें भी बुलाया। अखबार में भी हमने इश्तेहार छपवाया। इसकी वजह से तुरंत ही हमारे पास पैसा आना शुरू हो गया। लोग अपनी बाइक लेकर आते और मरम्मत का काम करवाते या स्पेयर पार्ट्स की मांग करते। कई लोग थे जो मोटरसाइकिल खरीदने के भी इच्छुक थे। हमने अपने ग्राहकों को बताया कि उन्हें नयी बाइक के लिए कुछ दिन का इंतजार करना पड़ेगा और उन्हें ये भी बताया कि हम चेन्नई के दफ्तर में नयी बाइक के लिए डिमांड ड्राफ्ट भेज रहे थे। वो मिलने पर ही वहां से हमें मोटरसाइकिल मिलने वाली थी। इसलिए, अगर उन्हीं गाड़ी जल्दी चाहिए थी तो उन्हें पहले ही नकद पैसा देना होगा। लेकिन इस पर भी उन्हें थोड़ा इंतजार करना ही पड़ेगा। लोग पैसे दे रहे थे और इस तरह हमारे खर्चे भी चलते जा रहे थे।

हमारे यहां चेलागिरी का काम काफी चलता था जो आज भी बदस्तूर जारी है। इसमें ऐसा होता है कि एक बाप अपने आठ-दस साल के लड़के को लेकर आता है। वो लड़का पढ़ाई-लिखाई से दूर भागने वाली तबीयत रखने वाला होता है और स्कूल से निकल चुका होता है। पिता उसे मुख्य मेकेनिक के सुपुर्द कर देते हैं और वो उसे अपने हेल्पर के रूप में लगा लेता है और काम-धंधे के गुर सिखाता है। पिता चाहता है कि लड़का ये काम सीख लेगा तो आगे चलकर शायद गैराज खोलकर कुछ कमाई कर सकेगा। यहां बाल मजदूरी का खतरा तो था लेकिन उससे बड़ा खतरा इन बच्चों के भिखारी बन जाने या काम-धंधे की गैर-मौजूदगी में उनका गलत संगत में पड़ने का था। वो बेहद गरीब परिवार से आते थे और ऐसी स्थितियां आए दिन सामने आती थीं। इन 'चेलों' में 90% मेकेनिक इस काम में बगैर किसी पैसों के काम करते हैं। उनके पिता कहते हैं, 'इसे एक भी पैसा मत दो। ये घर पर सिर्फ शैतानी करता है। इसको कुछ काम-धंधा सिखाओ। ये मेकेनिक बन जाएगा तो खुद का गैराज चला लेगा।'

मैंने आठ से दस बच्चे रख लिये। जैसे-जैसे दिन बीते, हमें समझ में आया कि ये कमाल के लड़के थे। इन्हें इस काम में मजा भी आता था। उनके हाथों और चेहरों पर हर वक्त ग्रीस लगी रहती थी और हम उन्हें प्यार से 'ग्रीस वाले बंदर' बुलाते थे। पश्चिमी देशों में एक मेकेनिक कई काम करने वाला इंसान होता है। वो एक गाड़ी के सभी कामों के बारे में बात कर सकता है। लेकिन इंडिया में एक मुख्य मेकेनिक होता है जो बॉस होता है। वो बैठा रहता है या इधर-उधर भागता है और चिल्लाते हुए निर्देश देता रहता है। 'ग्रीस वाले बंदर' यहां से वहां कूदते फिरते हैं और नट-बोल्ट ढीले कर रहे होते हैं, जैक ऊपर कर रहे होते हैं, कपड़ा रगड़ रहे होते हैं, इंजन ऑइल निकाल रहे होते हैं और इंजन टेस्टिंग कर रहे होते हैं। मुख्य मेकेनिक बनने के लिए आपको ऊपर बढ़ते रहना होता है। यानी, मुख्य मेकेनिक लड़कों को तैयार करता है। हालांकि इस काम में वो अक्सर लड़कों के साथ कुछ रुखाई के साथ पेश आता है लेकिन ये स्टोर मैनेजर का काम होता है कि वो ये सुनिश्चित करे कि लड़कों के साथ कुछ भी बुरा न हो। लड़के सुबह आठ बजे आते और शाम पांच बजे चले जाते। वो सभी मुझसे 100-100 रुपए पाते। ग्राहक भी उन्हें गाहे-बगाहे टिप देते रहते। कुल मिलाकर वो महीने में 300-400 रुपए बना लेते जो उस समय अच्छी रकम होती थी।

तीन से चार सालों में मैं हस्सन में और पड़ोसी जिले चिकमंगलूर में जाना जाने लगा था। लोग मुझे एक किसान के तौर पर और एक मोटरसाइकिल डीलरशिप के मालिक के रूप में जानते थे। मोटरसाइकिल वाले काम के साथ एक ब्रांड का नाम भी जुड़ा हुआ था। कुछ ही समय में मैंने शोरूम में बेची जा रही दोपहिया गाड़ियों में लूना और हॉन्डा गाड़ियां भी जोड़ लीं। हमने गाड़ियों की संख्या में भी इजाफा कर दिया। हमने चिकमंगलूर, कडूर, तिप्तूर और कई तालुकों में अपनी ब्रांच खोली। कुल मिलाकर उस इलाके में हमारे आठ शोरूम हो गए थे। मलनाड मोबाइक्स उस इलाके में अच्छा ब्रांड बन चुका था। शुरुआती सालों में, जब मोटरसाइकिल बिजनेस बढ़ रहा था और मशहूर हो रहा था, मैं फार्म और हस्सन के बीच डोलता रहा और रवि दैनिक कामों की देखरेख में लगा रहा। कुछ समय बाद वो रिटायर हो गया। उस समय तक बिजनेस स्थिर हो चुका था इसलिए मैंने एक मैनेजर रखा और खुद फार्म पर रहने लगा। रोज मोटरसाइकिल से आता-जाता।

मेरी बेटी बड़ी हो रही थी। स्कूल में उसका दाखिला करवाना था। इसलिए हम हस्सन चले गए और शहर के सेन्ट्रल स्कूल में उसका दाखिला करवा दिया। इसके कुछ समय बाद ही मेरी दूसरी बेटी का जन्म हुआ। हमारी बड़ी बेटी पल्लवी के बड़े होने पर हमने उसका दाखिला बेंगलुरु के बिशप कॉटन स्कूल में करवाया। यहां वो बोर्डिंग में रहकर पढ़ाई कर रही थी। मैं हस्सन से जितना दूर रह रहा था, अपने फार्म वाले जीवन को मिस कर रहा था। मैंने एक दिन अपनी पत्नी के सामने सब कुबूल करते हुए कहा, 'मैं फार्म पर रहना मिस करता हूं। पल्लवी बोर्डिंग स्कूल में है। कृतिका अभी भी छोटी है और उसके स्कूल में जाने में अभी 2 साल हैं। हम फार्म पर वापस क्यों नहीं चलते?' मेरी पत्नी ने पूछा, 'कब?' मैंने कहा, 'कल सुबह।' मेरे अंदर ये बात फूलती जा रही थी। मैं फार्म की मिट्टी छूना चाहता था, उसकी ताजा हवा में सांस लेना चाहता था, गाय दुहना चाहता था, डेरी का काम करना चाहता था, फार्म में और उसके आस-पास टहलते रहना चाहता था और वहां सूरज को डूबते हुए देखना चाहता था। मैं कब से इससे बिछड़ा हुआ था और ऐसा करना चाहता था। मेरी पत्नी ने मेरी बात समझी और कहा, 'ठीक है। चलते हैं!'

मैंने फार्म पर राजू को फोन किया और कहा कि वहां वो आर्मी टॉयलेट बनाए। ऐसे टॉयलेट आर्मी के इलाके में बहुत आम बात होते थे। हम भुरभुरी मिट्टी में एक गड्ढा खोदते थे। ये सुरक्षित और साफ तरीका होता है। मैंने राजू से कहा कि वो कमरा साफ करके रखे और बाहर छप्पर डालकर एक जगह तैयार करे जहां नहाया जा सकेगा। हम सुबह पहुंच जाएंगे। वो सकते में आ चुका था। उसने कहा, 'सर, यहां कुछ भी नहीं है।' लेकिन मैं अपना मन बना चुका था। मैंने अपनी पत्नी से कहा, 'अगर तुम दोपहर में फिर से पेड़ों के नीचे सोने के लिए और लंबे वक्त तक पैदल चलने के लिए तैयार हो तो मेरे साथ चलो।' उस वक्त कृतिका महज तीन साल की थी। जब वो पैदा हुई थी, मैं अपनी पहली कार खरीद चुका था। ये 1950 के मॉडल की डॉज किंग्सवे सीडान गाड़ी थी। लग्जरी गाड़ियों में इसका नाम शुमार था। ये पी4 डीजल इंजन पर चलती थी और इसका बूट काफी बड़ा होता था। हॉलीवुड के सितारे 50 और 60 के दशक में इसी गाड़ी में घूमा करते थे। उसके पिछले मालिक ने पी4 डीजल इंजन लगवा लिया था क्योंकि पेट्रोल महंगा होता जा रहा था। मुझे इसे चलाने में बहुत लुत्फ आता था। मैं जब ऐसे छोटे गांवों में ये गाड़ी लेकर जाता जहां लोगों ने कभी कार देखी ही नहीं होती थी, वहां बच्चे इसे घेर लेते। वो खुशी में चिल्लाते और इसे 'एरोप्लेन कारू! (एरोप्लेन कार)' कहते।

वो वाकई एक बड़ी कार थी। मुझे ये अहसास नहीं हुआ था कि एरोप्लेन शब्द कभी किसी और तरह से खिलकर सामने आएगा।

हालांकि हमने अगली ही सुबह निकलने की योजना बनायी हुई थी, लेकिन मुझसे इंतजार नहीं हो रहा था। गाड़ी में जितना सामान आ सकता था, हमने रखा और उसी दिन निकल पड़े। हम सब कुछ छोड़कर यूं जा रहे थे जैसे किसी महामारी से बचकर भाग रहे हों। जब मैं फार्म में घुसा तो ऐसा लगा जैसे किसी शरणार्थी को सर छुपाने के लिए जगह मिल गई हो।

हम पूरी तरह से फार्म पर ही बसने की योजना बनाकर आए थे। ये मेरा सबसे अच्छा ट्रेनिंग का मैदान था। यहां मैं लोगों के बीच था, उनके साथ खा रहा था, प्रकृति के बारे में सीख रहा था, जीवन की गूढ़ बातों के बारे में जान रहा था। जब मैं फार्म पर काम करने में व्यस्त था या अपना बिजनेस कर रहा था, मुझे न जाने क्यों ऐसा लगता था कि ये सब कुछ किसी और ही चीज के लिए मुझे तैयार कर रहा था। मैं अंधविश्वास में तो यकीन नहीं रखता हूं लेकिन मुझे ये अंदेशा जरूर था कि मैं किसी और भी बड़े उद्यम की ओर कदम बढ़ा रहा था। मुझे नहीं मालूम था कि वो क्या होने वाला था। लेकिन मुझे ऐसा ही कुछ लग रहा था। जब मैंने सेना छोड़ी थी, मैं कुछ खोज करना चाहता था। मुझे पहले ही ये अहसास हो चुका था कि मंजिल पर पहुंचने से बेहतर अनुभव असल में उस दौरान की गई यात्रा का होता है। मैं किसी भव्य समाप्ति के बारे में कतई नहीं सोच रहा था। अगर ये सब कुछ मुझे कहीं ले जा रहा था तो ये अच्छी बात होगी। लेकिन वो यात्रा, जहां आप अपने वर्तमान को असल में महसूस कर सकते हैं, उसका अनुभव अभूतपूर्व होता है।

जिन महानुभाव से हमने मोटरसाइकिल के बिजनेस के लिए जगह किराये पर ली हुई थी, वो एक होटल के मालिक थे। उनका नाम, कस्तूरी, पूरे जिले में मशहूर था। उन्होंने अपने होटल का नाम अपने ही ऊपर रखा और उसे होटल कस्तूरी कहा जाता था। वो हस्सन इलाके में मौजूद सबसे शानदार उडुपी होटलों में से एक था जो अपने डोसा के लिए मशहूर था। कस्तूरी समाजसेवा और मंदिरों से जुड़ाव के लिए भी जाने जाते थे। वो गणपति मंदिर और सालाना होने वाले गणपति के त्योहार के संयोजक थे।

गणपति का त्योहार, जो महाराष्ट्र में एक बहुत बड़ा आयोजन होता है, कर्नाटक में भी एक बड़े त्योहार के रूप में मनाया जाता है। ये धार्मिक उल्लास का मौका होता है और लोग इसका खूब इंतजार करते हैं। कई समुदायों के लिए ये धार्मिक मसला होता है लेकिन मेरे लिये तो ये उत्सव वाला समय होता

था। हरिकथा एक भारतीय परंपरा होती है जिसमें भारतीय महाकाव्यों की कथाएं प्रस्तुत की जाती थीं। मैं बचपन में हरिकथा प्रस्तुत करने वाला कलाकार बनना चाहता था। दक्षिण भारत में आज भी ये रिवाज कायम है। त्योहार के दौरान और भी पारंपरिक कार्यक्रमों में शास्त्रीय संगीत की प्रस्तुति भी देखने को मिलती थी। बचपन से ही मुझे हिन्दुस्तानी और कर्नाटिक शास्त्रीय संगीत से प्रेम था। संगीत में मेरी रुचि मेरी मां की वजह से आयी जो संगीत पसंद करती थीं और मेरी बहनों से ये कला सीखने को लगातार कहती रहती थीं। वो संगीत सिखाने वाले गुरुओं को घर बुलाती थीं। दक्षिण भारत के ब्राह्मण परिवारों में ये एक आम बात थी। लड़के संस्कृत सीखते थे और लड़कियां संगीत। उत्तर कर्नाटक में हिन्दुस्तानी शास्त्रीय संगीत को तरजीह दी जाती थी जबकि दक्षिणी हिस्से में कर्नाटिक संगीत सीखा जाता था। शुरुआत में संगीत की शिक्षा रोज मिलती थी और मंदिर जाने की तरह, पूरी श्रद्धा से इसका पालन किया जाता था। मैं अपनी बहनों के कमरों से आते संगीत की आवाज से जागता था। मैं कभी भी, कोई भी संगीत समारोह नहीं छोड़ता था। मैं कैसे भी करके समय निकाल लेता था और सेम्मनगुडी श्रीनिवास ऐयर, एमएस सुब्बलक्ष्मी, बालमुरलीकृष्णा, महाराजपुरम संतानं, मल्लिकार्जुन मंसूर और भीमसेन जोशी को सुनता था। मैं पूरे श्रद्धाभाव के साथ कई वर्षों तक इनके संगीत सम्मेलनों में जाता रहा। आज भी मैं समय मिलने पर संगीत गोष्ठियों में जाने से नहीं चूकता। फार्म पर भी मैं अपना खाली समय पढ़ते और संगीत सुनते हुए बिताता।

होटल बिजनेस में मेरा पहला कदम

कस्तूरी, या जिन्हें प्यार से होटल कस्तूरी कहा जाता था, कमाल के शख्स थे। वो हमेशा अपनी पहचान बन चुकी सफेद शर्ट और धोती में दिखते। इसके ऊपर कंधे पर तौलिया लटका रहता। उन्होंने खासा नाम कर लिया था और वैभव से भरा जीवन बिता रहे थे। लेकिन उन्हें कैसी भी शिक्षा नहीं मिली हुई थी। मैं जानना चाहता था कि आखिर उन्होंने अपना नाम इतना बड़ा बनाया कैसे। 70 कि उमर में कस्तूरी ऊर्जा से भरे रहते थे। वो अपनी मोपेड पर शहर भर में घूमते रहते। एक बार वो मुझसे मिलने आए। वो बस यूं ही चले आए थे। वो मुझे पसंद करते थे और सफलता पाने की मेरी लालसा की तारीफ करते थे। वो एकदम दोस्ताना लहजे में मुझसे कहते, 'गोपी, लोग लट्टू के निचले हिस्से में डोरी लपेट कर और फिर उसे उधेड़कर लट्टू नचाते हैं। तू बिना डोरी के

नचाता है।' दूसरे लोगों को वो मेरा ठीक यही परिचय देते थे। मैं हंसकर इसे टाल देता था। मुझे शिक्षा मिली हुई थी। मेरे पिता ने मुझे तैयार करने के लिए बहुत मुश्किलों का सामना किया था। मेरे पास ये भी बढ़त थी कि मैं आर्मी में था। इस इंसान के पास न ही कोई सामाजिक पूंजी थी और न कोई शिक्षा। फिर भी इसे एक सफल उद्योगपति और अच्छा नागरिक बनने से कोई रोक नहीं पाया। मंदिरों में की गई सेवा के अलावा उन्होंने गरीब ब्राह्मण बच्चों के लिए हॉस्टल बनवाया था और एक श्मशान घाट भी दिया था।

वो अपने पैसों से और लोगों से चंदा इकठ्ठा कर लोगों के लिए मदद का इंतजाम करते थे। वो कई मौकों पर मुझसे भी चंदे के लिए बात कर चुके थे। एक दिन, जब वो मेरे शोरूम पर आए, मैंने उनसे अपनी कहानी सुनाने को कहा। उन्होंने ऐसा किया भी। 7 या 8 साल की उम्र में उन्होंने गरीबी की मार झेल रहे अपने परिवार को छोड़ा और हस्सन आ गए। राघवाचार एक ब्राह्मण थे जो कई साल पहले हस्सन आ गए थे और वहां कई मशहूर होटल बना चुके थे। वो रेलवे के लिए एक कैंटीन भी चलाते थे। मेरे पिता को भी लगभग 75 बरस पहले के राघवाचार होटलों में जाना याद था। कस्तूरी को ऐसे ही एक होटल में क्लीनर का काम मिल गया था। कुछ समय में वो वेटर बन गए। वो खाना पकाने का काम औरों को देखते-देखते सीख गए और कुछ वक्त में ही असिस्टेंट कुक बन गए। कस्तूरी को इस बात का एहसास हुआ कि राघवाचार ठेठ ब्राह्मण नहीं था: वो सिगरेट पीता था, शराब पीता था और यहां तक कि व्यभिचारी भी था। राघवाचार ने भी एक समय पर क्लीनर के तौर पर ही काम शुरू किया था लेकिन अब उसकी शख्सियत बहुत बड़ी हो चुकी थी। एक दिन युवा कस्तूरी ने राघवाचार की रखैल से जुड़ी कुछ बातें कह दीं। उसके मालिक को जब ये बात मालूम पड़ी, कस्तूरी उधर से इडली और साम्भर से भारी प्लेटें ला रहा था। राघव उस तक पहुंचा और जोरदार थप्पड़ रसीद कर दिया। इडली और सांभर की प्लेटें जमीन पर फैल गयीं। वो आखिरी मौका था जब कस्तूरी ने किसी भी तरह की गॉसिप में हिस्सा लिया। कुछ वक्त बाद, जब राघवाचार की मौत हो गई, कस्तूरी ने हस्सन में 2 मीटर बाई 2 मीटर के एक कमरे में छोटा सा कैफे शुरू किया। कस्तूरी वहां कुक भी था, वेटर भी, क्लीनर भी और कैशियर भी। वो घोल तैयार करता, डोसा बनाता, ग्राहकों को देता, टेबल से केले के पत्ते हटाता। ये काम उसने हर रोज, कई सालों तक किया। जल्द ही उसने पैसे बचाकर एक बड़ी जगह पर अपना काम शुरू किया। उसे कई पड़ावों पर सफलता मिली और वो पिछली से बड़ी जगहों पर अपना काम करता रहा। अब एक सफल उद्यमी बन चुके कस्तूरी ने हस्सन में एक बड़ा

सा कॉम्प्लेक्स बना दिया था और जिले के दो सबसे सफल होटल उसके थे। उन्होंने ही मुझे अपने कॉम्प्लेक्स के ग्राउंड फ्लोर और बेसमेंट में मोटरसाइकिल की डीलरशिप के लिए जगह दी हुई थी।

मुझे एहसास हुआ कि कस्तूरी जैसे लोग सफल होते हैं क्योंकि उनके पास हर दिन बेहतर करने की हिम्मत, इरादा, लगन, और हारे बिना मेहनत किए जाने की कुव्वत होती है। एमरसन कहते हैं कि एक जीनियस इंसान के लिए भी शॉर्ट-कट नहीं होता। सफलता तक पहुंचने के लिए आपको आग पर चलना पड़ता है। खजाने की तलाश में निकला इंसान सोने की तरह चमकाया जाता है, स्टील की तरह उसे ढाला जाता है और कठिनाई की चोटों से उसे आकार मिलता है। ऊर्जा, जूनून और हिम्मत का अनुभव के साथ होने वाला मिश्रण आपको सफलता तक पहुंचा तो देगा लेकिन यकीन मानिये, वहां तक की यात्रा ही उसका सबसे बड़ा पुरस्कार होगा।

एक दिन कस्तूरी ने कहा कि बगल वाले प्लॉट पर वो एक रेस्टोरेंट बनाना चाहता था। वो जमीन भी उसी की थी। उसने कहा कि ऐसा करने के बाद वो रिटायर हो जाएगा और फिर समाजसेवा में जुट जाएगा। वो उसे और बाकी रेस्टोरेंट को भी बेच देगा और अपना कॉम्प्लेक्स किसी को मैनेज करने के लिए दे देगा। उसने मुझसे पूछा कि क्या मैं इस काम में हाथ डालना चाहूंगा। अगर कस्तूरी कॉम्प्लेक्स से जुड़े प्लॉट में एक रेस्टोरेंट की शुरुआत करना चाहता था, तो उसने जरूर सब कुछ सोच-समझ लिया ही होगा। मैं सोच में पड़ गया। मुझे उस वक्त तक और कोई जगह तो नहीं चाहिए थी। लेकिन मैं ये भी नहीं चाहता था कि वो जगह किसी और के पास चली जाए। मैंने सोचा कि शायद मुझे आने वाले समय में उसकी जरूरत पड़े।

मेरे दिमाग में ये भी खयाल आया कि कस्तूरी जो कॉम्प्लेक्स बनाने की सोच रहा था, उसी में मैं अपना उडुपी रेस्टोरेंट शुरू कर सकता हूं। वो मेरे मोटरसाइकिल बिजनेस के बगल में ही होगा। हस्सन में ज्यादातर प्रॉपर्टी उडुपी होटल के मालिकों की ही थी। मुझे समझ में आया कि उडुपी होटल मालिक ज्यादातर क्लीनर के रूप में काम शुरू करते हैं और फिर वेटर, कुक बनते-बनते उनमें से कुछ अपने होटल तक खोल लेते हैं। मुझे उडुपी होटल का विचार काफी भाया। मुझे ऐसा भी लगा कि एक ऐसा होटल चलाना एडवेंचर भरा काम भी होगा क्योंकि ये मेरे लिये एकदम नयी चीज थी। मैंने कस्तूरी से कहा कि वो एक उडुपी होटल शुरू करने में मेरी मदद करे।

उस उडुपी होटल का नाम मुझे अचानक से ही सूझ गया। मैंने अपने होटल का नाम रखा यागाची टिफिन। कन्नड़ में आमतौर पर इस्तेमाल किए जाने वाले शब्द टिफिन का मतलब होता है स्नैक्स। यागाची असल में हेमवती की एक सहायक नदी है जो मेरे गांव से होकर जाती थी और जिससे मैं भावनात्मक रूप से जुड़ा हुआ था। जैसे कि मैं अपने फार्म का नाम हेमवती फार्म रख चुका था, मैंने फैसला लिया कि रेस्टोरेंट का नाम उस छोटी नदी के नाम पर रखूंगा। लोगों को ये मालूम पड़ने लगा कि मैं एक उडुपी होटल शुरू करने की कोशिश में लग चुका था। वो कह रहे थे कि कैप्टन गोपी ने रेस्टोरेंट के लिए हाईवे पर बहुत ही सही जगह चुनी है। जब मैं सेना में था, मैं मेस सेक्रेटरी और वाइन सेक्रेटरी हुआ करता था। कैंटीन के मैनेजमेंट और उसके संचालन में मेरी खासी रुचि थी, इसलिए ये नया काम मुझे अच्छा लग रहा था।

वो लोग जो काम चाह रहे थे, मुझसे मिलने आने लगे। उडुपी का एक बावर्ची, या भट्टा, मुझसे काम के सिलसिले में मिलने आया। किसी दूसरे उडुपी होटल में वो मुख्य बावर्ची था लेकिन वहां उसने अपना काम छोड़ दिया था। उसने कहा कि अगर मैंने उसे काम पर रख लिया तो वो अपने साथ होटल का बाकी का स्टाफ भी लेकर आ जाएगा जिसमें क्लीनर भी शामिल होंगे। उसने कहा कि वो सभी को मैनेज भी करेगा। बदले में उसने कमाई में हिस्सा मांगा। मुझे लगा कि ये अच्छा आइडिया था। लोगों को मैनेज करने की सबसे बड़ी मुसीबत मेरे सर से हट जाने वाली थी। एक बार कस्तूरी ने मुझसे कहा भी था कि होटल को मैनेज करना एक सर्कस कंपनी को मैनेज करने जैसा होता है।

हमने तय किया कि मुख्य बावर्ची होटल शुरू होने से एक हफ्ते पहले आ जाएगा, अपनी टीम साथ में लाएगा, रेसिपी की टेस्टिंग शुरू करेगा, मेन्यू तैयार करेगा और पूरे क्रियाकलाप को लयबद्ध तरीके से एक साथ बांधेगा। अब मैंने खुद को दूसरी चीजों में खपाना शुरू किया। मैं अंदर का रंग-रोगन, किचन का सामान, बर्तन, प्लेट, कटलरी और फर्नीचर जुटाने में उलझा हुआ था। लॉन्च करने के लिए जो भी आवश्यक था, उसकी तैयारी करने के लिए मेरे पास ढेर सारा वक्त था। मुझे वीआईपी लोगों को बुलाना था, न्योता देने वाले कार्ड छपवाने थे, उन्हें भेजना था और उद्घाटन के मौके पर होने वाली सभी चीजों को मैनेज करना था। स्थानीय विधायक और म्युनिसिपल काउंसलर मुख्य अतिथि होने वाले थे। मैंने अपने सभी दोस्तों और रिश्तेदारों को भी बुलाया। इसमें से कई लोग बहुत दूर से आ रहे थे। उल्टी गिनती शुरू हो चुकी थी। लॉन्च में एक हफ्ता ही बचा था लेकिन मुख्य बावर्ची नहीं आया। वो अगले

दिन भी नहीं आया। उसके अगले दिन भी नहीं। लॉन्च से 5 दिन पहले उसके दर्शन संभव हुए। उसने कहा कि वो भूला नहीं था, वो किसी काम में फंस गया था। उसने कहा कि वो उडुपी जाएगा और बाकी खानसामे और काम करने वाले लोग लेकर उद्घाटन से 2 दिन पहले आएगा। उसने वादे तो बहुत किए, लेकिन टिका एक पर भी नहीं।

दो दिन बचे हैं और मेरे पास न बावर्ची है, न वेटर हैं और न क्लीनर हैं। मैं पागल हो रहा था। लेकिन मैं इस बात पर टिका हुआ था कि लॉन्च तो उसी दिन होगा जिस दिन तय किया गया था। मैं अब जुगाड़ भिड़ाने में लग गया था। मुझे समझ में आया कि ये सब कुछ प्रतिस्पर्धा में किया गया था और मुझे फंसाया गया था। किसी दूसरे उडुपी रेस्टोरेंट वाले ने ये प्लान बनाकर मुझे झटका देने की कोशिश की थी जिससे होटल शुरू करने के मेरे प्लान पर पानी फिर जाए। अब मैं और भी दृढ़संकल्पी हो चुका था। मैंने तय किया कि मैं बावर्ची खोजूंगा और जरूरत पड़ी तो दस गुना पैसा दूंगा। लेकिन सब कुछ उसी दिन शुरू होगा जिस दिन तय किया गया था। मैं किसी भी तरह से लोगों को लेकर आऊंगा और प्लान आगे नहीं बढ़ने दूंगा।

मुझे एक आइडिया सूझा। मैंने अपने भाइयों को मेरी एरोप्लेन गाड़ी में भेजा और कहा कि वो जाकर शादी में खाना बनाने वालों को ढूंढ कर लायें। ये बावर्ची शादियों में और बाकी समारोहों में खाना बनाने का काम करते थे। शादी का पंडाल देखते ही इन सभी की इन्द्रियां सक्रीय हो जाया करती थीं। इन्हें काम करने में आनंद आता था। मैंने तय किया कि शादी में खाना बनाने वाले इन लोगों को मैं महीने भर के लिए रख लूंगा। इससे मुझे चीजों को संभालने का थोड़ा वक्त मिल जाएगा। हस्सन जिले में पूरे दिन ढूंढने के बाद उन लोगों को एक बावर्ची मिला जिसने उद्घाटन के एक दिन पहले आने के लिए हामी भरी। वो अपने साथ पूरी टीम लेकर आया जिसमें खाना बनाने वाले, हेल्पर और क्लीनर थे। वो मेरे लिये मसीहा से कम नहीं था। और इस तरह से मेरे उडुपी होटल का उद्घाटन हुआ।

उडुपी होटल चलाना वैसा ही है जैसे आपके घर में रोज एक शादी हो रही हो। आप सुबह 5 बजे उठते हैं और जाकर होटल खोल देते हैं। आप सब कुछ इस एहतियात के साथ बनाते हैं जैसे बेटी के ब्याह पर घर में पकवान बनते हैं। क्योंकि ग्राहक को फर्क नहीं पड़ता है कि आपने होटल 3 या 4 दिन पहले ही खोला है। वो जब भी आपके यहां आता है, हर बार सबसे अच्छा खाना चाहता है।

और भी कई वजहें हैं, जिसकी वजह से रेस्टोरेंट चलाना मुश्किल काम है। ज्यादातर लोग, जो बतौर वेटर या क्लीनर काम करते हैं, भागकर आए होते हैं। एक दिन मैं अपने कैश काउंटर पर बैठा हुआ था और किचन सुपरवाइजर मेरे पास आया। उसने बताया कि तीनों क्लीनर काम छोड़कर भाग गए थे। प्लेट धुलने का इंतजार कर रही थीं। मैंने वजह पूछी। उसने बताया कि लड़के अपने घर से भागकर आ गए थे क्योंकि वो परीक्षा में फेल हो गए थे और उन्हें घर पर होने वाली मरम्मत से बचना था। इसलिए वो शहर आकर काम ढूंढने लगे। यहां उन्हें कोई जानता नहीं था। उडुपी होटल एक अच्छी जगह थी क्योंकि यहां उन्हें काम भी मिलता था और खाना भी। वो ऐसे ही छोटे होटलों में क्लीनर और वेटर का काम करते थे। लेकिन जब कोई पड़ोसी या जानने वाला उनके होटल में आता और उन्हें देखता तो वापस जाकर उनके पिता को बता देता। ऐसे में पिता या कोई रिश्तेदार शॉल ओढ़कर होटल आते और जैसे ही टेबल पर वो लड़का आता, उसे पकड़कर घर वापस ले जाते। इसलिए, जब भी कोई लड़का किसी तांक-झांक करने वाले पड़ोसी को या किसी नाते-रिश्तेदार को देखता तो भाग खड़ा होता।

उस दिन मुझे खुद बर्तन मांजने उतरना पड़ा क्योंकि और कोई वो काम करना नहीं चाहता था। मैं उन भाग जाने वाले लड़कों को आज भी याद करता हूं। वो होटल के दरवाजे पर खड़े थे। उनके हाथ में एक बंडल था, चेहरे पर चिंता के भाव थे, हालत दयनीय थी और वो ठण्ड में कांप रहे थे। उनके हाथ में जो बंडल था, उसमें एक शर्ट और हाफ पैंट थी। वो पूछ रहे थे, 'कोई काम है क्या यहां?' मैं उन्हें देखकर अंदर तक हिल गया था। वो बच्चे नौकरी मांग रहे थे। आगे चलकर उनमें से कईयों ने अपने उडुपी होटल खोले। उनमें से कई बहुत बुरी तरह विफल हुए।

मैंने इससे इतर और भी कामों में हाथ आजमाया। हालांकि मेरा फार्म मेरे तमाम कामों के बीच केंद्र में बना रहा। बाकी चीजों में मैं तभी घुसा जब मुझे मौका दिखाई दिया। उस वक्त वीपी सिंह वित्त मंत्री थे और राजीव गांधी प्रधानमंत्री। उन्होंने आर्थिक बाजार और स्टॉक मार्केट के चाल-चलन में कई बदलाव किए। एक दोस्त, जो अमेरिका में रहकर वापस आया था, ने मुझे खत लिखकर बताया कि वो किस तरह से स्टॉक और शेयर में निवेश करना चाहता था। उसने बताया कि बैंगलोर का स्टॉक एक्सचेंज नया-नया शुरू हुआ था। वो स्टॉक एक्सचेंज का सदस्य था और चाहता था कि कोई उसकी कंपनी का हस्सन में प्रतिनिधित्व

करे। उसने कहा कि मैं अपने घर से उसका दफ्तर चलाऊं। ये उन दिनों की बात है जब स्टॉक मार्केट में नया-नया बूम आया था। मेरे दोस्त ने कहा, 'तुम हस्सन में स्टॉक ब्रोकरेज की एक फर्म क्यों नहीं शुरू करते हो? तुम्हें यहां लोग जानते हैं। तुम्हारे पास दफ्तर हैं। तुम्हें और लागत लगानी ही नहीं पड़ेगी। तुम्हें बस एक बंदा रखना पड़ेगा जो दैनिक काम संभाल ले।' बेंगलुरु का स्टॉक एक्सचेंज नया-नया था और स्टॉकब्रोकिंग पढ़े-लिखे लोगों के बीच नए बिजनेस के रूप में शुरू हो चुका था।

इस सत्य प्रकाश नाम के दोस्त ने अमेरिका से एमबीए की डिग्री पायी हुई थी। उसने बेंगलुरु में अपना ब्रोकरेज का ऑफिस शुरू किया और अब मेरी भी रुचि जगा दी थी। मुझे ये आइडिया अच्छा भी लग रहा था। मालूम पड़ रहा था कि मैं काफी कुछ सीख सकता था। मैंने हस्सन इंवेस्टमेंट की शुरुआत की और 2 साल उसे चलाया। लोग आते और अपने शेयर बेचने के लिए मुझे दे जाते। मैं उन्हें बेचता और उनके लिए दूसरे खरीद लेता। ये काम और इससे जुड़ी छोटी-छोटी बातें समझने के लिए मैंने हस्सन में एक सेमीनार का आयोजन करवाया और मुंबई स्टॉक एक्सचेंज और बेंगलुरु स्टॉक एक्सचेंज के अध्यक्षों को वहां बोलने के लिए बुलाया। ये सेमीनार एक सफल आयोजन साबित हुआ। काफी सारे लोग आए और अखबारों में भी इसके बारे में खबरें लिखी गयीं। लेकिन मैं शेयर बाजार का दलाल नहीं बनना चाहता था, इसलिए एक दिन अचानक मैंने अपनी स्टॉक ब्रोकरेज की दुकान बंद कर दी।

कृषि परामर्श

रेशम उत्पादन का काम काफी मुनाफा दे रहा था और इससे अच्छी-खासी कमाई हो रही थी। इस सफलता ने मुझे रोशनी के केंद्र में लाकर खड़ा कर दिया था और मैं जाना जाने लगा था। ये मुझे पसंद भी आ रहा था। मैं उद्यम के लिए रोलेक्स अवॉर्ड भी जीत चुका था। लोग मुझे मेरे दूसरे कामों के लिए भी जानते थे। अब मैं अपने काम के चलते स्थानीय अखबारों और रेडियो चैनलों पर आया करता था। मैं लिखने भी लगा था और मेरे आर्टिकल कन्नड़ मैगजीन में आते थे। कृषि विभाग की पत्रिकाओं में भी मुझे जगह मिल रही थी। पत्रकार मेरा साक्षात्कार ले रहे थे।

मैं अपने फार्म पर लगभग 2 साल और बिताना चाहता था। मैं ये सुनिश्चित करना चाहता था कि मेरी गैर-मौजूदगी में भी वो पूरी तरह से चलता

रहेगा। किसानी में मेरे अनुभवों और अमेरिका में देखी चीजों ने मुझे दो चीजें सिखायीं कि कैसे किसानी करनी है और कैसे नहीं। मुझे भविष्य के बारे में भी सोचना था। चूंकि किसानी मेरे लिये बेहद प्रिय बन चुकी थी, मैंने तय किया कि मैं इसी क्षेत्र में कुछ करूंगा। उन दिनों माइक्रो-सिंचाई, जल प्रबंधन और बागवानी प्रबंधन की नयी-नयी शुरुआत हुई थी। इसको देखते हुए और भविष्य को ध्यान में रखते हुए, मैंने अपने एक दोस्त के साथ इन क्षेत्रों में संभावनाओं की तलाश शुरू की। मैंने हस्सन में कई डीलरों को जल प्रबंधन या माइक्रो-सिंचाई से जुड़ा सामान बेचते हुए देखा था। लेकिन ये उपकरण कोई ठोस हल देते हुए नहीं दिख रहे थे। कई दुकानवाले कुछ सलाह भी देते थे लेकिन किसानी या बागवानी में सब कुछ कामचलाऊ ढंग से ही होता दिख रहा था। जल संसाधन प्रबंधन और कृषि परामर्श के क्षेत्र में अभी कोई काम करता नहीं नजर आ रहा था। मेरे पास दफ्तर की जगह थी, एक कम्प्यूटर था, टेलिफोन थे, फैक्स मशीन थीं। यानी, एक कंसल्टेंसी शुरू करने के लिए जरूरी सारी सामग्री मेरे पास थी। मैं बागवानी और किसानी के प्रोजेक्ट ले सकता था। मैंने सोचा कि कंसल्टेंसी के काम से भी पैसे आएंगे और उपकरण बेचने से भी आएंगे। इस तरह से, मैं कंसल्टेंसी, डिजाइन, कार्यान्वयन, बिक्री और माइक्रो-सिंचाई के प्रोजेक्ट के क्षेत्र में जा पहुंचा। हमारे कामों में नदी के पानी, भूजल और वर्षा जल, तीनों को शामिल किया जाता था और हम सिंचाई का काम बेहद कारगर तरीके से करते थे। इस तरह से पानी, मिट्टी और बिजली, तीनों की बचत होती थी। हमारे लिये ये एकदम नयी जमीन थी। चूंकि मेरी किसानी के बारे में लोग जानते थे, इसलिए मुझे विश्वास था कि बाकी किसान मेरे पास सलाह लेने आएंगे ही। उस वक्त एक नयी कंपनी आयी थी जिसका नाम था जैन इरिगेशन। ये पहली कंपनी थी जो माइक्रो-सिंचाई सिस्टम बना रही थी।

भंवर लाल जैन एक प्रेरणादायक इंसान थे। उन्होंने जलगांव की एक छोटी सी बिल्डिंग में जैन इरिगेशन की शुरुआत की थी और 100 करोड़ का बिजनेस खड़ा कर दिया। कृषि संबंधी उद्यमों में वो मील का पत्थर थे। उनका सबसे बड़ा काम था पपेन (papain) बनाना। ये पपीते के फल से मिलता था और इसका इस्तेमाल दवा बनाने वाली कंपनियां करती थीं और मांस को मुलायम करने के लिए भी इसका इस्तेमाल किया जाता था। इसके साथ ही माइक्रो-सिंचाई सिस्टम में भी उन्होंने बहुत बड़े काम किए थे। मैंने उनके बारे में पढ़ा था और उन्हें बेहद पसंद करता था। जैसा मैंने एनफील्ड की डीलरशिप के साथ किया था, मैं सीधा जलगांव पहुंचा। मैंने भंवर लाल जैन से और उनकी कंपनी के अधिकारियों से मिला। मैंने उन्हें अपने पिछले कामों के बारे में बताया। मैंने उनसे कहा कि वो

मुझे उपकरणों की बिक्री, वितरण और उन्हें लगाने के बारे में सारी जानकारी दें। मैंने मिस्टर जैन के बच्चों के साथ वक्त बिताया और ये जानने की कोशिश की कि आखिर कैसे उन्होंने शून्य से शिखर का ये सफर तय किया था। मैंने कहा कि मैं एक टीम बनाना चाहता था जिसमें कृषि विज्ञानी और बागवानी के जानकार होंगे, तकनीकी काम करने वाले लोग होंगे, इंजीनियर और मेकेनिक होंगे। बिजनेस को हस्सन और बेंगलुरु में शुरू करना एक अच्छा विचार मालूम दिया। मेरा फार्म, जहां डेरी, रेशम उत्पादन और नारियल का बाग था, 10 सालों में पूरी तरह चालू हो जाने वाला था। मेरी दूसरी बेटी बड़ी हो रही थी और मैं 2 साल में बेंगलुरु जा सकता था। इसलिए, मुझे पूरे कर्नाटक में काम करने के लिए ये बिजनेस बेंगलुरु में भी स्थापित करना ही था।

सैनिक स्कूल, बीजापुर के पुराने साथी हर्ष गांवकर मेरे साथ जलगांव गए थे। वो एक वायुसेना के रिटायर्ड अफसर भी थे। हर्ष बेंगलुरु में खेती कर ही रहे थे। मैंने उनसे कहा कि वो मेरे इस नए काम में मेरे साझेदार बन जाएं। इसके साथ ही मैंने उन्हें अपने मोटरसाइकिल वाले बिजनेस में भी पार्टनरशिप का प्रस्ताव दिया। वो राजी हो गए और और हमने कृषि परामर्श की एक कंपनी की शुरुआत कर दी। हमने हस्सन और बेंगलुरु में 45-50 लोगों को काम पर रखा। ये ज्यादातर सिविल इंजीनियर या फिर कृषि विश्वविद्यालयों से पास हुए लोग थे। जिस तरह के लोग हमारे पास थे, उसके आधार पर हम लैंडस्केप इरिगेशन, हॉर्टिकल्चर से जुड़े सुझाव और जल प्रबन्धन के काम लेने लगे। हमने अपने इस बिजनेस को नाम दिया एस्पाक एग्रो।

मैंने अपने स्टॉक की दलाली और होटल का बिजनेस बेच दिया। इसके साथ ही मैंने अपने मैनेजर को मोटरसाइकिल की डीलरशिप भी बेच दी। वो मैनेजर जब मेरे पास आया था तो छोटा बच्चा था जो काम सीखना चाहता था। मैंने उसे तैयार किया था और वो बहुत अच्छी तरह से आगे बढ़ा था। मैंने दूसरे बिजनेस से खुद को दूर किया क्योंकि मैं इस पर अपना ध्यान केन्द्रित करना चाहता था। हस्सन में, लगभग दो साल तक मैंने खेती के उपकरण अपनी कार में रखे और सड़कों पर घूमता रहा। बिजनेस से जुड़ी इन यात्राओं के दौरान मैं एमडी भी था, कंसल्टेंट भी था और कंपनी का मैनेजर भी। मुझे बिजनेस के सभी समीकरण मालूम थे और मैं सिर्फ किसानों से ही ऑर्डर ले रहा था। मेरा मैनेजर सब कुछ देखता रहता था और ऑर्डर पहुंचवाता रहता था। हर सुबह, मैं कार में बैठता था और एक फार्म से दूसरे फार्म जाता था। मैंने ये काम हर रोज, दो सालों तक किया। मुझे मालूम चला कि ये दुनिया का सबसे कठिन

और चुनौतीपूर्ण काम था। ये भी मालूम चला कि ये सबसे ज्यादा फलदायी भी था। मैं जितनी बार भी बिक्री कर रहा था, वो एक ऐसा मौका होता था जिसमें बहुत सारी भावनाओं और आर्थिक मसलों में सफलता मिलने का मेल होता था। हर बार, जब मैं बिक्री करने में असफल होता था, तो मुझे लगता था कि मुझे एक बार फिर बाहर निकलकर और भी ज्यादा दृढ़ता और आक्रामकता के साथ कोशिश करने की जरूरत है। मुझे अक्सर आर्थर मिलर के नाटक *डेथ ऑफ अ सेल्समैन* की याद आती। वो आधुनिक अमेरिका की एक ट्रेजेडी से भरी तस्वीर दिखाता था जहां एक सेल्समैन को हर सुबह जल्दी उठकर काम पर जाना पड़ता था क्योंकि अगर वो ऐसा नहीं करता तो उसे कोई और खा जाता। उसका अंत बेहद दर्दनाक होता है। मुझे इसके समानांतर चलता हुआ एल्बर्ट कामू का *मिथ ऑफ सिसीफस* भी याद था। कामू असल में सिसीफस नाम के एक शख्स की कहानी सुनाते हैं जिसे पहाड़ी की चोटी तक एक पत्थर को ले जाने का काम सौंपा गया था। उसे मालूम नहीं था कि आखिर उसे ऐसा क्यों करना था, लेकिन वो हर दिन अपना काम कर रहा था। जब वो पत्थर ऊपर तक पहुंचता, वो फिर ढलान पर लुढ़क कर नीचे पहुंच जाता, जिसकी वजह से सिसीफस को दोबारा वही काम करना पड़ता। ये बगैर किसी काम की मेहनत थी। देवताओं ने यही चाहा कि भगवान ने उद्दंड शख्सियतों को दंड देने के लिए बेसिर-पैर मेहनत करवाने का रिवाज बनाया। शहरों में ज्यादातर नौकरियां सिसीफस के उस काम जैसी ही हो गई हैं। लोग इसलिए काम नहीं करते क्योंकि उस काम से उन्हें प्रेम है। वो लोग वो काम इसलिए कर रहे होते हैं क्योंकि उन्हें उस काम से पैसे मिल रहे होते हैं। समस्या ये है कि ठीक सिसीफस के जैसे, लोगों को ये नहीं मालूम है कि वो क्या वजन लेकर आ रहे हैं। मुझे समझ आ चुका था कि एक सेल्समैन का काम कितना बड़ा और जरूरी होता था। मुझे ये भी समझ में आ चुका था कि कितना जरूरी होता है कि अमुक सेल्समैन आपके सपनों में बराबरी का साथी हो और उसकी मेहनत का भी उतना ही हिस्सा हो।

ये भी जरूरी था कि उसे मालूम हो कि वो जो भी प्रोडक्ट किसानों को बेचने वाला था, उससे उन किसानों के पैसे बचेंगे, पैदावार बढ़ेगी, ऊर्जा बचेगी, और किसानों के समूहों को मदद होगी। इससे उसके अंदर एक मिशन की भावना जागेगी और उसे अपने काम से खुशी का अनुभव भी होगा। मुझे बाहर सड़क पर फिरते हुए यही वो बात थी जो प्रेरित करती थी। खेतों में जाकर किसानों को ये बताना कि वो पानी कैसे बचा सकते थे, ये मेरे लिये धर्म के समान बन चुका था। मैंने उनके साथ वो सारी बातें बांटीं जो भी मैंने अपनी

किसानी के दौरान सीखा था। मैंने उन्हें बताया कि उन्हें मिट्टी की सबसे ऊपरी सतह को खोना नहीं चाहिए, न ही उसे केमिकलों की वजह से बर्बाद करें। किसान मेरे बहुत ही अच्छे दोस्त बन चुके थे। मेरे लिये ये बहुत ही कमाल का अनुभव था।

4

राजनीति को दूसरा सबसे पुराना पेशा माना जाता है।
मुझे पता चला कि इसकी पहले वाले से बहुत करीबी है।
—रोनाल्ड रीगन

राजनीति में हाथ आजमाइश

मैं कृषि आधारित व्यवसायों में घुसने की कोशिश कर रहा था। किसानी मुझे लोगों के नजदीक ला रही थी। इसमें किसान और फार्म पर काम करने वाले लोग थे, डेरी का व्यवसाय करने वाले लोग थे, गधों के व्यापारी, रेशम की खेती करने वाले व्यापारी, कृषि वैज्ञानिक और तकनीकी काम करने वाले, स्थानीय और राज्य स्तर के अधिकारी, पत्रकार और आम आदमी शामिल थे। मैं जीवन के सबसे अपरिष्कृत आयाम से मुलाकात कर रहा था और ऐसा मैं अच्छे मायनों में कह रहा हूं। इस दौरान मैंने बगैर किसी रुकावट के, भयानक गरीबी, अफसरशाही का पागलपन और उदासीनता, भ्रष्टाचार और अनदेखी और आम जनता को घिसटते हुए संघर्ष करते हुए देखा। ये विचार मुझे बेहद परेशान करता था कि ये सब कुछ पूरे देश में व्याप्त था और अक्सर देश के लोगों को मुश्किल हालातों का सामना करना पड़ रहा था।

जो सिस्टम काम कर रहा था, अगर काम कर रहा था, वो राजनीति और अफसरशाही के फैसलों पर आधारित था। ये एकतांत्रिक और स्वकेंद्रित फैसले होते थे। हम फिसल कर ऐसे दलदल में जा गिरे थे जहां से निकलना हमारे लिये अगर असंभव नहीं था तो बेहद मुश्किल जरूर था। ये व्यापक दलदल था और फर्क नहीं पड़ता था कि हम इसका सामना हस्सन जैसे शहरी इलाके में कर रहे थे या किसी गांव में पांव पसार रहे महानगरों में। ज्यादातर सड़कें असल में सड़क नहीं थीं। गांव के लोगों और छोटे शहर के लोगों की भाषा

में सफाई व्यवस्था जैसे शब्दों की कोई जगह नहीं हुआ करती थी। और ऐसा भी नहीं है कि जिला मुख्यालय वाली जगहों पर, जहां बेहतर आर्थिक स्थिति होती थी और राजनीतिक संसाधन बेहतर होते थे, की स्थिति बहुत बेहतर थी।

ये वो समय था जब सरकार अपनी नींद से जाग रही थी और गांवों में मुफ्त बिजली की घोषणा कर रही थी। हालांकि उस वक्त हमारे पास इतनी बिजली नहीं थी कि हम मुफ्त में बांट सकें। जबकि एक तरफ वहां सरकार थी, राजनीतिक चेहरे थे, बिचौलिए थे, अफसरशाही थी, वहीं दूसरी ओर लोग थे : सरकारी सुविधाओं का उपभोग करने वाले, टैक्स अदा करने वाले, बड़ी, औसत और छोटी कमाई करने लोग। मैं यहां अपनी भूमिका भी देखना चाहता था। मुझे मालूम था कि हम भी दोषी हैं। हम कई मौकों पर जिस तरह से सिस्टम के साथ पेश आ रहे थे, वही ये सुनिश्चित कर रहा था कि वो यूं ही लोगों की अनदेखी करता हुआ, भ्रष्ट तरीकों से चलता रहे। हम में से कौन इन समस्याओं से निजात पाने के लिए क्या कर रहा था? मैं खुद से पूछ रहा था कि मैं चीजों को सही करने के लिए क्या कर रहा था।

पूरी व्यवस्था में एक दूसरे लेवल पर भी काम हो रहा होता था। जहां रिश्वतखोरी का बोलबाला था। वहां काम करवाने के पैसे थे, काम तेजी से करवाने के पैसे थे और कई बार आपको सेवा देने वाला ही तेजी के ऐवज में पैसा लेकर किसी और रूप में खर्चा दिखाकर आपसे पैसे ले लेगा। वकीलों और चार्टर्ड अकाउंटेंट्स में ये बेहद आम है। आपको अगर सरकारी सर्टिफिकेट चाहिए तो मुट्ठियां गरम करनी ही पड़ेंगी। अगर आप चाहते हैं कि बिजली विभाग, टेलिफोन विभाग या नागरिक सेवाओं के अधिकारी आपको जल्द से जल्द जवाब दें तो आपको जेब ढीली करनी ही पड़ेगी। अगर आप पैसे नहीं देंगे, आपका काम नहीं होगा। इस पूरे समीकरण में अगर देखें तो दी गई रिश्वत के सामने होने वाला काम असल में बेहतर लगता है। लिहाजा आप इसे सर्विस चार्ज मानकर काम चला सकते हैं। कई बार ये भी होता है कि आप रिश्वत दे चुके होते हैं लेकिन काम नहीं होता है। ऐसे में शिकायत के लिए आप कहीं नहीं जा सकते।

इस सब ने मुझे बहुत परेशान किया। मुझे अहसास हुआ कि यदा-कदा, झुंझला के ही सही, एकाध मौकों पर मैंने भी छोटी-मोटी रिश्वतें दी थीं। ऐसे में मैं खुद को ये दिलासा देता रहा कि मैं काम के बदले बस टिप दे रहा था। मैं अपराधी और पीड़ित, दोनों ही था। कई बार, जब मैं अपने खेतों में अकेला होता था, बेचैनी के भाव के साथ मुझे ओलिवर गोल्डस्मिथ की *विकार ऑफ*

पैकफील्ड का पहला वाक्य याद आता था: 'मुझे हमेशा ऐसा लगता था कि शादी करके और परिवार को पाल-पोस कर बड़ा करने वाला एक ईमानदार आदमी उस इंसान से बड़ा काम कर रहा होता है जो अकेला रहा और आजीवन जनसंख्या के बारे में बात करता रहा।' मैंने खुद से कहा कि ऐसे मौकों पर महज समीक्षा और आलोचना करने से कहीं बेहतर होता है कि आप अपना काम अच्छे से करते रहे।

मैं बेहद परेशान स्थिति में चल रहा था और इसी दौरान मुझे भारतीय जनता पार्टी (भाजपा) से किसी ने फोन किया और पार्टी से जुड़ने को कहा। उस वक्त भाजपा खुद को कांग्रेस के समक्ष खड़ा करने की पुरजोर कोशिश में लगी हुई थी। फोन करने वाले ने कहा, 'आप हस्सन के सबसे ज्यादा जाने-माने किसान हैं। भाजपा से जुड़ जाइए और यहां की पार्टी के अध्यक्ष बन जाइए।' कर्नाटक में भाजपा न के बराबर थी। राज्य की राजनीति पर कांग्रेस के पुराने नामों का कब्जा था। इनके साथ ही जनता दल के देवे गौड़ा और रामकृष्ण हेगड़े की भी तूती बोलती थी। भाजपा इन सब के बीच नए चेहरों को खड़ा कर सेंधमारी करना चाहती थी। उन्हें लगा कि हस्सन में पार्टी को मैं एक नयी दिशा दे सकता था।

मैं दो विचारों के बीच झूल रहा था: जॉइन करूं या न करूं? मुझे वो कहावत याद आ गई जो हेमिंग्वे ने कही थी: 'दुनिया में दो ही दुख हैं: कुछ होने का या न होने का।' और मैं इसी में उलझा हुआ था। मैं सार्वजानिक जीवन का हिस्सा बनना चाहता था और राजनीति में आने का विचार काफी वक्त से मेरे मन में था। वहीं दूसरी ओर, मुझे ऐसा लगता था कि फार्म पर रहते हुए भी मैं आसानी से 2 से 3 घंटे पार्टी के लिए निकाल सकता था। लेकिन मुझे ये बात खाए जा रही थी कि कहीं बदलाव लाने की चाहत में मैं ही न बदल जाऊं और बाकी नेताओं जैसा हो जाऊं। पार्टी के कई बड़े नामों और स्थानीय आरएसएस के कई शुभचिंतकों ने मुझसे कहा, 'बाहर रहकर शिकायत करने का क्या फायदा, कैप्टन? अगर आपको इतनी चिंता है तो आइये और साथ मिलकर साफ करिए इस गंदगी को!'

मैंने कई रातें बेचैनी में गुजारीं। जब भी मैं खुद को एक राजनीति के चेहरे के रूप में देखता, मुझे उस विचार से नफरत हो जाती। लेकिन भावनाओं में बदलाव तब आता जब मैं खुद को ऐसे चेहरे के रूप में देखने की कोशिश करता जिसने समाज में चीजों को वाकई बदल के रख दिया। यानी, मुझे इस बात से समस्या थी कि कहीं मुझे बदलाव का चेहरा ही न बनाकर रख दिया जाए।

आईआईएम बेंगलुरु में मार्केटिंग पढ़ाने वाले प्रोफेसर थिरु नारायण मेरे एक ऐसे दोस्त थे जिनके साथ मैंने इस मुद्दे पर लंबी बातचीत की। उन्होंने कहा, 'अगर तुम वाकई ऐसी सोच रखते हो तो तुम्हें जरूर कोशिश करनी चाहिए।' मुझे भी लगा कि अगर मैंने इस चुनौती को नहीं स्वीकारा तो ये कायरता की निशानी होगी। मुझे लगा कि प्रदेश की स्थिति को बदलने के लिए जो भी कोशिश की जा सकती है, मुझे करनी चाहिए।

मेरा फार्म गंदसी होबली में है जो कर्नाटक के हस्सन जिले के विधानसभा क्षेत्र में पड़ता है। मैं भाजपा का जिला अध्यक्ष बन गया और राष्ट्रीय समिति और प्रदेश कार्यकारिणी का सदस्य भी मनोनीत किया गया। मैं ये तय कर चुका था कि मैं फार्म पर रहते और काम करते हुए खुद को पूरे निर्वाचन क्षेत्र से परिचित कर लूंगा। ऐसा करने में मुझे फार्म से नजरें नहीं फेरनी पड़ेंगी क्योंकि ये मेरा पहला प्रेम था। मैंने ये भी बेहद साफ कर दिया था कि मैं पार्टी की सदस्यता तभी लूंगा जब मुझे चीजें मेरे तरीके से करने का पूरा अधिकार होगा। भाजपा और आरएसएस की संधि को लेकर मैं थोड़ा असहज भी था। पार्टी की सांप्रदायिक विचारधारा ने भी मुझे चिंतित किया हुआ था। ये मुझे वाकई परेशान कर रहा था। मैं आस्था न रखने वाला इंसान हूं। इसीलिए, नियम बनाकर मैं मंदिरों में नहीं जाता था। पार्टी की आरएसएस से नजदीकी के चलते मुझे सुबह की पूजा-पाठ में हिस्सा लेने को कहा जा सकता था या किसी धार्मिक या आरएसएस की किसी विचारधारा को आगे बढ़ाने को कहा जा सकता था। मैं इससे कोई संबंध नहीं रखना चाहता था। मैंने हमेशा एक ऐसे समाज के बारे में सोचा है जो अनेकवादी हो और जहां विभिन्न धर्मों, विश्वास की धाराओं, संस्कृतियों और संस्कारों को न केवल पनपने बल्कि फलने-फूलने की भी पूरी आजादी मिले। टैगोर, गांधी और नेहरू के सपने का भारत ही ऐसी विशेषताओं से भरा हुआ था। मैं एक बहु-पार्टी सिस्टम का पक्षधर था इसलिए भी चाहता था कि कांग्रेस के सामने और भी पार्टियां आकर खड़ी हों। लेकिन फिर भी मेरे दिमाग में कई सवाल थे जिन्हें मैंने सभी के सामने, साफ शब्दों में रख दिया। भाजपा ने मुझे आश्वस्त किया कि पार्टी एक अलग और स्वाधीन संस्था है और मेरे काम-काज में कैसा भी हस्तक्षेप नहीं होगा। इस सब के बाद मैंने वो पार्टी जॉइन कर ली। उस वक्त इसकी कोई भी मजबूत तस्वीर नहीं बन पायी थी। कर्नाटक में इस पार्टी का नेतृत्व करने वाले लोग थे बीबी शिवप्पा, बीएस येदुरप्पा और अनंत कुमार।

फैसला हुआ कि गंदसी मेरा निर्वाचनक्षेत्र होगा। मैं इसके सभी 400 गांवों में जाऊंगा और देखूंगा कि वहां क्या हाल-चाल हैं। ऐसा करते हुए मैं गांधी की नकल करने की एक छोटी सी कोशिश कर रहा था। गांधी साउथ अफ्रीका से आए थे और स्वाधीनता संग्राम में कूदने से पहले उन्होंने पूरे देश में ट्रेन यात्राएं की थीं। मेरे पिता महान लोगों के जीवन के बारे में मुझे बताया करते थे। गांधी का देशाटन इनमें से एक था। मैं भी वही करने की कोशिश कर रहा था। मैं एक गांव से दूसरे गांव, एक घर से दूसरे घर जाने वाला था, लोगों से मिलने वाला था और उनके मुंह से ही उनकी समस्याएं सुनने वाला था। ये सब मैं कैसे करूंगा? मेरे क्षेत्र में भाजपा नाम की कोई चीज नहीं थी, फिर मैं खुद गांव-गांव कैसे जाकर उनकी समस्याएं सुन सकूंगा? आप यूं ही किसी गांव में घुसकर ये नहीं कह सकते कि आप भाजपा के सदस्य हैं और आप गांववालों को उनकी समस्या से निजात दिलाने के लिए आए हैं। आप ऐसे करेंगे तो कोई भी आपको सीरियसली नहीं लेगा। शायद इसीलिए किसी ने कहा था, 'पार्टी के बगैर एक राजनेता एक बगैर खोल वाले घोंघे की तरह होता है।' फिर मुझे अहसास हुआ कि अकेले जाने की बजाए मुझे बहुत सारे लोगों को अपने साथ लेकर जाना चाहिए।

कौन जाएगा मेरे साथ? किसी आम दिन, लोग काम में व्यस्त होते हैं, महिलाएं घर पर रहकर खाना पका रही होती हैं और बच्चे स्कूल में होते हैं। गांव में जो लोग बचे होते हैं वो बूढ़े लोग, बीमार, बेरोजगार, खाली बैठने वाले अमीर और उनके चमचे होते हैं। ऐसे शेखी बघारने वाले लोग भी होते हैं जो सरकार और गांववालों के बीच बातचीत के दौरान बिचौलिए का काम करते हैं। ये सभी वादे तो करते हैं लेकिन उन वादों को पूरा करने की इच्छा नहीं रखते या फिर इनमें उन वादों को पूरा करने की ताकत नहीं होती। गांव के नेता और उनके चमचे अक्सर गुंडई करने वाले लोग भी होते हैं। ये लोग राजनीति में आ जाते हैं क्योंकि उसके सिवा इनके पास और कोई चारा नहीं होता है। संसद में लगभग 550 लोगों में ज्यादातर लोग छोटे ग्रामीण इलाकों से आते हैं। यही वो ग्रुप है जो राजनीति में सक्रिय है। अनदेखी के चलते पढ़ी-लिखी जमात राजनीति से दूर रहती है। इस पूरे क्रम में एक चीज है जो रुकती नहीं है—इनमें जो श्रेष्ठ होगा, वही ऊपर जाएगा।

ये देखना बहुत मजेदार होता है कि क्यों एक बेरोजगार युवा शख्स पार्टी का वर्कर बन जाता है। पार्टी वर्कर के तौर पर उन्हें दिन भर खाने को मिलता रहता

है और उनका समय भी कटता रहता है क्योंकि उनके पास निपटाने को कई काम होते हैं। इसके साथ ही वो आगे ताकतवर स्थिति में पहुंचने के सपने भी देखते हैं। इनमें से कई राजनीति को लेकर दीवाने होते हैं, कुछ राजनीति के हाल के बारे में वाकई चिंतित होते हैं, लेकिन ज्यादातर बिचौलिए का ही काम करते हैं।

ग्रामीण इलाकों में, हाल ही के दिनों में,ये समाज ठाकुरों, राजपूतों, ब्राह्मणों और गौड़ाओं के हाथ से ताकत निकलकर पारंपरिक रूप से पिछड़े और शोषित समाज के हाथ में जा चुकी है। ये वो समाज है जो असल भारत को बनाता है। पढ़े-लिखे, शहरी मिडल-क्लास को समझना होगा कि वो इस असलियत से कैसे दो-चार हों और इस क्रम में उन्हें पहले से ही बिखरे समाज को और तोड़ने से बचना होगा।

अच्छी बात ये है कि इन नेताओं को सबसे अच्छे से और सबसे करीब से इस असल भारत के लोगों के बारे में मालूम है। मेरे हिसाब से, ये नेता इस प्रजातंत्र के लिए हम शहरी खोलों में बसे लोगों से कहीं ज्यादा योगदान करते हैं। ये ही वो लोग हैं जो अन्याय और खराब सरकारी नीतियों के खिलाफ सड़क पर उतरते हैं।

नेल्सन मंडेला उन शुरुआती लोगों में से एक थे जिन्हें नए वक्त की इस असलियत के बारे में ये समझ में आ गया था कि एक नया समाज तभी बन सकता है जब इस समाज के और टुकड़े न हों। भारतीय राजनीति में अभी प्रस्फुटित हो रहे नए नेताओं को अभी-अभी ये बात समझ में आयी है। शुरुआती मौकों पर मैं शहरी वेश-भूषा में गांव में पहुंच जाता था। वो बेहद आम से दिखने वाले कपड़े होते थे। कोई चमक-धमक नहीं और न ही बहुत नए तरीके के। शहर में सैकड़ों लोग ऐसे कपड़े पहनकर निकलते हैं और कोई पलक भी नहीं झपकाता। लेकिन, उन गांव के लोगों के लिए मैं एक अनजान शख्स बन जाता था। ये देखते हुए मैं अपने कपड़ों में थोड़े बदलाव करने शुरू किए। हालांकि मैंने कभी भी नेताओं के पारंपरिक परिधान नहीं पहने क्योंकि उसके साथ अलग ही पहचान जुड़ चुकी थी जो बहुत अच्छी नहीं थी। मैं वो डिजाइनर कुर्ता-पायजामा भी नहीं पहनना चाहता था, जो आज कल के नेता-मंत्री पहने हुए दिखते हैं। मैं सादे, बगैर तड़क-भड़क वाले सूती कपड़े पहनता था: बुशर्ट और ट्राउजर। शहर के आधुनिक परिवेश से गांव के जनजीवन में आते हुए मैंने ग्रामीण और शहरी जीवन के बीच खींची जा चुकी लकीर को भी देखा और जाति-समाज के आधार पर अंतर भी दिखे। समाज में अंतर किन स्तरों पर होता है, ये आपको तब समझ में आता है जब आपको मालूम चलता है कि यहां

दो तरह के गौड़ा होते हैं, चार या उससे ज्यादा तरह के लिंगायत होते हैं, दस या उससे भी ज्यादा तरह के ब्राह्मण होते हैं, चार या उससे भी ज्यादा तरह के गड़रिये होते हैं। ये भारत में बनायी गई सैकड़ों जातियों में से कुछ-एक नाम हैं।

मैं इस जाति और जातिगत अंतर के सभी स्तरों को समझना चाहता था। ये बहुत ही आश्चर्य की बात है कि भारत में ये जटिलता सदियों से चली आ रही थी। लेकिन अब आधुनिक सोच और मान्यताओं के चलते समीकरण में काफी बदलाव आ रहे हैं।

मैं देखना चाहता था कि लोग कैसे रहते थे, उनके जीवन का भौतिक आधार क्या था, वो परेशानियों से कैसे लड़ते थे, घर-गृहस्थी की जटिलताओं से पार पाने में कैसे माथापच्ची करते थे। इनमें से बहुत से लोग अब भी जाति के नाम पर रूढ़िवादी थे, जो मेरे लिये एक अचम्भे जैसा था। एक दिन, पास के ही गांव में मेरी यात्रा के बाद, मेरे फार्म पर पार्टी के कार्यकर्ता और नेता इकट्ठा हुए थे। हर कोई भूखा था। राजू, मेरा सबसे अच्छा साथी, जो कथित छोटी जाति से था, ने हमारे लिये खाना बनाया था। मुझे किसी ने बताया कि वहां मौजूद पार्टी के कुछ सदस्यों ने खाना खाने से मना कर दिया था क्योंकि वो राजू का पकाया हुआ था। इनमें अचारी (बढ़ई) और गौड़ा शामिल थे। मैं सभी के साथ बैठा और राजू से कहा कि वो सबसे पहले मुझे खाना परोसे। सेना अपने काम के हर तरीके में बेहद धर्मनिरपेक्ष संस्था है। वहां बस जवानों और अफसरों के बीच अंतर देखा जा सकता है। लेकिन वहां जाति, समाज या धर्म के नाम पर कोई कटुता नहीं दिखती। असल में वहां बस एक जाति, एक समाज और एक धर्म है—भारतीयता। एक सैनिक का खाने के प्रति एक ही रवैया होता है: खाना एक जैसे बर्तनों में ही खाया जाता है और हर कोई एक ही मेज पर खाना खाता है। उस दिन, फार्म पर मैंने शुरुआत करनी चाही और जैसे ही राजू ने खाना परोसा, मैं खाना खाने लगा। बाकियों ने मुझे देखा और शुरू हो गए। वो इतने भूखे थे कि उन्हें बस इस बात का एहसास होना था कि जाति के आधार पर होने वाले ये ढकोसले इतनी आसानी से तोड़े जा सकते हैं, और वो भी इसमें शामिल हो गए।

मैंने अपनी बनावट के शुरुआती सत्रह साल स्कूल, एनडीए, आईएमए और सेना में बिताए थे। इन सभी संस्थानों में मैंने एक भी मौके पर भेदभाव होते हुए नहीं देखा और मैं देश में गहरे तक बैठी हुई जाति और धर्म के आधार पर बनी खाई के बारे में भूल गया था। हालांकि एक लेवल पर मुझे हंसी भी आती थी लेकिन उस एक मौके ने मेरी आंखें खोल दी थीं। शुरुआत में तो मांजे

गौड़ा भी मेरे घर पर खाना खाने से कतराता था लेकिन आज वो झट से तैयार हो जाता है और राजू का पकाया हुआ सब कुछ खाता है। मुझे ऐसा लगता है कि मेरे फार्म पर उस दिन एक बहुत बड़ा बदलाव हुआ था।

मैंने स्थानीय बेरोजगार लोगों का एक समूह तैयार किया जो मेरे साथ मेरी यात्राओं पर आने वाले थे। मैंने तय किया कि मैं उन्हें खाना खिलाऊंगा और ये हमारे बीच एक समझौते जैसा बन गया था। मैं अपनी कार निकालता और हम रोज एक गांव होकर आते। मैं हर किसी से मिलता था: मंदिर के पुजारी से, गांव के मुखिया से, पंचों से। गांवों में कांग्रेस और जनता दल हमेशा से मौजूद रहे थे। भाजपा इसमें बेहद नयी थी और मुझे पहल करनी थी। ये काफी कठिन काम था। गांववाले अपनी परेशानियां और अपनी आशाएं मुझसे साझा कर रहे थे। उनका पिछड़ापन साफ दिख रहा था। वो संसाधनों से रहित जीवन जी रहे थे लेकिन पूरी मेहनत और लगन के साथ जिंदगी जी रहे थे। मैं मन्त्रमुग्ध सा उन्हें देखा करता। उस पूरे अनुभव ने मुझ पर बहुत प्रभाव डाला। मुझे समझ में आया कि मौसम की मार सह चुकी छत की मरम्मत करवाने से लेकर गोबर इकट्ठा करके उसे पाथने और फिर उसके कंडे बनाने और उसे बेचने तक के छोटे-मोटे काम करवाने वाले लोग असल में देश के चलने में मदद कर रहे थे। खेतों में काम करने वालों से लेकर, बढ़ई, लोहार, गड़रिये, बगीचों और बागानों में काम करने वाले, मधुमक्खी पालन करने वाले और शहद का व्यापार करने वाले, मिल में काम करने वाले और डेरी वाले लोगों तक न जाने कितने तरह के लोग अपना काम करते हुए इस देश की अर्थव्यवस्था को सुचारु रूप से चलाते रहते हैं। हालांकि उनके काम के बारे में न ही इतनी बात की जाती है और न ही सामाजिक और आथिक स्तर पर उसे राज्य से उतनी तवज्जो मिलती है।

गांव के लोगों को नौकरी दिलवा सकना एक बहुत बड़ा काम है। अमेरिका और यूरोप से उलट, भारतीय कृषि परंपरा प्रति व्यक्ति आय को बहुत बड़ा नहीं बना सकती है। उन देशों में जनसंख्या का महज तीन या चार प्रतिशत हिस्सा ही किसानी करता है। उनके खेत बहुत बड़े होते हैं और हजारों एकड़ में फैले होते हैं। उनकी स्वचालन की मशीनरी बहुत बड़ी होती है और वहां इंसानों से बहुत कम काम करवाया जाता है। 1984 में अमेरिकी यात्रा के दौरान वहां के किसानों ने मुझे बताया था कि वो तीन हजार से चार हजार एकड़ से कम के खेतों में किसानी करना ठीक नहीं समझते हैं। बड़े फार्म पर काम कर रहे किसान संसाधन जुटाने में समस्याओं का सामना भी करते थे और सरकार उन्हें खूब सब्सिडी देती थी।

भारतीय अर्थव्यवस्था कृषि पर आश्रित है। लेकिन यहां खराब इंफ्रास्ट्रक्चर और तकनीकी पिछड़ेपन की वजह से ज्यादातर मेहनत जाया चली जाती है। भारत की 80 प्रतिशत किसानी बारिश पर जिंदा रहती है। बरसात का अनुमान नहीं लगाया जा सकता और वो भरोसे के लायक नहीं है। और भी बड़ी समस्याएं हैं: ज्यादा पैदावार का मतलब है कि किसान को कम पैसे में फसल बेचनी होगी। इसके अलावा, पैदावार का एक अच्छा-खासा हिस्सा भंडारण की समस्याओं के चलते खराब हो जाता है जिसकी वजह से किसान पर कटाई के तुरंत बाद अपनी फसल बेचने का दबाव रहता है। अपनी फसल को मंडी तक पहुंचाना भी किसानों के लिए मशक्कत का काम होता है।

गन्ने की खेती में पानी की काफी खपत होती है और इसे बोवाई से कटाई तक लगभग डेढ़ साल का वक्त लगता है। मेरे ही खेत पर एक बार ऐसा हुआ कि कटाई में आने वाली लागत बाजार में उसे बेचकर मिलने वाली रकम से कहीं ज्यादा थी। ऐसे में किसान अपनी खड़ी फसल को आग के हवाले कर देते हैं।

कितने ही ऐसे मौके होते हैं जब बम्पर पैदावार के चलते किसानों को उनका सही दाम नहीं मिल पाता है। फार्म और बाजार के बीच कोई तय कार्यप्रणाली काम नहीं करती है। एक बार हस्सन की मुख्य सड़कें इसलिए आने-जाने लायक नहीं रह गई थीं क्योंकि उन पर किसानों ने कितने ही टन मिर्चियां डाल दी थीं। उस साल पैदावार अच्छी हुई थी और किसानों को वो दाम नहीं मिल रहा था जिसकी उन्हें अपेक्षा थी। दाम गिर गए। कोल्ड-स्टोरेजों की संख्या बेहद कम थी और छोटे किसान वहां अपनी फसल रखने का पैसा भी नहीं दे सकते हैं। ऐसे में किसानों ने सड़क पर अपनी उगाई मिर्चें उड़ेल दीं। सड़क पर गुजरती गाड़ियों ने उन्हें कुचला और थोड़ी ही देर में काली सड़क हरी में तब्दील हो गई। मिर्च की झार इस कदर तेज थी कि पूरे दिन सड़क के आस-पास कोई फटक भी नहीं सका। ऐसे समय में बिचौलिए फायदा उठाते हैं और पैसा कमाते हैं। हम उन्हें पूरी तरह से दोषी भी नहीं कह सकते हैं क्योंकि दाम गिरने की तैयारी उन्हें भी करनी होती है। कोई भी ऊंचे दाम में कुछ क्यों खरीदेगा जब कम दाम में उसे वही चीज कहीं और मिल रही है।

वापस उसी सवाल पर आते हैं, 'हम किसानी में अच्छे रोजगार कैसे दें? कृषि एक आर्थिक गतिविधि के रूप में कैसे सामने आ सकती है? और कैसे इससे मिलने वाले मुनाफे किसानों को एक बेहतर जीवन देने में मदद कर सकते हैं?' इन सवालों का कोई आसान जवाब नहीं है।

मैंने गांव में जो स्थिति देखी, वो बेहद खराब थी। गांव बद से बदतर होते जा रहे थे। किसान अपने आधा एकड़, एक एकड़ या दो एकड़ के टुकड़ों पर ऐसे समय में किसानी कर पा रहे थे जब उन्हें पानी मिल जाता था। साल के बाकी समय में वो खाली बैठे रहते थे। बच्चे स्कूल छोड़ रहे थे क्योंकि डिग्री या सर्टिफिकेट मिलने से ये तय नहीं हो जाता था कि उन्हें नौकरी मिलेगी ही मिलेगी। साथ ही, वो घर के काम में हाथ बंटाना चाहते थे, या छोटी-मोटी नौकरी पकड़ लेते थे। मैं सोचता था कि यदि मैं चुन लिया गया तो मैं कैसे इन समस्याओं का हल निकालूंगा। कैसे मैं बेरोजगारी से निजात दिलवा पाऊंगा और मुनाफे वाली खेती करवा पाऊंगा? कैसे मैं गांवों में साफ-सफाई की न्यूनतम दर्जे की व्यवस्था करवा पाऊंगा? कैसे मैं पीने का साफ पानी और बिजली मुहैया करवा सकूंगा? मैं वहां गरीबी और अभाव में जी रहे लोगों को देखकर हैरान था और एक से दूसरे गांव जाते हुए बेहद परेशान रहता था।

गांव का जीवन किसानों के सादेपन और अपने खुरदुरेपन के सौन्दर्य के चलते अपने आप में एक आदर्श होता है। उनका जीवन मौसमों के साथ लयबद्ध रहता है और वहां आपसी सामंजस्य दिखता है। लेकिन, हम जो देखते हैं, उसकी सतह के भीतर कड़वा सच काबिज होता है और वहां भयानक गरीबी मौजूद होती है। भौतिक रूप से वहां गरीबी में जीवन जिया जा रहा होता है। किसान इस बात से बेहद नाराज रहते हैं कि वो अपने बच्चों को अच्छे स्कूल नहीं भेज पाते। इसके साथ ही वो अपने आस-पास मूलभूत सुविधाओं की गैर-मौजूदगी से भी दुखी रहते हैं। उन्हें मालूम चला कि उत्तराधिकार के पारंपरिक हिन्दू नियमों की वजह से एक पीढ़ी से दूसरी पीढ़ी में जाते हुए जमीन के टुकड़े होते जाते हैं और इस वजह से उस जमीन के दम पर जिंदगी गुजारना मुश्किल होता जाता है। वो शहर में रहने वाले लोगों के आराम को फिल्मों और टीवी के जरिए देखा करते हैं और साथ ही उनको भी देखते हैं जो छुट्टियों में गांव आते हैं। इस सब के बावजूद, गांव की अर्थव्यवस्था में नयी जान फूंकने के लिए की जाने वाली कोशिशें पूरी तरह से नदारद दिखती हैं।

गांववालों की हिम्मत और उनका उत्साह एक ऐसी चीज है जो मुझे हमेशा से चकित करता रहा है। उन कुछ किसानों को अगर हम अलग कर दें, जो कर्ज के बोझ तले दबे होते हैं और आत्महत्या कर लेते हैं, तो पाएंगे कि ये लोग बेहद मजबूत होते हैं। मुझे कितनी ही बार उनके उत्साह से हिम्मत मिली है। एक ठेठ गांववाला व्यक्ति कभी भी बेहतर जीवन की कामना करना बंद नहीं करता। वो कितनी भी गरीबी में जी रहे हों, त्योहार मनाने के तरीके ढूंढ निकालते हैं। वो

बुवाई और कटाई के समय एक दूसरे का हाथ भी बंटाते हैं। दूसरी तरफ, मुझे ये भी अचरज में डालता है और सोचने पर मजबूर करता है कि क्यों किसान आपस में मिलकर बेहतर सफाई व्यवस्था के लिए काम नहीं करते हैं।

ये ऐसी संतोषी प्रवृत्ति है जिसकी वजह से ही भारत में दूसरे देशों की तरह परिस्थितियों का कायापलट नहीं हुआ है। हालांकि यहां आत्मसंतोष की कोई जगह नहीं है और अगर गांववाले बुरी स्थिति में पहुंचते हैं तो तस्वीर बदल भी सकती है। दूसरे, विकास का मजा ले रहे समृद्ध भारत के लिए ये जरूरी है कि वो इस बात को समझें और शोषण पर लगाम लगायें। दोनों भारतों के बीच एक साफ विभाजन है और ऐसा अलगाव एक स्थिर समाज का सूचक नहीं होता।

मैंने गांव के लोगों से उनके जीवन में उनकी समस्याओं और उनके डर के बारे में पूछा। मैंने जानना चाहा कि जब मैं बात कर रहा होता था तो उनके दिमाग में क्या चल रहा होता था। मैं जो काम करने की सोच रहा था, उसके बारे में थोड़ा संकोची भाव रखता था। मुझे आरके लक्ष्मण का एक कार्टून याद आता था। उसमें चुनाव के वक्त का समय दिखाया गया था और ऐसा गांव दिख रहा था जिसमें सभी सुख-सुविधाएं मौजूद थीं। गांव को देखकर नेता चिंतित नजर आ रहा था और कह रहा था, 'अगर गांवों में सब कुछ होने लगा तो मैं चुनाव जीतने के लिए किसी चीज का वादा नहीं कर पाऊंगा!' मुझे इस बात का संतोष था कि मैं वो उम्मीदवार नहीं था जो चुनावी सभाओं के अंतिम दौर में वोट मांगने निकला हुआ था। चुनाव में अभी चार साल का समय था।

अगले तीन-चार साल मैं गांवों के चक्कर लगाता रहा। एक मौके पर, भाजपा के सितारे अटल बिहारी वाजपेयी हस्सन आए। हस्सन में पार्टी के अध्यक्ष होने के नाते ये मेरी जिम्मेदारी थी कि मैं एक रैली का आयोजन करूं और भारी भीड़ बुलाऊं। मुझसे और भी चीजों का इंतजाम करने की अपेक्षा की जा रही थी। मुझे समझ में आया कि राजनीतिक सभाएं आयोजित करना इतना आसान नहीं होता। ये तब और भी मुश्किल भरा काम हो जाता है जब वाजपेयी जी के स्तर का कोई शख्स आ रहा हो। पार्टी की राज्य ईकाई के अध्यक्ष ने मुझे समझाया। वो चाहते थे कि मैं सभा आयोजित करूं और भीड़ बुलाऊं लेकिन पैसों की कमी थी। हमें हर जगह बैनर, पर्चे, सूचना बोर्ड और होर्डिंग पहुंचानी थीं जिससे हम दिखें। इसके अलावा हमें ट्रैक्टर और ट्रक भी चाहिए थे जिससे गांवों से लोग रैली में आ सकें। वरना राष्ट्रीय स्तर के राजनेता को खाली मैदान में भाषण देना पड़ता। शायद इसीलिए ये नेता जब निकलते हैं तो इनके साथ मशहूर फिल्म सितारे होते हैं!

मेरे जैसे नवोदित नेता के लिए ये परीक्षा की घड़ी थी जिसे वाजपेयी जी के लिए भीड़ बुलानी थी और इसके लिए फंड का इंतजाम भी करना था। मैंने भाजपा से हाल ही में जुड़े कई नेताओं और पैसेवाले व्यापारियों से मुलाकात की। वो पार्टी को डोनेशन नहीं देना चाहते थे और मुझे जल्द ही समझ में आ गया कि अगर मैं लाखों लोगों को ट्रैक्टर और ट्रक में लाने को निकला तो बहुत ही जल्द कंगाल हो जाऊंगा। इसलिए मैंने इस विचार को त्याग दिया और तय किया कि अपनी छोटी सी टोली की मदद से इस सभा की जितनी हो सकेगी, पब्लिसिटी करूंगा।

मैंने इस काम के लिए स्थानीय कलाकारों का साथ लिया। वो गांव-गांव जाते और वहां सूचना बोर्ड और पोस्टर बनाते। उन्हें खाना और पैसे दिये जाते। उन्हें इस बात की भी आशा थी कि अगर मैं सत्ता में आया तो उन्हें फायदा होगा। कई ऐसे कॉन्ट्रैक्टर और स्थानीय व्यापारी इसी आस में मेरे साथ जुड़े हुए थे। ग्रामीण पंचायतों को इंफ्रास्ट्रक्चर के विकास, मरम्मत और रखरखाव के लिए बड़ी रकम मुहैया करवाई जाती है। ये कांट्रैक्ट उन पार्टी वर्करों को दिये जाते थे जो स्थानीय विधायकों को सपोर्ट करते थे। कॉन्ट्रैक्टर से लेकर विधायक तक का ये पूरा नेटवर्क बेहद मजबूत होता है। जो भी पार्टी सत्ता में आती है, वो अपने ही समर्थकों और साथियों को कॉन्ट्रैक्ट देती है और ऐसे में विकास कहीं पीछे छूट जाता है।

ऐसे कई छोटे व्यापारी और कॉन्ट्रैक्टर यही दिमाग में रखकर मुझे सपोर्ट कर रहे थे। लेकिन मैं इसी परम्परा को आगे बढ़ाने के मूड में कतई नहीं था। अगर इन सभी को ऐसा लग रहा था कि मैं उन्हें कॉन्ट्रैक्ट और अलग-अलग खैरातें बाटूंगा, तो मैं इन्हें ये कैसे समझाऊंगा कि लाभार्थी वही होगा जो काबिलियत और ट्रैक रिकॉर्ड की अर्हताओं पर खरा उतरता होगा। मैं इस सोच में पड़ा हुआ था कि आखिर कैसे मैं अपनी राजनीति को साफ-सुथरा और दूसरों से अलग रखूंगा। लेकिन उस वक्त मेरे पास समय की कमी थी और मैं आगे बढ़ गया।

वाजपेयी जी नियत दिन पर आए और उनके व्यक्तिव ने भारी भीड़ खींची जिससे मेरी साख बच गई। राजनीतिक यात्राओं का एक फायदा ये हुआ कि मेरी कन्नड़ में काफी सुधार आ गया। मैंने गांव की सभी सभाओं में शिरकत की और बहुत ही जल्द मैं अपनी मादरी जबान में फर्राटेदार भाषण दे सकता था। मैं सरकार और बाकी पार्टियों की आलोचना करता था। भीड़ को संबोधित करते हुए मेरे शरीर में एड्रेनैलिन का स्राव होता था। मैं अपनी मुट्ठी हवा में

लहराता था और भविष्य में होने वाले बदलाव की बातें करता था। ऐसी सभाओं से वापस आने के बाद मैं यही सोचता था कि कहीं मैं ठेठ भारतीय नेताओं की जमात में शामिल तो नहीं हुआ जा रहा था।

वाजपेयी जी की हस्सन यात्रा मेरे घर पर रात्रिभोज के साथ समाप्त हुई। राज्य के भाजपा नेता वाजपेयी जी के साथ आए थे। इनमें रामचंद्र गौड़ा, अनंत कुमार, येदुरप्पा और वीएस आचार्या शामिल थे। रात्रिभोज में एक ऐसी बात हुई जो मुझे अभी भी याद है। ये वो दिन थे जब टीवी पर बस दो सरकारी दूरदर्शन चैनल आते थे। खाने की मेज पर चुगलियों का दौर चल रहा था। इस बीच कुछ सीरियस बातें भी हो रही थीं। मेहमानों की इसी बातचीत के बीच मैंने मुख्य मेहमान से एक बात कहनी चाही, 'वाजपेयी जी, आप अगर मीडिया का दुरुपयोग करने और उस पर अंकुश लगाने के लिए अभी सरकार की आलोचना करते हैं तो आप इसे बदलने के लिए कुछ क्यों नहीं करते? आप ये अनाउंस क्यों नहीं कर देते कि आप अगर प्रधानमंत्री बने तो हजार टीवी और रेडियो स्टेशनों को मंजूरी दे देंगे।' दिख रहा था कि मेरी इस बात ने वाजपेयी जी को हिला दिया था। उन्होंने संभलकर कहा, 'यंग मैन, तुम सोच सकते हो कि अगर आतंकवादियों ने इनमें से एक टीवी स्टेशन पर कब्जा कर लिया तो क्या होगा?' मैं जवाब के लिए तैयार था। पलटकर मैंने कहा, 'एक टीवी स्टेशन पर कब्जा करना हजार पर कब्जा करने से कहीं आसान होगा।'

हमारे बीच में एक बहस हुई। उन्होंने अपना आपा खो दिया और उस बहस के दौरान मेरी आवाज भी कुछ ऊंची हो गई। उस मौके पर किसी ने मेरा कुर्ता खींचा और बीच में कूद पड़ा। मुझे इशारे से सुझाव दिया गया कि मुझे बातचीत का मुद्दा बदल देना चाहिए। रात के खाने के बाद मैं वाजपेयी साहब के पास गया और कहा, 'मुझे माफ करिएगा सर। मैं आपको नाराज नहीं करना चाहता था। मुझे लगा कि मुझे इस मुद्दे पर आपसे सीधी बात करनी चाहिए थी।' उन्होंने कहा, 'यंग मैन, मुझे लड़ाइयों और बहसों में बहुत लुत्फ आता है!' इतना कहकर उन्होंने जोर का ठहाका लगाया। उस दिन मुझे एक मंझे हुए राजनेता के दिमाग की तस्वीर मिली और समझ में आया कि उसमें अच्छाइयों और पूर्वाग्रहों का एक मिश्रण रहता है। ऐसा हर पेशे में होता है।

वाजपेयी जी से मुलाकात और उस राजनीतिक रैली ने मुझे मजबूत बनाया और मुझे वो आत्मविश्वास दिया जिसकी कमी थी। मुझे कई स्तरों पर राजनीति के बारे में मालूम चला: पंचायत, तालुका और जिला। राष्ट्रीय स्तर पर, मुझे दूसरी पार्टियों के नेताओं से भी मिलने का मौका मिला। भाजपा एक युवा राष्ट्रीय

पार्टी थी और मैं राष्ट्रीय और प्रादेशिक समिति का सदस्य था जिसकी वजह से राष्ट्रीय स्तर पर भी मेरी पहुंच हो सकी थी। मैं प्रमोद महाजन, वेंकैया नायडू, एलके आडवाणी जैसे नेताओं से मिल रहा था।

भारतीय राजनीतिक पार्टियों में, फिर वो किसी भी विचारधारा की हों, एक बहुत बड़ी समस्या है: आतंरिक लोकतंत्र का गायब होना। दुनिया में सबसे बड़े लोकतंत्र, भारतीय लोकतंत्र में ये एक ऐसी चीज है जो दूर से ही खराब दिखती है। भारतीय सरकार गुप्त मतदान से चुनी जाती है लेकिन पार्टियों के अंदर ये काम नहीं होता है। राजनीतिक पार्टियों ने कानूनी तरीके से अपना संविधान बनाया हुआ है और उनमें आंतरिक लोकतंत्र एक जरूरी हिस्सा है। इसके अनुसार हर स्तर पर नेताओं को चुना जाना होता है और ग्रामीण और जिला स्तर पर चुने हुए लोग राज्य और राष्ट्रीय स्तर पर लोगों को चुनते हैं। हालांकि, पार्टियां इस तरह से चुनाव करवाने में डरती हैं। इसके पीछे कारण ये दिया जाता है कि इससे पार्टी के अंदर ही कलह उपजेगी और पार्टी अंदर ही अंदर बंट जाएगी। जब एक पार्टी किसी चुनाव में पूर्ण बहुमत से जीतती है, पार्टी के लोग अपना नेता गुप्त या खुले मतदान से नहीं चुनते हैं। सभी पार्टियां संदेहास्पद तरीके से एक-एक शख्स से पूछती हैं कि वो किसको चुनना चाहते हैं। ये काम कथित पार्टी पर्यवेक्षकों द्वारा किया जा रहा होता है जिन्हें दिल्ली से पार्टी के हाई कमांड के निर्देश मिल रहे होते हैं। चूंकि पार्टी में आतंरिक लोकतंत्र नहीं होता है, कोई नेता जब खुद को किनारे होता हुआ देख रहा होता है तो वो अपना इस्तीफा भेज देता है जिसके बाद केन्द्रीय नेतृत्व उस पर विचार करके मोलभाव करता है और उसे पार्टी में कोई नया पद मिल जाता है। ये मजेदार है कि राष्ट्रीय स्तर पर हर वक्त लोकतंत्र की बात करने वाले अपनी ही पार्टी में तानाशाही करते दिखते हैं।

राज्य सभा के चुनाव घोषित किए जा चुके थे। पार्टी ने मुझे कहा कि मैं गंडासी से चुनाव लड़ूं। निर्वाचन क्षेत्र जनसंख्या और तालुका के हिसाब से तय किए जाते हैं। गंडासी एक बड़ा निर्वाचन क्षेत्र था जिसमें 410 जिले थे। वहां बस दो ही पार्टियां सक्रीय थीं: कांग्रेस और जनता दल। कांग्रेस विधायक शिवराम वहां अपना दूसरा सत्र देख रहे थे और पार्टी की वहां मजबूत पकड़ थी। भाजपा अभी भी वहां जमीनी नेताओं को उगने में मदद कर रही थी। जनता दल का नेतृत्व रामकृष्ण हेगड़े और देवे गौड़ा कर रहे थे। दोनों नेता बेहद ताकतवर थे और मशहूर थे। देवे गौड़ा की मेरे इलाके में मजबूत पकड़ थी और वहां बहुत सारे गौड़ा भी रहते थे। उनके बेटे भी उनके साथ ही राजनीति

में थे। उनके पास अच्छे जमीनी कार्यकर्ता और नेता थे। ये बेहद साफ था कि लड़ाई इन्हीं दो मजबूत पार्टियों के बीच थी और भाजपा वहां अपनी मौजूदगी दर्ज करवाना चाहती थी। लोगों ने मुझे सुझाव दिया कि मैं बेगलुरु में मल्लेश्वरम या बसवानागुदी या हस्सन शहर से चुनाव लड़ूं। यहां ब्राह्मण जनसंख्या काफी ज्यादा थी। मुझे ये विचार ठीक नहीं लगा क्योंकि मैं जाति के आधार पर वोट नहीं बटोरना चाहता था। मैं सेना का पूर्व कर्मचारी था, पढ़ा-लिखा था, मेहनतकश था और प्रसिद्ध किसान था। मेरी पार्टी के लोगों ने इकट्ठा होकर नारा दिया—'आदर्श किसान, आदर्श जवान'। मैंने नारे पर एक नजर डाली और खुश हो गया। मेरे ब्रांड को बेचने के लिए ये आकर्षक था। किसानों और गांव के लोगों के लिए मैं पसंदीदा उम्मीदवार होने वाला था। इसलिए मैं गंडासी में ही रहने लगा क्योंकि मुझे लग रहा था कि मेरी जीतने की संभावना काफी ज्यादा थी। मैं ऐसा इसलिए सोच रहा था क्योंकि उस इलाके में मेरी साफ छवि थी और मैं मेहनत करने वाला किसान था। मैंने जल्द से जल्द चुनाव की तैयारी शुरू कर दी।

हस्सन के स्थानीय अखबारों में मुझे अच्छी खासी कवरेज मिली लेकिन फिर मुझे मालूम चला कि गांवों में मुझे कोई जानता ही नहीं था। एक पार्टी के रूप में भाजपा उनके लिए अस्तित्व में ही नहीं थी। पार्टी की एक छवि बनाना मेरे लिये बहुत बड़ी चुनौती थी। मैंने अपने दिमाग के घोड़े दौड़ाने शुरू किए और कई रातें जागते हुए निकालीं। मुझे लगा कि अगर लोगों को एक किसान के तौर पर किए गए मेरे सीरियस कामों के बारे में मालूम पड़ा तो वो मेरे साथ जरूर जुड़ेंगे। चुने जाने के बाद मैं लोगों के लिए जो अच्छे काम करने वाला था, उनके बारे में सोचकर मैं बेहद खुश महसूस कर रहा था।

अपने चुनाव प्रचार में उम्मीदवार 15 से 20 लाख रुपए खर्च कर देते हैं। मैंने तय किया कि मैं अपने प्रचार में बेहद कम रकम खर्च करूंगा और उसकी भरपाई अपनी ऊर्जा, काम के प्रति जूनून और अपने फेफड़ों की ताकत से करूंगा। मैं घूम-घूमकर लोगों से मिल रहा था और अपने निर्वाचन क्षेत्र के एक-एक कोने तक पहुंच रहा था। मैंने चुनाव के तीन महीने पहले दूसरी बार गांवों का चक्कर लगाना शुरू किया। मैंने एक और सेकेंड-हैंड कार खरीदी और कुछ समर्थकों के साथ हर गांव तक पहुंचने की कोशिश में जुट गया। स्थानीय समर्थकों ने पोस्टर लगाए हुए थे जिनपर मेरी तस्वीर के साथ लिखा था, 'आदर्श किसान से आदर्श नेता तक'। मैंने कैंपेन को ज्यादा से ज्यादा दिखने

लायक बनाने के लिए खास तौर पर बनायी गई टोपियां और कागज के बिल्ले बनवाये जिन पर मेरी तस्वीर छपी हुई थी।

दूरदर्शन, जो हमारे देश का एकमात्र टीवी चैनल था, कार्यक्रम दिखाना शुरू कर चूका था। हस्सन में एक टीवी टॉवर था जो 15 से 20 किलोमीटर तक असर करता था। इसका मतलब ये था कि बाकी के जिले में, जो लगभग 90% हिस्सा था, जानकारी पहुंच ही नहीं पाती थी। इसलिए मैंने अपने जीवन और काम के बारे में एक शॉर्ट-फिल्म बनानी शुरू की। हमने कुछ टीवी सेट और वीडियो कैसेट प्लेयर का इंतजाम किया जिस पर वो फिल्म दिखाई जानी थी। इससे गांवों में पब्लिसिटी सुनिश्चित की जा सकती थी।

हमने आस-पास ये बात पहुंचाई कि रात 10 बजे फिल्म दिखाई जाएगी। गांव के चौराहे पर सामान रखवाया गया और पूरा गांव मेरी फिल्म देखने आया जहां मेरा भाषण भी था। फिर मुझे अहसास हुआ कि प्रचार के लिए दिये गए बीस दिनों में मैं सभी गांवों में नहीं पहुंच पाऊंगा, इसलिए मेरे साथियों ने गांवों में वो फिल्म दिखाई। बस वहां मैं और मेरा भाषण मौजूद नहीं थे।

प्रचार के दौरान गांवों में खुशी और उत्साह था। मेरी पत्नी और मैं 200 गांवों में पहुंचे थे। हर गांव में पारंपरिक तरीके से, खुशबू, चन्दन और माला के साथ मेरा स्वागत किया गया। मैं गांव के चौराहे पर भाषण देता था। इसके बाद वो हमें बेल, मौसंबी और गुड़ का बना शरबत देते थे। अगर मेरा काम दोपहर के खाने के वक्त तक खत्म हो जाता था तो हमें खाना भी मिलता था। कई बार पूर्णकुम्भा से भी हमारा स्वागत किया जाता। ये 15 से 20 लड़कियों का एक समूह होता है जो वहां की परंपरा का एक हिस्सा है। हर लड़की के सर पर एक कलश होता है जिस पर नारियल और पान के चार पत्ते रखे होते हैं। वहां लोकसंगीत बज रहा होता है और सभी लड़कियां उसकी धुन पर आहिस्ता-आहिस्ता नृत्य कर रही होती हैं। लोग मेरे पैर छू रहे थे, मेरे लिये गीत गा रहे थे और मुझे एक नायक की तरह महसूस करवा रहे थे।

हर पार्टी के लिए ये जरूरी है कि वो चुनाव के लिए कम से कम एक या दो बड़ी चुनावी रैली आयोजित करे। पार्टी अपने स्टार प्रचारक को ऐसी रैली में भेजती है जिससे स्थानीय उम्मीदवार का हौसला बढ़े। हस्सन में मेरे साथ कैंपेन करने के लिए पूर्व बॉलीवुड स्टार और फिर भाजपा के नेता बन चुके शत्रुघ्न सिन्हा आ रहे थे। एक कन्नड़ फिल्म स्टार को भी रैली में शामिल होने के लिए कहा गया था। ये रैली साप्ताहिक बाजार में सुबह 11 बजे होने वाली थी। हमें बताया गया था कि वहां बड़ी भीड़ आने वाली थी।

तत्कालीन मुख्य निर्वाचन अधिकारी टीएन सेशन ने बेहद कठोर चुनाव आचार संहिता लगाई हुई थी। शत्रुघ्न सिन्हा को हस्सन जिले में तीन से चार दिन के लिए रहना था। पार्टी में लगभग हर किसी को मालूम था कि शत्रुघ्न सिन्हा समय के इतने पाबन्द नहीं थे। मुझे इस बात की कोई जानकारी नहीं थी। वो हस्सन के आईटीडीसी अशोक होटल में रुके हुए थे जहां से रैली की जगह, यानी जवागल आने के लिए एक घंटे का वक्त लगता था। मेरे लोग उन्हें हस्सन से लेने के लिए 9 बजे पहुंच गए। वो साढ़े दस बजे तक उनका इंतजार ही कर रहे थे। इधर मैं नर्वस हो रहा था: भीड़ मचलने वाली थी और मैं पहले ही बता चुका था कि शत्रुघ्न सिन्हा और कन्नड़ फिल्म एक्टर वहां आने वाले थे।

मेरी पार्टी के कार्यकर्ताओं ने बताया कि भीड़ अब अशांत होती दिख रही थी। शत्रुघ्न सिन्हा कहीं नजर नहीं आ रहे थे। हम में से कितने ही लोगों की तरह, वो ड्रिंक करना पसंद करते थे। और वो कई ड्रिंक्स में तब्दील हो जाती थीं।

असल में वो पिछली रात इसी का शिकार हुए थे। जब आखिरी बार मेरे पास रिपोर्ट आयी तो मालूम चला कि वो अभी तक सोकर भी नहीं उठे थे। मुझे बहुत गुस्सा आ रहा था। मैंने अपने भाइयों और पार्टी के कार्यकर्ताओं से कहा कि उनका दरवाजा तब तक पीटा जाए जब तक वो उठ न जाएं। अंततोगत्वा 11 बजकर 30 मिनट पर शत्रुघ्न सिन्हा प्रकट हुए। वो एकदम सजे संवरे दिख रहे थे। एक्टर, वो चाहे कहीं भी हों, अपने लुक के बारे में बेहद सजग रहते हैं। वो आए और उन्हें लेने आए सभी लोगों से उन्होंने कहा, 'देखो, अब तो पहले से ही इतनी देर हो चुकी है! मुझे नहीं लगता है कि मैं पहली दो मीटिंग में पहुंच पाऊंगा।' वो मेरी सभा में नहीं आना चाहते थे और बेहद रूखेपन के साथ पेश आ रहे थे। उन्होंने कहा, 'मैं माफी चाहता हूं लेकिन मैं नहीं आ सकता। मैं ठीक नहीं महसूस कर रहा हूं। मैं भी इंसान ही हूं। हर दिन मैं कितनी सभाएं अटेंड करूंगा?'

मैंने अपने भाइयों और पार्टी कार्यकर्ताओं से आक्रामक होने के लिए कहा। मैंने कहा, 'उन्हें पकड़ो। उनसे कहो कि आप लोग उन्हें कहीं नहीं जाने देंगे। मैं उन्हें मेरा प्रचार खराब करने नहीं दूंगा। उन्हें वादाखिलाफी करने नहीं दूंगा। अगर उन्होंने देर से शुरुआत की है तो देर तक काम खत्म करें।' बड़ी मुश्किल से वो तैयार हुए। वहीं जवागल में हमने जैसे-तैसे भीड़ को चुटकुलों और गीत-संगीत के बहाने फुसलाये रखा था। शत्रुघ्न सिन्हा आधा दिन खत्म होने तक आए। मैंने कन्नड़ में एक झन्नाटेदार भाषण दिया। चूंकि कन्नड़ के कई शब्द संस्कृत से आते हैं, इसलिए शत्रुघ्न को वो समझ में भी आए। उन्होंने

मुझसे कहा, 'मुझे मालूम होता कि तुम इतना अच्छा भाषण देते हो तो मैं नहीं ही आता।'

शत्रुघ्न सिन्हा खुद शानदार भाषण देते थे। वो ऊंचे कद के और गठीले बदन वाले थे जिन्हें मोहक व्यक्तित्व का तोहफा मिला हुआ था। वो अपने साथ एक आभा लेकर चलते थे और अपनी चिर-परिचित ठसक भरी आवाज में बात करते थे। उन्होंने धाराप्रवाह और शानदार हिंदी में एक ओजवान भाषण दिया। भीड़ गदगद हो उठी।

उन्होंने मेरी ओर मुस्कुराते हुए देखा और कहा, 'तुम्हारे लोग मुझे पकड़कर यहां लाये हैं। मैं तुम्हारी हिम्मत और जज्बे की दाद देता हूं। तुम्हें मेरा सलाम!' कन्नड़ एक्टर भी वहां मौजूद थे। इन दोनों की वजह से वो कार्यक्रम बहुत अच्छे से निपटा। शत्रुघ्न और मैं अच्छे दोस्त बन गए और आज भी हैं।

एक और मौके पर मैं कन्नड़ एक्टर राजेश के साथ प्रचार कर रहा था। मुझे 11 बजे अपना भाषण देना था। हम गंडासी के एक चौराहे पर इकट्ठा हुए थे। जवागल में हमारी रैली के साथ कोई और रैली नहीं हो रही थी इसलिए समय की कोई पाबंदी नहीं थी। लेकिन गंडासी में हमें ठीक समय पर कार्यक्रम शुरू कर देना था। चुनाव आयोग समय को लेकर बेहद सख्ती से पेश आ रहा था और वो नहीं चाहता था कि नेता लोग देरी से आएं और सार्वजानिक स्थलों पर देर तक भीड़ लगी रहे। वहां कोई भी ग्रेस पीरियड या समयावधि में फेरबदल संभव नहीं था। ऐसी आचार संहिता ने नेताओं को हमेशा सचेत रहने पर मजबूर कर दिया था। इससे भी ज्यादा जरूरी बात ये थी कि इसने सभी पार्टी के नेताओं में सुरक्षा की भावना जागृत की।

उस दिन मुझे एक व्यस्त रहने वाले बाजार के इलाके में कन्नड़ कलाकार राजेश के साथ रैली करनी थी। जनता दल के मुखिया देवे गौड़ा को अगला स्लॉट मिला हुआ था। मेरा भाषण 11 बजे शुरू होना था और देवे गौड़ा को दोपहर 12 बजे का समय मिला था। हमने पर्चे बांटे जिस पर लिखा था कि एक्टर राजेश और कैप्टन गोपीनाथ बोलेंगे। पास लगे मेले में भारी भीड़ आयी थी और हमारे स्टेज तक भी अच्छी-खासी संख्या में लोग आ गए। वो स्टेज गोलाकार बना हुआ था जिसमें बीच में एक लगभग पारदर्शी पर्दा लटका हुआ था। पार्टी के नेता अपनी जगह पर बैठ सकते थे और जब एक तरफ का भाषण खत्म होता, दूसरी तरफ के लोग शुरू कर सकते थे।

हमारा कार्यक्रम शुरू हुआ। मुझसे पहले कुछ नेताओं ने भाषण दिया। मैंने स्टेज पर आकर बस कुछ शब्द ही कहे थे कि पास ही में पटाखे दागे

जाने लगे। शोर इतना तेज था कि मेरी आवाज दब गई। एक सन्नाटा पसर गया। लोग आवाज की दिशा में देखने लगे। लोगों का हुजूम हमारी ओर आता दिखा। सैकड़ों ट्रैक्टरों और बैलगाड़ियों में भरे हुए लोग आ रहे थे। लोग आते जा रहे थे और उनके साथ ढोलों का शोर भी आ रहा था। ढोल की ताल बम जैसे फूट रहे पटाखों से टूट रही थी। इनमें से कई पटाखे बेहद तेज शोर वाले थे और देर तक उनकी गूंज सुनाई दे रही थी। शोर इतना था कि आपके बगल में जो शख्स खड़ा था, आप उसकी आवाज नहीं सुन सकते थे। बैलगाड़ी का एक जलता हुआ पहिया नाच रहा था। ये विष्णु चक्र जैसा लग रहा था। इस विष्णु चक्र के सामने देवे गौड़ा खड़े थे। ऐसा मालूम हो रहा था जैसे उन्होंने ही देवताओं का ये अस्त्र निकाल लिया हो। देवे गौड़ा बैलगाड़ी में सीधे खड़े थे। वो हाथ जोड़कर सभी का अभिवादन स्वीकार कर रहे थे। उनका बेटा रेवन्ना उन्हीं के साथ खड़ा था जो उन्हीं के एक क्षेत्र में उम्मीदवार था।

हस्सन देवे गौड़ा का चुनाव क्षेत्र था और वहां वो बहुत बड़ा नाम थे। वो वहां लोक निर्माण विभाग के मंत्री थे और गौड़ा समुदाय के नेता और रसूखदार राजनीतिगज्ञ थे। जो जनता मेरे लिये कुछ देर पहले शोर मचा रही थी, तुरंत ही देवे गौड़ा के पाले में पहुंच गई। ऐसा करने वालों में भाजपा के कुछ कार्यकर्ता भी शामिल थे। गौड़ा ने पल भर में खेल पलट दिया था। वो अच्छे रणनीतिकार और नेता थे और अब वहां हर खाली जगह पर वो लोग मौजूद थे जो उन्हें सुनना चाहते थे। लोग नाच रहे थे, चिल्ला रहे थे, मजे कर रहे थे। कई शराब के नशे में थे और बाकी उनके व्यक्तित्व के नशे में।

कन्नड़ कलाकार राजेश का चेहरा घबराहट में फक्क पड़ चुका था। उन्होंने मेरे कान में कहा, 'क्या हम ये सभा स्थगित कर दें? यहां हिंसा भी हो सकती है।' लेकिन मैं सभा स्थगित करने के बारे में सोच भी नहीं रहा था। मैं सार्वजानिक जीवन में पहली बड़ी परीक्षा का सामना कर रहा था। ऐसे मौके पर पीठ दिखाना मेरे लिये खतरनाक साबित हो सकता था और राजनीति में मेरी पारी खत्म कर सकता था। जहां तक एक्टर बाबू की बात थी, मुझे समझ में आ चुका था कि वो बस सुनहरे पर्दे पर हीरो थे और उस वक्त मुझे उनसे कोई खास सपोर्ट नहीं मिलने वाला था। मुझे ये भी समझ में आ चुका था कि वहां खड़े रहकर मैं राजनीति में बहुत बड़ा ओहदा रखने वाली शख्सियत से सीधी टक्कर लेने वाला था। मैं वहीं खड़ा रहा और अपनी घड़ी की ओर देखा। 11 बजकर 35 मिनट हो रहे थे। देवे गौड़ा की सभा दोपहर 12 बजे शुरू होने वाली थी। वो जल्दी पहुंच गए थे और सामने वाले उम्मीदवार का

समय और उसका मौका खा रहे थे। ये नियमों के विरुद्ध था। मैं जानता था कि मुख्य निर्वाचन अधिकारी, सेशन जी इस मामले में सख्त थे और इससे मुझे आत्मविश्वास मिला।

मैंने अपने सामने पड़े खाली मैदान को संबोधित करना शुरू किया। मेरे भाषण में देवे गौड़ा पर सीधा अटैक था। मैं अपने समर्थकों पर गरजा, 'वापस आ जाओ! यहां जो हो रहा है, वो गलत है। मनमानी हो रही है। ऐसा तमाशा हमें कहीं का नहीं छोड़ेगा। यही वो कारण है जिसके लिए देवे गौड़ा को सत्ता से हटा दिया जाना चाहिए।' इस बीच, मुझे मालूम ही नहीं चला कि देवे गौड़ा ठीक मेरे पीछे, उस पतले से पर्दे के ठीक उस पार आकर खड़े हो गए थे। सर्किल इन्स्पेक्टर आ गए। और भी पुलिसवाले आ गए। उन्होंने मुझसे गुजारिश की, 'सर, आप बस बीस मिनट के लिए रुक क्यों नहीं जाते? वो थोड़ा जल्दी आ गए हैं। हां, हम समझते हैं लेकिन प्लीज बीस मिनट के लिए रुक जाइये। उनका खत्म हो जाएगा। फिर भीड़ आपके पास आ जाएगी।' जनता दल के समर्थक पुलिसवालों से कम शिष्ट थे और लगातार मुझे और मेरे समर्थकों को धमका रहे थे। देवे गौड़ा के कुछ समर्थक, जो मुझे जानते थे, मेरे पास आए और बेहद सभ्य तरीके से, मुझसे भाषण रोकने की विनती करने लगे।

चूंकि वहां के स्पीकर दोनों ओर लगे हुए थे, मेरी कही एक-एक बात देवे गौड़ा समेत सभी ने सुनी थी। मैं अगर नहीं रुकता तो मेरी कड़क और ठोस आवाज के सामने उनकी आवाज नहीं टिकने वाली थी। वो जगह भी बहुत फैली हुई थी नहीं। उस वक्त मुझे ध्यान नहीं रहा कि मेरे सामने माइक है और मेरा जोरदार जवाब कुछ यूं था:

> ये जगह छोड़ने से पहले मैं मर जाना पसंद करूंगा। मैं टीएन सेशन से शिकायत करके देवे गौड़ा को चुनाव से अयोग्य करार करवाऊंगा। चुनाव की आचार संहिता का ये उल्लंघन है। मुझे 11 बजे से दोपहर 12 बजे तक बोलने की अनुमति मिली है। देवे गौड़ा दोपहर 12 बजे के बाद बोल सकते हैं। मैं ये स्टेज नहीं छोड़ने वाला हूं। आप जाकर उनसे कह दें कि वो या तो बीस मिनट का इंतजार करें या चले जाएं।

मैंने कन्नड़ में कुछ अपशब्द भी कह दिये और मेरी आवाज गूंज रही थी। इसके बाद मैंने देवे गौड़ा को पूछते हुए सुना, 'यारु अवरु? (कौन है ये?)' उन्हें बताया गया कि मैं भाजपा का उम्मीदवार था। उन्हें समझ में आ

गया कि मैं उन्हें चोट नहीं पहुंचाने वाला था और उनकी असली लड़ाई कांग्रेस के साथ थी। लेकिन उन्हें ये भी समझ में आ गया था कि जब तक मैं माइक पर था, उनका काम नहीं चलने वाला था। इसी बीच, जनता ने मेरी कड़क आवाज और उस आवाज में शानदार गालियां और मेरी बातें सुनीं तो मेरी ओर चली आयी। इस भीड़ में भाजपा कर्मियों के साथ-साथ कांग्रेस से जुड़े लोग भी आ गए। ये सभी देवे गौड़ा की ओर हल्ला मचाने लगे। मुझे याद है कि एक आदमी मेरी ओर कन्नड़ में चीखता हुआ आया, 'आप शेर हैं, सर! आप चालू रखिये!' एक और आया, 'आप मर्द हैं, सर! हम आपके साथ हैं। हम आपको सुनना चाहते हैं।'

मुझे इससे बहुत हिम्मत मिली और मैं वहां खड़ा अपनी बात रखता गया। इसके बाद मैंने देवे गौड़ा को कहते हुए सुना, 'उसको मत परेशान करो। मैं फिर आता हूं कभी।' वो भाषण तो नहीं दे सके लेकिन उनके पार्टी कार्यकर्ताओं ने हमें परेशान करने में कोई कसर नहीं छोड़ी। उन्होंने बहुत देर तक पटाखे फोड़े। देवे गौड़ा अपनी विष्णु चक्र से सुसज्जित गाड़ी पर चढ़े और ससम्मान वापस लौट गए। उस दिन के अनुभव से मैंने सीखा कि राजनीति में कोई भी नगण्य नहीं है। अगर उस दिन मैंने खुद को कमतर आंका होता तो मैं देवे गौड़ा जैसे रसूखदार शख्स के सामने वो नहीं कर सकता था जो असल में मेरा कानूनी अधिकार था।

चुनाव हुए और फिर वोटों की गिनती शुरू हुई। वो बेहद कमाल का अनुभव था। मैं तमाम पार्टियों के लोगों के साथ काउंटिंग हॉल में था। वहां देवे गौड़ा का बेटा रेवन्ना भी था। मैं जीत के प्रति सुनिश्चित था। मेरे समर्थक भी ऐसा ही सोचते थे। हम बहुत भारी अंतर से जीत के बारे में सोच रहे थे लेकिन मैंने गांवों की एक बहुत बड़ी बात को अनदेखा कर दिया था जो असल में शहरों में भी उतनी ही लागू होती है। जब मैं प्रचार के लिए जाता था, लोग मुझे गांव के मंदिर में ले जाते थे। मंदिर के पुजारी कहते थे कि उन्होंने मेरी जीत की प्रार्थना की थी। उन्होंने लिंगम पर एक फूल रखा था और वो फूल दाहिनी ओर गिरा था। जिसका मतलब था कि मेरी ही जीत होने वाली थी। मुझे इन सब बातों में कोई विश्वास नहीं था लेकिन मुझे समझ में आया कि जितने भी राजनेता गांव गए थे, सभी ने मंदिर में चढ़ावा चढ़ाया था। मेरे विरोधी भी उसी मंदिर में गए थे। समझ में आ रहा था कि आखिर क्यों हर उम्मीदवार जीत के बारे में निश्चिन्त था। अब मेरा दिल बैठ रहा था।

मुझे आरके नारायण की एक कहानी याद आ रही थी- 'एक भविष्यवक्ता का दिन'। एक आदमी किसी का कत्ल कर देता है और गांव छोड़कर शहर भाग जाता है। उसके पास कोई हुनर नहीं था इसलिए उसे नौकरी नहीं मिल पाती। वो तय करता है कि लोगों को उनका भविष्य बताएगा। धीरे-धीरे वो मशहूर भविष्यवक्ता बन जाता है। उसे कहीं से भी ये नहीं मालूम था कि किसी के साथ आने वाले समय में क्या होने वाला था। उसे अपने आने वाले समय के बारे में भी कुछ नहीं मालूम था। न उसे ग्रहों की कोई जानकारी थी और न ही उसके बेचारे ग्राहकों को। एक दिन उसके पास एक ग्राहक आया। छद्म भविष्यवक्ता को ऐसा लगा जैसे उसके बीते काले वक्त से कोई शख्स सामने आ गया था: उसे मालूम पड़ा कि उसे लगता था कि नशे की हालत में उसने जिसका कत्ल कर दिया था, वो असल में जिन्दा था। उसने अपने ग्राहक को उसके भूतकाल की एक-एक बात बताई, लेकिन भविष्य के बारे में कुछ नहीं बता सका।

कई साल बाद, जब डेक्कन एक बुरे दौर से गुजर रही थी, मुझे सलाह दी गई कि मैं एक ज्योतिष की मदद लूं। मुझे आज भी समझ में नहीं आता है कि अच्छे-खासे पढ़े-लिखे लोग और सफल राजनेता इन बाबाओं के चक्करों में कैसे पड़ते हैं। राजनीति एक खेल की तरह है और घबराया हुआ उम्मीदवार जीतने के लिए किसी का भी सहारा ले सकता है। एक तिनके का भी। मैं भी बह गया और ऐसा ही किया। यहां तक कि मैंने ये भी सोचना शुरू कर दिया कि इन भविष्यवक्ताओं के पास वाकई कोई ताकत होगी ही। मैं उस अदृश्य शक्ति में अथाह विश्वास रखने वाले अपने समर्थकों पर भी चकित था। यदि उन्हें खारिज कर देता तो उनके हौसले पर असर पड़ता।

चुनावों का नतीजा उन कही-सुनी बातों के वश में नहीं था। वोटों की गिनती शुरू हुई और मैं अपनी जीत को लेकर निश्चिन्त था। मुझे लग रहा था कि अगर मैं हारा भी तो बहुत छोटे अंतर से ही हारूंगा। मैं इतना आशावान था। लेकिन फिर जब गिनती खत्म हुई तो मालूम पड़ा कि कुल 1 लाख 40 हजार वोटों में मुझे महज 7 हजार वोट मिले थे। जैसा कि शुरुआत में मुझे समझ में आया था, सारे वोट कांग्रेस और जनता दल में बंटे थे। जनता दल विजयी हुई और देवे गौड़ा मुख्यमंत्री बने।

मैं अपने फार्म वापस आ गया। प्रचार के तीन महीनों का समय फार्म से मेरी दूरी का सबसे लंबा अंतराल था। मैं सुबह आठ बजे निकल जाया करता था और पूरा दिन सड़क पर ही निकलता था। कई बार मैं रात के दो या तीन बजे

वापस आता था। मैं चुनाव हार गया था लेकिन लड़ाई जीत चुका था क्योंकि मुझे अपने अंदर की ताकत का स्रोत मिल चुका था। चुनाव में हुई मेरी गत ने मुझे दुखी नहीं किया। हां, मैं थोड़ा निराश जरूर था, लेकिन अंदर ही अंदर उल्लास भी फूट रहा था। मुझे मेरे अंदर एक अजीब सी ताकत महसूस हुई थी। मैं किसी भी स्थिति को नियंत्रण में लेता था और वो सब कुछ कर देता था जिससे उसका हल निकल आए। मेरे पास पैसे नहीं थे लेकिन मैं दोस्तों और शुभचिंतकों से चुनाव लड़ने लायक संसाधन जुटा पाया था।

अब ध्यान वापस मेरे फार्म पर केन्द्रित हो चुका था। मैंने जो फसल बोई थी अब उसकी कटाई का वक्त का आ चुका था। अब पेड़ मौसम-दर-मौसम फल दे रहे थे। बारिश होने के बाद फार्म तरोताजा हो चुका था और सूरज की रोशनी में सुनहरा चमकता था। मेरा दिल संगीत में डूबा रहता था। नारियल के पेड़ हवा में सरसराते थे, मधुमक्खियां भुनभुनाती थीं, पक्षी चहचहाते थे और मैं खुद को खुशियों के केंद्र में पा रहा था। जिन पेड़ों को मैंने अपने हाथों से लगाया था, अब वो फलों से लदे हुए थे। इसके साथ ही झाड़ियों में लगे जंगली फल और फलियां तो थे ही। मुझे पेड़ों के बीच पेड़ जैसा ही लगता था, पक्षियों के बीच पक्षी जैसा और मधुमक्खियों के बीच मधुमक्खी जैसा। मैं ठेठ रोमांटिक जो ठहरा।

5

आप चीजों को देखते हो और कहते हो कि
आखिर 'क्यों' लेकिन मैं उन चीजों का सपना देखता हूं
जो कभी थी ही नहीं और कहता हूं 'क्यों नहीं?'
—जॉर्ज बर्नार्ड शॉ

नए काम की आहट

मेरे भीतर एक और नयी शुरुआत की आशा भरी कुलबुलाहट पनप रही थी। फार्म पूरी तरह से स्थापित हो चुका था। फार्म की देखरेख कर रहा राजू अब एक आदमी बन चुका था। मैंने उसके लिए एक छोटी झोपड़ी का इंतजाम कर दिया था और उसे एक मोटरसाइकिल और टीवी सेट लाकर दे दिया था। उसने शादी कर ली थी। वो दोनों फार्म पर ही रहते थे और उनका एक बेटा भी था। उसका परिवार फार्म का उतना ही हिस्सा बन चुका था जितना वहां लगे पेड़ थे। राजू ने भले ही पढ़ाई-लिखाई नहीं की थी लेकिन उसके पास चीजों को मैनेज करने का हुनर था और वो पूरा फार्म मैनेज करता था जिसमें पैसों का ब्यौरा रखना भी शामिल था। वो हर हफ्ते फार्म के खर्चे-पानी की पूरी रिपोर्ट मुझे देता था। उसे संख्याएं मालूम थीं लेकिन लिखने और पढ़ने के लिए उसे किसी की मदद लेनी पड़ती थी। जैसा कि एक इन्द्रिय के काम न करने पर इंसान की बाकी सभी इन्द्रियां नॉर्मल से कहीं ज्यादा सशक्त हो जाती हैं, राजू के पढ़े-लिखे न होने ने उसके भीतर अंकों को लेकर दिलचस्पी और प्रेम भर दिया था। एक सिरे से दूसरे तक, फार्म नारियल के पेड़ों से, सुपारी, केले और दूसरे फल के पेड़ों और शहतूत से भरा हुआ था और अब पूरी तरह से चालू था। पल्लवी बेंगलुरु के एक बोर्डिंग स्कूल में थी। कृतिका स्कूल जाने का इंतजार कर रही थी। मैं भी अब सोच रहा था कि बेंगलुरु चला जाऊं और अपना समय बेंगलुरु और फार्म में बांटूं। क्योंकि अब फार्म में मेरे बहुत समय की जरूरत नहीं थी।

तीन साल पहले मैंने कृषि परामर्श का जो काम शुरू किया था, वो अब फल देने लगा था और उसकी हस्सन और बेंगलुरु में मुख्य ब्रांच थीं। इसके साथ ही कर्नाटक के और भी हिस्सों में उसकी फ्रेंचाइजी थीं। एक अकेली ब्रांच में 100 लोग काम कर रहे थे। हमारे पास उद्यानविद, सिविल इंजीनियर, मेकेनिक और सेल्समैन थे। वो मुख्यतः किसानी, बागवानी, भूदृश्य कला, जल प्रबंधन और वर्षा जल संचयन के प्रोजेक्टों पर काम करते थे।

मैं बेंगलुरु आ गया। वहां पहुंच कर मैंने अपने बिजनेस पार्टनर से जिम्मेदारी के सही बंटवारे की बात की जिससे हम एक दूसरे के पूरक बन सकें। जल्दी ही मैं हस्सन और बेंगलुरु के बीच समय बांटने में व्यस्त हो गया। 1993 आते-आते मैं पूरी तरह से बेंगलुरु आ चुका था। मुझे पल्लवी के बिशप कॉटन गर्ल्स स्कूल के पास ही एक छोटा सा अपार्टमेन्ट मिल गया। कृतिका भी अपनी बहन के साथ उसी स्कूल में पढ़ने लगी। मेरा अपार्टमेन्ट कब्बन पार्क के ठीक बगल में था जहां मैं सुबह और शाम को टहलने के लिए जाया करता था। मैं आर्मी क्लब के भी करीब था और वहां मैंने फिर से स्क्वाश खेलना शुरू कर दिया। वो अपार्टमेन्ट ग्रांट रोड पर था जिसे अब विट्ठल माल्या रोड का नाम मिल चुका है। वो बेंगलुरु का बेहद खूबसूरत इलाका था और आज भी है। मुझे वो बेहद पसंद था क्योंकि वो पूरा इलाका शानदार बरसात के पेड़ों से भरा हुआ है। वहां ढेरों गुलमोहर, नीम, जकरंद और अमलतास के पेड़ लगे हुए हैं। उस वक्त में, और ये बहुत पहले की बात नहीं है, जब आप बेंगलुरु शहर के ऊपर हेलीकॉप्टर से निकलते थे तो आपको हरियाली से पटा हुआ शहर दिखता था। विट्ठल माल्या रोड पर पेड़ तम्बूनुमा तरीके से छाये हुए थे और वहां पहुंचकर ऐसा लगता था जैसे पेड़ों ने आपको हर ओर से घेर लिया हो।

मैं विट्ठल माल्या रोड के छोटे से हिस्से पर चलता था। उसके जैसी ही दिखने वाली और विट्ठल रोड को काटने वाली लावेल रोड भी मेरी पसंदीदा थी। दोनों ओर के रास्तों पर बड़े-बड़े पुराने तरीके से बने हुए बंगले मौजूद थे। ये पुराने बेंगलुरु की छावनी का हिस्सा थे जहां ब्रिटिश राज और स्वाधीनता के बाद सेना के अधिकारियों और जवानों को रहने की जगह मिला करती थी। आर्मी सेंटर में मद्रास इंजीनियरिंग ग्रुप, पायनियर कोर, एएससी सेंटर, सर्विसेज सेलेक्शन बोर्ड और कई ऑफिसर्स मेस और आरएसआई क्लब शामिल थे। ये बड़े कैंपस ही शहर के फेफड़ों का काम करते थे।

हालांकी, उन दिनों में भी, मेरी तमाम हेलीकॉप्टर की यात्राओं के दौरान हरी चादर के बीच कहीं-कहीं उन्मूलन के निशान दिखने लगे थे। मैं बेंगलुरु

की मशहूर झीलों को भी छोटा होता हुआ देख रहा था जो एक समय पर शहर के टैंक के रूप में काम आती थीं। ये अच्छे जलाशय शहर को ठंडा रखने के काम में आ सकते थे और इन्हें वर्षा जल संचयन के लिए भी इस्तेमाल किया जा सकता था। इन्हें वर्ल्ड क्लास मनोरंजन स्थलों में विकसित किया जा सकता था। लेकिन यहां इन झीलों में सीवेज और नष्ट न हो सकने वाला कूड़ा पड़ा रहता है। पेड़ों की कटाई हो रही थी। दुनिया के किसी दूसरे हिस्से में बेंगलुरु की उल्सूर, हेब्बल और येदियुर झील कितनी ही शानदार लेक-फ्रंट संपत्तियों का सबब बन सकती थीं। यहां कितने ही ऐसे वॉटर पार्क बन सकते थे जो शहरी आर्किटेक्ट और डिजाइनरों का सपना होता। शहरी भूदृश्य पश्चिमी आर्किटेक्चर के स्कूलों में एक अहम् स्थान रखता है। कई छात्र अपने ग्रेजुएशन के प्रोजेक्ट में शहर के अंदर मौजूद जलाशयों और पुरानी पारम्परिक इमारतों को शहरी रहवास या व्यावसायिक विकास के लिए इस्तेमाल करने के बेहतर तरीकों पर काम करते हैं। लेकिन बेंगलुरु की झीलों में सीवेज और कूड़ा सड़ रहा था। बेंगलुरु की खूबसूरती बेहद तेजी से रौंदी जा रही थी। आज बेंगलुरु के केंद्र के 95% पेड़ और हरियाली नष्ट हो चुकी है। जो भी पेड़ दिखते हैं वो या तो आर्मी कमांड इलाके में हैं या फिर सरकारी जमीन पर। पुराने बंगले भी अब गायब हो चुके हैं। शहर के फैलाव को इस तरह से प्लान किया जाना चाहिए कि उसकी ऐतिहासिक और पारंपरिक धरोहर भी बची रहें।

मुझे दूसरा, पुराना बेंगलुरु भी प्यारा था। बसवानागुदी, शंकरपुरम और मल्लेश्वरम भी मुझे बेहद प्रिय थे। मुझे वहां के बाजार और शिवाजीनगर की रसेल मार्केट बेहद पसंद थी। शहर की इन सभी जगहों में कितना ही इतिहास शामिल है। यहां कि धरोहरें और पुराने समय की झलक पाने का सुख बेजोड़ है। मसलन, गाविपुरम मंदिर लगभग 2000 साल पुराना है। ये मंदिर एक गुफा के अंदर है। वहीं एक चमकता धमकता शॉपिंग मॉल जैसा पेरिस या सिंगापुर में होता है, वैसा ही न्यू यॉर्क में भी होगा। अगर आप किसी भी मॉल में लुई विटॉन् या अरमानी के आउटलेट में जाएंगे तो पाएंगे कि सभी जगह वो एक जैसे ही दिखते हैं, वहां आपको एक ही जैसा महसूस होता है और उसमें एक ही तरह की चीजें होती हैं। यानी आपने सामान कहां से खरीदा है, कोई भी नहीं बता सकता है। दुनिया के ज्यादातर शहरों के फैलाव में एक बड़ी समस्या ये आयी है कि वहां की संस्कृति और चरित्र खोता जा रहा है। शहरी प्लानिंग करने वालों के सामने सबसे बड़ी मुश्किल है कि कैसे वो साफ सुथरे शहर बनाएं जहां प्रवासियों के लिए भी जगह हो और बगैर उस शहर का असल स्वाद खोये उन्हें उस शहर का हिस्सा बनाया जा सके। मैंने वी.एस. नायपॉल

को ये कहते हुए सुना था कि भारत को दुबई या सिंगापुर को आदर्श बनाते हुए शहरों की प्लानिंग नहीं करनी चाहिए क्योंकि शहर असल में दरवाजे पर उगी हुई घास वाली बिल्डिगों, शॉपिंग मॉल और प्रति व्यक्ति आय के आंकड़ों और जीडीपी से कहीं आगे की चीज होती है। एक शहर असल में महान शहर तभी बन सकता है जब वो सीखने-सिखाने, कला, थियेटर और साहित्य का केंद्र बने।

त्योहारों के मौसम में, बसवानागुदी की बाजार पूरी तरह से सजी होती है और अपने रंग में होती है। वहां के रंग, गंध और आवाज पीढ़ी-दर-पीढ़ी बदलते आए हैं। लंदन के कोवेंट गार्डन का इस तरह से पुनर्निर्माण हुआ है जिससे वहां पबों और वैसी ही जगहों को शामिल किया जा सके। इस वजह से वो पुराना कोवेंट गार्डन गायब हो चुका है जहां पुराने समय में व्यापारी और घुड़सवार आकर घोड़ों की खरीद-फरोख्त करते थे। हमें सीख लेनी होगी और पुरातन चीजों को खत्म करने की जल्दबाजी करने से खुद को बचाना होगा। एक और कहानी है जो नए और पुराने समय के समीकरण को दिखाती है। कुछ पचपन साल पहले एक ऐयंगर साहब बेंगलुरु आए और उन्होंने बसवानागुदी के विश्वेश्वरपुरम में बेकरी शुरू की। बेकरी खूब मशहूर हो गई। मालिक ने उसे नाम दिया वी-बी बेकरी। वहां ऐसी चीजें मिलती थीं जो मैसूर के स्वाद से जुड़ी हुई थीं। वहां बन और पफ मिलते थे जिनमें सब्जियां होती थीं, मसाले वाली बन, नारियल के बुरादे वाली बन, मीठे दूध की ब्रेड, फूली हुई सादी ब्रेड और दूसरे नाश्ते मिलते थे। ब्रेड की खुशबू सज्जन राव सर्किल पर स्थित उस बेकरी के इर्द-गिर्द सैकड़ों मीटर में फैली रहती थी। ये वो जगह थी जहां भूखे लोग भी आते थे और उस मनोहर गंध से खिंचे चले आने वाले लोग भी आते थे। उस वक्त से लेकर आज तक वो बेकरी वहां की पहचान है। वहां आकर बेकरी लगाने वाले ऐयंगर मेरे दूर के रिश्तेदार थे।

ऐयंगर, जिसमें कुछ मेरे पिता की ओर से जुड़े थे, हस्सन के भीतरी हिस्से से आए और बेंगलुरु में बस गए। यहां उन्होंने ऐयंगर बेकरी की स्थापना की जो अब एक मुकम्मल ब्रांड बन चुका है। इन लोगों का प्रवसन 100 सालों के ऊपर से चल रहा है। ये आज भी चल रहा है। उडुपी होटलों की तरह ही, ऐयंगर बेकरी भी सेवा और गुणवत्ता के मामले में कुछ स्टैण्डर्ड बनाकर रखती है। ऐयंगर बेकरी में ब्राह्मण बेकर काम करते हैं और उनसे ये अपेक्षा रखी जाती है कि वो ज्यादा से ज्यादा साफ-सफाई रखें और बेहतरीन क्वालिटी की सामग्री का इस्तेमाल करें। वो स्वाद को लेकर भी बेहद बारीकी से पेश आते थे। इसके अलावा वो खाने के प्रकारों पर खास ध्यान रखते थे। उनकी पूरी

कोशिश रहती थी कि जल्दी खराब होने वाला खाने का सामान देर तक चलने वाले सामान के साथ कतई न रखा जाए। इससे इतर, ऐयंगर बेकरी अच्छा, पौष्टिक खाना, बेहद आम कीमत पर देते हैं। हजारों बेकरी की दुकानों वाले बेंगलुरु शहर में ऐयंगर बेकरी एक अलग ही पहचान रखती है। ये वाकई सोचने वाली बात है कि कैसे परम्परागत, नैतिकवादी ऐयंगर ब्राह्मण, जिन्हें व्यापार की कोई खास समझ नहीं थी, बेकरी का काम अपना लेते हैं जो असल में औपनिवेशिक भारत की विरासत है।

लालबाग में टीपू सुल्तान के बनाए बगीचे, एमटीआर, उडुपी होटल और ऐयंगर बेकरी गए बिना बेंगलुरु आना अधूरा सा माना जाता है। ये बेकरी पूरे कर्नाटक आंध्र प्रदेश और तमिलनाडु में पायी जाती हैं। लालबाग में पढ़ने-लिखने वालों और आम लोगों के लिए बहुत सुविधाएं हैं। उन दिनों में एमटीआर सभी उडुपी होटलों में सबसे बेहतरीन होता था।

आईआईएम बेंगलुरु के प्रोफेसर पीएन थिरुनारायण, जो बाद में हमारी कंपनी में डायरेक्टर बन गए, मेरे दोस्त थे। एक समय पर हम दोनों अक्सर लालबाग और एमटीआर जाया करते थे। मैं जब भी प्रोफेसर से मिलकर किसी मसले पर उनसे बातचीत करना चाहता था, उन्हें सुबह वॉक पर मिलने को कहता। हम लालबाग पर सुबह 6 बजे मिलते, डेढ़ घंटे के आस-पास टहलते और फिर एमटीआर जाकर इडली और डोसा का भव्य नाश्ता करते। ये छोटी छोटी बातें मुझे खुशियां देती थीं। अगर आप खुशी को एक मंजिल बनाकर वहां तक पहुंचना चाहते हैं तो पाएंगे कि असल में वो एक मरीचिका है। अगर आप दिन के हर हिस्से में खुशियां ढूंढेंगे तो किसी छलावे से भरी मंजिल की ओर सफर शुरू नहीं करना पड़ेगा।

मेरे पिता ने मुझे बताया था कि एक बार, जब गांधी जी वकील हुआ करते थे, उन्होंने काम पर जाने के लिए पैदल चलने का फैसला किया। उन्हें लगता था कि पैदल चलने से उन्हें सोचने के लिए और अपनी मुसीबतों का हल निकालने के लिए ज्यादा समय मिलेगा। साथ ही शरीर की कसरत भी हो जाया करेगी।

मैं हर पल को पूरी शिद्दत से जीना सीख रहा था। परिवार के साथ बिताए पल, दोस्तों के साथ बिताए पल, टहलते हुए या सब्जी की बाजार में मोल-तोल करते हुए बिताया समय। खुशी कोई शिखर नहीं है जहां तक आपको पहुंचना ही है। वो किसी मंजिल के रूप में नहीं मौजूद है बल्कि सफर शुरू करने पर ही वो मिलना शुरू हो जाती है। आप जो होना चाहते हैं, वो एक विचार है।

अगर आप वहां तक पहुंच गए तो आप एक मकसद में कामयाब हो गए हैं लेकिन विचार ही वो चीज है जो आपको चलाये रखती है। मेरे साथ भी कुछ ऐसा ही हुआ। मुझे मालूम नहीं था कि मुझे कुछ नया ही मिलने वाला था। मैं बेखबर था और एक नयी शुरुआत की ओर बढ़ रहा था।

बेंगलुरु आने की वजह से दो चीजें हुईं जो मेरे भविष्य के करियर के हिसाब से जरूरी थीं। मैंने सेना के अपने पुराने दोस्तों से आरएसआई (आर्मी क्लब) में मिलना शुरू कर दिया। दूसरी मैं अपने पुराने मित्र कैप्टन केजे सैमुएल से मिला जिन्हें हम सभी कैप्टन सैम बुलाते थे। ये मेरे लिये एक बहुत फलदायी घटना थी। कैप्टन सैम मेरे साथ एनडीए और आईएमए में थे। हम बंकर भी शेयर करते थे और देवलाली में आर्टिलरी स्कूल में रूम-मेट भी थे। वो बेहद सीधे-सादे और प्यारे इंसान हैं। हम दोबारा मिले और खूब मजे किए। हमें बहुत सारी बातें करनी थीं। हमारे जीवन में बहुत सारे बदलाव आ चुके थे और एक दूसरे से सारी बातें साझा करनी थीं। सैम को रम बेहद पसंद थी और अपने युवाकाल में वो बेहद निरंकुश सा हुआ करता था। वो रम की एक बोतल पीकर भी एकदम सीधा खड़ा हो सकता था। लेकिन अब वो पहले जैसा नहीं था। उसने शराब छोड़ दी थी और पोप की तरह सोबर हो चुका था। मुझे ये दोनों चरम सीमाएं पसंद नहीं थीं। मुझे दोस्तों के साथ बैठकर ड्रिंक करने में आनंद आता था। मैंने उसे बताने की कोशिश की कि सीमा में रहकर ये काम ठीक होते हैं लेकिन सैम मेरी सुनने वाला नहीं था। उसने मुझे इस मामले में निराश किया। सूरज ढलते ही, जब पुरानी यादें ताजा करने का वक्त होता, सैम उठता और बोलता कि उसे अपने परिवार के पास जाना होगा। वो चला जाता। लेकिन वो फिर भी जिन्दादिली के साथ रहता था और मेरा खास दोस्त बना रहा। हम अक्सर क्लब में टेनिस और स्क्वाश खेलने के लिए मिलते थे। हम अपने भविष्य की योजनाओं के बारे में बात करते थे। मैंने सैम को सेना छोड़ने, किसानी करने के अपने फैसले, जवागल आने, नारियल और शहतूत, रेशम की खेती और सफल किसानी की कहानियां सुनाईं। मैंने बिजनेसमैन के नाते अपनी गाथा सुनाई: मोटरसाइकिल डीलरशिप, रेस्टोरेंट और कृषि और जल प्रबंधन की कंसल्टेंसी के बारे में बात की। मैंने सैम को बताया कि परिस्थितियां मुझे जवागल ले गयीं, फिर हस्सन और अब बेंगलुरु ले आयी थीं। मैंने उसे अपने परिवार के बारे में सब कुछ बताया। मेरी पहली बच्ची पल्लवी चौथी क्लास में डे स्कॉलर थी और दूसरी बेटी कृतिका एलकेजी में थी। वो चार साल की थी। भार्गवी परिवार का ख्याल रखती थी। सैम ने मुझे अपनी कहानी बताई। उसने मुझसे पहले शादी कर ली थी। उसकी एक बेटी और दो बेटे थे। बच्चे बड़े हो चुके

थे। सैम ने सेना से इस्तीफा दे दिया था और अब हेलीकॉप्टर पायलट के लिए फ्रीलान्सिंग का काम ढूंढ रहा था। वो अच्छा और स्थिर काम तलाश रहा था।

कंपनी किसी को फ्रीलांस पायलट के तौर पर तभी काम पर रखती थी जब उन्हें जरूरत पड़ती थी। उसका काम उसे बहुत सारी जगहों पर ले जाता था, तेल और प्राकृतिक गैस कमीशन के लिए उत्तर-पूर्व से लेकर प्राइवेट बिजनेस के लिए पश्चिम तक। उसे मालूम नहीं होता है कि उसका अगला काम उसे कहां मिलेगा। उसे ये भी नहीं मालूम होता है कि उसे अगला काम मिलेगा भी या नहीं। चीजें बेहद अस्थिर थीं और कुछ भी तय नहीं था। उसे जीविका चलाने के लिए काम करना भी जरूरी था। सेना में 20 साल की नौकरी के बाद वो बेंगलुरु में ही रहना चाहता था। वो ऊर्जावान था और पूरी तरह से फिट भी। उसका सेन्स ऑफ ह्यूमर भी बेहद कमाल का था। वो सिविल तौर-तरीकों में अभी भी नया नवेला था। सेना की बोली में, मेरे लिये वो हमेशा, 'हाय सैम! ओल्ड मैन!'

एनडीए के बाद लोग 19 या 20 साल की उम्र में कमीशन्ड ऑफिसर बन जाते हैं। बीस साल की सेवा के बाद एक सेना का अफसर युवा माना जाता था। ऐसे जवान, जो प्रमोशन नहीं पाते हैं, 35 के आस-पास रिटायर हो जाते हैं, और उस वक्त अफसरों से कम उम्र के होते हैं। ये बहुत बुरा होता है कि अपने जीवन के सबसे उर्वरक साल देश के लिए देने के बाद उन्हें अपने दम पर जिंदगी जीने के लिए छोड़ दिया जाता है। रिटायर हो चुके जवान को महज 300 या 400 रुपए की पेंशन मिलती है। रिटायरमेंट के बाद उन्हें एकमात्र जो नौकरी मिलती है, वो होती है सिक्योरिटी गार्ड की। हालांकि उन्हें जो ट्रेनिंग मिली होती है, उसकी वजह से वो बहुत अच्छे मानव संसाधन साबित होते हैं। वो मेहनत से काम करते हैं और बेहद अनुशासित भी होते हैं। देश के लिए ये बहुत बड़ी चुनौती होती है कि उसकी ये संपदा व्यर्थ न जाए।

सैम उम्र के मामले में अपने चौथे दशक की शुरुआत में था जब उसने बेंगलुरु में बसने और एक स्थिर नौकरी के लिए सेना छोड़ी थी। सेना के जीवन में अब उसकी दिलचस्पी नहीं रह गई थी और वो वहां और समय बिताना नहीं चाहता था।

चीन की यात्रा

इसी वक्त के आस-पास मुझे चीन जाने का मौका मिला। सरकार ने मुझे वहां एक एक्सचेंज विजिट के अंतर्गत भेजा था। उस यात्रा का मकसद था, वहां की रेशम की खेती के गुर सीखना। रेशम उत्पादकों में मैं प्रतिष्ठित शख्स बन चुका था। शायद इसी वजह से सरकार ने मुझे चुनने का फैसला लिया होगा। मुझे दूसरे किसानों से मिलने में हमेशा मजा आया है। फिर वो चाहे जवागल के मेरे पडोसी हों या अमेरिका और चीन के किसान हों। ये महीने भर लंबी यात्रा थी और इस दौरान हमारे पड़ाव थाईलैंड और चीन, दोनों देशों में थे। अब जब मैं पीछे मुड़कर देखता हूं तो सॉमरसेट मॉम के शब्दों को सच पाता हूं—'इत्तेफाक से हुई घटनाएं अक्सर हमारी जिंदगी पर असर डालती हैं और नए मोड़ ले लेती हैं।' जिंदगी इत्तेफाकों से चलती है। वो किस दिशा में जाएगी, ये कई बार किसी एक सड़क पर चलने या एक मोड़ की बजाए दूसरे मोड़ पर मुड़ जाने जैसे मामूली फैसलों पर निर्भर करती है। कई बार मॉल जाने की बजाए एक नाटक देखने का मामूली फैसला बहुत बड़ा अंतर पैदा कर देता है। आप इन इत्तेफाकों को किस्मत या विधि का विधान कहते हैं तो कहिये। मॉम एक ऐसे इंसान की कहानी बताते हैं जिसकी जिंदगी इसलिए बदल गई थी क्योंकि वो एक खास इंसान से इसलिए मिल सका था क्योंकि उसने एक सड़क की बजाए दूसरे रास्ते पर चलने का फैसला लिया था। वो एक कमाल की कहानी है जिसे बेहद शानदार तरीके से सामने रखा गया है। उस कहानी से मिलने वाली सीख मुझ पर पूरी तरह से लागू होती है। ये बड़ी महत्वपूर्ण बात है कि उस दिन मेरी सैम से मुलाकात हुई थी। ठीक वही दिन। न एक दिन आगे, न पीछे। उसी तरह से मुझे चीन भेजा जाना भी इत्तेफाक ही था। ये दोनों घटनाएं मिलकर मुझे एक ऐसी यात्रा पर भेजने वाली थीं जिस पर मैं कभी नहीं निकल पाता।

मुलाकात के पहले 6 महीने या साल भर में, हर दूसरे दिन मैं सैम से पूछता था कि उसे कोई काम मिला या नहीं। मैं एक फ्रीलांस पायलट के जीवन के बारे में जानने की उत्सुकता भी रखता था और उसके प्रति चिंतित भी था। फ्रीलांस काम करने वाले घुमक्कड़ प्रवृत्ति के होते हैं और उनके लिए रूटीन में या ढर्रे पर चलकर जिंदगी जीना कुछ कठिन होता है। चीजें तब मुश्किल भरी दिखने लगती हैं जब उन्हें एक परिवार को भी पालना होता है। मैंने एक बार बगैर लाग लपेट के, सैम से पूछा, 'सैम ओल्ड मैन! तुम्हें नौकरी क्यों नहीं मिल रही है?' असल में वो हेलीकॉप्टर पायलट के लिए कई जगहों पर इंटरव्यू देकर आया था। वो चुना नहीं जा रहा था। मुझे मालूम चल रहा था

कि वो इससे थोड़ा परेशान हो रहा था। सैम सकारात्मक दिखता था लेकिन मुझे उसके हंसते चेहरे के नीचे दुख झलकता दिखता था। उसे एक परिवार को संभालना था। वो अभी युवा ही था और ये बड़ी चीज थी। काम न होने की स्थिति में हम में से ज्यादातर लोग टूट चुके होते हैं। खुशियां पाने के लिए ये बेहद जरूरी चीज होती है। इंसानों को काम करने की जरूरत होती है। लेकिन उन्हें तार्किक होना पड़ता है और ऐसा काम ढूंढना पड़ता है जो उन्हें जंचता हो, लाभकारी हो और लंबे वक्त के लिए खुश रखे। आज के समय में पहले से कहीं ज्यादा लोग अपने काम से नाखुश हैं। हमारे जागते रहने के ज्यादातर घंटे काम में ही निकलते हैं। ज्यादातर लोग अपने काम से एक ही अपेक्षा रखते हैं: पैसा। पैसा वो चीज है जो आपको खुशियों से एक कदम दूर रखता है। सोने से पहले अपने पैसे गिनने वाले या अपने सेविंग्स अकाउंट में ब्याज का ध्यान रखने वाले एक कंजूस के लिए ही पैसा अंतिम लक्ष्य हो सकता है। बाकियों के लिए असल में पैसे से आने वाली खुशियां मायने रखती हैं। आज के समय में, लोगों के काम करने में और उपभोक्तावाद में सीधा संबंध है। मॉल में सामान खरीदते हुए लोग बेहद खुश दिखते हैं, लेकिन कई लोग ऐसे भी होते हैं जो अपने काम के दौरान चुनौतियां न पाएं तो वो एकरसता से निराश हो जाते हैं।

जैसे-जैसे समय बीता, मैं और सैम बगैर नागा सुबह खेलते थे, सैम के चेहरे पर चिंता की लकीरें गाढ़ी होती गयीं। अधीरता की जगह अब उदासी ने ले ली थी। उसका चेहरा उतरने लगा था। साफ दिख रहा था कि वो हाशिये पर पहुंच चुका था और अक्सर ऐसा होता है कि ऐसी जगह पहुंचने के बाद इंसान बेहद क्रियेटिव हो जाता है। खतरे में पड़ने पर एड्रेनलिन वाली ग्रंथियों से स्त्राव होता है। सैम अपने भविष्य को लेकर चिंतित था और ऐसे में वो खूब क्रियेटिव हो रहा था। वो नौकरी के विचार की कैद से निकलकर उसकी सीमाओं के पार अपना दिमाग दौड़ाने लग गया। एक दिन मुझे उसके विचारों की महक मिली। सैम ने शुरुआत की—'गोपी! हम हेलीकॉप्टर से जुड़ा कुछ काम क्यों नहीं करते?' उसके बाद एक छोटी चुप्पी थी और दो लंबी सांसें थीं। मैंने पूछा, 'सैम, इसका क्या मतलब है?' यही वो पल था जब हमारे दिमाग में एक बीज बोया गया था। सैम को ये समझ में नहीं आया था कि वो जो कहने जा रहा था, उसका कद कितना बड़ा था। उसने कहा, 'मुझे नहीं मालूम। हेलीकॉप्टर का कुछ काम करते हैं। मतलब, अपना कुछ काम करते हैं।'

उसे मालूम था कि बिजनेस में मेरी रुचि थी। उसने कहा, 'हम हेलीकॉप्टर से फसलों पर छिड़काव करने का बिजनेस शुरू कर सकते हैं।' एक बिजनेसमैन

होने के नाते मुझे ये विचार पसंद आया। लेकिन एक किसान के तौर पर एकदम बकवास। मुझे अभी ही पर्यावरण के हितैषी किसानी के लिए रोलेक्स अवॉर्ड मिला था। मैंने कहा, 'नहीं सैम! मैं कीटनाशकों का छिड़काव नहीं करना चाहता।' मैंने उसे समझाना शुरू किया, 'देखो, सैम, ये खराब काम है। दुनिया हरित होना चाह रही है।' मुझे कीटनाशकों की बाजार के बारे में बखूबी मालूम था और मैं ये भी जानता था कि सिर्फ चाय और रबर की खेती करने वाले ही कीटनाशक की आसमानी बारिश करवा सकेंगे। कॉफी की खेती में पेड़ जिस तरह से तम्बूनुमा आकार ले लेते हैं, उसको देखते हुए हवाई छिड़काव बेहद बकवास आइडिया मालूम दे रहा था। चाय के बागान वाले ये काम करवा सकते थे लेकिन चाय के दामों में गिरावट हो रही थी। रबर प्लान्टेशन में ऐसा हो सकता था लेकिन वो इलाका उड़ान भरने के लिहाज से खतरनाक था। कुल मिलाकर, मुझे कीटनाशक के छिड़काव का पूरा विचार गलत मालूम पड़ा और उसमें शामिल उड़ानें भी बहुत सुरक्षित नहीं थीं। इसके साथ ही, इससे कमाई का ठोस जरिया भी नजर नहीं आ रहा था। मैंने मना कर दिया। लेकिन वो विचार मेरे दिमाग में अटक गया।

एक दिन, जब मैं सैम से मिला तो उसने कहा, 'गोपी! मुझे काम मिल गया।' मैं खुशी से भर गया। मैंने उससे पूछा, 'कहां?'

ज्यादातर लोगों को हेलीकॉप्टर या किसी एयरलाइन में जहाज उड़ाने का काम ग्लैमर और चमक से भरा मालूम देता है। मैं अपने दोस्त के लिए खुश था। मुझे लगा कि उसे बतौर पायलट एक नौकरी मिल गई थी। लेकिन फिर उसने जो बताया, उसे सुनकर मैं हैरान रह गया। उसने बताया कि उसे एक कूरियर कंपनी में प्रशासनिक कम सुरक्षा अधिकारी का काम मिला था। उसक बदले में उसे प्रति माह 10 हजार रुपए मिलने वाले थे। पिछले दिन ही उसके काम का पहला दिन था।

मेरे पैरों तले जमीन खिसक गई। मेरा दोस्त शानदार शख्सियत वाला इंसान था। वो सेना में कर्नल था और उसने कितने जवानों का नेतृत्व किया था, लड़ाई लड़ी थी और सेना मेडल जीता था, जो एक सैनिक की बहादुरी का सूचक होता है। कश्मीर में पाकिस्तानी सेना के खिलाफ हेलीकॉप्टर से बचाव अभियान के दौरान अपनी दिलेरी के चलते उसने वो मेडल पाया था। इतना कमाल का और बहादुर इंसान एक प्रशासनिक कम सुरक्षा अधिकारी के रूप में काम कर रहा था! ये किसी के मनोबल पर बड़ी चोट हो सकती थी। मैं दुखी और परेशान था।

चीन में मिले सबक

इस बीच, चीन और थाईलैंड की यात्रा आयोजित हो चुकी थी। ये 1995-96 की बात है। हमने अपने पहले दो हफ्ते थाईलैंड में बिताए और फिर हम लगभग बीस दिनों के लिए चीन में थे। उस देश में हम गुआंगज्हू प्रांत गए जहां हमें वहां के अंदरूनी इलाकों में ले जाया गया। हमने चीनी किसानी को अपनी आंखों से देखा। वहां के गांवों और भारतीय गांवों में मैंने गरीबी, अनभिज्ञता और साफ-सफाई की गैर-मौजूदगी के मामले में काफी समानताएं पाईं। गांवों में किसानी ही प्रमुख काम था। लोग भोले और अनपढ़ थे। साम्य्वाद के जख्मों की जगह अब पूंजीवाद के जख्म उभर रहे थे। छितरी हुई दुकानें थीं। किसान जमीन के मालिक थे। एक वक्त पर लोगों के पास सामूहिक जमीनें थीं, उन्हें सरकार ने बांट दिया था। अब किसानों के पास आधे से दो एकड़ के बीच जमीन थी। ये वो समय था जब बहुत बड़े स्तर पर सामाजिक बदलाव चालू था और अपनी ही आर्थिक सफलता से चकित हुआ चीन अपनी ग्रामीण, अनपढ़ जनता को समृद्ध शहरी जनसंख्या के साथ लाकर खड़ा करने में असफल रहा।

रेशम उत्पादक ककून की पैदावार करते और उन्हें सरकारी मिलों में बेचते। इन मिलों का विस्तार और स्तर मुझे चकित करता था। चीन वो देश है जिसे रेशम के उत्पादन का जनक कहा जाता है। इसके भारत आने की कहानी अपने आप में एक दंतकथा का रूप ले चुकी है। बताया जाता है कि कुछ 2 हजार साल पहले एक बौद्ध साधु चीन से रेशम के कुछ कीड़े तस्करी कर भारत ले आया था। उन कीटों ने यहां अंडे दिये और इस तरह इंडियन सिल्क का जन्म हुआ।

चीनियों ने रेशम के कीटों के लिए चारदीवारी के भीतर काम आने वाला माहौल तैयार किया। उन्होंने कीटों को पालने और घूमते पहिये पर धागे कातने की विधि का विकास किया। सिल्क इंडस्ट्री में ये उनका योगदान है। वो कीटों को इस तरह से पालते थे कि एक प्रकार के कीट दूसरे से कहीं ज्यादा रेशम पैदा करते थे। उन्होंने शहतूत पर पलने वाले कीट इस तरह से विकसित किए कि वो सबसे शानदार रेशम पैदा करते थे जिसकी चमक अलग ही दिखती थी। दुनिया के पश्चिमी हिस्से ने हमेशा चीन और जापान में पैदा हुई रेशम को ही तवज्जो दी है।

हिंदुस्तान 2 हजार सालों से रेशम का उत्पादन कर रहा है। इंडस्ट्री कई प्रकार के कीटों की पैदावार करती है। मैसूर सिल्क सबसे मशहूर प्रकार है और

कर्नाटक के कई कीटों द्वारा इसका उत्पादन होता है। यहां ये कीट कुनिगल, चामराजनगर, कोलार, मैसूर, बेंगलुरु और रामनगरम में खूब फलते हैं। यहां से मिलने वाले तार ही आगे चलकर बनारसी और कांजीवरम साड़ियों में तब्दील होते हैं। भारतीय कपड़ों में सिल्क को खूब अहमियत मिलती है क्योंकि इससे साड़ियों में वो जरूरी कड़ाई आती है जिससे साड़ी को सही गिरावट मिलती है और उसमें वो कड़कपन आता है। बुनकर इसमें सोने के तार मिलाते हैं जिससे साड़ियां भव्य दिखती हैं। कांची, बनारस और धर्मावरम साड़ियां वजन और बुनावट में बेहद खास होती हैं।

भारत में रेशम का एक और प्रकार होता है जिसकी खेती जंगलों में रहने वाले करते हैं। कबायली लोग जंगल के पेड़ों से वो कोकून उठाते हैं जो ओक और अरंडी के पेड़ों की पत्तियां खाकर जिन्दा रहने वाले कीटों के होते हैं। इस कोकून से जो रेशम बनता है उसका रंग, बुनावट एकदम अलग ही होती है और बुनाई-छपाई के पारंपरिक तरीकों के लिए एकदम मुफीद होता है। यहां कई तरह के रेशम जैसे मोगा, एरी और टुसोर की पैदावार होती है। जो असली भारतीय सिल्क है, वो पुरातन प्रजाति से निकलकर आया होगा। भारतीय किसानों ने बाद में उसकी खेती की। रेशम की परम्परा के मामले में भारत चीन से कहीं ज्यादा समृद्ध है। चीन में रेशम का महत्व वही है जो भारत में पीढ़ी दर पीढ़ी सोने के जेवर आगे बढ़ाते जाने का है। चीनी महाराजा भव्य रेशमी लिबास और जूते पहनते थे। वहीं भारत में रेशम अमीर और आम लोगों के लिए भी बनता था और यहां उसे बुनने और उस पर छपाई करने की बहुत सारी अलग-अलग तकनीकें थीं।

किसानी के दिनों में मैं ऐसी कई तकनीक और परम्पराओं के बारे में जान पाया। मैं इसकी चीनी विधाओं के बारे में जानकारी चाहता था और जब वहां गया तो इसकी तलाश भी की। लेकिन साम्यवाद के पटाक्षेप के बाद चीन ने रेशम को वैसी तरजीह देनी बंद कर दि थी जो उसे पुराने दिनों में मिला करती थी। इस क्रम में जापान रेशम के मामले में अग्रणी देश बनकर उभरा। भारत दूसरा सबसे बड़ा उत्पादक और चीन तीसरे पायदान पर रहा। इसके बाद थाईलैंड का नंबर आता था। लेकिन फिर जब चीन ने अपने आर्थिक दरवाजे खोले तो ठेठ चीनी स्टाइल में, सरकार ने बड़ी-बड़ी रेशम की टेक्सटाइल मिलें बनाकर खड़ी कर दीं। रातों रात चीन रेशम का सबसे बड़ा उत्पादक बन गया उसने अपना सारा माल भारतीय बाजारों में उड़ेलना शुरू कर दिया। इसी के चलते मुझे उस देश की यात्रा पर जाने का मौका मिला था। मैंने मिलों और

कारखानों के दौरे किए। उनकी इंडस्ट्री का साइज और उसका स्तर बहुत ही बड़ा था और उनके पास सबसे शानदार मशीनरी मौजूद थी। पश्चिम में चीन में पैदा हुआ मुलायम, चमकदार रेशम बहुत पसंद किया जाता था। पुराने समय में ऐसा रेशम इटली, फ्रांस और स्विट्ज़रलैंड में बनता था। ये देश उस मशीनरी से लैस थे जिससे ऐसा शानदार रेशम बन सकता था। यूरोप में रेशम के कीड़ों को लगने वाली बीमारी और मजदूरों की कमी के चलते रेशम के उत्पादन में गिरावट आयी। अब वहां उत्पादन की बजाए सर्विसिंग का काम होता था। लेकिन फिर धीरे-धीरे सब ठप्प पड़ गया और कुछ ही इलाकों में ये कुटीर उद्योग के रूप में चलने लगा। जापान, इंडिया, चीन और थाईलैंड ने मोर्चा संभाल लिया। चीनी रेशम के किसानों को भरपूर उत्पादन के लिए बहुत ज्यादा सपोर्ट मिलता था क्योंकि चीनी सरकार ने अच्छी मशीनरी आयात की थी और वो पश्चिमी देशों के लिए रेशम का उत्पादन कर रही थी। और एक तरह से रातों-रात चीन इस दुनिया का सबसे बड़ा रेशम के उत्पादन का केंद्र बन गया। बतौर एक साम्यवादी अर्थव्यवस्था, जिस पर राज्य का पूरा कंट्रोल था, उन्होंने अपनी नीतियों में बदलाव किए और पूरी दावेदारी के साथ मार्केट में घुस गई। जापान अपने नंबर एक के पायदान से खिसक गया और चीन पहले नंबर पर आ बैठा। भारत भारी अंतर के बावजूद दूसरे नंबर पर बना रहा। 1995 के दौर में, चीन के कमाल के आर्थिक विकास ने मुझे दांग कर के रखा हुआ था।

कर्नाटक और आंध्र प्रदेश में रेशम की खेती करने वाले किसान गहरी चोट खाए हुए थे और कंगाली की कगार पर खड़े थे। उन्होंने 'सरकारी नजरअंदाजी' के खिलाफ प्रदर्शन किए और चाहते थे कि सरकार उनके उद्योग की सुध ले। उनका कहना था कि चीनी सरकार ने उनके देश में आने वाले रेशम को पूरी तरह से कंट्रोल कर रखा था जबकि उनकी ही सरकार कुछ नहीं कर पा रही थी।

अंतर्राष्ट्रीय व्यापार जगत में नयी ताकत पैर जमा चुकी थीं। टैरिफ और व्यापार पर आम समझौतों में अब सबको शामिल करने की ओर कोशिश हो रही थी और अब सब वैश्विक स्तर पर हो रहा था। व्यापर की सीमाएं टूट रही थीं। टेक्सटाइल में काम करने वालों को ये कहा जा रहा था कि अगर वो आयात की कीमत के बराबर निर्यात कर सके की स्थिति में हों, तो वो बाहर से धागे मंगवा सकते थे। जब चीजें गलत हो रही होती हैं तो सरकार को दोष देना आसान मालूम देता है। हालांकि ये भी सच है कि सरकारें अक्सर ऐसे नियम बनाती हैं जिससे एक उद्योग को बढ़ावा मिले।

मैं कोई अर्थशास्त्री नहीं हूं लेकिन एक किसान और उद्यमी के रूप में, मुझे विश्व व्यापार की जटिलताओं की जानकारी थी। चीन से कच्चे माल का भारत में आना और दूसरी तरफ भारतीय किसानों का विरोध मामले को पेचीदा बना रहा था। मैं चीन में शहरों के बीच यात्राओं के दौरान इस बारे में सोच रहा था। उनके विकास और सामाजिक बदलाव के स्तर के बारे में भी मैं खूब सोचता था। लेकिन फिर इनके बारे में खयाल करते हुए मैं उदासी से भर जाता था। इन शहरों में व्यापार से जुड़ी गतिविधियों में जो भारी इजाफा हो रहा था, वो कभी भी नहीं देखा गया था। गुआंगडॉन्ग से एक गांव तक के 150 किलोमीटर के रास्ते में मुझे एक इंच भी खाली जमीन नहीं दिखी। हाईवे के दोनों ओर संगमरमर और ग्रेनाइट काटने वाली मिलें बनी हुई थीं जो धड़ल्ले से बढ़ रहे निर्माण उद्योग की भूख शांत कर रही थीं जिससे शंघाई, बीजिंग और गुआंगडॉन्ग में नयी हाई-राइज बिल्डिंगें नजर आ रही थीं।

विदेशी इंवेस्टमेंट को दावत देते सरकारी विज्ञापन हर ओर दिख रहे थे। जिस होटल में मैं रुका हुआ था, वहां खुले दिल के साथ सुझाव मांगे जा रहे थे। सरकारी विज्ञापनों में बताया जा रहा था कि गुआंगडॉन्ग में फ्री ट्रेडिंग जोन बनेगा जो मेरे होटल के ठीक बाहर था। बताया गया कि फ्री ट्रेड जोन में हुए निवेश पर टैक्स में छूट मिलेगी, आयकर में छूट मिलेगी और ऐसे टैरिफ भी होंगे जिससे और भी छूटें मिला करेंगी। सरकार होटल में ठहरे विदेशी मेहमानों को जितना हो सकता था, लुभाने की पुरजोर कोशिश कर रही थी।

इस बात को ध्यान में रखते हुए, कि आने वाले वक्त में बड़े स्तर पर विदेशी फंडिंग आएगी, चीन ने विदेशी मेहमानों की खिदमत करने के लिए पांच-सितारा होटल बना रखे थे। मैंने इस स्तर के होटल बस लास वेगस में ही देखे थे। आप 300-400 कमरों वाले सबसे शानदार भारतीय होटलों की तुलना लास वेगस के पांच हजार कमरों वाले होटलों से करिये। वहां का सामाजिक ताना-बाना भी बदल चुका था। अब वहां ढेरों अस्पताल, स्कूल, पार्क और नाइट-क्लब थे।

चीनियों को लगा कि इंफ्रास्ट्रक्चर के लिए निवेशकों को लालच देकर देश में लाने के लिए नाइटलाइफ का होना बेहद जरूरी है। यहां मैं एम्सटर्डम या लास वेगस जैसी कानूनी या लाइसेंसी वेश्यावृत्ति की बात नहीं कर रहा हूं बल्कि रेस्टोरेंट, पब, थीम पार्क, संगीत और दिन भर की थकान उतारने की और जगहों की बात कर रहा हूं। नाइटलाइफ का मतलब ये है कि ये सभी जगहें सूरज ढलने के बाद भी चालू रहा करेंगी। प्रवासियों को ये सुविधाएं रास आती

हैं क्योंकि वो घर-परिवार से दूर रहते हुए शाम को देर तक काम किया करते हैं। चीन में चहुंओर हो रहे विकास, जिसमें आर्थिक, भौतिक और सामाजिक इंफ्रास्ट्रक्चर शामिल था, के बावजूद एक चीज थी जो मुझे दुखी कर रही थी। इस सब के बीच मैं भविष्य देख सकता था—ग्रामीण इलाके में होने वाला अंधाधुंध दोहन। मैं वहीं से बड़े-बड़े खेतों और जंगली इलाके पर बड़े निर्माण होते हुए देख सकता था। मैं बेरोक चलती खुदाई और विकास के रास्ते में आती हर शय को रौंदे जाते हुए देख सकता था।

चीन आगे बढ़ने के लिए एक बहुत बड़ा कदम उठा रहा था और कितनी ही बढ़ती अर्थव्यवस्थाओं की आंखों की किरकिरी बना हुआ था। इसने कई क्षेत्रों में भारत को पीछे छोड़ दिया था। इस सब के बावजूद, मैं भीतर ही भीतर ये नहीं चाहता था कि भारत विकास के मामले में चीन के कदमों पर चले। इस धृष्ट विकास को देखकर मुझे भारत के भविष्य की चिंता सता रही थी। ये सभी बातें मेरे दिमाग में इसलिए आ रही थी क्योंकि अपने फार्म पर काम करते हुए मैंने कुछ चीजें सीखी थीं। इसके अलावा, चीन के इन प्रयोगों के परिणाम भारत और पूरी दुनिया के लिए बड़ी अहमियत रखने वाले थे। ऊपरी मिट्टी को मिटाकर वहां बिल्डिंगें बनाने का असल मतलब होगा दुनिया को नष्ट करना। मैं चीन में आपदाएं आती देख सकता था। ये तस्वीर हर जगह थी: ग्रामीण क्षेत्रों में, जिलों में, पल्ली गांवों में और व्यस्त शहरों में। वहीं अच्छी बात ये थी कि पागलपन की हद तक जाकर किए जा रहे विकास के चलते चीन हमसे बीस साल आगे निकल गया था। इसकी वजह से मेरे दिमाग में विचारों की लड़ी शुरू हुई—चीन ने क्या किया कि वो उस स्थिति में पहुंचा जहां वो था?

डेक्कन एविएशन की स्थापना

इस सवाल ने बहुत वक्त तक मेरा पीछा नहीं छोड़ा। ये मेरे दिमाग में रेंगे जा रहा था। एक दिन अचानक मेरे दिमाग की बत्ती जली। शायद शंघाई या गुआंगडॉन्ग या सिंगापुर में। मैं एक वियतनाम की लड़की की कहानी पढ़ रहा था। वियतनाम युद्ध (1969-75) के दौरान पूरे देश में तबाही ही तबाही फैली हुई थी। बिल्डिंगें, फैक्ट्रियां, गांव और घर, सब जलकर राख हो चुके थे। धान के खेत, जंगल और लकड़ियों वाले इलाकों पर बमों की बरसात हो रही थी। दसियों लाख लोग बेघर हो चुके थे। प्रवासियों की समस्या बहुत बड़े स्तर पर सामने खड़ी दिख रही थी। हजारों लोग समंदर के रास्ते जुगाड़ू नावों से भाग

रहे थे। हम में से बहुत सारे लोगों को उस 9 साल की बच्ची की तस्वीर याद होगी जो नेपाम में हो रही बमबारी से बचकर भाग रही थी और उसकी पीठ झुलसी हुई थी। उस दिन अखबार में वैसी ही एक अनाथ लड़की की कहानी छपी थी। उसे एक फ्रांसीसी कपल ने पाला और वो लड़की आगे चलकर एक हेलीकॉप्टर पायलट बनी। वियतनाम के स्वाधीन होने के बाद और उत्तर-दक्षिण के एक होने के बाद, पश्चिमी देश अपने किए पर पछता रहे थे। ऐसे देशों में अमेरिका और फ्रांस मुख्य थे। ये सभी विकास की राह पर सकारात्मकता के साथ चलते हुए प्रायश्चित करना चाहते थे। इन सभी को ये समझ में आया कि इस परोपकार को वो अपना हित साधने के साथ मिला सकते हैं। वियतनाम को दोबारा बनाने के लिए एक कैंपेन शुरू की गई। ये अमेरिकी और फ्रांसीसी उद्योगपतियों के लिए एक बहुत बड़ा मौका था। अमेरिकी, फ्रेंच, ब्रिटिश और जापानी 90 के दशक की शुरुआत में लौट आए। वो अपने साथ निवेश के बड़े पैकेज भी लेकर आए थे। इन्होंने एक चेतावनी भी जारी थी: कंस्ट्रक्शन के कांट्रैक्ट अमेरिकी और फ्रांसीसी कम्पनियों को ही मिलने चाहिए। अगर कोई अस्पताल या फैक्ट्री आदि बनाने के लिए बिलियन डॉलर की डोनेशन देता है तो उसके लिए जरूरी उपकरण उसी देश से आएंगे जहां से डोनेशन आयी थी। इससे इन देशों में नौकरियां बढ़ रही थीं और निवेशकों को फायदा मिल रहा था। और जो भी हो रहा था, उसकी वियतनाम को भी सख्त जरूरत थी। यानी, सभी पक्ष जीत रहे थे। वैश्विक स्तर पर ये ऐसी कार्यप्रणाली है जो सभी को मान्य है। भारत को इससे सीखते हुए आगे काम करने के बारे में सोचना चाहिए।

वियतनाम में निवेश किया जा रहा था। ऐसे में अनुवादकों की जरूरत पड़ी जो पश्चिमी निवेशकों का वियतनाम के कल्चर से रूबरू करवा सकें। वियतनाम की लड़की, जिसकी कहानी अखबार में छपी थी, जो हेलीकॉप्टर पायलट बन गई थी, अब अपने देश वापस आ चुकी थी और वहां पुनर्निर्माण के काम में लग गई थी। वो अपने साथ हेलीकॉप्टर लेकर आयी थी क्योंकि वहां सतह पर यातायात करना तबाह हो चुके इंफ्रास्ट्रक्चर के चलते बहुत आसान नहीं था। शुरुआती दौर में तबाही के स्तर के चलते लोगों के लिए एक जगह से दूसरी जगह जाना बहुत मुश्किल था। वहां न सड़कें थीं, न हाईवे, न पुल, न रेलवे और न ही हवाई अड्डे। पूरे देश में बारूद बिछा हुआ था जो युद्ध का अनचाहा तोहफा होता है। इससे यात्रा में और चुनौतियां पैदा हो रही थीं। इधर से उधर जाने का सबसे सुरक्षित तरीका था हेलीकॉप्टर और उस लड़की ने एकदम ऐसा ही किया। वो निवेशकों और सहायता कर्मियों को वियतनाम के अंदर लाती और इस तरह से देश की एक बहुत बड़ी हस्ती बनती चली गई।

उसकी कहानी के बारे में पढ़ते हुए मेरे दिमाग में एक विचार आया। मुझे समझ में आया कि हमारा इंफ्रास्ट्रक्चर भी बहुत ठीक नहीं था। वियतनाम में यातायात के लिए हेलीकॉप्टर एक अच्छा जरिया बन गया था। जमीन से देखो तो हेलीकॉप्टर अपनी उड़ान के दौरान बहुत ही भव्य जान पड़ता है। लेकिन असल में आसमान ही वो हाईवे है जिस पर हेलीकॉप्टर की आवाजाही संभव हो सकती है। मुझे इस बात का अहसास हुआ कि विविधता से भरे हमारे देश में हेलीकॉप्टरों के लिए बहुत सारी संभावनाएं हैं। मेरे सामने एक-एक करके कितने ही उद्यमों की लिस्ट बनती चली गई जो इसकी सेवाएं ले सकते थे। इसके अलावा मैं हेलीकॉप्टर के जरिए पॉवर लाइन, गैस पाइपलाइन, खनन और जमीन की मैपिंग का काम भी करवा सकता था। 500 वर्ग किलोमीटर के लिए जमीनी सर्वेक्षण करवाने में अमूमन एक साल लग जाता था। हेलीकॉप्टर के जरिए ऐसा करने में मात्र एक दिन लगेगा। हेलीकॉप्टर नीचे उड़ता है जिससे भूभौतिकी के और इलेक्ट्रोमैग्नेटिक सर्वे करना बेहद आसान हो जाता है। इतना नीचे उड़ने के चलते वैज्ञानिक उस जगह की, खनिजों के प्रकार और उसकी बहुतायत की माप आसानी से ले सकते हैं। वो ये भी देख सकते हैं कि कहां-कहां ये चीजें मिल रही हैं और इन सब के आधार पर उस जगह की कीमत का एक अंदाजा लगा पाते हैं। हालांकि इस सब के लिए बेहद योग्य पायलटों की जरूरत होगी।

मुझे इसके अलावा और भी उपयोग दिखाई दे रहे थे: टूरिज्म के क्षेत्र में, पेट्रोलियम और खनन के क्षेत्र में, शहरी और ग्रामीण इलाकों की जमीन की मैपिंग के लिए, हवाई फोटोग्राफी और वीडियोग्राफी, 3-डी मैपिंग और फिल्मों की शूटिंग के लिए और मेडिकल सहायताओं के लिए। मैंने तय किया कि भारत लौटने पर मैं सीधा सैम के पास जाऊंगा और उससे पूरा मामला डिस्कस करूंगा। मैं जो भी सोच रहा था, उसके साथ शेयर करूंगा। हमेशा की तरह, मेरे सपने और फैसले लेने की प्रक्रिया साथ-साथ चल रहे थे।

भारत में ये बदलाव का समय चल रहा था। राजीव गांधी की हत्या के बाद पीवी नरसिम्हा राव सत्ता में आए थे। राजीव गांधी ने देश में बदलाव की लहर पैदा की थी। वो एक युवा और ऊर्जावान नेता थे जिन्होंने देश के भविष्य की तस्वीर बनाने में टेक्नोलॉजी के महत्व को बहुत पहले ही भांप लिया था। भारत के लिए अच्छा ये हुआ कि नेता की मौत के साथ-साथ बदलाव की कोशिशें भी चल नहीं बसीं।

भाजपा की नींव में दक्षिणपंथ का राज था। वो धर्म के लिए भी दक्षिणपंथी थे और बदलाव, पूंजीवाद में भी। कांग्रेस ने लेफ्ट ऑफ सेंटर से शुरुआत की

थी लेकिन फिर सेंटर से राइट में खिसकती गई। बतौर प्रधानमंत्री, पीवी नरसिम्हा राव, बतौर वित्तमंत्री डॉक्टर मनमोहन सिंह और बतौर वाणिज्यमंत्री डॉक्टर पी चिदम्बरम ने आर्थिक बदलावों में बहुत ही शानदार काम किया। हालांकि इस सब के दौरान कांग्रेस अपनी चमक खोती जा रही थी। लगभग 40 साल तक कांग्रेस राज करती थी और इस दौरान पूरे दावे के साथ वो लेफ्ट ऑफ सेंटर ही रही। लेकिन अब, जब वो राइट की ओर खिसकती दिख रही थी और साथ ही अपने वोटरों पर से अपनी पकड़ खोती दिख रही थी, ये जाहिर था कि राज्यों में मजबूत क्षेत्रीय पार्टियां जन्म लेने वाली थीं।

मुझे लग रहा था कि उस वक्त इतिहास के गर्भ में एक बहुत बड़ा आवेग छुपा हुआ था। मुझे भविष्य के घटनाक्रमों की बड़ी ही साफ तस्वीर दिख रही थी। सवाल बस ये था कि शुरुआत कहां से की जाए। मुझे मेरी अदृश्य नजर से चीजें इतिहास की राह से इतर जाती हुई दिख रही थीं। एशिया में आए उस बदलाव के तूफान में एक बेचैनी थी जो अश्लीलता की हद पर बैठी हुई थी। चीन ने बगैर साम्यवाद छोड़े पूंजीवाद को अपना लिया था। बीजिंग के सेन्ट्रल स्क्वायर में 1989 में जो हुआ था, उसने चीन पर बहुत बड़ा प्रभाव डाला था। देश आर्थिक बदलाव के लिए पूरी तरह से तैयार दिख रहा था। कोई भी संकोच नहीं नजर आ रहा था। 80 के दशक का अंत चीन के लिए बहुत बड़ा था। ऐसा मालूम दे रहा था जैसे सारे बदलाव की ईमारत चीन के लोकतंत्र की कब्र पर बनायी जा रही थी।

इसके अलावा यूएसएसआर का पतन भी एक बहुत बड़ी घटना था। स्वाधीनता के बाद भारत रूसी मदद पर काफी आश्रित था।

भारत-चीन के समीकरण पर क्या नजरिया रखा जाए? भारत ने चीन को हमेशा ही एक प्रतिस्पर्धी की तरह देखा है। दोनों के बीच समानताएं और असमानताएं भी हैं। दोनों के बीच क्षेत्रीय आधिपत्य को लेकर भी काफी भसड़ है। रूस और चीन, दोनों ने अपने पुराने विचारों को त्याग दिया था। वो साम्यवाद के रास्ते से हटकर चलने और संस्थागत तौर पर उत्पादन के लिए पूंजीवाद अपना रहे थे। चीन आर्थिक रूप से बहुत बड़े कदम उठा रहा था। इस सब के मद्देनजर भारत को समाजवादी मिथ्याओं से परे हटकर एक नया रास्ता सुझाने वाला चाहिए था। भारत में वामपंथ कमजोर पड़ रहा था। वाम की ओर झुकाव रखने वाले नेता ये समझ रहे थे कि जब तक वो प्राइवेट और कॉर्पोरेट सेक्टर के साथ मिलकर नए रोजगार नहीं बनाएंगे, वो सत्ता में नहीं वापस आ पाएंगे। गैर-कांग्रेस शासित राज्यों ने (तमिलनाडु, आंध्र प्रदेश, कर्नाटक और महाराष्ट्र

सहित और भी प्रदेश) देखा कि उन्हें अपने यहां रोजगार लाने के लिए बस निवेशकों को ही रिझाना था। आने वाले निवेशों के मामले में राज्यों को एक दूसरे को पिछाड़ने में क्षेत्रीय गौरव भी एक किरदार निभा रहा था। मुख्यमंत्रियों ने सीधे तौर पर टोयोटा, हुंडई और वॉल्वो तक पहुंचना शुरू कर दिया था। वो निवेश की मांग कर रहे थे जिससे वहां उत्पादन की ईकाईयां लगाई जा सकें, और बदले में उन्हें टैक्स ब्रेक और निवेश में इन्सेंटिव मिल सके। मुझे लग रहा था कि जो बदलाव हो रहे थे, वो सारी तस्वीरें बदलने वाले थे। सब कुछ एक ऐसे माहौल की ओर इशारा कर रहा था जो विकास के लिए एकदम मुफीद था।

दो और चीजें थीं जिन्होंने मेरे आइडिया को पंख दिये। एक तो ये था कि हमारे देश के आर्थिक वर्ग में हेलीकॉप्टर थे ही नहीं। जो गिने-चुने थे, वो प्राइवेट सेक्टर में थे और बड़े औद्योगिक घरानों की मुट्ठी में थे। इन घरानों ने उन्हें अपने इस्तेमाल के लिए रखा हुआ था और इससे वो राजनीतिक फायदा उठाना चाहते थे। उनकी लिस्ट में जनता का फायदा नहीं शामिल था। पवन हंस के सिवा और कोई भी हेलीकॉप्टर कंपनी नहीं थी जो सार्वजनिक चार्टर के क्षेत्र में काम करती हो। इसका ये भी मतलब था कि मुझे कोई भी प्रतिस्पर्धी नहीं मिलने वाला था। दूसरी बात ये भी थी कि थल सेना, वायु सेना और नौसेना से हजारों पायलट और इंजीनियर रिटायर हो चुके थे लेकिन वो अब भी युवा थे, सक्षम थे लेकिन उनके पास नौकरी नहीं थीं। अचानक ही मुझे सब कुछ समाझ में आने लगा। मैंने सोचा, 'हे भगवान! यहां तो कितनी ही शानदार परिस्थितियों का मिश्रण है! कुछ भी गलत हो ही नहीं सकता!' अचानक ही मुझे ये भी समझ में आया कि सैम को क्यों नौकरी नहीं मिल रही थी। मेरे विचारों की गाड़ी इस रास्ते पर जा रही थी। उद्यमियों की पहली पीढ़ी से आने वाला मैं, अगर इस बिजनेस में जा रहा था तो मेरे सफल होने की संभावना तभी थी जब पूरे देश में इसकी बात हो और ये लोगों की कल्पना में उतरे। वैसे तो ये सब कुछ आसान मालूम देता है लेकिन फिर मुझे ये भी याद आया कि मेरे सामने कोई कम्पटीशन तो था ही नहीं।

किसी भी उद्यम में मार्केटिंग का बहुत सारा काम होता है। शुरुआत होने के लिए जरूरी होता है कि लोग आपको देखें। नए उत्पादों और सेवाओं की भीड़ में आपको अलग दिखना पड़ता है। आपको ऐसी स्थिति में होना पड़ता है जो नयी हो, अलग हो और जहां प्रतिस्पर्धा न के बराबर हो।

पीटर ड्रकर के अनुसार

> एक उद्यमी कई बार एक ऐसे इंसान के रूप में परिभाषित किया जाता है जिसने अपना नया और छोटा सा बिजनेस शुरू किया हो ... लेकिन हर छोटा बिजनेस उद्योग उपक्रम संबंधी नहीं होता और न ही वो उद्यम की निशानी होता है। जब एक पति-पत्नी का जोड़ा किसी अमेरिकी उपनगर में खाने की एक जगह शुरू करता है या एक और मेक्सिकन रेस्टोरेंट खोलता है तो वो यकीनन रिस्क ले रहा होता है। लेकिन क्या वो लोग उद्यमी कहलाएंगे? वो वही कर रहे होते हैं जो कितने ही लोगों ने कितनी ही बार किया हुआ था... लेकिन न ही वो मांग पूरी कर रहे होते हैं और न ही नयी मांग की शुरुआत कर रहे होते हैं। एक सच्चा उद्यमकर्ता वही होता है जो ऐसी जगह से संपत्ति अर्जित करना शुरू करता है जहां पहले कुछ भी था ही नहीं। वो नयी मार्केट बनाता है और नए ग्राहक खड़े करता है। वो कुछ नया, कुछ अलग बनाते हैं। वो मूल्यों में बदलाव लाते हैं। और ये सब इस स्तर पर हो रहा होता है कि समाज इसके इर्द-गिर्द बदलना शुरू हो जाता है।

मैंने उनकी इस बात का आखिरी वाक्य अपने दिमाग में डाल लिया: समाज में बेहतरी के लिए बदलाव होना जरूरी है। ड्रकर की बात को संक्षेप में रखूं तो एक अच्छे उद्यम को समाज में सकारात्मक बदलाव लाने चाहिए, ऐसे क्षेत्र में काम करना चाहिए जहां काम न हुआ हो और ज्यादा से ज्यादा लोगों और ज्यादा से ज्यादा भौगोलिक क्षेत्र को फायदा मिलना चाहिए।

मैंने ड्रकर की *इनोवेशन एंड इंटरप्राइज* नाम की किताब के बारे में सुना था, पढ़ा नहीं था। मैंने सैम वॉलटन के बारे में सुना था और उनकी कहानी भी पढ़ी थी, जहां उन्होंने एक किराने की दुकान को 'हर दिन कम दाम' की तर्ज पर इस कदर बढ़ाया कि होते-होते वो इस दुनिया के सबसे बड़े व्यापार में तब्दील हो गई जिसे आज हम 'वाल मार्ट' के नाम से जानते हैं। मैंने गांधी के छोटे से विचार को बड़ा करके पूरे देश को प्रभावित करने के मामले में महात्मा गांधी के तरीकों को देखा था। इसलिए, मुझे लगा कि मैं सही रास्ते पर था और मुझमें दृढ़ विश्वास था। लेकिन एक चीज थी जो मेरे खिलाफ जा रही थी। चूंकि मैं पहली पीढ़ी का उद्यमी था, मेरे पास पैसों की कमी थी। मेरे हित में जो चीजें काम कर रही थीं, वो थे मेरे आइडिया, मेरी ऊर्जा, और मेरा उत्साह। आइडिया बेहद ताकतवर था। हेलीकॉप्टर के मालिकों को ये खाली जगह नहीं दिख रही थी जो मैं भरने की सोच रहा था। यहां दंतमंजन या पाउडर वाले दूध

की तरह कई उत्पाद पहले से मौजूद नहीं थे। ये मेरा इलाका होने वाला था। मुझे पूरा विश्वास था कि हेलीकॉप्टर भविष्य के इंफ्रास्ट्रक्चर होने वाले थे और मेरी प्रतिस्पर्धा में कोई भी नहीं था। जो उस वक्त के मौजूदा हेलीकॉप्टर के मालिक थे, वो ग्राहकों पर केंद्रित नहीं थे क्योंकि वो ग्राहकों पर आश्रित नहीं थे। राहुल बजाज को अपने हेलीकॉप्टर उड़ाने के लिए स्कूटर बेचने पड़ते थे। आनंद महिंद्रा को जीप और ट्रैक्टर बेचने होते थे। विजय माल्या को उड़ान भरने के लिए बियर बेचनी होती थीं। उनके हेलीकॉप्टर भुगतान करने वाले ग्राहकों पर निर्भर नहीं थे। मुझे ये बात समझ में ही नहीं आ रही थी कि कैसे एक देश में बदलाव होता जा रहा था लेकिन वहां एक भी हेलीकॉप्टर कंपनी ही नहीं थी।

एक सम्पूर्ण हेलीकॉप्टर कंपनी के लिए जो जरूरी कारक थे, वो सभी मेरे हित में ही काम करते दिख रहे थे। इंडिया में बहुत ही अच्छे, प्रशिक्षित पायलट और इंजीनियर मौजूद थे, मार्केट में किसी की दावेदारी नहीं थी, कोई प्रतिस्पर्धा नहीं थी। लेकिन इस सब के बीच मेरे दिमाग में शक भी पैदा हो रहा था। मैंने खुद से पूछा: 'क्या ये रिस्क लिया जाना चाहिए?' इसका जवाब हमेशा ही उस आशावाद का नतीजा था जिसके अनुसार ये बदलाव हमेशा होते रहने वाला था। लेफ्ट पार्टियां जरूर बदलाव और उदारीकरण के खिलाफ आवाज उठाती जा रही थी। उन्हें साम्राज्यवाद का खतरा महसूस हो रहा था और इस बदलाव में उन्हें विदेशी हाथ नजर आ रहा था। लेकिन ये विरोध के स्वर बहुत बड़ी आवाज नहीं थे। इसलिए मैंने अपना मन बना लिया था। मुझे ये नहीं मालूम था कि एक हेलीकॉप्टर की कीमत क्या होती थी। असल में, मैंने कभी किसी से पूछा ही नहीं था!

जब मैं चीन से फ्लाइट पकड़ के वापस आ रहा था, मैं पूरी तरह से अपने विचारों से ही घिरा हुआ था। मेरे दिमाग में तमाम योजनाएं बन रही थीं और काम में लायी जा रही थीं। मैं अपने दोस्त सैम को अपने साथ लेने वाला था। मैं कर्नल जयंत पवैया को भी खुद से जोड़ने वाला था। जयंत सेना से मेरे एक और दोस्त थे, हेलीकॉप्टर पायलट थे और अभी भी सेना में ही सेवारत थे। मुझे और भी हेलीकॉप्टर पायलटों के बारे में मालूम था और मैं उन्हें भी चुनने वाला था। लेकिन मेरे दिमाग में एक भी बार ये खयाल नहीं आया—पैसों के लिए मैं किससे बात करूंगा? अगर मैंने इस लाइन पर सोचना भी शुरू किया होता तो हेलीकॉप्टर कंपनी कभी जन्म लेती ही नहीं।

मेरे वापस आने पर मैं सैम के पास पहुंचा और उससे कहा, 'कल स्क्वाश खेलते हैं।' मैंने कोर्ट पर उससे बात की, 'सैम, नौकरी कैसी चल रही

है?' उसने कहा, 'मुझे बिल्कुल मजा नहीं आ रहा, लेकिन करनी पड़ रही थी। फ्रीलान्सिंग में पायलट का काम भी मुझे अच्छा नहीं लगा था।' उसने बताया कि एक 28 साल का एमबीए किया हुआ लड़का उसका बॉस था। उसे एक बच्चे को रिपोर्ट करना पड़ रहा था। मुझे लगा कि यही सही मौका था और मुझे फंदा डाल देना चाहिए था। मैंने कहा, 'सैम, तुमने जो कहा था, मैं उसके बारे में सोच रहा था। अब मुझे मालूम चल गया है कि हम क्या कर सकते हैं। एक हेलीकॉप्टर कंपनी बनाते हैं। हम वीआईपी और अमीर लोगों को इधर से उधर ले जाने से शुरुआत करेंगे। ऐसा करने वाले हम पहले लोग होंगे!'

इसके बाद मैंने सैम को समझाया कि कैसे अर्थव्यवस्था खुल रही थी और हम इसका फायदा उठा सकते थे। मैंने कहा, 'सैम, नौकरी छोड़ दो और मेरे साथ ये कंपनी सेट-अप करो। मुझे हेलीकॉप्टर के बारे में कुछ भी नहीं मालूम है, तुमको बिजनेस के बारे में कुछ नहीं मालूम है। तुम ऑपरेशन देखो, मैं बिजनेस देखूंगा। मैं इंवेस्टर लेकर आऊंगा और ब्रांड बनाऊंगा। मैं कंपनी चलाऊंगा। सोचना इसके बारे में।'

मैंने उसके दिमाग में बीज तो बो दिया था लेकिन इसे जरूरत से ज्यादा बेचना नहीं चाहता था। मैं एक दोस्त के तौर पर सैम से प्यार करता था और चाहता था कि हम साथ काम करें। लेकिन मैं किसी भी हाल में कंपनी तो बनाने ही वाला था। हस्सन में बिजनेस के शुरुआती दिनों में मेरी एक चार्टर्ड अकाउंटेंट बालकृष्ण आचर से दोस्ती हुई थी। उसने मुझे चेताया था कि ज्यादातर बिजनेस शुरुआती दौर में ही बंद हो जाते हैं क्योंकि पार्टनरों के बीच में अहं सामने आने लगता है और दरार पड़ने लगती है। उसने ये भी कहा था कि ऐसा दो पक्के दोस्तों के बीच भी हो सकता है। आचर ने कहा कि 1932 में लागू हुए भारतीय भागीदारी अधिनियम के तहत, 'पत्नी से तलाक पाना आसान है लेकिन बिजनेस में पार्टनर से छुटकारा पाना मुश्किल है।' किसी न किसी एक पार्टनर को पीछे हटना ही पड़ता है। मुझे ये भी मालूम था कि बिजनेस एक ही व्यक्ति लीड कर सकता है और सैम मुझे लीड करने भी देगा। मैं बिजनेस को इस तरह से बनाऊंगा कि एक पार्टनर के जाने पर बिजनेस में रुकावट नहीं आएगी। मेरे दिमाग में हेनरी मिन्त्जबर्ग के शब्द भी थे। वो मेरे दोस्त थे और हमारे समय के मैनेजमेंट के अच्छे विचारकों में से एक थे। उन्होंने कहा था, 'हर शानदार बिजनेस में बस दो ही चीजें होती हैं। एक महान विचार। और दूसरा, आस-पास अच्छे लोग।'

मिन्त्जबर्ग की इस लिस्ट में मैं एक और चीज जोड़ देना चाहता था। आप अच्छे लोगों को कितना रोक सकते हैं, इस पर भी बहुत कुछ निर्भर करता है। एक उद्यमी एक पाइड पाइपर की तरह होता है। उसे वो लोग चाहिए होते हैं जो उसके पीछे आएं। इतिहास उठाकर देख लीजिये। आपको मालूम पड़ जाएगा कि जो कुछ भी पाया जा सका है, वो इसलिए संभव हुआ है क्योंकि एक नेता ने अपने विचार, अपने सपने को बेचा और लोगों ने उसके पीछे चलना शुरू किया।

मैं चाहता था कि सैम भी इस विचार में पूरी तरह रम जाए। मैं सैम से ये नहीं कहना चाहता था, 'मेरे साथ आ जाओ, सैम। मैं तुम्हें इतने पैसे दूंगा।' ये एक खराब शुरुआत होगी। इसके बदले में मैंने कहा, 'ये फेल नहीं होगा। अगर हम बेवकूफी करेंगे तो ही ये फेल होगा। हमारे और सफलता के बीच बस एक ही चीज है—हम इस सपने को साकार करने के लिए पूरी तरह से लग जाएं।' मैंने सैम के सामने कुछ आंकड़े रखे। 'ब्राजील के पास 400 हेलीकॉप्टर हैं। इंडिया के पास 25 हैं। इससे कुछ समझ में आना चाहिए। सन्देश साफ है। बाजार हमारे सामने है।' मैंने सैम को बताया कि मैं चीन और वियतनाम में क्या देख कर आया था। और यही मैंने अपनी बात रोक दी।

अगले दो से तीन महीने में हम लगातार मिलते रहे। सैम ने मुझे हेलीकॉप्टर के बिजनेस के बारे में एक भी शब्द नहीं कहा। मैंने भी उस पर दबाव नहीं डाला। अगर मेरे आइडिया से उसके सीने में आग नहीं धधकी तो फिर उसे इस काम में शामिल नहीं होना चहिये। मेरे पास कई लोग आते हैं और कहते हैं, 'मैंने अपना बिजनेस शुरू किया है। मेरे बॉस को नहीं मालूम है। मेरी कंपनी को नहीं मालूम है। जब बिजनेस सफल होगा, मैं इस्तीफा दे दूंगा।' मेरा उन्हें यही जवाब होता है—'वो बिजनेस कभी सफल नहीं होगा। तुम्हारा बिजनेस तभी सफल होगा जब तुम अपना किराया नहीं भर पाओगे, सैलरी नहीं दे पाओगे, अपनी पत्नी के लिए साड़ी नहीं खरीद पाओगे और अपने बच्चों के लिए स्कूल की फीस नहीं भर पाओगे। तब तुम्हें समझ में आएगा कि नए तरीके से कैसे काम करना है। तब तुम खुद को बेहतर करने पर मजबूर होगे। आवश्यकता ही आविष्कार की जननी होती है। आवश्यकता ही ये सुनिश्चित करेगी की आप आत्मसंतुष्ट न हो जाएं। आप सो नहीं सकेंगे क्योंकि आपको डर रहेगा कि कहीं आपका बिजनेस कंगाली की ओर न बढ़ जाए। ऐसे ही आपका बिजनेस सफल होगा। और किसी भी तरीके से आप अपना उद्यम शुरू करेंगे तो उससे सफलता हाथ नहीं लगेगी।'

ये 1995 की बात है। उस साल के अप्रैल महीने में, मेरी और सैम की बातचीत के कुछ महीनों बाद सैम मेरे दफ्तर में आया। मैं अभी भी इन्फेंट्री के अपने छोटे से दफ्तर से किसानी का काम देख रहा था। मैंने सैम को आते देखा। मेरे सेना के दोस्त अक्सर कॉफी पीने के लिए मेरे दफ्तर में आया करते थे। मैं उनसे शाम को मिलना पसंद करता था। क्योंकि ऑफिस के काम के बीच में मैं अधीर हो जाता था। मुझे अहसास हुआ कि सैम जाने का इच्छुक नहीं था। मैं खुद उसे जाने के लिए नहीं कहना चाहता था लेकिन उसको अलविदा कहने के लिए उठ खड़ा हुआ। उसने मुझे रोका और कहा, 'रुको गोपी। मैं आ गया हूं।' मुझे समझ में नहीं आया कि वो क्या कहना चाह रहा था। उसने कहा, 'गोपी, तुमने कहा था कि मैं नौकरी छोड़ दूं। मैंने इस बार हमेशा के लिए अलविदा कह दिया है।'

सैम की आदत थी कि वो एकदम भावशून्य चेहरे के साथ भयानक सीरियस बातें कह देता था। उसकी बड़ी-बड़ी सौम्य सी आंखें थीं। आप कभी भी पक्के तौर पर ये नहीं कह सकते थे कि वो मजाक कर रहा था या बेहद सीरियस था। मुझे कुछ देर में समझ आया कि उसका ये कदम कितना बड़ा था। असल में उसने मेरे सपने के लिए अपनी नौकरी छोड़ी थी। उसने अपना भविष्य और सुरक्षा मेरे हाथों में सौंप दी थी। अचानक मुझे हमारे कन्धों पर मौजूद भार महसूस होने लगा। मेरे शरीर में कंपकंपी सी दौड़ गई। मैंने खुद को संभाला और ऐलान किया, 'और यहां, इस वक्त एक हेलीकॉप्टर कंपनी की नींव डाली जा चुकी है।'

मैं सैम के पास गया और उसको गले से लगा लिया। मैंने कहा, 'सैम, ये अच्छी खबर है! बैठो। जाना मत!'

वो छोटा सा ऑफिस ही वो जगह थी जहां डेक्कन एविएशन का जन्म हुआ था। जिस विचार को मैं पाल रहा था, सैम की एक रजामंदी ने उसे सामने लाकर रख दिया था। मैंने कहा, 'सैम, मुझे बेहद खुशी भरा झटका लगा है। ये एक नयी यात्रा की शुरुआत होगी। अभी से ही काम शुरू कर देते हैं। मैं हेलीकॉप्टरों के बारे में सब कुछ जानना चाहता हूं। कितने तरह के होते हैं, कैसे बनते हैं, उनके दाम वगैरह। ऑपरेशन के प्लान बनाते हैं। काम शुरू करते हैं।'

मैंने डेक्कन के लिए एक ब्लू-प्रिंट बनाना शुरू कर दिया था लेकिन अभी भी ये सवाल नहीं पूछा था, 'प्रोजेक्ट में कितना पैसा लगेगा?' मुझे मालूम था कि एक न एक दिन ये सवाल सामने आएगा ही। मैंने एक कागज लिया और उस पर कुछ ऐसी चीजें लिखीं जिन्हें तुरंत किया जाना था। मुझे अपनी

योजनाओं को भी दूसरों पर परखना था और देखना था कि मैं किसे इस प्लान में शामिल कर सकता था। मुझे एक कंपनी बनानी थी। मुझे ये भी देखना था कि मैं कैसे पैसों का इंतजाम कर सकता था। मुझे इतना मालूम था कि पैसे की परेशानी सबसे अंत में सामने आएगी। सरकार से लाइसेंस लेना, क्लियरेंस पाना और लोगों को जोड़ना, ये सभी बड़े काम होने वाले थे।

मैंने तय किया कि मैं आगे-आगे नहीं भागूंगा। मैंने सैम से कहा, 'सबसे पहले लाइसेंस लेते हैं।' ये वो दौर था जिसे लाइसेंस राज के नाम से जाना जाता है। एविएशन सेक्टर पर इसकी सबसे ज्यादा पकड़ थी। मैंने सलाह दी कि मेरे मौजूदा दफ्तर और सेक्रेटेरियेट को रजिस्टर्ड दफ्तर के रूप में इस्तेमाल किया जाए। मेरे पास एक कम्प्यूटर था, एक फैक्स मशीन थी और ऑफिस की बाकी मूलभूत सुविधाएं थीं। मैंने सैम से कहा कि वो योजना बनाए और ऑपरेशन का पूरा सेट-अप करने की तैयारी करे।

सैम भी इस फैसले से काफी अभिभूत था। ये मुश्किल काम था। मैंने बीस साल पहले बगैर पैसों के एक फैसला लिया था। उसने आज वही काम किया था। हालांकि उसके तीन बच्चे थे और 7 हजार रुपए महीने की पेंशन थी। लेकिन बेंगलुरु में एक परिवार को चलाने के लिए वो पैसा बहुत नहीं था। मुझे इस पूरे समीकरण की जानकारी थी इसलिए मैंने फैसला किया कि मैं अपनी पूरी कमाई इस नए काम में लगा दूंगा और सैम भी अपनी पूरी सेविंग इसमें लगाने वाला था।

सैम पर जिम्मेदारी थी कि वो लाइसेंस का इंतजाम करे और कंपनी के ऑपरेशन का मूलभूत इंतजाम करे। उसे सभी समीकरण बिठाने थे। पता करना था कि कौन-सी शर्तों पर खरा उतरना था और उन शर्तों को पूरा करने के सारे इंतजाम करने थे। रिश्वत देनी थी। हालांकि मुझे मालूम था कि बगैर रिश्वत दिए कैसे काम करवाया जा सकता था। मुझे तब भी विश्वास था और अब भी है, कि सत्ता के गलियारों में हर कोई भ्रष्ट नहीं है। ऐसे लोग हैं जिनके अपने सिद्धांत हैं और जो देश की तरक्की के सपने देखते हैं और जो वाकई देशभक्त हैं। अगर एक शख्स मदद नहीं करेगा तो कोई दूसरा जरूर होगा। अंत में आपको कोई न कोई ऐसा जरूर मिल जाएगा जो ईमानदारी के साथ काम करता होगा। लेकिन ऐसा तब तक नहीं होगा जब तक आप अपने काम में बगैर आस छोड़े और पूरी एकाग्रता के साथ लगे रहें। सैम और मैंने अपना होमवर्क करना शुरू किया। इसके बाद हमने अपने-अपने रास्ते अलग कर लिये। हम कुछ महीनों के बाद फिर मिले।

सैम दिल्ली पहुंचा और लाइसेंस देने वाली संस्था डीजीसीए गया। उसे मालूम पड़ा कि किन शर्तों को पूरा करना होगा और उसकी एक लिस्ट बनायी। हमने इस काम को दो हिस्सों में बांटा। वो निचले हिस्से से काम करने वाला था। और जैसे-जैसे सीढ़ियां ऊपर चढ़ेगा, सभी मामले संभालता चलेगा। मैं ऊपर से काम करने वाला था। मुझे मंत्रियों और अफसरों से मिलकर काम करवाना था। हम ये तय करके चले थे कि जब तक हमें लाइसेंस नहीं मिल जाएगा, हम इसे छोड़ने वाले नहीं थे। हमारे सामने कोई डेडलाइन भी नहीं थी। हमें बस लक्ष्य तक पहुंचने तक मेहनत करते रहनी थी।

किसी प्रोजेक्ट पर काम करने की ये अच्छी योजना है। जब आप इस बात का फैसला लेते हैं कि आप लक्ष्य हासिल कर लेने तक मेहनत करना नहीं छोड़ेंगे, तब सारे काम हो जाते हैं। अटल दबाव ही चट्टानों को तोड़ता है। अगर कोई अफसर किसी बड़े पत्थर की तरह नदी के रास्ते में आ पड़ता है तो नदी को इतना वेग बनाना पड़ेगा कि वो उसमें एक छेद कर उसके आर-पास बह सके। नदी का एकमात्र मकसद होता है- समुद्र से मिलन। आपकी इच्छाशक्ति को नदी के वेग की तरह ही होना होगा। आपका एक ही लक्ष्य होना चाहिए: अपने लक्ष्य की प्राप्ति। और उसे पाने के लिए आपको लगातार कोशिशें करनी होंगी।

जब आप कुछ शुरू करते हैं तो सफल होने के लिए खुद को समय की सीमाओं में नहीं बांधते हैं। आप ये नहीं कह सकते कि अगर ये 6 महीने में सफल नहीं हुआ तो मैं इसे छोड़ दूंगा। आपका एकमात्र काम है लक्ष्य की प्राप्ति के लिए हर जरूरी काम करना। सैम ने यही किया। उसने कभी कोई सवाल नहीं किया। वो महीने में कई-कई बार दिल्ली गया। दिल्ली सत्ता के ब्रोकरों की एक खदान है जिन्हें मालूम रहता है कि कैसे मुद्दों को इधर से उधर भेजा जाता है और तमाम ब्रोकरों के बीच काम कैसे हो सकता है। दूसरे शहर से आने वालों के लिए अफसरशाही की भूल भुलैया से निकलना कुछ मुश्किल काम होता है।

एक नए तरह का आर्थिक संस्थान था जिसके बारे में भारत को बहुत कुछ नहीं मालूम था। मैंने वेंचर कैपिटल (उपक्रम पूंजी) के बारे में बहुत कुछ सुना था जो अमेरिकी इंडस्ट्री के उभार के पीछे की मुख्य ताकत थी। इसी ने सिलिकॉन वैली को बनाया था और उसे बरकरार रखा था। मैं इसी वेंचर कैपिटल की तलाश में निकल चुका था।

टीडीआईसीआई नाम की एक कंपनी थी जो आईसीआईसीआई का ही एक हिस्सा थी और इसे विजय अंगदी चला रहे थे। मैंने उन्हें कॉल किया और

बताया कि मेरे पास एक बड़ी योजना थी और मैं उनसे मिलना चाहता था। उन्होंने मुझे अपॉइंटमेंट दिया। मैंने उन्हें पूरी कहानी सुनाई। चूंकि सामने वाला पहले पांच मिनट में ही अपना मन बना लेता है, इसलिए कहानी का बहुत ही इंट्रेस्टिंग होना बेहद जरूरी होता है। मैंने बेहद सादगी से कहा, 'विजय, मैं एक हेलीकॉप्टर कंपनी शुरू करना चाहता हूं।' मैं देश के विस्तार के हिसाब से हेलीकॉप्टरों की संख्या पर ध्यान केंद्रित कर रहा था। देश में कुछ 30 हेलीकॉप्टर थे। हालांकि रजिस्टर्ड 40 हुए थे, लेकिन उनमें से 10 अवशेष मात्र थे। मलेशिया के पास इससे दोगुने थे, ब्राजील के पास लगभग 500 थे। मैंने जानबूझकर भारत की जर्मनी, यूके, फ्रांस या जापान से तुलना नहीं की। मैंने भारत की तुलना उभरती हुई अर्थव्यवस्थाओं से की जो हाल ही में हमसे आगे निकल चुकी थीं। मैंने कहा, 'आप उपक्रमों में पूंजी लगाते हैं। आप आंकड़ों को खुद ही देख सकते हैं। भारत को वहां पहुंचना ही चाहिए।'

दिख रहा था कि ये योजना उन्हें खींच रही थी। उन्होंने बेहद उत्तेजना के साथ कहा, 'कैप्टन, बहुत ही अच्छा आइडिया है।' उनका एक साथी भारतीय वायुसेना के अफसर का बेटा था। उसने कहा, 'आपको पता है, कैप्टन, मेरी वायुसेना की पृष्ठभूमि है। मुझे हेलीकॉप्टरों के बारे में मालूम है। मुझे लगता है कि भारत को ऐसे प्रोजेक्ट की जरूरत है। हम इसको लेकर उत्साहित हैं। हम आपकी इस योजना के बारे में हेड-ऑफिस से बात करेंगे। एक पखवाड़े में मिलते हैं।'

मैं खुशी-खुशी वहां से निकला। ये मेरा पहला प्रयास था और जैसी मेरी बातचीत हुई थी, मुझे लग रहा था कि मेरा तीर निशाने पर लगा था।

मैंने खुशी मनाने में शायद कुछ जल्दी कर दी थी। पंद्रह दिन के बाद मैंने विजय से बात की। मैंने पूछा कि क्या मैं आकर उनसे मिल सकता था। विजय मुझसे बेहद गर्माहट के साथ मिले और हमने बातचीत शुरू की। उन्होंने मुझे कॉफी पिलायी। हमने इधर-उधर की बातें कीं। लेकिन विजय ने उस विषय के बारे में बात करनी शुरू ही नहीं की जिसके लिए मैं वहां पहुंचा हुआ था। असल में मैं किसी तरह के ऑफर-लेटर का इंतजार कर रहा था और सोच रहा था कि शायद मुझे एप्लीकेशन और फंडिंग की पूरी प्रक्रिया के बारे में बताया जाएगा। फिर मालूम पड़ा कि मैं भोला था। और फिर विजय ने अपना समय लेते हुए, थोड़ी शर्मिंदगी के साथ, कहा, 'मुझे माफ करना, कैप्टन। मैंने हेड ऑफिस से आपकी योजना के बारे में बात की। वो आपकी कहानी सुनकर काफी उत्साहित हुए थे लेकिन मुझे सख्त निर्देश दिए गए हैं कि मैं सिर्फ और

सिर्फ आईटी और सॉफ्टवेयर में और कुछ हद तक बायो टेक्नोलॉजी में निवेश कर सकता हूं।' मैं बेहद निराश हुआ।

वो भारत में वेंचर कैपिटल की शुरुआत थी। और ये आईटी सेक्टर में धीरे-धीरे निवेश करना शुरू कर चुका था। सरकार ने इसे संचालित करने के लिए कई नियम और शर्तों को लागू किया हुआ था। और टीडीआईसीआई पहली वेंचर कैपिटल कंपनी थी जो बहुत ही छोटे फंड बेस के साथ काम कर रही थी। मुझे समझ में आ रहा था कि वो लोग कितनी सतर्कता के साथ मेरी योजना को देख रहे होंगे। लेकिन उनका जो जवाब आया, वो मुझ पर ऐसे गिरा जैसे किसी ने बर्फीला पानी मेरे ऊपर उड़ेल दिया हो। मुझे उस खबर को पचाने के लिए काफी समय लगा। वहां से निकलने से पहले मैंने कहा, 'विजय, ठीक है। मैं आपकी स्थिति समझ सकता हूं। लेकिन क्या आप मेरी एक मदद कर सकते हैं?' उन्हें आश्चर्य हुआ। मैंने कहा कि चूंकि उनके काम में उद्यमियों से मिलना और उनकी योजनाओं का विश्लेषण करना होता है, वो उनके आर्थिक सलाहकारों से भी मिलते होंगे। मेरे पास भी पायलट और इंजीनियर थे जो हमारे साथ आने को तैयार खड़े थे। अब मुझे एक आर्थिक सलाहकार की जरूरत थी। कोई ऐसा शख्स जो तेज हो और जो लंबी रेस के बारे में सोचते हुए काम करे। कोई ऐसा जो पैसों के जुगाड़ का काम कर सके और हमारे साथ लंबे समय के लिए रहे। सबसे जरूरी बात- मैं शुरुआती वक्त में बहुत पैसे नहीं दे सकता था। सारा लाभ समय आने पर मिलने वाला था।

मैं एक अच्छा आर्थिक सलाहकार नहीं ढूंढ पा रहा था और ये बात मैं समझ चुका था। ये ऐसी वजह थी जिसके चलते मेरे भविष्य के उद्यम सफल हुए। मैंने उनसे पूछा, 'विजय, आप जितने भी फाइनेंस के लोगों से मिले हैं, किसी ने आपको ऐसे प्रभावित किया है जो मेरी मदद कर सके?' विजय ने कहा कि उन्हें सोचने के लिए दो दिन चाहिए।

इस बार उन्होंने एकदम समय से फोन किया। उन्होंने कहा, 'गोपी, मुझे एक शख्स मिला है आपके लिए। उसका नाम है मोहन कुमार। काफी तेज दिमाग है और वो लीक से हटकर सोचता है। मुझे इसी वजह से लगा कि वो आपके काम का शख्स होगा। इसके अलावा, वो नए उद्यमों के साथ अच्छे से काम भी कर सकता है।'

मैंने उन्हें शुक्रिया कहा। आज जब पीछे मुड़कर देखता हूँ तो समझ में आता है कि अच्छा हुआ टीडीआईसीआई ने मेरी कंपनी में हिस्सेदारी नहीं की।

अगर वो ऐसा करते तो मेरी हिस्सेदारी तो बिल्कुल भी रह ही नहीं जाती। मैंने उस वक्त पर अपने इस काम में बिल्कुल भी पैसा नहीं लगाया था।

बगैर एक भी सेकेंड गंवाये, मैंने मोहन कुमार से संपर्क किया और उनसे पूछा कि क्या वो इस काम में मेरे पार्टनर और इस यात्रा के लिए मेरे साथी बनेंगे। मैंने कहा, 'हमारे पास फंड्स के नाम पर बहुत कुछ नहीं हैं। लेकिन सैम और मैं, हमारे पास जो भी थोड़ा-बहुत है, सब गिरवी रखने को तैयार हैं।' अगर हम उस वक्त की अपनी पूरी पूंजी कैश करवा लेते, तो भी हम हेलीकॉप्टर की एक जोड़ी पंखुड़ियाँ नहीं खरीद पाते। उस वक्त उनकी कीमत थी 60 हजार डॉलर। मैंने कहा कि मैं बेंगलुरु के लिए नहीं बल्कि पूरे देश के लिए एक बड़ी एविएशन कंपनी बनाने का सपना देख रहा था। इस कंपनी के चिरस्थायी सिद्धांत होंगे और ये रोजगार, कस्टमर वैल्यू और सभी पार्टनरों के लिए पूंजी लेकर आएगी। मोहन कुमार ने कहा, 'मैं आपकी बात समझ सकता हूं, कैप्टन। आप मुझे अपने साथ ही समझिये।'

मोहन कुमार को मैं बड़ी आसानी से अपने उद्यमों की सफलता के लिए सबसे बड़ा कारक ठहरा सकता हूं। और जब मैं ऐसा कहता हूं तो बाकी लोगों के रोल को मैं छोटा कतई नहीं कहना चाहता हूं। वो सभी इस कंपनी के स्तम्भ रहे और विकास में बड़ी भूमिका निभायी। लेकिन मोहन ने कंपनी का दामन उस वक्त थामा जब ये गर्भ में थी। उन्होंने एक मजबूत आर्थिक संरचना बनायी और चीजों को अपने अलग नजरिए से देखते हुए कंपनी के लिए पूंजी जुटाई। पहले चार सालों में पैसों के लिए उन्होंने मुझसे कोई तगादा नहीं किया।

हमें इस बात को समझ लेना चाहिए कि दुनिया में एक द्विभाजन है। जहां एक तरफ शानदार और ऊर्जा से भरे अफसर हैं, वहीं कुछ बेहद कठोर होते हैं। कुछ बिजनेस को ध्यान में रखने वाले दूरदर्शी होते हैं जो देश को बनाने में सहायक होते हैं, वहीं कुछ ऐसे भी होते हैं जो बेईमानी की राह पर चलते हैं। कई ऐसे लोग भी हैं जो पर्यावरण के प्रति समर्पित होते हैं वहीं कुछ पर्यावरण की राजनीति करते हैं। अर्थव्यवस्था में प्राइवेट सेक्टर से आने वाले छोटे और बड़े सहयोगों से ही उथल-पुथल रहती है। सुप्रीम कोर्ट ने कहा है कि एक लोकतान्त्रिक देश में सरकार को ये जरूर समझना चाहिए कि प्राइवेट सेक्टर देश के काम करने वालों का भण्डार है। प्राइवेट सेक्टर को अस्तित्व में बने रहने और फलने-फूलने के लिए मुनाफे में बने रहना जरूरी है। पीटर ड्रकर के मुताबिक, 'मुनाफा एक गंभीरतापूर्ण शब्द है।' कोई भी बिजनेस इसलिए चलता है जिससे वो मुनाफा ला सके। एक देश मुनाफे के दम पर ही चल

रहा होता है। किसी देश की राजनीतिक, अफसरशाही और सामाजिक मशीनरी उसके मुनाफे द्वारा ही संभलती है। भारत के पब्लिक सेक्टर में लगभग 2 लाख करोड़ रुपयों का निवेश हुआ है। इस निवेश पर 2 प्रतिशत से कम की वापसी मिलती है। एक सुदृढ़ प्राइवेट सेक्टर देश की रीढ़ बनता है। प्राइवेट सेक्टर को स्वस्थ रखने के लिए सरकार को देश का सामजिक और आर्थिक ढांचा और पर्यावरण दुरुस्त करना पड़ता है और सही योजनाओं को लागू करना पड़ता है। सरकार के लिए ये बेहतर होता है कि वो चीजों के निर्माण और सेवाएं देने की बजाए अर्थव्यवस्था को विनियमित करें। बेहतर रहेगा कि उपभोक्ताओं से सीधे जुड़े उत्पाद जैसे ब्रेड या बिजली और स्टील जैसी चीजों का उत्पादन प्राइवेट सेक्टर के पास रहे। सरकार को इस पूरे पर्यावरण को नियंत्रित करना चाहिए और एकछत्र राज रोकना चाहिए। उसे ये सुनिश्चित करना चाहिए कि वहां एक ऐसा माहौल तैयार हो जिसमें प्राइवेट सेक्टर फल-फूल सके और मुनाफा कमाता रह सके। व्यापार के लिए मुफीद माहौल होना उतना ही जरूरी है जितना धरती के पर्यावरण के लिए जंगलों का होना। ऐसे जंगल में कोई भी कुछ नहीं बोता लेकिन सही पारिस्थितिकी के चलते वहां जमकर पैदावार होती है। सरकार को न्यायसंगत आर्थिक विकास करवाना ही होगा जिससे देश के अंदरूनी हिस्सों कस्बों और गांवों तक बदलाव, इंफ्रास्ट्रक्चर और मौके पहुंचें। सरकार को प्राइवेट सेक्टर के विकास की ओर ध्यान तो देना चाहिए लेकिन वहां गुट बनने से रोकना चाहिए।

बदलाव कुछ इस तरह से आए हैं कि एकछत्र राज को कम करने की कोशिश की बजाए सरकारी नीतियों ने बड़े बिजनेस घरानों का साथ दिया है या फिर कई क्षेत्रों में गुट बनने दिए हैं। इन बदलावों ने सुविधाओं को देश के छोटे से छोटे हिस्से तक का रास्ता दिखाया होता जिससे हजारों-लाखों उद्यमियों को अच्छे माहौल में काम करने का मौका मिलता।

मोहन की अपनी कंपनी थी। वो तीन अलग-अलग तरह के काम करते थे: वो चार्टर्ड अकाउंटेंट थे, कंपनी सेक्रेटरी थे और वकील थे। वो उद्यमियों को नया बिजनेस तैयार करने में मदद करते थे। काम हो जाने पर आगे बढ़ जाते थे।

हमने तुरंत ही काम शुरू कर दिया। सबसे पहले हमने कंपनी सेट-अप की। फिर बोर्ड ऑफ डायरेक्टर्स के नाम तय किए। कंपनी को नाम भी देना था। मैंने सैम से सुझाव मांगे। उसने कहा, 'गोपी एयर'। मैंने कहा। 'सैम एयर क्यों नहीं?' सैम ने इसे नकार दिया। उसने गोरूर एयर, सिल्क एयर (मेरी रेशम की खेती को ध्यान में रखते हुए), गार्डन एयर और डेक्कन एविएशन

का सुझाव दिया। मुझे डेक्कन एविएशन सही लगा और मैंने वही नाम रखने का फैसला किया।

मोहन कुमार ने कंपनी रजिस्टर करवा दी। डेक्कन असल में दक्कन के पठार का प्रतिनिधित्व करता था जो लगभग पूरे दक्षिण भारत को कवर करता था। ये भौगोलिक कनेक्शन भी दिखा रहा था, जगह, संस्कृति और ऐतिहासिक विरासत भी।

एक हफ्ते में ही मोहन कुमार ने ढेर सारा काम कर दिया। मैं मैनेजिंग डायरेक्टर था और सैम एग्जक्यूटिव डायरेक्टर। मैं बेहद साफ था—नेतृत्व एकदम सुदृढ़ और परिभाषित हो। एक अच्छा नेता और नेताओं को भी जन्म देता है और कंपनी में लोकतंत्र को बढ़ावा देता है। महान नेताओं ने हमेशा आम सहमती पर जोर दिया है और उसी के अनुरूप आगे भी बढ़े हैं। वो आगे भी रहे हैं और पीछे भी: वो धरातल पर भी उतरे हैं और सभी को साथ लेकर चले हैं। इसमें अब्राहम लिंकन, महात्मा गांधी, नेल्सन मंडेला कुछ बड़े नाम हैं। नेतृत्व की एक और विशेषता होती है। ये आपसे तेज लोगों को सम्मिलित करने की आपकी तबीयत पर भी निर्भर करता है। आमतौर पर ये देखा गया है कि बड़े स्थान पर बैठे लोग खुद से तेज और बेहतर काम करने वालों को साथ लाने से कतराते हैं। अगर एक दिमागदार मैनेजर खुद के आस-पास ऐसे लोग इकट्ठा कर ले जिनके पास बहुत अच्छा टैलेंट नहीं है, तो वो जो भी उत्पादन करेंगे, उसकी क्वालिटी खराब होगी। ऐसे में उन्हें उनके उत्पादन के लिए ही जाना जाएगा। हम एक ऐसी कंपनी बना रहे थे जो ऐसा कुछ नहीं करने वाली थी। उसे व्यक्तिगत रूप से मेरे या सैम पर निर्भर नहीं होना था। डेविड ओजिल्वी एडवर्टाइजिंग की पृष्ठभूमि से नहीं आए थे लेकिन फिर वो एडवर्टाइजिंग के राजा बन गए। उन्होंने अपनी किताब *ओजिल्वी ऑन एडवरटाइजिंग* में लिखा है कि जब भी ओजिल्वी एंड मेदर चेन में किसी मुखिया की नियुक्ति होती थी वो उसे रूसी मत्र्योश्का गुड़िया उपहार स्वरूप देते थे। एक बड़ी गुड़िया के अंदर एक छोटी गुड़िया होती थी। उस छोटी गुड़िया के अंदर एक और छोटी गुड़िया होती थी। आखिरी गुड़िया में एक संदेश होता था जो कहता था, 'अगर हम सभी अपने से छोटे लोगों को ही काम पर रखते रहेंगे तो हम बौनों की कंपनी बनकर रह जाएंगे। लेकिन अगर हम सभी अपने से बड़े लोगों को साथ काम पर रखें तो हम विशाल रूप धारण कर सकेंगे।' ओजिल्वी अपने क्षेत्र के बारे में जो भी कह रहे हैं, असल में वो दूसरे क्षेत्रों में भी लागू होता ही है। अपने इस विचार के ही सन्दर्भ में वो ये भी कहते हैं, 'एडवर्टाइजिंग बिजनेस

का ये दुर्भाग्य रहा है कि जो भी लोग अच्छा काम करते हैं उन्हें मैनेजमेंट में भेज दिया जाता है। मैं क्लायंट्स के लिए तब बहुत ज्यादा काम का था जब कॉपी लिखता था। लेकिन मुझे बोर्ड का चेयरमैन बना दिया गया।' लोग जाने-अनजाने में अपने डिपार्टमेंट और कंपनी में पत्थर की लकीरें खींचने लगते हैं। अच्छे नेतृत्व में विनम्रता और अपने को छोड़कर आगे की चीजों को देखना और बगैर अहं को सामने लाये काम करना शामिल है। मैं यही करने निकला था। हर कदम पर मैं सबसे अच्छी चीजें ही चुनने वाला था।

मुझे मेरी कोर टीम बनानी थी। मैंने कहा कि अब एक चेयरमैन लेकर आते हैं। मुझे जनरल नरहरी की याद आयी। मेरे सेना के दिनों में उन्होंने मुझे बहुत प्रभावित किया था। वो मेरे कमांडिंग ऑफिसर थे। उन्हें चेयरमैन बनाने की मेरी इच्छा के पीछे दो बड़ी वजहें थीं। पहला, मैं उनकी बहुत इज्जत करता था। और दूसरा, वो बेहद ईमानदार थे और उसूल के पक्के इन्सान थे। इस तरह से वो मुझे रास्ता भटकने से रोने वाले थे। हर बार, मैं जब भी कोई फैसला लेता, ये जरूर सोचता कि कहीं इससे कंपनी के चेयरमैन पर तो कोई दाग नहीं लगेगा। अगर ऐसा होता तो मैं वो काम नहीं करता। बिजनेस में शॉर्ट-कट लेने का बहुत मन करता है। लेकिन अगर जनरल नरहरी मेरे साथ होंगे तो मैं ऐसा करने की सोचूंगा भी नहीं। मैंने जनरल को फोन मिलाया और उनसे मिलने उनके घर पहुंचा। मैंने पूछा कि क्या वो मेरी कंपनी में चेयरमैन बनेंगे। वो तुरंत राजी हो गए। उन्होंने एक शर्त रखी। वो ये काम पैसे के लिए नहीं करने वाले थे। वो 3 हजार रुपए प्रति माह से ज्यादा पैसे भी नहीं लेने वाले थे। मुझे उनकी ये बात बड़ी अच्छी लगी। जनरल नरहरी को चेयरमैन बनाया गया और उन्होंने बोर्ड के लिए दो नाम और सुझाए। एक थे एयर वाइस मार्शल सत्य पाल, जो जाने-माने वायुसेना के अधिकारी रह चुके थे और उन्होंने ही भारतीय वायुसेना में जगुआर युद्ध विमान को शामिल करवाया था। वो सिद्धांतवादी व्यक्ति थे और भारतीय वायुसेना में ऊंची जगह तक पहुंचे थे।

जनरल नरहरी ने एडी सिन्हा का नाम भी सुझाया। ऐसा उन्होंने असैनिक दृष्टिकोण से किया। सिन्हा कई कम्पनियों के एडवाइजरी बोर्ड पर थे और उन्हें बिजनेस और मैनेजमेंट के कई गुर आते थे। उन्होंने कई मल्टी-नेशनल कम्पनियों में काम किया था।

जैसा कि मैंने कहा, जनरल नरहरी को इसलिए लेकर आया गया था जिससे हमारे बीच एक ऐसा इंसान होगा जो हमें भटकने से रोकता रहेगा। मुझे लियो टॉल्सटॉय की कहानी 'फादर सर्जियस' याद आयी जिसमें वो तमाम

प्रलोभनों से बचने के लिए खुद को गंभीर सजाएं देता था। लियो टॉल्सटॉय की वो लंबी कहानी एक अफसर के बारे में है। वो एक रूसी राजा का गार्ड था और आगे चलकर भिक्षु बन जाता है। वो अफसर अपने शानदार करियर के सपने देख रहा था।

वो एक लड़की के साथ जुड़ा हुआ था और उससे बेहद प्रेम करता था। वो उस पर जान छिड़कता था। उसने उससे शादी भी की। शादी की रात उसकी नयी-नवेली पत्नी उसके सामने कुबूल करती है कि असल में वो उस राजा की उपपत्नी हुआ करती थी। उसकी पत्नी ने उसे माफ कर देने को कहा।

वो नौजवान अफसर जड़ हो चुका था। उसे शादी की रात राजा की मंद मुस्कान याद आ रही थी। उस रात वो चुपचाप घर से निकल गया। उसने किसी को कुछ नहीं कहा और एक अनजान यात्रा पर चल पड़ा। चलते-चलते वो घुमंतुओं के साथ जुड़ गया। वो संन्यासी बन गया और और ऐसे पंथ को अपना लिया जिससे जुड़ने के बाद वो दुनियावी बातों से ऊपर उठकर सभी कामनाओं को खत्म करने की दिशा में काम करने लगा। उसने धर्मग्रन्थ पढ़े, संतों के जीवन का अध्ययन किया, खुद को तपस्यारत रखा, ध्यान के तमाम अनुशासनों का पालन करना शुरू किया, खुद को कठिन परिस्थितियों में रखते हुए दर्द सहना सीखना शुरू किया जिससे वो भौतिक सुखों और दुखों से ऊपर उठ सके।

उसके बारे में बहुत जल्द इधर-उधर बातें होने लगीं। लोगों को मालूम पड़ा कि एक ऐसा भिक्षु आया है जो कठिन परिस्थितयों में रहता है और ऐसी बीमारियों का इलाज कर सकता है जो लाइलाज मानी जा रही थीं। लोगों ने उसे मसीहा मानना शुरू कर दिया। वो उस भिक्षु का आशीर्वाद लेने आते। भिक्षु को मालूम था कि वो खुद दुनिया की मोह-माया से और शरीर की चाहतों से खुद को दूर नहीं रख सका था। उसे मालूम था कि वो उसके पास आए आम लोगों की ही तरह कमजोर था।

इसके बाद टॉल्सटॉय ने एक शिकारी समूह के बारे में बताया। उसमें एक बला की खूबसूरत महिला भी थी जो किसी को भी मोहित कर सकती थी। उस शिकार करने निकले समूह में मजाकिया तौर पर फादर सर्जियस के कठोर अनुशासन कि बात शुरू हुई। उस महिला ने दावा किया कि कोई भी औरत के मोह को त्याग नहीं सकता है और इस तरह से सूर्योदय से पहले भिक्षु को मोहित करने की शर्त लगाई। उसके साथियों ने उसे भिक्षु की गुफा के मुंहाने पर छोड़ दिया और चले गए।

उस महिला ने फादर सर्जियस को आवाज दी और रात की सर्दी और बारिश से बचने के लिए अंदर आने की अनुमति मांगी। सर्जियस संशय में थे। वो उसे अंदर बुलाकर अपने अनुशासन को भंग नहीं करना चाहते थे। लेकिन साथ ही वो उसकी विनती को ठुकरा भी नहीं सकते थे। वो उसे अंदर बुलाते हैं और जल्दी ही उस पर मोहित हो जाते हैं। जब वो सर्दी से अकड़ी अंगुलियों के चलते कपड़े उतारने में उनसे मदद मांगती है तो उन्हें मालूम होता है कि अब उन्हें कोई भी नहीं बचा सकता। लेकिन उन्हें पास ही एक धारदार चीज दिखती है और वो तुरंत ही, बगैर झिझके अपनी अंगुलियां उससे काट लेते हैं। इस तरह से वो ऐसी स्थिति से निकल पाते हैं।

हममें से कई लोगों के लिए खुद को ईमानदार और सिद्धांतवादी लोगों के आस-पास रखना वाकई मददगार साबित हो सकता है।

एविएशन सेक्टर में सुरक्षा के मसले की वजह से एविएशन कंपनी में चुने गए डायरेक्टरों को गृह मंत्रालय की मंजूरी मिलनी जरूरी है। सभी डायरेक्टर रॉ, आईबी, सीबीआई, राज्य पुलिस और कई और एजेंसियों के जांच के घेरे से होकर गुजरते हैं। मंजूरी मिलने में 6 से 7 महीने का समय लगता है। मैंने इसी को ध्यान में रखते हुए बोर्ड में बेहद कम और चुनिंदा लोग ही रखे थे जिससे मुझे सिक्योरिटी चेक के दौरान मुश्किल का सामना न करना पड़े। मैं बाद में और भी नाम जोड़ सकता था। हमने बोर्ड गठित किया और मई 1995 में डेक्कन एविएशन अस्तित्व में आ गया।

इन्फेंट्री रोड की एक छोटी सी गली में स्थित एक ऑफिस में हेलीकॉप्टर कंपनी का जन्म हुआ था। एक किसान के तौर पर मैं अपनी फसल को वैसे ही बढ़ते हुए देखता था जैसे कोई अपने बच्चों को देखता है। मैंने एक सुबह नारियल के बीज को अंकुरित होते हुए, पहली कोंपल देखने के लिए अपनी झोपड़ी से निकल कर दौड़ पड़ा था। ऐसा ही मैंने अपने 5 हजार केले के पौधों की पहली झलक देखने के लिए किया था। मैंने ऐसा ही कुछ तब भी महसूस किया जब सैम और मैंने डेक्कन एविएशन की नींव रखी थी।

सैम हर दिन ऑफिस आता था। मैंने एक प्रेस रिलीज जारी करवाई कि डेक्कन एविएशन भारत की पहली हेलीकॉप्टर चार्टर कंपनी होगी। रिलीज में मैंने कहा, 'हम ऐसा काम करना चाहते हैं कि देश में टैक्सी से ज्यादा आसानी से हेलीकॉप्टर मिलने लगे।' 1995 में बेंगलुरु में बहुत टैक्सियां भी नहीं थीं।

पुरानी काली और पीली टैक्सियां पहले से बुक करवानी होती थीं। सिंगापुर में फोन करके टैक्सी बुलाई जा सकती थी लेकिन यहां वैसा कुछ नहीं था। मैं हेलीकॉप्टर की सेवाएं लेने से जुड़े मिथकों को तोड़ना चाहता था। लोगों को लगता था कि ये उनकी औकात से बाहर की चीज थी। मिडल-इनकम वाले परिवार तो इसके बारे में सोच भी नहीं सकते थे। जिनके पास पैसा था, वो ढोल पिटने के डर से दूर हटते थे। ऐसा लग सकता था कि उनके पास इफरात पैसा था जो काले धन की ओर भी इंगित कर सकता था। कुछ राजनीतिक हस्तियां हेलीकॉप्टर का इस्तेमाल करती थीं लेकिन ज्यादातर लोग इससे दूर रहते थे। मैं इन सभी मिथकों को दूर करने की जुगत भिड़ा रहा था।

जबकि भारत में एक नया कॉर्पोरेट कल्चर पैर जमा रहा रहा था, *डेक्कन हेरल्ड* और *इकॉनमिक टाइम्स* में पहली खबर आयी। डेक्कन एविएशन फिर हर दिन खबरों में आने लगा। मैंने किसी भी तरह से कंपनी के बेहद शुरुआती दिनों की एक-एक करके कहानियां निकाल रहा था जिससे लोगों के दिमाग में इसका नाम बसना शुरू हो और उन्हें इसकी जानकारी हो। अखबार में छपे लेखों के चलते नयी कम्पनियों के राडार में हम आए। हमने अपनी योजनायें सार्वजनिक कर रखी थीं। हमें प्रतिस्पर्धा का डर नहीं था। कंपनी के बारे में बताने के लिए एडवर्टाइजमेंट से बेहतर काम अखबार के लेख करते हैं। क्योंकि अखबार के लेख ज्यादा विश्वसनीय होते हैं और इसके दम पर लोग आपस में भी बात करते हैं।

अखबार की कहानी का खासा असर हुआ। मुझे माइक रॉबिन्स नाम के एक शख्स का फोन आया। उन्होंने कहा कि वो बेल हेलीकॉप्टर्स, एशिया के मैनेजिंग डायरेक्टर थे। मैं खुश हो गया। हम लोगों का ध्यान खींच रहे थे। बेल एशिया का हेडक्वार्टर सिंगापुर में था। माइक रॉबिन्स यहां आए और हम ताज वेस्ट एंड में मिले। शहर के केंद्र में स्थित हरियाली से घिरा ये होटल मुझे बेहद प्रिय है। मेरे कई बिजनेस के फैसले इसी वेस्ट-एंड की पृष्ठभूमि में लिये गए थे।

माइक एक अच्छा सेल्समैन था। उसने मुझे एमआईटी के छात्रों द्वारा बनायी गई एक प्रेजेंटेशन दिखाई जिस पर बेल हेलीकॉप्टर्स की मोहर लग चुकी थी। भारत में हेलीकॉप्टर के बाजार की एक स्टडी की गई थी। ये मेरी देखी हुई बेहद मजबूत प्रेजेंटेशन थी। 300 पन्नों की लंबी-चौड़ी रिपोर्ट की जगह इसमें महज 10 स्लाइडें थीं और उनमें बुलेट पॉइंट लिखे हुए थे। प्रेजेंटेशन में भारत में मिलने वाले अवसरों के बारे में बताया गया था। साथ ही ये भी बताया जा रहा था कि उन अवसरों को कैसे भुनाया जा सकता था।

मैं गांव से निकले एक लड़के की तरह आंखें फाड़कर देख रहा था। लेकिन मैंने खूब सवाल पूछे। बरट्रांड रसेल ने मौके पर कहा था, 'स्वस्थ कार्यप्रणाली में, ये एक अच्छी चीज होती है कि ऐसी बातों पर, जिन्हें आप यूं ही होता हुआ देख रहे हों, समय-समय पर सवालिया निशान उठाते रहें।' ऐसा करना लोगों और कम्पनियों के हित में ही काम करता है। उस स्टडी में बताया गया था कि अच्छा रहेगा अगर बेल इंडिया में अपना ऑफिस शुरू करे और भारतीय बाजार को टार्गेट करे। ये जाहिर है कि बेल खुद यहां की मार्केट को पूरी तरह से समझ नहीं पायी थी। इंडिया में हेलीकॉप्टर कुछ ही लोगों और कॉर्पोरेट ईकाइयों के पास थे। बेल यहां के कमर्शियल चार्टर क्षेत्र में घुसना चाहते थे। इस फील्ड में कोई भी नहीं था।

माइक को ये समझ में आ गया था कि मैं पहली पीढ़ी का उद्यमी था और पब्लिक चार्टर लाइसेंस के साथ पहली हेलीकॉप्टर सर्विस स्थापित करने की कोशिश कर रहा था। उसे ये भी समझ में आया कि अगर मुझे ग्राहक नहीं मिले तो मैं कंगाल हो जाऊंगा, क्योंकि मैं हेलीकॉप्टर अपने इस्तेमाल के लिए नहीं खरीद रहा था। माइक को ये भी मालूम था कि मैं नया हेलीकॉप्टर खरीदने की सोच भी नहीं रहा था। बल्कि मैं एक पुराना हेलीकॉप्टर लीज पर लेने की फिराक में था। लेकिन, एक बिक्री करके पैसे कमाने वाले सेल्समैन के उलट, माइक ने धैर्य नहीं खोया। उसने वर्तमान से आगे बढ़कर भविष्य में देखा और मेरे प्रोजेक्ट में रुचि दिखाई।

माइक में दो विशेषताएं थीं—उत्साह और ईमानदारी। उसने मुझे तुरंत ही खारिज नहीं किया बल्कि हर दो महीने पर आता रहा और मुझे सुझाव देता रहा। अगर मैं बेल हेलीकॉप्टर का ग्राहक बन जाता तो बेल ब्रांड इंडिया में स्थापित हो जाता। बिजनेस आगे बढ़ता। ये सब होने के लिए धीरज, सरलता और ईमानदारी चाहिए थी। एक हेलीकॉप्टर की बिक्री, चाहे वो नया हो या पुराना, एक सप्लाई चेन की शुरुआत कर देता। माइक को ये बात भली भांति मालूम थी। नए हेलीकॉप्टर का बाजार दोबारा बिके हेलीकॉप्टर पर निर्भर कर रहा था। माइक भगवान का भेजा दूत मालूम दे रहा था। उसने इस्तेमाल किए जा चुके हेलीकॉप्टरों के बाजार के पेचीदा मसले मुझे समझाये। उसकी मदद से मैंने कई ऐसी कम्पनियों से संपर्क किया जो हेलीकॉप्टर लीज पर देने का काम करती थीं।

सरकार से लाइसेंस लेना मेरी लिस्ट में सबसे ऊपर था। इसके बाद फंडिंग की बारी थी। इंफ्रास्ट्रक्चर का बनना और लोगों को रोजगार मिलना यहां से शुरू

हो जाता है। मैं हेलीकॉप्टर खरीदने या लीज पर लेने की बहुत जल्दबाजी में नहीं था। मैं सही समय पर लोगों को नौकरी पर रखना चाहता था। न बहुत जल्दी, न बहुत देर में। मेरा पूरा ध्यान केंद्रित था नागर विमानन मंत्रालय, डीजीसीए और गृह मंत्रालय से मंजूरी पाने और लाइलेंस लेने पर।

लोग मुझसे मेरा बिजनेस प्लान पूछ रहे थे। डीजीसीए को भी ये जानना था। सिविल एविएशन मिनिस्ट्री ने भी पूछा। मुझे किसी सलाहकार की सलाह नहीं चाहिए थी। विश्लेषण एक सीमा तक ही हो सकता है। उस मौके पर, एक उद्यमी होने के नाते, आपको अपने आप पर, अपने अंतर्बोध पर विश्वास रखना होता है। जैसा कि राल्फो वाल्डो एमरसन ने कहा था, 'खोजने से हम उस स्रोत तक पहुंचते हैं जिसमें जीनियस, सद्गुण और जीवन निहित होता है, जिसे हम सहजता या प्रवृत्ति कहते हैं।' ये बात तो तय थी कि हमें पूरे बाजार की रीसर्च करनी थी और बिजनेस प्लान बनाना था जो हमें तमाम मंत्रालयों और बैंकों के सामने पेश करना था। मुझे मालूम था कि इसमें वजन होता है और इसका मान कम। जब आप किसी डिपार्टमेंट के आला अफसर के सामने 300 पन्ने का दस्तावेज रखते हैं और साथ में कवरिंग लेटर पेश करते हैं तो वो सीधे कवरिंग लेटर उठाते हैं। मुझे एक कंसल्टिंग कंपनी की तलाश थी जो हमारी रिपोर्ट लिख सके। उसका नाम भारी होना था। जैसे मैकिन्सी, केपीएमजी, प्राइस वॉटर हाउस कूपर्स या अन्र्स्ट एंड यंग। लेकिन मैंने एक भारतीय कंपनी चुनी जिसका नाम था टाटा कंसल्टेंसी सर्विसेज। सबसे पहले, मुझे मालूम था कि ये मामला मुझे सस्ता पड़ेगा। मुझे ये भी लगा कि चूंकि टीसीएस भारतीय कंपनी है, इससे मुझे कुछ अच्छी गूढ़ बातें मालूम चल सकती थीं। और टाटा का नाम वजन लेकर तो चलता ही था। लेकिन उनकी रीसर्च भी एक अंदेशे पर आधारित होने वाली थी क्योंकि वो भी ये सवाल का जवाब जानने ही निकलेंगे कि लोगों को अगर हेलीकॉप्टर मिले तो क्या वो उसकी सेवाएं लेंगे। हमें पहले से ही मालूम था कि भारत जैसी उभरती अर्थव्यवस्था के लिए एक ऐसे सेक्टर की मार्केट रीसर्च, जो अभी अस्तित्व में ही नहीं है, बहुत काम का नहीं मालूम देता। टीसीएस ने 6 महीने लेकर 200 पन्नों की रिपोर्ट थमाई। उन्होंने तगड़ी रीसर्च की और हेलीकॉप्टर कि सेवाओं के लिए स्थानीय और एनआरआई मांग का विश्लेषण किया।

सैम और मैंने सिविल एविएशन मिनिस्ट्री और डीजीसीए के चक्कर काटने शुरू किए। ज्यादातर लोग इसलिए फेल होते हैं क्योंकि वो एक ऐसे मौके पर हार मान लेते हैं जहां से उन्हें मालूम ही नहीं होता है कि वो सफलता के कितना

नजदीक होते हैं। सैम ने अपनी नजरें डीजीसीए पर गड़ाई हुई थीं। मैंने सिविल एविएशन मिनिस्ट्री पर। लेकिन हम अप्रूवल पाने के लिए गोल-गोल घूम रहे थे।

कुछ और भी ऐसी घटनाएं हुई थीं जिन्होंने पूरी कार्रवाई की रफ्तार बढ़ाई। मैं अपने एक और साथी और दोस्त से मिला। ये थे कैप्टन विष्णु रावल जिन्हें हम उड़नतश्तरी बुलाते थे। क्योंकि उसे जीवन में सिर्फ और सिर्फ उड़ने से प्यार था। हम एनडीए के 38वें बैच से थे और आईएमए में भी साथ में थे। सेना में उसका बहुत बड़ा नाम था क्योंकि वो कभी भी, कहीं भी उड़ने को हमेशा राजी रहता था। अगर उनका कोई साथी अपने किसी काम की वजह से नहीं जाना चाहता था, तो वो हमेशा उसकी जगह चला जाता था। अमूमन 15-20 साल की सेवा के बाद एक सैनिक कुल 1500 से 2000 घंटे उड़ने के घंटे दर्ज करता है। जबकि विष्णु 6 हजार घंटे उड़ चुके थे। उन्होंने सेना छोड़कर उत्तर प्रदेश की सरकार में हेलीकॉप्टर उड़ाने का काम करना शुरू कर दिया था।

विष्णु ने एक रोज मुझे कॉल किया। उसने कहा कि वो बैंगलोर में उत्तर प्रदेश सरकार का एक हेलीकॉप्टर लाया है जो रूटीन मेंटेनेंस के लिए एचएएल जाने वाला था। न जाने क्यों, उसका मजे के लिए उड़ने का ऑफर स्वीकार करने की बजाए मैंने पूछा कि वो लखनऊ वापस जाने के लिए कौन सा रास्ता पकड़ने वाला था। उसने का कि वो इधर-उधर होता हुआ जाएगा। वो पहले मैंगलोर जाएगा, फिर गोवा, पुणे, नागपुर और फिर लखनऊ। मुझे समझ में आया कि वो मेरे फार्म और आस-पास के ऊपर से जाएगा। मैंने पूछा कि मस्ती करने की बजाए क्या वो मेरे फार्म तक उड़ के चलेगा।

विष्णु ने मुझसे फार्म का पता पूछा। मैंने कहा कि हस्सन के पास ही है, जो जवागल नाम के गांव से कुछ किलोमीटर दूर है। विष्णु के पास सेना का एक नक्शा था। उसने तुरंत जवागल ढूंढ निकाला। उसने मुझसे ठीक-ठीक लोकेशन पूछी। मैंने बताया कि मेरा फार्म जवागल के उत्तर में, बिदारे नाम के गांव के बगल में था। उसने कहा कि उसे नक्शे पर जगह दिख गई थी और वो खुशी-खुशी मुझे मेरे फार्म तक ले जाएगा। मैंने पूछा कि क्या मैं भार्गवी, जयंत और उसकी पत्नी पोन्नू को भी साथ ले सकता था? उसने हामी भर दी। हमें एचएएल पर सुबह 9 बजे मौजूद होना था।

कई बार ऐसा लगता है जैसे मेरे दिमाग में आइडिया के बीजों का भण्डार है। जब समय सही होता है, मिट्टी में नमी होती है, एक आइडिया अंकुरित हो जाता है। ऐसा ही एक आइडिया विष्णु से फोन पर बात करते हुए प्रस्फुटित हो चुका था। अभी भी कुछ पक्का नहीं था। लेकिन मैं लोगों को हेलीकॉप्टर

में सफर करते हुए सोच रहा था। मैं उन्हें कर्नाटक की अंदरूनी जगहों तक पहुंचते देख सकता था। लोग श्रवणबेलागोला में बाहुबली की मूर्ति, जोग झरने से लेकर अपनी मन की हर जगह पर हेलीकॉप्टर से जा रहे हैं, ऐसा मैं सोच रहा था। अगर कोई बिजनेस का बड़ा नाम अपने हेलीकॉप्टर में उड़ना चाहता था तो उसकी कंपनी के कर्मचारी बहुत पहले से ही तैयारी शुरू कर देते थे। विष्णु ने नक्शे पर मिनट भर के भीतर ही मेरे फार्म को खोज निकाला था। ऐसे में लोगों के गंतव्य को बड़ी आसानी से ढूंढा जा सकता था। मुझे विचारों का वो मंथन याद है। क्या हम किसी को भी, बेहद कम समय की जानकारी पर, कहीं भी ले जा सकते थे?

फार्म पर उतरने की तैयारी के तहत विष्णु ने कहा कि एक मैदान साफ हो जाए और उसमें छोटी सी आग जला दी जाए जिससे उसके धुएं से जगह पहचानने में दिक्कत न हो और हवा की दिशा का भी अंदाजा लग जाए। मैंने राजू को जवागल में फोन किया और उससे कहा कि वो अगली सुबह हमारे आने की पूरी तैयारी करके रखे।

हमें सुबह साढ़े 9 बजे उड़ान भरनी थी। विष्णु अपने चेतक हेलीकॉप्टर को तब तक यात्रा के लिए तैयार करने वाला था। चेतक हेलीकॉप्टर फ्रांस में बना एक्यूरी था। इसमें 180 डिग्री तक देखा जा सकता था और कठिन पहाड़ी इलाके में उड़ान भरने में इसका कोई सानी नहीं था। तबसे लेकर अब तक भारतीय सेना के हेलीकॉप्टर के संचालन में ये हेलीकॉप्टर मुख्य भूमिका अदा कर रहे हैं। एचएएल ये हेलीकॉप्टर फ्रेंच लाइसेंस के अंतर्गत बना रहा था। विष्णु ने मुझसे कहा कि मैं उसके साथ कॉकपिट में बैठूं और जवागल पहुंचने पर माइक्रो-नेविगेशन में उसकी मदद करूं। मैं अपनी गोद में नक्शा फैला कर बैठ गया।

इंजन ने आवाज की, रोटर घूमने लगे और हेलीकॉप्टर हवा में उड़ गया। मुझे मेरे दिल में भी एक उछाल सा आता महसूस हुआ। मैं सोचता था कि काश मैं एक चिड़िया होता। काश मैं भी चाहने पर उड़ सकता। हेलीकॉप्टर और हवाई जहाज, इंसानी जज्बातों पर यही असर डालते हैं।

सेना ने मुझे एक अच्छा नक्शा पढ़ने वाला बना दिया था और मुझे लग रहा था कि मैं जमीन पर दिख रही चीजों को नक्शे से मिलान कर पाऊंगा। लेकिन जब आप 200 किलोमीटर प्रति घंटा की रफ्तार से उड़ रहे होते हैं तो आप किसी और ही आयाम में होते हैं। इतनी देर में कि मैं कुछ समझ पाता, हम बेंगलुरु से बाहर निकल चुके थे। यहां तो शहर के दक्षिण पूर्वी हिस्से में

स्थित एचएएल से उत्तर पूर्वी हिस्से में शहर के अंत तक पहुंचने तक एक घंटा लग जाता है। हम देखते ही देखते मीलमंगला से आगे निकल चुके थे। एक-एक करके जगहें निकलती जा रही थीं: गलियां, बिल्डिंगें, फार्म और बागान, झील और पहाड़ियां। नीचे चीजें बेहद छोटी दिख रही थीं और हम उनके ऊपर से उड़ते हुए निकल रहे थे। हम जैसे आगे बढ़ रहे थे, ऐसा लग रहा था कि किसी दिव्यशक्ति द्वारा मेरी कहानी लिखी गई थी जिसमें ये हेलीकॉप्टर यात्रा भी थी जिसके बाद आगे चलकर मैं हवाई दर्शन और हेलीकॉप्टर टूरिज्म की कंपनी शुरू करने वाला था।

हम शिवगंगे से आगे बढ़कर श्रवणबेलगोला पहुंचे जहां पहाड़ी पर दुनिया की सबसे बड़ी एक पत्थर की गोमाता की मूर्ति थी। पश्चिमी क्षितिज पर हमारे सामने हमें वो दिख रही थी। मैंने विष्णु से पूछा कि क्या हम उस हजार साल पुरानी मूर्ति का चक्कर लगा सकते थे। उसने हेलीकॉप्टर दक्षिण-पश्चिम दिशा में मोड़ दिया और फिर हम 600 मीटर की ऊंचाई पर उसके इर्द-गिर्द चक्कर लगाने लगे। वो शानदार नजारा था। बाहुबली के उस विशाल स्वरुप में काफी शांति छिपी हुई थी। प्रकृति में पूरी तरह खुले में बैठीं गोमाता अरक्षित दिख रही थीं लेकिन बाहुबली पूरी तरह अजेय दिखाई दे रहे थे।

इसके बाद हम चन्नरायपट्ना और अर्सिकेरे के ऊपर उड़ते हुए निकले। इससे पहले कि हम संभल पाते, हम जवागल के ऊपर से निकले। जब हम मेरे फार्म के ऊपर से निकले तो वो इतना भव्य दिख रहा था जितना जमीन पर भी नहीं दिखता था। बेहद खूबसूरत नजारा था। एक ही पल में बीते हुए कितने वाकये मेरी आंखों के सामने गुजर गए: वहां मेरा पहुंचना, टेंट में दिन बिताना, पानी की धारा और बाढ़, गधों के साथ बिताए दिन, पहली बारिश, शहतूत, रेशम के कीटों वाला कमरा, मांजे गौड़ा और उसका परिवार, भार्गवी और मेरी शादी। अब वो एक मरुद्वीप में तब्दील हो चुका था। राजू ने पास ही में रागी के एक खेत में छोटी सी आग जलायी थी जिससे धुआं निकल रहा था। राजू, और कई पड़ोसी, जिन्हें खबर मिल चुकी थी, उस जगह के आस-पास झुण्ड में खड़े थे। आखिर वहां कुछ ऐसा होने जा रहा था जो पहले नहीं हुआ था। लोग हेलीकॉप्टर की आवाज सुनते ही आ गए। वहां शायद हजार लोग थे- खेत में काम करने वाले मजदूर, औरतें और बच्चे उस हेलीकॉप्टर रूपी अजूबे को देखने के लिए इकट्ठा हो चुके थे। लैंडिंग के वक्त के जोर का गुबार उठा और उनके कपड़े फड़फड़ाने लगे जिसे संभालने में उन्हें काफी मशक्कत करनी पड़ी। हर कोई मुंह फाड़कर देख रहा था। जिन्होंने कभी भी हेलीकॉप्टर नहीं देखा था, और

ऐसे सैकड़ों लोग थे, उन्हें ये सब किसी दैवीय कथा का हिस्सा मालूम दे रहा था। हमने ये पूरी यात्रा कुछ पचास मिनट में पूरी की थी।

हम नीचे उतरे। राजू हमारे लिये मीठा नारियल पानी लेकर आया। मुझे उस हवाई यात्रा में समझ आ गया था कि अब यहां से वापसी तय नहीं थी: मैं कमर्शियल तरीके से हेलीकॉप्टर कंपनी बनाने वाला था। मैंने विष्णु से पूछा कि क्या वो मेरे साथ आएगा। उसने बगैर झिझके कह दिया कि वो साथ आएगा और मेरी मदद करेगा।

हमने एक छोटा सा ब्रेक लिया। फार्म के आस-पास टहले और सादा खाना खाया। इसके बाद विष्णु ने विदा ली और आगे चल पड़े।

हम मेरे पुराने टाटा मोबाइल पिक-अप ट्रक में बेंगलुरु वापस आए। 6 घंटों की ये यात्रा अपने असल वक्त से भी कहीं ज्यादा लंबी लग रही थी। हम जिस आराम के साथ हेलीकॉप्टर में जवागल आए थे, ये यात्रा हमें 60 घंटों की लग रही थी। अपनी वापसी की यात्रा में मेरे दिमाग में तस्वीरें चल रही थीं, मैं सपने बुन रहा था।

कर्नल जयंत पवैया, सैम और विष्णु एनडीए और आईएमए में मेरे साथी थे। जयंत एक कमाल का पायलट था। उसने 1971 में बांग्लादेश के खिलाफ युद्ध में हिस्सा लिया था, श्रीलंका में लिट्टे से लड़ाई की थी और हेलीकॉप्टर उड़ाये थे। उसने कश्मीर में भी खूब उड़ान भरी थी। मुझे समझ में आया कि चूंकि जयंत और विष्णु ने युद्ध के समय में और कठिन परिस्थितियों में उड़ान भरी थी, यात्रियों को सामान्य उड़ान में इधर से उधर ले जाना उनके लिए बेहद आसान काम होगा। अच्छा पायलट होने के साथ-साथ ये दोनों अच्छे प्रशासक थे और इन्हें इस काम से जरूरी सामान और प्रक्रिया के बारे में पूरी जानकारी भी थी। ये सच है कि पूर्व सैन्य अधिकारी शुरुआती दिनों में असैनिक जीवन को अपनाने में मुश्किल महसूस करते हैं। लेकिन अगर उन्हें ट्रेनिंग दी जाए और वो सभी कुछ बदलाव लाएं तो वो अच्छे नेता और मैनजेर बन सकते हैं।

वापसी में जयंत और मैं बातें करने लगे। जयंत ने कहा कि वो बीए की डिग्री के लिए पढ़ाई कर रहा था जिससे उसे रिटायरमेंट के बाद आम जीवन में फिट होने में दिक्कत न हो।

अफसरों के पास मिलिट्री विज्ञान की डिग्री होती है। सेना से निकलने के बाद बीए की डिग्री किसी काम कि नहीं मालूम देती। जब मुझे मालूम चला कि जयंत बीए की तैयारी कर रहा था, मैंने कहा कि वो इसकी जगह फ्लाइंग

लाइसेंस लेने की कोशिश करे। मैंने उसे अपनी योजना के बारे में बताया। मैंने कहा, 'जयंत, मैं एक हेलीकॉप्टर कंपनी शुरू करने जा रहा हूं। फ्लाइंग लाइसेंस ले लो और मेरे साथ आ जाओ।' जयंत की आदत थी कि वो अविश्वासी दिखता था। उसने एक भी शब्द नहीं कहा। उसे समझ ही नहीं आ रहा था कि मेरे कहे का अर्थ क्या था। हम जैसे-जैसे बेंगलुरु की तरफ बढ़ते जा रहे थे, मुझे समझ में आ रहा था कि जयंत को मेरा आइडिया धीरे-धीरे जकड़ता जा रहा था। अब वो नए सपने देख रहा था। भले ही दूर की कौड़ी हो लेकिन सपने काफी ललचाते हैं। खासकर तब, जब वो आपको क्लार्क या किसी प्रशासक के जीवन के उलट ले जा रहे हों। कितना अच्छा होगा फिर उड़ना। यात्रा के अंत तक जयंत अपने सपनों की दुनिया से बाहर आया और उसने पूछा कि सबसे पहले उसे क्या करना चाहिए।

मैंने कहा कि वो सबसे पहले बेंगलुरु में अपनी पोस्टिंग करवा ले। उसके बाद उसे तब तक इंतजार करना होगा जब तक हम हेलीकॉप्टर नहीं ले आते। उसने बीस साल सेना में काम किया था और पेंशन के साथ प्रीमेच्योर रिटायरमेंट का हकदार था। वो अपने पांचवे दशक में चल रहा था। चूंकि वो पेंशन पाने की उम्र में था, इसलिए वो अपनी पसंद की पोस्टिंग भी पा सकता था। मैंने उसे ये भी सुझाव दिया कि हम जब तक हेलीकॉप्टर नहीं ले आते हैं, वो सेना की अपनी नौकरी न छोड़े।

कुछ ही दिन में जयंत ने मझे फोन करके बताया कि वो बेंगलुरु आ रहा था। मैंने कहा, 'कंपनी में आपका स्वागत है!'

सैम, जयंत और मैंने मिलकर तिकड़ी बनायी। हम जवानों के मेस में गए और आर्मी का बढ़िया खाना खाया। पंद्रह साल हो गए थे मुझे ऐसे लंगर का खाना खाए। हमने सुबह होने तक खाया-पिया और बातें कीं।

जयंत के बहनोई, डॉक्टर अशोक पांडे एक सीनियर आईएएस अधिकारी थे। वो लोक सभा में सेक्रेटरी थे। उनकी पत्नी, यानी जयंत की बहन, रीना पांडे इंडियन फॉरैन सर्विस में में अधिकारी थीं। उन्होंने तीन प्रधानमंत्रियों के साथ काम किया था। आज वो राजदूत हैं। मैं कितनी भी कोशिश करूं लेकिन उनकी मदद के लिए उनका भरपूर शुक्रिया अदा नहीं कर पाऊंगा। अगर उन लोगों ने बगैर सोचे मेरी मदद नहीं की होती और मेरी पीठ नहीं थपथपाई होती तो हमारा ये उद्यम अफसरशाही की चक्की में पिसकर खत्म हो जाता। कभी कभी तो मुझे ऐसा लगता है कि उन्हें भगवान ने मेरी मदद करने के लिए भेजा था। शायद ये सही बात भी है कि वो लोग जो सफलता पाने के लिए हर संभव कोशिश करते

हैं, नाजुक पलों में भगवान उनकी मदद करता ही है। अशोक और रीना पांडे ने समय-समय पर कोशिशें कीं जिससे हमारी फाइलें आगे बढ़ती गयीं। जिला और तालुका लेवल पर मैंने सरकारी दफ्तरों में फाइलों को रेंगते हुए देखा था। मुझे ऐसा लगता था कि जैसे मैंने उन सभी जगहों पर बाधाएं पार कर ली थीं तो दिल्ली में भी हो जाएंगी। लेकिन दिल्ली में अलग ही प्रजाति की अफसरशाही पायी जाती है। हमारी तमाम कोशिशों के बावजूद, लगभग दो सालों में लाइसेंस की हमारी अप्लीकेशन आगे ही नहीं बढ़ी। इस चक्कर में हमें दिल्ली के कई चक्कर लगाने पड़े। हमारे लिये ये झुंझलाहट से भरा हुआ समय था और हमारे सीमित संसाधन खत्म हो रहे थे।

जयंत ने हमारी रीना पांडे से विदेश मंत्रालय में मुलाकात करवाई। हम उनसे मिले और उन्हें बताया कि हमारी फाइलें आगे नहीं बढ़ रही थीं और एक जगह अटक गई थीं। रीना ने अपने सूत्रों से संपर्क किया। ब्यूरोक्रेसी के गलियारों का हर तार एक दूसरे से जुड़ा होता है। यही कॉन्टैक्ट्स हमारे काम आए। रीना और अशोक ने खूब कोशिशें की जिससे लालफीताशाही के फेर में में फंसी हमारी फाइलें आगे बढ़ सकें। हम अपने उसूलों के चलते किसी को रिश्वत नहीं देना चाहते थे। और अगर हम किसी मौके पर ऐसा करना भी चाहते, तो भी हमारे पास इतने संसाधन नहीं थे।

सैम ने और मैंने साथ-साथ खूब काम किया। सैम ने सिविल एविएशन मिनिस्ट्री के नियमों के अनुरूप ट्रेनिंग और इंजीनियरिंग के मैनुअल बनाने के लिए जमीनी काम किया। इन्हें बेहद सतर्कता के साथ बनाया जाना था और इन्हें एकदम सही होना चाहिए जिससे डीजीसीए के सभी दिशानिर्देशों का पालन हो रहा हो। मैंने खुद को लाइसेंस की प्रक्रिया में लगा दिया। उस वक्त लाइसेंस पाने के लिए कितनी मशक्कत करनी पड़ी, उसको और उस झुंझलाहट को शब्दों में बयान कर पाना मुश्किल है। दो साल के समय में दिल्ली की हर यात्रा पिछली वाली से ज्यादा दर्दनाक मालूम दे रही थी। और साथ ही किसी भी चक्कर में कोई नतीजा निकलता नहीं दिखा। अफसरशाही की हालत पेश करने के लिए मैं आपको दो घटनाएं बताता हूं।

एक जॉइंट सेक्रेटरी था जिसके पास शुरुआती स्टेज में अप्लीकेशन पहुंचती हैं। इसी जगह पर अप्लीकेशन फाइल में बदलती हैं। इसके बाद वही फाइल सभी के संज्ञान में लायी जाती है। सरकार के सेक्रेटरी हर वक्त मीटिंग में मशगूल होता है। मैंने अपनी अप्लीकेशन जमा की और पूरा दिन जॉइंट सेक्रेटरी से एक बार मिलने का इंतजार करता रहा। जब मैं अंत में उससे मिल पाया,

उसने पूछा कि मैं वहां क्या कर रहा था। मैंने बताया कि मैंने एक एनओसी पाने के लिए अप्लीकेशन फाइल की थी जिससे मैं हेलीकॉप्टर सर्विस शुरू कर सकूं। उसने कहा, 'मैं देखता हूं।' बस, यहीं बात खत्म हो गई।

लेकिन मैं पीछा छोड़ने वाला नहीं था। महीने निकलते गए और एनओसी की कोई खोज खबर नहीं मिल रही थी। फाइल जॉइंट सेक्रेटरी की मेज पर 6 महीने से थी। हर बार मुझे एक ही जवाब मिलता था—'हम देखते हैं।' अब तक मैं जॉइंट सेक्रेटरी के दफ्तर के 15 चक्कर काट चुका था। तीन अलग-अलग पदाधिकारी आकर जा चुके थे। 16वें चक्कर पर मुझे जो अधिकारी मिले। उन्होंने इस तरह के हाव-भाव दिखाए कि लगे कि वो और भी जरूरी कामों में व्यस्त थे। उन्होंने मुझसे पूछा कि मुझे क्या चाहिए था। मैंने बगैर आपा खोये उनसे कहा कि मैंने एक एनओसी के लिए अप्लीकेशन दायर की थी जिससे मेरी हेलीकॉप्टर की चार्टर सेवाएं शुरू हो सकें और उन्हें उस पर नजर डालनी चाहिए। मैंने ये भी कहा कि हमारे पास इतने संसाधन नहीं थे कि हम हर कुछ दिनों पर दिल्ली के चक्कर मारते रहते। इसके बाद वो और भी अधीर होते दिखे। इसके बाद उन्होंने सर पर हाथ फेरते हुए, भावशून्य चेहरे के साथ कहा, 'मैं देखता हूं।' मैं इस बार यूं ही लौटने वाला नहीं था। मैंने उनसे कहा कि इस बीच तीन अलग-अलग जॉइंट सेक्रेटरी आकर चले जा चुके थे और मेरी फाइल अभी भी उन्हीं की मेज पर रखी हुई थी। अब वो चिड़चिड़े हो रहे थे। मुझे ऐसे देखा जैसे मैंने कोई सीमा लांघ दी थी। इसके बाद उन्होंने अपना हाथ उठाकर आंखों के सामने कलाई घुमाई और मुझे दर्शाया कि उन्होंने मुझे काफी वक्त दे दिया था। फिर अपनी आवाज करती कुर्सी से उठे और मुझे बाहर जाने का इशारा कर दिया।

इसके बाद इस अधिकारी से मेरी तमाम मीटिंग विफल रहीं। हर बार वो मुझे लगभग दुत्कार देते। मैंने भी हार नहीं मानी। मैं बार-बार उनसे टकराता रहा, भले ही मुझे राजधानी के कई चक्कर लगाने पड़े और मेरे संसाधन खत्म होने लगे। शायद वो मुझसे परेशान हो गए और फिर कहा कि उन्होंने फाइल आगे सेक्रेटरी को पहुंचा दी थी। अफसरशाही का एक छोटा सा कदम, मेरे लिये बहुत बड़ी छलांग जैसा था! मुझे ऐसा ही लगा।

ब्यूरोक्रेसी के पास कई फर्मे थे जिससे वो याचिकाकर्ताओं से डील करते थे: उसे इंतजार करवाओ, उसे कम समय दो, उसे धौंस दिखाओ, उसे मिलने से रोको और काम टालते रहो। सेक्रेटरी और जॉइंट सेक्रेटरी के बीच एक और झमेला होता है। इस दौरान सेक्रेटरी अप्लीकेशन पर सफाई मांगता है। ये और

वक्त खाता है। मैं इस दौरान अपना काम कर रहा था और वो मुझसे इतनी आसानी से पीछा नहीं छुड़ा पा रहे थे। अंत में सेक्रेटरी ने मुझसे कहा कि उसने फाइल मिनिस्टर के पास पहुंचा दी थी। जब मैं सेक्रेटरी के पास तीसरी बार पहुंचा तो उसने कुछ चिड़चिड़ेपन के साथ मुझसे कहा कि मिनिस्टर साहब ने न ही फाइल पर साइन किया था और न ही उसे रिजेक्ट किया था। 'इसलिए मेरे पास मत आइये, मिनिस्टर साहब के पास जाइये।'

जब मैंने सेक्रेटरी से कहा कि वो एक बार मिनिस्टर साहब को मेरी फाइल के बारे में याद दिला दे, उसके चेहरे पर एक चिरपरिचित मुस्कान आ गई। उसने बहुत काइयांपन के साथ मुझे वो संदेश दिया जो वो देना चाहता था। 'एक बार जब मिनिस्टर के पास फाइल पहुंच जाती है और न ही उन्होंने उस पर मोहर लगाई होती है और न ही रिजेक्ट की होती है, तो मैं जाकर उन्हें उसके बारे में दोबारा याद नहीं दिला सकता। खासकर तब, जब वो प्राइवेट सेक्टर की लाइसेंसिंग से जुड़ी हो। अगर मैं ऐसा करूंगा तो उन्हें मेरे इरादों पर शक होगा। मिनिस्टर को किसी फाइल के बारे में बार-बार याद नहीं दिलाना चाहिए। उन्हें मालूम होता है कि आपकी फाइल पर साइन होना है। उन्होंने वो अलग करके रखी हुई है। इसका मतलब है कि वो चाह रहे हैं कि आप जाकर उनसे मिलो।' मुझे समझ में आ गया कि जब फाइल न ही एक्सेप्ट की गई है और न ही रिजेक्ट हुई है, तो जरूर उसकी कोई अपेक्षा होगी।

दिल्ली में सत्ता के गलियारे दलालों और बिचौलियों से भरे पड़े हैं। वो काम जल्दी करवाने के लिए स्पीड फीस और साथ में सर्विस फीस लेते हैं। मुझे इससे सख्त नफरत थी। लोग सीधे मंत्री के पास नहीं जाते हैं क्योंकि वो मान के चलते हैं कि वो उनका काम नहीं करेगा। ये आम मान्यता है कि बगैर बिचौलिए के कोई काम नहीं बनेगा। मेरे शुरुआती दिनों से ही मैंने इस प्रक्रिया का साथ कभी नहीं दिया है। मैं अभी भी ऐसा नहीं करना चाहता था। सिविल एविएशन मंत्रालय उस वक्त गुलाम नबी आजाद के पास था। मैंने तय किया कि मैं सीधा उनसे ही मिलूंगा।

मुझे उनका अपॉइन्टमेंट मिल गया। मुलाकात पर मैंने मंत्री जी को बताया कि मैं एक पूर्व सैन्य अधिकारी था और अपनी हेलीकॉप्टर कंपनी शरू करना चाहता था। बहुत वक्त से मेरा प्रार्थना पत्र उनकी मेज पर रखा हुआ था। मेरा समय और संसाधन, दोनों ही खर्च हो रहे थे। मैंने दो साल दिल्ली के चक्कर काटने में अपनी पूरी पूंजी गंवा दी थी। अब मैं चाहता था कि मुझे लाइसेंस मिल जाए।

हम में से कई लोगों को वो नहीं मिलता जो मिलना चाहिए, क्योंकि हम उसकी मांग नहीं रखते हैं। मुझे समझ में आया है कि ज्यादातर आधिकारिक काम आपसे बगैर पैसों की मांग किए पूरा हो जाएगा। अगर आप सही रास्ते पर चलें तो आपको चापलूसी करने की जरूरत नहीं पड़ेगी। आप सीधे शब्दों में अपने काम के बारे में पूछ सकते हैं। आपको वाकई ये देखकर आश्चर्य होगा कि राजनीतिक और प्रशासनिक मशीनरी ईमानदारी और निष्ठा के प्रति कितनी मेहरबान होती है।

मैंने मिनिस्टर साहब को बताया कि मैं कितनी दिक्कतों से जूझ रहा था। मैंने कहा कि मुझे विश्वास नहीं हो रहा था कि एक पूर्व सैन्य अधिकारी को अपना हक पाने के लिए इतनी मशक्कत करनी होगी। मिनिस्टर साहब ने अपने सेक्रेटरी से पूछा कि क्या वहां कोई फाइल थी जिसमें कैप्टन गोपी की अप्लीकेशन थी। सेक्रेटरी वो फाइल लेकर आया। देश में राजनेताओं की कौम को भ्रष्ट माना जाता है और यही हाल बिजनेसमैनों का है। लेकिन व्यक्तिगत तौर पर कुछ ऐसे हैं जो इस समीकरण में फिट नहीं बैठते दिखते हैं। मंत्री जी ने कहा, 'मैं तुम्हारी अप्लीकेशन अप्रूव कर रहा हूं और आज ही साइन कर दूंगा।' मुझे विश्वास तो नहीं था लेकिन मंत्री जी अपनी बात के पक्के थे। उन्होंने मुझे एयरलाइन बनाने के लिए जरूरी सरकारी मंजूरी दे दी। उन्होंने आगे की प्रक्रिया के लिए मुझे डीजीसीए के पास रेफर कर दिया। दो साल की अथक मेहनत रंग ला रही थी। दो साल की मेहनत, उस कागज पर बस एक वाक्य लिखवाने के लिए: 'सरकार को आपके हेलीकॉप्टर कंपनी शुरू करने से कोई ऐतराज नहीं है।'

दिल्ली में मेरे दो दोस्त थे। एक थे कैप्टन डीवी सिंह, जो बाद में हमसे जुड़ गए। राजधानी आने पर हम उन्हीं के यहां ठहरते थे। दूसरे दोस्त थे कैप्टन अब्राहम बेन और वो नयी दिल्ली में निरुलाज के साथ जुड़े हुए थे। बेन ने हमें खाने और चिट्ठियां प्रिंट करवाने और फैक्स करने में हमारी बहुत मदद की। हमारे पास अपने बिजनेस सेंटर को बनाने के पैसे नहीं थे।

अंडे में से चूजा निकल रहा था। हमें बस उसे पंख देने थे और हेलीकॉप्टर लाने थे। सैम ने एविएशन से जुड़ी मैगजीन और न्यूजपेपर खंगाल डाले और भावी सप्लायरों की लिस्ट बनानी शुरू की। उन्हें खत लिखे गए और पूछा गया कि क्या वो हमें लीज पर हेलीकॉप्टर देंगे। ब्रोकरेज वाली कम्पनियों ने हमसे 10 हजार डॉलर जमा करने को कहा। उनका कहना था कि ये रकम डील होने के वक्त समायोजित कर दी जाएगी। हमारे पास ऐसी पूंजी नहीं थी इसलिए हम

ब्रोकरेज नहीं दे सकते थे। आरबीआई के फॉरेन एक्सचेंज के नियम बहुत कड़े थे। लीज देने वाली कंपनियां बैंक की गारंटी मांगती थीं। बैंकों का कहना था कि अगर वो बैंक गारंटी दे रहे हैं तो पैसे भी दे ही सकते थे। भारतीय बैंक, जिसमें ज्यादातर राष्ट्रीय बैंक थे, एविएशन इंडस्ट्री को लोन देने के आदी नहीं थे। क्योंकि उन्हें इस सेक्टर के आर्थिक ढांचे के बारे में कुछ भी मालूम ही नहीं था। हेलीकॉप्टर लीज पर देने का धंधा एक संजीदा धंधा था और उनके पास ऐसे आर्थिक संसाधन नहीं थे कि वो इसमें हाथ डाल सकें। उन्हें नहीं मालूम था कि अगर लीज पर लेने वाले ने समय पर भुगतान नहीं किया तो एक जहाज को वापस अपने कब्जे में कैसे लिया जा सकता था। एक जहाज को यूं ही नहीं छोड़ा जा सकता था और अगर वो उड़ान नहीं भी भर रहा है, तो भी उसे रोज मरम्मत की जरूरत होती है। वरना वो बहुत ही जल्द बर्बाद हो जाएगा। इन्हीं सभी वजहों से बैंक एविएशन के सभी प्रोजेक्ट से दूर रहते थे।

हम एक बैंक से दूसरे बैंक जा रहे थे। इस दौरान मैं, सैम और जनरल नरहरी और हमारे सीएफओ मोहन कुमार, फॉर्मल कपड़ों में जाते। मैंने सेना छोड़ने के बाद से ऐसा कभी नहीं किया था। मैनेजर कहते कि वो जल्दी ही हमसे बात करेंगे। ये एकदम वैसे ही अनुभव थे जैसे फार्म के लिए लोन लेते वक्त मिले थे। बस अंतर ये था कि इस बार बैंक महीने भर बाद हमसे बात करते थे और बताते थे कि बहुत सोच-विचार के बाद उन्हें समझ में आया था कि ये प्रोजेक्ट उन्हें बहुत फलदायी नहीं होगा और इसलिए वो हमें फंड नहीं देंगे।

हेलीकॉप्टर लीज देने वाली कंपनियां भी भारत में बहुत रुचि नहीं दिखा रही थीं। वो इसे दूरस्थ और खतरे से भरा देश मानती थीं। उन्हें ये डर सताता था कि अगर उनके हेलीकॉप्टरों के साथ कोई समस्या आयी तो वो अपनी लागत भी नहीं वसूल पाएंगे क्योंकि भारतीय कोर्ट किरायेदारों और लीज लेने वालों से खासी सहानुभूति रखते हैं। बहुत बाद में मुझे समझ में आया कि आखिर लीज देने वाली कंपनियां इतनी असहज क्यों थीं: भारतीय कानून लीज देने वालों के प्रति कठोर बर्ताव करते हैं और हेलीकॉप्टर की लीज के लिए जो नियम थे उससे कम्पनियों को हेलीकॉप्टर रिकवर करने में दिक्कत होने वाली थी।

कर्नाटक स्टेट इंडस्ट्रियल इंवेस्टमेंट डेवलपमेंट कॉरपोरेशन (केएसआईआईडीसी) राज्य सरकार की एक ईकाई है जो निवेशकों के हित में रहते हुए काम करती है। हम आशा कर रहे थे कि हमें लोन या हिस्सेदारी के रूप में पैसा मिलेगा। हमने 2 हेलीकॉप्टर खरीदने के लिए 10 करोड़ रुपयों की मांग सामने रखी। हमारे प्रार्थना पत्र के बाद और निवेश के सभी समीकरण

नापने के बाद केएसआईआईडीसी ने कहा कि वो हमें 43 लाख रुपए स्पेयर पार्ट्स और हैंगर (जहां विमान रखे जाते हैं) के लिए दे सकते थे।

इससे भी ज्यादा चौंकाने वाली बात ये थी कि केएसआईआईडीसी ने हमसे कहा कि हम अपने बिजनेस प्लान पर पवन हंस से मंजूरी लेकर आएं जो उस वक्त भारत की एकमात्र हेलीकॉप्टर कंपनी थी। पवन हंस पब्लिक सेक्टर की एक ईकाई थी जिसे सिविल मिनिस्ट्री चलाती थी। वो सरकारी और टेल से जुड़े काम लेते थे और चार्टर सेवा में काम नहीं करते थे। मैंने सीधे शब्दों में अपना प्लान पवन हंस के सामने रखने से इंकार कर दिया। वो हमारे प्रतिस्पर्धी होने वाले थे। अंत में केएसआईआईडीसी ने ये शर्त हटा दी और हमें ऑफर लेटर थमा दिया।

अब जब हमारे पास लाइसेंस था, हमने तमाम मोर्चों पर काम करना शुरू किया। सैम ने कंपनियां तलाशनी शुरू कीं, जहां से हम लीज पर हेलीकॉप्टर ले सकते थे। मैंने एक ऐसी जगह देखनी शुरू की जहां हम ऑपरेशन का बेस तैयार कर रहे थे और हेलीकॉप्टर के लिए हैंगर भी। बेंगलुरु में तीन एयरफील्ड हैं। येलहंकाएयर फोर्स बेस, एचएएल डिफेंस एयरपोर्ट और जक्कुर का सरकारी हवाई अड्डा। जक्कुर एयरफील्ड का इस्तेमाल सिर्फ फ्लाइंग स्कूल के लिए किया जा रहा था जो 50 साल पुराना था। मुझे समझ में आया कि जक्कुर एयरफील्ड असल में मुख्मंत्री के कार्यक्षेत्र में आता था।

जब हमें एनओसी मिली, भारत की राजनीतिक और आर्थिक स्थिति में बड़ा बदलाव हो रहा था। केंद्र में नरसिम्हा राव की सरकार थी और वो अपने आखिरी पड़ाव पर थी। नरसिम्हा राव ने वित्त मंत्री मनमोहन सिंह और वाणिज्य मंत्री पी चिदम्बरम को साथ लिया हुआ था। इस टीम ने एक आर्थिक क्षेत्र में आधारभूत बदलावों की शुरुआत की थी और उसे मुकम्मल करने की ओर कदम बढ़ाए थे। सोनिया गांधी कुछ साल पहले अपने पति राजीव गांधी की असामयिक मृत्यु के बाद दुख का शिकार होकर एकांतवास में पहुंच चुकी थीं। नरसिम्हा राव भारत के नए नेता माने जा चुके थे और राजनीतिक-सामाजिक स्तर पर सभी द्वारा सम्मानित थे। एक झिंझोड़े जा चुके देश में वो आशा की हवा लेकर आए थे। अंतर्राष्ट्रीय स्तर पर इस तरह की बातें की जा रही थीं कि वो भारत को संघर्षरत अर्थव्यवस्था से निकालकर आर्थिक बदलावों और लंबे वक्त तक रहने वाली सफलता की राह पर धकेल चुके थे। भारत के बारे में उत्साह की भावना के साथ बात हो रही थी।

हमारे पास लाइसेंस था, लोग थे, लेकिन हेलीकॉप्टर नहीं था। ठीक इसी दौरान, अचानक माइक रॉबिन्स का फोन आया। वो लगातार हमारे लिये एक इस्तेमाल किया जा चुका हेलीकॉप्टर ढूंढ रहे थे। इस बार उनके पास समाचार था। उन्होंने हमें बताया, 'जापान में एक कंपनी है। वो लीज पर हेलीकॉप्टर देने का काम करती है और दुनिया भर में उसके पास पचास हेलीकॉप्टर हैं। मैंने उनसे आपके बारे में बात की है। वो आपके साथ मीटिंग करना चाहते हैं।'

मैंने इस आईटीसी लीजिंग इंटरनेशनल के साथ संपर्क साधा। इसका एक सीनियर अधिकारी बेंगलुरु आया। हम रात के खाने पर ताज वेस्ट एंड में मिले और हमने कुछ तीन-चार घंटे बात करते हुए बिताए। हमने भारत के बारे में बात की, अर्थव्यवस्था को आगे बढ़ाने, बदलावों के बारे में बात की और मैंने उन्हें ये भी बताया कि ये कोई क्षणभंगुर प्रोजेक्ट नहीं था। मैंने कहा कि अगर भारत सफल होता है तो हमें एक या दो या दर्जन भर नहीं बल्कि हजारों की संख्या में हेलीकॉप्टर चाहिए होंगे। मैंने अपने सपने को पूरे उत्साह और विश्वास के साथ सामने रखा।

देश आए हुए मेहमान ने कुछ भी नहीं कहा। जापानी लोग वैसे भी कम ही बोलते हैं और मुझे अक्सर ऐसा लगा है कि वो कुछ बुद्धू होते हैं। लेकिन असल में वो चींटियों की कॉलोनी के सदस्य होते हैं। चींटियां अकेले तो बहुत कुछ नहीं कर पाती हैं लेकिन लाखों चींटियां मिलकर बाम्बी बनाती हैं जो अपने आप में वास्तुकला का अनोखा नमूना होता है। ऐसा ही कुछ इन जापानियों के साथ भी है। कुछ एक मिलकर थोड़ा शोर करते हैं, कुछ और मिलकर सोनी बना देते हैं।

उस शख्स ने एक भी सवाल नहीं पूछा। एक भी जवाब नहीं दिया। वो बस सुनते रहे। खाना खत्म हुआ, उन्होंने मुझे अलविदा कहा और वापस जापान चले गए।

ईमेल की सेवाएं कुछ लोग ले रहे थे लेकिन हम उन लोगों में शुमार नहीं थे। इसकी जगह हमारे पास एक पुरानी फैक्स मशीन थी। अगले ही दिन मेरे पास एक फैक्स मेसेज आया। मैं अपने किसानी से जुड़े दफ्तर पर था। दफ्तर में किसान, मजदूर, मेकेनिक लोग भी थे। इनकी बातों की भुनभुनाहट के ऊपर मुझे मेरे सेक्रेटरी की आवाज सुनाई दी। उसके कहा कि मुझे आईटीसी लीजिंग से फैक्स आया था। मैं उस ए4 साइज के कागज की ओर जब बढ़ रहा था, मेरे दिमाग में कितने ही विचार दौड़ लगा रहे थे। उस कागज पर एक लाइन

लिखी थी: 'हमें ये बताते हुए खुशी हो रही है कि हमारे बोर्ड ने आपको एक हेलीकॉप्टर देने का फैसला किया है: बेल लॉन्ग रेंजर एल3।'

मेरे अंदर भावनाओं का ज्वार उठ गया। सैम और मैं एक दूसरे को गला लगाए हुए थे। आखिरकार हमारे पास लाइसेंस, हेलीकॉप्टर, पायलट और इंजीनियर थे। अब बस हमें पैसों की जरूरत थी और पैसों तक पहुंचने से हमें कोई रोकने वाला नहीं था!

लेकिन उस फैक्स से आए संदेश से मिलने वाली खुशी बहुत ज्यादा दिन तक नहीं चली।

1996 में आम चुनाव हुए और भविष्यवक्ताओं और राजनीतिक पंडितों को धता बताते हुए नरसिम्हा राव की सरकार दूसरा कार्यकाल नहीं पा सकी। पूर्ण बहुमत किसी को नहीं मिला और देश बदलाव की राह से भटककर ऐसी सड़क पकड़ चुका था जिस पर आने वाले भविष्य का कुछ अता पता नहीं था।

भाजपा सबसे बड़ी राजनीतिक पार्टी थी लेकिन उसके पास बहुमत नहीं था। अटल बिहारी वाजपेयी ने कई राजनीतिक दलों का दामन थामा और राष्ट्रपति ने उन्हें सरकार बनाने के लिए आमंत्रित किया। लेकिन उनकी सरकार स्थिर नहीं रही और 13 दिनों में ही गिर गई। वाजपेयी को कार्यवाहक प्रधानमंत्री बनाया गया। भारतीय राजनीति में वो चुनाव एक बड़ा बदलाव लेकर आए। यहां से क्षेत्रीय पार्टियां उभर कर आयीं और लेफ्ट ने खूब वोट कमाए।

रातों-रात, आगे बढ़ रहा देश, एक ऐसा देश जिसका बाजार कमाई कर रहा था और जहां आर्थिक बदलाव हो रहे थे, अचानक रुकावट के मुहाने पर खड़ा था। हर बड़े अंतर्राष्ट्रीय अखबार में भारतीय आर्थिक सुधारों का शोक-संदेश छपा हुआ था। संविधान के अनुसार, त्रिशंकु विधानसभा होने पर प्रदेश में राष्ट्रपति शासन लगाया जाना होता है। लेकिन केंद्र में ऐसा नहीं हो सकता था। देश के बाहर ऐसा समझा जा रहा था कि भारत में हो रहे इस बवाल के चलते यहां लोकतंत्र की स्थिरता और बदलाव अपने अंत की ओर बढ़ रहे थे।

त्रिशंकु सभा के चलते हमारे काम पर भी असर पड़ा। आईटीसी लीजिंग, जापान से आए पहले फैक्स ने हमें आशावान बना दिया था और हम उत्साह के साथ आगे के काम में जुट गए थे। लेकिन फिर हमें दूसरा फैक्स आया। इस बार भी एक ही लाइन लिखी थी: 'हमें भारत की स्थिति कुछ ठीक नहीं लग रही। हम अपने एक हेलीकॉप्टर का ऑफर वापस ले रहे हैं।' मुझे रॉबर्ट बर्न्स की कविता 'टु अ माउस' की याद आयी:

चूहे तुम अकेले नहीं हो,
जो अपनी समझदारी साबित करने में असफल हो गए हो :
चूहों और आदमियों की सबसे अच्छी योजनाएं
ही उल्टी पड़ जाती हैं
और खुशी की उम्मीद हमारे लिए दुख और दर्द,
के अलावा कुछ नहीं छोड़ती।

सैम पूरी तरह से टूट चुका था और हमारी पूरी टीम दुखी थी। मैं किसी तरह खुद को शांत रख रहा था और हिम्मत बनाए हुआ था। कुछ तो ऐसा था जो मुझे टूटने से रोक रहा था। मेरे अंदर आशा की आग अभी भी सुलग रही थी। मैंने कहा कि ये बस एक और रुकावट है जिसे हमें पार करना होगा और हम करके रहेंगे। मैंने सैम से कहा, 'एक दरवाजा बंद होता है तो दूसरा खुलता है। चिंता मत करो। हमें हिम्मत नहीं हारनी है।'

इसके बाद अब हमने नयी शुरुआत की। हमने नए दरवाजे खटखटाने शुरू किए। नए खत लिखे। दुख और खुद पर तरस खाने से बहुत ऊर्जा खपती है। अगर आप खुद को पीड़ित महसूस करने से दूर रहें और इसकी बजाए उपाय ढूंढने निकलें तो न केवल आप अपनी ऊर्जा बचाए रखेंगे, बल्कि कुछ नयी चीज भी पा सकेंगे। इस पूरी प्रक्रिया में ये भी काम होता है कि आप दोबारा से आशावान हो जाते हैं।

सभी लड़ाइयां पहले तो दिमाग में ही लड़ी जाती हैं और यहीं पर जो होता है, वो हमें बनाता या बिगाड़ता है। ऐसे में निराशा की काट मिलती है काम करते जाने में। मैंने दुख में खुद को डुबो देना ठीक नहीं समझा और एक नए तरीके की खोज में लग गया।

एक दिन, दुख की इन्हीं घड़ियों के बीच, मुझे विद्या बाबू नाम के एक शख्स का खत मिला। वो मकाऊ की एक हेलीकॉप्टर कंपनी से थे। उन्हें पता करना था कि क्या वहां हेलीकॉप्टर इंजीनियर के लिए कोई मौका था। मैं वाकई एक इंजीनियर की तलाश में था। विद्या बाबू एक ठेठ तमिलनाडु से निकलकर बाहर जाने वाले शख्स थे जिसके पास तेज दिमाग था और मुसीबत से निकलने की कला उन्हें आती थी। वो उन लोगों में से थे जिन्हें बजट के बंधनों में रहकर काम करना होता था और वो बढ़िया काम डिलीवर करते थे। हमारी कंपनी ज्यादा पैसेवाला काम कर भी नहीं सकती थी। मैंने उन्हें साथ में ले लिया। अब हमारे पास सभी संधान आ चुके थे।

विद्या बाबू ने सुझाव दिया कि हमें किसी टेंट या झोपड़ीनुमा जगह से शुरुआत करनी चाहिए और बाद में, जरूरत पड़ने पर हैंगर के बारे में सोचेंगे। लेकिन मैं दूसरी तरह से सोच रहा था। जो लोग हमारे हेलीकॉप्टर की सेवाएं लेने वाले थे, वो कॉर्पोरेट या अमीर लोग होने वाले थे। एक छोटा, जुगाड़ से बनाया दफ्तर या हैंगर उन्हें बहुत प्रभावित नहीं करने वाला था। मैं चाहता था कि हेलीकॉप्टर कंपनी टेन-स्टार बने। हम बाकी जगहों में कटौती करने वाले थे लेकिन इंजीनियरिंग, मेंटेनेंस, ग्राहकों का रिसेप्शन का एरिया और वीआईपी लाउंज अंतर्राष्ट्रीय स्टैण्डर्ड के होने वाले थे। सामने से सब कुछ ऐसा दिखना चाहिए कि ग्राहकों को हम आत्मविश्वास से भरे मालूम दें ताकि उन्हें ऐसा न लगे कि उन्हें दोयम दर्जे की हेलीकॉप्टर सर्विस मिलने वाली थी।

हम ये सब कहां बनाएंगे? एक एचएएल एयरपोर्ट था लेकिन सैम ने कहा कि बेहतर होगा अगर हम शहर के बाहर रहें। वहां येलहंका था जो एयर फोर्स के पास था और जक्कुर एयरफील्ड थी जो बेंगलुरु की बाहरी सीमा पर स्थित थी। जक्कुर गांव के आस-पास बनी ये एयरफील्ड में देश के सबसे अच्छे और पुराने फ्लाइंग स्कूलों में से एक चलता था। इस एयरफील्ड से सम्बंधित सभी फैसले मुख्यमंत्री ले सकते थे। सबसे सही तो यही होता कि हम सीधे मुख्यमंत्री जेएच पटेल से मिल लेते जो जनता पार्टी के थे।

जब मैं उनसे मिलने जा रहा था, मुझे सिंगापुर याद आ रहा था। याद आ रहा था कि कैसे वो छोटा सा द्वीप है लेकिन वहां प्रैट ऐंड व्हिटनी और रोल्स रॉयस, बोईंग और एयरबस समेत सभी बड़े इंजन और एयरक्राफ्ट निर्माताओं के दफ्तर हैं। सिंगापुर ज्यादातर मल्टीनेशनल कम्पनियों, जिसमें एविएशन सेक्टर की बड़ी कंपनियां थीं, का क्षेत्रीय मुख्यालय था। ये कंपनियां सिंगापुर नाम के छोटे से द्वीप को क्यों चुन रही थीं और भारत को क्यों नहीं?

सिंगापुर नेपाल, पाकिस्तान, बांग्लादेश, श्रीलंका और म्यांमार के नजदीक नहीं था। इस क्षेत्र में लॉजिस्टिक्स बहुत महत्व रखता है। एयरक्राफ्ट को लगातार मरम्मत की जरूरत पड़ती है और उसके पुर्जे बदले जाते हैं। सुरक्षा के स्टैंडर्ड बेहद सख्त होते हैं और कंपनियां इन पर कायम रहना ही रहना चाहती हैं। एक हेलीकॉप्टर इंजन, जिसे 3 हजार घंटे उड़ने की रेटिंग मिली होती है, उसे 3 हजारवें घंटे पर ही बदल दिया जाता है। कई पार्ट्स ऐसे होते हैं जिनकी कैलेण्डर लाइफ होती है और कुछ होते हैं जिन्हें इस्तेमाल होने के हिसाब से बदला जाता है। हेलीकॉप्टर के 95 प्रतिशत पुर्जे पूरी तरह से बदल दिए जाते हैं और उन्हें एक मिनट भी एक्स्ट्रा खपाया नहीं जाता है। ऐसे में या तो एक

नया हेलीकॉप्टर लिया जाना चाहिए या फिर पुराना हेलीकॉप्टर, लेकिन उसके पुर्जे नए होने चाहिए।

लेकिन एविएशन कंपनियां भारत में हिस्सा नहीं ले रही थीं क्योंकि यहां देरी होती ही होती थी और अफसरशाही के चक्कर में लागत भी काफी बढ़ जाती थी। हवाई अड्डों पर लैंडिंग देरी से होती है, वहां काफी प्रतिबन्ध होते हैं और बहुत ज्यादा चेकिंग होती है, साथ ही काम करने में लागत ज्यादा आती है क्योंकि टैरिफ महंगे होते हैं। सेवाएं देने के मामले में जो तत्परता दिखती है, उसका मुकाबला भारत नहीं कर सकता है। नेपाल या पाकिस्तान से इंडिया में इंजन मंगवाकर उसे एक ही दिन में ठीक करके वापस भेज देना यहां संभव नहीं था।

मुझे लगा कि भारत का ये बिजनेस खोना अजीब था। भारत के पास टैलेंट की खान थी। सिंगापुर टेक्नोलॉजी एरोस्पेस में काम करने वाले 31 इंजीनियरों में से 19 भारतीय थे। एयर इंडिया और भारत सरकार ने ही सिंगापुर एयरलाइन स्थापित करने में मदद की थी। इस एयरलाइन के आधे इंजीनियर और पायलट भारतीय थे। भारतीय एयरलाइनें और भारतीय एविएशन सेक्टर गिरावट पर थे लेकिन सिंगापुर एयरलाइंस इस क्षेत्र में एक बड़ा नाम बन चुका था। चूंकि इससे जुड़ी सेवाएं बेहद कम थीं,इसलिए भारतीय कम्पनियों को मेंटेनेंस के लिए ज्यादा रकम खर्च करनी पड़ती थी। सिर्फ एक बियरिंग बदलवाने के लिए पूरा इंजन सिंगापुर भेजना पड़ता था। 500 डॉलर के एक पुर्जे के लिए 50 हजार डॉलर खर्च करने पड़ते थे। सिंगापुर तक इंजन पहुंचाना, उसे रिपेयर करना, पुर्जा बदलना और वापस भेजने में भारत से बीस गुनी ज्यादा कीमत अदा करनी पड़ती थी। इसके अलावा कंपनी को ढुलाई का खर्चा, बीमा, काम के घंटों में हुई कटौती, कस्टम औपचारिकताओं और ऊंचे लेबर खर्चे में भी घाटा उठाना पड़ता था।

मुख्यमंत्री से मिले अपॉइंटमेंट पर मिलने जाते हुए मेरे दिमाग में विचार चलते जा रहे थे। मैंने पूरी दृढ़ता के साथ उनसे बात की और उन्हें ये समझाने की कोशिश की कि बेंगलुरु के पास पूरा टैलेंट और इंफ्रास्ट्रक्चर था और इसके दम पर वो दुनिया की एविएशन की राजधानी बन सकता था।

मुख्यमंत्री ने मुझसे साफ शब्दों में मांग रखने को कहा। मैंने कहा कि मैं एक हेलीकॉप्टर चार्टर सर्विस शुरू करना चाहता था, वर्ल्ड-क्लास सेवाएं देना चाहता था, इंजीनियरिंग की ईकाई शुरू करना चाहता था। लेकिन सबसे ज्यादा मेरी चाहत थी कि हैंगर बनाऊं। मैंने कहा कि मुझे जक्कुर एयरफील्ड

में एक एकड़ जमीन चाहिए थी। मैंने उन्हें याद दिलाया कि वो उनके कार्यक्षेत्र में आता है।

मुख्यमंत्री ने कहा, 'कैप्टन, मैं तुम्हें जमीन भी दूंगा और तुम्हारा पहला ग्राहक भी बनूंगा।' मुझे जो खुशी मिली और जो राहत महसूस हुई, वो अप्रतिम थी। सीएम पटेल ने अपने मुख्य सेक्रेटरी एन विश्वनाथन को बुलाया और उनसे कहा कि वो मेरी मदद करें।

आईएएस सालों साल चलते हुए अब बहुत ताकतवर सेवा हो गई थी। इतनी ताकतवर कि अब वो अर्थव्यवस्था को भी कंट्रोल करने लगे थे। शुरुआती समय में भारतीय राजनीतिक माहौल सेमी-सोशलिस्ट था और शासन अफसरशाही के हाथों में था। प्रशासक समझ बूझके नीतियां लागू करते थे। सोशलिस्ट होने से हुआ ये कि लाइसेंसिंग पर नियंत्रण हो गया। लाइसेंस देने के अलावा, जॉइंट सेक्रेटरी ये तक तय कर रहे थे कि बजाज कितने स्कूटर बना सकता था। अगर किसी अफसर को ऐसा लगा कि स्कूटर या कार बनाने में स्टील खपाने से बेहतर है कि उसे ग्रामीण अर्थव्यवस्था में लगाया जाए, तो स्कूटर बनाने वालों को मिलने वाली स्टील की मात्रा में कटौती कर दी जाती थी। और अगर बजाज कंपनी अनुमति से ज्यादा संख्या में स्कूटर बना दे, तो उसे सजा मिलती थी।

सत्ता आने से कुछ विशेष अधिकार आ जाते हैं और ब्यूरोक्रेट्स को कृपादृष्टि बनाए रखना बखूबी आ चुका था। इनमें से ज्यादातर ईमानदार और भली मंशा रखने वाले लोग थे लेकिन नियमों के अनुसार चलते हुए उन्होंने अर्थव्यवस्था को चोक किया हुआ था। राज्य में ब्रेड से लेकर स्टील, सभी चीजों का उत्पादन हो रहा था। वो ऐसे प्राइवेट बिजनेस में भी शामिल था जहां ब्रेड और स्टील बनाया जा रहा था। ब्यूरोक्रेट को ये तो मालूम था कि जरूरत से ज्यादा नियंत्रण अर्थव्यवस्था के लिए ठीक नहीं था लेकिन ताकत का प्रदर्शन अहं को सुख भी देता था। इसीलिए ब्यूरोक्रेसी में नियंत्रण ही सब कुछ था और सत्ता के गलियारों में आईएएस लॉबी की मंजूरी के बिना कुछ भी नहीं चलता था। आईएएस अफसर का कार्यकाल निश्चित रहता है और उनके प्रदर्शन पर कभी भी सवालिया निशान नहीं उठाये जाते हैं।

वहीं कई अफसर ऐसे भी थे जो अच्छी मंशा तो रखते थे लेकिन अच्छा काम करने के लिए नियमों को तोड़-मरोड़ भी देते थे। श्रीमान विश्वनाथन इस मामले में अलग ही चमकते थे। वो मेरे अच्छे नतीजों का कारक थे। उस शाम तक दस्तावेज तैयार हो गए थे और अगली शाम को मुख्यमंत्री के हस्ताक्षर से

सजा खत मुझे मिल गया। उसमें लिखा हुआ था कि हमारी कंपनी को जक्कुर एयरफील्ड पर एक एकड़ जमीन दी गई थी।

ये अच्छा रहा कि हम बहुत शुद्धतावादी सोच के चक्कर में नहीं पड़े। अगर आपने तय किया हुआ है कि आप भ्रष्ट काम नहीं करेंगे तो आपको ऐसे लोग मिल जाएंगे जो आपकी मदद कर देंगे। बीते बीस सालों में मैं जितने भी आईएएस अफसरों से मिला, उनमें से एक को छोड़कर मुझसे किसी ने भी रिश्वत नहीं मांगी।

असल में वो जमीन हाथ में आने में समय लगा। उस फ्लाइंग स्कूल के प्रिंसिपल ने मुख्यमंत्री के मुझे जमीन देने के फैसले पर कुछ आपत्तियां जतायीं। उन्होंने शिकायत की कि हेलीकॉप्टरों से उनके फ्लाइंग स्कूल के काम में समस्या आएगी।

मैं इस बारे में विश्वनाथन जी से मिला और हमने लंबी बातचीत की। मैंने अपना दुख उन्हें समझाया और बताया कि असल में वो फ्लाइंग स्कूल कुछ खास काम कर नहीं रहा था। वहां कुल 6 जहाज थे और वो भी अंदरूनी राजनीति के चलते जमीन पर ही थे। मेडिकल वजहों से प्रिंसिपल को उड़ने की इजाजत नहीं मिली हुई थी। इसके अलावा, हवाई अड्डों पर दिन की सैकड़ों उड़ानें भरी जाती हैं: शिकागो एयरपोर्ट पर 3 हजार, सिंगापुर एयरपोर्ट पर 650। हमें हेलीकॉप्टरों को रोकने की बजाए इस बात पर काम करना चाहिए कि कैसे हेलीकॉप्टर और जहाजों को एक साथ काम में लाया जा सकता है। बस लैंडिंग और उड़ान के क्रम को मैनेज करना था। मैंने कहा कि मुझे नहीं मालूम था कि एक निष्क्रिय पड़े फ्लाइंग स्कूल से कोई ऐसे कैसे खत लिख सकता था। जिसने भी ये लिखा था, उसे असल दुनिया के बारे में कुछ भी नहीं मालूम था और वो बस बिगाड़ के इरादे रखता था।

विश्वनाथन जी बैठे हुए मुस्कुरा रहे थे।

कुछ प्रशासक ऐसे होते हैं जो प्रोजेक्ट्स को बढ़ावा देते हैं। वहीं कुछ उन्हें रोकने में तत्परता दिखाते हैं। विश्वनाथन पहली केटेगरी में आते थे और उन्होंने मुख्यमंत्री को दिग्भ्रमित नहीं किया। उन्होंने कहा कि वो इस मामले को देखने के लिए एक कमिटी गठित करेंगे। मैंने कुछ नाम सुझाए। जाने-माने वायुसैनिक एयर मार्शल लाम्बा उनमें से एक थे। इंडियन एयरलाइंस और एयर इंडिया में से भी कुछ नाम थे। कमिटी ने मामले की जांच की और अपनी राय दी। उन्होंने यही कहा कि अगर सब कुछ ठीक से किया जाए और सही सिस्टम

को काम में लाया जाए तो कोई समस्या नहीं होगी। इसके बाद विश्वनाथन जी ने वो जमीन मुझे सौंप दी।

जक्कुर एयरफील्ड 250 एकड़ में फैली हुई है। इसमें से 60 मीटर बाई 60 मीटर का एक हिस्सा अलग कर दिया गया था जो हमें मिला था। सबसे पहले तो हमने वहां एक टेंट लगाया और एक सिक्योरिटी गार्ड को काम पर रखा। मुझे टेंट बहुत पसंद हैं। मेरा स्कूल टेंट में चलता था, सेना में बिताए मेरे ज्यादातर दिन टेंट में बीते। और फार्म पर भी सबसे पहले मैंने टेंट में ही शरण ली थी।

उन शुरुआती दिनों में, जब डब्ल्यूटीओ बस अभी-अभी ही बना था, देश अचानक ही अपने बाजारों के बारे में चिंतित होने लगे थे। जबकि वो चाहते थे कि वैश्विक रूप से सभी बाजार खुल जाएं। भारत कुछ क्षेत्रों में खुलापन चाह रहा था और कुछ को बचाकर रखना चाहता था। ये एक जटिल मसला था। जैसे मौसम चक्र के मामले में होता है कि यदि आपने अमेजन या म्यांमार या इंडोनेशिया के वर्षा-वनों को बर्बाद किया तो भारत पर भी उसका असर पड़ेगा। यही बात दुनिया भर के राजनीतिक, आर्थिक और सामाजिक ताने-बाने पर लागू होती है। एक देश में होने वाली उठापटक कहीं और के जीवन को प्रभावित करती है। मैंने जो महसूस किया, वो भी बहुत कुछ ऐसा ही था।

लगभग इसी समय में, 1997-1998 में एशियाई करेंसी क्राइसिस के चलते दुनिया भर के आर्थिक बाजार में आग लगी हुई थी। एक सूनामी सी आयी हुई थी। एशियाई मुद्रा की कीमत डॉलर के मुकाबले रातों-रात नीचे आ गई। एशिया के पूर्वी हिस्से के ज्यादातर देश प्रभावित हो चुके थे। सिर्फ सिंगापुर ही इस मार से बचा हुआ दिख रहा था। इस पूरी भसड़ के चलते कितनी ही बड़ी कंपनियां दिवालिया हो गयीं। कई कंपनियां ऐसी थीं जिन्होंने विदेश से भारी भरकम औजार और मशीनरी मंगवायी थी और उन पर चढ़ा कर्ज डॉलर में था। ऐसी कम्पनियों की बाकी स्थिति वैसी की वैसी ही रही लेकिन उनकी सर्विसिंग का खर्चा कई गुना बढ़ गया। सिर्फ एशियाई रुपए के मुकाबले डॉलर का मूल्य ही बढ़ा था। लेकिन इसकी वजह से रातों-रात कितने बिजनेस बर्बाद हो गए और कितने बिजनेस बढ़े हुए लोन रेट पर काम करने लगे।

डेक्कन एविएशन भी इससे प्रभावित हुआ। क्योंकि दिवालिया होने वाली कम्पनियों में वो भी शामिल थीं जो हेलीकॉप्टर लीज पर देती थीं। अब ये हेलीकॉप्टर जमीन पर ही टिके हुए थे। इस मुसीबत की घड़ी में मुझे एक आइडिया आया। मान लें कि जापान की लीज देने वाली कंपनी के हेलीकॉप्टर मलेशिया, थाईलैंड और कोरिया में हैं। मान लें कि उनमें से एक जमीन पर आ

गया हो तो ऐसे में हेलीकॉप्टर कंपनी के लिए उसकी मरम्मत और रखरखाव में पैसा खर्च करने से बुरा और कुछ नहीं होगा। मैंने अपने दोस्त माइक रॉबिन्स को फोन किया और उनसे ऐसे हेलीकॉप्टरों के बारे में जानकारी मांगी जो अब जमीन पर ही थे।

माइक इंडिया में ही थे और वो मुझसे मिलने बेंगलुरु ही आ रहे थे। हम ताज वेस्ट एंड में ड्रिंक्स के लिए मिले। मैंने माइक को कंपनी की मौजूदा स्थिति के बारे में बताया। मैंने कहा कि हमारे पास जमीन आ गई थी, लाइसेंस आ गया था और टीम भी मौजूद थी। मुझे बस एक हेलीकॉप्टर की जरूरत थी। देवे गौड़ा प्रधानमंत्री बन चुके थे और राजनीतिक समीकरण भी ठीक हो गया था। मैंने माइक से कहा कि क्या वो जापानियों से बात करके उन्हें बता सकते थे कि यहां राजनीतिक स्थिति बेहतर हो चुकी थी। ये सच था कि देवे गौड़ा एक साझा सरकार चला रहे थे जिसमें अव्यवस्था फैली हुई थी। उनके पास 272 के सामने महज 16 सांसदों का सपोर्ट था।

बतौर प्रधानमन्त्री, देवे गौड़ा को सब कुछ संभालने का कठिन काम करना पड़ा। किसी को भी विश्वास नहीं था कि वो बहुत वक्त तक टिक पाएंगे। किसी भी वक्त, कुछ भी हो सकता था।

माइक रॉबिन्स ने जापानियों से संपर्क किया जिनसे मुझे फिर से एक लाइन का फैक्स आया। इसमें लिखा था, 'हमने फैसला किया है कि हम आपको एक हेलीकॉप्टर देंगे।' साथ में ये भी बताया गया था कि आईटीसी लीजिंग के प्रेसिडेंट मिस्टर डगलस कैवनॉ मुझे संपर्क करेंगे और कॉन्ट्रैक्ट को अंतिम स्वरूप दिया जाएगा। हम बेहद खुश थे। ऐसा लग रहा था कि अब सब कुछ ठीक हो रहा था।

अगले दिन मुझे डगलस कैनवॉ का फोन आया। मुझे समझ में आ रहा था कि वो ब्रिटिश थे। डगलस ने कहा कि वो मुझसे मिलने आने वाले थे। वो आए और उन्होंने ताज वेस्ट एंड में चेक-इन किया। मैंने उन्हें अपने सपने के बारे में बताया और हमने बैठकर लंबे वक्त तक अपनी पृष्ठभूमि और अपने जीवन के बारे में बात की।

डग का बड़ा ही अनोखा बैकग्राउंड था। वो ब्रिटिश एयरफोर्स में पायलट रह चुके थे। उन्होंने फिक्स्ड विंग जहाज उड़ाए थे और आरएएफ में बीस साल गुजारे थे। इसके साथ ही वो रिटायरमेंट के बाद हेलीकॉप्टर उड़ाने लगे

मेरे स्कूल में मेरे पिता जी

आईएमए में 12 जून 1971 को मेरी पासिंग आउट परेड (सामने, बाएं से 7वां)

मेरी शादी का दिन

रेशम के कीटों के कमरे में अपने भाई संपत के साथ

हेलीकॉप्टर से पहले जब आने-जाने के लिए बैल-गाड़ी
मेरा सबसे विश्वसनीय साधन था।

विज्ञापन का अनोखा तरीका-जो दिखेगा, सो बिकेगा!

इस घर में रेशम के कीटों ने बहुत साल हमारा साथ दिया।

मेरी पहली कार—डॉज किंग्सवे 1955—जिसे गांव के बच्चे 'एरोप्लेन कार' कहते थे।

राजनीतिक अवतार में - अटल बिहारी वाजपेयी को
हस्सन के घर में खाना खिलाते हुए।

मैनेजमेंट के बड़े विचारक हेनरी मिन्त्जबर्ग के साथ।

जब भी समय था, परिवार के लिए था—पल्लवी, भार्गवी और कृतिका के साथ।

मेरे फार्म में हेलीकॉप्टर - बैलगाड़ी से हेलीकॉप्टर का सफर।

डेविड रॉकफेलर और कैप्टन वत्सराज के साथ।

किताब *मेन आर फ्रॉम मार्स, विमेन आर फ्रॉम वीनस* के लेखक जॉन ग्रे अपनी मंदिर यात्राओं के लिए हमारा हेलीकॉप्टर इस्तेमाल करते हुए। यहां वो स्वामी कालेश्वर के साथ हैं।

कैप्टन सैमुएल और मेरे एंजेल इंवेस्टर एसएम लधानी के साथ।

अपने दोस्त कैप्टन सैम और विष्णु के साथ।

वॉरविक ब्रेडी और मोहन कुमार, वो लोग जो एविएशन की फाइनेंसिंग में क्रान्ति लेकर आए।

एयर डेक्कन की टिकटों के लिए लंबी कतारें।

डेक्कन एविएशन के मार्केटिंग कैंपेन का मेरा सबसे पसंदीदा विज्ञापन

एयर डेक्कन ने न केवल खर्चे की सीमा तोड़ी
बल्कि जाति और दर्जे को भी किनारे रखवा दिया।

धर्मशाला के बर्फ से लदे पहाड़।

मैं हमेशा यात्रियों से बात करता था।

कैप्टन जयंत पुवैया के साथ दलाई लामा।

एयर डेक्कन का शुभांकर—आरके लक्ष्मण का 'द कॉमन मैन'।

DATA ON MARKET SHARE FOR JUNE SHOWS THE STATE-OWNED AIRLINE SLIPPING TO THE THIRD POSITION; JET SHOWS MARGINAL DROP IN SHARE, BUT HANGS IN TO RETAIN TOP SLOT

AIR DECCAN BEATS INDIAN

FLYING HIGH

Air Deccan's share has crept up from 19.4% to 21.2%, while that of Indian has declined from 21.3% to 20.8%. Jet still remains the market leader with a share of 32.3%

Our Bureau
MUMBAI

IT'S A little bit of aviation history. Air-Deccan, the low cost carrier (LCC), has overtaken the national carrier, Indian, to become the second largest domestic airline in the country, according to data on marketshares for the month of June. Indian has now dropped to the third position.

Latest traffic reports, available with ET, show that Air-Deccan's share crept up to 21.2%, up from 19.4% in May, while Indian has declined to 20.8%, down from 21.3% in May this year. The Mumbai-based Jet Airways, India's largest private airlines, remains the market leader with a 32.3% share, down a tad from 33.2% in May. Air-Deccan started operations in August 2003 and its rapid rise in marketshare is primarily because of the aggressive expansion path chosen by the airline. It is currently inducting two aircraft, an Airbus A320 and an ATR, every other month. Its business model also includes rapid expansion to newer cities. Indian and Air Deccan's marketshares are still neck and neck, and the situation could conceivably change next month. Yet, few could have predicted Air Deccan actually overtaking the national carrier.

It currently has operations to 55 airports, the largest served by a domestic carrier. Analysts say that the jury is still out on whether LCCs are a viable proposition in the Indian environment, without secondary airports and separate terminals to operate from. But it's clear that the public is flocking to them.

Telecom companies have been able to make profits, in spite of declining tariffs, on the back of higher volumes, and a similar dynamic may be taking hold in the aviation sector, they suggested.

▶Margins under pressure: P3

एयर डेक्कन निकली इंडियन एयरलाइंस से आगे।

डेक्कन 360 के साथ एक बड़ा बदलाव।

और उन्होंने कनाडा और अमेरिका में सीआईए के लिए काम करने समेत कई और काम किए। इस दौरान उन्हें एडवेंचर फ्लाइंग भी करनी पड़ी। ये सब कुछ वो एवरग्रीन नाम की कंपनी के लिए कर रहे थे जो डेल स्मिथ के नेतृत्व में चल रही थी। जब डेल भारत आए थे तो मैं उनसे मिला भी था। इस कंपनी की एक और खास बात थी: ये अपने हेलीकॉप्टर सीआईए के सीक्रेट मिशनों के लिए और गैर कानूनी ड्रग्स की तस्करी रोकने के लिए देती थी। कंपनी के हेलीकॉप्टर ईराक और ईरान में मिशन पर भी इस्तेमाल किए गए थे। एवरग्रीन उड़ान संबंधी और भी सेक्टर में काम करती थी। मसलन इसके बोईंग 747 स्पेस शटल लाने-ले जाने के लिए इस्तेमाल किए जाते थे। असल में ये कंपनी एविएशन के हर क्षेत्र में पूरी तरह सक्रिय थी।

डग को गुप्त और प्रत्यक्ष ऑपरेशन के बारे में खासी जानकारी थी। उसको उसने अपने काम में इस्तेमाल किया और वो एविएशन की चलती फिरती इन्साइक्लोपीडिया बन चुके थे।

उन्होंने अपनी कहानी बताई। वो दुनिया के बहुत सारे इलाकों में किराए के सैनिक के तौर पर जा चुके थे। इनमें ओमान, मिडल ईस्ट, पापुआ न्यू गिनी भी शामिल थे। उन्होंने एयरक्राफ्ट उड़ाए थे, तेल व्यापारियों को ले गए थे और अफ्रीकी राजाओं को लेकर उड़ान भरी थीं। वो काफी अलग तरह के अनुभव वाले शख्स थे। डग ने बाद में यूरोकॉप्टर हेलीकॉप्टर के सेल्स मैनेजर के तौर पर काम किया। वो हॉन्ग-कॉन्ग गए और वहां एक चीनी लड़की से शादी की। दूसरे गोरे लोगों की तरह, चीनी लड़की से शादी करने के बाद वो यदा-कदा ही पश्चिम की ओर गए। हॉन्ग-कॉन्ग, सिंगापुर और थाईलैंड में पश्चिम से आए लोगों का एक बहुत बड़ा प्रवासी समूह है जिन्होंने स्थानीय महिला से शादी की और वहीं बस गए। मुझे ऐसा सुनने में मिला था कि चीनी महिलाएं अच्छी गृहणियां होती थीं और अपने पति और बच्चों की अच्छी देखभाल करती थीं। मुझे उन्हीं पश्चिमी प्रवासियों ने बताया कि पश्चिमी महिलाएं हावी होने वाली होती हैं और आजाद विचारों की होती हैं। जबकि चीनी महिलाओं के लिए परिवार सबसे ऊपर आता है। समझ में आया कि डग सिंगापुर में ही क्यों बस गए थे।

पहले दिन, डग और मेरे व्यक्तिगत जीवन और अपने परिवार के बारे में बात करने से पहले, डग ने मुझसे कहा, 'कैप्टन गोपी, मुझे भारतीय उद्यमियों से सैकड़ों खत आए थे। आप पहले ऐसे शख्स थे जिसके पास उड़ान भरने के लिए जरूरी सभी चीजें थीं। कई लोगों को हेलीकॉप्टर चाहिए थे। किसी के

पास पैसे थे लेकिन प्लान नहीं था, न ही लोग थे, न ही दूरदृष्टि थी और न ही रोड मैप था। आप पहले शख्स थे जिसके पास कोई टीम थी, उसमें आग थी और उसे साफ-साफ मालूम था कि उसे क्या करना था। आपके पास पायलट हैं, इंजीनियर हैं, जमीन है और लाइसेंस है। मुझे विश्वास है कि हम अच्छा काम करेंगे।'

उनके शब्द एक मरहम की तरह काम कर रहे थे और मुझे आराम पहुंचा रहे थे। मुझे दिख रहा था कि डग क्या कहना चाह रहे थे। मेरे पास हेलीकॉप्टर को छोड़कर बाकी सब कुछ था। अगर इसका उल्टा होता तो मैं आगे-आगे नहीं भाग रहा होता। मैं इतना विश्वसनीय नहीं होता। मुझे ये भी समझ में आया कि जापान वालों को मेरी दृढ़ता का अंदाजा लगा और उन्हें समझ में आया कि मेरे पास इस काम को लेकर योजना भी थी। मैंने देखा कि इस क्षेत्र में घुसने वाले लोग 2 या 3 साल में ही काम छोड़ देते थे क्योंकि उन्हें हेलीकॉप्टर या पैसा कंपनी बनाने और टीम बनाने से पहले ही मिल जाता है।

डग और मैं अगली सुबह 10 बजे फिर से मिले। डग के पास कोई साथी नहीं था। लैपटॉप के साथ वो अकेला ही काफी था। लीज के बारे में उसे जो भी चाहिए था, सब कुछ उसके लैपटॉप पर मौजूद था। उसके पास कोई वकील नहीं था, कोई सेक्रेटरी नहीं था और कोई चार्टर्ड अकाउंटेंट नहीं था। ये उसके काम को और भी ज्यादा निखार रहा था। उसके ज्ञान ने मुझे प्रभावित किया हुआ था। लीज के कागजात और आर्थिक शर्तों आदि तैयार करने में हमें कुछ तीन घंटों का समय लगा।

मैंने जो होमवर्क किया था, उसके हिसाब से दुनिया भर में जिस कीमत पर हेलीकॉप्टर मिलते थे, उसके 1 प्रतिशत पर वो किराए पर मिलते थे। मैंने 0.6 प्रतिशत से शुरू किया था। मैंने डग से कहा, 'मेरी सफलता आपके लिए हितकारी होगी। बात एक हेलीकॉप्टर की नहीं है। बात पहले हेलीकॉप्टर की है।' मैंने उन्हें भारत में चलने वाले कर्ज के कुचक्र के बारे में बताया जिसमें मैं खुद 1 या 2 बार फंस चुका था।

मैंने उन्हें बताया कि कैसे बिजनेसमैन को उसे पैसा देने वाले ही मार डालते हैं। डग हैरान था। मैंने उन्हें समझाया कि मैं हर वो कोशिश करने वाला था जिससे ये बिजनेस लंबा चले और मैं उनके लिए चीजों को इस तरह से छोड़ूंगा कि उन्हें आगे किसी वकील या अकाउंटेंट की जरूरत नहीं पड़ेगी। एक बार जब हमने हाथ मिला लिया तो मैंने मोहन कुमार को वेस्ट एंड बुलाया।

उन्हें टैक्स को लेकर कुछ दिक्कतें थीं जिन्हें हमने दुरुस्त किया। अंत में हमारे पास 50 पन्ने का दस्तावेज था—कॉन्ट्रैक्ट।

मैं ज्यादातर सभी इकरारनामे और कॉन्ट्रैक्ट पढ़ता हूं। आपके पास कितना भी अच्छा वकील हो, ये सही रहता है कि आप उसका एक-एक शब्द पढ़ डालें। आपको जो समझ में न आए, आप उसके बारे में तुरंत पूछ लें। एक ट्रेनिंग पा चुका इंसान उसे अपनी तरह से देखता है। आप आम शख्स हैं और ये मददगार साबित होता है। आप वकील या सलाहकार से बात भी कर सकते हैं। अगर आप सब कुछ उन्हीं पर छोड़ देंगे तो चीजें कभी मुकम्मल नहीं होंगी। मैं जब भी इन-चार्ज रहा, हमें एक भी केस नहीं झेलना पड़ा। लाखों डॉलर की डील में हमें कभी कानूनी पचड़े में नहीं पड़ना पड़ा। जबकि पार्टनरशिप और जॉइंट वेंचर के मामले में हमें खूब कानूनी पापड़ बेलने पड़े। ऐसा इसलिए हुआ क्योंकि वहां सब कुछ लीगल दस्तावेजों पर आधारित था और ऐसे में बवाल होना तय ही था। जबकि ऐसे रिश्ते जो आपसी भरोसे, भलमनसाहत, कॉमन सेन्स पर आधारित होते हैं, वो हमेशा अंत तक चलते हैं।

अगले दिन मैं और मोहन साथ बैठे हुए थे और डबल टैक्स के मसले को हल कर रहे थे। डग फोन पर था और अपने लोगों से बात कर रहा था। मैं कॉन्ट्रैक्ट को सील करवा देना चाहता था। क्योंकि मुझे लगता था कि मामला जितना खींचेगा, उतना उसके फंस जाने का संयोग बनता जाएगा। कई चीजें दांव पर लगी हुई थीं। मैं टीम के सदस्य खो सकता था। राजनीतिक तस्वीर बदल सकती थी। या कोई इन्फ्रास्ट्रक्चर का मसला खड़ा हो सकता था।

हम सभी के अंदर एक इंडिकेटर होता है। वो आपको उस स्थिति की ओर इशारा कर देता है जो बात आप सोच भी नहीं सकते। आपके पास ये कहने की हिम्मत होनी चाहिए कि 'ठीक है, मैं इसमें कूद पड़ता हूं।' उस दिन आपकी जीत होगी। क्योंकि हार तो आप एकदम ठोस दस्तावेजों के साथ भी सकते हैं। शेक्सपियर ने कहा था, 'हिचकिचाहट अपने आप में एक बहुत बड़ा दुख है।' ऐसे में मुझे शेक्सपियर के नाटक जूलियस सीजर में ब्रूटस की कही बात याद आती है:

पुरुषों के जीवन में ज्वार-भाटा आता है
जो, उन्हें भाग्य की ओर बहा ले जाता है,
उनकी जीवन यात्रा को, पीछे छोड़ देता है
जो उनकी कमतरी और दुखों के लिए बाध्य है।
ऐसे समुद्र पर जहां अब हम तैर रहे हैं;

हमें इस मौके का फायदा उठाना चाहिए
नहीं तो हम सबकुछ खो देंगे।

मुझे डेक्कन के, मेरे और सैम के जीवन में ये लहर आती हुई दिख रही थी। मुझे इस लहर को पकड़ना ही था। मैंने मन ही मन में फैसला किया और डग से कहा, 'हाथ मिलाते हैं।' हमने दस्तावेज पर साइन कर दिए।

6

अगर आप अनंत में आगे बढ़ना चाहते हैं
तो सभी दिशाओं की सीमाओं को खोज निकालो।
—जोहान वोल्फगैंग गोएथ

हेलीकॉप्टर का आना

आईटीसी लीजिंग ने दुनिया भर में हेलीकॉप्टर लीज पर दिए थे। डग ने कहा कि वो मुझे सिंगापुर या काठमांडू में मौजूद हेलीकॉप्टरों में से कोई एक देंगे। अब हमारे पास कंपनी लॉन्च करने के लिए जरूरी हर चीज थी: हेलीकॉप्टर का कॉन्ट्रैक्ट, हवाई अड्डे की जमीन जहां से हेलीकॉप्टर काम करेंगे, पायलटों की एक टीम, इंजीनियर और हेलीकॉप्टर के लिए तकनीकी लोग। हमारे पास सबसे जरूरी चीज भी थी—उड़ान भरने के लिए सरकारी लाइसेंस। लेकिन अभी भी हमारे पास एक चीज नहीं थी—काम शुरू करने का पैसा। हमें यहां तक पहुंचने में ढाई साल लग गए थे। और हमारे पास जो पैसा था, 20 लाख मेरा और 10 लाख सैम का, वो चुक गया था। हम अपनी पहली उड़ान के बहुत नजदीक थे लेकिन मुझे अहसास हुआ कि अगर हमें अगले 2 महीने में पैसे नहीं मिले तो हमारी टीम और हमारा सपना धराशायी हो जाएगा। क्योंकि उसके बाद लाइसेंस समाप्त हो जाएगा और उसे फिर से पाने के लिए हमें दोबारा पूरी प्रक्रिया करनी पड़ेगी!

उधर सैम व्यावसायिक लाइसेंस पाने के लिए तकनीकी काम में जुटा हुआ था, इधर मैं और मोहन पैसों की तलाश में भागादौड़ी कर रहे थे। हमें मालूम था कि रेतघड़ी बहुत तेजी से खाली हो रही थी!

एक दिन क्षितिज पर एक देवदूत नजर आया। मोहन ने कहा कि चूंकि ये समझ में आ चुका था कि कोई भी बैंक निवेश को तैयार नहीं होगा, इसलिए

हमें उसके एक दोस्त से मिलना चाहिए। मोहन ने अपने दोस्त से मेरे हेलीकॉप्टर प्रोजेक्ट के बारे में बात की थी और वो दोस्त मुझसे मिलने और निवेश करने में रुचि भी दिखा रहा था। मोहन के दोस्त का नाम था एसएन लढानी । वो एक सिंधी बिजनेसमैन थे जो कोका कोला की देश की सबसे बड़ी बॉटलिंग यूनिट के मालिक थे। सिंधी बिजनेसमैन बेहद चालाक निवेशक होते हैं। सिंधी, मारवाड़ी और गुजराती लोग इस देश के सबसे चालाक उद्यमियों में हैं। सिंधी और गुजराती तो भारत के मुख्य शहरों में अपना बिजनेस सेट करके विदेश चले जाते हैं। लेकिन मारवाड़ी भारतीय मिट्टी तक महदूद रहते हैं और वो देश में दूर-दूर तक फैले हैं। वो देश के दूरस्थ तालुके में मिल जाएंगे और दक्षिण के आखिरी बिंदु पर भी पाये जाएंगे। एक समय पर वो देश के 90 प्रतिशत व्यापार के काम के मालिक थे। बाकियों की तरह सिंधी भी पैसों की लालसा रखते थे। मुझे ये लोग पसंद थे और मुझे लगा कि सिंधी निवेशक का साथ पाना बेहतर होगा क्योंकि इससे मैं अपने अच्छे समाचार पाने की चाहत भी नियंत्रित रख पाऊंगा। मुझे ये भी मालूम था मार्केट रीसर्च, बैलेंस शीट और समीक्षाओं के बाहर भी वो मेरा मार्गदर्शन कर सकते थे। मुझे किसी ऐसे शख्स की भी जरूरत थी जो मुझे जरूरत पड़ने पर पैसे दे सके। मुझे हस्सन के मेरे अकाउंटेंट बालकृष्ण आचर की बात याद आयी कि हमें कैसा बिजनेस पार्टनर चुनना चाहिए। मैंने मोहन से सिर्फ दो सवाल पूछे। 'क्या भावी निवेशक एक अच्छे आदमी हैं?' 'क्या वो मेरी योजना और सपनों को खुद से जोड़ पाएंगे?' मोहन ने दोनों जवाबों में हामी भरी और ये भी कहा कि लढानी एक अच्छे बिजनेस पार्टनर होंगे।

मोहन 15 सालों से लढानी को जानते थे। मोहन ने कहा कि वो अपने काम के पक्के आदमी थे लेकिन दूसरों के प्रति दयाभाव भी रखते थे। हर सिंधी पिता की तरह, वो बेटों को दिए पैसों को कर्ज समझते थे और उसके बदले में सूद की अपेक्षा भी रखते थे। समय से सूद का पेमेंट उनकी मापने की ईकाई थी। अगर उनका बेटा सूद नहीं दे पा रहा था तो वो समझ जाते थे कि वो अच्छा काम नहीं कर पा रहा था, उसे मार्गदर्शन की जरूरत थी और कई मौकों पर उसे चेतावनी भी मिलती थी। सिंधी अपनी मान्यताओं को अपनी अगली पीढ़ी में विकसित करने पर ध्यान देते थे और और उन्हें पैसों का सम्मान करने की सीख जरूर देते थे।

मैं लढानी से मिला और मुझे लगा कि वो अपने आप में एक कमाल के इंसान थे। वो अपनी बीती जिंदगी के बारे में बेहद दर्दनाक कहानी सुनाते हैं।

उन्होंने विभाजन की त्रासदी को झेला है। वो और उनके मां-बाप पाकिस्तान से भागकर यहां आए और देश में अलग-अलग जगहों पर फिरते रहने के बाद कुछ समय के लिए अयोध्या में रहे। बेहद मुश्किल भरी परिस्थितियों में, और भी ऐसी ही परिस्थिति से गुजरने वालों की तरह लढानी ने उत्तर प्रदेश और बिहार की सुदूर जगहों पर छोटे-मोटे काम करने शुरू कर दिए। उन्होंने जब अपना व्यापार शुरू किया था तो वो केवल 14 साल के थे। वो धीरे-धीरे अपनी कड़ी मेहनत और लगन के दम पर आगे बढ़ते रहे और काम के इस क्षेत्र में वो बहुत आगे निकल आए। उन्होंने बेंगलुरु में एक छोटा सा सॉफ्ट-ड्रिंक का बॉटलिंग प्लांट लगाया और फिर वो थम्स अप के सबसे बड़े बॉटलर बन गए। जब कोका-कोला ने थम्स अप को खरीदा, तो उन्हें बेंगलुरु की उनकी कंपनी के बदले में बहुत बड़ी रकम ऑफर की गई। उन्हें उत्तर प्रदेश के फैजाबाद में एक बॉटलिंग प्लांट लगाने का काम भी दिया गया।

लढानी की कहानी उनके जैसे कितने ही लोगों की कहानी है जो बंटवारे के दौरान पाकिस्तान से भागकर यहां आए और अपनी लगन की ताकत से खुद को आगे बढ़ाते गए, जो मिला, बगैर शिकायत उसे अपनाया और समाज में शोहरत कमाते गए। अपना जीवन सफल बनाने के लिए अमेरिकी छापाखानों से निकलने वाली 'कैसे बनें' सरीखी किताबों की शरण में जाने की कोई जरूरत नहीं है। आप लढानी जैसे लोगों के साथ बैठ जाएं और उनके जीवन की कहानियां सुन लें, इतना ही काफी होता है। उनकी कहानियां नाटकीय, आपको चकित करने वाली और प्रभावशाली होती हैं। ये हिम्मत, प्रतिरोध, निरंतरता और अंधकार के बीच आशावाद की रोशनी की कहानियां होती हैं। इन हिम्मत से भरी कहानियों में मानव संसाधन के मैनेजमेंट और उसके विकास की इतनी सीख मिलेंगी कि सभी 'कैसे बनें' वाली किताबें फेल हो जाएं।

लढानी ने पैसे संभालने के मामले में खूब अनुशासन का पालन किया। उन्होंने एक बार मुझे बताया, 'मैं बुखार भी फ्री में नहीं देता हूं।' अमेरिकी इसी बात को दूसरी तरह से कहते हैं, 'फ्री लंच जैसा कुछ भी नहीं होता है।' मुझे ये रवैया अच्छा लगता है लेकिन मुझे ये भी मालूम था कि सिंधियों के ब्याज की दर बिज़नेस को मार सकती थी। मोहन ने मुझसे पहले ही कहा था कि मुझे हिस्सेदारी इतनी आसानी से नहीं देनी थी। क्योंकि उससे मेरी हिस्सेदारी खतरे में पड़ सकती थी और कंपनी को दिशा देने की मेरी ताकत कम हो सकती थी। हमने फैसला किया कि मैं लढानी को एक छोटा-सा हिस्सा दूंगा और उचित

ब्याज की दर पर कर्ज लूंगा। मैंने ये भी सोचा था कि कंपनी के विकास के साथ-साथ उनकी हिस्सेदारी बढ़ाने का वादा करूंगा।

मैं लढानी से मिला और तुरंत ही उन्हें पसंद करने लगा। जल्दी ही हमारे बीच के रिश्ते और बेहतर होने लगे और हमने अलग ही राह पकड़ ली। हम लगभग भाई बन चुके थे। मैंने अपने आम तरीके में ही उन्हें सब कुछ बताया। मैंने उन्हें अपनी हेलीकॉप्टर कंपनी की कहानी बताई और देश में उसकी संभावनाओं के बारे में बात की। मैंने उनके सामने कई आंकड़े रखे। उन्हें अंकों की अच्छी जानकारी थी। कोका कोला अमेरिकी कंपनी थी और वो आंकड़ों से घिरे रहते थे। उन्होंने अमेरिका में कोका कोला की खपत और भारत में हो रही खपत देखी और उन्हें समझ में आ गया कि भारत में प्रति व्यक्ति खपत में एक छोटी सी बढ़ोत्तरी कैसे उनके व्यापार को आगे बढ़ा सकती थी। 1995 में अमेरिका में प्रति व्यक्ति 120-130 बोतल खप रही थीं जबकि भारत में ये संख्या 2 या 3 थी। इस आंकड़े को 5 या 6 तक बढ़ाने से उनके बिजनेस में बहुत बड़ी बढ़ोत्तरी हो सकती थी क्योंकि भारत की आबादी अमेरिकी आबादी की 4 गुनी थी। लढानी को मेरी बातें तुरंत ही समझ में आने लगीं। इंडिया में बहुत कम हेलीकॉप्टर थे। खनन, निर्माण कार्य, तेल की खोज और टूरिज्म में असीम संभावनाएं थीं। उन्हें अपने आगे एक उज्जवल भविष्य दिख रहा था और वो तुरंत ही राजी हो गए।

इसके बाद हम डील में मोलभाव करने लगे। उन्होंने 21 लाख रुपए देकर 10 प्रतिशत की हिस्सेदारी की बात की। लढानी ने एक बात कही। उन्होंने कहा, 'तुम जितनी तेज दौड़ोगे, मैं तुम्हारे बिजनेस में उतने ज्यादा पैसे लगाऊंगा।' हम मोटे तौर पर इस बात पर भी राजी हो गए कि जब भी मुझे जरूरत पड़ेगी, वो इस शर्त पर पैसे देंगे कि वो रकम ब्याज सहित वापस होगी। कंपनी के लिए ये एक बड़ा पल था। मेरे हिसाब से उस दिन कंपनी का पूरे स्वरूप में जन्म हुआ था। अब मुझे समझ में आया कि अमेरिकी बिजनेस में 'एंजेल इंवेस्टर' शब्द क्यों होता है। लढानी असल में हमारे लिये देवदूत की तरह आए थे और मुझे कुछ दिनों में चैन की सांस आयी क्योंकि मुझे मालूम पड़ा कि लढानी की ब्याज दर भले ही बैंक से ज्यादा थी लेकिन सिंधी ब्याज दरों से बेहद कम थी!

विष्णु रावल इस वक्त मकाऊ में था और चीनी कंपनी के लिए उड़ान भर रहा था। मकाऊ अभी भी पुर्तगाल के संरक्षण में था। पुर्तगाल ने ये द्वीप चीन से 150 साल की लीज पर लिया था और ये समयावधि खत्म होने की कगार पर थी। जैसा ब्रिटेन के अंडर हॉन्ग-कॉन्ग का हाल था, वैसे ही पुर्तगालियों के

संरक्षण में मकाऊ अहस्तक्षेपी अर्थव्यवस्था बनी हुई थी। लेकिन मकाऊ ज्यादा सरल और हॉन्ग-कॉन्ग से कहीं ज्यादा जिंदादिल जगह थी। ये जगह पश्चिमी तौर तरीकों के अनुसार बनी थी और यहां मनोरंजन की इंडस्ट्री पर ध्यान केंद्रित किया गया था। यहां के कसीनो यहां की अर्थव्यवस्था की रीढ़ थे। देश की शांतचित्त अर्थव्यवस्था पुर्तगाल की योजना का हिस्सा थी। हॉन्ग-कॉन्ग की तरह ये द्वीप पैसों का गढ़ नहीं बना इसने कई जुए के अड्डे और कसीनो बनाए जो नाइटक्लब्स और रेस्टोरेंट से घिरे रहते थे। स्टेनली हो, मकाऊ का 80 साल का दबंग वहां के 80 प्रतिशत कसीनो अपनी मुट्ठी में रखता था। उसके पास 4 हेलीकॉप्टर थे जो मकाऊ और हॉन्ग-कॉन्ग के बीच फेरी लगाया करते थे और बड़े-बड़े जुआरियों को लेकर आते थे। विष्णु ने एक दिन मुझे फोन किया और कहा कि वो कुछ हिस्से के बदले निवेश करना चाहता था। उसका सीईओ भी बड़ी रकम के बदले हिस्सेदारी चाहता था।

उसका सीईओ था केनिची मियाग्वा। वो जन्म से जापानी था लेकिन अब अमेरिकी नागरिक हो चुका था। वो इससे पहले अमेरिकी सेना में हेलीकॉप्टर पायलट था। मुझे लगा कि कंपनी में एक जापानी को रखना समझदारी का काम होगा। इससे मुझे जापानी कंपनी के साथ काम करने में आसानी होगी जिसने मुझे लीज पर हेलीकॉप्टर दिया हुआ था। वो एकमात्र कंपनी थी जो ढाई साल में मुझे हेलीकॉप्टर देने को राजी हुई थी। इसके साथ ही हमारे जैसी स्टार्ट-अप कंपनी को वजन भी मिलेगा।

मियाग्वा ने फोन किया और कहा, 'मुझे तुमसे मिलने की जरूरत नहीं है। विष्णु ने तुम्हारे बारे में बात की है और उसे तुम्हारे काम में विश्वास भी है। मैं भरोसे पर बिजनेस करता हूं। मैं तुम्हें 1 लाख डॉलर दे सकता हूं।' मैंने मोहन कुमार से बात की। हमें मालूम चला कि ये 1 लाख डॉलर, केएसआईआईडीसी का छोटा सा योगदान, विष्णु का पैसा और लढानी के हिस्से को जोड़कर हम काम शुरू कर सकते थे। अब जब फंडिंग हो गई थी, मुझे इस कहावत में पूरा विश्वास हो चुका था, 'जब किसी चीज को पूरी शिद्दत से चाहो तो सारी कायनात उसे तुमसे मिलाने की साजिश करने लगती है!'

अचानक मुझे मेरे कन्धों पर जिम्मेदारी का भार महसूस होने लगा। लोगों ने निवेश किया था और मुझ पर विश्वास करते हुए आशावान थे। मुझे महसूस हुआ कि हमें दिन-रात काम करना था और सही दिशा में चलते जाना था। हमें एक-एक कौड़ी सोच समझ कर खर्च करनी थी और जरूरत पड़ने पर खुरचन से काम चलाना होगा। हम अपने निवेशकों का एक पैसा बर्बाद नहीं कर सकते

थे। जैसा कि मेरे फार्म की शुरुआत में हुआ था, हमने जो पैसा जमा किया था, वो बस किसी तरह से इस प्रोजेक्ट को हवा दे सकता था। हमें ये सुनिश्चित करना होगा कि एक भी पैसा व्यर्थ न जाए और पैसों का वापस आना जल्द से जल्द शुरू हो जिससे उसे दोबारा निवेश करके काम को चलायमान रखा जा सके। मुझे बिजनेस में निवेशकों का मन लगाए रखना था और इसी दौरान अपने सपने को भी पूरा करना था। मुझे प्रेरणा देने के लिए ये बहुत था।

मुझे आईकेईए के महान संस्थापक इंग्वार कमप्राद के शब्द याद आए। वो दुनिया के सबसे अमीर लोगों में से एक थे और उन्होंने कहा, 'जब भी मैं कंपनी को कोई चेक लिखकर देता था, मैं बस एक ही सवाल पूछता था, "क्या मेरे ग्राहक ये अफोर्ड कर सकते थे?" अगर मेरे ग्राहक ये अफोर्ड नहीं कर सकते थे तो मैं चेक नहीं लिखता था।' पब्लिक के पैसे का इस्तेमाल करने वाले हर उद्यमी को इस उसूल पर चलना चाहिए। उन्हें ग्राहक को संतुष्ट करने और निवेशक को लागत वापस देने के बारे में सोचना चाहिए। ये बहुत बड़ी जिम्मेदारी होती है। मैं ट्रस्टी था और ये सभी लोग मेरे दोस्त थे। उन्होंने आंख मूंदकर मुझ पर विश्वास किया और मेरे देखे सपने में खुद को भी शामिल किया।

हम अगस्त महीने में थे। मैंने तय किया कि 5 सितम्बर 1997 को हम खुद को लॉन्च करेंगे। ऐसा लग रहा था कि बेटी के ब्याह का दिन नजदीक आता जा रहा था। जब तक एक तारीख नहीं तय करेंगे, काम नहीं होगा। एक बार दिन तय हो जाए, फिर आप अपनी पूरी ताकत झोंककर बिटिया के ब्याह में जुट जाते हैं। बहुत सारी मंजूरी लेनी पड़ी थीं और बहुत सारे अफसरशाही के काम निपटाने पड़े थे। सबसे बड़ी चुनौती थी जमीन, लाइसेंस, लोग और पैसा पाने की। अब हमारे पास वो सब कुछ था। लेकिन अभी भी छोटी-मोटी मंजूरियां और लाइसेंस लेने थे। अगर लॉन्च का दिन नहीं तय करते तो मामला खिसकता ही चला जाता। कंपनी शुरू होने से पहले ही दिवालिया हो जाती।

जापानी कंपनी हमें हेलीकॉप्टर देती, उससे पहले हमें बहुत से काम करने थे। उनकी किताबों से हेलीकॉप्टर को हटाना था, डीजीसीए से मंजूरी लेनी थी, एक दूसरी विदेशी कंपनी की इंवेंटरी में उसे पहुंचाया जाना था। इन तरीकों से कंपनी को कमाई पर डबल टैक्स से बचाया जा सकता था। लेकिन ये सब करने के लिए भी पैसा लगना था। इसलिए लीज देने वाली कंपनी चाहती थी कि उनकी मशीन जैसे ही हमारे पास आए, वो कमाई करना शुरू कर दे।

जैसे ही हेलीकॉप्टर मेरे नाम पर लिखा जाने वाला था, फर्क नहीं पड़ता था कि वो मेरे कब्जे में आया या नहीं, मुझे उसका ब्याज और किराया अदा

करना शुरू कर देना था। ऐसे में काम को टालना आत्महत्या के बराबर होने वाला था। मैंने जो किया, वो शायद कुछ ज्यादा ही महत्वाकांक्षी और दुस्साहसी कहा जा सकता है। ये ऐसा व्यवहार था जो हर नए व्यापार के वक्त मुझमें नजर आने लगा था। मैं एक तारीख तय कर देता था और हर किसी को उसी के अनुसार काम करने को कहता था। दिन तय हो जाने के बाद हम रुक नहीं सकते थे। मैं इसे पूरी तरह से मानता था। तारीख तय कर देने से ही सारे काम हो सकते थे। मैंने 5 सितम्बर तय किया था और मैं उस दिन तक सब कुछ कर देने वाला था।

इस तारीख को यूं ही नहीं चुना गया था। इसे पीछे कुछ कारण थे।

उन दिनों में, जब हमारा कोई काम नहीं बन रहा था, मुझे आईआईएम बेंगलुरु के एक प्रोफेसर थिरुनारायण का फोन आया था। वो कर्नाटक की एक बड़ी साहित्यिक हस्ती पु थी नरसिम्हाचर (उन्हें प्यार से पु थी ना कहा जाता था) के बेटे थे। उन्होंने मुझे हेनरी मिन्ट्जबर्ग के मैनेजमेंट प्रोग्राम के बारे में बताने के लिए फोन किया था। उन्होंने कहा कि हेनरी मिन्ट्जबर्ग दुनिया के बहुत बड़े मैनेजमेंट के विचारकों में से एक थे और बताया कि वो मैनेजमेंट के विचारों को बदलने वाले 20 सबसे बड़े लोगों में से एक थे।

प्रोफेसर ने कहा कि मिन्ट्जबर्ग ने मैनेजमेंट प्रोग्राम शुरू किया था। इसमें हिस्सा लेने वालों को मैनेजमेंट में मास्टर्स की डिग्री मिलने वाले थी। मुझे मास्टर्स की डिग्री तो नहीं चाहिए थी लेकिन ये प्रोग्राम बहुत ही अच्छा मौका मालूम दे रहा था। ये 18 महीनों में होना था और दुनिया में 5 अलग-अलग जगहों पर होना था। ये अलग-अलग जगहें दुनिया के बड़े मैनेजमेंट स्कूल थे। ये बहुत ही अलग प्रोग्राम था जो प्रबंधन की युक्तियों को नए नजरिए से दिखाने वाला था। इसमें इंडस्ट्री और शिक्षा जगत के नामी-गिरामी लोग थे जो नयी पद्धतियों और नजरियों पर विचार और बहस करने वाले थे। वहां क्लासरूम में अलग तरीके से पढ़ाई होने वाली थी जिसमें मुख्यत: अलग-अलग इंडस्ट्रियों से हमें जानकारी मिलने वाली थी। पाठ्यक्रम में असल जीवन की परिस्थितियां शामिल की जाने वाली थीं और ये सभी मिन्ट्जबर्ग के दर्शन के आधार पर तैयार होने वाला था। हेनरी मिन्ट्जबर्ग ने हारवर्ड बिजनेस रिव्यू के जुलाई-अगस्त 1975 के संस्करण में एक बहुचर्चित आर्टिकल छपवाया था, 'The Manager's Job: Folklore and Fact'। ये हार्वर्ड बिजनेस रिव्यू में सबसे ज्यादा बार जगह पाने

वाला आर्टिकल था और इससे उन्हें बहुत पहचान मिली। प्रोफेसर थिरु ने कहा कि मैं अपना मन बनाने से पहले ये आर्टिकल जरूर पढ़ूं।

जब हेनरी मिन्ट्जबर्ग मैनेजमेंट स्कूल से नए-नए ग्रेजुएट होकर निकेल थे, वो अपनी इन्टर्नशिप नए तरीके से पूरी करना चाहते थे। उन्होंने कुछ अग्रणी सीईओओ की लिस्ट बनायी और पूछा कि क्या वो बगैर उन्हें परेशान या काम में विघ्न डाले, उनके साथ काम कर सकते थे। ऐसा करते हुए उन्होंने 5 या 6 बड़े सीईओ के साथ काम किया और उनके जीवन के बारे में नोट्स बनाए। इसके बाद मिन्ट्जबर्ग इस नतीजे पर पहुंचे: मैनेजमेंट स्कूल में आपको जो सिखाया जाता है और असल जीवन में जो घटता है, उसके बीच बहुत बड़ा अंतर है।

मिन्ट्जबर्ग को सबसे बड़ी बात ये समझ में आयी कि एक सीईओ अपने दिमाग में पूरी योजना बनाकर काम की जगह पर जाता है। वो पूर्वनियोजित तरीके से काम करता है और जो समस्या होती है, उनका हल अपनी योजना के हिसाब से ही निकालता है। लेकिन काम की जगह पर जब कोई ऐसी घटना घटती है जिसके बारे में पहले से तैयारी नहीं की गई होती है तो सीईओ भौंचक्का रह जाता है!

चूंकि मिन्ट्जबर्ग ने अपना पहला प्रगतिशील निबंध 30 साल पहले लिखा था, उन्होंने मैनेजमेंट और कार्यनीति पर खूब लिखा और दुनिया भर में अपना नाम बनाया। टॉम पीटर्स, जिन्हें इन सर्च ऑफ एक्सीलेंस के लिए जाना जाता था, मिन्ट्जबर्ग को सबसे प्रभावशाली और पुरानी परम्पराओं को तोड़ने वाले मैनेजमेंट विचारक मानते थे। मिन्ट्जबर्ग का मैनेजमेंट प्रोग्राम सीनियर-लेवल मैनेजरों के लिए था जो वाइस-प्रेसिडेंट या जनरल मैनेजर के पद पर बैठे हुए थे। वो अपने कार्य की जगह के अनुभव अपने साथियों के साथ साझा कर सकते थे और अपने मैनेजमेंट के नजरिए को बेहतर बना सकते थे। 5 जाने-माने स्कूलों के प्रोफेसर, जिनके पास इंडस्ट्री का अनुभव भी था, ये प्रोग्राम चलाने वाले थे। हेनरी मिन्ट्जबर्ग अपनी क्लास में कम से कम दो ऐसे लोग भी चाहते थे जो पहली पीढ़ी के उद्यमी थे।

जब हम मिले तो मिन्ट्जबर्ग ने कहा, 'तुम एक ऐसे उद्यमी हो जो गांव से आया है, फार्म पर रहा है, कई और व्यापार कर चुका है और चुनाव भी लड़ चुका है। तुम इस प्रोग्राम में एक नया ही दृष्टिकोण लेकर आओगे। तुम इसका हिस्सा बनने के बारे में क्यों नहीं सोचते हो?' उन्होंने कहा कि इसमें एक बी-स्कूल से दूसरे में जाना होगा। कुल 5 बी-स्कूल थे। ये स्कूल थे लन्कास्टर मैनेजमेंट स्कूल, यूके; मैकगिल यूनिवर्सिटी, मोंट्रियल, कनाडा; आईआईएम

बेंगलुरु; हितोत्सुबाशी यूनिवर्सिटी, टोक्यो और फॉन्टेनब्लू, फ्रांस का इनसीड। उन्होंने कहा कि ये प्रोग्राम इस तरह से बने थे कि कॉर्पोरेट कम्पनियों के मैनेजर अपना काम भी चालू रख सकते थे और साथ ही मैनेजमेंट का ये मास्टर्स का प्रोग्राम भी कर सकते थे। साथ ही वो अपनी कम्पनियों में लागू होने वाला प्रोजेक्ट भी चुन सकते थे।

मैं तो लट्टू हो चुका था। मैं हेलीकॉप्टर के बिजनेस में जा रहा था और ये मुझे कुछ हद तक कॉर्पोरेट बना रहा था। मुझे लगा कि अच्छा होगा अगर मैं मैनेजरों के बारे में कुछ जानकारी जुटा सकूं। मुझे डिग्री की चाह नहीं थी लेकिन मुझे अपने दिमाग में चल रहे भूचाल को शांत करने की बहुत जरूरत थी। मुझे मैनेजमेंट की दुनिया के बारे में जितना हो सकता था, जानना था। कई सवाल थे, जिनके मुझे जवाब चाहिए थे। मसलन, अलग अलग परिस्थितियों में मैनेजर कैसे सोचते हैं और कैसा व्यवहार करते हैं। मैंने उसमें हिस्सा ले रहे लोगों की लिस्ट देखी। मोटोरोला, लुफ्थांसा और रॉयल बैंक ऑफ स्कॉटलैंड, रेड क्रॉस और पैनासोनिक से 5-5 लोग आ रहे थे। बाकी के 3 या 4 लोगों ने अपना उद्यम शुरू किया था। सभी हिस्सा ले रहे लोग सीनियर-लेवल के लोग थे और उनकी शैक्षिक पृष्ठभूमि बहुत अच्छी थी। वो अपनी कम्पनियों के उभरते सितारे थे और कंपनी ने ही उन्हें स्पॉन्सर किया हुआ था। मैंने इस प्रोग्राम के लिए अपना नाम आगे बढ़ा दिया और इसमें मेरे साले साहब, बेंगलुरु की महान वीबी बेकरी के मुखिया, की भी रुचि जागी। उन्होंने भी अपना नाम लिखवा दिया। भारत से एक और एंट्री हुई। वो भी मेरी ही तरह अपना बिजनेस शुरू करने वाले थे। मुझे इस प्रोग्राम की तबीयत और मिन्ट्जबर्ग के साथ काम करने का विचार बहुत भा रहा था। लाइसेंस की पूरी प्रक्रिया और हेलीकॉप्टर के लिए पैसों का बंदोबस्त इतना समय खा रहा था कि मैंने सोचा कि इस दौरान मैं खुद को शिक्षित कर सकता था। मिन्ट्जबर्ग का प्रोग्राम मैंने इससे मिलने वाले 'विचारों के एडवेंचर' की खातिर जॉइन कर लिया।

प्रोग्राम का पहला हिस्सा मई में लंकास्टर में हुआ। ये जगह इसकी मानविकी की सम्पन्न परम्पराओं के लिए चुनी गई थी। भारत और अमेरिका से अलग, यूके में मैनेजमेंट की पढ़ाई इंजीनियरिंग और टेक्नोलॉजी के क्षेत्र तक सीमित नहीं होती। ऑक्सफोर्ड यूनिवर्सिटी और ऑक्सफोर्ड शहर, दोनों ही मानव समाज और इंसानी प्रयासों के बारे में जानने का काम करते आए हैं। केम्ब्रिज के पास विज्ञान और दर्शनशास्त्र की परंपरा है। यूके में होने वाली कोई भी पढ़ाई हो, उस पर कला और मानविकी की छाप होती ही होती है। ये

इसलिए होता है क्योंकि इंसान ही कर्ता होते हैं और वही सृष्टिकर्ता भी। उनसे जुड़ी सभी चीजें इंसानी सर्जनात्मकता को संभव बनाती हैं। ये संस्थान बौद्धिक प्रजनन केंद्र होते हैं। असल में, सभी मैनेजमेंट ग्रेजुएट की पृष्ठभूमि कला और मानविकी के विषयों की थी। मुझे ये समझ में भी आ रहा था क्योंकि मेरी सोच यूके की शिक्षा पद्धति से मेल खाती हुई मालूम दे रही थी जिसका केन्द्रीय विचार था कि इंसानों को संबोधित करना ही मैनेजमेंट है।

मेरे प्रोग्राम का हर हिस्सा 2 से 3 हफ्ते का था। लंकास्टर वाले हिस्से का नाम था रिफ्लेक्टिव। इसका फोकस था मैनेजमेंट, लोगों, इतिहास और बिजनेस के क्रमिक विकास पर ध्यान देना। मैकगिल वाले हिस्से का नाम था एनालिटिकल और यहां हमें वित्तीय मसलों और उससे जुड़े हिसाब-किताब की जानकारी मिली। तीसरा चरण था आईआईएम बेंगलुरु में और ये अंडरस्टैंडिंग चाइना एंड इंडिया : इकोनॉमी एंड कल्चर को समर्पित था। चौथा चरण हितोत्सुबाशी यूनिवर्सिटी, जापान में था। यहां बड़ी जापानी संस्थाओं में बसे ज्ञान से हमारी मुलाकात होनी थी। आखिरी चरण इनसीड, फ्रांस में था जिसे यूरोप में मैनेजमेंट का मक्का कहा जाता था और यहां हमें बदलाव के बारे में सीखने को मिलने वाला था।

लंकास्टर वाले चरण में बिजनेस के इतिहासकारों और मैनेजमेंट के विचारकों के प्रेरक लेक्चर हुए। इनमें मैनेजमेंट के कई आयामों पर विचार किया गया और इसके लिए कई दार्शनिक प्रणालियों को इस्तेमाल में लाया गया। यहां बोलने वालों ने एएन व्हाइटहेड और बरट्रांड रसेल का जिक्र किया जो विचार करने के लिए अपने आप में अजीब मालूम देता है। हम ब्रिटिश मैनेजमेंट के स्पेक्ट्रम के इस छोर से उस छोर की यात्रा कर रहे थे।

मैकगिल में मैं प्रतिष्ठित लेखक कुनाल बासु से मिला। मैं वहां जॉनथन गॉस्लिंग से भी मिला जिन्होंने बिजनेस से लेकर शिक्षण तक, बहुत कुछ किया था। 60 के दशक के अंत के करीब एक युवा जॉनथन हिप्पी संन्यासी बन गया था और हिमालय में निर्वाण की तलाश कर रहा था। भाग्य के सहारे वो एक जर्मन महिला सुजाना से एक साल में तीन अलग-अलग जगहों पर मिला। ये मुलाकातें संभावनाओं के सभी नियमों के विरुद्ध जाती दिख रही थीं। जॉनथन ने इन मुलाकातों को एक इशारा माना, सुजाना को प्रपोज किया और दोनों ने शादी कर ली। जॉनथन के मैनेजमेंट पर दिए लेक्चरों में कई बार रहस्यवाद के अंश होते थे जो सामने बैठे लोगों को चौंका देते थे। वो ज्यादा प्रभावित होते थे जो भारतीय परंपरा और दर्शन से बहुत वाकिफ नहीं थे।

मैं और भी बहुत सारे लोगों से मिला। वो सभी अपने-अपने क्षेत्र में बहुत कुछ हासिल कर चुके थे। लेकिन इन सभी में जिस व्यक्ति ने मुझे सबसे ज्यादा प्रभावित किया, वो थे स्वयं हेनरी मिन्ट्ज़बर्ग। उनके लेक्चर, जो हर चरण में 2 या 3 होते थे, बताते थे कि वो कितने बड़े जीनियस थे। वो बाहरी जानकारी रखने वाले शख्स थे जो अपनी कमाल की कल्पना के सहारे अवधारणाओं को हमारे सामने लाकर रख देते थे।

मैं मिन्ट्ज़बर्ग को अपने फार्म पर लेकर गया था। उन्हें साइक्लिंग और ट्रेकिंग का बहुत शौक था। हम अक्सर मेरे कॉफी के बागानों की ओर चले जाते थे जहां हम साइकिल चलाते या बस यूं ही घूमा करते। मेरे लिये ये भी प्रोग्राम का एक हिस्सा ही था। मैं बेहद करीब से देख रहा था कि कैसे उनका जिज्ञासु दिमाग काम करता था। पहाड़ियों में घूमते वक्त हेनरी कई बार ऐसी बातें कहते थे जो बहुत गूढ़ होती थीं। वो हर वक्त सोच-विचार किया करते थे और हमेशा अपने साथ एक नोटपैड और एक कलम लेकर चलते थे जिसमें उन्हें जो भी पसंद आता था, लिख लेते थे।

हेनरी एक जिज्ञासु प्रवृत्ति के और बेहद संवेदनशील इंसान मालूम पड़े। फार्म पर हम एक ही कमरे में अलग-अलग चारपाई पर सोते। ये चारपाइयां 5 से 6 फीट दूर थीं। एक मौके पर मैं सो चुका था और एक हल्की भुनभुनाहट से मेरी आंख खुल गई। चांद की रोशनी मेरे कमरे में आ रही थी और मैंने कमरे में एक भूत-जैसी आकृति देखी। वो आकृति हेनरी की चारपाई के पास वाली दीवार पर थी। मैंने अंधेरे में देखने की कोशिश की और मुझे आश्चर्य हुआ कि वो आकृति कम्बल ओढ़े हुए बैठी थी लेकिन उत्तान अवस्था में नहीं। कम्बल में से रोशनी निकल रही थी। सब कुछ बेहद अजीब मालूम दे रहा था। अब मुझसे रहा नहीं गया और मैंने पूछा, 'हेनरी, ये तुम हो क्या?' हेनरी ने सर से अपना कम्बल हटाया। असल में वो कम्बल को इस तरह से ओढ़कर अंदर टॉर्च जलाकर नोट्स बना रहे थे। कम्बल ओढ़ा था जिससे उसकी रोशनी मुझे परेशान न करे। मुझे उनकी ये बात बहुत भायी। इस बात का आश्चर्य भी हुआ कि उनके विचारों ने उतनी रात में भी उन्हें सोने नहीं दिया था।

उस प्रोग्राम में हमें बिजनेस होते हुए एकदम सामने से देखने को मिल रहा था। हमें बड़ी-बड़ी कम्पनियों जैसे लुफ्थांसा, ब्रिटिश टेलिकॉम, ब्रिटिश एरोस्पेस और फुजित्सु में जाने और उन्हें जानने-समझने का मौका मिला। हमें कई समूहों में बांटा गया था। हमें मालूम पड़ा कि जापानी कंपनी और डच कम्पनियों के

काम करने के तरीके में क्या अंतर थे। हम कई बड़ी कम्पनियों के सीईओ से बात कर रहे थे और वो कई विषयों पर अपने विचार रख रहे थे।

टोक्यो की हितोत्सुबाशी यूनिवर्सिटी में हमें प्रोफेसर नोनाका के साथ समय बिताने का सौभाग्य मिला। उन्हें ज्ञान के मैनेजमेंट का पंडित कहा जाता है। इकुजिरो नोनाका ने हिरोताका टाकेउची के साथ एक प्रतिष्ठित किताब भी लिखी थी। इस किताब का शीर्षक था: *दा नॉलेज क्रिएटिंग कंपनी*। हम क्योटो के शिनशिन-आन के मशहूर जापानी गार्डन में भी गए जहां पैनासोनिक के संस्थापक ने एक गेस्ट-हाउस बनाया था। मात्सुशिता को दूसरे विश्व-युद्ध के बाद जापान की अर्थव्यवस्था में हुए चमत्कार का बहुत बड़ा कारक माना जाता है। शुरुआती जीवन में उन्हें जिन समस्याओं का सामना करना पड़ा, उसने उन्हें जीवन की बुरी परिस्थितियों के बारे में शिक्षित किया। वो बार-बार कहते थे, 'दुख और कष्ट किसी के चरित्र को बनाने के लिए, प्रेरणा पाने के लिए और स्वयं का मूल्यांकन करने के काम में आ सकते हैं।' जब से उन्हें इस बात का अहसास हुआ, मात्सुशिता ने अपने मात्सुशिता इंस्टिट्यूट ऑफ गवर्नमेंट ऐंड मैनेजमेंट में कष्टों को सबक सीखने का एक हिस्सा बताया। उन्होंने टोक्यो के पास इस स्कूल की नींव रखी। उस स्कूल में, 'छात्र भव्य कमरों में नहीं बैठते थे और उन्हें प्लेट में रखकर असाइनमेंट और आइडिया नहीं परोसे जाते थे। वो बेहद आम से परिवेश में रहते थे, मेहनत करते थे और उन्हें खुद ही पूरी पढ़ाई करने को कहा जाता था।' ये सच है कि 'प्रकृति जब मुश्किलों में बढ़ोत्तरी करती है तो दिमाग में भी इजाफा कर देती है।' मात्सुशिता अक्सर गार्डन में जाया करते थे और वहां बिजनेस की समस्याओं और नए तौर तरीकों के बारे में सोचते थे जिनके लिए पैनासोनिक जाना जाता था। हमने वहां मात्सुशिता के सीनियर मैनेजमेंट के साथ एक दिन बिताया। गार्डन का हर हिस्सा, हर कंकड़ और पत्थर, धारा और पुल, घास के तिनके और पौधे इस तरह से लगाए या रखे गए थे कि वहां शांति ही शांति हो। वो गार्डन अब एक धरोहर स्थल था और उसे धार्मिक स्थल की तरह पूजा जाता था।

इस प्रोग्राम के जापानी चरण के अंत में मैंने कुछ समय निकालकर मासानोबू फुकुओका को ढूंढा। वो ऑर्गेनिक फार्मिंग के पितामह थे। मुझे मालूम पड़ा कि वो हजार मील दूर एक द्वीप पर रहते थे जो अपने गरम पानी के सोतों के लिए जाना जाता था। मैंने बुलेट ट्रेन पकड़ी, जो जापान के आधुनिकीकरण का सबसे बड़ा सूचक थी, और वहां पहुंच गया। फुकुओका का फार्म एक छोटी सी पहाड़ी के ऊपर एक छोटे से जंगल की गहराई में था। उद्यमियों ने

वहां कई कमरों वाले छोटे घर और होटल बना रखे थे जो गांव के तमाम सोतों के इर्द-गिर्द थे। कई सोते अंदर थे और कई पहाड़ों और आसमान के शानदार नजारों के बीच थे। होटल के मेहमानों को एक रोब और चप्पल दी जाती थीं। ऐसे में वहां रोब पहने लोगों की एक बड़ी भीड़ दिखती थी जो सोतों तक जा रहे होते थे या आ रहे होते थे। ये एक अजीब अहसास था। उन रोबों में घूमता हुआ मैं एकमात्र हिन्दुस्तानी था। अचानक ही मुझे दक्षिण भारत के मंदिरों की गलियां याद आ गयीं जहां हजारों पुरुष और महिलाएं त्योहार के दौरान पारम्परिक कपड़ों में इधर से उधर जाते दिखते थे। वहां पुरुषों और महिलाओं के लिए अलग-अलग जगहें बनी थीं। पुरुषों वाले हिस्से में लोगों ने अपने सारे कपड़े उतारे हुए थे और वो पूल में जा रहे थे। ये एक आम दृश्य है। मैंने रोमन लोगों से प्रेरणा ली और और उस गरम पानी के पूल में घुस गया।

अगले दिन मैंने एक टैक्सी ड्राइवर को पकड़ा और फुकुओका के फार्म्स की ओर चल पड़ा। कैब ड्राइवर ने मुझे जंगल के किनारे उतारा और बताया कि मुझे कुछ 2 किलोमीटर पैदल चलना होगा। मैं जंगल में चलता रहा और अंत में फुकुओका के घर तक पहुंचा। वो एक पारम्परिक जापानी घर था जिसकी बांस और लकड़ी की छत थी और लकड़ी की ही फर्श भी थी। उसमें लकड़ी के फट्टों की ही सीढ़ियां थीं जो ऊपर एक बड़े कमरे तक ले जाती थीं। मैं उन सीढ़ियों पर चढ़ा और कमरे में जमीन पर साक्षात फुकुओका जी बैठे हुए थे। कमरे में लकड़ी के चूल्हे से धुआं उठ रहा था। वो बूढ़े और कमजोर दिख रहे थे, उनके बालों का जूड़ा बना हुआ था और उनकी लंबी दाढ़ी थी। कमरे में कुछ ठंड भी थी और लकड़ी का चूल्हा गरम रखने की कोशिश कर रहा था। उस पर एक मर्तबान में पानी गरम हो रहा था और सामने मेज पर चाय के बर्तन भी रखे थे। कुछ छात्र भी वहां मौजूद थे जो उस बूढ़े आदमी की बातें सुन रहे थे। मेरा स्वागत किया गया और उन्होंने मुझे जमीन पर ही बैठने को कहा। फुकुओका के चरणों के पास। माहौल में एक रहस्य सा था। मुझे चाय दी गई और फिर खाना दिया गया जो किचन में पकाया गया था। मैंने फुकुओका के साथ कुछ घंटे बिताए। उनका एक छात्र दुभाषिये का काम कर रहा था। फुकुओका, जिनकी वन स्ट्रा रिवोल्यूशन को जैविक खेती की बाइबल मान जाता है, उस वक्त अपने आठ दशक पूरे कर चुके थे। उन्होंने अपने छात्रों को निर्देश दिया कि वो मुझे फार्म दिखायें। मुझे उस फार्म की शांति पसंद आ रही थी। वापस आते वक्त, जब गुबरैलों और झींगों का शोर मेरे कानों में पड़ा तो मुझे लगा कि फुकुओका की चेतावनियों पर इस दुनिया ने बहुत ध्यान नहीं दिया और उलूल-जुलूल विकास में व्यस्त हो गई। प्रकृति और उसकी असुरक्षा

पर किसी ने ध्यान नहीं दिया। उस फार्म पर मुझे उस निर्मल प्रकृति की याद आयी जो मैं पीछे छोड़ आया था।

फॉन्टेनब्लू में, इनसीड में मैं वेज डोज के साथ समय बिता पाया। वो ग्लोबल टेक्नोलॉजी ऐंड इनोवेशन के प्रोफेसर थे। हम दोस्त बन गए और बाद में जब भी मैं फ्रांस गया या वो इंडिया आए, हम मिलते रहे।

हर चरण के अंत में हमसे एक थीसिस लिखने को कही गई थी। हमें अपनी पसंद के टॉपिक पर लिखने के लिए 3 महीने का समय मिलता था। इसमें बीते चरण को ध्यान में रखते हुए लिखा जाना हा। अगले चरण से पहले इसे खत्म कर देना था। हर किसी को एक ट्यूटर मिला हुआ था और हम उससे फोन या ईमेल के जरिए संपर्क में रहते थे। कई मौकों पर ट्यूटर हमारे शहर भी आते थे।

मैंने कुल 4 थीसिस लिखीं और सभी अपने आप में एक अनुभव थीं। इसके बाद पांचवीं लिखनी थी जिसके बाद हमें इन पांच में से किसी एक यूनिवर्सिटी से डिग्री मिलनी थी। मैं डिग्री में उतना रुचि नहीं रखता था जितना मैनेजमेंट के गुर सीखने में। हालांकि मैं हर मोड़ पर फेल हो जाने के बारे में बेहद डरा हुआ था। मैं अपनी हेलीकॉप्टर कंपनी के कामों से घिरा हुआ था और जब हेनरी मिन्ट्जबर्ग बेंगलुरु आए हुए थे, डेक्कन एविएशन एक महीने का हो चुका था। उन्होंने डेक्कन को केस स्टडी की तरह इस्तेमाल किया और मुझे बेहद अच्छा फीडबैक मिला।

मैंने कंपनी लॉन्च करने के लिए 5 सितम्बर की तारीख चुनी थी क्योंकि मुझे इसी रात को मैकगिल जाने के लिए मोंट्रियल की फ्लाइट पकड़नी थी। मुझे एक महीने के लिए बाहर रहना था और मैं जाने से पहले कंपनी लॉन्च कर देना चाहता था। टीम के बाकी सदस्यों को लगा कि मुझे लॉन्च की डेट हेलीकॉप्टर मिलने के बाद तय करनी चाहिए लेकिन मैं अड़ा रहा। मैंने कहा, 'हेलीकॉप्टर इंडिया आ जाएगा और लॉन्च की तारीख 5 सितम्बर ही रहेगी।'

हेलीकॉप्टर को उड़ा के बेंगलुरु लाना था। मुझे समझ में आया कि उड़ के आने वाले हेलीकॉप्टर में कोई भी तकनीकी खराबी नहीं होनी चाहिए क्योंकि उसे एक्सपोर्ट होने वाले देश की डीजीसीए से प्रमाणित होना था। जिस दिन एक जहाज बनता है, उस दिन से लगातार, हर दिन वो जहाज तमाम सेफ्टी चेक और दस्तावेजीकरण से गुजरता है। हर देश की डीजीसीए इन कागजातों के बारे में

बेहद अनुशासित रहती है और मांग करती है कि ऑपरेटर कड़ाई से इससे जुड़े सभी नियमों का पालन करें और निर्माताओं के मैनुअल के हिसाब से ही चलें। मैंने महसूस किया कि भारतीय डीजीसीए भी दूसरे देशों की तरह ही कड़ाई से काम करेगी। इसलिए मैंने बगैर दस्ताजीकरण में किसी कटौती के या ढिलाई के, ये जानने की कोशिश की कि आखिर किन परिस्थितियों में इस प्रक्रिया में लगने वाले समय को 20 से कम करवा के 2 पर लाया जा सकता था। दूसरे डिपार्टमेंट्स कि ही तरह, डीजीसीए भी अपने काम में लंबा समय लेती थी। दूसरे देश की एजेंसियों में ऐसा कतई नहीं होता था। मैंने अपने इंजीनियर विद्या बाबू से बात की जिन्होंने भारतीय डीजीसीए और दूसरे देशों की इस संस्था के साथ लंबे समय तक काम किया था। उन्हें इससे जुड़ी सभी छोटी-मोटी बातों की जानकारी थी और उनका दिमाग बढ़िया चलता था। उन्होंने हमें बताया कि असल में मामला सुरक्षा का नहीं बल्कि कागजों का था। फिर मैंने तय किया कि मैं हेलीकॉप्टर के आने और मेरी कंपनी के उद्घाटन के बीच 2 से 3 दिन से ज्यादा का समय नहीं दूंगा। भारतीय ब्यूरोक्रेसी को इतने कम समय में काम निपटाने की आदत नहीं है। अफसर अपना समय लेते हैं क्योंकि उन्हें कुछ पाने की हसरत होती है या फिर वो बेहद खराब अर्थों में अफसर होते हैं। लेकिन डीजीसीए समेत तमाम डिपार्टमेंटों में मेरा ऐसे लोगों से भी सामना हुआ है जो काम के प्रति समर्पित हैं और अगर उन्हें सामने वाले के मंसूबों पर विश्वास है तो वो मदद करने के लिए भी तैयार रहते हैं। लेकिन ऐसे लोग ब्यूरोक्रेसी के बन्धनों में बंधे रहते हैं। मैं जिस तरह का आशावादी हूं, मैंने न केवल डीजीसीए को बल्कि अपने साथियों को भी चौंका दिया था क्योंकि मैंने हेलीकॉप्टर के आने और उसकी पहली फ्लाइट के बीच महज 3 दिनों का अंतर रखा था।

सरकार में ऐसे लोग हैं जो ईमानदार हैं और उनकी विश्वसनीयता काफी है। लेकिन उनका काम आपकी झुंझलाहट का सबब हो सकता है क्योंकि वो लोग नियमों के बेहद पक्के होते हैं। मैंने तय किया कि मेरे पास मौजूद हर संसाधन को मैं काम पर लगाने वाला था जिससे मेरा हेलीकॉप्टर तय तारीख पर ही उड़ान भरे। हेलीकॉप्टर 1 सितम्बर की सुबह आना था। सब कुछ तय हो चुका था और कुछ भी बदलने वाला नहीं था। मैं भी कुछ नहीं बदल सकता था। लोग पगलाए हुए थे। कुछ ने सोचा कि मैं पागल था। बेहतर ये होता कि मैं पहले जहाज आने देता, लाइसेंस और मंजूरी लेता और फिर पहली उड़ान की तारीख तय करता। मुझे समझ में आया कि अगर हम सुरक्षित ही रहने पर ध्यान केंद्रित करते तो हमारी कंपनी शुरू होने से पहले ही बैठ जाती।

मुझे एक आइडिया आया। मैंने सोचा कि मैं सीधा प्रधानमंत्री देवे गौड़ा के मंत्रिमंडल में मिनिस्टर ऑफ सिविल एविएशन सीएम इब्राहिम के पास पहुंच जाऊं। इब्राहिम कर्नाटक से आते थे और उनकी बहुत अच्छे सन्दर्भ में बात नहीं होती थी। कहा जाता था कि उन्होंने टाटा-सिंगापुर एयरलाइन शुरू नहीं होने दी थी। मैं नर्वस था। मैं कैसे उन्हें कोई अड़चन लगाने देता?

मैं उनके पास पहुंचा और अपनी कंपनी के बारे में बताया। मैंने कहा, 'मैं चाहता हूं कि आप आएं और हमारी पहली उड़ान को हरी झंडी दिखायें।' उन्होंने तुरंत हामी भर दी। हमारी मीटिंग 2 मिनट में खत्म हो गई और मैं अवाक खड़ा था।

मुझे समझ में आ गया था कि अगर वो हमें आशीर्वाद देने के लिए आने को राजी हो गए तो हमारा काम बन जाएगा। सत्ता में बैठे लोगों से, जो आप पर कृपा दृष्टि डाल सकते हैं, आप उनसे अपनी औकात से ज्यादा कुछ भी मांगें तो तुरंत भांप जाते हैं। अगर उन्हें महसूस हो जाए कि आप कई सीढ़ियां एक साथ चढ़ने की फिराक में हैं तो उन्हें भी उनका हिस्सा चाहिए होता है। उस मामले में फिर आप उनसे कतई अलग नहीं होते हैं। जब एक इंसान 'स्पीड मनी' नाम का प्रलोभन पेश करता है और इस दौरान किसी भी कानून का उल्लंघन नहीं कर रहा होता है तो असल में वो सिस्टम का शिकार कहलाता है। हालांकि ऐसे लोगों को देखना बेहद अजीब होता है जो हर मौके पर पैसे देकर नियमों से बच निकलते हैं और उसी समय समाज में फैले करप्शन पर रोना रोते रहते हैं। ऐसे लोग भ्रष्ट अफसरों या नेताओं से बड़ी मुसीबत होते हैं। अरुण शौरी ने एक मौके पर कहा था, 'सिस्टम इसलिए काम नहीं करता है क्योंकि हम सभी की अपनी छोटी-छोटी डील चल रही होती हैं। वहीं अगर आप किताब में लिखे सभी नियमों के हिसाब से चलें, कानूनी जरूरी हर प्रक्रिया का पालन करें और फिर नेता को उद्घाटन के लिए आमंत्रित कर दें, तो ब्यूरोक्रेसी खुद कोशिश करती है कि आपके काम में देरी न हो और बदले में उन्हें खुद शर्मिंदा न होना पड़े।'

सुरक्षा मंजूरी की पूरी प्रक्रिया बहुत परेशान करने वाली थी। सभी निदेशकों को नशा, आतंकवाद, देश-विरोधी गतिविधियों, आपराधिक गतिविधियों में संलिप्तता और इस तरह की चीजों के मामले में मंजूरी मिलनी थी। ये समय खपाने वाला और बेहद परेशान करने वाली प्रक्रिया थी। इसका मतलब था कि सीबीआई,

ड्रग एनफोर्समेंट एजेंसी, रॉ (इंटेलिजेंस के दृष्टिकोण से), प्रवर्तन निदेशालय, पुलिस और बाकी एजेंसियां सभी निदेशकों के भूत और वर्तमान की जांच करती थीं। हमें जल्द ही मालूम चला कि हमारे सामने एक बहुत बड़ी अड़चन पैदा हो गई थी और हमारी फाइल किसी गहरे अंधकार में खो चुकी थी। जनरल नरहरी ने डेक्कन एविएशन की हैसियत से होम सेक्रेटरी को कड़े शब्दों में एक खत लिखा। मुझे डर था कि कहीं ये खत अधिकारियों को ठेस न पहुंचाए। लेकिन होम सेक्रेटरी ने खुद ही, सौम्य भाषा में, उसका जवाब दिया। हफ्ते भर में ही हमें सारी क्लियरेंस मिल चुकी थी।

अब जो मंजूरी बची थी, वो डीजीसीए से और तकनीकी मामले में थी। वैसे तो सभी डीजीसीए से डर रहे थे, क्योंकि वो ऑपरेटरों से सख्ती से पेश आने के लिए जानी जाती है, मैंने तिकड़म भिड़ाकर अंदाजा लगाया कि उन्हें 2 से 3 दिन का ही समय लगना चाहिए। हर किसी को लग रहा था कि मैं लापरवाह था क्योंकि अमूमन इस काम में 2 से 3 महीने का समय लगता था।

हमारे हेलीकॉप्टर की मालिक एक जापानी कंपनी थी और ये अमेरिका में रजिस्टर्ड थी। इसे नेपाल से उड़ाकर लाया जाना था और इसका उड़ान-पात्रता का सर्टिफिकेट अमेरिका से जारी होना था क्योंकि ये फेडरल एविएशन अथॉरिटी के अंतर्गत आता था जो अमेरिका का डीजीसीए है। हेलीकॉप्टर हमारे कब्जे में आता, उससे पहले हेलीकॉप्टर को भारतीय हवाईक्षेत्र में आने के लिए कई मंजूरियां और कस्टम से अनुमतियां लेनी थीं। अंत में हमें डीजीसीए से एक कमर्शियल चार्टर का लाइसेंस चाहिए था जिससे हम हेलीकॉप्टर चला सकते थे।

मैंने सिविल एविएशन मिनिस्टर के साथ मुख्यमंत्री और कई मंत्रियों को उद्घाटन समारोह के लिए आमंत्रित किया। मुझे पूरा विश्वास था कि मैं ये काम कर ले जाऊंगा। और इसी कारणवश मैंने अखबारों में विज्ञापन भी छपवा दिए। मुझे लगा था कि चूंकि उनके बॉस इस कार्यक्रम में शिरकत करेंगे, इसलिए डीजीसीए और तमाम मंत्रालय काम में तेजी दिखाएंगे। हमने हिंदुस्तान थॉमसन असोसिएट्स को अपनी एजेंसी बनाया। उस वक्त एचटीए भारत की सबसे बड़ी एडवर्टाइजिंग कंपनी थी। लेकिन हमारा अकाउंट बहुत ही छोटा था। एचटीए के मार्केटिंग मैनेजर और अकाउंट्स मैनेजर, दोनों ही मुझसे मिलने आए। वो हमारा बजट जानना चाहते थे और उन्हें मालूम था कि जहां भी हो सकेगा, हम कटौती करेंगे। वो चाहते थे कि हम एक इवेंट मैनेजमेंट कंपनी की सेवाएं लें लेकिन मैंने इसके उलट मन बनाया। एचटीए निराश तो हुई लेकिन उन्होंने बहुत ही अच्छा काम किया। निमंत्रण पत्र पर लिखा था: 'हजारों मील की यात्रा एक कदम से

शुरू होती है।' सामूहिक रूप से, डेक्कन एविएशन में हम सभी ये समझ रहे थे कि हम देश के बेहतर भविष्य के लिए पहला कदम लेने जा रहे थे।

सब कुछ अपनी सही जगह पर था। हम बस हेलीकॉप्टर के आने का इंतजार कर रहे थे। नेपाल से उसके उड़ान भरने से पहले हमें एक झटका लगा। लीज के इकरारनामे के अनुसार, हेलीकॉप्टर के उड़ने से पहले हमें 6 महीने का डिपॉजिट देना था। मेरे अकाउंट में पैसे भी थे और तुरंत ही उसे ट्रांसफर किया जा सकता था। लेकिन इसमें भी एक झोल था।

अगर एयरक्राफ्ट भारतीय हवाईक्षेत्र में घुस रहा था तो उससे पहले उसके पास इम्पोर्ट परमीशन और वाईए नंबर होना चाहिए। वाईए नंबर एक अंतर्राष्ट्रीय कोड होता है जो देशों की डीजीसीए हर जहाज को जारी करती हैं जिसके साथ वो किसी देश के हवाईक्षेत्र में घुसते हैं। ये कोड एयर ट्रैफिक कंट्रोल और वायुसेना को दिया जाता है। ये एजेंसियां किसी जहाज को अपने हवाईक्षेत्र में उसके वाईए नंबर से ही पहचानती हैं। यदि उन्हें वाईए नंबर पहचान में नहीं आता है तो उसे वापस जाने को कहा जाता है या फिर वायुसेना उस जहाज को जबरदस्ती लैंड करने पर मजबूर करती है।

हमारे पास वाईए नंबर था और इम्पोर्ट परमिट भी था लेकिन फिर भी कुछ समस्या आ रही थी। उन दिनों में फॉरेन एक्चेंज का कंट्रोल बहुत तगड़ा था और रिजर्व बैंक ऑफ इंडिया देश से निकलने वाले हर डॉलर पर नियंत्रण रखने को आतुर था। बदलाव शुरू हो रहे थे लेकिन अभी भी विदेश में लेन-देन करने पर कुछ भी आसानी से नहीं हो पाता था। आज, कई परिस्थितियों में आप मिलियन डॉलर विदेश भेज सकते हैं और इसके लिए आपके चार्टर्ड अकाउंटेंट को बस एक नोट लिखकर देना होता है। उन दिनों में, एक भी डॉलर भेजने के लिए आपको आरबीआई की मंजूरी चाहिए होती थी।

मोहन कुमार ने आरबीआई से अप्रूवल पाने के लिए कागज तैयार किए। प्रार्थना पत्र में लिखा हुआ था कि हेलीकॉप्टर खरीदने के लिए कंपनी को विदेश पैसे भेजने की इजाजत चाहिए थी। अचानक हमारे सामने एक रुकावट आ गई। आरबीआई के नियमों के मुताबिक पैसा सिर्फ तभी जा सकता था जब सामान, इस मामले में हेलीकॉप्टर, भारत में आ जाता।

असलियत ये थी कि हेलीकॉप्टर देश से बाहर था और हमें जापानी कंपनी को पैसा भेजना था जिससे वो देश में आ सके। लीज देने वाली वो कंपनी हमें तब तक हेलीकॉप्टर देने को राजी नहीं थी, जब तक हम उन्हें 6 महीने का किराया एडवांस में न दे दें। आरबीआई का कहना था कि अगर जहाज देश

में नहीं होगा, जो असल में इम्पोर्ट होने का सबूत होगा, तो वो विदेश में फंड जाने नहीं देंगे। एक तरीका था कि लीजिंग एजेंसी बैंक से गारंटी ले लें जिसमें लिखा हो कि यदि हेलीकॉप्टर नहीं आया तो वो एडवांस में भेजी गई रकम वापस भेज देंगे।

आरबीआई के नियम हाल ही में बने थे। असल में ऐसा उस फ्रॉड के बाद हुआ था जिसे हमने 'यूरिया स्कैम' के नाम से जाना। यूरिया स्कैम में बगैर किसी यूरिया के इम्पोर्ट हुए, लाखों डॉलर विदेश भेज दिए गए थे। इसके बाद ही आरबीआई ने ये नियम बनाया जिसे जिस सामान के लिए पैसा जाए, उसका देश में आने का सबूत रहे। इस नियम ने हमारे लिये मुश्किल खड़ी कर दी थी।

पूर्व प्रधानमंत्री नरसिम्हा राव के परिवार के लोगों का इस स्कैम में नाम आया था। विपक्ष ने सत्ताधीश पार्टी को घेरने में कोई कसर नहीं छोड़ी थी। उसका ध्यान आरोपियों और मुजरिमों को सजा दिलाने से कहीं ज्यादा राजनीतिक बढ़त हासिल करने पर केंद्रित था। सत्ता की गद्दी पर आने वाली पार्टियां बदलती रहती हैं और दशकों से कितने ही स्कैंडल और एक्सपोजे हुए थे। सत्ताधारी और विपक्षी पार्टियों के बहुत सारे लोग इसमें शामिल पाये गए हैं। लेकिन असल दोषी न ही कभी पकड़े जा सके और न ही उन्हें कभी सजा हुई। यूरिया स्कैम में भी जो नामित हुए थे, उन्हें बरी कर दिया गया। किसी को भी नहीं मालूम कि उस पैसे का क्या हुआ।

मुझे मालूम था कि अगर आखिरी मौके पर मैंने बैंक गारंटी मांगी तो डग अपना आपा खो देगा। बात ये भी थी कि एक ऐसा शख्स, जिसने हमपर विश्वास दिखाते हुए करोड़ों रुपए का हेलीकॉप्टर दे दिया, उससे हम अगर कुछ लाख रुपयों के लिए बैंक गारंटी मांगेंगे तो ये बहुत अजीब लगेगा। और ये पैसे हमें ही उसे देने थे। उसे आरबीआई के नियमों की बात समझ नहीं आएगी। हमारे पास 2 दिन बचे थे। मोहन कुमार ने कहा कि हमें ये शर्त उसी वक्त रख देनी चाहिए थी, जब लीज का कॉन्ट्रैक्ट तैयार किया जा रहा था। हम वो भी नहीं कर सकते थे। ये मेरे लिये असहज कर देने वाली स्थिति खड़ी हो गई थी। ऐसा लगने वाला था कि या तो हम विश्वास नहीं दिखा रहे थे, या फिर हम छोटी-छोटी चीजों का ध्यान रखने में असफल थे।

हमारा समय निकलता जा रहा था और मैंने हिचक छोड़कर डग को फोन किया। मैंने उसके सामने पूरी तस्वीर रखी और बताया कि हम फंस चुके थे। मैंने कहा कि ये हमारी ही लापरवाही थी और उसक लिये माफी भी मांगी। मैंने ये भी बताया कि आरबीआई को बैंक गारंटी चाहिए थी, हमें नहीं। मैंने कहा,

'डग, मेरे पास पैसा रखा है। मुझ पर विश्वास करो। हमने उद्घाटन समारोह का ऐलान कर दिया है। कार्ड छपवा दिए हैं। लोगों को आमंत्रित कर दिया है। मैं तुम्हारा विश्वास नहीं तोड़ूंगा। तुम इस साथ पर नाज करोगे। भारत में हेलीकॉप्टर लैंड होने के 24 घंटे के भीतर तुम्हारे अकाउंट में पैसा आ जाएगा।'

फोन पर एक लंबी खामोशी थी। मैं दिल ही दिल में भगवान से प्रार्थना कर रहा था। कुछ देर के बाद उधर से आवाज आयी, 'तुम्हें कल हेलीकॉप्टर मिल जाएगा। काठमांडू से उड़ान भरेगा। मुझे निराश मत करना।' और उसने फोन रख दिया।

30 अगस्त को हेलीकॉप्टर काठमांडू से उड़ा और कई शहरों में ईंधन भरवाने के लिए उतरा। 1 सितम्बर को शाम 4 बजे उसे एचएएल में उतरना था। हम एयरपोर्ट पर उत्साह के साथ उसका इंतजार कर रहे थे। भार्गवी और मैं, पोन्नू और जयंत पवैया, माया और सैम और विद्या बाबू और उनकी पत्नी, सभी को लग रहा था कि ये सच्चाई से परे कोई चीज हो रही थी। एक सपना साकार होने को था।

हेलीकॉप्टर के आने से पहले भी एक या दो घटनाएं हुईं। विद्या बाबू ने कहा कि मैं डीजीसीए के लोकल मुखिया से जाकर मिल लूं जो मेरे कॉल का इंतजार रहे होंगे। मुझे सुझाव मिला कि उन्हें शिष्टाचार भेंट के लिए बुला लेना चाहिए। मैं गया और उन्हें भी निमंत्रण पत्र दिया। मैंने कहा कि ये मेरी एविएशन कंपनी थी और उन्हें इस बात पर गर्व होगा कि ये बेंगलुरु में स्थित थी और डीजीसीए एक नयी यात्रा का हिस्सा बनने जा रहा था। मैंने कहा, 'आप बहुत बड़े बेड़े को नियंत्रित कर सकेंगे, यदि आप इस कंपनी के विकास में सहयोग करेंगे।' इसके साथ ही मैंने उन्हें उद्घाटन कार्यक्रम में आने को कहा।

स्थानीय डीजीसीए के चीफ, के परमेश्वर मेरी बातों से अभिभूत हो चुके थे लेकिन उन्होंने तुरंत ही खुद को संभाला। उन्हें याद आ गया था कि इस सेक्टर पर उनका ही नियंत्रण था। उन्होंने बेहद शांत भाव के साथ कहा, 'कैप्टन, ये सब कुछ तो ठीक है! लेकिन आपको उद्घाटन का दिन तय करने से पहले मुझसे बात करनी चाहिए थी और हेलीकॉप्टर आने के बाद ही कार्ड छपवाने चाहिए थे। आपने तो हेलीकॉप्टर आने से पहले ही कार्ड छपवा दिए। मैं तो शॉक में हूं।' उन्होंने याद दिलाया कि टाटा और महिंद्रा जैसे बड़े कॉर्पोरेट घराने भी अपने हेलीकॉप्टर देश में आने के 2 से 3 महीने बाद उनसे काम लेना शुरू करते थे। वो इस बात पर नाराज थे कि हमने हेलीकॉप्टर आने से पहले ही लॉन्च कि तैयारी कर दी थी और सभी को निमंत्रण भेज दिया था। उन्हें ये

बात नहीं हजम हो रही थी कि मैंने हेलीकॉप्टर आने के चार दिन के भीतर ही उद्घाटन का दिन तय कर दिया था।

मैंने परमेश्वर जी को मेरे फैसलों के पीछे की वजह बताई। मुझे इस बात का अहसास हो गया था कि मेरे बोलने के लहजे और टोन से भी उन्हें परेशानी हो रही थी।

वाईए नंबर हमें एक दिन पहले ही जारी कर दिया गया था। हेलीकॉप्टर अपने समय के हिसाब से ही काठमांडू से उड़ा था। हम पायलटों से लगातार रेडियो से जुड़े हुए थे। हेलीकॉप्टर भारतीय वायुक्षेत्र में पिछले ही दिन घुस चुका था और वाराणसी में लैंड कर चुका था जो देश की पहली पोर्ट एंट्री थी। कस्टम वाले चाहते थे कि उसकी क्लियरिंग वहीं हो जाए। इसका मतलब था दो दिन की देरी। हम चाहते थे कि कस्टम की क्लियरेंस बेंगलुरु में हो। हमने बेंगलुरु के कस्टम अधिकारियों से निवेदन किया कि वो वाराणसी वालों को फोन करें और मामला लटकने न दें।

वाराणसी के कस्टम अधिकारियों ने कहा कि वो हेलीकॉप्टर की तलाशी लेंगे। ये तलाशी ड्रग्स, बंदूकों और छिपी चीजों को खोजने के लिए की जानी थी। वो पूरा जहाज चेक करने वाले थे। पायलट और कार्गो की जगह की भी तलाशी ली जानी थी। इससे ये पक्का किया जाता था कि हेलीकॉप्टर में कोई भी सामान गैर-कानूनी तरीके से छिपाया तो नहीं गया था। लेकिन कस्टम की असल क्लियरेंस बेंगलुरु में मिलने वाली थी। हेलीकॉप्टर दोबारा ईंधन भरवाने के बाद तिरुपति से उड़ा और हम आसमान में उत्तर-पूर्वी दिशा में नजरे गड़ाये इंतजार कर रहे थे। तिरुपति के पावन शहर की यही दिशा थी। उस वक्त मैं कैसा महसूस कर रहा था, ये बयान कर पाना बेहद मुश्किल था। आठ साल पानी देने और देखभाल करने के बाद नारियल की पहली पौध देखने पर मैंने ऐसा ही महसूस किया था। अब हमें दूर कहीं से आसमान में भुनभुनाहट सुनाई दे रही थी। धमनियों में रक्त का प्रवाह तेज हो रहा था। मन उत्साहित हो रहा था। और फिर हेलीकॉप्टर की एकदम साफ आवाज सुनायी देने लगी। क्षितिज पर एक छोटी बिंदु दिख रही थी।

जयंत की नजर हम सबमें सबसे तेज थी और उसने सबसे पहले हेलीकॉप्टर पहचाना। उसने ही हम सभी को उसकी ओर इशारा कर दिखाया। वो बड़ा होता जा रहा था और अब एकदम साफ दिख रहा था। कुछ ही देर में हमारे ऊपर से उड़ते हुए वो धातु की बड़ी चिड़िया हमारे सामने लैंड कर गई। हम फूल-माला लेकर तैयार थे। हमने उन नेपाली पायलटों को गले लगाया और

उन्हें गुलदस्ता दिया। हम सभी के अंदर एक ही भाव था और हम सभी उत्साहित थे। हम सभी राहत महसूस कर रहे थे लेकिन बहुत ही जल्द हमारी खुशियों की जगह गंभीर काम ने ले ली और कस्टम के अधिकारी उस हेलीकॉप्टर की तलाशी में लग गए।

कस्टम अधिकारियों ने हमसे हेलीकॉप्टर से दूर रहने को कहा। उन्होंने तलाशी ली और हेलीकॉप्टर को सील कर दिया। कागजी कार्रवाई हुई और उन्होंने उसे अपनी कस्टडी में ले लिया। हम एयरपोर्ट से निकल आए और पायलटों ने हेलीकॉप्टर को ऐंकर पिन से बांध दिया जिससे तूफान आने पर वो उड़ न जाए।

मेरे पास 3 दिन बचे थे। बहुत सारे काम करने थे। सबसे पहले कस्टम की क्लियरेंस चाहिए थी। ये सबसे बड़ी मुश्किल थी जिससे पार पाना था। कस्टम वाले अभी भी पुरातन काल के हिसाब से चल रहे थे। 90 के दशक की शुरुआत में अगर आप किसी एयरपोर्ट पर उतरते तो वहां यात्रियों से कहीं ज्यादा कस्टम अधिकारी होते थे। हालांकि ऊंचे टैरिफ वाला दौर जा रहा था, प्रक्रियाओं को दो भागों में बांटा जा रहा था। एक हिस्सा तस्करी करने वालों से निपटता था और दूसरा आम यात्रियों से। यही लोग बड़े स्मगलरों पर कोई रोक नहीं लगा रहे थे और समानांतर बाजारों में बिक्री के लिए चीजें धड़ल्ले से देश में आ रही थी। बड़े शहरों में म्यांमार की बजारें लगती थीं। स्मगलर नावों में लदे सामान के बीच तस्करी का सामान लाते थे और कस्टम की भारी मौजूदगी के बाद भी कालाबाजारी खूब हुआ करती थी। यहां लगने वाली म्यांमार की बाजारों में कितनी ही ऐसी दुकानें थीं जहां खुले में विदेशी माल बिकता था जो कस्टम की निगाहों से बचकर आ गया था। वहीं दूसरा पहलू ये भी था कि यही लोग आम लोगों को पकड़ने में खूब आगे रहते थे। वो लोग जो छोटे-मोटे गिफ्ट, जैसे डिजिटल घड़ी, कैसेट प्लेयर, व्हिस्की की बोतल या चॉकलेट का डिब्बा लेकर आते थे, उन्हें परेशान किया जाता था। कस्टम अधिकारीयों की नजर में गृहणियां, बूढ़े लोग, सैलानी, यहां तक कि बच्चे भी तस्कर थे। कोई भी जांच से बचता नहीं था।

ऐसे हालात में हेलीकॉप्टर का आना तो खबर बनने ही वाला था। किस्मत से जहाजों के लिए सरकार की नीतियां कुछ ढीली थीं। यदि आपने हेलीकॉप्टर जनता के काम के लिए, चार्टर सेवा के लिए लिया था तो आपको कस्टम ड्यूटी नहीं देनी पड़ती थी। पर्सनल काम के लिए आने वाले हेलीकॉप्टर के लिए कस्टम ड्यूटी दी जानी थी। असल में, डीजीसीए से इम्पोर्ट की इजाजत

मिलना ही लाइसेंस मान लिया जाता था। इसके लिए डायरेक्टर जनरल ऑफ फॉरेन ट्रेड (डीजीएफटी) द्वारा एक पब्लिक नोटिस जारी की गई थी।

कस्टम अब इसे नहीं रोक सकता था। लेकिन वो हेलीकॉप्टर को छोड़ने में देर जरूर लगा सकते थे। मैंने फैसला किया कि मैं रुकूंगा और इंतजार करूंगा। हमने एक कस्टम एजेंट को भी काम पर लगाया जो कस्टम के अधिकारियों से हमारा हेलीकॉप्टर छुड़ाने की कोशिश कर रहे थे। हमें बताया गया कि शाम तक हमारा काम हो जाने वाला था। लेकिन जीवन में आश्चर्य हर जगह हमारी राह तक रहे होते हैं। शाम हुई और हमारा काम नहीं हो पाया। एजेंट ने कहा कि अगले दिन हो जाएगा। लेकिन अगले दिन भी काम नहीं हो पाया।

अब मैं परेशान होने लगा और तय किया कि मैं ही एयरपोर्ट जाऊंगा। मैं वहां कस्टम के असिस्टेंट कमिश्नर से मिलने के लिए इंतजार कर रहा था। दो घंटे के इंतजार के बाद मैं उनसे मिले बगैर वहां से चला आया। अब लॉन्च में बस एक दिन शेष था। मैं फंसा हुआ था।

अगले दिन सुबह-सुबह मैं एयरपोर्ट पर पहुंच गया। मैं सोच रहा था कि मुझे दोपहर से पहले क्लियरेंस मिल जाने वाला था। फिर डीजीसीए से निपटने के लिए मेरे पास पूरा दिन होता। अगले दिन सुबह 10 बजे उद्घाटन समारोह होने वाला था। सुबह निकलती गई और दोपहर आ गई। एजेंट मुझे कहता रहा कि बस किसी भी वक्त कागजों पर साइन होने वाले थे।

डीजीसीए का दफ्तर शाम साढ़े 5 पर बंद हो जाता था। पायलट और इंजीनियर को एक हॉवर ऐंड ग्राउंड रन पूरा करना था और फिर डीजीसीए को भौतिक जांच करनी होती है। इसके बाद लॉगबुक में एक मुहर लगती है और काम हो जाता है। बाकी सभी कागजी काम हो चुका था। अब मैं ये स्थिति कैसे हैंडल करता? अगर कस्टम के अधिकारी उसे साम 4 बजे तक छोड़ दें तो भी डीजीसीए के पास बहुत कम समय रहता था।

मैं कस्टम के असिस्टेंट कमिश्नर के केबिन के इर्द-गिर्द ही मंडरा रहा था। वो अफसर शाम साढ़े 4 बजे दिखाई दिया। वो स्थिति को बहुत हल्के में ले रहे थे और उन्हें मामले कि नजाकत का कोई अंदाजा नहीं था। मैं उनके साथ-साथ चला और उन्हें अपने बारे में बताया। वो चलते रहे और मेरी ओर ध्यान ही नहीं दिया। मैंने उन्हें बार-बार बताया कि कस्टम के अधिकारियों को उस हेलीकॉप्टर को रिलीज कर देना चाहिए। उन्होंने मुझे खारिज करते हुए जवाब दिया, 'हां कैप्टन, मुझे आपकी जरूरत के बारे में जानकारी है। लेकिन आज मेरे पास बिल्कुल भी वक्त नहीं है। मुझे आज सेन्ट्रल ऑफिस में बुलाया

गया है और मुझे वहां तुरंत पहुंचना है। अगर मैं शाम 6 बजे तक वापिस आ गया तो आज ही आपके कागज देख लूंगा। और फिर अगर सब ठीक रहा तो कल सुबह आपके हेलीकॉप्टर को क्लियर कर दूंगा।'

मैंने कहा, 'मैं कल का इंतजार नहीं कर सकता। कल उद्घाटन है। इसे आज ही क्लियर कर दीजिये। मुझे अभी डीजीसीए का भी काम करवाना है।' मैं उन्हें अपनी बातों से भड़काना नहीं चाहता था लेकिन उन्हें ये भी महसूस नहीं करवाना चाहता था कि वो इसे हल्के में ले सकते थे। मैंने कहा, 'ऑफिसर, देखिये, ये बहुत सीरियस मसला है। मेरे लिये ये जीवन-मरण का सवाल है। आपको इसे अभी ही करना होगा।' वो आगे अपनी जीप की ओर बढ़ते गए और उन्होंने बदहवासी में कहा, 'कैप्टन, मैं इसे अभी नहीं कर सकता। कस्टम्स के कमिनश्नर ने मुझे अभी बुलाया है। मैं शाम को लौटकर इसे देखता हूं। कल सुबह 9 बजे हेलीकॉप्टर आपको मिल जाएगा!'

मैं उनसे विनती कर रहा था और वो अपनी जीप में बैठे और निकल लिये। अपने पीछे वो धूल और धुएं का एक गुबार छोड़ गए जिससे मैं अपने मुंह को बचाने की कोशिश कर रहा था।

7

अगर मैं देवताओं को माफ नहीं कर सकता
तो मैं नर्क में जाऊंगा

—वर्जिलो

लॉन्च की तैयारी

जब धूल छंटी तो मैंने अपनी घड़ी की ओर देखा। शाम के 5 बज चुके थे और मेरे पास सारा काम सुलटाने के लिए 18 घंटे थे। मेरे लिये बेहद नाजुक समय चल रहा था। अगले दिन के अखबार में विज्ञापन छपने को दे दिया गया था। कुछ दिन पहले भी एक विज्ञापन जा चुका था। अब कदम पीछे नहीं खींचे जा सकते थे।

कस्टम के अधिकारियों पर मेरा दिमाग खराब था। मुझे उन पर विश्वास नहीं करना चाहिए था। मैंने तय किया हुआ था कि मैं उद्घाटन समारोह को टलने नहीं देने वाला था। मेरे पास अभी भी थोड़ा समय था। मैंने पीएमओ में रीना पांडे से बात की। उन्होंने ही अपने पति के साथ हमें एविएशन मिनिस्ट्री से लाइसेंस दिलवाने में मदद की थी। मैंने उन्हें सब कुछ बताया कि सारा मामला सेट हो चुका था, अगले दिन उद्घाटन समारोह था, सभी मंजूरियां मिल चुकी थीं और प्रेस में भी बात फैलाई जा चुकी थी लेकिन कस्टम ने हेलीकॉप्टर क्लियर नहीं किया था। मैंने उन्हें एडिशनल कस्टम्स कमिश्नर का नंबर दिया । वही सब कुछ कर सकते थे। मैंने उन्हें बताया कि हमारी तरफ से कोई कमी नहीं हुई थी: हेलीकॉप्टर 3 दिन पहले आया था और कस्टम के पास कागज चेक करने के लिए अच्छा-खासा वक्त था। अब उनके पास सारी जानकारी थी जिससे वो अर्जेंट काम करने को कह सकती थीं और कमिश्नर को ये बता सकती थीं कि सरकार के लिए ये भारी शर्म वाली बात होगी अगर उद्घाटन

समय पर नहीं हुआ। क्योंकि उस कार्यक्रम में कैबिनेट मिनिस्टर भी बतौर मुख्य अतिथि आने वाले थे। जब भी नियमों की अनदेखी नहीं हुई होती है और किसी तरह की 'डिमांड' भी नहीं की गई होती है तो पीएमओ से की गई एक कॉल ही अफसरों की नींद हराम कर देती है। और प्रेशर डालने के लिए मैंने मुख्यमंत्री के सेक्रेटेरियेट से एक सीनियर अधिकारी द्वारा भी कमिश्नर को फोन करवाया।

रीना से बात करने के आधे घंटे के भीतर मुझे टी जयरामन का कॉल आया। वो कस्टम के एडीशनल कमिश्नर थे। फोन पर उन्होंने बेहद सौम्य तरीके से बात की। उन्होंने कहा कि उन्हें स्थितियों के बारे में जानकारी मिली। उन्होंने ये भी पूछा कि आखिर मैंने उनसे पहले संपर्क क्यों नहीं किया। मैंने उन्हें कस्टम्स ऑफिस के साथ बीते तीन दिन के अनुभव साझा किए। मैंने कहा, 'मिस्टर जयरामन, काश कि मैं आपसे मिला होता। मुझे इस बात में कोई शक ही नहीं था कि आपके ऑफिसर मेरे कागज क्लियर ही नहीं करेंगे। हमारी तरफ से कस्टम के मामले में कोई कमी नहीं रखी गई। कस्टम के एजेंट ने भी मुझे यही बताया कि प्रक्रिया के बाद सब कुछ हो जाएगा। मुझे आपके उस अधिकारी को बुरी रोशनी में नहीं रखना था। लेकिन जो प्रक्रिया होनी थी, वो अभी तक नहीं हुई है। क्योंकि कायदे से तो मुझे कल ही क्लियरेंस मिल जानी चाहिए थी।' मैंने उन्हें ये भी बताया कि उस अफसर ने मेरे मुंह पर दरवाजा बंद कर दिया था और वो बेहद बेअदबी के साथ पेश आए थे। जयरामन मेरी बात मान चुके थे। उन्होंने वादा किया कि वो कुछ ही देर में मुझे फोन करेंगे। उन्होंने 10 ही मिनट में मुझे फोन किया। उन्होंने कहा कि कुछ ही देर में कस्टम्स के असिस्टेंट कमिश्नर फोन करेंगे और फिर मेरा हेलीकॉप्टर क्लियर कर देंगे।

ये रात 11 बजे की बात थी। मेरे मुंह पर दरवाजा बंद करने वाले श्रीमान, असिस्टेंट कमिश्नर ने मुझे फोन किया। वो मुझे हेलीकॉप्टर तुरंत ही देने को राजी थे लेकिन उसके कागज एक और कस्टम अधिकारी के पास थे जो उस वक्त एक फेयरवेल पार्टी में था। अगर मैं उसे लेकर उनके पास आ जाता तो वो कागजों पर साइन कर देते। उन्होंने मुझे पार्टी का पता दिया।

मैंने बगैर एक भी मिनट गंवाये, अपनी जीप निकाली और बेंगलुरु के बाहरी इलाके में हो रही उस पार्टी की ओर चल पड़ा। मैं जब रिजॉर्ट में घुस रहा था, मुझे तेज संगीत सुनाई दिया। मुझे समझ में आ गया कि पार्टी में शामिल लोग हवा में दो इंच ऊपर चल रहे होंगे। वहां अच्छी-खासी संख्या में लोग मौजूद थे और मैं यही सोच रहा था कि आखिर मैं उस इंसान को कैसे ढूंढ पाने वाला था। आस-पास पूछताछ की। मैं मन ही मन प्रार्थना कर रहा था कि

कहीं वो शख्स पार्टी छोड़कर जा न चुका हो। किस्मत से किसी ने मुझे उसकी ओर इशारा किया और बताया कि वो वहां था।

मैं उन्हें किनारे ले गया और अपना परिचय दिया। मैंने उन्हें बताया कि मैं उन्हें क्यों ढूंढ रहा था। मैंने कहा कि असिस्टेंट कमिश्नर ने उन्हें तुरंत ही आने को कहा था जिससे हेलीकॉप्टर की क्लियरेंस संभव हो सके। वो युवा अफसर पार्टी में अच्छा समय बिता रहा था और दिख रहा था कि आधी रात बीत जाने के बाद भी सरकारी काम मौजूद होने के चलते वो काफी नाराज था। वो इस बात से भी सकते में था कि इतनी जल्दबाजी में, ऐसी डिमांड की जा रही थी। लेकिन वो जल्द ही अपने में आए और मेरे साथ चलने को राजी हो गए।

पदानुक्रम में बेहद निचले स्तर पर आने वाले कस्टम अप्रेजर का काम ये होता है कि कोई केस कस्टम ड्यूटी के लिए योग्य था या नहीं। वो कागजी तैयारी करते हैं और उसे कस्टम के लिए असिस्टेंट कमिश्नर के पास भेज देते हैं। बाद में हमें मालूम पड़ा कि अप्रेजर असल में मुझे जानते थे और हम एक मौके पर एक जैसा जीवन जी चुके थे। उसने कहा, 'आप एनडीए में थे। मैं भी था। लेकिन फिर कुछ वजहों से मैंने छोड़ दिया। 3 साल वहां था मैं। मेरे जीवन का सबसे मजेदार अनुभव था वो। पूर्व एनडीए वाला होने के नाते मुझे आपकी मदद करने में काफी खुशी होगी।' उसने मुझे एक गुप्त बात बताई। इसने कहा कि असल में उसने वो दस्तावेज पिछले दिन ही असिस्टेंट कमिश्नर को दे दिए थे। इसलिए मुझे पिछले दिन ही क्लियरेंस मिल जानी चाहिए थी। असिस्टेंट कमिश्नर ने अपनी ही किन्हीं वजहों से मुझे मंजूरी नहीं दी थी। वो युवा अफसर मेरी ओर देखकर मुस्कुरा रहा था।

जहां पार्टी हो रही थी, वो रिजॉर्ट बेंगलुरु के दूसरे किनारे येलाहंका में था। उन दिनों बेंगलुरु के किनारे के इलाके में क्लब वगैरह खूब होते थे जहां अधिकारी और कॉर्पोरेट के लोग आधिकारिक या गैर-आधिकारिक जश्न मनाते थे। हमें एचएएल पहुंचने में 1 घंटे का वक्त लगा। असिस्टेंट कमिश्नर हमारा इंतजार कर रहे थे। वो थोड़ा झिझके हुए दिख रहे थे और मैंने उनको और झेंपने के ज्यादा कोई मौके नहीं दिए। लेकिन उन्होंने ये कहकर मुझे चौंका दिया, 'कैप्टन, रात के 2 बजे हम पर दबाव डालकर काम करवाने से बेहतर था कि आप मुझे पहले ही बता देते कि कल आपका उद्‌घाटन समारोह है। मैं क्लियरिंग दे देता।' वो अपनी इज्जत बचाने की पूरी कोशिश कर रहे थे और मैं उनके खेल में शामिल हो रहा था। उन्होंने रात को 2 बजे अपनी रिपोर्ट पर मोहर लगाई।

जयंत और सैम इस प्रक्रिया के खत्म होने का बेसब्री से इंतजार कर रहे थे। रिलीज के कागज तैयार थे और ऑफिसर को बस हेलीकॉप्टर देखकर हमें पेपर दे देने थे। लेकिन अभी भी एक समस्या थी। हम कस्टम के नागरिकों वाले हिस्से में थे। जबकि हेलीकॉप्टर डिफेंस वाले इलाके में था। हमारा समय निकल रहा था। जयंत ने आनन-फानन में एयरपोर्ट के उस इलाके में घुसने के पास बनवाये। अगले एक घंटे में हमने कस्टम अधिकारी को हेलीकॉप्टर दिखाया जिन्होंने उसका भौतिक निरीक्षण किया और अंततोगत्वा वो हमारे कब्जे में आ गया।

अब हमारे सामने सबसे बड़ी चुनौती थी उड़ान के लिए डीजीसीए की क्लियरेंस पाना। हम हैंगर से निकले और घर चले गए। जयंत सुबह 6 बजे आने वाला था। उसे ग्राउंड टेस्ट और हॉवर टेस्ट करना था और डीजीसीए की बाकी औपचारिकताएं पूरी करनी थीं। हमें इस बात का अहसास हुआ कि कमर्शियल ऑपरेटर का परमिट पाने के लिए हमें बहुत सारी मंजूरियां चाहिए थीं। अब हमारे सामने ऐसी समस्या थी जो बहुत दुर्गम थी। चाय का प्याला होठों तक आ चुका था लेकिन हम उसे पी नहीं पा रहे थे। इस नाजुक मौके पर हमारे काम आए एन रमेश। वो दिल्ली में डीजीसीए में हवाई-पात्रता के मुखिया थे। उन्होंने हमें सुझाव दिया कि नियमों के अनुसार यदि हेलीकॉप्टर हवाई-पात्रता की शर्तें संतुष्ट करता है तो उसे बगैर यात्रियों के एक बार उड़ाया जा सकता था। उन्होंने ये भी बताया कि इसके अनुसार अधिकारी कुछ औपचारिकताओं में छूट दे सकते थे। उन्होंने ये भी सुझाव दिया कि हम डीजीसीए को एक प्रार्थना पत्र लिखकर उद्घाटन के लिए एक फ्लाइट की मंजूरी मांग सकते थे। कमर्शियल लाइसेंस हमें 2 दिन बाद मिल जाता। उन्होंने कहा कि बेंगलुरु में वो अपने जूनियरों को निर्देश दे देंगे। मैंने ये सारी बातें जयंत को बतायीं।

जयंत और स्थानीय डीजीसीए हवाई अड्डे पर समय पर पहुंच गए। जयंत ने ग्राउंड टेस्ट और हॉवर टेस्ट किया और डीजीसीए की सभी जरूरतों में भी साथ दिया। मुझे 9 बजे मुख्यमंत्री के दफ्तर पहुंचना था और उन्हें समारोह स्थल पर लेकर आना था। मैं बेचैन था कि कहीं आखिरी मौके पर फिर कोई समस्या न खड़ी हो जाए। समारोह स्थल जक्कुर एयरफील्ड था। मुझे सेना के जीवन के वो दृश्य याद आने लगे जिसमें मैं सुदूर सीमावर्ती इलाकों में मौजूद था। ऐसी जगहों पर ड्यूटी कर रहे आर्मी अफसर या जवान की शादी में दूल्हा अक्सर दुल्हन के परिवारवालों को कई परेशान करने वाले पल देता था। उसे दुर्गम रास्ते से जाना होता था और जहां शादी होने वाली थी, वहां पहुंचने के

लिए उसे कई अलग-अलग साधन लेने पड़ते थे। कई बार उसे भूस्खलन या हिमस्खलन के चलते एक ही जगह पर अटके रह जाना पड़ता। इसकी वजह से उसकी बस या फ्लाइट छूट जाती और वो अपनी ही शादी में नहीं पहुंच पाता। ऐसे में शादी होती, लेकिन दूल्हे की तस्वीर के साथ।

मैं सुबह 9 बजे मुख्यमंत्री के दफ्तर पहुंच गया। आधे घंटे में ही उद्घाटन होने वाला था। मुख्यमंत्री मेरे साथ आने को तैयार थे। उनसे मिलने से 5 मिनट पहले ही जयंत से मेरी बात हुई। उसने कहा का कि वहां का अफसर हमें सर्टिफिकेट देने में आनाकानी कर रहा था। वो दिल्ली से पड़ने वाले दबाव को लेकर खुश नहीं था। वो कागजों में कमी निकाल रहा था। उसने जीवन में कभी ऐसा काम नहीं किया था और उसे लग रहा था कि अगर उसने क्लियरेंस दी तो उसकी नौकरी जा सकती थी। वो अपने मन की बात कह रहा था। उसे लग रहा था कि हम सभी पागल थे। हालांकि अंत में जयंत ने जो कहा, उसने मेरे अंदर आशा का संचार किया। जयंत का मानना था कि वो अफसर आखिर में हमारा काम कर ही देगा।

जयंत ने मुझसे कहा, 'गोपी, हेलीकॉप्टर एकदम परफेक्ट है। मैंने इसका ग्राउंड टेस्ट भी किया और हॉवर टेस्ट भी। सब ठीक है और मैं इसे लेकर टेक ऑफ करने के लिए तैयार हूं। लेकिन यहां जो बंदा है, उसने अभी मंजूरी नहीं दी है। अगर उसने हां नहीं कहा तो मैं क्या करूं?' मैं अभी भी फोन पर था और उसी वक्त सीएम साहब बाहर आए। उन्होंने पूछा, 'कैप्टन, आप तैयार हैं? चलें?' मैंने कहा, 'हां सर। बिल्कुल।'

मैंने एक सेकेंड लिया और कहा, 'तुम उड़ लेना। देखेंगे जो भी होगा। आने वाले समय में सब ठीक हो ही जाएगा।' एक बार आप एक कड़ा फैसला ले लेते हैं तो चाहे अच्छी चीज हो या बुरी, बेचैनी घट जाती है।

जयंत से बात करने के बाद ही मुझे इस बात का एहसास हुआ कि असल में मैंने एक आर्मी कमांड दी थी। अगर जयंत वाकई डीजीसीए के ऑर्डर के बगैर उड़ पड़ा तो? मैंने तय किया कि फिलहाल मेरी चिंताएं उद्घाटन को लेकर ही होनी चाहिए। बाकी सब कुछ बाद में देखा जाएगा।

मुख्यमंत्री और मैं एयरफील्ड तक पहुंच चुके थे। मुझे दूर से ही दिख रहा था कि मीडिया भी वहां पहुंच चुकी थी। कई अखबारों और उस वक्त तक चलने वाले कुछ टीवी चैनलों के रिपोर्टर वहां मौजूद थे। समारोह स्थल पर त्योहार सा माहौल बन चुका था। जिन लोगों पर मैं बेहद भरोसा करता था, उन्हें समारोह की जिम्मेदारी सौंपी हुई थी। उन्होंने बेहद अच्छा काम किया हुआ

था। वहां शामियाना लगा हुआ था और वो पूरी जगह सजी हुई थी। हर कोई मुख्यमंत्री की ही राह तक रहा था।

मैं कार की खिड़की से आसमान में पूर्व की दिशा में नजरें गड़ाए हुआ था। उधर ही एचएएल एयरपोर्ट था। कार रुक गई लेकिन मुझे हेलीकॉप्टर का नामोनिशान नहीं दिख रहा था। हमारी कार स्पेशल बे में जा पहुंची जहां सीएम को उतरना था। कार धीमे होकर रुक रही थी और एकदम तारतम्यता के साथ हेलीकॉप्टर भी कुछ ही दूरी पर आकर लैंड हुआ। हवा में तालियों का शोर गूंज रहा था।

हम मुख्यमंत्री को लेकर स्टेज पर पहुंचे। वहां और भी मंत्री, सम्माननीय लोग और अफसर थे। मैंने वहां सभी का स्वागत करते हुए एक छोटा सा भाषण दिया और मुख्मंत्री को हमें जक्कुर में जमीन देने के लिए और हमारे पहले ग्राहक बनने के लिए शुक्रिया कहा। सीएम ने दीप प्रज्ज्वलन किया और भाषण दिया। उन्होंने कहा, 'जब मैंने इसे युवा कैप्टन को देखा, मैं बहुत प्रभावित हुआ था। मैं क्यों न इनकी मदद करता?' उन्होंने हमें शुभकामनाएं दीं और फिर पहली फ्लाइट का उद्घाटन किया। अतिथियों की तालियों के शोर के बीच हेलीकॉप्टर उड़ा और एचएएल की ओर वापस चल पड़ा।

मैंने रीना को और बाकी साभी लोगों को फोन किया जिन्होंने मेरी मदद की थी। मैंने उन सभी का शुक्रिया अदा किया। मैंने डग से किया हुआ वादा निभाया और हेलीकॉप्टर हाथ में आने के अगले ही दिन उसको लीज के पैसे ट्रांसफर कर दिए। मैं मोंट्रियल के लिए उसी रात जा रहा था जहां मुझे हेनरी मिन्ट्जबर्ग के प्रोग्राम का दूसरा चरण अटेंड करना था। मुझे चिंता इस बात की थी कि हमें अभी भी कमर्शियल उड़ान के लिए मंजूरियां लेनी थीं। जमीन पर टिके हुए हेलीकॉप्टर से बेकार चीज और कोई नहीं होती। मैंने सैम और जयंत को कॉल करके अपनी इस बेचैनी से आगाह कराया। मैं बेंगलुरु से बाहर जाने ही वाला था। हमें मालूम था कि ये कुछ ही दिनों कि बात थी और उन्होंने कहा कि वो देख लेंगे।

अंत में सब कुछ ठीक रहा और काम में बहुत देर भी नहीं हुई। सैम गया और उसने दिल्ली में ही डेरा जमा लिया। हमारे पुराने सेना के साथी कर्नल डीवी सिंह के साथ, सैम ने अफसरशाही के चक्रव्यूह से हमारा पिंड छुड़ाया। लगभग दो ही दिन में हमें गैर-शेड्यूल वाली चार्टर फ्लाइट उड़ाने का लाइसेंस मिल गया। जैसा कहते हैं, हम खेल में शामिल हो चुके थे। अब हमें ग्राहकों

की जरूरत थी। हमने अपना ध्यान ब्यूरोक्रेसी से हटाकर मार्केटिंग और सेल्स पर केंद्रित कर दिया था।

एक उद्यमी और एक कलाकार का दिमाग समानांतर चलता है। कैमस ने कलाकार के दिमाग को उथल-पुथल से भरा हुआ बताया था। लेकिन कला का अभ्यास करने के लिए आपको बेहद अनुशासित होना पड़ता है। इसमें आपको अनंत संभावनाओं में से कुछ एक चीजों को चुनना होता है। इसमें आपको एक जगह बैठकर पूरे अनुशासन में चीजें करनी होती हैं। एक सृजनशील दिमाग तमाम सीमाएं लांघने की हर संभव कोशिश करता है। वो उथल-पुथल भरी परिस्थितियों की ओर जाने की चेष्टा करता है। कलाकार दिमाग के लोगों, जिसमें कुछ उद्यमी भी शामिल होते हैं, को कलाकारी और नियमों एवं शर्तों के बीच सामंजस्य बिठाना पड़ता है। मुझे एक उद्यमी के तौर पर अपनी कमियों की जानकारी थी और इसलिए मैंने खुद को वित्तीय और हिसाब-किताब के मसलों में ज्ञान अर्जित करने को तैयार किया।

मोंट्रियल की फ्लाइट के दौरान मैंने अपनी पहली उड़ान के ग्राहक की कल्पना शुरू की। मैंने सभी प्रत्याशित क्लायंट्स के बारे में सोचा। लेकिन इनमें से कौन मुझे पहले फोन करने वाला था? मुझमें तड़प, पूर्वानुमान और उत्साह के भाव थे। अभी भी मुझे ये सच समझ में नहीं आया था कि मैं एक हेलीकॉप्टर कंपनी का सीईओ था। मैंने यही तब भी महसूस किया था जब मैंने किसानी शुरू की थी और जब मैंने पहली बार फार्म पर एक रात बिताई थी। मैंने वो रात तारों से भरे आसमान को ताकते हुए बिताई थी।

मैंने ऑफिस में लगातार फोन किया और मुझे बताया गया कि फोन लगातार बज रहे थे। लेकिन पहली फ्लाइट का जुगाड़ नहीं हो पा रहा था। हर कोई आशा से भरा हुआ था और बेहद उत्साहित भी था।

जब भी मैंने महसूस किया कि वहां निराशा फैली हुई थी, मैंने उन सभी की पीठ थपथपाई और कहा कि बस कुछ ही समय की बात है और जल्द ही चीजें होने लगेंगी। मुझमें न जाने कहां से कूट-कूट कर आशा भरी हुई थी और उसे मैं इन सब ही लोगों के साथ साझा करता रहता था। मैंने कहा कि उन्हें जो अनगिनत कॉल आ रही थी, वो इस बात का सूचक थीं कि आगे कुछ अच्छा होने वाला था।

मैंने ये भी महसूस किया कि एक पूरे देश में अपनी पहचान बनाने की कोशिश करना कितना टेढ़ा काम था। मेरे लिये मार्केटिंग और एडवर्टाइजिंग ऐसा क्षेत्र था जिसे मैं अभी भी समझने की कोशिश कर रहा था। एडवर्टाइजिंग पर

खर्च जरूरी तो है लेकिन कितना और कितनी बार? हेलीकॉप्टर अगर जमीन पर ही पड़ा हुआ हो तो वो बेहद खर्चीला काम बन जाता है। लगातार विज्ञापन देते रहने में असमंजस की स्थिति बनी हुई थी। मैं एडवर्टाइजिंग गुरु डेविड ओजिल्वी का मुरीद हूं। उन्होंने एक बार कहा था, 'जब मैं कोई विज्ञापन लिख रहा होता हूं तो मैं नहीं चाहता हूं कि आपको वो बहुत क्रियेटिव लगे। मैं चाहता हूं कि वो आपको इतना आकर्षित करे कि आप वो उत्पाद खरीद लें। जब एस्किनीज बोलता था तो लोग कहते थे, "देखो वो कितना अच्छा बोलता है।" लेकिन जब डेमॉस्थनीज बोलता था तो वो लोग कहते थे, "चलो फिलिप के खिलाफ प्रदर्शन करते हैं।"' रायन एयर के सीईओ ने भी कुछ ऐसा ही कहा था: 'आप उन सभी ऐरे-गैरों को भूल जाइये जो आकर आपको रचनात्मक ज्ञान के रूप में बकवास बातें कहते हैं। आपके विज्ञापन की एकमात्र परीक्षा है: क्या आपका ग्राहक आपका उत्पाद खरीदना चाहता है? क्या आपका विज्ञापन आपकी कमाई में बढ़ोत्तरी ला रहा है?'

हम धंधे में बेहद नए थे और इसे चलाने में हमें कोई अनुभव नहीं था। कई मायनों में इसने हमारी मदद भी की क्योंकि हमारे दिमाग नए आइडिया के लिए खुले हुए थे। हम बेंगलुरु में स्थित थे लेकिन हमारे ग्राहक देश या दुनिया में कहीं से भी हो सकते थे। निवेश करने का माहौल भी खुल रहा था और कई विदेशी कंपनियां काम की भावी जगहों का सर्वे करने के लिए हेलीकॉप्टरों की तलाश कर रही थीं। पैसे वाले ग्राहक ट्रेन या सड़क की यात्रा में खपने वाले समय को कम करना चाहते थे। कम बजट में दुनिया की आंखों में जगह बनाना बेहद मुश्किल काम है। जबकि एयर डेक्कन ने अलग तरीके से अपना नाम बनाया और घर-घर में जानी जाती है, मुझे आज भी ऐसे लोग मिल जाते हैं जिन्होंने डेक्कन एविएशन का नाम ही नहीं सुना है। जबकि ये बहुत पहले ही शुरू हो गई थी और इतने दिनों तक अस्तित्व में रही।

मीडिया की इतनी बड़ी दुनिया में, जहां टीवी चैनलों और अखबारों की इतनी बड़ी संख्या थी, हम समझ नहीं पा रहे थे कि कहां, कब और कितनी बार विज्ञापन दें। मार्केट रीसर्च की कंपनियां बड़े-बड़े आंकड़े और चार्ट लेकर हमें बताने की कोशिश करते कि हम क्या कर सकते थे लेकिन उसका बजट इतना भारी भरकम होता था कि उससे हमारा बिजनेस ही बैठ जाने वाला था। यहीं पर मेरी बुद्धिमत्ता ने मुझे सहारा दिया। मुझे लगा कि हमें विकल्प की तलाश करनी चाहिए। मुझे समझ में आया कि हमें इतने कम बजट में अगर विज्ञापन देना है तो मीडिया के बीच अपने बारे में बात करवानी होगी। एक अच्छी स्टोरी क्या

होती है, ये तय करने की कला का ज्ञान होना भी बेहद जरूरी है। ऐसा इसलिए था क्योंकि हर दूसरे दिन एक नया न्यूज चैनल या अखबार शुरू हो रहा था। बदलावों के चलते जो एकछत्र राज था, वो खत्म हो चुका था और मीडिया लगातार अच्छी खबरों की तलाश में थी। सभी एक दूसरे से कम्पटीशन करने की जुगत में लगे हुए थे। जो भी पहले एक अच्छी खबर ले आता था, उसे बाजार में फायदा पहुंचता था क्योंकि उसकी व्यूवरशिप बढ़ जाती थी। मीडिया इसी तरह से काम करता था।

एक बार हमें प्रेस कांफ्रेंस करवानी थी। हम ऐसी एजेंसियों से मिले जो मीडिया का काम संभालते थे। अमूमन पीआर एजेंसी ऐसा काम करती थीं। वो आपको बताती थीं कि आपको अच्छी मीडिया कवरेज के लिए क्या करना चाहिए। वो कहती थीं कि आप एक पांच-सितारा होटल में बड़े मीडिया हाउस के पत्रकारों को बुलाएं और उन्हें खाने और शराब की दावत दें। उनका यही कहना होता था कि मीडिया में अपनी छाप अच्छे तोहफों के जरिए बनायी जा सकती थी।

जब मैं माइक्रो-सिंचाई का बिजनेस कर रहा था तो अक्सर ऐसे मौके आए जब हम फांकों पर जी रहे थे। एक ऐसा मौका आया जब मैंने सोचा था कि मीडिया का ध्यान अपनी ओर खींचकर मैं बिजनेस में सुधार ला सकता था। इस चक्कर में मैं मीडिया रिलेशन की एजेंसी के फेर में फंस गया। एजेंसी ने प्रेस कांफ्रेंस की जिम्मेदारी ली। उसने अच्छे मीडिया इवेंट का सूत्र निकाला: पांच-सितारा होटल, शराब, डिनर और तोहफे। रिपोर्टर भी किसी इवेंट में रुचि नहीं दिखाते अगर वो फाइव स्टार होटल में नहीं होता था तो। शराब और खाना ऐसे मौकों पर होता ही था और तोहफे यादगार के रूप में उन्हें मिलते।

मैंने महसूस किया कि अगर मैं एजेंसी की सलाह मानता तो मेरी जेब में छेद ही छेद होते। लेकिन उससे अच्छी प्रेस कवरेज की गारंटी मिल रही थी तो मैं भी खर्चा करने के लिए तैयार हो गया। प्रेस कांफ्रेंस की गई। मैंने सोचा कि अगले दिन अखबार के कॉलम हमारी ही बातों से पटे पड़े होंगे लेकिन असल में अपने बारे में लिखी हुई खबर ढूंढने के लिए हमें बहुत मशक्कत करनी पड़ी। समझ में ये आया कि रिपोर्टर आए, खाया-पिया और खिसक गए। अखबार में हमारे बारे में बहुत ही कम बातें लिखी थीं और हमें अंदर के पन्नों में जगह मिली थी। ये 4 या 5 लाइनों की रिपोर्ट थी और कॉलम की मोटाई बेहद छोटी थी। कुछ अखबारों में तो कुछ छपा ही नहीं था।

मुझे प्रेस पर काफी गुस्सा होना चाहिए था। लेकिन फिर मैंने उनके दृष्टिकोण से चीजों को देखना शुरू किया। असल में मैंने जो भी किया था, उससे प्रेस की बेअदबी हुई थी। मुझे लगा था कि शायद पत्रकारों को खरीदा जा सकता था। वो आए, खाए-पिए और चले गए क्योंकि वो हमें, आयोजकों को निराश नहीं करना चाहते थे। फिर मुझे ये भी समझ में आया कि कुछ हद तक हमारी प्रेस भी ईमानदार थी। जाहिर सी बात है कि वहां कुछ भ्रष्ट लोग थे लेकिन ऐसे लोग कहां नहीं होते? व्यापारी भ्रष्ट होते हैं, राजनेता भ्रष्ट होते हैं। वैसे ही कुछ एक पत्रकार भी भ्रष्ट और मक्कार होते हैं जो पूरी मीडिया पर दाग लगवा देते हैं। अगर आप किसी पत्रकार को शराब के लिए बुलाते हैं और ईमानदार है, तो वो आएगा/आएगी तो जरूर लेकिन वापस जाते वक्त गुस्से से भरे होंगे। वो कभी भी आपकी इज्जत नहीं करेंगे। और ये कभी भी आपके पक्ष में काम नहीं करेगा।

वो आखिरी मौका था जब मैंने प्रेस को उन नजरों से देखा था। मुझे समझ में आ चुका था कि विज्ञापन का सबसे अच्छा तरीका था प्रेस में अच्छी कवरेज पाना। कभी-कभी एडवर्टाइजिंग में पैसे खर्च करने पड़ते हैं लेकिन अखबार में एक इंच की जगह मिलना पैसे देकर एडवर्टाइजिंग के सौ इंच मिलने जैसा है। कोई भी एडवर्टाइजिंग का जानकार इससे सहमत होगा। आपको मालूम होना चाहिए कि अच्छी खबर कैसे बनती है और खबर के लिए आपकी अच्छी नजर भी होनी चाहिए जिससे प्रेस आपके इर्द-गिर्द बनी रहे। मुझे बहुत पहले ही इसकी समझ होनी शुरू हो गई थी। और इसीलिए हेलीकॉप्टर कंपनी बनाने से पहले ही मुझे प्रेस कवर कर रही थी। और ऐसा करने में मुझे एक भी रुपया खर्च करना नहीं पड़ा। मैं रिपोर्टरों से सीधे बात करता था।

मीडिया के अनुभवी व्यक्ति कुछ और ही सोच रखते हैं। वो अपनी संस्था और अपने काम के विकास के बारे में बहुत अलग तरीके से, एक सेल्समैन की तरह से सोचते हैं। किसी भी सेल्स वाले शख्स के करियर का ग्राफ एक ही बात पर निर्भर करता है: ज्यादा से ज्यादा बिक्री। सेल्समैन के लिए बिक्री ही सब कुछ होता है। रिपोटर के लिए जरूरी है कि वो हर दिन एक्सक्लूजिव स्टोरी छपवाता रहे। ये आसान काम नहीं है। प्रतिस्पर्धा बहुत कड़ी है। रिपोर्टरों को दो चीजों का खयाल रखना होता है। उसे ये पक्का रखना होता है कि कहानी असल में खबर बनने लायक है और पाठक का ध्यान खींच सकती है। ये बेहद जरूरी काम होता है। न्यूज आइटम का एक्सक्लूजिव होना या उसे सबसे पहले लोगों को बताना बेहद जरूरी होता है। इसी के लिए रिपोर्टर हर वक्त इस कोशिश में रहता है कि वो खबर तक सबसे पहले पहुंचे भी। बासी

कहानी, फिर वो कितनी भी अच्छी तरह से लिखी गई हो, खबर नहीं बनती। कई बार प्रेस कुछ ज्यादा ही कर बैठती है। ये चीजों को आपके नजरिए से नहीं बल्कि दूसरे तरीके से देखती है। क्या अमुक खबर अखबार की बिक्री बढ़ा सकती थी? क्या वो उसके पाठकवर्ग को बड़ा कर सकती थी और प्रतिस्पर्धियों को पछाड़ सकती थी?

मैंने एक बार द *हिन्दू* के सम्पादक एन राम का एक भाषण सुना था। राम ने कहा था कि कई मौकों पर सम्पादक ही अखबार का मालिक भी होता है। सम्पादक को असल में प्रकाशन के बारे में बिजनेस के नजरिए से देखना चाहिए। लेकिन सम्पादक को मीडिया के सामाजिक दायित्व की भी परवाह करनी चाहिए और ये बड़ी बात होती है। यानी उसे कमाई (क्योंकि प्रकाशक को अपने स्टाफ को तनख्वाह भी देनी होती है और उत्पादन का पैसा भी निकालना होता है) और समाज की भलाई के लिए सच छापने के बीच बैलेंस बनाना पड़ता है।

जब सम्पादक सिर्फ सनसनीखेज खबरें ही छापना शुरू कर देता है तो अखबार की छवि एक टैब्लॉइड जैसी हो जाती है। ये निरमा या सर्फ जैसे उत्पादों को जगह देने जैसा ही है। सभी उत्पाद एक क्वालिटी और अपने उपयोग का दावा करते हैं। इस पर जितना जोर दिया जाता है वो अक्सर अतिशयोक्तिपूर्ण होता है। उसमें जुर्म और हिंसा होती थी, बड़ी शख्सियतों की तस्वीरें होती हैं, चटपटी खबरों का कॉलम भी होता है। भाषा बेहद तीखी, अशिष्ट और अक्सर अश्लीलता के बेहद नजदीक होती है। यदि आप खुद को सीरियस अखबार मानते हैं तो ये एक बड़ा चैलेन्ज होता है। यदि आप मालिक और सम्पादक होते हैं तो ये मुश्किल भरा काम होता है। लेकिन यदि आप सम्पादक हैं और आपका एक बॉस भी है, तो मुश्किल और भी बढ़ जाती है। सम्पादक को न केवल अपने बॉस को जवाब देना होता है बल्कि अपने काम की भी इज्जत रखनी होती है।

एन राम के मुताबिक, सामाजिक उत्तरदायित्व और बिजनेस के लिए उत्तरदायित्व के बीच में अब लाइन मिटने लगी है। अगर आप कमाई नहीं कर पाते हैं तो आप कंगाल हो जाते हैं। आप समाज की सेवा नहीं कर सकेंगे। आप यही करने के लिए तो पत्रकारिता करने आए थे। इसलिए बैलेंस बनाए रखना जरूरी होता है।

अच्छे पत्रकार को अच्छी कहानी की पहचान तुरंत हो जाती है। यदि आप पत्रकार के अंतर्बोध को सहला सकें तो अपने बिजनेस की ओर उसका

ध्यान खींच सकते थे। आपके काम में एक ध्यान देने लायक चीज होगी ही। यदि पत्रकार ने उसे भांप लिया तो आप खुद को प्रिंट और इलेक्ट्रॉनिक मीडिया में पाएंगे।

हेलीकॉप्टर कंपनी के लॉन्च के बाद मैं प्रेस में लगभग हर दिन दिखाई दे रहा था। लेकिन बस प्रेस में दिखना ही काफी नहीं था। अभी भी विज्ञापनों की जरूरत थी। विज्ञापन के जरिए जनता को कंपनी के बारे में काफी जानकारी मिलती है। उसका कांटैक्ट डीटेल, टेलिफोन नम्बर, रेट वगैरह की जानकारी और आप जो सेवाएं देना चाहते हैं, उनके बारे में मालूम पड़ता है।

मैं इस आस में मोंट्रियल से फोन करता था कि हमें कोई ग्राहक मिल गया होगा। कंपनी की पहली कमर्शियल फ्लाइट बेहद जरूरी थी क्योंकि वो इस बात का सबूत होगा कि लोग हमें देख रहे थे। आप कुछ भी करें, मुनाफा कमाना जरूरी है। पीटर ड्रकर ने कहा था, 'बिजनेस के अस्तित्व में रहने का एक ही लक्ष्य है—मुनाफा कमाना।' बिजनेसमैन जब मुनाफा कमा लेगा, तभी टैक्स देगा। कानूनी ढंग से मुनाफा कमाने के लिए ही बिजनेस गठित किए जाते हैं।

ड्रकर ने जो कहा वो एकदम सच है। स्टॉक मार्केट से जिस तरह से हर क्वार्टर में मुनाफे की खबर आती थी, उसकी वजह से इन्फोसिस के नारायण मूर्ति ने कहा था, 'एक सीईओ के तौर पर, आप अपने पिछले क्वार्टर जितने ही सफल बताये जा सकेंगे।' आप लंबे समय तक बने रहने के लिए आते हैं और आपको अपने विकास को रफ्तार देनी होगी। उद्यमियों के सामने अक्सर ये मुसीबत आती है कि आखिर मौजूदा समय में घाटा उठाये बगैर लंबे समय में मुनाफा कैसे कमाएं। लेकिन जो कंपनियां निकटम भविष्य पर ही अपना ध्यान टिकाये रखती हैं और लंबे समय के लिए निवेश नहीं करती हैं, उनकी नींव में खोखलापन होता है। वो छोटी आर्थिक समस्याएं आते ही ढह जाती हैं। 'महानता भविष्य के बारे में ही सोचती है।'

लॉन्च के एक हफ्ते बाद कॉल आया। एक कॉर्पोरेट कंपनी हमारा हेलीकॉप्टर चाहती थी। हम मुख्यमंत्री का भी इंतजार कर रहे थे। पहली कमर्शियल उड़ान की वजह से कंपनी में खासी हलचल हुई और लोग बहुत खुश थे। मैं अभी भी मोंट्रियल में था जब मुझे ये खबर मिली। सैम ने खुशखबरी दी। उसने कहा, 'गोपी! पता है क्या हुआ? कल हम पहली उड़ान भरेंगे। पैसे अकाउंट में आ गए हैं।' हमने पहले ही दिन से ये नियम बना लिया था कि हम

किसी भी हालत में उधार वाला काम नहीं करेंगे। ऐसा इसलिए नहीं था कि हमें लोगों पर विश्वास नहीं था। असल में हम उधार दे नहीं सकते थे। मैंने अपने किसानी के बिजनेस से ये सीखा था। उधार पर माल देना बेहद आसान काम था। लेकिन अव्यवस्थित किसानों से पैसे वापस लेना बेहद मुश्किल भरा काम होता है। आप किसानों को सिंचाई के उपकरण उधार पर दे दें। मान लीजिये कि फसल अच्छी नहीं हुई तो वो आपको पैसे वापस ही नहीं देंगे। आप किसी मेडिकल इमरजेंसी के लिए उधार पर हेलीकॉप्टर दे दें, अगर पेशेंट मर गया तो आपको पैसा नहीं मिलेगा। हमने तय कर लिया था कि हम किसी भी सूरत में उधार पर हेलीकॉप्टर नहीं देंगे। हम ऐसा कोई सिस्टम नहीं बनाना चाहते थे जिससे हमें लोगों से पैसे वापस लेने के लिए लोगों को रखना पड़े। हम ऐसा संस्थान बना रहे थे जिसमें बहुत लचीलापन था। पायलट सेल्समैन था, रात के खाने का साथी और हेलीकॉप्टर की सफाई करता था। जब भी मैं पायलट के साथ होता था तो मैं उसका हाथ बंटा लेता था।

मैंने पायलट को रात के खाने का साथी इसलिए कहा क्योंकि उसके पीछे भी एक बड़ी वजह थी। एक बार बैंक ऑफ अमेरिका के मैनेजिंग डायरेक्टर ने हमारा हेलीकॉप्टर किराए पर मांगा। इसी मौके पर हमें ये सूझा था कि हमें एक आकर्षक हैंगर बनाना चाहिए। लगभग 6 महीने के लिए हमारा मुख्य दफ्तर एक टेंट में था। इसके बाद हमने बेहद तेजी में हैंगर बनाना शुरू किया। मुझे लग रहा था कि हमें एक विश्व स्तरीय हैंगर बनाना चाहिए जहां कोई खामी न हो और वहां इंतजार करने वाले यात्रियों को सभी सुविधाएं मिल सकें। मैंने अच्छी मेंटेनेंस फैसिलिटी बनाने की भी सोची। ये एक प्रकार का जोखिम था क्योंकि इसमें अच्छी खासी रकम लगने वाली थी। लेकिन ये रिस्क लेने को मैं राजी हो गया था। क्योंकि यदि मैं ये सब नहीं बनाता तो ग्राहकों को आकर्षित नहीं कर सकता था और ये हमारे बिजनेस के विकास के लिए अच्छा नहीं होता। हमने हैंगर बनाने का काम शुरू कर दिया और एक अच्छी मेंटेनेंस फैसिलिटी भी बनायी।

हमारे लिये बैंक ऑफ अमेरिका के सीईओ का आना एक चौंकाने वाला अनुभव था। उससे मुझे समझ में आया कि वैश्विक लेवल के सीईओ कितने बड़े और भव्य स्तर पर काम करते थे। ये आम लोगों की सोच से भी परे था। इस बैंक के भारतीय चरण के मुखिया, जो दिल्ली में स्थित थे, ने डेक्कन की हेलीकॉप्टर सेवा के बारे में अखबार में पढ़ा। उन्होंने फोन करके हमसे कुछ सवाल किए और बेंगलुरु के कुछ चक्कर भी लगाए। उनकी पहली यात्रा एक

रेकी थी। रेकी शब्द सेना से आया है जिसका अर्थ है किसी क्षेत्र का मुआयना करना। वो खुद ये देखना चाहते थे कि हम क्या काम कर रहे थे और कैसे कर रहे थे। उन्होंने हमें बताया कि सीईओ बेंगलुरु में मीटिंग में व्यस्त होंगे। उन्होंने ये भी कहा कि ग्लोबल सीईओ की पत्नी का भी इस यात्रा के दौरान सत्कार करना होगा। उन्हें ये बात समझ में आयी कि शहर में बतौर सैलानी कुछ भी घूमने वगैरह के लिए नहीं था। फिर क्या वीआईपी टूरिस्ट को आस-पास कहीं घुमाय जा सकता था? हमने एक पूरे दिन के प्रोग्राम का सुझाव दिया। सीईओ की पत्नी सुबह उड़ जाएं, वो मैसूर में रॉयल पैलेस देख सकती थीं जिसके बाद ललित महल पैलेस होटल में दोपहर का खाना होता, और फिर उन्हें नागरहोल में अभियारण्य ले जाया जा सकता था जहां वो जंगली माहौल में जानवर देख सकती थीं, नदी के किनारे बारबीक्यू का इंतजाम हो सकता था और फिर सूरज ढलने तक उन्हें वापस बेंगलुरु लाया जा सकता था।

बैंक के इंडिया हेड बेहद प्रभावित हुए। लेकिन हमें उनसे वादा चाहिए था कि सब कुछ घड़ी देखकर एकदम समय से होगा। कोई भी समस्या नहीं खड़ी होगी और न ही कोई अजीबोगरीब घटना होने दी जाएगी। उन्होंने हमें चेतावनी दी: यदि सीईओ की पत्नी किसी वजह से नाराज हुईं तो लोगों के काम पर बन आएगी, सबसे पहले उन्हीं पर गाज गिरेगी। हमने वादा किया कि हम बेहतरीन काम करने की पूरी कोशिश करेंगे।

भारतीय हेड की रिपोर्ट को सराहा गया और ग्लोबल सीईओ के ऑफिस ने आगे कदम बढ़ाने शुरू कर दिए। हमारा काम देखने के लिए अमेरिका से ऑडिट करने वालों की टीम आयी। उन्होंने हमारे पायलटों के रिकॉर्ड चेक किए। उन्होंने पायलट का इंटरव्यू भी लिया। कम शब्दों में कहूं तो उन्होंने वही किया जो डीजीसीए के ऑडिटर करते।

ऑडिटिंग टीम ने अपने ऑफिस को एक फैक्स भेजा। भारत में अभी ईमेल नहीं आया था। फैक्स में लिखा था: 'पता है क्या? मैं यहां बनाना रिपब्लिक जैसे एक तम्बू की अपेक्षा कर रहा था लेकिन डेक्कन एविएशन की सुविधाएं अमेरिका की शानदार सुविधाओं से भी बेहतर हैं।'

उस टीम के इस कथन ने मुझे गर्व से भर दिया। हमें मालूम चल गया था कि अब कुछ बड़ा होने वाला था।

इसके बाद एक और टीम आयी। इस बार वो इजराइल से आयी थी और उसे सुरक्षा का निरीक्षण करना था। मुझे ये देखकर आश्चर्य हो रहा था कि एक ग्लोबल सीईओ के आने की तैयारी किस हद तक होती है। उन्हें जितना

पैसा हेलीकॉप्टर की सेवा लेने के लिए खर्च करना था, उससे कहीं ज्यादा पैसे इन मुआयनों में खर्च करना पड़ा होगा। इसके बाद बेंगलुरु के केंद्र से सीईओ को इन्फोसिस के कैंपस, जो महज 7 मिनट की दूरी पर था, तक पहुंचाने के लिए कंपनी के अधिकारियों ने जिस स्तर की योजनाएं बनायी थीं वो तो और भी बड़ी थीं। उन्होंने जोर दिया कि हम डबल इंजन वाला हेलीकॉप्टर इस्तेमाल करें। हमें वो कोलकाता से मंगवाना था। हेलीकॉप्टर को कोलकाता से बेंगलुरु तक आने और वापस जाने में 22 घंटों का समय लगा। इसका खर्चा कंपनी वहन करने वाली थी। ये सच था कि बड़े संस्थान के ग्लोबल सीईओ वाकई कुछ और ही चीज होते हैं!

एविएशन का मुआयना करने वाली ऑडिट टीम ने हमें मंजूरी दे दी थी और इस तरह से बैंक ऑफ अमेरिका के ग्लोबल सीईओ डेक्कन एविएशन के पहले ग्लोबल सीईओ ग्राहक थे। इसके बाद ये सिलसिला चलता ही रहा।

ये एक ऐसी चीज थी जिसके बारे में मैंने सपने देखे थे। अब मैं सोच रहा था कि कैसे समय की कमी पाले घूम रहे लोगों के सामने मैं अपना बिजनेस परोस सकूं। जिस तरह का आर्थिक बदलाव हो रहा था, कंपनियां भारतीय बाजार में घुसने को लालायित थीं। कितनी ही विदेशी कम्पनियों के सीईओ भारत आने लगे थे। सीईओ का काम कभी खत्म नहीं होता। जैसा कि वो कहते हैं: 'सिर्फ रॉबिनसन क्रूसो ही शुक्रवार तक अपना काम खत्म कर पाये!' अगर शुक्रवार तक काम नहीं खत्म होता है तो सप्ताहांत पर उसे रुकना पड़ता है। ऐसे में वीकेंड कैसे बिताया जाए? एक तरीका है कि बड़े होटलों के रेस्टोरेंट और पब में जाया जाए। नीदरलैंड्स के एक सीईओ ने मुझे एक बार बताया कि वो बेंगलुरु 14 बार आ चुके थे लेकिन उन्होंने अपने फाइव-स्टार होटल और हवाई अड्डे के सिवा और कोई दूसरी जगह नहीं देखी थी। मुझे समझ में आया कि ऐसे कई 'फंसे हुए' सीईओ तट पर आ गयीं व्हेल मछली जैसे होते हैं। वो इधर-उधर जाना चाहते हैं और सलीके का साधन मिलने पर जा भी सकते थे। मैं ट्रेकिंग और घूमने-घामने का शौकीन था और मैंने भी ये महसूस किया था कि कर्नाटक में सभी दर्शनीय जगहें असल में बेंगलुरु से हेलीकॉप्टर की घंटे-डेढ़ घंटे की यात्रा की दूरी पर थी थे। इसमें मैसूर के महल, श्रीरंगपटनम, हम्पी में विजयनगर कि रियासत के अवशेष, रंगंथिट्टू का पक्षी अभ्यारण्य, बांदीपुर और नागरहोल के वन्य अभ्यारण्य, बेलूर और हालेबिद के भव्य मंदिर और गोमाता की एक चट्टान पर बनी विशालकाय मूर्ति। असल में यही बात देश के दूसरे हिस्सों के दर्शनीय स्थलों पर भी लागू होती है। वो सभी नजदीकी बड़े शहर से

घंटे-डेढ़ घंटे की ही दूरी पर हैं। कर्नाटक की कई ऐसी जगहों पर सड़क के रास्ते से आसानी से नहीं पहुंचा जा सकता था। अक्सर ऐसी जगहें रेल के रास्ते से भी नहीं जुड़ी होती हैं। सैकड़ों किलोमीटर तक कोई हवाई अड्डा भी नहीं था। फिर कैसे तमाम सीईओ इन शानदार जगहों तक पहुंच सकते थे? इसका सबसे अच्छा जवाब था हेली-कैब!

हमने अगले ही दिन विज्ञापन छपवाया डायल-अ-चॉपर। कोई भी ग्राहक फोन करके मिनट भर में हेलीकॉप्टर को टैक्सी की तरह बुक कर सकता था। ग्राहक बेलूर और हालेबिद तक उड़कर जा सकते थे और वहां के मंदिर देख सकते थे, नागरहोल, बांदीपुर और काबिनी के वन्य अभ्यारण्य देख सकते थे, काबिनी नदी के किनारे जंगल रिजॉर्ट में रात गुजार सकते थे और फिर सप्ताह खत्म होने से पहले ही वापस आ सकते थे। डेक्कन एविएशन से पहले ऐसा सोचा भी नहीं जा सकता था। बाहर कि यात्रा का प्लान 15 दिन पहले से बना लिया जाता था। ट्रैवल एजेंट यूं तो शहर के अंदर के पैकेज देते थे लेकिन ये वन्य पार्क, किले, महल और मंदिर उन लोगों की पहुंच से बाहर थे जो अब उड़कर वहां जा सकते थे।

हमने कई जमीन के मालिकों से लैंडिंग पैड के लिए बात करनी शुरू की। हमने कहा कि वो पेड़ न काटें और घास न कतरें। हेलीकॉप्टर के लिए घास पर लैंड करना अच्छा रहता है। इससे लैंडिंग गद्देदार होती है और हेलीकॉप्टर का जीवन लंबा होता है। धूल भी कम उड़ती है। ऐसे पैड बन जाने के बाद वहां के निर्देशांक (कोऑर्डिनेट) हेलीकॉप्टर के जीपीएस सिस्टम में डाले जा सकते हैं और फिर कोई भी पायलट उस जगह पर लैंडिंग कर सकता है। जीपीएस के बगैर पार्टी को हेलीपैड तैयार करवाना होगा और पायलट को वो जगह खोजनी पड़ेगी।

हमने डगलस कैवानॉ की सलाह पानी चाही। इसके बाद हमने एक हेलीपैड की एक डायरेक्टरी तैयार की जिससे गैर सरकारी हेलीपैड पर यदा-कदा जरूरत पड़ने पर लैंडिंग की जा सके। एक डायरेक्टरी और नक्शे के दम पर पायलट बगैर किसी दिक्कत के लैंड कर सकते थे।

हुआ ये कि हमारे और रिजॉर्ट मालिकों के बीच एक रिश्ता बन चुका था। उन्हें अपने बिजनेस के लिए मेहमानों की जरूरत थी और हमें ग्राहक चाहिए थे। लेकिन वो रिजॉर्ट इतनी दूर होते थे कि वहां बहुत ही कम लोग पहुंचते थे। मसलन, जंगल लॉजेज ऐंड रिजॉर्ट एक मशहूर वाइल्डलाइफ रिजॉर्ट था जो नागरहोल के जंगलों में था। वहां फिशिंग कैंप की सुविधा भी थी। ये रिजॉर्ट

बेंगलुरु से सड़क के रास्ते 5 घंटे की दूरी पर था। चूंकि रास्ता बहुत ठीक नहीं था, इसलिए यहां बहुत कम लोग ही पहुंचते थे। मैंने उनके मैनेजमेंट को एक प्लान सुझाया। हम कार्ड छापकर उनके रिजॉर्ट की पब्लिसिटी करते। साथ में उन्हें संपर्क करने और उनकी सेवाओं से जुड़ी जानकारी लिखते। वो लोग भी अपने बेडरूम में कार्ड रखते जिस पर डेक्कन एविएशन की चार्टर सेवाओं की जानकारी दी जाती। हमने अपनी सेवाओं के बदले किसी भी तरह के कमीशन की बात नहीं की बल्कि अपने पायलट के लिए एक कमरा और वहां मौजूद सभी सेवाओं की मांग रखी। इसके साथ ही हमने लैंडिंग की जगह और उस तक हमारी पहुंच की मांग भी रखी। रिजॉर्ट को बस इतना करना था कि वहां पेड़ न उगें और पॉवर लाइन या बिजली के तारों की कोई अड़चन न आए। रिजॉर्ट वालों को लैंडिंग वाली जगह से मेहमानों और पायलट को रिसीव करके रिजॉर्ट लाना था। वो हेलीकॉप्टर की सुरक्षा का भी ध्यान रखेंगे। रिजॉर्ट वाले सभी लोग इस पर राजी हो गए।

डेक्कन के पायलटों ने वहां सर्वे करके बड़े रिजॉर्ट में लैंडिंग पैड बनाने के नजरिए से सर्वे किए। कुछ लैंडिंग पैड खेत वाले इलाके में थे तो कुछ स्कूल के खेल के मैदान में या पुलिस के मैदान में। उन्होंने कुछ ऐसी जगहें भी चिह्नित कीं जहां हम ईंधन रख सकते थे।

इस पूरे ताम-झाम का नतीजा ये निकला कि हम अपने ग्राहकों की सेवा में घंटे भर में ही हाजिर हो सकते थे। अगर कोई ग्राहक रात के 10 बजे भी फोन करता तो हमारा पायलट सुबह 6 बजे उड़ान भर सकता था।

बैंक ऑफ अमेरिका के ग्लोबल सीईओ यहां आए। सेना में ये मजाक चलता है कि जब जनरल आते हैं तो उनकी पत्नी का भी सत्कार करना पड़ता है। अगर वो नाराज हुईं तो जनरल आपकी खुशियों पर भी ताले लगा देगा। हमने एक प्लान तैयार किया था जिसमें कावेरी फिशिंग कैंप शामिल था। ये दुनिया के शानदार कैंपों में से एक था और जिसे एडवेंचर मैगजीनों ने दुनिया के सबसे अच्छे 10 कैंप में जगह दी थी। पायलट उन्हें सीधा उस जगह लेकर नहीं जाने वाला था। वो आड़ा-टेढ़ा रास्ता पकड़ के जाने वाला था जिससे उन महिला को और भी मनोहर चीजें देखने को मिलें। इसमें झरने, महलों के अवशेष, ऐतिहासिक ईमारतें, महल और मंदिर शामिल थे। वो पूरा सफर मंजिल जितना खूबसूरत होने वाला था क्योंकि रास्ते में ऊपर से शानदार नजारे देखने को मिलने वाले थे।

इसके बाद उन्हें मैसूर ले जाया जाना था जहां ललित महल में दोपहर का भोजन प्लान था। इसके बाद वो काबिनी नदी पर जाने वाली थीं। शाम को कैंपफायर और बार्बीक्यू का प्लान था। अगली सुबह अभ्यारण में उन्हें जंगली जीवों के दर्शन होने थे और फिर दोपहर में बेंगलुरु वापसी होनी थी।

हमने वीआईपी महिला के लिए रेड कारपेट बिछाई। मुझे वो मौका पूरी तरह से याद है। मैंने जयंत से कहा कि वो छोटी-छोटी बातों का ध्यान रखे। वही हेलीकॉप्टर उड़ाने वाला था। मैंने कहा, 'जयंत, तुम उन्हें रिझाने वाले हो। वो लोग कह रहे हैं कि अगर कुछ गड़बड़ हुई तो बात बिगड़ जाएगी। कुछ भी करना, बस गड़बड़ी मत होने देना।' जयंत एक शानदार पायलट है और शानदार कहानियां सुनाता है। वो रात भर कहानियां सुना सकता है। उसकी कुछ कहानियां तो सच्ची भी होती हैं। वो अपने सेना के दिनों की कहानियां सुनाता है। कहानी सुनाते वक्त वो बेहद सादा चेहरा रखता है और ह्यूमर ऐसा मिक्स करता है कि सामने वाला लोट-पोट हो जाता है।

जयंत ने शानदार काम किया और कोई गड़बड़ी नहीं हुई। मैंने उन महिला से उनकी ट्रिप के बारे में पूछा। उन्होंने कहा, 'जयंत न केवल शानदार पायलट है बल्कि उसके साथ डिनर करने में भी आनंद आता है।' मुझे मालूम चल चुका था कि मुझे टूरिज्म को किस दिशा में ले जाना था। ये देश भर में हेली-टूरिज्म की शुरुआत थी। आज, टूरिज्म के सीजन में हमारी 30 से 40 प्रतिशत कमाई इसी से होती है।

बस इतना काम करना था कि अलग-अलग कड़ियां जोड़नी थीं और उनके बीच एक तारतम्यता स्थापित करनी थीं। हमने बगैर हड़बड़ी किए एक-एक करके सब कुछ इकट्ठा किया और सारे तार जोड़े। हमने पुलिस से सिक्योरिटी के लिए संपर्क किया, लैंड करने के लिए जिला लेवल पर बंदोबस्त किया और लैंडिंग पैच के लिए जमीन के मालिकों से बात की। अब जब हम पीछे मुड़कर देखते हैं तो खयाल आता है कि ये सब कुछ इतना आसान था, फिर हमसे पहले ये किसी ने किया क्यों नहीं था?

हेली-टूरिज्म थोड़ा ऊपरी लेवल की चीज थी। हाई मार्केट की बात थी। जो उस ऊंचाई पर थे, वो ज्यादा पैसे देने को राजी थे। अपनी सेवाओं का दाम लगाना हमेशा ही थोड़ा सर खपाने वाला काम रहा है। ऐसे सुझाव आए कि हमें ज्यादा काम पाने के लिए अपने दाम कम रखने चाहिए। मेरे पास एकदम साफ जवाब तो नहीं थे लेकिन मैंने ये सोचा कि यदि हमने 35 हजार रुपए प्रति घंटे से कम दाम लिया, जो हम बड़ी पार्टियों से ले भी रहे थे, तो ज्यादा

पैसे देने वाले भी कम ही देंगे। वैसे भी, इस लेवल के ग्राहकों और इसके बाद के स्तर में एक बड़ा अंतर था और उन लोगों को हम 20 प्रतिशत कटौती के बाद ही खींच सकते थे। ऐसे हम काफी नुकसान उठाते। हाई-एंड ग्राहक के लिए तो इसकी कीमत बिजनेस क्लास के टिकट की 10 गुनी थी। मैंने इसको ओबेरॉयज में मिलने वाले एक मसाला डोसा से तुलना की। उस वक्त उसकी कीमत लगभग 200 रुपए थी। अगर आप पांच-सितारा चेन में डोसा की बिक्री बढ़ाना चाहते थे तो शायद 20 प्रतिशत की छूट देना शुरू कर दें। इससे उसका दाम गिरकर 160 रुपए तक आ जाएगा। लेकिन उडुपी फास्ट-फूड कैफे में मसाला डोसा 10 रुपए का मिलता था। एक पांच-सितारा होटल उस लेवल तक नहीं ही पहुंच पाएगा और इस चक्कर में वो दाम कम करके खुद ही नुकसान उठाएगा।

1995 में भारत में मात्र 20 लाख सैलानी आते थे। उससे तुलना करें तो नियाग्रा जलप्रपात पर उसी साल 1 करोड़ 20 लाख सैलानी पहुंचे थे जिनमें 40 लाख तो विदेशी थे। सिंगापुर को 60 लाख सैलानी मिलते थे। मैं लगातार इसी बात की चिंता कर रहा था कि भारत में ज्यादा से ज्यादा सैलानियों को कैसे बुलाया जाए। मेरे दिमाग में एक ही बात चल रही थी जो सबसे ऊपर थी। 'इसका क्या तरीका है? हम देश में और सैलानी कैसे लायें?' दूसरे देशों में उद्यमियों ने पर्यटकों के लिए ऐसे आकर्षण बनाकर तैयार किए थे जो उन्हें खींचते थे। इसमें डिज्नीलैंड या आईफिल टॉवर का नाम शामिल है। लेकिन हमारे देश में तो पहले से ही नजारे मौजूद थे इसलिए हमें कोई नजारा बनाकर तैयार करने में संसाधन खपाने की जरूरत नहीं थी। इसमें बस इंफ्रास्ट्रक्चर और योजनाओं की जरूरत थी। ये कलम के बल पर बड़ी आसानी से किया जा सकता था।

एक दिन, जब मैं अपनी पत्नी और बेटियों के साथ अपनी बहन के घर रात के खाने पर जा रहा था, मुझे एक फोन आया। शाम के लगभग साढ़े 8 बजे रहे थे। सामने से सवाल आया कि क्या मैं हेलीकॉप्टर चार्टर कंपनी का मैनेजिंग डायरेक्टर बोल रहा था। उसने कहा कि वो ब्रिटिश थी। उसने ये भी बताया कि वो इंडियन एयरलाइन की एक फ्लाइट पर अपने दोस्तों के साथ थी जो कोचिन से गोवा जा रही थी। फ्लाइट बीच में ही कैंसिल हो गई थी और उनके पास कोई रास्ता नहीं था। अगले दो दिन गोवा जाने के लिए कोई फ्लाइट नहीं थी। एयरलाइन के अधिकारियों ने कहा कि वो 2 दिन रुकें और पहली फ्लाइट से उन्हें गोवा भेज दिया जाएगा।

एयरलाइन का ये कारनामा मुझे तुगलक के फरमानों की याद दिला रहा था। फोन करने वाली ने कहा कि उसे ऐसा लग रहा था जैसे वो खो गई थी। उसने कहा, 'हम अटक गए हैं। हमने सोचा था कि हम बाद में बेंगलुरु आएंगे। लेकिन अब हमारे पास 2 दिन हैं तो हम सोच रहे हैं कि क्यों न हम श्रीरंगपट्टनम चले जाएं।'

मैंने उनसे पूछा कि वो किस इरादे से भारत आयी थीं और वो करती क्या थीं। उन्होंने लगभग हंसी उड़ाते हुए जवाब दिया, 'आप ये समझ लीजिये कि मैं फुरसत में ही रहती हूं। मैं जानना चाहती हूं कि क्या आप कहीं से एक हेलीकॉप्टर का इंतजाम कर सकते हैं जो हमें 200 साल पुरानी टीपू सुल्तान की राजधानी श्रीरंगपट्टनम तक ले जा सके।' मैंने उनसे पूछा कि वो उस वक्त कहां थीं। उन्होंने कहा कि वो अशोका होटल के बार में थी। उन दिनों अशोका होटल भारतीय पर्यटन विकास निगम की देखरेख में चल रहा था।

मैं हमेशा ही अपने भावी ग्राहकों से ये जरूर जानने की कोशिश करता था कि उन्हें हमारे बारे में कैसे मालूम चला था। मैंने ये आदत दूसरों में भी डलवाई थी। इसलिए, जब भी उन्हें कोई कॉल करता, वो जरूर पूछते कि उन्हें हमारे बारे में कैसे मालूम चला। मुझे लगता था कि इस तरह से हम ये समझ सकेंगे कि विज्ञापन के लिए हमें किस क्षेत्र में ज्यादा ध्यान देने की जरूरत थी। मैं जानना चाहता था कि क्या हमारे भावी ग्राहक हमारे बारे में अखबार में पढ़ रहे थे या हमारी सेवाएं लेने वाले किसी ग्राहक ने उन्हें कुछ बताया था। मैंने उन ब्रिटिश महिला से भी यही सवाल किया तो उन्होंने कहा कि बार में उन्हें जिस शख्स ने बियर परोसी थी, उसी ने हमारे बारे में जानकारी दी थी। उन्होंने उससे पूछा था कि श्रीरंगपट्टनम जाने का सबसे आसान और तेज तरीका क्या था। इसके जवाब में बार में काम कर रहे उस शख्स ने कहा था, 'मैम, आप हेलीकॉप्टर राइड क्यों नहीं ले लेती हैं?'

बारमैन ने वो काम किया था जो मैं कब से बताना चाह रहा था। जब लोग आपको फोन करें, आप उनसे अच्छे से पेश आएं। हो सकता है लोग आपका उत्पाद इस्तेमाल न करें या सेवा न लें लेकिन वो आपसे कुछ अच्छी चीजों की अपेक्षा कर रहे होते हैं। वो आपका भला चाहते हैं। वो आपकी बिक्री करवा सकते हैं, भले ही उन्हें आप बदले में कुछ न दें और वो स्वेच्छा से ऐसा कर रहे हों, सब कुछ बस इसलिए हो रहा होता है क्योंकि वो आपके बारे में जानना चाहते थे।

मुझे समझ में आया कि बारमैन को भी ये विचार कैसे आया होगा। मुझ पर हेली-टूरिज्म का बुखार चढ़ चुका था और मैंने शहर के सभी पांच-सितारा होटलों की ट्रैवल डेस्क पर छोटी-छोटी तख्तियां रखवा दी थीं। ये मेरा आइडिया था और हमने सोचा था कि हम इन होटलों में शनिवार और रविवार के दिन जाएंगे और जो लोग हमारी सेवा लेना चाहेंगे, उन्हें हम ले आएंगे। मुझे ये भी लगा कि 1 टूरिस्ट से 1 लाख रुपए लेने की बजाए 4 टूरिस्ट के ग्रुप से 25-25 हजार रुपए लेना ज्यादा आसान था। जिन्हें मजबूरी में वीकेंड में बेंगलुरु में रुकना पड़ रहा था, उन्हें हम शहर की भीड़भाड़ से दूर ले जा सकते थे और रिजॉर्ट वाले भी खुशी-खुशी उन मेहमानों का स्वागत करते। हम 2 या 3 कॉम्बो पैकेज दे रहे थे। पहला था कावेरी फिशिंग कैंप जाना और उसी दिन वापस आ जाना। दूसरा पैकेज था एक ही दिन में कावेरी फिशिंग कैंप और मैसूर का टूर। तीसरा पैकेज था कावेरी फिशिंग कैंप, काबिनी नदी के रिजॉर्ट पर जाना, फिर रात में वहीं रुकना और अगले दिन वाइल्डलाइफ सफारी निपटा कर वापस आना। सभी पैकेजों में सुबह का नाश्ता, लंच और शाम का बार्बीक्यू शामिल था। जो भी रात में रुकने वाले थे, उन्हें कैंपफायर के साथ रात का खाना भी मिलने वाला था। इसमें पिक-अप और ड्रॉप की सुविधाएं भी थीं। हम अपने ग्राहकों को कतई मेहनत नहीं करने देने वाले थे।

हमने उनके अनुभव में काफी ड्रामा भी जोड़ा। हमने स्थानीय मैगजीनों में विज्ञापन छपवाए और कुछ लेख भी छपवाए। हमने बहुत सारे इंटरव्यू भी दिए। चूंकि हमारा बिजनेस काफी अनोखा था इसलिए वो खुशी-खुशी हमारे बारे में छापते भी थे। बैंगलोर दिस फोर्टनाइट जैसी मैगजीन ऐसे बड़े होटलों में मेहमानों को मुफ्त में दी जाती थीं। उस बार वाले शख्स ने हमारी तख्तियां और मैंगजीन में छपे लेख देखे थे। अशोका होटल के वेटर भी डेक्कन हेलीकॉप्टर्स के बारे में जानते थे।

जब उस महिला ने मुझे फोन किया था, हम होटल के पास से ही गुजर रहे थे। मैंने अपनी पत्नी से कहा कि हमें रास्ते में एक जगह रुकना होगा। परिवार के मामले में मेरी मौजूदगी न के बराबर ही होती थी। मैं दिन के सभी घंटों में और हफ्ते के सारे दिनों में हेलीकॉप्टर मिशनरी का काम करता था। मैं खाते-पीते, सोते-जागते, सांस लेते हुए एक ही चीज जी रहा था। मैंने अपनी पत्नी को बताया कि मुझे एक मौका दिख रहा था और ये मैं खोना नहीं चाहता था। मैंने होटल में उस महिला को फोन किया और कहा, 'अगर आप मेरे

लिये एक ठंडी बियर का ग्लास ऑर्डर करें तो मैं अभी आकर आपसे मिलूंगा। आकर प्लान बनाते हैं।' वो खुशी-खुशी राजी हो गयीं।

वो महिला दो और पुरुषों के साथ मेरा इंतजार कर रही थीं। उन्होंने मुझे अपना कार्ड दिया। उन्होंने बताया कि मैकमिलन ने उन्हें ईस्ट इंडिया कंपनी पर एक किताब लिखने के लिए कमीशन किया था। वो बीते तीन महीनों से इंडिया में थीं और ऐसी सभी ऐतिहासिक जगहों पर जा रही थीं जिनका ईस्ट इंडिया कंपनी और ब्रिटिश राज से थोड़ा-बहुत भी कोई कनेक्शन था। उनके साथ में एक राइटर और फोटोग्राफर भी था और ये सभी लोग श्रीरंगपट्टनम जाना चाहते थे। मैंने कहा कि अगर वो लोग श्रीरंगपट्टनम जा ही रहे थे तो वो साथ में काबिनी वाइल्डलाइफ रिजर्व भी क्यों नहीं चले जाते। आखिर वो बस 10 मिनट की ही दूरी पर था। हालांकि उन्होंने अपना मन बना लिया था। उस महिला ने कहा, 'सब कुछ बाद में। श्रीरंगपट्टनम सबसे जरूरी है।' मैंने उनसे कहा, 'आप चिंता न करें। श्रीरंगपट्टनम हम जरूर जाएंगे। बस आधे घंटे की राइड होगी। हम सुबह जल्दी उड़ान भरेंगे और आपको नाश्ता पैक करके देंगे। आप इधर-उधर देखना। हम आपको एक गाइड भी देंगे। वहां से हम आपको मैसूर ले जाएंगे। ये कैसा प्लान लग रहा है?' मुझे वो जगहें बहुत अच्छे से मालूम थीं इसलिए मैंने मन ही मन में पूरी यात्रा का प्लान बना लिया था। इसमें श्रीरंगपट्टनम के साथ-साथ मैसूर पैलेस, शेर और हाथी भी शामिल थे।

जब हम ये प्लान बना रहे थे, मैंने जयंत को फोन किया और कहा कि वो एक इंजीनियर की मदद से श्रीरंगपट्टनम में लैंड होने की एक जगह खोज ले। हमें वहां के निर्देशांक मिलते, जिसे हम हेलीकॉप्टर के जीपीएस में फीड करते और फिर वहीं उतरते। वो महिला अपनी होने वाली यात्रा के सपने संजोने में लगी हुई थीं। वो महल, शेर और हाथी, कैंपफायर बार्बीक्यू, झील के किनारे रात के खाने और नाव में समय बिताने के बारे में बातें कर रही थीं।

काफी देर सोच-विचार करने के बाद उन्होंने पूछा, 'आप कितने पैसे लेंगे?' मैंने कहा कि मैं उनसे डेढ़ लाख रुपए लूंगा। उन्होंने कहा कि वो बस 75 हजार दे सकती थीं। मैंने कहा कि इतने पैसे में फिर हमें श्रीरंगपट्टनम कैंसिल करना पड़ेगा। लेकिन उनका कहना था कि श्रीरंगपट्टनम बेहद जरूरी है। मैंने एक कदम पीछे लिया। मैंने कहा कि मैं उन्हें एक लाख रुपयों में श्रीरंगपट्टनम तक ले जाकर वापस ले आऊंगा। इसके बाद हमने बहुत देर तक मांडवाली की। उन्होंने अपना दांव खेला। उन्होंने कहा, 'हम अपनी किताब में आपको क्रेडिट देंगे। उसमें लिखा होगा, "डेक्कन एविएशन को धन्यवाद!" आप इसके

लिए मुझे कितना डिस्काउंट दे सकते हैं?' मैंने 5 प्रतिशत डिस्काउंट दिया और वहीं मामला सेट हो गया।

दुनिया में भारत ही ऐसा देश है जहां सैलानियों के लिए हर चीज मौजूद है। न अफ्रीका में, न यूरोप में, न अमेरिका में। अमेरिका में बेहद खूबसूरत नेशनल पार्क हैं लेकिन वहां जानवरों की संख्या बेहद कम है और विरासत के नाम पर कुछ भी नहीं है। यूरोप में कई ऐतिहासिक धरोहरें हैं लेकिन वहां जानवरों की बेहद कमी है। सहारा वाले अफ्रीका में हिप्पो, जिराफ, शेर, गेंडे और हाथी, खूब हैं लेकिन मंदिर, किले, महल या इतिहास की नजर से कोई भी धरोहर नहीं है। अफ्रीका की धरोहर पिरामिड तक ही सीमित रहती है। भारत में ये सभी चीजें हैं। मंदिर, महल, स्मारक और किले; भव्य हिमालय नदियां, मरुस्थल, समुद्र तट, बड़े जंगल और जंगली जानवर। एक बार बड़े नामी ट्रैवल राइटर ह्यू और कॉलीन गैंटजर मेरा इंटरव्यू लेने आए थे। उन्होंने अपनी बात इस तरह से शुरू की थी, 'कैप्टन, हमें नहीं लगता है कि आपको इस बात का अहसास है लेकिन आपने इस देश की टूरिज्म इंडस्ट्री पर सबसे बड़ा प्रभाव डाला है। हम आप पर एक स्टोरी करना चाहते हैं।' पति-पत्नी की ये टीम पहले 6 महीने तो घूमती है फिर बाकी के 6 महीने मसूरी में रुककर लिखती है। वो बीते 35 सालों से भारत के बारे में लिख रहे थे। उन्होंने कहा, 'और 35 साल काम करने के बाद भी हमें ऐसा लगता है कि टूरिज्म के मामले में हमने भारत की सतह खुरचनी भी नहीं शुरू की है।'

ह्यू और कॉलीन गैंटजर के शब्द सुनते ही मेरे दिमाग में फिर से वो विचार तैरने लगे जो बार-बार यही सवाल पूछ रहे थे कि आखिर इतनी वेरायटी होने के बाद भी भारतीय टूरिज्म के बारे में कितना कम कहा-सुना जाता था।

10 बजे के आस-पास मैंने मेहमानों से हाथ मिलाएं और डील फाइनल हो गई। अचानक मुझे याद आया कि बीते लगभग एक घंटे से मेरी पत्नी और बेटियां होटल की लॉबी में मेरा इंतजार कर रही थीं। मैंने उनसे माफी मांगी और हम मेरी बहन के घर के लिए निकल पड़े। मेरी बहन ने हमें ठंडी बियर पिलायी जिसने हमारे रिश्तों में थोड़ी गर्माहट पहुंचाई और मैं उस शिकारी की तरह महसूस कर रहा था जो अपने शिकार के बेहद नजदीक पहुंच चुका था और सब कुछ उसके अनुरूप ही चल रहा था।

वो महिला और उसकी टीम अगले दिन ट्रिप के लिए निकल पड़े। समय निकला और मैं उनके बारे में भूल गया। एक दिन, लगभग एक साल बाद मुझे लंदन से आया एक पार्सल मिला। मैंने उसे खोला और अंदर एक निमंत्रण पत्र

था, एक नोट था और एक किताब थी। कार्ड पर लिखा था: 'मैकमिलन आपको अपनी किताब के लॉन्च के लिए आमंत्रित करता है: *ईस्ट इंडिया कंपनी*।' उसके क्रेडिट में डेक्कन एविएशन का नाम शामिल था।

हम बहुत ही जल्द कॉर्पोरेट और इंफ्रास्ट्रक्चर के काम उठाने लगे। एक ब्रिटिश कंपनी ने पॉवर लाइन सर्वे के लिए हमारी सेवाएं लीं। इसके साथ ही हमने हवाई फिल्मिंग के लिए फिल्म कंपनी के लिए भी काम किया। बॉलीवुड और सैंडलवुड, कन्नड़ फिल्म इंडस्ट्री से हमें कॉल पर कॉल आ रहे थे। हमें ऐसे आयोजकों के फोन आ रहे थे जो किसी इवेंट पर हेलीकॉप्टर से फूल बरसवाना चाहते थे। नए मंदिर के शिलान्यास के वक्त वो लोग चाहते थे कि हम ठीक उस मौके पर फूल बरसाएं जब उनके भगवान की स्थापना की जा रही हो। हमें हर तरह के लोग फोन करके सवाल पूछ रहे थे। किसी भी मार्केट रीसर्च वाले शख्स ने ऐसा नहीं सोचा होगा कि हेलीकॉप्टर को इतने सारे कामों के लिए इस्तेमाल क्या जा सकता है।

कोलकाता के एक बहुत अमीर बिजनेसमैन अपनी बेटी की शादी गोवा में करवा रहे थे। वो चाहते थे कि हम बेंगलुरु से उड़कर गोवा जाएं और शादी के दौरान दूल्हा-दुल्हन पर फूल बरसाएं। फूल बरसाने में हमें बस आधे घंटे का समय लगना था। लेकिन बेंगलुरु से गोवा तक हमें कई घंटों की उड़ान भरनी थी और इसमें अच्छा खासा खर्च आने वाला था। लेकिन हमारा ये ग्राहक इतनी भारी रकम खर्चा करने को तैयार था। कई और भी लोग, जिसमें मारवाड़ी, सिंधी, राजपूत शामिल थे, शादियों के लिए सफेद घोड़ी की जगह हेलीकॉप्टर से दुल्हन के घर जाने लगे थे। इस पुरानी परंपरा में अब हेलीकॉप्टर के जरिए नए रंग भरे जा रहे थे।

हेलीकॉप्टर में निकाह

एक दिन, दोपहर बीत रही थी, एक शख्स मेरे पास आया। उसे हेलीकॉप्टर चाहिए था। उसने मुझसे मिलने की गुजारिश की। मैं उत्सुक था और बरामदे में आ गया। वहां सूट-टाई पहने हुए 3 लोग खड़े थे। वो लोग कुछ बेचने के लिए आए थे और मैंने उनसे बेहद विनम्रतापूर्वक विदा ली। इसके बाद मैं सिक्योरिटी ऑफिसर के पास पहुंचा और उनसे पूछा कि हेलीकॉप्टर के लिए बात करने कौन आया था? उसने एक ओर इशारा किया और कहा, 'सर, वो कोने में खड़ा है।'

मैंने देखा कि कोने में सादगी से भरा, बेहद विनम्र शख्स खड़ा था। उसने ढीला पायजामा और कॉलर वाली शर्ट पहनी हुई थी। उसकी ठुड्डी पर थोड़ी-सी दाढ़ी थी और ऐसा लग रहा था कि कुछ ही समय पहले उसने 30 साल की उम्र पार की थी। मुझे उसे देखकर वो तांगे वाला याद आ गया जिसने मुझे हस्सन के रेलवे स्टेशन पर छोड़ा था। देखने में ऐसा नहीं लग रहा था कि वो हेलीकॉप्टर की सेवाएं लेने वाले लोगों में से एक होगा। मैंने सिक्योरिटी ऑफिसर से पूछा कि क्या वाकई वही आदमी हेलीकॉप्टर के लिए आया था। ऑफिसर ने कहा, 'सर, वही आदमी है।' मैं संदेह से भरा हुआ था लेकिन फिर मैं उस शख्स को ऊपर अपने कमरे में लेकर गया।

वो आदमी कन्नड़ में बात कर रहा था। उसने अपना नाम बताया। मैंने उसे सहज महसूस करवाया और पूछा कि वो किस काम से आया था। उसने जो बताया, वो बेहद भावुक कर देने वाला था। उसने कहा कि वो हमेशा अपनी बहन की शादी को यादगार बनाना चाहता था। उसकी बहन की जल्द ही शादी होने वाली थी। अपने परिवार में वो सबसे बड़ा था और चाहता था कि उसकी बहन का निकाह हेलीकॉप्टर में हो।

वो शख्स गांव में रहता था। बेंगलुरु से 64 किलोमीटर दूर। वो चाहता था कि हेलीकॉप्टर उसके गांव पहुंचे, दूल्हा-दुल्हन और मौलवी को साथ ले और निकाह के लिए निकल पड़े। उसने कहा कि उसके दादा को आने साहिब (हाथियों का मालिक) कहा जाता था क्योंकि उन्होंने अपने सभी सातों बच्चों का हाथी पर निकाह करवाया था। अब उनका पोता कुछ और भी भव्य करना चाहता था। वो हाथियों का इंतजाम तो नहीं कर सकता था लेकिन हेलीकॉप्टर मिल रहा था। उसने कई बार हमारा हेलीकॉप्टर टेक-ऑफ करते हुए और लैंड करते हुए देखा था। क्या मैं उसका सपना पूरा कर सकता था?

मैंने पूछा कि वो क्या काम करता है। उसने बताया कि वो छोटा-मोटा व्यापारी है। वो साप्ताहिक बाजारों में मिर्चे बेचता है। वो अमीर तो नहीं था लेकिन ठीक-ठाक कमाई कर लेता था। मुझे उसका दृढ़ निश्चय बेहद पसंद आया। और अपनी बहन से वो जितना प्रेम करता था, वो भी तारीफ के काबिल था। मैंने उसे सीधे-सीधे 50 प्रतिशत की छूट दे दी। मैंने ये सोच समझकर ही किया था। नफा नहीं तो हमें कोई नुकसान भी नहीं हो रहा था।

उसने पैसे पूछे। मैंने कहा 75 हजार। उसने कोई भाव नहीं दिखाया और कहा कि वो 2 घंटे में बात करेगा। सच कहूं तो मुझे लगता नहीं था कि वो वापस आने वाला था। शाम को लगभग 5 बजे मेरे सिक्योरिटी ऑफिसर ने

मुझे बताया कि वो वापस आ गया था। वो आया और उसने मुझे 75 हजार रुपए कैश थमा दिए। मैंने जयंत को आवाज दी और कहा कि उड़ान की तैयारी करे। मैंने उस शख्स से कहा कि तैयारियों में कुछ वक्त लगेगा। उसे एक बड़ी जगह देखनी होगी जहां हेलीकॉप्टर लैंड हो सके। उसे ये भी देखना होगा कि जमीन बहुत कड़ी न हो और मिट्टी बहुत न उड़े। उसे वहां इस बात का भी ध्यान रखना होगा कि कोई लैंडिंग की जगह पर कूद न पड़े और हेलीकॉप्टर के बेहद नजदीक आ जाए। अगर इन सभी चीजों पर ध्यान नहीं दिया गया तो बड़ी दुर्घटना हो सकती थी।

मुझे मालूम था कि हमारे सामने मानवीय मूल्यों की एक बड़ी स्टोरी आने वाले थी। एक पोते का हेलीकॉप्टर एक दादा के हाथियों की जगह लेने वाला था। मैंने समय नहीं गंवाया और एनडीटीवी की माया शर्मा, स्टार न्यूज के रिपोर्टरों और दूसरे खबरचियों को फोन किया। हमारा ग्राहक चाहता था कि हम गांव की मस्जिद के ऊपर तीन चक्कर मारें और नीचे फूल बरसाएं। उसने कहा कि लगभग 10 हजार लोग हेलीकॉप्टर और वो निकाह देखने आएंगे। मैं खुले मुंह से उसे देख रहा था और वो सारी बातें कहकर वहां से जा रहा था।

तय दिन, हमने अपने हेलीकॉप्टर में 2 टीवी चैनल के लोग बिठाए। जक्कुर से उस गांव तक पहुंचने में 10 मिनट का समय लगा। वहां आग के धुएं का सिगनल मिल रहा था। हमने उसी से लैंडिंग की जगह की पहचान की लेकिन वहां इतनी ज्यादा भीड़ इकट्ठा थी कि हम हेलीकॉप्टर वहां लैंड ही नहीं करा सके। हम पहली बार असफल हुए। लोग भागकर हेलीकॉप्टर की तरफ बढ़ रहे थे। जयंत चिंतित हो गया। टेल रोटर की चपेट में आने पर इंसान की मौत हो सकती है। पुलिस ने भीड़ को हल्के में ले लिया था। जयंत ने फिर से लैंडिंग की कोशिश की और फिर असफल रहा। मैंने इसके बाद जयंत से कहा कि वो कुछ ऐसा करे कि मैं नीचे उतर जाऊं जिससे भीड़ को संभाल सकूं।

मैं जैसे-तैसे उतर पाया, सीधा उस आदमी के पास गया और कहा कि मैं अभी उसके पैसे वापस कर दूंगा और हेलीकॉप्टर लेकर चला जाऊंगा। अगर वो ऐसा नहीं चाहता तो उसे भीड़ को नियंत्रित करना पड़ेगा। उसे माजरा समझ में आया और उसने अपने हट्टे-कट्टे लोगों को काम पर लगा दिया। उन्होंने एक मोटी रस्सी की मदद से लोगों को पीछे धकेला। लैंडिंग की जगह साफ हुई और जयंत हेलीकॉप्टर उतार पाया।

वो यादगार अनुभव था। दूल्हा और दुल्हन और मौलवी साहब हेलीकॉप्टर में चढ़े। वो नर्वस भी थे और उत्साहित भी। हेलीकॉप्टर में चढ़कर शादी कर रहे

थे। शादी का कार्यक्रम हवा में ही हुआ। एक बार जब सब हो गया तो हमने मस्जिद के चक्कर लगाए और वापस बढ़े।

जब तक हम वापस आते, स्टार न्यूज और एनडीटीवी ने ये हवाई शादी दिखानी शुरू कर दी थी। डेक्कन का हेलीकॉप्टर हर पांच मिनट पर टीवी पर दिख रहा था। न्यूज चैनलों ने पूरा दिन वो रिपोर्ट दिखाई। और अगले कई दिनों तक हमारा विज्ञापन टीवी पर होता रहा।

मैं अभी भी इस समस्या से जूझ रहा था कि आखिर हम कैसे अपनी हेलीकॉप्टर सेवा का विज्ञापन देश भर में दे सकते थे। मैं डेक्कन को राष्ट्रीय पहचान दिलवाना चाहता था लेकिन विज्ञापन की दुनिया बेहद महंगी जान पड़ रही थी। सैकड़ों टीवी चैनल थे लेकिन कोई भी राष्ट्रीय कवरेज नहीं दे रहा था। ऐसा इसलिए था क्योंकि देश इतना बड़ा था और यहां किस्म-किस्म की भाषाएं थीं, लोगों की पसंद अलग-अलग थीं और चैनल भी इतने सारे थे। एनडीटीवी 24×7 सबसे ज्यादा देखा जाने वाला और शहरी चैनल था। लेकिन उसकी व्यूवरशिप 5 प्रतिशत से भी कम थी। अगर हम टीवी को चुन रहे थे तो हमें कम से कम दस से बारह चैनलों पर दिखना होगा, तब जाकर हमें ठीक-ठाक संख्या में लोग देख सकते थे। इसके लिए हमें बड़ा बजट चाहिए था। स्थानीय चैनलों की पहुंच बेहद कम होती है। तमिल चैनल कर्नाटक में नहीं देखे जाते थे। कन्नड़ चैनल आंध्र प्रदेश में नहीं देखे जाते, मलयालम चैनल महाराष्ट्र में लोकप्रिय नहीं थे। इन सभी राज्यों में विज्ञापन देना जरूरी मालूम हो रहा था। ये भी नहीं भूलना चाहिए कि अखबार और मैगजीन की ऑडियंस भी भयानक तरीके से बंटी हुई थी।

हमें कोई ऐसा तरीका पाना था जिससे कम से कम लागत में हम ज्यादा विज्ञापन करवा सकें। शायद ये बात कई स्टार्ट-अप वालों को नहीं मालूम है कि जब वो छोटी जेब के साथ एक बड़े सपने का पीछा कर रहे होते हैं तो उन्हें राष्ट्रीय स्तर के एक्सपोजर के बारे में सोचना चाहिए। जो बजट वो विज्ञापन के लिए रखते हैं, उससे एडवर्टाइजिंग एजेंसी का सर्विस चार्ज चुकता हो जाएगा लेकिन उनके पास अपनी सेवाओं या उत्पाद का विज्ञापन देने के पैसे नहीं बचेंगे। इसे ध्यान में रखते हुए, हमारे सामने एक ऐसी चीज थी जिसके जरिए हम अपना एक खर्च रोक सकते थे: अपनी एडवर्टाइजिंग एजेंसी बदलकर। हमारी एजेंसी, हिंदुस्तान थॉमसन असोसिएट्स थॉमसन असोसिएट्स का हिस्सा थी जो उन दिनों विज्ञापन के मामले में वैश्विक स्तर पर बहुत बड़ा नाम था। हम उनके लिए बहुत छोटे लोग थे। हमारे लिये ये बेहतर रहता कि हम किसी

छोटी, क्वालिटी पर ध्यान देने वाली और भारत में पकड़ रखने वाली कंपनी के संपर्क में आते। लेकिन मुद्दा ये भी था कि लोकल एजेंसी पूरे भारत में बहुत ज्यादा प्रभावी नहीं थीं और उनकी रचनात्मकता का वो स्तर नहीं था।

जल्द ही हमें एक हल निकलता हुआ दिखाई दिया। हम जब नए एडवर्टाइजिंग पार्टनर की तलाश में घूम रहे थे, मेरी मुलाकात हुई जॉन कुरुविला से। वो ऑर्चर्ड एडवर्टाइजिंग चलाते थे जो एक स्थानीय स्टार्ट-अप कंपनी थी और अंतर्राष्ट्रीय स्तर पर विख्यात लियो बर्नेट की एक शाखा थी। जॉन ने काम की पेशकश रखी और मैंने कहा कि मैं उसे तभी काम दूंगा अगर वो हमें राष्ट्रीय स्तर की एजेंसी का काम करके दे। उसे हमारी छोटी-छोटी चीजों का ध्यान रखना होगा और रिटेनर चार्ज नहीं मिलेगा। क्या वो लंबे अरसे तक हमारा हाथ थाम सकते थे? मैंने कहा कि हमारे साथ काम करने से उन्हें एक न एक दिन बड़ा फायदा होगा। ऑर्चर्ड को भी पहचान बनानी थी और ये एक अच्छी शुरुआत हो सकती थी। असल में आगे चलकर ये एक अच्छी साझेदारी साबित हुई। जैसे-जैसे डेक्कन बढ़ा, ऑर्चर्ड भी बढ़ता गया।

जहां तक विज्ञापनों की बात है, मैंने उड़ने वालों के बीच एक बात देखी। हर उड़ने वाला भले ही हेलीकॉप्टर में न उड़े लेकिन हर हेलीकॉप्टर में उड़ने वाला एयरलाइनों की सेवा जरूर लेता है। वो लोग, जो हेलीकॉप्टर में उड़ना चाहते थे, जेट एयरवेज, सहारा या इंडियन एयरलाइंस में बिजनेस क्लास के ग्राहक थे। ये सभी एयरलाइनें अपने यात्रियों के लिए मैगजीन रखती हैं। मैंने सोचा कि इन मैगजीनों में मुझे विज्ञापन की जगह ले लेनी चाहिए। मैंने ब्रिटिश एयरवेज और लुफ्थांसा जैसी अंतर्राष्ट्रीय सेवाएं देने वाली एयरलाइनों को भी टार्गेट किया। मुझे समझ में आया कि ये एडवर्टाइजिंग हमें कम पैसों में भारत भर के यात्रियों को टार्गेट करने में मदद कर सकती थी।

मैंने मीडिया के किरदार को कभी भी दिमाग से नहीं उतरने दिए। उन्होंने कई मौकों पर, बेहद कम लागत में हमारे बारे में लिखा या हमारी कहानियों को अपने चैनलों पर जगह दी जिससे हमें कई लोगों के दिमाग में बसने का मौका मिला।

जॉन ग्रे और स्वामी कालेश्वर

मुझे अमेरिका के कैलिफोर्निया से एक महिला का फोन आया। उन्होंने कहा कि वो मिस्टर जॉन ग्रे की प्रतिनिधि थीं। मैंने उनसे बात की और पूछा कि मैं उनकी कैसे मदद कर सकता था। उन्होंने समझ लिया कि मैं जॉन ग्रे को समझ नहीं पाया था। उन्होंने बताया कि जॉन ने *मेन आर फ्रॉम मार्स एंड वीमन आर फ्रॉम वीनस* नाम की किताब लिखी थी। मैं सुनते ही उछल पड़ा। क्योंकि जॉन दुनिया भर में मशहूर थे और अब भी हैं। इसके बाद मेरी जॉन से बात हुई। उन्होंने कहा कि उन्हें दक्षिण भारत के प्रचलित मंदिरों के दर्शन करने थे और वहां किसी स्वामी जी से मिलना था।

पश्चिम के कितने सारे लोग भारत को आनन-फानन में निर्वाण दिलवाने वाली जगह के रूप में देखते हैं। भारत ने अपने हिमालय, पवित्र नदियों और मंदिरों और तमाम साधु-योगियों के जरिए ये काम किया भी है। लेकिन मुझे जॉन ग्रे और इस सम्प्रदाय के बीच का कनेक्शन समझ में नहीं आ रहा था। मुझे आश्चर्य हो रहा था कि जो लोगों को तमाम उत्तर देता है, वो खुद अपने जीवन में उत्तर तलाश रहा था!

मैंने जॉन की बात डेक्कन के मार्केटिंग डिपार्टमेंट से करवाई। हमारे मार्केटिंग के लोगों और जॉन के बीच फैक्सों का आदान-प्रदान हुआ। लेकिन जॉन की यात्रा के प्लान बदलते रहे।

इस बिंदु पर मैंने जॉन को फोन किया। उन्हें कहा कि वो 10 दिन के लिए हेलीकॉप्टर रखें और उसे दिन में 3 घंटे टैक्सी की तरह इस्तेमाल करें। इसका हम एक दिन का 5 हजार डॉलर चार्ज करेंगे। 10 दिनों में 50 हजार डॉलर का खर्च था। यदि वो इन 30 घंटों से ज्यादा उड़ेंगे तो उन्हें प्रति घंटा एक्स्ट्रा पैसे देने होंगे। पायलट उनके साथ ही रहेगा और वो प्लान में बदलाव होने पर उसे बता सकते हैं। बस पायलट को इतनी सहूलियत मिलनी चाहिए कि वो ईंधन भरवा सके। मैंने मजाक के लहजे में कहा कि वो उस हेलीकॉप्टर को हवा में उड़ती अपनी लिमोजीन समझ सकते हैं। जॉन को ये विचार और मेरा प्लान पसंद आया। उन्होंने अपने अमेरिकन एक्सप्रेस प्लेटिनम कार्ड से मुझे पैसे भेज दिए।

जॉन तिरुवन्नामलाई, सरेशैलम, पुट्टपर्ति और मंत्रालय जाना चाहते थे। वो पेनुकोंडा भी जाना चाहते थे जो पुट्टपर्ति से 160 किलोमीटर दूर था। वहां दुनिया भर में जाने जाने वाले साई बाबा रहते थे। मुझे लगा था कि वो पुट्टपर्ति

के बाबा से मिलने जाएंगे लेकिन फिर उन्होंने बताया कि वो एक कम जाने-पहचाने स्वामीजी से मिलने जा रहे थे। उनका नाम था स्वामी कालेश्वर। इसने मुझे सकते में डाल दिया था!

जॉन ने कुछ दिन बाद फिर फोन किया। उसने कहा कि वो अपने साथ ओपरा विनफ्रे को लेकर आ रहे थे और उन्होंने ये भी कहा कि मुझे ये बात किसी को भी नहीं बतानी थी। चूंकि अब ओपरा भी उनके प्लान में शामिल थीं इसलिए वो चाहते थे कि हमारे प्लान में कोई भी गड़बड़ी न हो और लॉजिस्टिक्स की छोटी से छोटी चीज पर खास ध्यान दिया जाए। मैंने उन्हें निश्चिंत करवाया। निजी तौर मैं बहुत उत्साहित था। ओपरा का आना प्रेस के लिए बड़ी खबर होने वाला था। वो इंडिया आईं, किसी को मालूम भी नहीं चला और उन्होंने आने-जाने के लिए डेक्कन एविएशन के हेलीकॉप्टर का इस्तेमाल किया, ये सब पब्लिसिटी के लिए बेहतरीन मौका था।

मैं बगैर जॉन से किया गया वादा तोड़े, ये बात प्रेस तक कैसे पहुंचा सकता था? मैंने एक काम करने की ठानी। ओपरा साथ आएं न आएं, मैं प्रेस को जॉन ग्रे से जरूर मिलवाने वाला था। ये बड़ा ही कमाल का अनुभव होने वाला था, भले ही ओपरा के आने जैसा कमाल का न हो।

मैं मीडिया में अपने दोस्तों से संपर्क करने लगा। मैं रिपोर्टरों को नाम से जानता था। रिपोर्टर आए दिन मुझे फोन भी करते रहते थे। कई बार हफ्ते में 2-3 बार ऐसा होता था। फोन कॉल का जवाब देने के लिए आपको उपलब्ध होना पड़ता है। इन लोगों को अच्छा लगता है, जब आप उपलब्ध होते हैं और उनसे सहज होकर बात करते हैं। उनके अंदर अपने काम को लेकर एक अभिमान होता है, वो अपने साथियों से प्रतिस्पर्धा में होते हैं और चाहते हैं कि वो सबसे पहले खबर दें।

जॉन ग्रे की यात्रा को ध्यान में रखते हुए मैंने कुछ एक टीवी चैनल के लोगों को फोन किया। कुछ एक प्रिंट मीडिया के लोगों को भी। मैंने कहा कि जॉन ग्रे इंडिया आने वाला है और मेरा ही हेलीकॉप्टर उन्हें इधर-उधर ले जाएगा। क्या वो उनका इंटरव्यू करना चाहते थे? उन सभी को आइडिया पसंद आया। मैंने उन्हें नहीं बताया कि उन्हें डेक्कन के बारे में क्या लिखना है क्योंकि जॉन जहां भी जाने वाले थे, डेक्कन का हेलीकॉप्टर साथ ही होने वाला था।

जॉन ने चेन्नई में लैंड किया। ओपरा ने आखिरी मौके पर आने से इन्कार कर दिया था। हम वहां से उन्हें तिरुपति ले गए। जॉन ने वहीं रात गुजारी और अगले दिन वो श्रीशैलम और फिर वहां से हम्पी के लिए रवाना हुए। हम्पी से

वो पेनुकोंडा गए जहां स्वामी कालेश्वर का आश्रम था। जॉन और स्वामीजी, साथ में बेंगलुरु आए। जयंत ही हेलीकॉप्टर उड़ा रहा था। जॉन के पास प्लान का कंट्रोल था और वो जहां जाना चाहते थे, जा सकते थे।

मैं जॉन को लेकर कुछ उत्सुकता से भरा हुआ था। वो एक जाने-माने लेखक हैं लेकिन वो जिस तरह से स्वामीजी के प्रति श्रद्धावान थे, उसने मुझे चक्कर में डाल दिया था। मैं जॉन से पूछना चाहता था कि आखिर वो दो तरह की तस्वीरें कैसे पेश कर रहे थे? एक तरफ उनके साथ स्वामीजी थे और दूसरी तरफ ओपरा। मेरे दिमाग में स्वामीजी की एक तस्वीर थी और मैं किसी ऐसे को ढूंढ रहा था जो उस खांचे में फिट होता हो। मुझे इससे वो मुस्लिम व्यापारी याद आया जो अपनी बहन की शादी में हेलीकॉप्टर मंगवाने के लिए आया था।

मैंने सोचा था कि स्वामीजी जो भी होंगे, उनकी एक लंबी सफेद दाढ़ी होगी, भरा व्यक्तित्व होगा, चमचमाता-तेजपूर्ण चेहरा होगा और भगवा वस्त्र पहने होंगे। मैंने स्वामीजी को भगवान रजनीश जैसा ही समझा था। लेकिन जब मैं स्वामीजी से मिला तो वो बिल्कुल भी वैसे नहीं दिखे जैसा मैंने सोचा था। बताया गया कि वो स्वामी कालेश्वर थे। गौर से देखने पर मुझे मालूम पड़ा कि वो युवा थे। उनके पास कुछ ऐसा था जो जॉन ग्रे जैसे लोगों को आकर्षित कर रहा था लेकिन मैं उसे देख पाने में असमर्थ था। मेरी जिज्ञासा फिर सामने आ गई और मैं जानना चाहता था कि आखिर क्यों जॉन इतनी दूर इन स्वामीजी से मिलने आया है।

जॉन ने स्वामीजी के बारे में एक कहानी सुनाई। स्वामीजी ने जॉन से पूछा था कि वो उनके लिए क्या कर सकते थे। क्या उसकी कोई इच्छा थी? अगर ऐसा है तो स्वामीजी इस बात की प्रार्थना करेंगे कि वो पूरी हो जाए। जॉन की एक बड़ी इच्छा थी। वो चाहते थे कि ओपरा विनफ्रे उन्हें अपने ओपरा विनफ्रे बुक क्लब में बुलाएं। ओपरा विनफ्रे दुनिया की सबसे बड़ी टॉक शो होस्ट हैं। वो एक पिछड़ी पृष्ठभूमि की महिला थीं और बचपन में और शादी के दौरान उनका बहुत शोषण हुआ था। लेकिन ओपरा ने दुनिया को दिखाया था कि यदि दृढ़ निश्चय हो तो सब कुछ हासिल किया जा सकता है। उन्होंने अपना जीवन बदल दिया और इसके साथ ही दुनिया भर में लाखों लोगों की जिंदगी बदल दी। वो आज भी लाखों-करोड़ों लोगों पर बहुत ज्यादा प्रभाव रखती हैं।

ओपरा के टॉक शो में एक बुक क्लब भी है। इस सेक्शन में वो एक ऐसी किताब के बारे में बात करती हैं जिसने उन्हें प्रभावित किया होता है। वो उसके लेखक को बुलाती हैं और उस किताब के बारे में बात करती हैं। अगले

ही दिन उस किताब की दुनिया भर में बिक्री कई गुना बढ़ जाती है और वो लेखक रातों-रात करोड़पति हो जाता है।

हमने जॉन की कहानी पूरे ध्यान से सुनी। एक दंत-कथा की तरह, हम जानना चाहते थे कि आगे क्या हुआ। जॉन ने बताया, 'मैंने स्वामीजी से कहा कि मैं ओपरा के बुक क्लब में जाना चाहता हूं।' स्वामीजी ने उन्हें आशीर्वाद दिया और कहा, 'आपको ओपरा का कॉल आएगा।'

जैसे कोई जादुई छड़ी घुमा दी गई हो। अगले ही दिन जॉन को ओपरा के बुक क्लब का न्योता मिला। ये अविश्वसनीय था। जॉन को स्वामीजी की ताकतों का अहसास हो गया था। वो यकीन करने लगे थे कि उनके पास दैवीय ताकतें थीं। जॉन बुक क्लब में गए वो तुरंत ही मशहूर हो गए। वो अमेरिका के सबसे बड़े लेखकों में शुमार हो गए। इसके बाद वो *न्यू यॉर्क टाइम्स* की बेस्टसेलर्स की लिस्ट में 5 साल तक रहे।

कहानी यहीं खत्म नहीं होती। किसी भी लेखक को दो बार ओपरा के बुक क्लब में नहीं बुलाया गया था। जॉन ऐसा भी चाहते थे। वो फिर से स्वामीजी के पास आए। क्या स्वामी कालेश्वर ये भी करवा सकते थे? स्वामीजी जॉन के लिए फिर से प्रार्थना करने लगे और उन्होंने अपनी 'शक्ति' को जागृत किया। उन्होंने कहा, 'तथास्तु!' 24 घंटे के भीतर जॉन के पास ओपरा विनफ्रे का फिर से फोन आया और उन्हें दोबारा बुक क्लब में बुलाया गया। जॉन हतप्रभ थे।

जॉन ने ओपरा को बताया कि कैसे स्वामी कालेश्वर ने उनकी मदद की थी। ओपरा भी अब उनसे मिलना चाहती थीं। ओपरा से मिलवाने के लिए जॉन स्वामी कालेश्वर को अमेरिका ले गए। इसी मुलाकात के बाद ओपरा इंडिया आना चाहती थीं।

स्वामीजी की कहानी यहां खत्म नहीं होती। हम चार लोग, जॉन ग्रे, स्वामीजी, जयंत और मैं लॉन में खड़े थे। हेलीकॉप्टर बस उड़ान भरने ही वाला था। इसी बीच स्वामी कालेश्वर जयंत की ओर मुड़े और कहा, 'कैप्टन, क्या आप कुछ चाहते हैं? मैं आपके लिए कुछ कर सकता हूं?' जयंत खुराफाती तबीयत का शख्स है। उसके भाव तुरंत बदलते थे और वो लगभग चिढ़ाने वाली मुस्कान चेहरे पर ले आता था। लेकिन वो मुस्कान बहुत उभरी हुई नहीं होती थी। उस वक्त भी जयंत वैसे ही मुस्काया और बोला, 'स्वामीजी, मेरी एक ही तमन्ना है। मैंने बहुत सारे डॉक्टरों से बात की लेकिन बात नहीं बनी। आप मेरी मदद कर सकते हैं?'

स्वामीजी ने कहा, 'बताओ मुझे कैप्टन, तुम क्या चाहते हो? मैं प्रार्थना करूंगा और अपनी शक्तियों को जागृत कर तुम्हारी मनोकामना पूरी करने की कोशिश करूंगा।' जयंत उनके आगे झुक गया। उसने अपने टकले की ओर इशारा किया और कहा, 'स्वामी जी, मेरे सर पर थोड़े बाल आ सकते हैं क्या?' मैं खुद को रोक नहीं पाया। जयंत भी नहीं। हम दोनों मुंह फाड़कर हँस रहे थे। जयंत का सर छिले हुए अंडे जैसा है। स्वाजी को झटका लगा था लेकिन उन्होंने जल्दी ही खुद को संभाला। उन्होंने कहा, 'तुम मेरा मजाक उड़ा रहे हो, कैप्टन! लेकिन बस तब तक का इंतजार करो जब तक हम अच्छे दोस्त नहीं बन जाते।' वो नाराज नहीं हुए थे। लेकिन मैं जयंत के मजाक के चलते एक ग्राहक नहीं खोना चाहता था। फिर उन दोनों ने आपस में बात की और मामला सुलट गया। स्वामीजी और जॉन ग्रे हेलीकॉप्टर पर चढ़े, जयंत अपने कॉकपिट में घुसा और हेलीकॉप्टर उड़ने लगा। कुछ ही देर में वो मेरी नजरों से ओझल हो गया और मैं एक खालीपन से भर गया।

जॉन को हफ्ते भर पूरे दक्षिण भारत की सैर कराने के बाद जयंत वापस आया। उसने मुझे कहा कि पेनुकोंडा में स्वामी कालेश्वर के आश्रम में उसने एक भी भारतीय श्रद्धालु नहीं देखा। वहां फिरंगियों का मेला लगा हुआ था। मुझे समझ में नहीं आ रहा था कि स्वामीजी में ऐसी क्या शक्तियां थीं जिससे भारतीयों की जगह विदेशी लोग ही आकर्षित हो रहे थे।

भगवान साईंबाबा के दर्शन हुए

स्वामी कालेश्वर के इस काम के बाद हमें साईंबाबा के आश्रम से फोन आया। मुझे मालूम था कि साईंबाबा मानवता के कल्याण के लिए किन कामों में लगे हुए थे। पुट्टपर्ति के अस्पताल में राजू की पत्नी का ऑपरेशन हुआ था। वही राजू जो मेरे फार्म पर मेरा दाहिना हाथ था। डॉक्टरों ने ओपन हार्ट बाईपास सर्जरी के लिए कहा था और वहां ये ऑपरेशन निःशुल्क हुआ था। साईंबाबा जर्मनी, यूके और फ्रांस से बेहतरीन डॉक्टरों को लेकर आने के लिए जाने जाते हैं। ये डॉक्टर आते थे और साईंबाबा के आश्रम में ही रुकते थे। ये भारत के सबसे अच्छे मैनेज किए जा रहे अस्पतालों में एक है। आपको ये भी सोचना चाहिए कि ये आंध्र प्रदेश के बेहद अंदरूनी इलाके में चलाया जा रहा था। उन दिनों मैं राजू को उस तरह की रकम भी नहीं दे सकता था जिससे उसकी पत्नी की ओपन हार्ट सर्जरी हो सकती थी। सफल हार्ट सर्जरी के बाद राजू की पत्नी

सामान्य जीवन बिता रही थी। साईंबाबा की संस्था इंसानियत का जो काम का रही थी, उसने मेरे मन में उनकी इज्जत बढ़ा दी थी।

साईंबाबा के कितने अनुयाई थे, ये संख्या ठीक-ठीक बता पाना बेहद मुश्किल है। वो जो चैरिटी का काम कर रहे थे उसे दुनिया भर के लोगों से आए दान के दम पर चलाया जा रहा था। मैं शायद तुक्का मार रहा हूं लेकिन मेरे हिसाब से साईंबाबा के धर्मगुरुओं के मामले में इस दुनिया में सबसे ज्यादा अनुयाई हैं। उनके अनुयाई बहुत बड़े लोगों से लेकर गरीब लोगों तक, वैज्ञानिकों से लेकर फिल्म स्टार्स और मिडल क्लास के लोगों तक फैले हुए हैं। उनका प्रभाव धूल भरे शहरों से लेकर छोटे-छोटे गांवों तक है।

उन्हें भी खूब आलोचना करने वाले लोग मिलते थे। इनमें से एक थे डॉक्टर एच नर्सिन्हैया। वो बेहद प्रतिष्ठित शिक्षाविद् थे और भौतिक विज्ञान में पीएचडी कर रखी थी। वो गांधीवादी थे और बेहद सादा जीवन जीते थे। वो बैंगलोर यूनिवर्सिटी के वाइस-चांसलर थे और साईंबाबा की खुल्लेआम आलोचना करते थे। उन्होंने एक बार साईंबाबा से कहा था कि वो अपनी शक्तियों का इस्तेमाल करते हुए शून्य से पदार्थ बनाकर दिखाएं और ऐसा वो वैज्ञानिकों और तर्कवादियों के सामने करें। बाबा अक्सर अपने अनुयाइयों के सामने भभूत या एक अंगूठी या कोई माला कहीं से भी प्रकट कर देते थे। बाबा के भक्तों को लगता था कि उनके पास दिव्य शक्तियां थीं। कई लोग ये मानते थे कि ये सब कुछ हाथ का कमाल था और उनका कहना था कि बाबा लोगों को बहका रहे थे। साईंबाबा अपने आलोचकों को कोई जवाब नहीं देते थे लेकिन उनके अनुयाइयों की संख्या बढ़ती ही जा रही थी।

मुझे उनसे जुड़े विवादों से फर्क नहीं पड़ता था। अगर वो दिव्य शक्तियों की बजाए कोई जादू ही कर रहे थे, तो भी ठीक है। मैं वैसे भी इन चीजों में विश्वास नहीं करता था। और लोग इस पर विश्वास करते हैं तो करें। मैं उन सभी आरोपों को किनारे रखने को तैयार हूं क्योंकि बाबा लोगों के लिए बहुत बड़ा काम कर रहे थे। बाबा शिक्षा, पेयजल और मेडिकल के क्षेत्र में लोगों की बहुत मदद कर रहे थे। उन्होंने जो गड़बड़ की, अगर की तो, वो उनके अच्छे कामों के आगे बहुत कम हैं। एक दिन आश्रम के अधिकारियों ने फोन करके कहा कि साईंबाबा हमारा हेलीकॉप्टर इस्तेमाल करना चाहते हैं।

मैं यही सोच रहा था कि सभी भारतीय धर्मगुरु सादे जीवन का पाठ सिखाते हैं, अनुशासन की बात करते हैं और मोह-माया से ऊपर उठने की बात कहते हैं, बहुत से धर्गुरुओं के आश्रम और जीवनशैली इसके बिल्कुल उलट दिखती है।

वो महंगी से महंगी कारें इस्तेमाल करते हैं, हेलीकॉप्टर में उड़ते हैं और उनका हर दिन दुनिया के बड़े और महंगे और ताकतवर लोगों के साथ उठना-बैठना होता है। अमीर लोग उनके वश में बहुत जल्दी आ जाते हैं। क्योंकि उन्हें बताया जाता है कि जीवन में खुशी की राह आकांक्षाओं से आजादी पाने पर मिलती है, सादगी से मिलती है और भौतिक सुखों की बजाए आत्मा को सुख पहुंचाने से मिलती है। मैं गुरु और उनके अनुयाइयों में कोई समानता नहीं देख पाता था।

साईंबाबा के टेक ऑफ से पहले जो तैयारियां हो रही थीं, वो कमाल की और बेहद व्यापक थीं। उनके भक्तों की एक पूरी सेना उनके इर्द-गिर्द रहती थी। ये सभी बहुत पढ़े-लिखे लोग थे और इनमें से कई बड़े से बड़े सरकारी और गैर-सरकारी पदों पर आसीन थे। राष्ट्रपति, मुख्यमंत्री और बड़े-बड़े राजनेता उनका आशीर्वाद लेने आते थे। आर्मी जनरल, बड़े-बड़े अफसर, वैज्ञानिक, कला और शिक्षा जगत से जुड़े लोग भी थे जो उनके पास आते थे। कितने ही लोग ऐसे थे जिन्होंने अपना सब कुछ उनके आश्रम को दान दे दिया था। इसमें सबसे आगे थे विद्वान्, लेखक और वाइस चांसलर डॉक्टर वीके गोकक और रक्षा मंत्रालय में वैज्ञानिक सलाहकार डॉक्टर भगवंतम।

स्वामी के भक्त उनके इर्द-गिर्द की सभी चीजें संभालते थे। वो पहले जगह का मुआयना करते थे। उन्होंने हमसे पूछा कि किस जगह पर हेलीकॉप्टर उतरेगा। उन्होंने ये तक पूछा कि दरवाजा किस तरफ होगा जिससे बाबा उतरेंगे। वो जानना चाहते थे कि उन्हें किस ओर कार लेकर आनी चाहिए और बाबा को कितने कदम पैदल चलना होगा। उन्होंने हेलीकॉप्टर से उतरने के लिए लगाई जाने वाली सीढ़ी और कार के दरवाजे के बीच की दूरी पर काम करना शुरू किया। उन्होंने इसके बीच की दूरी टेप से नापी। इस दूरी में कारपेट बिछाया और उसे फूलों से ढक दिया। फिर उन्होंने हेलीकॉप्टर की आम सीढ़ी हटवा दीं और बढ़ई को बुलाकर नयी सीढ़ियां बनवायीं जिससे बाबा को हेलीकॉप्टर पर चढ़ने में आसानी हो। मैं बाबा से मिलने को बेताब था और मैंने हैंगर पर उनका स्वागत किया।

बाबा का ट्रैवल प्लान घड़ी देखकर चुस्ती से चल रहा था। सुबह 8 बजे टेक-ऑफ था। एक सिक्योरिटी जीप सबसे पहले आकर रुकी। उसमें बैठे ऑफिसर उतरे और उन्होंने जगह का मुआयना किया और हमारी तैयारी देखी। इसके बाद एक और सिक्योरिटी जीप आयी। सभी ने वो जगह बारीकी से देखी और कोई भी कोर-कसर नहीं छोड़ी गई थी। इसके बाद लिमोजीन में बाबा आए। वो बड़ी गाडी हेलीकॉप्टर के पश्चिमी ओर 500 गज की दूरी पर रुकी।

उसके साथ भी एक जीप आयी थी। इसके बाद एक और जीप आयी। उसमें से 6 हथियारबंद गार्ड आए, लिमोजीन के इर्द-गिर्द घेरा बना लिया। उनकी पीठ बाबा की गाड़ी की ओर थी और वो हर चीज पर पैनी निगाह रखे हुए थे। उनकी ड्रिल वैसे ही चल रही थी जैसे अमेरिकी राष्ट्रपति के गार्ड्स की होती है। गार्डों का एक और समूह बाबा की लिमोजीन के साथ-साथ दौड़ रहा था। गाड़ी के रुकते ही वो भी रुक गए। इस पूरी प्रक्रिया में इतना तालमेल था कि बड़े से बड़े देश के अध्यक्ष की रक्षा टुकड़ी शरमा जाए।

बाबा बाहर आए। वो शांत और सौम्य दिख रहे थे। उन्होंने हेलीकॉप्टर की ओर जाते हुए मुझसे कुछ शब्द कहे। फिर उन्होंने अपना हाथ एकदम सिधाई में ऊपर उठा दिया। फिर उन्होंने अपना हाथ मेरी ओर बढ़ाया। अगले ही पल उन्होंने मेरे फैले हुए हाथ में थोड़ी सी राख गिरा दी। इसके बाद वो जयंत की ओर बढ़े। मैंने जयंत को पहले ही कह रखा था कि वो स्वामी कालेश्वर वाला मामला यहां न दोहराए। मैं खुद इस तरह से पेश आया था कि मेरे किसी भी काम से बाबा नाराज न हों। मैं जयंत पर भी निगाह लगाए हुए था। बाबा उसकी ओर बढ़ रहे थे। जयंत जितना हो सकता था, सभ्य बना हुआ था। बाबा ने उससे पूछा कि क्या वो जयंत के लिए कुछ कर सकते हैं। जयंत बड़ी मुश्किल से खुद को संभाले हुए था। उसने कहा, 'नहीं स्वामीजी, मैं बस आपका आशीर्वाद चाहता हूं।' साईंबाबा ने उसके साथ भी वही किया। उन्होंने अपना हाथ हवा में उठाया, अपनी उंगलियां एक जादूगर की तरह घुमाईं और जयंत को एक सोने कि अंगूठी दी जिसमें एक कीमती पत्थर जड़ा हुआ था। जयंत के हाथ बॉक्सर की तरह मोटे और सख्त उंगलियों वाले थे। बाबा ने हवा में वो अंगूठी प्रकट करवाते वक्त जयंत की उंगलियों को भांप सा लिया था। उन्होंने वो अंगूठी जयंत की उंगलियों में दी और कहा, 'देखो, ये तुम्हें फिट आती है क्या।' अंगूठी एकदम फिट थी। मुझे यकीन तो नहीं था कि जयंत इसमें विश्वास करने लगा था, लेकिन एक पल के लिए उसके बोल नहीं फूटे। उसकी आंखों में जो शरारत भरी चमक होती थी, वो जाती हुई दिख रही थी और वहां आश्चर्य ही आश्चर्य भरा हुआ था।

हेलीकॉप्टर उड़ पड़ा। मैंने बाबा को उनके भक्तों के बीच देखा। हेलीकॉप्टर उड़ता जा रहा था और वो 'भगवान, भगवान' पुकार रहे थे। कुछ वक्त तक सभी मंत्रमुग्ध से खड़े रहे। फिर हेलीकॉप्टर क्षितिज में खो गया और दिखना बंद हो गया।

बाबा मेरे लिये बिजनेस में एक बहुत बड़े सबक की तरह आए थे। मैंने आस्था को साक्षात अपने सामने गतिमान देख लिया था।

8

आप कभी भी अतीत के जरिए
भविष्य की योजना नहीं बना सकते

—एडमंड बर्क

डेक्कन एविएशन की बड़ी घटनाएं

दो साल में ही हेलीकॉप्टर कंपनी पूरी तरह से स्थापित हो चुकी थी। हमारे पास बहुत अलग-अलग तरह के कॉन्ट्रैक्ट आ चुके थे जिसमें हवाई सर्वे, हवाई फोटोग्राफी, तेल निकालने वाली जगहों पर मदद पहुंचाना, खदानों के लिए हवाई सर्वे करवाना, लॉजिस्टिक्स सपोर्ट, हेली-टूरिज्म और चिकित्सकीय सहायता पहुंचाना कुछ मुख्य काम थे। जैसा मुझे शुरुआत में लग रहा था कि सरकार कई और क्षेत्रों के बारे में सोचना शुरू करेगी, अब उसे एक आकार मिलना शुरू हो रहा था। सरकार, जिसने खदानों के निजीकरण पर रोक लगाई हुई थी और उसे घर के गहने बेचने के बराबर मानती थी, अब समझ रही थी कि सॉफ्टवेयर एक्सपोर्ट करना खदानों से कहीं ज्यादा लाभकारी था और उसने छोटे कदमों के साथ प्राइवेट कॉन्ट्रैक्ट देने शुरू कर दिए। पहली बार भारत में बड़े मल्टीनेशनल समूहों को ये कॉन्ट्रैक्ट दिए जा रहे थे। ये कंपनियां हवाई सर्वेक्षण और हवाई फोटोग्राफी करवा रही थीं। ये सब कुछ सैकड़ों वर्ग किलोमीटर में हो रहा था।

ऐसे हवाई सर्वे के लिए उड़ान भरने में बहुत अलग तरह का कौशल चाहिए होता है। क्योंकि इसमें आपको 'इलेक्ट्रोमैग्नेटिक बड्र्स' नाम के बड़े भारी सेसिंग उपकरण के साथ उड़ना होता है। इन 'बड्र्स' में एक मुख्य हिस्सा होता है जो सिलिंडर के आकार का होता है। ये 6 मीटर लंबा होता है और इसका व्यास लगभग 50 सेंटीमीटर का होता है। ये हेलीकॉप्टर के नीचे

30 मीटर पर बंधा होता है और लटक रहा होता है। इससे निकली हुई केबल कम्प्यूटर से जुड़ी होती है जिसमें सारे आंकड़े इकट्ठा हो रहे होते हैं। पायलट को एकदम सीधी रेखा में उड़ना होता है जहां के निर्देशांक उसे पहले से ही दे दिए गए होते हैं। ऐसे उड़ते हुए उसे कई बार 100 वर्ग किलोमीटर के क्षेत्रफल में उड़ना होता है। इस दौरान हेलीकॉप्टर धरती से 100 फीट की ऊंचाई पर उड़ रहा होता है और पायलट को उस 'बर्ड' को एकदम स्थिर रखना होता है। हमने अपने पायलटों को ऑस्ट्रेलिया भेजा जहां उन्होंने इसकी ट्रेनिंग ली। इस ट्रेनिंग में हमने जो निवेश किया उसका हमें बहुत अच्छा फल मिला। डे बियर्स, फेल्प्स डॉज, रियो टिंटो जैसी अंतर्राष्ट्रीय कम्पनियों और बेहद नामी भारतीय रिमोट सेंसिंग संस्था जैसे हैदराबाद की एनजीआरआई ने हमें कॉन्ट्रैक्ट दिए। ये कॉन्ट्रैक्ट न केवल हमारी नींव मजबूत कर रहे थे बल्कि हमारे बिजनेस को अच्छा नाम दे रहे थे।

तेल के क्षेत्र में भी भारत काफी खुल रहा था। उस समय तक सब कुछ सरकार के ही पास था। स्कॉटलैंड की कंपनी केर्न एनर्जी ने ओएनजीसी के साथ मिलकर कच्चे तेल के उत्पादन के लिए हेलीकॉप्टर कम्पनियों से सर्वे और सपोर्ट के लिए बोली लगवाईं। तेल और खदान के क्षेत्र में काम करने वाली हर ईकाई के लिए हेलीकॉप्टर एक वरदान सरीखा होता है। फिर वो काम चाहे समंदर में हो रहा हो या जमीन पर। सिर्फ वही लोग कॉन्ट्रैक्ट के हकदार माने जा रहे थे जिनके पास समुद्र में लॉजिस्टिक्स सपोर्ट पहुंचाने का पहले से अनुभव था। इसके लिए बेहद अनुभवी इंजीनियरिंग और दुर्गम उड़ान का अनुभव होना बेहद जरूरी था जो हमारे पास था ही नहीं। लेकिन हमने कोशिश जरूर की और अपनी बोली लगाई। हमें मालूम था कि अगर हमने किसी बहुत बड़े हेलीकॉप्टर ऑपरेटर से हाथ नहीं मिलाया तो हम कुछ भी नहीं कर सकेंग। उस हेलीकॉप्टर ऑपरेटर को तेल के क्षेत्र में काम करने का अनुभव होना ही चाहिए।

मैंने बैरी हेवरी को फोन किया। वो कर्न एनर्जी के लिए स्वतंत्र एविएशन ऑडिटर थे। उन्होंने हमसे बात करने से ही इन्कार कर दिया क्योंकि उनके नजरिए से मैंने उन्हीं के लिए बोली लगाई थी और ऐसे में उनका मुझसे बात करना हितों के टकराव को जन्म दे देता। लेकिन चूंकि मैं अपना मन बना चुका था, इसलिए मुझे भी पीछे हटवा पाना बेहद मुश्किल काम था। मैंने कई बार कॉल किया और उन्होंने हर बार फोन काट दिया। लेकिन मैं फोन करता रहा। ऑडिटर ने फोन उठाया और मैं चीखा, 'बैरी, रिसीवर नीचे मत रखना! मैं बस इतना जानना चाहता हूं कि आपके हिसाब से तेल इंडस्ट्री में कौन सा हेलीकॉप्टर

ऑपरेटर सबसे अच्छा है, जिसके साथ मिलकर मैं केर्न के कॉन्ट्रैक्ट पर काम कर सकूंगा।' मैंने कहा कि इससे न केवल काम की गुणवत्ता बढ़ेगी बल्कि ये केर्न के लिए भी फायदेमंद होगा। उन्हें मेरा ये तर्क बड़ा रास आया। या फिर शायद वो मुझसे पिंड छुड़ाना चाहते थे। उन्होंने यूके के ब्रिस्टो हेलीकॉप्टर का नाम लिया और तुरंत फोन रख दिया।

मैंने जिस तरह की हड़बड़ी एनफील्ड मोटरसाइकिल की डीलरशिप लेते हुए दिखाई थी, वैसी ही तत्परता दिखाते हुए चेन्नई के लिए भागा और लंदन के लिए पहली फ्लाइट पकड़ ली। अगले दिन में ब्रिस्टो में था जहां मैं उनके सामने मिलकर काम की योजना पेश कर रहा था। मैं उनके एशिया और सुदूर पूर्व के डायरेक्टर क्रिस फ्राय से मिला और मिलते ही हम काफी सहज हो गए। मैंने उन्हें विश्वास दिलाया कि भले ही मुझे तेल की खोज के लिए एक ही हेलीकॉप्टर की जरूरत पड़ रही हो लेकिन भारत में ये काम अभी ही शुरू हुआ है और आने वाले समय में इसकी बहुत भारी मांग उठने वाली है। दो दिन में मैंने उनके सामने अलग-अलग परिस्थितियों को रखा और उन्हें समझाने में कामयाब रहा। इसके बाद हमने साथ काम करने के लिए दस्तावेज तैयार किए और उस पर हमारे दस्तखत हुए। हम जैसे ही उन कागजों पर साइन करने जा रहे थे, ब्रिस्टो का एक पुराना साथी, जो दुनिया के किसी और हिस्से में काम देख रहा था, अंदर आया। उसे क्रिस से किसी मसले पर कोई जानकारी चाहिए थी। उसे जैसे ही मालूम पड़ा कि मैं इंडिया से हूं और हम साथ में काम करने का विचार कर रहे हैं और कागजों पर साइन करने जा रहे हैं, उसने उखड़ते हुए कहा, 'क्या? ओएनजीसी? इंडिया? आप पागल हैं शायद!' उसने बताया कि कैसे बीते समय में ब्रिस्टो को भारत और ओउनजीसी से कड़वे अनुभव मिले थे जो ये बताने के लिए काफी थीं कि आगे वो गलती नहीं दोहरानी चाहिए। ब्रिस्टो ने एक हेलीकॉप्टर के कॉन्ट्रैक्ट के लिए 1980 में एक बोली लगाई थी और ब्रिस्टो ने हेलीकॉप्टर सुरक्षित कर दिया क्योंकि ये शर्त का एक हिस्सा था। ओउनजीसी टेंडर पर ही अटकी रही और एक साल तक कोई फैसला ही नहीं लिया। वो हेलीकॉप्टर खाली खड़ा रहा। चूंकि ओउनजीसी ने बात आगे ही नहीं बढ़ाई इसलिए ब्रिस्टो ने हाथ वापस खींच लिये। इसके साथ ही पैसे का भी मसला हुआ। कंपनी ने भारतीय चरण का काम करवाने के लिए एक अकाउंट खोला था। ब्रिस्टो के ब्रिटिश पाउंड भारतीय रुपयों के रूप में एक भारतीय बैंक में जमा थे। ये सब नियमों के मुताबिक ही हो रहा था। लेकिन कई सालों तक कंपनी को फॉरेन एक्सचेंज के नियमों के चलते अपने ही पैसे वापस नहीं मिले। दुनिया भर में बोली लगने के 2 महीने के भीतर ही हेलीकॉप्टर की डील

फाइनल हो जाती हैं लेकिन यहां जो देरी हुई उसने ब्रिस्टो को परेशान करके रख दिया। ये सही बात थी कि वो शख्स इस अनुभव के चलते बहुत झुंझलाया हुआ था और वो भारत के साथ कोई भी और काम नहीं करना चाहता था। उसने अपने साथियों को सचेत कर दिया था और अपना काम निपटाकर वहां से चलता बना।

अब क्रिस ने मेरी ओर देखा और पूछा कि क्या करना चहिये। ये ऐसी चीज थी जिसके बारे में कोई सोच ही नहीं रहा था। मैं अचानक पीछे धकेल दिया गया था और मेरे देश को एक बेहद खराब रोशनी में रखकर देखा जा रहा था। असल में वो शख्स भी गलत नहीं था। लेकिन उसकी टाइमिंग बेहद गलत थी जिसने मेरे मिशन को खतरे में डाल दिया था। अब मैं कैसे चीजें सही कर सकता था? मैंने खुद को संभाला और मुझे ये भी समझ में आया कि भारतीय ब्यूरोक्रेसी असल में ब्रिटिश तौर-तरीकों के बीच ही जन्मी थी। मैंने आशावान होते हुए कहा, 'मुझ पर विश्वास कीजिए। आज वहां चीजें बदल चुकी हैं और भारत बदल रहा है। हमारी ब्यूरोक्रेसी है तो ब्रिटिश परंपरा का एक हिस्सा ही। आपके यहां भी हाल के वक्त तक ऐसा ही था। लेकिन फिर मारग्रेट थैचर ने उसे चोट पहुंचाई और चीजें दुरुस्त कीं।' क्रिस मुस्कुरा रहे थे। हमने दो दिन साथ में गुजारे थे और कॉन्ट्रैक्ट के कई हिस्सों पर बातें की थीं। हमने अपने रिश्तों के भविष्य को लेकर एक-दूसरे पर काफी विश्वास दिखाया था। उन्हें भी इस बात का एहसास हुआ था कि भारत में कई बदलाव हो रहे थे जो आजादी के पचास साल बाद तक नहीं हुए थे। क्रिस ने इस पर सोचने में दो दिन लगाए थे और उसे सब कुछ ठीक लग रहा था। वो एक बार फिर मुस्कुराया और उसने कागज पर दस्तखत कर दिए।

क्रिस के साथी ने जिस घटना का विवरण दिया था, उसने मुझे भारतीय ब्यूरोक्रेसी के बारे में चिंता से भर दिया था। मैंने खुद से पूछा कि क्या पब्लिक सेक्टर में कोई ऐसा तरीका नहीं है कि लगाई गई बोलियों का फैसला एक तय समय-सीमा में ही हो जाए और इसके साथ-साथ काम की गुणवत्ता से भी किसी तरह का खिलवाड़ न होने पाए। ये बात तो एकदम सही थी कि फैसले लेने में इतनी देर की जाती थी कि बड़ी और अच्छी कंपनियां इसके चक्कर में फंसना ही नहीं चाहती थीं और वो भारत के साथ कोई बिजनेस ही नहीं करती थीं। हाल ही में ऐसा एक उदाहरण देखने को मिला जब ब्यूरोक्रेसी की बहस के चलते भारतीय सेना को एक हेलीकॉप्टर मिलने में बहुत देरी हुई। पांच साल में सरकार यही नहीं समझ पायी कि उसे कौन सा हेलीकॉप्टर मंगवाना चाहिए।

ये राजनीतिक और ब्यूरोक्रेटिक छीछालेदर की तस्वीर सभी के सामने रखता है। इसके साथ ही सवाल इस पर भी खड़े होते ही हैं कि पुराने हेलीकॉप्टर बनने के लिए इस्तेमाल में आ रहे हेलीकॉप्टर का क्या होता है। इस हीलाहवाली का असर बहुत बुरा हो सकता है और ये देश के हितों के खिलाफ काम करता है।

जब एक बार साथ काम करने के करारनामे पर दस्तखत कर दिया गया तो मुझे मालूम पड़ा कि ब्रिस्टो हेलीकॉप्टर के पास सिर्फ तेल की खोज और उससे जुड़े कामों के लिए 500 हेलीकॉप्टर हैं। भारत में अलग-अलग कामों के लिए कुल 100 हेलीकॉप्टर थे। इससे मुझे भारत में हेलीकॉप्टरों की भावी स्थिति का भी एक अंदाजा लगा।

एलेन ब्रिस्टो, जो कुछ साल पहले चल बसे, इस कंपनी के संस्थापक थे और उन्होंने ही हेलीकॉप्टरों को 'अजीब' कामों में इस्तेमाल करना-करवाना शुरू किया। वो पहले शख्स थे जिन्होंने हेलीकॉप्टर को समुद्र में व्हेल मछली दिखाने के लिए इस्तेमाल करना शुरू किया। यहीं से समुद्र के तट से दूर की जगहों पर तेल की खोज के लिए हेलीकॉप्टरों का इस्तेमाल शुरू हुआ। ब्रिस्टो ने अपने शुरुआती हेलीकॉप्टरों का इस्तेमाल व्हेल मछलियों के झुण्ड ढूंढने में किया। व्हेल मछलियों की पहचान उनके द्वारा समुद्र की सतह पर छोड़े गए फव्वारे से की जाती है। वो फव्वारा काफी ऊपर तक दिखता है और दूर से देखा जा सकता है। हरमन मेलविल के मशहूर उपन्यास मोबी डिक (1851) में व्हेल मछलियों के शिकारी यही तकनीक इस्तेमाल करते हैं। एक आदमी जहाज के ऊपर लगे मस्तूल पर चढ़ जाता और टेलिस्कोप लेकर उस फव्वारे की राह ताकता रहता। जैसे ही उसे वो दिखाई देता, वो चीखता, 'व्हेल, अहॉय! व्हेल, अहॉय! वो वहां है। वो वहां है!' पूरे जहाज पर हलचल मच जाती। व्हेल के शिकारी जहाज से उतरकर छोटी-छोटी नावों में जाते और उनके पास बर्छी और भाले होते थे। इसके बाद वो व्हेल के पीछे पड़ जाते, उसे घायल करते और फिर जहाज से बांधकर किनारे लेकर आते जिसके बाद व्हेल का तेल निकाला जाता। ब्रिस्टो ने एक ऐसा साम्राज्य खड़ा किया जो आज ऑइल इंडस्ट्री में सबसे बड़ा और सबसे बेहतरीन है। जब मैं उस कॉन्ट्रैक्ट के साथ वापस पहुंचा तो मुझे लगा कि हम अपनी पूरी मेहनत से जो महल बनाने की कोशिश कर रहे थे, मैंने उसमें एक और ईंट जोड़ दी थी। मुझे नेपोलियन बोनापार्ट की एक बात याद आ गई जिसके अनुसार युद्ध का एक सिद्धांत ये था कि युद्ध हमेशा तोपों के दम पर नहीं बल्कि आपकी तेजी के दम पर जीता जाता है।

बतौर मार्केटिंग मैनेजर, विजय आत्रे हमारे साथ आ चुके थे। उन्होंने और मैंने मिलकर हेलीकॉप्टर सेवाओं की ज्यादातर पूछताछ संभाली की। विजय फैकल्टी ऑफ मैनेजमेंट स्टडीज से निकले एक युवा ग्रेजुएट थे। हम दोनों ने मार्केटिंग और सेल्स का मोर्चा संभालना शुरू किया। मैं हर चीज में खुद ही शामिल होना चाहता था जिससे आने वाले समय में मैं जल्दी और समय पर फैसले ले सकूं।

हालांकि मैंने अपनी पूरी टीम को काम करने और कुछ नया शुरू करने की पूरी छूट दे रखी थी, लेकिन यदि किसी ग्राहक की कॉल को नजरंदाज किया जाता तो मेरे सब्र का बांध टूट जाता था। मैं विचार और काम के बीच समय का अंतर नहीं देखना चाहता था। हमारे ग्राहकों के लिए समय का मतलब था पैसा। ऐसे में हम ही देरी दिखाते तो ग्राहकों का ही काम रुकता और इससे हमारे बिजनेस को खासा नुकसान पहुंचता। चिकित्सकीय इमरजेंसी में समय ही जीवन और मौत के बीच का अंतर बनता था। इसलिए मैंने कंपनी के लिए एक नियम बना दिया था: कोई भी कॉल तब तक खत्म नहीं करेगा, जब तक सामने वाले को सारे जवाब नहीं मिल जाएंगे, फिर कोई भी कहीं हो और कुछ भी कर रहा हो। कॉल का अंत हमारे पक्ष में ही होना चाहिए और ऑपरेशन से जुड़े सभी लोग पूरी तत्परता दिखाते हुए बिजली की तेजी से काम करेंगे। मैं चाहता था कि सभी नतीजों की ओर तेजी से बढें। हर किसी को अपना मोबाइल हर वक्त अपने साथ रखना था, दिन हो या रात। वो अगर नहाने भी गए हों, तो भी मोबाइल साथ में रहेगा। कोई भी दूसरा फोन उठाए, ये सहन नहीं होगा।

एक दिन मुझे देर रात 2-3 बजे के बीच एक फोन आया। मणिपाल हॉस्पिटल से एक डॉक्टर का फोन था। उसने कहा कि उसे एक मेडिकल इमरजेंसी के लिए एक हेलीकॉप्टर की जरूरत है। मुझे एक बार एक दोस्त ने बताया था कि एक्सीडेंट और ट्रॉमा में पहले 2 से 3 घंटे 'सुनहरे घंटे' होते हैं। ज्यादातर घायल पहले ही घंटे में मर जाते हैं क्योंकि उन्हें समय पर सहायता नहीं मिली होती है।

हेलीकॉप्टर सेल्स के लोगों को अपनी हदों में रहकर काम करना होता है लेकिन उन्हें सेकेंडों में सोचकर फैसले लेने होते हैं। उन्हें जल्दी से जल्दी एक्सीडेंट की जगह या जहां रोगी होता है, वहां की भौगोलिक स्थिति पहचाननी होती है और समझना होता है कि वहां की परिस्थितयों में पायलट क्या कर सकेगा और क्या नहीं। इसके अलावा उन्हें साथ ही में और भी बचाव कार्यों की शुरुआत करनी होती है क्योंकि हमें उस 'सुनहरे घंटे' को भी ध्यान में रखना

होता है। डॉक्टर और पैरामेडिक्स को लाने के लिए भी साथ ही साथ काम शुरू कर देना होता है। इसका भी ध्यान रखना होता है कि जीवनदाई दवाइयां, इंजेक्शन आदि अनादि, सब कुछ साथ ही में मौजूद हों, जमीन पर एम्बुलेंस हो जो इंतजार कर रही हो, तमाम मंजूरियां ले ली गई हों और वापसी के लिए ईंधन का बंदोबस्त भी हो।

कॉल करने वाले थे न्यूरोसर्जन डॉक्टर एनके वेंकटरमण। उन्होंने कर्नाटक भर में ट्रॉमा से जुड़ा कमाल का काम किया था। उन्होंने बताया कि उनके एक साथी की पत्नी बेंगलुरु-हैदराबाद हाइवे पर कहीं एक बस एक्सीडेंट में गंभीर रूप से घायल हो गई थीं। उन्हें लोकेशन के बारे में ठीक-ठीक तो नहीं मालूम था लेकिन वो लोग हैदराबाद से 200 किलोमीटर पहले थे।

क्या हम डॉक्टर की पत्नी को एक्सीडेंट वाली जगह से बचाकर ला सकते थे? मैंने हेलीकॉप्टर भेजने के लिए हां कह दिया। लेकिन मैंने पूछा, 'पैसे कौन देगा?' डॉक्टर वेंकटरमण ने कहा कि मणिपाल हॉस्पिटल सारा खर्चा उठाएगा। हमने अपना काम शुरू कर दिया।

मेडिकल बचाव के काम, चार्टर के दूसरे कामों के उलट, आपके दिल से जुड़े होते हैं। इसमें कोई शक ही नहीं था कि आप इंसानियत की बिनाह पर ये सब कुछ कर रहे होते हैं जिससे किसी जान बचाई जा सके। लेकिन एक सच ये भी था कि यदि हम इसमें चैरिटी करने लगते तो हम बहुत जल्द कंगाल हो जाते। यदि पेशेंट नहीं बचता, तो पैसे मांगने की किसी की हिम्मत ही नहीं होती। ऐसी स्थिति में परिवार से पैसे मांगना गलत मालूम होता है। ये एक समस्या भरा समय होता है। इससे पहले कि मैं अपने अंदर चल रही नैतिकता की बहस को शांत करा पाता, मैंने कंपनी के नियम को सर्वोपरि रखा : एडवांस पेमेंट। दिल और दिमाग की लड़ाई चल रही थी। मैंने जयंत को फोन किया और कहा कि वो सूरज निकलते ही उड़ान भर ले।

भारत में, पहले की तरह अभी भी कोई हवाई एम्बुलेंस सेवा है ही नहीं। अभी विकसित देशों में, यहां तक कि छोटे देशों में भी कई हेलीकॉप्टर इस काम के लिए सेवारत हैं। ये लोग एक-एक चीज का बंदोबस्त देखते हैं। तेजी से बचाव कार्य करने के लिए कई डॉक्टरों, मेडिकल स्टाफ, पायलटों, ग्राउंड स्टाफ, बायोमेडिकल इंजीनियारिंग के जानकारों और एविएशन के अधिकारियों की एक बड़ी टीम अनवरत जुटी रहती है।

वो हर संभव कोशिश करते हैं जिससे पेशेंट को बचाया जा सके। उनके स्ट्रेचर में वेंटिलेटर और ऑक्सीजन सिलिंडर लगा होता है जिससे पेशेंट को

रास्ते में भी सहायता मिल सके। खासतौर से ट्रेनिंग पाए बचाव दल ऐसे मिशन के लिए काम पर लगाए जाते हैं। अस्पताल में डॉक्टर और नर्सों को भी ऐसी स्थितियों के प्रशिक्षित किया जाता है जिससे कम समय में ज्यादा से ज्यादा जानें बचाई जा सकें।

डॉक्टर वेंकटरमण की फोन कॉल उस वक्त आयी थी जब मैं भारत में बचाव कार्य शुरू करने का विचार पाले हुए बैठा था। इंफ्रास्ट्रक्चर के मसले के अलावा, मुझे ये भी समझ में आया कि लोग अपने दम पर इतना बड़ा खर्चा नहीं कर सकते थे। विकसित देशों में बीमा कंपनियां ऐसी इंश्योरेंस पॉलिसी बनाती हैं कि उसमें चिकित्सकीय बचाव कार्य का खर्चा भी शामिल होता है। यूरोप और अमेरिका में प्रीमियम पॉलिसी में भी ये खर्च शामिल होता है। पॉलिसी खरीदने वाला शख्स सालाना 200 से 300 डॉलर देता है जिसमें उसकी 5 हजार तक की मेडिकल कवरेज शामिल होती है। मेडिकल बचाव कार्य वहीं से शुरू हो जाता है जैसे ही मरीज इमरजेंसी के लिए फोन करता है। इसके बाद अस्पताल और हेलीकॉप्टर सेवा इंश्योरेंस वालों से पैसा ले लेते हैं।

इंश्योरेंस कंपनी भारत में भी ऐसा ही काम कर सकती हैं। उन्हें हवाई बचाव कार्य का एक ऑडिट करना होगा और हिसाब करके एक प्रीमियम तय करना होगा जो लोगों के बस में हो और देश भर में इसे लागू करवा दिया जाए। बचाव कार्य में 1 लाख से 10 लाख के बीच खर्चा आता है। ये आम जनमानस की पहुंच से बाहर है। ये बड़ी अचंभे की बात मालूम होती है कि जिस पेशेंट के अस्पताल का खर्च वहन किया जा सकता है उसे अस्पताल तक पहुंचना नसीब नहीं होता। देखा जाए तो बीमा कंपनियां भी कैच-22 स्थिति में थीं। अगर वो ऊंचे दाम में प्रीमियम बेचेंगी तो बहुत कम लोग पॉलिसी खरीदेंगे। कम प्रीमियम में उन्हें अपने बिजनेस के लिए काफी खर्च करना पड़ेगा। ये मसला कई देशों में ठीक कर दिया गया है। इन देशों की लिस्ट में न्यूजीलैंड भी शामिल है जहां सरकार और रेड क्रॉस ने शुरुआती दौर की तैयारी की। एक बार जब ये शुरू हो जाए तो फिर ये खुद-ब-खुद संभल जाता है। जब ज्यादा बीमा कंपनियां कवरेज देने लगती हैं तो ज्यादा हेलीकॉप्टर कंपनियां अपनी सेवाएं देना शुरू करती हैं। ये दोनों सेक्टर साथ मिलकर इंफ्रास्ट्रक्चर की मुश्किलें आसान कर देते हैं।

डॉक्टर वेंकटरमण की फोन कॉल हमारे लिये पहली ऐसी कॉल थी जहां चिकित्सकीय बचाव कार्य की जरूरत थी। हमें हेलीकॉप्टर में कुछ बदलाव करने पड़े जिससे बचाव की बेसिक चीजें उसमें रखी जा सकें। हेलीकॉप्टर की सीट निकालने में हमारे इंजीनियर को 20 मिनट का वक्त लगा। अब उस

6 सीट वाले पैसेंजर हेलीकॉप्टर में 2 स्ट्रेचर रखने की जगह बन चुकी थी। दोनों स्ट्रेचर एक के ऊपर एक रखे गए थे। इनके साथ एक्सीडेंट के शिकार लोगों के अलावा 3 और लोग बिठाए जा सकते थे। ये लोग डॉक्टर, नर्स और पैरामेडिकल स्टाफ हो सकते थे।

मैंने जयंत को बताया कि उसे हाइवे के साथ-साथ उड़ना होगा और देखकर ही एक्सीडेंट की जगह पहचाननी होगी। जयंत पर मुझे पूरा विश्वास था कि वो इस मिशन में बढ़िया काम करेगा। सेना के कितने ही पायलटों की तरह, जयंत ने जंग में इमरजेंसी की स्थिति में और बचाव कार्य के लिए हेलीकॉप्टर उड़ाया था। जयंत और मणिपाल हॉस्पिटल का मेडिकल स्टाफ सूरज निकलने से पहले ही एयरफील्ड में मौजूद थे। सूरज उगते ही वो हैदराबाद हाईवे के साथ-साथ निकल पड़े। जयंत ने दुर्घटनाग्रस्त बस ढूंढ निकाली और उसके पास ही एक खेत में लैंड किया। मालूम पड़ा कि घायलों को पास के गांव के अस्पताल ले जाया गया था। जयंत एक बार फिर उड़ा और अस्पताल के पास लैंड हुआ। वहां से उसने डॉक्टर की पत्नी को उठाया और सीधा वापस आ गया।

जैसे ही जयंत जक्कुर की एयरफील्ड में उतरा, हम तुरंत वहां पहुंचे और पेशेंट को एम्बुलेंस में डालकर अस्पताल ले गए। सैकड़ों किलोमीटर दूर से पेशेंट को लाने में जयंत को डेढ़ घंटा लगा। ये अजीब सी बात थी कि अब उन्हें अस्पताल ले जाने में भी उतना ही वक्त और लगने वाला था क्योंकि रास्ते में शहर का ट्रैफिक पड़ने वाला था।

मेरे दिमाग में अनगिनत घायल लोगों के बारे में विचार आ रहे थे क्योंकि हम बस एक ही को बचाकर ला पाये थे। ये बेहद अजीब और बुरा था कि हम हेलीकॉप्टर का इस्तेमाल इस बड़े काम के लिए नहीं कर पा रहे थे क्योंकि इसकी व्यावहारिकता पर सवाल खड़े हुए थे। और ये उस समय की सच्चाई थी।

बदकिस्मती से, तेजी से दौड़ती एम्बुलेंस और उसमें मौजूद डॉक्टरों और नर्सों के बावजूद पेशेंट को बचाया नहीं जा सका। हमें इसने बहुत प्रभावित किया। यदि अस्पताल के नजदीक कोई हेली-पैड होता तो हम शायद उन्हें बचा सकते थे। वो एक बुरा दिन था। खराब इंफ्रास्ट्रक्चर ने हमारी सारी मेहनत पर पानी फेर दिया था। मैं ऐसी परिस्थितियों के दोबारा सामने आने से रोकने के बारे में विचार करने लगा। हमारी टीम भी इस बुरे अंत के बारे में सोच रही थी और भविष्य में ऐसी त्रासदी को रोकने के उपायों पर विचार कर रही थी। इसी सब के बीच फोन बजा। डॉक्टर वेंकटरमण का ही फोन था। उन्होंने कहा कि जो भी हुआ, उसको देखते हुए अस्पताल के डॉक्टर विमर्श कर रहे थे कि

आगे ऐसी घटनाओं को कैसे रोका जा सकता था। इसी सिलसिले में मणिपाल हॉस्पिटल के डायरेक्टर मुझसे मिलकर इस समस्या का हल निकालने की दिशा में बात करना चाहते थे। उन्होंने पूछा कि हम कब मिल सकते हैं। उस वक्त 11 बज रहे थे और मैंने कहा कि हम तुरंत मिल सकते हैं। उस दोपहर हमने मिलने का वादा किया।

डायरेक्टर और कई सीनियर डॉक्टर और अस्पताल के बोर्ड अधिकारी उस मीटिंग में मौजूद थे। मैंने कहा कि हमें अस्पताल के पास कोई ऐसी जगह की पहचान करनी होगी जहां हेलीकॉप्टर लैंड करवाया जा सके। बोर्ड के एक सदस्य ने तुरंत कहा कि अस्पताल के पास एकदम पड़ोस में ही एक एकड़ की जमीन है। हमें वो जमीन देखनी थी और तय करना था कि क्या वो हमारे काम में आ सकती है। हमारे एक पायलट ने अगले ही दिन उस जमीन का निरीक्षण किया और कहा कि वो एकदम सही है।

हमने वर्कफ्लो तैयार किया : दोनों तरफ किसे फोन किया जाएगा, किन नंबरों पर फोन होगा, दोनों एजेंसियों के बीच बातचीत के प्रोटोकॉल और कार्रवाई की पूरी प्रक्रिया। हमने 24×7 इमरजेंसी नंबर पर सहमति जताई और हमारी तरफ से पायलटों ने और उनकी तरफ से डॉक्टर, नर्स, एंबुलेंस ड्राइवर और मेडकल स्टाफ ने मिलकर पूरी प्रक्रिया भी परिभाषित की। हमने दवाइयों, प्राथमिक उपचार, ब्रीफिंग, बिलिंग और बाकी कानूनी प्रक्रियाओं पर भी बात की और आम सहमति बनाई।

हमने मेडिकल बचाव कार्य के पूरे ऑपरेशन का एक ढांचा तैयार किया और अगले ही दिन इसकी जांच भी की। हमने एक मॉक ड्रिल की जिसमें तय हुई बातों को काम में लाए। इस काम में हमने एक सांकेतिक पेशेंट को स्ट्रेचर पर लिटाया। ड्रिल सफल रही और हमने एक प्रेस कांफ्रेंस बुलाकर सभी को इस बचाव कार्य की शुरुआत होने के बारे में बताया।

मालूम पड़ा कि हमने वो ड्रिल समय रहते ही कर ली थी। उसी रात, लगभग आधी रात में, जयंत के पास एक फोन आया। उस ओर स्वामी कालेश्वर थे। स्वामी की मां गिर गई थीं और उन्हें सर में खासी चोटें आई थीं। वो कोमा में थीं। सुबह के 6 बजे तक हेलीकॉप्टर पेनुकोंडा के लिए उड़ चुका था और उन्हें लेकर मणिपाल हॉस्पिटल के ताजा तैयार किए गए हेलीपैड पर उतर गया। इस बार किस्मत ने साथ दिया और स्वामीजी की मां बच गयीं।

मिडिल क्लास को भी ये चिकित्सकीय बचाव कार्य समझ में आया। बेलगाम के एक फल व्यापारी ने भी हमारी सेवाएं लेकर अपने प्रियजन की

जान बचायी। अक्सर, जो लोग अपने परिजनों की जान बचाने के लिए हमारे हेलीकॉप्टर को किराए पर मंगवा रहे थे, वो बहुत अमीर लोग नहीं थे। उन्होंने अपने थोड़े बहुत संसाधनों को खपाकर ये सेवा ली थी।

कुर्ग के एक सज्जन थे जिनके फेफड़े जवाब दे चुके थे और उन्हें तुरंत ही इलाज की जरूरत थी। जयंत तुरंत उड़कर पहुंचा लेकिन वहां पहुंचकर मालूम पड़ा कि मरीज के घर के पास लैंड होने की कोई जगह ही नहीं है। तो वो गया और टाटा के गोनिकप्पा गोल्फ क्लब में उतर गया जो ज्यादा दूर नहीं था। जयंत वहां से मरीज को मणिपाल हेलीपैड पर लेकर आया और उनका सफल इलाज हुआ।

आने वाले सालों में डेक्कन ने कई रेस्क्यू मिशन में हिस्सा लिया। इसमें काबुल, श्रीलंका, नेपाल और दक्षिण भारत के कई हिस्से शामिल थे। हमने समुद्र में चल रहे जहाजों से लोगों को बचाया है और एक मौके पर बेंगलुरु में ब्रेन-डेड पेशेंट का लिवर दिल्ली ले गए जहां सफल लिवर ट्रांसप्लांट संभव हुआ। मणिपाल हॉस्पिटल के अलावा, हम अपोलो हॉस्पिटल, ईस्ट-वेस्ट रेस्क्यू और सिंगापुर स्थित ग्लोबल इंटरनेशनल एसओएस के साथ भी जुड़े हुए हैं।

आज डेक्कन एविएशन हर दिन कम से कम एक केस जरूर हैंडल करता है। इसके अलावा कई और हेलीकॉप्टर कंपनियां लगातार चिकित्सकीय बचाव कार्य में शामिल होती हैं। लेकिन डेक्कन के आने के लगभग 2 दशक बाद भी भारत में बहुत ही कम लोग इसका लाभ उठा पाते हैं क्योंकि अभी भी इंश्योरेंस में इसे जगह नहीं मिली है। हमें अभी लंबी यात्रा करनी है और बहुत सारे वादे निभाने हैं!

हमने साहस और इंसानी मजबूती की कई सच्ची कहानियों को लोगों तक पहुंचाया। प्रेस ने इन्हें खूब जगह दी क्योंकि ये इंसानियत को छूती थीं। कंपनी को भी मुफ्त में पब्लिसिटी मिल जाती थी।

जैसे-जैसे हम आगे बढ़े, हमें हेलीकॉप्टर के और भी इस्तेमालों के बारे में मालूम चला। ऐसा ही एक इस्तेमाल हमें मालूम पड़ा जब हमने डिस्कवरी चैनल के लिए एक काम शुरू किया। डिस्कवरी ने एक टीम चुनी थी जो दुनिया के 7 अजूबों पर एक फिल्म बना रही थी। उन्होंने पिरामिड और चीन की दीवार कवर कर ली थी। फोटोग्राफी के लिए उन्होंने *टाइटैनिक* और *हॉर्न ऑफ अफ्रीका* नाम की फिल्मों में काम करने वाले की सेवाएं ली थीं। सीरीज के डायरेक्टर ने कहा कि 'अजूबे' के अर्थ को नए सिरे से परिभाषित करने के लिए उन्हें ताज महल को बगैर कलंकित किए, उससे ध्यान हटाना होगा और

दक्षिण भारत की एकदम अलग दुनिया दिखानी होगी। उन्हें दक्षिण भारत के बारे में मालूम था। उन्होंने कहा कि दक्षिण भारत में बड़े और भव्य मंदिर हैं जो कला का बेजोड़ नमूना हैं। ये मंदिर पश्चिमी भारत के एक आम सैलानी की नजर में बहुत ही कम आते थे।

उन्होंने पुरातन काल के मंदिरों के बारे में बात की जिनकी फेहरिस्त में पल्लव, चोल, पंड्या, विजयनगर और नायक राजाओं के बनाए मंदिर भी शामिल थे जिसमें बहुत सारे मंदिर कावेरी नदी के किनारे बने हुए थे। उन्होंने कहा कि वहां पहुंचने के बाद लोग चकित होकर लौटते हैं। उनका मानना था कि इन मंदिरों का पारंपरिक महत्व बहुत ही ज्यादा है और ये दुनिया में अद्बितीय हैं।

चैनल ने डायरेक्टर के सुझाव से सहमति जतायी और दक्षिण भारत में एक सीरीज करने का प्लान बन गया। इस वक्त तक डेक्कन एविएशन एक जानी-पहचानी कंपनी बन चुकी थी। इसलिए वो हमारा हेलीकॉप्टर चाहते थे। कुछ तकनीकी बातें थीं, हमें जिन पर ध्यान देना था। डिस्कवरी की टीम ने कहा कि वो अपने साथ एक 'गायरो-स्टेबिलाइज्ड' कैमरा लाएंगे जो हेलीकॉप्टर के बाहर लगाया जाएगा। फोटोग्राफर यात्रियों के बैठने वाली जगह में बैठेगा और कैमरे को रिमोट से चलाएगा।

'गायरो-स्टेबिलाइज्ड' कैमरे कंपन को पूरी तरह से झेल लेते हैं और फुटेज पर उसका असर नहीं पड़ता। ये काफी महंगे होते हैं और इनकी कीमत एक छोटे हेलीकॉप्टर जितनी होती है। जो कंपनी इस प्रोजेक्ट में शामिल थी, वो हवाई फोटोग्राफी में एक्सपर्ट थी और ये अपने खास कैमरे यूके से लेकर आने वाली थी। हवाई फोटोग्राफी गरम हवा के गुब्बारों से, जहाजों से और हेलीकॉप्टर से होती है।

मैं ऐसी कम्पनियों के साथ काम करना चाहता था जिनके साथ हम रेवेन्यू साझा कर सकें। मैंने उनके साथ ये आइडिया साझा किया और वो उत्साहित दिखे। हम ये कैमरा बॉलीवुड फिल्मकारों और टीवी चैनलों के साथ भी साझा कर सकते थे।

हवाई शूटिंग के लिए सरकार से मंजूरी लेना हमारा सबसे बड़ा सिरदर्द था। अभी भी 1937 का वो नियम लागू था जिसके अनुसार हवाई फोटोग्राफी पर पाबंदी लगी हुई थी। आज की तकनीक से हम गोल्फ की एक गेंद की हाई-रेजोल्यूशन तस्वीरें ले सकते थे या फिर किसी सैटेलाईट से जमीन पर चल रही किसी गाड़ी की नंबर प्लेट देख सकते थे। आज भारत में उड़कर आने वाले सभी हवाई जहाजों में नीचे एक कैमरा लगा होता है जो लगातार नीचे की

तस्वीर दिखा रहा होता है और उतरते वक्त रनवे को बेहद बारीकी से दिखाता है जिसमें लैंडिंग लाइट और टारमैक का स्ट्रक्चर एकदम साफ दिखता है।

दुनिया में कहीं भी टेक ऑफ कर रहे जहाज को एयर ट्रैफिक कंट्रोल से और वहां के रक्षा मंत्रालय से इजाजत लेनी होती है। उन्हें अधिकारियों द्वारा बनाए गए फ्लाइट प्लान का सख्ती से पालन करना होता है। ये नियम किसी देश के हवाई क्षेत्र में जासूसी रोकने के लिए बनाए जाते हैं। लेकिन देश में हवाई फोटोग्राफी को 1937 में बने नियमों द्वारा नियंत्रित किया जा रहा था। तबसे तकनीक इतनी ज्यादा विकसित हो चुकी थी लेकिन पुराने नियम अभी भी कायम थे। हवाई फिल्मिंग के लिए सिविल एविएशन मिनिस्ट्री, डीजीसीए और रक्षा मंत्रालय से मंजूरी चाहिए होती है। ये पुराना नियम और तीन सरकारी एजेंसियां लालफीताशाही के लिए शानदार कॉकटेल बनाने वाली थीं। हॉलीवुड के फिल्मकारों ने भारत छोड़कर थाईलैंड, मलेशिया और श्रीलंका जाना शुरू कर दिया था। भारत कमाई का एक बड़ा स्रोत खो रहा था।

सबसे बड़ी चुनौती थी रक्षा मंत्रालय से मंजूरी पाना। मंत्रालय ने कहा कि वो एक वायुसेना के अधिकारी को भेजेंगे जो हमारे साथ रहेगा। उन्होंने उस दिन उड़ान भरने वाले सभी लोगों के नाम भी मांगे। एक बार किसी का नाम दे दिया जाए, तो उसकी जगह कोई और नहीं ले सकता है।

मंजूरी मिलने में 6 महीने का समय लगा। फिल्मिंग के लिए 6 से 7 दिन लगने वाले थे। हेलीकॉप्टर की उड़ान का पूरा रास्ता और फिल्मिंग की लोकेशन एटीसी और रक्षा मंत्रालय को दे दी गई थी।

टीम में 2 फोटोग्राफर और 1 डायरेक्टर थे। हेलीकॉप्टर में वो महंगे कैमरे लगा दिए गए थे। सभी प्लान फाइनल हो चुके थे और वो दिन आ गया। बदकिस्मती से, उसी दिन, यूके के कैमरामैन की तबीयत खराब हो गई और वो आ नहीं सका। हमने रक्षा मंत्रालय को ये बताया और कहा कि वो हमें उसकी जगह किसी और को लाने की अनुमति दे दें। लेकिन वो नियमों पर टिके रहे और किसी और को मंजूरी नहीं दी। डिस्कवरी की टीम में इतिहासकार, पुरातत्व विज्ञानी, स्क्रिप्टराइटर और सीरीज डायरेक्टर भारत में एक महीने से बैठे हुए थे। चैनल ने रीसर्च, फिल्मिंग, जमीनी फोटोग्राफी, लोग और संसाधनों में सैकड़ों डॉलर खपाए थे। हवाई फिल्मिंग कई कामों में एक छोटा काम था।

हमें रक्षा मंत्रालय से कोई नतीजा नहीं मिल रहा था और तय दिन कोई भी शूटिंग नहीं हो सकी। इस शूटिंग के लिए 6 महीने से तैयारी की जा रही थी। सारी मेहनत पर पानी फिरता दिख रहा था। रक्षा मंत्रालय के लोग ये नहीं

समझ रहे थे कि हवाई फोटोग्राफी ही सारा मसला थी न कि हेलीकॉप्टर में कौन बैठा है। उन्होंने कहा कि नियम तो नियम ही होते हैं और हमने कहा कि ये नियम कूड़ा हैं।

कुछ महीने बाद, मैंने कर्नाटक के पूर्व मुख्यमंत्री के साथ मंच साझा किया। वो उन दिनों वाणिज्य मंत्री थे। मैंने उनके सामने डिस्कवरी चैनल वाले उस वाकये का जिक्र किया और कहा कि ब्यूरोक्रेसी को इस तरह से काम करना बंद करना होगा। हर जगह, जो भी शुरुआत हो रही थी, उनकी वजह से उसमें रुकावटें पैदा हो रही थीं। फिर वो चाहे हिसाब-किताब का इंतजार करते किसान की बात हो या शहर में अपने किसी सगे का मृत्यु प्रमाणपत्र का इंतजार करते लोग हों; चाहे किसी बिल्डिंग का प्लान मंजूर करवाना हो, या किसी नए काम का लाइसेंस लेना हो। मैंने कहा कि ब्यूरोक्रेसी ने बेकार में ही प्रक्रियाओं की लड़ी बनायी हुई है और इससे भ्रष्टाचार भी खूब फैलता है। ये हमें बहुत नुकसान पहुंचा रहा था।

हेगड़े मेरी बातें गौर से सुन रहे थे। जब उनकी बोलने की बारी आयी तो उन्होंने अपने अनुभव बताये। एक बहुत मशहूर मंदिर ने वहां आने वाले भक्तों के जूते-चप्पल रखने के लिए अलग जगह बनवाई और वहां रैक रख दीं। जूते वगैरह लेने के लिए वहां एक आदमी को तैनात कर दिया गया। वो टोकन देता, तय रुपए लेता जूते रख लेता। एक विदेशी सैलानी आया जिसे मालूम था कि भारतीय मंदिरों में घुसने से पहले जूते उतारे जाते हैं। उसने जूते अपनी गाड़ी में ही उतार के रख दिए। उसे मंदिर में जाने के लिए उस हिस्से से निकलना था जहां जूते उतारे जा रहे थे। जब वो वहां से निकला तो वहां तैनात शख्स ने उससे जूतों के बारे में पूछा। उस विदेशी नागरिक ने अपने पैर दिखाए और कहा कि उसने जूते पहने ही नहीं थे। जूते जमा कर रहे शख्स ने वहां लगा बोर्ड दिखाया, जिस पर लिखा था, 'जूते यहां उतारें।' उसने उस विदेशी नागरिक को बताया कि जूते गाड़ी में नहीं बल्कि वहां उतारे जाने थे।

हेगड़े ने बताया कि असल में ब्यूरोक्रेसी नियमों को इसी तरह से लागू करती है। हमें इसके साथ तब तक रहना होगा जब तक नियम पूरी तरह से ही बदल न जाएं। वो हमें ये बता रहे थे और आस-पास लोग हंस रहे थे, तालियां बजा रहे थे।

रक्षा मंत्रालय में हमारे संपर्क में जो लोग थे, उन्होंने नए सिरे से हमें मंजूरी दिलाई। ये सीरीज बनी और बहुत मशहूर हुई। आज भी ये देखी जाती है। डिस्कवरी ने हमें अच्छे पैसे दिए और क्रेडिट में भी हमारा नाम आया।

डिस्कवरी के प्रोजेक्ट के बाद हमें हवाई फोटोग्राफी के कई प्रोजेक्ट मिले। इसमें नेशनल ज्योग्राफिक का 'बायोस्फेयर्स ऑफ द वर्ल्ड' भी था जिसमें चैनल ने पश्चिमी घाट पर स्थित साइलेंट वैली को एक अहम जीवमंडल के रूप में चिह्नित किया था।

हमें आने वाले सभी फोन मुझे बहुत आनंदित करते थे। हर कॉल का मलतब था एक ग्राहक, इंसानों के बारे में जानने-समझने का एक और मौका। एक दिन काव्या नाम की एक लड़की ने मुझे फोन किया। वो 21 या 22 साल की थी। न वो बच्ची थी और न औरत। बहुत मृदुभाषी, बहुत सौम्य और कुछ संकोच के साथ बात कर रही थी। उसने डेक्कन एविएशन का विज्ञापन देखा था और जानना चाहती थी कि हेलीकॉप्टर राइड का क्या खर्चा आएगा। मैंने कहा कि खर्च तो फ्लाइट की दूरी और वेटिंग टाइम पर निर्भर करता है। 3 घंटे की ट्रिप के लिए एक से डेढ़ लाख रुपए लगने वाले थे। वो थोड़ा निराश हुई लेकिन फिर उसने पूछा कि क्या कुर्ग में महज डेढ़ घंटे के लिए हेलीकॉप्टर मिल सकता है? मैंने कहा कि हम ऐसा नहीं कर सकते है क्योंकि हेलीकॉप्टर को पूरे दिन के लिए ब्लॉक करके रखना होगा। इसके अलावा कुर्ग जाकर आने के लिए भी किसी को पैसे देने ही होंगे।

उस लड़की के बारे में कुछ तो था। कुछ तो ऐसा था जो मुझे बार-बार सोचने पर मजबूर कर रहा था। उसने ये भी नहीं बताया था कि उसे हेलीकॉप्टर क्यों चाहिए था। मैंने उससे सवाल पूछने शुरू किए। क्यों चाहिए था? क्या वो स्टूडेंट है? क्या वो कहीं काम करती है? वो इसके पैसे कैसे देने वाली थी? उसने मुझे अपनी कहानी सुनाई। वो अपने पापा के 60वें जन्मदिन पर तोहफा देना चाहती थी। वो बचपन से रिश्तेदारों के घर जाने पर जो पैसे पाती थी, उन्हें बचा रही थी और अपनी पॉकेट मनी भी बचाती थी। मैंने पूछा कि उसे इतने वक्त से कैसे यकीन था कि वो तोहफे में हेलीकॉप्टर राइड ही देगी।

वो लोग कुर्ग में मदिकेरी में रहते थे। जब वो 6 या 7 साल की थी, एक दिन उसके पापा बहुत उत्साहित थे और कहा, 'पता है तुम लोगों को? मैं एक हेलीकॉप्टर में आया!' वो कुशलनगर में मुख्यमंत्री गुंडू राव से टकरा गए थे और उन्होंने उसके पिता को अपने आधिकारिक हेलीकॉप्टर में राइड दी थी। उसके पिता और गुंडू राव स्कूल के दोस्त थे।

उसके पिता रोमांच से भरे हुए थे। लेकिन फिर कुछ शांत हुए और लंबी सांस ली। उन्होंने कहा, 'अब शायद ये अनुभव दोबारा कभी न ले पाऊं।' काव्या के जहन में उनके ये शब्द छप चुके थे। उसने खुद से कहा कि वो पैसे बचाएगी और अपने पापा को उनकी दूसरी हेलीकॉप्टर राइड पर लेकर जाएगी।

उनका 60वां जन्मदिन आ रहा था। वो उन्हें हेलीकॉप्टर में ले जाना चाहती थी। ये उसका गिफ्ट होने वाला था। खर्चा सुनकर वो थोड़ी निराश हुई थी लेकिन फिर भी वो हिम्मत से भरी सुनाई दे रही थी। उसने कहा, 'मैं कुछ और पैसे इकट्ठा करूंगी और किसी और साल आपसे बात करूंगी।'

मैंने दूसरी बार अपने भीतर ऐसी कसमसाहट महसूस की थी। वो लड़की मदिकेरी जाना चाहती थी, अपने पिता को सरप्राइज देना चाहती थी, उन्हें वहां से पिक करके बेंगलुरु लाना चाहती थी। एक बार फिर मुझे एक ऐसा फैसला लेना था जिसमें मेरे दिल के तार छेड़े जा चुके थे। पिछली निकाह जैसी परिस्थिति एक बार फिर सामने खड़ी थी। मैंने तुरंत ही फैसला लिया। मैंने उस लड़की को बताया कि प्रति घंटे का कितना खर्चा आता है और मदिकेरी से उड़कर वापस जाने में कितना वक्त लगने वाला था। मैंने कहा, 'आप यात्रा का कार्यक्रम तय कर लें। आप अपने पिता को बस यूं ही घुमाना चाहती हैं या बेंगलुरु लेकर आना चाहती हैं। तय करके बताइए, मैं आपको यात्रा पर 50 प्रतिशत का डिस्काउंट दे दूंगा।' उसने मुझे शुक्रिया कहा और फोन रख दिया।

जाने-माने ऑस्ट्रेलियाई क्रिकेट कमेंटेटर डेविड हुक्स का मेरे पास फोन आया। वो इंडिया-ऑस्ट्रेलिया क्रिकेट मैच के बारे में बात करना चाहते थे। उनके साथ कमेंट्री करने के लिए महान क्रिकेटर सुनील गावस्कर थे। डेविड एक हेलीकॉप्टर की सेवा चाहते थे जिससे टीवी पर लाइव तस्वीरें दिखाई जा सकें।

उन्होंने कहा कि वो हेलीकॉप्टर चाहते हैं जिस पर ऊपर से मैच की रिकॉर्डिंग हो सके। उन्होंने कहा कि वो मैदान पर लगे कैमरों और हेलीकॉप्टर पर लगे कैमरों में स्विच करते रहेंगे। मैं उन्हें हेलीकॉप्टर देने को तैयार हो गया। उन्हें पैसे बताये। डेविड हुक्स ने कुछ ही समय में दोबारा फोन किया। उनसे मैच के आयोजकों ने कहा था कि वो इतने ज्यादा पैसे नहीं दे सकेंगे। लेकिन अगर हम अपने पैसे कम कर देते तो वो हमें क्रेडिट्स देने को तैयार थे।

सुनील गावस्कर ने फोन करके तस्वीर को थोड़ा और साफ किया, 'कैप्टन, जितनी भी बार हमारा कैमरा आपके हेलीकॉप्टर पर जाएगा, हम कहेंगे डेक्कन एविएशन का धन्यवाद। ये आपका लगभग दो-ढाई करोड़ रुपए का

विज्ञापन हो रहा होगा।' मैं तैयार हो गया। लेकिन मैंने कहा कि उन्हें मेरे बताये पैसों का एक तिहाई तो देना ही होगा और हर कुछ मिनट में मेरा हेलीकॉप्टर दिखना चाहिए। डील तय हो गई।

मैच के दिन स्टीव वॉ और डेविड हुक्स हमारे साथ आए। मैं उनके साथ पैसेंजर केबिन में बैठा हुआ था। जयंत के नियंत्रण में हेलीकॉप्टर था। देश भर के घरों के ड्रॉइंग रूम में टीवी पर मैच देखा जा रहा था। उन्हें बीच-बीच में स्टेडियम का 'बर्ड आई व्यू' मिल रहा था और बेंगलुरु की हरियाली के दृश्य मिल रहे थे। टीवी पर जब भी ये दृश्य आ रहे थे, मुझे सुनील गावस्कर की शानदार आवाज सुनाई दे रही थी, 'और ये दृश्य डेक्कन एविएशन के सौजन्य से आसमान से लिये जा रहे हैं!' इसके बाद हेलीकॉप्टर दिखाई देता और उस पर लगा डेक्कन का लोगो हर टीवी स्क्रीन पर दिख रहा था। तीन दिनों तक मैच के आयोजकों ने हमारा हेलीकॉप्टर डेढ़-डेढ़ घंटों के लिए इस्तेमाल किया। इसने डेक्कन को अंतर्राष्ट्रीय स्तर की पहचान दी।

कांग्रेस के अध्यक्ष सीताराम केसरी एक दिन टीवी पर मीडिया को बयान दे रहे थे। उन्होंने कहा कि वो प्रधानमन्त्री देवे गौड़ा को और बर्दाश्त नहीं करने वाले थे। कांग्रेस के पास 166 सांसद थे जबकि देवे गौड़ा के पास 16 थे और वो बाहरी समर्थन जुटा रहे थे।

सीताराम केसरी की बातें इस ओर इशारा कर रही थीं कि सरकार गिरने वाली थी। जल्द ही चुनाव होने वाले थे और मुझे समझ में आया कि बहुत ही जल्द हेलीकॉप्टर की जरूरत पड़ेगी। क्योंकि ये कैंपेन के लिए बहुत अच्छा साधन था।

हमारा हेलीकॉप्टर महीने भर में 25 घंटे उड़ रहा था। अगर हम एक और हेलीकॉप्टर ले आते और रोज अच्छा इस्तेमाल होता तो हम 6 महीने का बिजनेस एक ही दिन में कर डालते। मैं अपने लैपटॉप की ओर वैसे ही बढ़ा जैसे कोई काऊबॉय अपनी पिस्तौल की ओर बढ़ता है। मैंने डग को एक वॉइस मेसेज भेजा। वो अपनी नाव में मलेशिया के तट पर छुट्टी मना रहा था। डग ने मुझे 5 मिनट के अंदर फोन किया। उन दिनों में, जब भारत में मोबाइल फोन आम बात नहीं थी, ये आश्चर्य भरी बात लगती थी कि आप समुद्र में मौजूद किसी शख्स से तुरंत संपर्क कर सकते थे।

मैंने डग को बताया कि सरकार गिरने वाली थी और ऐसी सूरत में चुनाव होने तय थे। मैंने पिछले चुनाव में 150 घंटे के लिए हेलीकॉप्टर इस्तेमाल किया था। इस बार मुझे एक हेलीकॉप्टर और चाहिए था।

डग ने आधे घंटे में फोन किया और कहा कि उसके पास एक 7 सीट वाला लॉन्ग रेंजर मौजूद था। मैंने उसके लिए हां कह दिया और सैम और अपने चीफ इंजीनियर विद्या बाबू के साथ तुरंत ही सिंगापुर निकलने की तैयारी में लग गया। मैं चाहता था कि हम हेलीकॉप्टर देखें। लीज के कागजों पर साइन करें और उसे घर ले आएं। मुझे अपना पहला हेलीकॉप्टर लाने में 3 साल का वक्त लगा था। दूसरे के लिए मुझे मात्र 3 मिनट लगे। ये बताता है कि रिश्ते बनाते जाना कितना फलदायी होता है।

अगले ही दिन, दोपहर में सीताराम केसरी एक बार फिर टीवी पर थे। कांग्रेस ने देवे गौड़ा सरकार से समर्थन वापस खींच लिया था। टीवी चैनलों ने ये खबर दिखाई और मुझे लग रहा था कि कहीं सीताराम केसरी मेरा ही इंतजार तो नहीं कर रहे थे।

क्रिसमस से 3 या 4 दिन पहले ही हम सिंगापुर गए। डग ने हमें रिसीव किया और हेलीकॉप्टर तक ले गया। वो अच्छा दिख रहा था। डग ने हमारी मुलाकात माइक मैककॉरमैक से करवाई। ये ही वो इंजीनियर थे जो हेलीकॉप्टर ठीक करके उसको उड़ान-पात्रता के सर्टिफिकेट लायक बनाने वाले थे। विद्या बाबू हेलीकॉप्टर की जांच करने वाले थे और सैम उसे उड़ाकर चेक करने वाला था। हेलीकॉप्टर एक जापानी कंपनी का था जो सिंगापुर से चलती थी और उसका अमेरिकी रजिस्ट्रेशन था जिस पर वो इंडिया उड़कर आने वाला था।

मैंने माइक को काम करते देखा। वो सब कुछ अकेला कर रहा था। उसने हेलीकॉप्टर को पूरा साफ किया। सारा कचरा निकाला। सब कुछ खुद ही ढोया, 100 गज जाकर उसे फेंका। वापस आया और एफएए इंस्पेक्टर के साथ मिलकर कुछ गंभीर बातें कीं।

एफएए इंस्पेक्टर चाहते थे कि सारी कार्रवाई नियम व शर्तों को मानते हुए ही हो। माइक ने बगैर हमारी परवाह किए, बगैर हमारी उपस्थिति पर गौर किए, पूरा ध्यान अपने काम पर लगाकर सारी कार्रवाई पूरी करवाई। अगर इस हिसाब से देखें तो डेक्कन में एक पदानुक्रम था जिसके हिसाब से सारा काम होता था। ये वैसे काम करता था जैसे हस्सन की उस मेकेनिक की दुकान में होता था। वहां चीफ मेकेनिक स्टूल पर बैठे-बैठे छोटे काम करने वालों को निर्देश देता रहता था और वो सब काम निपटाते थे। डेक्कन इंजीनियर के पास भी 10 लोगों की टीम का सपोर्ट था और वो अपना हाथ कभी मैला नहीं करता था।

माइक ने सभी किरदार एक ही में जुटा लिये थे। ऐसा पश्चिमी देशों में खूब होता था। वो ही जहाज पर काम करता था, वो ही उसे चेक करता था,

साफ करता था और वो ही एफएए ऑडिटर को बुलाकर उस पर मोहर लगवाता था। भारतीय काम करने के तौर तरीकों में कई लोग इंजीनियर के इर्द-गिर्द घूमते हैं और इंजीनियर अपने दफ्तर में बैठा करता है। वो 'साहिब' होता है।

माइक बहुत ही अनुभवी इंजीनियर था। बाबू की पिछली कंपनी में वो उसका बॉस था। माइक को देखकर मुझे लगा कि उसके काम करने के तौर-तरीकों को मुझे अपनी कंपनी में लागू करना ही चाहिए।

डग ने हमें अपने घर खाने पर बुलाया। हम उसकी पत्नी हेलेन से मिले जो बहुत ही सौम्य और शालीन चीनी महिला थीं। जैसा कि मैंने बताया था, सिंगापुर में प्रवासियों की बड़ी तादात है। मुख्यत: ब्रिटिश और डच नागरिक वहां खूब मिलते हैं। इसके साथ ही वहां भारतीय भी अच्छी संख्या में हैं। चीनी लोग वहां बहुसंख्या में हैं (78 प्रतिशत)। इसके बाद मलय लोगों का नंबर आता है। और फिर मलय-चीनी (जिन्हें परांकन चीनी प्रवासी कहा जाता है) आते हैं जो 15वीं सदी में वहां बसना शुरू हुए और 19वीं-20वीं सदी में उनकी संख्या खूब बढ़ी।

अब हमारे पास एक नया हेलीकॉप्टर था और हमें उसे भारत लाना था। डग ने सुझाव दिया कि हम पेशेवर पायलट लेकर आएं जो अपने रोजाना के काम से छुट्टी लेकर क्रॉस-कंट्री उड़ान भरकर इंडिया जाना चाहता हो।

चुनाव होने ही वाले थे और हम समय नहीं नष्ट करना चाहते थे। डग ने जब कहा कि किसी ऐसे पायलट को लेकर आएं जो मजे के लिए हेलीकॉप्टर उड़ाना चाहे तो मैंने सोचा कि क्यों न हम खुद ही ये मजा लूटें। इससे काम तेज भी होगा और सस्ता भी पड़ेगा। हमारा प्लान था कि हम सिंगापुर से उड़कर मलेशिया होते हुए थाईलैंड जाएंगे; फिर अरकान पर्वत श्रृंखला के ऊपर उड़ते हुए बांग्लादेश में लैंड करेंगे; यहां से ढाका और चिटगांव होते हुए कोलकाता पहुंचेंगे और फिर कोलकाता-भुवनेश्वर-वाईजैग-तिरुपति का रास्ता पकड़ते हुए बेंगलुरु की तरफ निकल पड़ेंगे।

बस हमें खुद ही उड़ना होगा। और उसके लिए हमें रास्ते में पड़ने वाले सभी देशों के उड्डयन मंत्रालय और रक्षा मंत्रालय से मंजूरी लेनी होगी। हेलीकॉप्टर के मामले में, हमने अमेरिका भेजे जाने वाले सभी कागज जमा कर दिए थे। सिंगापुर एफएए ने 22 दिसंबर को हेलीकॉप्टर क्लियर कर दिया था लेकिन डग को याद आया कि अमेरिका में सब कुछ 22 दिसंबर को बंद हो जाता है। क्रिसमस आने को था और सभी अमेरिकी दफ्तर जनवरी के पहले हफ्ते तक बंद रहने वाले थे। हम नये साल तक फंस गए थे!

एक मौके पर डग ने हमें कई फ्रीलांस पायलटों से मिलवाया। बातचीत हमारे हेलीकॉप्टर उड़ाने के प्लान पर आयी। एक पायलट ने हमें अपनी म्यांमार की कहानी सुनाई।

उसने कहा कि वो म्यांमार के ऊपर से उड़ रहा था और उसके हेलीकॉप्टर पर एक हथियारबंद गैंग ने हमला कर दिया। वो शायद म्यांमार के बागी थे जिन्होंने थाई-म्यांमार सीमा पर वहां की सेना के खिलाफ गुरिल्ला युद्ध छेड़ा हुआ था। या शायद वो ड्रग माफिया से जुड़े लोग होंगे जो वहां के सुनहरे त्रिकोण में काम करते थे। भारी भरकम मशीन गनों से उस पर फायरिंग हो रही थी। पायलट किस्मती था। उसने मजे लेते हुए हमसे सचेत रहने को कहा: 'तुम म्यांमार से जाओगे, बहुत संभावना है कि नीचे से कोई गोली तुम्हें लग जाएगी।'

हमें कोई खास फर्क नहीं पड़ा। सैम जंग के मैदान में बढ़िया काम कर चुका था और मैंने भी युद्धक्षेत्र में काफी एक्शन देखा था। लेकिन फिर भी हम कोई खतरा मोल नहीं लेना चाहते थे। हमने तय किया कि हम कुछ ज्यादा ऊंचाई पर उड़ेंगे। हेलीकॉप्टर अमूमन जमीन से 1000 फीट की ऊंचाई पर उड़ते हैं। हम उससे ऊपर उड़कर छोटी बंदूकों के निशाने से बच सकते थे। हमने बागियों और ड्रग माफियाओं के बारे में अपना होमवर्क कर लिया और यही कामना करने लगे कि वो हमें ज्यादा परेशान न करें।

डग की नेटवर्किंग रंग लाई और हमें 30 दिसंबर को उड़ान-पात्रता का सर्टिफिकेट मिल गया। हेलीकॉप्टर एक्सपोर्ट हो सकता था। हमने अगले ही दिन सिंगापुर छोड़ दिया। बाबू आम एयरलाइन से वापस आ गए। सैम ने मुझसे कहा कि मैं सामान कम रखूं जिससे हम ज्यादा ईंधन लेकर चल सकें और लंबे समय तक लगातार उड़ते रहें। मैं अपने साथ पैनासोनिक का एक कैमरा लेकर आया था जिससे रास्ते में चीजों को रिकॉर्ड करता चलूं।

सैम और मैं एफएए के पास गए। ये उड़ान संबंधी मसलों पर नियंत्रण रखने वाली अमेरिकी संस्था थी। सैम ने उन्हें अपना लाइसेंस दिखाया। हमें ऐसा लग रहा था कि कहीं ये लोग इस बात पर सवालिया निशान न खड़े करें कि सैम ने कभी भी अमेरिकी रजिस्टर्ड जहाज नहीं उड़ाया था और उसके पास अमेरिकी लाइसेंस नहीं था। हमने अपने कागज जमा किए और इंतजार करने लगे। एफएए ऑफिसर सैम के पास आया और उसने सैम से कुछ सवाल पूछे। सैम के लाइसेंस पर ठप्पा लगा और वो हमें मिल गया। ब्यूरोक्रेसी में इतनी तेजी से हुए काम ने हमें आश्चर्यचकित कर दिया था!

हमने तय किया कि हम साल के आखिरी दिन की शाम को उड़ना शुरू करेंगे। हमारे बैग और मेरा कैमरा तैयार थे। सैम ने हेलीकॉप्टर का टेस्ट ले लिया था, सब कुछ चेक कर लिया था और लॉग बुक में साइन कर दिए थे। डग ने सैम को उड़ान के समय के बारे में जानकारी दे दी थी। ये सब कुछ बहुत ही जल्दी हुआ। सैम ने रोटर शुरू किए लेकिन तभी मुझे डग ने बुलाया और कहा, 'गोपी, तुमने लीज एग्रीमेंट पर साइन नहीं किए हैं।'

हमने 10 दिन गुजारे थे। डग ने बहुत सारा पैसा खर्च किया था और हेलीकॉप्टर को सिंगापुर से बाहर निकालने का सारा इंतजाम किया था। लेकिन अभी मुझे याद आया कि हमने तो लीज एग्रीमेंट पर साइन ही नहीं किए थे!

ये एक सबूत था, अगर सबूत की जरूरत पड़ती, कि हम एक-दूसरे पर आंख मूंद के भरोसा करते थे। मैंने लीज एग्रीमेंट की ओर देखा और मेरे होश उड़ गए। इसमें जो किराया लिखा था वो पहले हेलीकॉप्टर से कहीं ज्यादा था। मैंने कहा, 'डग इसमें तो बहुत ज्यादा किराया लिखा है।' डग गुस्से से तमतमा गया। उसने लीज एग्रीमेंट को जोर से पकड़ा और मेरी ओर देखकर जोर से बोला, 'साइन द फ** थिंग!'

एक पल के लिए सन्नाटा छा गया। उसने कहा, 'अब तुम लीज के पैसों के लिए बहसबाजी नहीं कर सकते हो।' ये सच था। मैं डग को नाराज नहीं कर सकता था। लेकिन साथ ही मैं ऐसे दाम के लिए हां भी नहीं कह सकता था जो बहुत ही ज्यादा हो। हमने अपने बिजनेस प्लान के लिए बहुत सारी शारीरिक और मानसिक मेहनत की थी और अब हम दोनों ही इससे पीछे नहीं हट सकते थे।

मैंने डग से कहा, 'हमें इसके बारे में 5 दिन पहले ही बात कर लेनी चाहिए थी। लेकिन तुमने मुझ पर भरोसा किया और मैंने तुम पर। ब्रिटिश लोग भी सही रहे हैं। मैं बस इतना कह रहा हूं कि मेरे हिसाब से ये बहुत ज्यादा किराया है। अगर आप मुझसे बाजार के दाम से कहीं ज्यादा पैसे लोगे तो आप अपने ही पैर पर कुल्हाड़ी मार रहे हो। हम एक स्टार्ट-अप कंपनी हैं। हमें चलायमान रखना आपके लिए ही हितकारी होगा। आज हमने आपसे दूसरा हेलीकॉप्टर लिया है। लेकिन एक दिन मैं तीसरा लूंगा, फिर चौथा, फिर पांचवां... अगर मैं किराए के पैसों की वजह से ही कंगाल हो गया तो आपकी जिम्मेदारी होगी। आपको इसे कम करना ही होगा।'

अब मैंने सब कुछ डग के विवेक पर छोड़ दिया था। हमारे पास समय भी बहुत कम था। सैम, जो पहली बार कई देशों के ऊपर उड़ने जा रहा था,

मुझे लगातार इशारा कर रहा था। देर होने की वजह से हम कुआलालम्पुर हवाई अड्डे पर अपनी लैंडिंग की बारी गंवा सकते थे। ये भी खतरा था कि हम रास्ते में पड़ने वाले और भी देशों में घुसने का स्लॉट खो देते।

डग थोड़ी देर में नए कागजों के साथ आया। मैंने उन्हें देखा और खुश हो गया। ये ऑफर कहीं बेहतर था। हमने कागजों पर साइन किया और डग ने उन्हें अपने ब्रीफकेस में रख लिया। डग असल में सैम के को-पायलट के रूप में साथ चल रहा था। योजना ये थी कि डग इस यात्रा के दो चरणों में हमारे साथ रहेगा जिससे सैम स्थानीय उड़ान की परिस्थितियों में ढल जाए। वो फ्लाइट में चढ़ा और पिछली सीट पर बैठ गया।

सैम शुरुआत में विदेशी आसमान में उड़ने में कुछ असहज महसूस कर रहा था। वो अलग-अलग एयर ट्रैफिक कंट्रोल से बात नहीं कर पा रहा था क्योंकि उनके बोलने का लहजा उसे समझ में नहीं आ रहा था। डग को ये सब कुछ बहुत अच्छे से मालूम था और उसने हमारी खूब मदद की।

हमारा पहला पड़ाव था कुआलालम्पुर। मलेशिया बेहद खूबसूरत है लेकिन उद्योगीकरण और विकास ने काफी कुछ बदल दिया है। मिट्टी की ऊपरी सतह कैसे खराब हुई है और जंगलों की कमी आसमान से साफ नजर आती है। मलेशिया, इंडोनेशिया और ब्राजील दुनिया के सबसे बड़े वर्षा वनों के घर हैं और दुनिया के फेफड़े का काम करते हैं। इंडोनेशिया ने सरवाक और बोर्नेओ इलाके में इन वर्षा वनों को सहेजकर रखा था। लेकिन सर्वे बताते हैं कि यहां भी बेहद डरावनी दर से इन्हें नुकसान पहुंचाया जा रहा था। हालांकि, दक्षिणी अमेरिका में, और कुछ हद तक मलेशिया में जंगल में ताड़ के तेल और रबर के बागों के लिए पौधारोपण हुआ है। इसके अलावा खनन के लिए भी जंगलों का खूब सफाया हुआ है। एशियन टाइगर बनने के लिए मलेशिया ने जो कीमत चुकाई थी, उसने मुझे बहुत निराश किया।

हम कुछ ही वक्त में बहुत व्यस्त रहने वाले कुआलालम्पुर इंटरनेशनल एयरपोर्ट पहुंचे। डग ने सैम से कहा कि वो निशान लगे हुए इलाकों से दूर रहे क्योंकि वो रक्षा मंत्रालय का इलाका था। डग कुछ झुंझलाए हुए से लग रहे थे लेकिन सैम बहुत जल्द ही सब कुछ सीख-समझ लेता है और उसने कुछ ही देर में दुरुस्त काम करना शुरू कर दिया। हम हवाई अड्डे पर उतरे और वहां 20 मिनट रुके। कॉफी पी, ईंधन भरा, हेलीकॉप्टर तक वापस आए और बाकी हवाई अड्डों पर समय से पहुंचने के लिए तुरंत उड़ गए।

अब हम उत्तर की ओर उड़ रहे थे जहां थाईलैंड पहुंचना था। ये भी बेहद खूबसूरत देश है। हम फुकेट में शाम साढ़े 5 बजे उतरे। हम एकदम सही टाइम पर थे। हमने तय किया कि रात यहीं गुजारेंगे। हमारे इर्द-गिर्द हजारों की तादाद में गोरे लोग घूम रहे थे। ये सभी नए साल के लिए यहां आए थे। वो एक दूसरे से घुल-मिल रहे थे और उन्हें फर्क नहीं पड़ रहा था कि कौन कहां जा रहा था। वो वहां सूरज की गर्मी और थाईलैंड की मौज-मस्ती के लिए पहुंचे हुए थे।

हालांकि थाईलैंड को पूर्व की सिन-सिटी कहा जाता है लेकिन आप वहां के लोगों और उस देश के प्रेम में पड़े बिना रह नहीं सकते हैं। वहां समुद्र तट और पर्वत बहुत खूबसूरत हैं और लोग दोस्ताना हैं और बेहद मिलनसार हैं।

फुकेट हवाई अड्डे पर सैलानियों का समंदर था। वो सभी सूरज की रोशनी में डूबना चाहते थे और समुद्र की लहरों में बह जाना चाहते थे। थाई खाने का लुत्फ भी अलग ही होता है। वहां यूरोपीय, अमेरिकी और एशियाई लोग थे जो अपने-अपने टूर ऑपरेटर का इंतजार कर रहे थे। थाईलैंड में बैकपैक लेकर चलने वाले 5-5 डॉलर में छुट्टी मना सकते हैं। मैंने वहां युवा जोड़े, हनीमून पर निकले लोग देखे। छोटे और बूढ़े सदस्यों वाले परिवार घूम रहे थे। हवा में एक भुनभुनाहट थी जो आपका पीछा नहीं छोड़ती थी। थाईलैंड की विवादित पेशकशें भारतीय सांस्कृतिक परिवेश से बहुत मेल तो नहीं खाती हैं लेकिन मैं यही सोच रहा था कि आखिर इंडिया में ऐसा क्या हो सकता है जो वहां भी ऐसा ही पर्यटन का केंद्र पैदा कर दे।

डग ने फुकेट के लगभग सभी होटलों में फोन किया। उसने शाम साढ़े 5 बजे से रात 8 बजे तक अनगिनत फोन किए। लेकिन उस समय, न्यू इयर के चलते, होटल ठसाठस भरे हुए थे। मैंने एक पोस्टर देखा जिसमें बीच रिजॉर्ट के बारे में लिखा हुआ था। ये ऐसा द्वीप समूह था जो मिलकर गले के हार का आकार बनाते थे। मुझे वो बेहद पसंद आए और मैंने सैम से कहा कि हम वहां से उड़कर उनमें से किसी द्वीप पर लैंड कर सकते हैं और वहां रात बिता सकते हैं। सैम ने कहा कि सूरज ढल रहा है और उसे लैंड करने के लिए निर्देशांक चाहिए थे। साथ ही वहां लैंड करने की मंजूरी भी चाहिए होगी।

फिर हमने यही तय किया कि हम हवाई अड्डे पर ही रात गुजारेंगे और साढ़े 8 बजे डग को हम 3 लोगों के लिए 2 कमरे मिल गए। सैम और मैं पैसे बचाने की हर संभव कोशिश कर रहे थे। इसलिए हमने एक ही कमरे में सोने का फैसला किया। होटल पहुंचते-पहुंचते 10 बज चुके थे। हम भी अपनी पहली सोलो क्रॉस-कंट्री फ्लाइट के उत्साह और मेहनत से थके हुए थे। हमें जल्दी

सोना था ताकि अगले दिन जल्दी उठ सकें और समय पर निकलें। अगले दिन हमें म्यांमार पहुंचना था जहां सेना की सरकार बेहद सख्त थी। जरा सी भी चूक हमें थाईलैंड में 4 से 5 दिन और रुकवा सकती थी।

अनुशासन के मामले में सैम बेहद कठोर शख्स था। उसने मुझे तुरंत ही सो जाने का आदेश दिया। उसने ये भी कहा कि मुझे अच्छी नींद सोना चाहिए क्योंकि अगले दिन मुझे कंट्रोल पर बहुत सारा समय बिताना था। इसके बाद वो खुद ठंडे पानी से नहाने चला गया।

सैम के शॉवर में चले जाने के बाद एक बड़ी मजेदार चीज हुई। मुझे रिसेप्शन से एक फोन आया। एक महिला ने पूछा, 'कैप्टन गोपी, क्या आप वहां आराम से हैं?' मैंने कहा, 'हां!' उसने पूछा कि मुझे कमरे में मसाज तो नहीं चाहिए? मैंने कहा, 'हां!' फिर उसने पूछा कि क्या मुझे नॉर्मल मसाज चाहिए था या सैंडविच मसाज। मैं भौंचक्का रह गया। उसने मुझे समझाया कि सैंडविच मसाज में दो लड़कियां एक आदमी का मसाज करती हैं। मैंने कहा कि मुझे नॉर्मल मसाज चाहिए लेकिन दो लड़कियों से। मैंने ऐसा ये सोचकर कहा कि सैम को भी मसाज अच्छी लगेगी।

सैम भगवान से डरने वाला शुद्धतावादी शख्स था। मुझे मालूम था कि उसे नॉर्मल मसाज भी नहीं चाहिए होगी। मैं उसके मजे लेना चाहता था। वो जैसे ही बाथरूम से निकला, मैं भागकर उसमें घुस गया।

जब मैं नहा रहा था, मुझे घंटी बजने की आवाज आयी। सैम को कुछ भी नहीं मालूम था कि उसके पीछे मैंने क्या किया था। मैंने बाथरूम का दरवाजा हल्का सा खोला हुआ था जिससे आवाजें अंदर आती रहें। उसने दरवाजा खोला। 2 लड़कियां अंदर आयीं और अपने पीछे दरवाजा बंद कर लिया। सैम को झटका सा लगा। लड़कियां टूटी-फूटी अंग्रेजी बोल रही थीं। वो बार-बार 'मसाज' 'मसाज' शब्द दोहरा रही थीं। सैम ने कहा कि उसे मसाज नहीं चाहिए। लड़कियां कहने लगीं कि वो मसाज करवा ले। सैम को कुछ समझ नहीं आ रहा था। जब भी सैम को ऐसा कोई झटका लगता है, उसकी आंखें लगभग बाहर निकल आती हैं। वो दौड़ता हुआ बाथरूम की तरफ आया। मैंने जैसे ही उसे आते हुए सुना, दरवाजा बंद कर लिया। उसने खटखटाया और चीखा, 'गोपी, दरवाजा खोलो!' मैंने हल्का सा दरवाजा खोला और झांककर पूछा कि क्या मसला है। उसने पूछा, 'क्या तुमने मसाज के लिए 2 लड़कियों को बुलाया है?' मैंने कहा, 'हां! मुझे लगा हम थके हुए हैं और पूरा दिन मेहनत की है। अच्छा रहेगा अगर हम मसाज करवा लें। वरना ऐसा लगेगा जैसे स्कॉटलैंड गए

और व्हिस्की नहीं पी।' उसने कहा, 'तुम मसाज करवा लो। मैं नहीं करवाऊंगा। और सुनो, मैं तुम्हें भी नहीं करवाने दूंगा। क्योंकि कल जल्दी उठना है और तुम जल्दी नहीं उठोगे। और जब तक तुम मसाज करवाओगे, मैं भी नहीं सोऊंगा। फिर मैं भी जल्दी नहीं उठूंगा। मैं इन लोगों को वापस भेज रहा हूं।' बगैर मेरा जवाब सुने, वो पीछे मुड़ा और दरवाजा बंद कर लिया। हमें अच्छी नींद आयी।

सुबह साढ़े पांच बजे हम एयरफील्ड पर थे। डग ने कहा कि वो हमें अगले पड़ाव के बाद छोड़ देगा। अब तक सैम को सभी कंट्रोल समझ में आ गए थे और एटीसी से बात करने में भी समस्या नहीं हो रही थी। म्यांमार क्रॉसिंग से पहले हम थाईलैंड में सूरत-थानी हवाईपट्टी पर खाना खाने और ईंधन भरवाने के लिए उतरे। डग ने हमें गले लगाया और विदा ली। हम यहां से निकल पड़े। यहां से हमारा एडवेंचर शुरू हुआ। अब मैं सैम का सह-पायलट था। नक्शा पढ़कर सैम को समझाना मेरी कई जिम्मेदारियों में से एक था।

मैं कॉकपिट में था और एकदम अनजान काम मेरे पास था। मुझे रॉबर्ट फ्रॉस्ट की कविता 'द रोड नॉट टेकेन' की कुछ लाइनें याद आ रही थीं:

एक आह के साथ मैं कह रहा हूंगा
युगों-युगों में कहीं कुछ इस तरह :
दो राह फटी थी जंगल में, और मैंने
ली वो जिस पर चले थे बहुत ही कम
और बात यहीं से बदल गयी।

हमें अगले 4 दिन और उड़ना था और लगभग 5 हजार किलोमीटर की यात्रा करनी थी। सैम ने उड़ने पर अपना ध्यान केंद्रित किया। मैं एक छोटे बच्चे की तरह हर चीज देखे जा रहा था। हम अंडमान सागर के ऊपर उड़ रहे थे और फिर साउथ चाइना समुद्र की एक पट्टी पर चल पड़े। यहां से हम सीधा उत्तर की ओर म्यांमार की ओर उड़े। समुद्र पन्ने के रंग सा नीला था, समुद्र तट सौम्य सफेद थे। आसमान चटख दिख रहा था और बीच में आती जा रही हरियाली सब कुछ बहुत मनोरम बना रही थी। सब कुछ इतना खूबसूरत था कि मुझे एक सपने जैसा लग रहा था जहां सारे नजारे दिव्य रोशनी में नहाए हुए थे।

मैं सैम से बार-बार हल्का नीचे उड़ने को कह रहा था जिससे हम कोई गुफा, खाड़ी या कोई द्वीप नजदीक से देख सकें। पानी और जमीन का ये मिश्रण अचानक से प्रकट हो जाता था और हमें खींचता था। इन द्वीपों के खूबसूरत तट किसी निराले प्राणी का इंतजार करते मालूम हो रहे थे। वो एकदम खाली

दिख रहे थे और मैं सोच रहा था कि काश मैं रॉबिनसन क्रूसो होता जो अपने टूटे जहाज के साथ भटकता हुआ वहां पहुंच जाता। कई तटों पर धूप का आनंद उठाते नंग-धड़ंग पुरुष और महिलाएं दिखे। मैं बार-बार सैम से इधर-उधर चलने को कहता और वो मुंह बनाकर ही सही, मेरी बात मान ले रहा था। हमने हुआ हिन पर फिर से ईंधन भरवाया और फिर थाई सीमा की ओर चल पड़े। शाम को हम म्यांमार की सीमा के पास फित्सानुलोक पर उतरे।

अगली सुबह पौ फटते ही हम फिर निकले और म्यांमार के हवाई क्षेत्र में घुस गए। हम जंगलों के ऊपर से उड़ रहे थे और खुद को जितना हो सकता था, उतनी ऊंचाई पर रखे हुए थे। इससे हम वहां के बागियों की पहुंच से दूर थे। हम म्यांमार में कोई खतरा मोल नहीं लेना चाहते थे और थोड़ा नर्वस भी थे क्योंकि वहां से कई मौकों पर जहाजों को वापस भेज दिया गया था। सेना के राज में म्यांमार विदेशियों को शक की निगाह से देखता था और अपने वायुक्षेत्र को बहुत नियंत्रित रखता था। देश में बहुत कम नागरिक उड्डयन होता था। एक छोटी सी चूक भी हमें वापस भेजने का आदेश जारी करने के लिए काफी होगी। जब हम म्यांमार के हवाईक्षेत्र से लगभग 50 किलोमीटर दूर थे सैम ने हमारा वाईए नंबर और रेडियो आईडी फ्लैश किया। वो पल, जो 1 या 2 मिनट के ही थे, एक जीवनकाल जितने लंबे लग रहे थे।

सैम को अनुमति मिली और उसने अंगूठे से इसका इशारा किया। अब हम म्यांमार में थे। म्यांमार राजनीतिक, सामाजिक और भौगोलिक तरीकों से बेहद सुदूरवर्ती इलाका है। हमने वहां बहुत ही घने जंगल देखे जो कम से कम पर्यावरण के लिहाज से एक अच्छी बात थी। एक बड़े छाते की तरह वो जंगल धूप की किरणें जमीन पर पड़ने नहीं देते थे। आप सोच सकते हैं कि उसके नीचे अंधेरे में, कीचड़ भरी जगह में कितनी बजबजाती हुई पैदावार मौजूद होगी। म्यांमार का अधिकतर हिस्सा ऐसा ही है। नदी की घाटियों में धान के खेत थे। इरावदी नदी म्यांमार की प्रमुख नदी है। हिंदू मान्यताओं के अनुसार इरावदी ही पौराणिक हाथी ऐरावत की पत्नी है।

जब हमने म्यांमार में फैले जंगल और वहां के इलाकों में नगण्य पहुंच को महसूस किया तो हमें लगा कि हमें अपने इंजीनियर बाबू को साथ ले आना चाहिए था। लेकिन चूंकि वो हमारे इकलौते इंजीनियर थे और उन्हें दूसरे हेलीकॉप्टर को संभालने जाना था, इसलिए उन्हें सिंगापुर से सीधे वापस जाना पड़ा था। सैम और मैं डर महसूस कर रहे थे। क्या होगा अगर कोई तकनीकी खराबी आ गई और हमें इस सुनसान इलाके में उतरना पड़ जाए? किसी को

भी हमारी कोई खोज-खबर नहीं होगी। मैंने जितनी भी बातें सुनी थीं और जो भी पढ़ा था, यही समझ में आ रहा था कि म्यांमार आधुनिक दुनिया से बहुत ही कटा हुआ था।

खुद को दुनिया से अलग कर लेने की वजह से म्यांमार आज भी दूसरी दुनिया और दूसरे समय में जी रहा है। वो जगह खूबसूरत थी लेकिन आधुनिक तकनीक ने उसे छुआ नहीं था। वो अभी भी पुराने समय में जी रहा था और इस देश के कई हिस्से 200 साल पीछे चल रहे थे। यहां बदलाव नहीं हो रहे थे और ये बड़ा ही अजीब था। लेकिन इसी वक्त मुझे बीते वक्त में लौटने का, उससे परिचित होने का ख्याल भी आ रहा था। मैं ये भी साथ ही में सोच रहा था कि यहां किसी भी जगह पर ट्रेक करना कितना जोखिम भरा काम होगा। ऐसा करने वाले को कितने दिन उस दलदल में, जंगल में और पहाड़ों पर चलना होगा, जिसके बाद कहीं वो इंसानों से मुलाकात कर पाएगा। मुझे ये भी समझ में आ रहा था कि यदि हम खो गए तो हमें ढूंढ निकाले जाने की संभावना भी काफी कम ही थी। मैंने माहौल को हल्का करने के इरादे से सैम से कहा, 'अगर कोई यहां इन जंगलों में फंस जाए तो उसके पास ब्रूक शील्ड्स जैसा कोई साथी होना चाहिए या कोई महिला पायलट होनी चाहिए। जिससे कम से कम वो अपनी बाकी की जिंदगी टॉम हैंक्स की तरह बिता सके!' सैम ने इस बारे में सहमति जताई। लेकिन वो पायलट नहीं बल्कि पैसेंजर की बात कर रहा था। इस बातचीत ने तनाव कुछ देर के लिए कम कर दिया।

सूरज ढलने से पहले हम फिर रुके और ईंधन भरा। ये हमारा नियम था कि हम सूरज ढलने से पहले ही ईंधन भर लेंगे वरना अंधेरे में खो सकते थे। हम यांगून के नजदीक आ रहे थे और हमें पैगोडा के सुनहरे गुंबद दिखाई दे रहे थे। यांगून बौद्ध मठों के लिए पूरी दुनिया में जाना जाता है। सैम उड़ाने पर ध्यान लगाए हुए था और मैं तस्वीरें ले रहा था। मेरे सामान्य ज्ञान के चलते, छोटे-छोटे ऐतिहासिक स्थल या कोई इमारत देखकर ही हमें हमारे नीचे आ रहे शहरों की पहचान होती रही। मुझे श्वे डैगन दिखा। ये ढाई हजार साल पुराना पैगोडा है जो शहर के केंद्र में था। सैम सही दिशा में चल रहा था। हम रंगून में उतरे। ये म्यांमार में ईंधन भरवाने का आखिरी केंद्र था।

मैं सोच रहा था कि हमें म्यांमार में कुछ दिन और गुजारने चाहिए थे। नेपाल के साथ-साथ म्यांमार भी ब्रिटिश साम्राज्य का हिस्सा था। हमारी संस्कृति काफी मिलती-जुलती है। ऐतिहासिक शहर रंगून घूमने में मुझे बहुत मजा आता। हम होटल में रात गुजारने वाले थे। वहां का खाना हमारे जैसा ही था। उन्होंने

हमें चावल और मसालेदार करी दी। सैम तीन दिन से लगातार 10 से 12 घंटे हेलीकॉप्टर उड़ा रहा था। इसका दबाव उसके चेहरे पर झलक रहा था। वो बहुत थका हुआ था। अगले दिन भी उसे 10 घंटे हेलीकॉप्टर उड़ाना था। उसने कहा कि वो ठीक था। बस वो चाहता था कि हम समय पर सोएं और हम ऐसा करते भी थे।

अगली सुबह निकलने से पहले हमारे पास 10 मिनट का समय था। म्यांमार कीमती पत्थरों के लिए भी जाना जाता था। तो मैं चुपचाप खिसक लिया। मैं अपनी पत्नी और सैम के लिए कुछ निशानियां लेना चाहता था। मैंने पूछा भी नहीं कि वो कितने की थीं, बस खरीदता गया। सैम गुस्से से पागल हो रहा था। उसने कहा कि हमारे पास समय की अथाह कमी है और शॉपिंग की कोई जगह नहीं है। हमेशा की तरह मैंने उसको मना लिया और कहा कि ये 10 मिनट अच्छे बीते। हम समय पर उड़ गए।

हम यांगून से निकले और अचानक इरावदी की घाटी ने हमारे सामने कमाल का नजारा पेश किया। नदी आगे जाती दिख रही थी और धूप में नहाई वो जलधारा ऐसी लग रही थी जैसे कोई सुनहरी लकीर अनंत तक खींच दी गई थी। लगभग एक घंटे उड़ने के बाद हम अरकान योमा पर्वत श्रृंखला की ओर चल पड़े। मेरा दिमाग वापस उन दिनों में चला गया जब आईएमए में मैं म्यांमार में हुई मिलिट्री कैंपेन के बारे में पढ़ता था। पहले म्यांमार में बिटिश सैनिक जापानियों द्वारा भारतीय बॉर्डर की ओर धकेल दिए गए थे। सैनिकों को अरकान के घने जंगलों से पार पाना पड़ा था। हजारों भारतीय ब्रिटिश और जापानी सैनिक जंगल की भेंट चढ़ गए।

जापानियों ने कोहिमा और इंफाल को घेर लिया था। मुझे याद आया कि जापानियों ने यही पहाड़ पार करके भारत में एंट्री ली थी और दूसरे विश्व युद्ध में म्यांमार-चीन सड़क को बंद करके आने वाली सप्लाई रोक दी थी। यही वो मौका था जब इतिहास की सबसे बड़ी और सबसे लंबी एयरलिफ्ट को अंजाम दिया गया था। इसमें हिमालय के ऊपर उड़कर चीन में सप्लाई पहुंचाई गई थी। इससे चीन को सामान मिलता गया और जापान की चीन को भूखे मारने की योजना विफल हुई। लेकिन जब तक एयरलिफ्ट शुरू होती, बहुत सारे लोग भूखे मर चुके थे। भारतीय सेना की 14वीं डिवीजन ने ब्रिटिश जनरल विलियम स्लिम के नेतृत्व में लड़ाई लड़ी थी। इस टुकड़ी ने जापानियों को उस इलाके से पीछे धकेला जहां आज इंफाल और कोहिमा में सीमाएं हैं। ब्रिटश सेना विजयी रहीं और उन्होंने म्यांमार को दोबारा अपने कब्जे में ले लिया। हम पर्वतों के ऊपर

उड़ रहे थे और मैं अपने मन की बात कहे जा रहा था। सुनने के लिए बस सैम ही था। मैंने कहा, 'सैम, मुझे नहीं लगता है कि इन पहाड़ों पर स्थानीय लोगों के अलावा किसी ने भी पैर रखा है।'

म्यांमार की सीमा पर हम सूर्यास्त से पहले पहुंच गए। हमने रात यहीं म्यांमार की आखिरी एयरफील्ड में बिताने की सोची। ये सित्तवे नाम का ऐतिहासिक शहर था। जब ब्रिटिश साम्राज्य था तो भारत और म्यांमार के बीच सामाजिक और पाक कला संबंधी मजबूत रिश्ते थे। इस सीमावर्ती इलाके में परस्पर स्नेह बहुत ज्यादा था और मुझे भारतीय पद्धति में पकाए खाने का लालच था। हमें माली का काम करने वाला शख्स मिला जो हमारे खान-पान से परिचित था। हमने उसे सादा दाल-चावल और मसालेदार मछली बनाने को कहा। खाना बहुत ही अच्छा था और साथ में पीने को रम भी थी। सैम ने रम नहीं पी क्योंकि उसे सुबह फिर से हेलीकॉप्टर उड़ाना था। हम नींद के आगोश में आए ही थे कि हमारे नथुनों में बंगाल की खाड़ी से उठती नमक घुली हवा की गंध घुसने लगी। हमारे जहन में समुद्रतट, समुद्र, रेत, जंगल आदि की तस्वीरें तैर रही थीं और कुछ ही देर में वो सभी एक में मिल गयीं और हम दैवीय दृश्यों के साथ अगले दिन जागने के लिए सो चुके थे।

सुबह 6 बजे हेलीकॉप्टर हवा में था। हम बांग्लादेश की ओर बढ़ रहे थे और चटगांव नजदीक आ रहा था। हमें वहां ईंधन भरना था। सैम और मैं 3 दशक पहले बांग्लादेश में युद्ध के दौरान आ चुके थे। सैम चटगांव के इलाके में था जो म्यांमार से सटा हुआ था और मणि दिनाजपुर और रंगपुर में था जो भारत से लगा हुआ था। हम उन दिनों को याद कर रहे थे। दिन के उतरार्ध में हम ढाका पहुंचे। शाम हो चुकी थी। बांग्लादेश में लोग काफी मदद करने वाले मिले थे। उन्होंने हमारा स्वागत किया था, खाना दिया था और बहुत इज्जत से नवाजा था। कुछ लोग हमारे साथ मजाक भी कर रहे थे लेकिन वो सब कुछ अच्छे उद्देश्य से हो रहा था। उन्होंने इमिग्रेशन से जुड़ी चीजों को बहुत सहजता से निपटाया था और हमें बड़े प्रेम से विदा किया था।

लेकिन इस बार जब हम वहां पहुंचे और ढाका हवाई अड्डे पर उतरे तो हमें तुरंत ही मिलिट्री और पैरा-मिलिट्री के हथियारबंद सैनिकों ने घेर लिया। जोर से बज रहे सायरन वाली जीप हमारी तरफ दौड़ते हुए आयी। ऐसा लग रहा था जैसे कोई हाइजैक किया हुआ जहाज हवाई अड्डे पर उतरा हो। जब हम उतरे तो एक सुरक्षा अधिकारी हमें एक कमरे में पूछताछ के लिए ले गया। सैम और मैंने अपने 'पूछताछ अधिकारी' की ओर देखा। मैंने उससे पूछा, 'आप

बांग्लादेशी सेना में मेजर हैं?' उसने कहा, 'हां!' मैंने कहा, 'देखिये, मैं कैप्टन गोपी हूं और ये कर्नल सैम हैं। हम भारतीय सेना से हैं। हम यहां मुक्ति युद्ध के दौरान भी थे। हमने बांग्लादेश को आजादी दिलाने के लिए पाकिस्तानी सेना से लड़ाई लड़ी थी। इस देश की बहुत अच्छी यादें हैं हमारे पास। अब ये सब क्या हो रहा है? आप हमारे साथ अपराधियों जैसा सलूक क्यों कर रहे हो?'

मेरी उग्र होती आवाज सुनकर वो थोड़ा प्रभावित हुआ और मेजर साहब अब खुद में थोड़ा बदलाव ला चुके थे। उन्होंने हमें सैल्यूट किया और माफी के स्वर में कहा, 'सॉरी सर। हमें ये मालूम ही नहीं था।'

अब उसका व्यवहार थोड़ा दोस्ताना हुआ और उसने हमसे बातचीत करनी शुरू की। वो हमें चाय पिलाने ले गया, हमारे कागजात देखे। उसने बताया कि उसके पिता ने भी 1971 की लड़ाई लड़ी थी। हम अच्छे मन के साथ एक-दूसरे से विदा लेकर निकल पड़े।

ढाका हवाई अड्डे पर मैंने एक चीज देखी। दर्जनों लोग लाउंज में बैठे टीवी देख रहे थे। पहले भारतीय हवाई अड्डों पर भी ऐसा होता था। वहां यात्रियों से ज्यादा सरकारी नौकर होते थे। वो आपस में बातें कर रहे होते थे, अखबार पढ़ रहे होते थे, टीवी देख रहे होते थे और मजे कर रहे होते थे। यात्री बहुत ही कम दिखते थे। सरकारी नौकर एसी का आनंद उठा रहे होते थे। बाहर टारमैक पर बहुत गर्मी होती थी और हवाई अड्डे के अंदर का इलाका धूप और गर्मी से बचने का अच्छा और शानदार तरीका था।

बांग्लादेश बहुत ही उर्वरक देश है और वहां के लोग बहुत प्रतिभाशाली हैं। वहां कला के क्षेत्र में बहुत उन्नति हुई है। ये देश अपने गायकों, कवियों और लेखकों के लिए जाना जाता है। भौतिक रूप में बांग्लादेशी और दक्षिण और पूर्वी भारतीय नागरिक एक जैसे दिखते हैं। मुझे इस बात का दुख था कि हिंसा से प्रभावित देश में ऐसी नीतियां चल रही थीं कि वहां रचनात्मकता और विचार एवं बोलने की आजादी नहीं थी। वो न ही लोगों को धनोपार्जन करने देते थे और न ही उद्यम या उद्योगों को बढ़ावा देते हुए दिखते थे।

बांग्लादेश ऐसा देश है जिसे मैं बहुत पहले से जानता था और उसके जन्म में मेरा भी छोटा-मोटा हाथ रहा है। सैम का भी। यहीं पर हमारा वयस्क जीवन शुरू हुआ था। मैं वहां फैली गरीबी को देख रहा था और देख रहा था कि कैसे शानदार प्रतिभा बर्बाद हो रही थी।

हमारी सिंगापुर से शुरू हुई यात्रा उल्टी लकीर खींच रही थी। हम जैसे-जैसे सिंगापुर-मलेशिया-थाईलैंड होते हुए उत्तर की ओर बढ़ रहे थे, अच्छी अर्थव्यवस्थाएं और शानदार सरकारी नीतियां अब नियंत्रित ब्यूरोक्रेसी और तानाशाही में बदलती दिख रही थीं जहां आर्थिक मामला बेहद खोखला हो चुका था।

हम ढाका से निकल भारत की ओर बढ़ रहे थे। हममें उत्साह कूट-कूट कर भरा हुआ था। शाम होते-होते हम कोलकाता पहुंच गए। अब हम अपनी जमीन पर थे। ऐसा लग रहा था जैसे बहुत बड़ा किला फतह कर लिया हो। अब हमें मालूम था कि कोई भी तकनीकी गड़बड़ी होने पर एक फोन कॉल की दूरी पर हमें मदद मिल जाने वाली थी।

हम कोलकाता से भुवनेश्वर के लिए उसी शाम निकल जाना चाहते थे। लेकिन कस्टम वालों के चलते हमें देर हो गई। जब हमें दोबारा उड़ने के लिए पूरी तरह से क्लियर किया गया, तब तक खासी देर हो चुकी थी। भारत में हेलीकॉप्टरों को उड़ने के लिए अलग रास्ता दिया गया है। लेकिन नियम ऐसे हैं कि कागज क्लियर करवाने के लिए उसे वहीं जाना होता है जहां बाकी जहाजों को। इसकी वजह से हेलीकॉप्टर और बाकी जहाजों, दोनों को देर होती है। अगर कोई हेलीकॉप्टर लैंड कर रहा है या उड़ रहा है, तो जहाज को इंतजार करना होता है। इसका उल्टा भी होता है। हेलीकॉप्टर में सीमित ईंधन आता है। एक बार हेलीकॉप्टर के रोटर चालू हो गए और उसे जमीन पर ही देर तक रुकना पड़ा तो उसका ईंधन बहुत जल्दी चुक जाता है। एक हेलीकॉप्टर, जो दो घंटे उड़ सकता है, उसका इंजन चालू करके छोड़ दिया जाए तो जब तक उसे उड़ने की आज्ञा मिलती है, उसक काफी ईंधन खप चुका होता है और वो बिना रुके गंतव्य तक नहीं पहुंच पाता है। डीजीसीए और एयरपोर्ट अधिकारियों ने कई बार इस समस्या का संज्ञान लिया है लेकिन इसका कोई हल नहीं निकल सका है। चूंकि हेलीकॉप्टर सूर्यास्त के बाद नहीं उड़ते हैं, ऐसे में जब उन्हें समय पर अनुमति नहीं मिलती है तो उन्हें हैंगर में ही रात बितानी पड़ती है।

हम भुवनेश्वर जाने को बेताब थे। लेकिन जब तक हमें मंजूरी मिली, देर हो चुकी थी। सैम ने घड़ी देखी और तय किया कि जब तक हम पहुंचते, अंधेरा हो चुका होता। उसने रोटर बंद किए और हमने एयरपोर्ट पर ही रात गुजारी।

सुबह 6 बजे हम निकल पड़े। हुगली और गंगा की तलहटी को पार किया। भुवनेश्वर शहर को अनदेखा करना बेहद मुश्किल है। क्योंकि वहां लिंगराज के मंदिरों का झुण्ड है। मैं बार-बार एक ही बात तो नहीं कहना

चाहता, लेकिन भारत भर में फैले तमाम मंदिरों को देख आप उल्लास से भरे बिना नहीं रह सकते। स्कूल के एक उत्साहित बच्चे की तरह मैं लगातार सैम से किसी मंदिर तो किसी झरने को देखने के लिए कहता रहा। वो कई बार चिढ़कर कहता, 'गोपी! बहुत हुआ मंदिर देखना। अब मैप पर ध्यान लगाओ।' हम भुवनेश्वर में दोबारा ईंधन भरवाने लगे। सैम और मैं तय कर चुके थे कि सूर्यास्त से पहले हमें किसी भी हाल में बेंगलुरु पहुंचना ही था। बीच में हमें वाईजैग, विजयवाड़ा और तिरुपति में ईंधन भरवाने के लिए उतरना था। इसलिए हम लगातार समय देख रहे थे। भुवनेश्वर से निकलने के बाद हमें चिल्का झील दिखी। हमारे आखिरी पड़ाव तिरुपति से जब हम निकले, हमारे पास वक्त की बेहद कमी थी। मैंने सैम से कहा कि वो एक बार तिरुपति का एक चक्कर मार ले जिससे हम बालाजी के पावन धाम को नमस्कार कर सकें। सैम ने अपनी घड़ी पर नजर फेरी और तुरंत ही उस पहाड़ी की ओर उड़ पड़ा जिस पर भगवान वेंकटेश्वर स्थित थे। वहां, हवा में ही हमने शीष नवाया और बेंगलुरु की ओर चल पड़े जो अब डेढ़ घंटे की दूरी पर था।

पश्चिम की ओर सूरज डूब रहा था और सैम को जक्कुर एयरफील्ड दिखाई दे रही थी। उसने एटीसी को बताया। हम जैसे-जैसे हेलीपैड के नजदीक पहुंच रहे थे, मैं अपने लोगों को हैंगर में हमारा इंतजार करते हुए देख सकता था। वो हमें देखकर हाथ हिला रहे थे। हम इस स्वागत से अभिभूत हो चुके थे। भार्गवी, सैम की पत्नी माया, जयंत और पुन्नू और विद्या बाबू हमारा इंतजार कर रहे थे। इन सभी ने खूब तालियां बजाईं, फूल-मालाएं चढ़ाईं और हमें गले लगाया। घर लौटकर आने के खयाल भर ने बीते पांच दिनों की कड़ी मेहनत-मशक्कत की आधी थकान तो यूं ही उतार दी।

9

जब हम कुछ बनाते हैं तो सोचें
कि इसे हमेशा के लिए बना रहे हैं।

—जान रस्किन

चुनाव, धर्म प्रचार, हेलीकॉप्टर

आम चुनावों की घोषणा हो चुकी थी। भारतीय चुनाव हमेशा से तमाम रंगों और तरह-तरह के शोर-शराबे से भरे रहे हैं। इसमें नाटकीयता, अतिशयोक्तियां भी खूब होती हैं। आज की प्रतिस्पर्धा पहले से कहीं ज्यादा है। अब पानी की तरह पैसा बहता है। इसको याद करता हूं तो शेक्सपियर की लिखी बात याद आती है: वो सभी 'एक मूर्ख द्वारा सुनाई गई कहानी हैं जिसमें शोर है, गुस्सा है, लेकिन उसका हासिल कुछ नहीं।'

चुनावी माहौल में हेलीकॉप्टर बहुत सारा ड्रामा जोड़ते हैं और लोगों को खींचते हैं। इनसे नेताओं को बहुत सारी सहूलियत भी मिलती है। नेतागण परिस्थितियों के आधार पर अपना प्लान बदल सकते हैं।

हेलीकॉप्टर कंपनी को लचीला होना पड़ता है और समय पड़ने पर नए लैंडिंग निर्देशांक के लिए तैयार रहना पड़ता है। उन्हें इंजीनियरिंग और बाकी रख-रखाव का सामान इधर से उधर करने के लिए तैयार होना पड़ता है। इसके साथ ही उन्हें जमीन पर सुरक्षा का भी खयाल रखना पड़ता है। उसे सेना का सबसे जरूरी सबक कभी नहीं भूलना चाहिए: हेलीकॉप्टर की सेवा उसके लॉजिस्टिक्स के सपोर्ट की क्वालिटी पर ही निर्भर करती है।

हमारे पायलटों के पास इरिडियम वाले सैटेलाईट फोन थे जिसके जरिए वो एटीसी से कभी भी, कहीं से भी संपर्क कर सकते थे। ये अंतराष्ट्रीय फोन सेवा कई कम्पनियों के संगठन के जरिए मिलती थी जिन्होंने इसमें लाखों डॉलर का

निवेश किया था और धरती के नजदीक घूमने वाली सैटेलाईट लॉन्च की थीं। आधुनिक मोबाइल टेक्नोलॉजी ने इन फोनों को पीछे छोड़ दिया है और अब ये फोन अमेरिकी सेना इस्तेमाल करती है।

लोग ये भी जानना चाहते हैं कि मैंने कैसे राजनेताओं से पैसे निकलवाए। नेतागण किसी के किए गए काम को भविष्य में लाइसेंस, कॉन्ट्रैक्ट या छूट के लिए उसका निवेश समझते हैं। बड़े कॉर्पोरेट घराने, जिनके पास हेलीकॉप्टर था, वो नेताओं को मुफ्त में दे देते थे जिसे वो बाद में भुनाते थे। इसे भलमनसाहत के तहत गिन लिया जाता था।

हमारे लिये मामला उल्टा था। हेलीकॉप्टर ही हमारे खाने-पीने का आधार थे। हमारे पास खुद को जिंदा रखने का और कोई जरिया नहीं था। हमने अपना नाम भरोसेमंद, त्वरित और समय पर काम करने वाली कंपनी के रूप में स्थापित किया था। राजनीतिक पार्टियों को मालूम था कि हम मुफ्त में काम नहीं करते हैं। वो इस बात पर भी शक करते थे कि एक बार हेलीकॉप्टर की सेवा लेने और पैसे देने के बावजूद वो दोबारा हमारा हेलीकॉप्टर नहीं ले पाएंगे क्योंकि अमुक दिन किसी और ने उसे बुक कर रखा होगा। ऐसे में वो एक दूसरे को पीछे करने के लिए एडवांस पेमेंट करने लगे। किसी ने भी फ्री में हेलीकॉप्टर नहीं मांगा।

चुनाव में हमने अच्छी कमाई की। मांग ज्यादा थी और हेलीकॉप्टर ज्यादा मरम्मत मांगता था, इसलिए हमने अपने दाम भी बढ़ाए। लेकिन, चूंकि एडवांस पेमेंट हो चुका होता था, इसलिए कोई भी नेता ऐन मौके पर कोई गड़बड़ी बर्दाश्त नहीं करने वाला था। छोटी सी भी नहीं। लेकिन फिर भी, पूरी मुस्तैदी दिखाने के बाद भी, गड़बड़ी होने की संभावना बनी ही रहती थी।

एक बार उत्तर प्रदेश के एक नेता के मामले में हमारे साथ समस्या हुई। वो पूर्व सांसद थे। उन्होंने हमारा हेलीकॉप्टर किराए पर मंगवाया। उन्हें बहुत सारी रैलियां करनी थीं। उन्होंने पायलट से वादा किया था कि लैंड होते ही वो पेमेंट कर देंगे। वो एक रैली से दूसरी रैली में जा रहे थे और हमेशा प्राइवेट सिक्योरिटी गार्ड से घिरे हुए थे।

एक रैली के बाद, जब वो हेलीकॉप्टर में बैठे, पायलट ने उनसे पैसों के बारे में पूछा। उस नेता ने बन्दूक निकाली और उसकी कनपटी पर तान दी। पायलट ने धीरज नहीं खोया और उड़ान भर दी। जब हेलीकॉप्टर हवा में उड़ा तो पायलट ने सैटेलाईट फोन से मुझसे बात की। उसने स्थिति बताकर पूछा कि वो क्या करे। मैंने उससे कहा कि वो चलता रहे। उससे बात करते ही मैंने राजनीतिक पार्टियों में शामिल अपने जानने वालों से बात की और उस नेता के

बारे में जानना चाहा। उन्होंने बताया कि वो बहुत बड़ा अपराधी था और उसके खिलाफ उगाही और हत्या के बहुत से केस चल रहे थे। उन्होंने कहा कि वो कभी हमें पैसे नहीं देगा और हमें वो पैसा भूल जाना चाहिए। मैंने अपने पायलट को फोन करके कहा कि अगले पड़ाव पर जैसे ही वो नेता और उसके साथ के लोग उतरें, वो वहां से निकलकर वापस आ जाए।

पायलट ने मेरी बात मानी। जैसे ही उसने नेता बने गुंडे को और उसके साथियों को उतारा, उसने तुरंत पूरी ताकत से हेलीकॉप्टर उड़ाया और निकल आया। बाद में कोर्ट ने इस नेता को एक आपराधिक मामले में दोषी पाया और उसे जेल हुई।

एक और बड़ी अजीब घटना हुई। हम पूर्व मंत्री और भारतीय राजनीति के बड़े नाम शरद यादव को बिहार के एक हिस्से में ले जा रहे थे जो अब झारखंड में आता है। चुनावों के दौरान वो जगह जंगलराज में तब्दील हो जाती थी। हेलीकॉप्टर उतरने को था कि भीड़ टचडाउन पैड के पास आने लगी। जैसे ही हेलीकॉप्टर नीचे उतरा, भीड़ में से किसी ने पत्थर चलाने शुरू कर दिए। शरद यादव और हमारे फ्लाइट इंजीनियर को चोटें आयीं। सामने लगा कांच चिटक गया लेकिन रोटर ब्लेड अभी भी सलामत थी और चालू थी। पायलट ने हेलीकॉप्टर तुरंत उड़ाया और निकल गया।

एक और घटना झारखंड में हुई। हमारे हेलीकॉप्टर में भाजपा के अध्यक्ष वेंकैया नायडू थे। उनका स्वागत करने के लिए एक भीड़ आयी। इतनी ही देर में किसी ने हेलीकॉप्टर पर पेट्रोल बम फेंक दिया। वो बम अंदर फटा लेकिन वेंकैया नायडू और पायलट और इंजीनियर समय रहते निकल गए। हेलीकॉप्टर जल गया। तीनों लोगों को मोटरसाइकिल पर निकाला गया। अगले दिन जब हमारे पायलट और इंजीनियर वारदात की जगह पर इंश्योरेंस से जुड़ी कार्रवाई के लिए पहुंचे तो उन्हें घेर लिया गया। उन्हें बचाने के लिए हमें लालू प्रसाद यादव की मदद लेनी पड़ी, जिन्होंने वहां रिजर्व पुलिस को भेजा। स्थानीय पुलिस हमारी मदद के लिए कुछ भी नहीं कर पा रही थी।

बहुत ही जल्द डेक्कन की हेलीकॉप्टर सेवा ज्यादातर नेताओं की पसंद बन गई। हमारी मौजूदगी हर जगह थी। चुनाव के वक्त हम हर जगह दिख रहे होते थे। पैसा भी अच्छा था। साथ ही दुनिया के सबसे बड़े लोकतांत्रिक आयोजन में हिस्सेदारी का मजा भी था।

कई नेता हेलीकॉप्टर की मौजूदगी से असहज होते हैं। वो पायलट के बारे में ऐसा सोचते हैं कि वो उनका कहा नहीं मानेगा। कुछ ऐसे भी होते हैं

जो अतिउत्साहित होते हैं, परेशान करते हैं। वो हेलीकॉप्टर के बारे में कुछ भी नहीं जानते हैं लेकिन पायलट को निर्देश जारी करना बंद नहीं करते। वो ऐसे नौटंकीबाज होते हैं जो हर मोड़ पर पायलट के ज्ञान पर सवाल खड़े करते हैं। पायलट आम तौर पर सौम्य होते हैं लेकिन ज्यादातर मौकों पर अपने हिसाब से ही चलते हैं। कुछ दब भी जाते हैं और फिर दुखी होते हैं। जयंत ने एक मौके पर छगन भुजबल का कहा नहीं माना। छगन भुजबल शिवसेना के बड़े नाम थे और महाराष्ट्र के उपमुख्यमंत्री थे। भुजबल बेचैन थे और जयंत को बार-बार कुछ कह रहे थे क्योंकि उन्हें जल्दी से जल्दी एक रैली में पहुंचना था। सूर्यास्त होने ही वाला था और मौसम भी बहुत अच्छा नहीं था। भुजबल चाहते थे कि जयंत उन्हें उनके गंतव्य तक ले जाए और वो उसे निर्देश देने लगे। जयंत ने कुछ देर तो कुछ नहीं कहा और उनके हां में हां मिलाता रहा। लेकिन फिर उसे समझ में आया कि वो अभी लैंड नहीं कर सकेगा क्योंकि ऐसे समय में कहीं और जाना संभव नहीं था। नेता जी के लगातार आ रहे निर्देशों को बहुत देर तक सुनने के बाद जयंत पलटा और उनसे बोला, 'क्या आप मेरी जगह आना चाहेंगे? आप इसे उड़ा लें तो मैं बेशक अपनी जगह आपको दे दूं।' इसके बाद भुजबल ने एक शब्द नहीं कहा।

आप सोचेंगे तो पाएंगे कि पायलट भी इंसान ही हैं और उनके पास भी बाकी लोगों जैसी ही भावनाएं होती हैं। वो अपनी क्षमताओं और फैसले लेने की ताकत में विश्वास रखते हैं। किसी नेता का जरूरत से ज्यादा दबाव या देर होने के बाद घर जाने की जिद दुर्घटना को ही बुलावा देती है क्योंकि ऐसे में चूक होने की संभावना कहीं ज्यादा बढ़ जाती है।

हमारे सबसे काबिल पायलटों में से एक, कैप्टन जीवी मेनन सेना में थे। कश्मीर और लद्दाख में जहाज उड़ाने का उन्हें खूब अनुभव था। वो थकते नहीं थे और उनमें ऊर्जा बहा करती थी। अपने समय में वो सब कुछ एकदम परफेक्ट तरीके से करते थे। हम एक दूसरे के घर आया-जाया करते थे। हमारे परिवार भी घुल-मिल गए थे। कंपनी के बहुत से लोग कहते थे कि हम डिफेंस संस्था जैसे ज्यादा थे।

90 का दशक खत्म होते-होते, कई धर्म प्रचार की संस्थाओं ने हमारे हेलीकॉप्टर किराए पर लेने शुरू कर दिए। वो उड़ीसा, आंध्र प्रदेश और पश्चिम बंगाल के सुदूर इलाकों में जाते थे। वो वहां एक जगह जाते, कैंप लगाते और ईसा का उपदेश देते। वहां मौजूद लोगों को वो ईसाई धर्म में परिवर्तित कर देते। पायलट वहां एक छोटे से घर में 7-8 दिनों के लिए रहता। पायलट मुझे जो

बताते, उससे समझ में आ रहा था कि आदिवासी आबादी, जो प्रकृति की पूजा करती थी, वही उनका निशाना थे। आज-कल चर्च पर होने वाले हमले उसी दो दशक पुरानी घटनाओं की प्रतिक्रिया हैं। ऐसे हमले समाज में अराजकता फैलाते हैं और किसी हल तक पहुंचने की कोशिश नहीं करते हैं। नागरिक संस्थाओं और एनजीओ को इसकी जड़ तक पहुंचना चाहिए। उन्हें ये भी समझना चाहिए कि जब किसी को उसके ही सामाजिक ढांचे में निम्नतम स्तर पर रहने के लिए मजबूर कर दिया जाएगा और गरीब बनाए रखा जाएगा और जीवन जीने के लिए उसे कोई सहारा या मौका नहीं मिलेगा तो उसे धर्म परिवर्तन करने से क्या रोक सकेगा? जो भी इस समस्या का हल निकालना चाहते हैं, उन्हें इन लोगों के साथ मिलकर काम करना चाहिए, उन्हें स्वास्थ्य सुविधाएं, साफ-सफाई, शिक्षा और नौकरी मुहैया करानी चाहिए। उन्हें ऐसे लोगों को उनकी आवाज दिलानी चाहिए और लोकतंत्र में उनकी हिस्सेदारी भी सुनिश्चित करनी चाहिए। सिर्फ धर्मांतरण रोकने से ही सब कुछ नहीं हो जाएगा।

ऐसे 1-2 धर्म प्रचारक समूह थे जो हमारा हेलीकॉप्टर अक्सर आंध्र प्रदेश और उड़ीसा के लिए ले जाते थे। एक मौके पर इनमें से एक ने हमारे 3 हेलीकॉप्टर लगभग 15 दिन के लिए मांगे। तीन पायलट, जिसमें कैप्टन मेनन भी थे, चल पड़े। इस धर्मांतरण के आयोजन में आयोजकों ने लोक सभा के स्पीकर जीएमसी बालयोगी को न्योता दिया। वो उसी इलाके से थे। उन्हें बतौर मुख्य अतिथि बुलाया गया था। स्पीकर साहब के लिए भी अच्छा मौका था क्योंकि इस मुलाकात से उन लोगों के साथ राजनीतिक संबंध अच्छे हो जाते।

बालयोगी की दिनचर्या बहुत टाइट थी। उन्हें लोक सभा सेशन के लिए अगली सुबह 10 बजे से पहले दिल्ली में होना था। उन्हें आंध्र प्रदेश के अंदरूनी इलाके ओंगोल से हैदराबाद के लिए ट्रेन पकड़नी पड़ती और वहां से दिल्ली के लिए फ्लाइट लेनी पड़ती। बालयोगी को लग रहा था कि उनकी फ्लाइट मिस हो जाएगी। इसलिए उन्होंने ये न्योता ठुकरा दिया।

चूंकि वहां हमारे 3 हेलीकॉप्टर थे, इसलिए धर्म प्रचारक समूह ने बालयोगी से कहा कि वो रुक जाएं और हेलीकॉप्टर से उन्हें हैदराबाद छोड़ दिया जाएगा। स्पीकर मान गए।

उन लोगों ने कैप्टन मेनन को हैदराबाद छोड़कर आने के लिए कहा। कैप्टन मेनन सुबह 6 बजे बालयोगी जी के साथ रवाना हो गए। सर्दियों की सुबह थी और वहां कोहरे की मोटी परत थी। कैप्टन मेनन पर उस समूह का

भारी दबाव था कि सुबह 6 बजे उन्हें उड़ान भरनी ही थी जिससे स्पीकर दिल्ली की फ्लाइट समय पर पकड़ सकें।

मैं एक बात बार-बार सोचता हूं। हम लोगों को यहां से वहां ले जाने के व्यापार में थे और हमें इस बात की हर संभव कोशिश करनी होती है कि कोई भी एक्सीडेंट न हो और लोगों की जान न जाए। ये एक ऐसा डर है, जिसके साथ मैं हमेशा रहा हूं।

मैं उस वक्त हांग-कांग में था। एक बिजनेस के सिलसिले में मुझे मकाऊ से वहां पहुंचना पड़ा था और एक मीटिंग के बीच में था जब मुझे बाहर बुलाया गया। मेरे देश से मेरे लिये एक फोन कॉल आया था और मुझे तुरंत बात करने के लिए बुलाया जा रहा था। मुझे बताया गया कि हमारा एक हेलीकॉप्टर दुर्घटनाग्रस्त हो गया था और पायलट कैप्टन मेनन और स्पीकर बालयोगी, दोनों की मौके पर ही मौत हो गई थी। इस खबर ने मुझे गहरे सन्नाटे में धकेल दिया।

मैंने अपनी यात्रा बीच में ही रोकी और वापस घर की ओर भागा। कैप्टन मेनन उस वक्त 40 साल के आस-पास थे। उन्हें उड़ान का 20 साल का अनुभव था। उन्होंने सियाचिन में ड्यूटी की थी जो पूरी दुनिया में सबसे ऊंचाई पर उड़ान भरने के लिए जाना जाता है। वहां भी उन्होंने स्नाइपर की भारी गोलीबारी के बीच काम किया था। उन्होंने मौसम के लिहाज से दुनिया की सबसे मुश्किल जगहों में एक बार बारिश, बर्फ और कोहरे के बीच काम किया था। उन्होंने कितने ही मौकों पर लोगों को, सामान को सही जगह पहुंचाया था। कितनी ही बार उन्होंने बचाव कार्य को अंजाम दिया था। उनके जैसे ऊर्जावान और अनुभवी इंसान के साथ ऐसी घटना हो सकती थी, ये पूरी तरह से अविश्वसनीय था।

जांच करने वालों ने बताया कि वो सुबह-सुबह उड़ गए थे और उन्होंने खुद को कोहरे के बीच पाया। दुनिया भर में ज्यादातर चार्टर हेलीकॉप्टर पायलट की आंखों के दम पर ही चलते हैं। उनमें ऑटो पायलट या होराइजन स्टेबिलाइजर नहीं होता है। जब इस तरह से कोहरे में कम दिखाई देने लगता है तो पायलट को जमीन के हिसाब से अपनी स्थिति का अंदाजा नहीं लग पाता है। कोहरे में पायलट कुछ नीचे उड़ता है जिससे उसे बेहतर दिखाई दे। लेकिन साथ ही उसे ये भी ध्यान में रखना होता है कि वो जमीन से सुरक्षित दूरी बनाकर रखे। इसके साथ ही वो उतना ही नीचे उड़ सकता है, जितना उसका मैप अनुमति देता है। यानी, उसे पहाड़ियों, ऊंची बिल्डिंगों, बिजली की लाइनों और तमाम चीजों का ध्यान रखना होता है। जमीन के ऊपर वो सामान्यतः 150 से 300 मीटर पर उड़ सकता है।

कैप्टन मेनन ने मैप देखे और उन्हें मालूम पड़ा कि उनके नीचे धान के खेत थे। लेकिन किस्मत का खेल ही था कि हाल ही में उन खेतों को मछली पालन के तलाबों में तब्दील कर दिया गया था। ये बदलाव उनके नक्शे में नहीं दिखाया गया था क्योंकि वो पुराना था। उन तालाबों के ऊपर कोहरा और भी घना था। उन्हें लगा कि कोहरा कुछ नीचे छंट जाएगा लेकिन ऐसा नहीं हुआ। अब वो हर तरफ कोहरे से घिरे थे। चश्मदीदों का कहना था कि पायलट ने इमरजेंसी लैंडिंग के लिए नीचे उतरना शुरू किया। ऐसा इसलिए हुआ होगा क्योंकि उन्हें लगा होगा कि नीचे धान के खेत थे और वहां उतरने से जान का खतरा तो नहीं होगा। लेकिन मैप में दिख रहे खेत तो थे ही नहीं। यदि होते तो उनका ये फैसला एकदम सही सिद्ध होता।

जब वो सतह पर उतरने वाले होंगे तो उन्हें मालूम चला होगा कि असल में वो पानी पर उतरने की कोशिश कर रहे थे। उन्हें मालूम ही नहीं होगा कि पानी कैसा था और कितना गहरा था। इस वजह से उन्होंने तुरंत हेलीकॉप्टर की पूरी ताकत झोंककर ऊपर उठने की कोशिश की। लेकिन ऐसे में पीछे का रोटर जाकर पानी की सतह से छू गया। हेलीकॉप्टर पूरी तरह हिल गया और नियंत्रण से बाहर हो गया और जाकर पास लगे नारियल के पेड़ से टकरा गया। हेलीकॉप्टर में 3 लोग मौजूद थे। कैप्टन मेनन, बालयोगी और उनके गार्ड। कोई भी नहीं बचा।

हम मौके पर पहुंचे और पायलट का शव लेकर लौटे। कैप्टन मेनन का अंतिम संस्कार उनके शहर में हुआ। वो बेहद दुखी करने वाला पल था। उनकी पत्नी और 2 छोटे बच्चे थे। हमने उनके परिवार का खयाल रखा और उन्हें मुआवजा और बीमा राशि दी। उनकी पत्नी ने हमारी कंपनी जॉइन की। उनका बेटा अमेरिका में पायलट बनने की ट्रेनिंग ले रहा था जिसके बाद उसने भी हमारी कंपनी जॉइन की।

बहुत दिन नहीं बीते थे कि हमें एक महिला का फोन आया। उसका नाम था बेउआ बोंगली। वो साउथ अफ्रीका से थी और जानना चाहती थी कि क्या हम घूमने के लिए हेलीकॉप्टर उपलब्ध करवाते हैं। मैंने कहा कि बिल्कुल करते हैं। वो आश्चर्य से भर गई। उसने कहा, 'काश मुझे मालूम होता। मेरे टूर ऑपरेटर ने मुझे बताया ही नहीं कि भारत में ऐसी सुविधा भी मौजूद है। मुझे मालूम होता तो मैं जरूर आपका हेलीकॉप्टर लेती।'

उधर बेउआ बोंगली बात कर रही थीं और इधर मेरा दिमाग दौड़ने लगा था। हम उचित दाम में अपना विज्ञापन कैसे करवा सकते हैं? दुनिया भर के

लोगों को ये कैसे बताया जा सकता है कि भारत में हेलीकॉप्टर सुविधा मौजूद है? हम बहुत वक्त से इसलिए नुकसान उठा रहे थे क्योंकि बहुत सारे लोगों को हमारे अस्तित्व के बारे में कोई जानकारी ही नहीं थी।

भारतीय टेनिस के सितारे विजय अमृतराज डेक्कन के बोर्ड ऑफ डायरेक्टर में भी शामिल हुए। हमारी पहली मुलाकात में मैंने उन्हें बताया कि मैं एक हेलीकॉप्टर सेवा चलाता हूं। वो ये बात सुनकर दंग रह गए। उन्हें नहीं मालूम था कि भारत में ऐसी भी कोई सेवा चलती है। उन्होंने टेनिस के महान खिलाड़ी ब्यॉन बॉर्ग से जुड़ी एक कहानी सुनाई। एक साल पहले ही ब्यॉन बॉर्ग को विजय ने भारत भर में घुमाया था। बॉर्ग ताजमहल देखना चाहते थे। उन्होंने सबसे पहले विजय अमृतराज से पूछा कि क्या वो एक हेलीकॉप्टर किराए पर ले सकते हैं। विजय ने पूछताछ की लेकिन कोई भी ट्रैवल एजेंट उनकी कोई मदद नहीं कर पाया। उन्होंने एक टैक्सी किराए पर ली और उससे आगरा गए। एक तरफ से उन्हें 6 घंटे का समय लगा और उनका ताजमहल देखने का मजा किरकिरा हो गया। अगर ब्यॉन बॉर्ग के पास और वक्त होता, हेलीकॉप्टर होता तो समय निकल ही आता, तो वो ताजमहल के साथ-साथ फतेहपुर सीकरी और आगरा का किला देख सकते थे।

मैं किसी कॉल करने वाले को बस जानकारी देकर फोन रखने में विश्वास नहीं रखता था। मैं तब तक फोन नहीं रखता था जब तक मुझे उसके बारे में और बातें नहीं मालूम हो जाती थीं। मुझे उनके कॉल करने की वजह, वो हेलीकॉप्टर से क्या करना चाहते थे, उनकी यात्रा का प्लान वगैरह सब जानना होता था। मैं यह भी जानना चाहता था कि उन्हें हमारे बारे में कहां से मालूम पड़ा और हमारा कॉन्टैक्ट नंबर किसने दिया। मालूम पड़ा कि बेउआ 15 दिन की भारत यात्रा पर आयी हुई थीं। टूर के आखिरी चरण में उन्होंने अपने पति के साथ बनारस से दिल्ली के लिए ट्रेन पकड़ी थी। बीच में कहीं वो लोग सो गए। जब सोकर उठे तो मालूम पड़ा कि उनका सारा सामान चोरी हो चुका था। उनका पासपोर्ट और क्रेडिट कार्ड भी जा चुके थे।

जब कॉल आया, उस वक्त बेउला मुंबई के एक होटल में रुकी हुई थीं और अपने नए पासपोर्ट, वीजा और क्रेडिट कार्ड का इंतजार कर रही थीं। उन्होंने डेक्कन का विज्ञापन 'मुंबई दिस फोर्टनाइट' नाम की मैगजीन में देखा था। वो अगले दो दिन और भारत में थीं। वह चाहती थीं कि मुंबई के पास वो कहीं कुछ देखने जा सकती हैं? मैंने उन्हें आधे दिन की मुंबई यात्रा का और एक दिन की अजंता-एलोरा की यात्रा का प्लान बताया। मैंने उन्हें बताया कि

ढाई हजार साल पुरानी गुफाएं उन्हें चकित कर देंगी और ये पूरी यात्रा पैसा वसूल होगी। वो हमारे दाम से खुश थीं और उन्होंने डील पक्की कर दी।

हम आगे भी बात करते रहे। अचानक उन्होंने पूछा, 'आपके पास हवाई जहाज क्यों नहीं हैं?' मैंने कहा, 'मैं डील फाइनल करने के आखिरी पड़ाव में हूं। हम अगले 3 से 4 महीने में अपने बेड़े में हवाई जहाज भी शामिल कर लेंगे।' उस वक्त तक हमारे पास 10 हेलीकॉप्टर थे। कॉर्पोरेट की किताबों में हम अभी भी थोड़े छोटे थे लेकिन भारत में हम सबसे बड़ी चार्टर कंपनी थे। हम एक छोटे दायरे में जाने जाते थे लेकिन वहां हर कोई हमें जानता था।

उन्होंने पूछा कि मैं कौन सा जहाज खरीदने का मन बना रहा था। मैंने कहा, 'किंग एयर-बी 200' उन्होंने पूछा, 'किंग क्यों? पलाटेस क्यों नहीं?' मैंने ऑस्ट्रेलिया में एक एयर शो में पलाटेस देखा था और उसके बारे में थोड़ी जानकारी रखता था। ये एक अच्छा जहाज था और इसमें ज्यादा लोग बैठ सकते थे। इसकी रेंज भी किंग एयर से कहीं ज्यादा थी जो आमतौर पर चार्टर प्लेन के लिए इस्तेमाल किया ही जा रहा था। पलाटेस में अच्छी सुविधाएं थीं, प्रेशराइज्ड केबिन था और 9000 मीटर की ऊंचाई पर उड़ सकता था। एकमात्र वजह, जो लोगों को संकोच में डालती थी, वो थी इसका सिंगल इंजन होना। सिंगल इंजन होने की वजह से ये भारत में कमर्शियल उपयोग के लिए नहीं उड़ाया जा सकता था।

भारत में निजी इस्तेमाल के लिए नियम थोड़े कम सख्त थे। यात्रियों की सुरक्षा के लिहाज से एयरलाइनों को बहुत सारे नियमों का पालन करना पड़ता था।

बेउला बोंगली को पलाटेस के बारे में बहुत कुछ मालूम था। मैंने पूछा, 'बेउला, आपको पलाटेस के बारे में इतना कुछ कैसे मालूम है?' उन्होंने जो जवाब दिया, उसने मेरे नीचे से जमीन खिसका दी। वो 9 पलाटेस जहाजों की मालकिन थीं। वो साउथ अफ्रीका में एक छोटे बैंक की भी मालकिन थीं। वो एक कंपनी चलाती थीं जो लोगों को सामान खरीदने या किराए पर लेने के लिए पैसों से मदद करती थी। मेरे लिये इस सब कुछ पर यकीन करना इतना आसान नहीं था। उन्होंने ये भांप लिया और कहा, 'यकीन करो, कैप्टन! मैं सीरियस हूं। आपको पलाटेस लेना चाहिए। मैं जो कह रही हूं, उस पर आपको क्या इसलिए विश्वास नहीं हो रहा है क्योंकि मैं एक महिला हूं?'

मैंने खुद को तुरंत संभाला और उन पर विश्वास करना चाहा। लेकिन मुझे इस बात की चिंता थी कि पलाटेस को कमर्शियल इस्तेमाल के लिए भारत में

डीजीसीए द्वारा अनुमति मिलेगी या नहीं। बेउला बोंगली के अनुसार पलाटेस को साउथ अफ्रीका में खूब इस्तेमाल किया जा रहा था। उन्होंने ऑस्ट्रेलिया, कनाडा और केन्या में अपने जहाज लीज पर दिए हुए थे। उन्होंने कहा, 'मेरा यकीन मानो, ये कमाल का जहाज है। साउथ अफ्रीका आकर खुद क्यों नहीं देख लेते?'

मैंने बगैर एक भी सेकेंड गंवाये उनसे कहा, 'ठीक है! मैं अगले हफ्ते आपके यहां आता हूं। प्लीज मुझे एक आधिकारिक निमंत्रण भेज दें।' बेउला के साथ फोन पर हुई वो बातचीत डेक्कन एविएशन के लिए सब कुछ बदल के रख देने वाला बिंदु था। मैंने विद्या बाबू से कहा कि वो अपना बैग पैक कर लें। हम अगले हफ्ते हवाई जहाज देखने साउथ अफ्रीका जा रहे थे।

विद्या बाबू, हमारे चीफ इंजीनियर और मैं साउथ अफ्रीका के लिए चल पड़े। *हतारी* और *टार्जन* फिल्मों ने मेरे दिमाग में अफ्रीका की मुख्य तस्वीर बनायी हुई थी। मैंने ये फिल्में बचपन में देखी थीं। इसके अलावा एक फिल्म और थी—*बॉर्न फ्री,* जो मैंने बाद में देखी थी। इन फिल्मों में सुनसान जगहों पर बनी हवाई पट्टियों पर से जहाज आते और जाते थे। मैंने उन जहाजों को भारत में पर्यटन को बढ़ावा देने वाले बड़े हथियार के रूप में देखा। छोटे जहाज सुविधाजनक, ईको-फ्रेंडली और किफायती होते हैं। उन्हें बस एक हवाई पट्टी की जरूरत होती है।

अमेरिकी एफएए, ब्रिटिश सिविल एविएशन अथॉरिटी (सीएए) और यूरोपीय जेएआर ने पलाटेस को प्रमाणित किया था। इसमें नयी तकनीक और विकसित सुरक्षा उपकरणों का इस्तेमाल किया गया था। अमेरिकी एजेंसी, जो अपनी बेहद कड़ी प्रमाणिकता प्रक्रिया के लिए जानी जाती थी, ने इस नए पलाटेस को कमर्शियल उपयोग के लिए मंजूरी दे दी थी। मुझे लगा कि ये भारत में डीजीसीए के सामने अपनी बात रखने में मेरी मदद करेगा।

बेउला बोंगली ने अपने लोगों को मुझे लाने के लिए भेजा। वो कमाल की महिला थीं। उनका शुरुआती जीवन बेहद मुश्किलों से भरा था और उन्होंने उसे पीछे रख खूब सफलता हासिल की। वो काफी युवा और आकर्षक दिख रही थीं (मुझे बाद में मालूम पड़ा कि वो 60 बरस की थीं और दादी बन चुकी थीं)।

बोंगली के पास 4 जहाज थे और बाकी दूसरे ऑपरेटरों के पास थे। मैं पलाटेस को बिजनेस के नजरिए से आंकना चाहता था। कुछ लोग अभी भी पुराना मगर कई मायनों में आधुनिक सेसना ग्रांड कैरावैन उड़ा रहे थे लेकिन

पलाटेस अब गेम पार्कों के बीच आवाजाही का मुख्य साधन बन चुका था। बेउला ने कहा कि हमें वहां के मशहूर गेम पार्क की ओर चलना चाहिए।

हम तुरंत ही एक हवाई जहाज में बैठे। हम कुल 6 लोग थे : पायलट, विद्या बाबू, बेउला बोंगली, उनका बेटा और बेटी और मैं। क्रूगर नेशनल पार्क हमारा पहला पड़ाव था। दूसरा था कागाकामा नेशनल पार्क। क्रूगर नेशनल पार्क इस महाद्वीप का सबसे बड़ा पार्क था और अफ्रीका में बहुत अंदर था। क्रूगर के पास 5 बड़े प्रकार के जानवर थे : शेर, गेंडे, हाथी, जिराफ और दरियाई घोड़ा। मैं पायलट के ही बगल में बैठा था और वहां से जंगल का मनोरम दृश्य देखने को मिल रहा था। वहां हर कुछ दूरी पर घास से भरी हवाई-पट्टियां दिख रही थीं। रिजॉर्ट और लॉज वालों के साथ यहां की हवाई चार्टर कम्पनियों ने साठ-गांठ कर रखी थी। जैसा मैंने भारत में बहुत छोटे स्तर पर किया हुआ था। पर्यटन का, हवाई जहाजों और लॉज का इंफ्रास्ट्रक्चर बहुत बड़ा था और हजारों-लाखों सैलानियों को सेवाएं देता था। ये रिजॉर्ट गेम रिजर्व के किनारे-किनारे थे। गेम रिजर्व खुले मैदान के जंगल थे जहां जानवरों के लिए कोई बाड़ा वगैरह नहीं हुआ करता था। नेशनल रिजर्व में बड़े-बड़े प्राइवेट गेम रिजर्व थे। वहां भले ही बहुत सारे सैलानी आते थे, लेकिन रिजॉर्ट वालों ने जंगल के जीवों के लिए वहां पूरी साफ-सफाई रखी थी और प्रदूषण का नामोनिशान तक नहीं था। ये बताता है कि वहां का पर्यटन कितना सजग था। वहां गेम पार्क के नियमों की अवहेलना करने पर भारी दंड मिलता था।

मैं भारत के बारे में सोच रहा था और महसूस कर रहा था कि हम कैसे पर्यटन की उम्मीदों का लगातार गला घोंटते जा रहे थे। अच्छे पर्यटन की ये सबसे बड़ी मांग होती है कि उसमें जितने भी लोग शामिल हों, सभी के सभी नियमों का कड़ाई से पालन करें। संभावित पर्यटकों के लिए एक पूरा पारिस्थितिकी तंत्र तैयार होता है। इसमें विज्ञापन देना, पब्लिसिटी करना, पर्यटकों के लिए आसान वीजा सिस्टम तैयार करना, भरोसेमंद और आसान टिकट और ट्रैवल का सिस्टम, अच्छे यातायात के साधन, साफ रहने की जगहें, साफ पानी और खाना शामिल होता है। इसमें कई ऐसी चीजें हैं जिसमें भारत पीछे रहता है और ये असल में एक दोराहा है : अच्छे रिजॉर्ट नहीं हैं क्योंकि टूरिस्ट नहीं हैं, और टूरिस्ट नहीं हैं, क्योंकि अच्छे रिजॉर्ट नहीं हैं। सबसे बड़ी बात : हमारे अच्छे पर्यटन क्षेत्र कूड़ाघर बने हुए हैं। हमारे पास अमीर पर्यटक भी आते हैं और बस्ता बांधकर निकल पड़ने वाले भी। अमीर पर्यटक पांच-सितारा होटल में रहते हैं। बस्ता पैक करके चलने वाले 2 डॉलर देते हैं और एक शैक में रह

लेते हैं जहां एक खटिया होती है और सभी के लिए कॉमन टॉयलेट होता है। दुनिया के ज्यादातर मिडल क्लास लोग भारत नहीं आते हैं। जबकि ये टूरिज्म का सबसे बड़ा स्रोत हैं। क्या ये पलाटेस भारत में टूरिज्म बढ़ा सकता था? जैसा इसने अफ्रीका के लिए किया?

क्रूगर में मौजूद घास से भरी हवाई पट्टी के पास हवा की दिशा की सूचना देने के लिए एक विंडसॉक (वातशंकु) लगा हुआ था। वहां आस-पास कोई बिल्डिंग नहीं थी। यहां तक कि कोई टॉयलेट भी नहीं। जो बाड़ जंगली जानवरों को दूर रखने के लिए बनायी गई थी, वो असरदार नहीं दिख रही थी। उछल-कूद कर लेने वाले जानवर जैसे हिरन और जेबरा कूदकर इस पार आ गए थे। पायलट ने कहा कि ये अक्सर होता है और उसने जानवरों के ऊपर से जहाज निकाला। इसने खूब काम किया और जानवर तितर-बितर हो गए। अब हवाई पट्टी साफ थी।

वहां तीन एप्रन (जहाज पार्क करने का इलाका) थे। पायलट ने पलाटेस को एक एप्रन में ले जाकर ऐसे बांध दिया जैसे गांव में गाय की रस्सी किसी पत्थर से बांधकर चरने के लिए छोड़ दिया जाता है। पलाटेस पर उसने एक बरसाती ओढ़ा दी। हम वहां इंतजार कर रही जीप में बैठे और 9 किलोमीटर दूर एक रिजॉर्ट में पहुंचे। अफ्रीकी रिजॉर्ट बहुत अच्छे से मैनेज किए जा रहे थे। भारतीय पर्यटन को उनसे बहुत कुछ सीखना चाहिए। वहां की छतें छप्परदार थीं और उसी के नीचे खूबसूरत कमरे, रेस्टोरेंट, लाउंज थे। सभी रिजॉर्ट परंपरागत तरीके से स्थानीय लोगों से ही सारा निर्माण कार्य करवाते थे।

हम सुबह 5 बजे अफ्रीकी सफारी के लिए निकले। हमने जिराफ, चिंकारा, हाथी और तेंदुए देखे। अफ्रीकी जंगलों और भारतीय जंगलों में खासा अंतर है। भारत में घने जंगल हैं जबकि साउथ अफ्रीकी और केन्या के जंगलों में मीलों तक घास के मैदान होते हैं और सवाना वनस्थली होती है जहां झाड़ियों के अलावा पेड़ न के बराबर होते हैं। जो भी पेड़ होते हैं उनका पत्तियों वाला हिस्सा बहुत फैला हुआ होता है। अफ्रीका के 5 बड़े जानवर जेबरा या तमाम तरह के हिरणों का शिकार करते हैं। यानी, घास उस पूरी खाद्य श्रृंखला में सबसे बड़ा किरदार निभाती है। ये घास के मैदान दक्षिण अफ्रीका से शुरू होते हैं और उत्तर में बढ़ते हुए केन्या और तंजानिया तक जाते हैं। अफ्रीकी जंगल में आपको कहीं भी प्लास्टिक या कूड़ा-करकट नहीं दिखाई देगा। भारत में ऐसा हो ही नहीं सकता।

9 बजे, हम नाश्ते के लिए रुके। वहां का नजारा बेहद खूबसूरत था। पास में ही एक झील थी। एक ऊंची जगह खड़े होकर आप कई दरियाई घोड़ों को पानी में खेलते हुए देख सकते थे। हमें बताया गया था कि अफ्रीका में शेर के मुकाबले दरियाई घोड़ों के हमलों से ज्यादा लोग मरते हैं। इसलिए बेहतर यही था कि दूर ही रहा जाए। नाश्ते में अलग-अलग तरह के सैंडविच थे, बेकन था और स्थानीय अफ्रीकी गाइड्स द्वारा तैयार किए अंडे थे। पूरे वक्त हमारे साथ स्थानीय अफ्रीकी कबीले के लोग थे जो जंगल को पूरी तरह से जानते थे और बेहतरीन ट्रैकर थे।

वो लोग हमें शेर का शिकार दिखाना चाहते थे। इसलिए जीप अपने तय रास्ते से कुछ अलग चलने लगी। इस एडवेंचर ने हमारा खासा खर्चा करवाया क्योंकि हमें जंगल रेंजर ने पकड़ लिया। उन्होंने हमें वापस जाने को कहा लेकिन जाने से पहले हमसे 500 अमेरिकी डॉलर का फाइन लिया। हम बेस कैंप वापस आए और हमारे जहन में जंगल और वहां की तस्वीरें बसी हुई थीं। दोपहर का खाना एक दैवीय अनुभव था। अफ्रीका में जंगली जानवरों को खाने के लिए पालने की अनुमति है। और हमारे सामने असाधारण मांस परोसा गया। जैसे-जैसे शाम चढ़ने लगी, हमें मालूम चला कि अभी जंगल का काम खत्म नहीं हुआ था। हमने नाइट सफारी के लिए गाड़ी निकाली। इस बार जंगल में अलग ही नजारे और अलग ही आवाजें सुनने को मिलीं। अगली सुबह हम केप टाउन के लिए निकल पड़े।

ये साल था 2002। 1994 में रंगभेद खत्म हो चुका था। लेकिन जिंबाब्वे में, रॉबर्ट मुगाबे ने गोरों के खिलाफ अत्याचार के बांध खोल दिए थे। बहुत से लोग देश छोड़ के भाग चुके थे। साउथ अफ्रीका में राज्य प्रायोजित हिंसा तो नहीं थी लेकिन श्वेत लोगों के खिलाफ हिंसा की खूब खबरें मिल रही थीं। अफ्रीकी लोगों के पास अब बराबरी के मौके तो थे लेकिन वो शिक्षित नहीं थे। सदियों से हाशिए पर खड़े होने को मजबूर लोग न ही आधुनिक नौकरियों के लिए जरूरी हुनर रखते थे और न ही प्रशिक्षित थे। इसलिए आर्थिक हिस्सेदारी ना के बराबर थी। जिनके पास थोड़ी-बहुत शिक्षा थी, उन्हें जेलों में डाल दिया गया था।

रंगभेद के बाद की सरकार को मालूम था कि यदि गोरे चले गए तो अर्थव्यवस्था ठप्प हो जाने वाली थी। हजारों-लाखों अफ्रीकियों को किनारे से काम करते हुए मुख्यधारा में आना होगा। इस दौरान सरकार इंफ्रास्ट्रक्चर, चिकित्सा और साफ-सफाई पर काम कर सकती थी।

इस बीच अपराध बहुत तेजी से बढ़ा था। लूटपाट और छिनैती सबसे आगे थी। ट्रैफिक सिगनल, शॉपिंग मॉल के दरवाजों पर और चौराहों पर आए दिन घटनाएं हो रही थीं। कार लूटना, लूटपाट और आगजनी आम बातें हो रही थीं। बेउला बोंगली का खुद का घर जोहांसबर्ग में था और जिसे अल्कट्राज की तरह बना दिया गया था। बिजली के तारों से उसकी सुरक्षा हो रही थी। उसमें सीसीटीवी लगा हुआ था, कुत्ते थे और हथियारबंद सुरक्षा दस्ता था। उनकी गाड़ी, जगुआर में आग फेंकने वाली मशीन लगी हुई थी जिससे हमलावर आस-पास न फटक सकें। उनके घर में मुझे उनकी तस्वीरें दिखीं जिसमें वो बिजनेस से जुड़े दुनिया भर के बड़े लोगों से अवॉर्ड ले रही थीं। एक में वो रिचर्ड ब्रेनसन के साथ खड़ी थीं। मैं बेउला की कहानी सुनने को बेताब था।

सब कुछ लगभग 40 साल पहले शुरू हुआ था। बोंगली उस वक्त 20 साल की थीं। वो रोडेशिया में अपने पति के साथ रह रही थीं। शादी बहुत खुशहाल नहीं थी और वहां उनका शोषण हो रहा था। एक रात उन्होंने तय किया कि वो और नहीं झेलेंगी और वो निकल पड़ीं। उन्होंने अपना सामान बांधा और बच्चों को लेकर साउथ अफ्रीका आ गईं। वो अपने पति को बगैर बताये, एक टूटी-फूटी गाड़ी में भागी थीं। यहां आयीं तो उनके पास कोई नौकरी नहीं थी। उन्हें कोई शिक्षा नहीं मिली थी और जीवनयापन का कोई सहारा नहीं था। उन्होंने एक चर्च में शरण ली। वो और उनके बच्चे खैरात पर जी रहे थे और एक सूप किचर में खाना पाते थे। ऐसा 2 साल तक चला।

उन्हें एक बैंक में असिस्टेंट की नौकरी मिल गई। वो जो भी कमा पाती थीं, उसमें कुछ पैसे वो अपनी पढ़ाई के लिए खर्च कर रही थीं। उन्होंने नए हुनर को पैदा किया और उनमें आत्मविश्वास बढ़ता गया। इसके चलते वो सेक्रेटरी बन गयीं। एक दिन, इत्तेफाक से उन्हें बिजनेस का एक मौका मिल गया। उन्होंने उसे पकड़ लिया और दिन-रात मेहनत करने लगीं। उन्हें बिजनेस बढ़ाना था और उनकी मेहनत रंग लाई। समय के साथ-साथ बेउला बोंगली ने अपने बिजनेस को इतना बढ़ाया कि वो साउथ अफ्रीका की सबसे अमीर महिलाओं में से एक बन गयीं।

उन्होंने सफल बिजनेस के लिए जरूरी हर गुण अपनाया और जो मुझे बेहद पसंद था, वो था उनकी चतुराई। हमारी बातचीत के दौरान कोई भी वकील मौजूद नहीं था। न मेरी ओर से, न उनकी ओर से। खाने के बाद हम 2 पलाटेस एयरक्राफ्ट की लीज पर बात करने के लिए बैठे। मैंने दो अलग-अलग पेशकश रखीं। हम या तो फिक्स चार्ज पर बात कर सकते थे या फिर विमान के उड़ान

के घंटों के हिसाब से रकम तय कर सकते थे। मैंने कहा कि मुझे 3 साल की लीज चाहिए लेकिन मैं एडवांस पेमेंट या न्यूनतम गारंटी के लिए कोई रकम अदा नहीं कर सकता था। इसके बदले में मैं कमाई साझा करने को तैयार था। उन्हें ये खयाल पसंद आया। इस तरह से मुझे बगैर बहुत पैसा खर्च किए काम शुरू कर सकने में मदद मिलने वाली थी। उनके लिए ये खतरा मोल लेने जैसा था लेकिन यदि मेरा बिजनेस चल निकलता तो उन्हें ज्यादा फायदा होता।

बेउला कमाई साझा करने को राजी थीं और इससे पहले कि मुझे इस बात का अहसास होता, डील पक्की हो चुकी थी और हमने शैम्पेन की एक बोतल खोली। हमने उस रात जश्न मनाया।

हमारे पास 2 जहाज थे और 11 खाली सीटें थीं। क्यों न हम परिवार और दोस्तों के साथ छुट्टी मना लेते? हम अपना जहाज जोहांसबर्ग होते हुए केप टाउन से केन्या के नैरोबी तक जाने वाले थे। वहां से हम दर-एस-सलाम, जिबूटी और दुबई होते हुए मुंबई पहुंचने वाले थे। मैंने भारत तक की यात्रा का हिसाब किया और उसमें रास्ते के पड़ाव भी जोड़े, जहां हम सफारी के लिए रुकने वाले थे। मालूम पड़ा कि हमें 10 हजार किलोमीटर चलना था और इसमें लगभग 15 दिन का समय लगता।

मैंने बेउला बोंगली को बताया कि हम वापस जाएंगे, अपने परिवारों के साथ आएंगे और वापसी की राइड हमारी पलाटेस की पिकनिक होगी। उन्होंने कहा कि हमारे आने पर वो हम सभी की मेजबानी करना चाहेंगी। बाबू और मैं बेंगलुरु वापस गए जिससे औपचारिकताएं पूरी हो सकें। हमने जहाज के लीज का एक आधिकारिक दस्तावेज तैयार करवाया और डीजीसीए को मनाने में लग गए कि वो हमें उस जहाज को इंडिया लाने दें और उसे कमर्शियल चार्टर के तौर पर उड़ाने दें। सब कुछ हो गया। अब हम सफर के लिए तैयार थे।

आने वाली टोली थी- भार्गवी, पल्लवी, कृतिका और मैं; सैम और उसकी पत्नी और उसके 3 बच्चे; विष्णु रावल, उसकी पत्नी और उसका बेटा। ये सभी लोग साऊथ अफ्रीका एयरलाइनों की फ्लाइट से जोहांसबर्ग पहुंचे।

हमें वापसी में 2 और पायलट चाहिए थे। मैंने संजय वर्मा को साथ में लिया। वो उड़ीसा में स्थानीय खदान कंपनी के लिए जहाज उड़ा रहे थे। उन दिनों हजारों पायलट थे जिनके पास कोई काम नहीं था। इसलिए ऐसा कोई पायलट ढूंढना आसान था। राहुल रावल, विष्णु का बेटा खुद पायलट था और 21 साल का था। वो भी काम तलाश रहा था। मैंने राहुल से, जो उस वक्त

अमेरिका में इंजीनियर और फ्लाइंग इंस्ट्रक्टर की ट्रेनिंग ले रहा था, कहा कि वो भी हमारे साथ आ जाए।

बेउला बोंगली ने हमें 2 पायलट दिए, जिससे हर जहाज में एक जोड़ी पायलट हों। उन्होंने हमारे परिवार के लिए स्थानीय प्रबंधों में भी मदद की। हम गेम पार्कों में गए और फिर रुक-रुक कर देश आने के लिए निकल पड़े। हमने बेउला बोंगली को अलविदा कहा और केप टाउन से निकल पड़े।

हम बहुत सारे एडवेंचर के सपने संजोकर वहां से निकल पड़े। ये यात्रा हमें कई अच्छे नजारों से दो-चार करवाने वाली थी। इसमें जिंबाब्वे की पहाड़ियां थीं, न्यासा और विक्टोरिया झीलें थीं, केन्या के सवाना मैदान थे, किलिमंजारो पहाड़ था, इथियोपिया के मैदान थे, लाल समुद्र था, एडेन की खाड़ी थी, मस्कट, दुबई का अरबी मरुस्थल और अरब सागर था जहां से पाकिस्तान के तटीय इलाके से होते हुए भारत के कच्छ का रण था।

बड़े एडवेंचर की बात होती है तो मुझे चार्ल्स लिंडबर्ग की याद आती है। लिंडबर्ग 20वीं सदी के संभवतः आखिरी हवाई खोजी थे। उनकी कहानी इंसानी हिम्मत और सहनशक्ति की सभी सीमाओं को लांघती हुई दिखती है। उन्होंने 'स्पिरिट ऑफ सेंट लुइस' में उड़ान भरी। ये एक सिंगल इंजन जहाज था जिसमें वो अकेले थे। उन्होंने इस लगातार उड़ी फ्लाइट के दौरान पलक नहीं झपकाई। उन्होंने लगातार साढ़े तैंतीस घंटे जहाज उड़ाया था। वो न्यू यॉर्क के एक खेत से रात 10 बजकर 20 मिनट पर उड़े थे और पेरिस के ले बुर्जे में लैंड हुए। ये जगह अटलांटिक महासागर से 5800 किलोमीटर दूर है। उन्होंने अटलांटिक ऐसे समय पर पार किया था जब इतनी दूर कोई भी जहाज उड़ाकर नहीं ले गया था। लिंडबर्ग ने जो किया था, उससे तुलना करें तो हमारा एडवेंचर वाकई पिकनिक ही था। हमारे पास दबाव वाला पलाटेस का केबिन था।

लिंडबर्ग के साथ एक दुर्घटना घटी और वो अमेरिका छोड़कर यूरोप चले गए। लिंडबर्ग और एक महिला को लेकर एक चुटकुला भी सुनाया जाता है। उस ऐतिहासिक उड़ान के कई सालों बाद पेरिस एयर शो में लिंडबर्ग एक महिला के बगल में बैठे हुए थे। एक संभ्रांत महिला होने के नाते उसने उनसे बात करनी चाही। बातचीत शुरू करने के मकसद से उसने बड़ी मासूमी से पूछा, 'तो मिस्टर लिंडबर्ग, आप इससे पहले कभी पेरिस आए हैं?'

साउथ अफ्रीका में जंगल सफारी का आनंद लेने के बाद हम केन्या गए। भारत और केन्या के संबंध बड़े अच्छे हैं क्योंकि वहां बहुत बड़ी संख्या में गुजराती रहते हैं। केन्या की अर्थव्यवस्था का बहुत बड़ा हिस्सा पर्यटन पर

आश्रित है। बड़ी संख्या में आवाजाही को संभालने के लिए नैरोबी में दो हवाई अड्डे बने हैं। जोमो केन्याटा अंतर्राष्ट्रीय हवाई अड्डा वहां के पहले राष्ट्रपति के नाम पर है। फिर एक विलियम्स हवाई अड्डा है जो छोटा है और वहां चार्टर और छोटे जहाजों से आने वाले सैलानियों को उतारा जाता है। ये देखने-समझने वाली बात है कि नैरोबी, जिसकी जनसंख्या बेंगलुरु की जनसंख्या की एक चौथाई है, में दो-दो हवाई अड्डे हैं। वहीं बेंगलुरु में जब दूसरा हवाई अड्डा खुला तो पहला बंद कर दिया गया।

हम विलियम्स हवाई अड्डे पर उतरे और एक से सटे दूसरे जहाजों से होते हुए निकले। ऑस्कर विजेता शानदार फिल्में जैसे *आउट ऑफ अफ्रीका* और *बॉर्न फ्री* यहीं शूट हुई थीं। हम अफ्रीकी घास के मैदानों की भव्यता देखते ही रहते थे। मसाई मारा में लैंडिंग पट्टी वैसी थी जैसी हमें क्रूगर में दिखी थी : न कोई बिल्डिंग, न टॉयलेट, बस एक घास की लैंडिंग स्ट्रिप।

हम वहां लैंड हुए और जब हमारा जहाज एप्रन पर टिके रहने के लिए बांधा जा रहा था, आस-पास के रिजॉर्ट की जीप वगैरह लाइन में लगकर खड़ी हो गई थीं। हम एक में जाकर बैठ गए जो हमारे रिजॉर्ट को जाने वाली थी। बस जीप चलने ही वाली थी कि हमने देखा कि एक 50 सीट वाला डीएएसएच 8-200 जहाज उतर रहा था। उसके यात्री उतरे और जो बाकी जीप खड़ी थीं, उसमें जाकर बैठ गए। जो जीप में आए थे, वो जाकर जहाज में बैठ गए और वो बगैर किसी देरी के उड़ गया। वहां एक पैटर्न दिख रहा था। जीप आ रही थीं, जहाज लैंड कर रहे थे, लोग उतर रहे थे, फिर लोग चढ़ रहे थे, जीप जा रही थी, जहाज वापस उड़ जा रहे थे। सब कुछ एक सुर-लय-ताल में हो रहा था। मुझे अब समझ में आ गया था कि वहां एक भी बिल्डिंग क्यों नहीं थीं।

सफारी अगली सुबह 5 बजे शुरू हुई। हम केन्या के 5 बड़े जानवर देखना चाहते थे। हमने कुछ ही दिनों के फर्क से सालाना होने वाली वाइल्डबीस्ट क्रॉसिंग गंवा दी थी। वाइल्डबीस्ट या ग्नु एक तरह के चींटीखोर होते हैं जो अफ्रीका में ही पाये जाते हैं। लाखों जीव, बेहद फुर्ती में, लंबी नाक लिये, मजबूत गर्दन लिये, घोड़े सी पूंछ और उदास से चेहरे लेकर हजारों किलोमीटर की दूरी घास के मैदान की खोज के लिए तय करते हैं।

अगले दिन हम किलिमंजारो के पहाड़ पर गए और वहां से जिबूटी में अफ्रीका के सींग पर पहुंचे। वहां से हम यमन की राजधानी एडेन होते हुए दुबई गए। दुबई हवाई अड्डे पर, जहां हमने लैंड किया, उसके पास ही 2 मर्सिडीज बेंज हमारा इंतजार कर रही थीं। हवाई अड्डे के अधिकारियों ने चार्टर जहाज

से आने वालों के लिए मर्सिडीज बेंज कार तैनात कर रखी थीं जो उन्हें लेकर आराम गृह जाती थीं। वो एक छोटे-मोटे महल जैसा था। वहां पर कस्टम के अधिकारी यात्रियों का इंतजार कर रहे होते थे। वो उनके काम में लगते थे और जल्दी से उन्हें निपटा देते थे। दुबई की सरकार दूरदर्शी है। उसे मालूम है कि चार्टर से आने वाला यात्री खर्चा करने वाला है। इसलिए वो उसे जल्दी से जल्दी फारिग कर देते हैं। उन्होंने लैंडिंग और पार्किंग के पैसे भी कम कर रखे हैं। साथ ही इमिग्रेशन की प्रक्रिया भी बहुत जल्दी निपटा देते हैं। वो यात्रियों पर जो खर्चा कर रहे होते हैं, उस वजह से उनके यहां ज्यादा लोग आते हैं और इससे उन यात्रियों का उनके देश में हो रहा खर्चा कहीं ज्यादा बढ़ जाता है।

हम दुबई से उड़े। चूंकि हमें पाकिस्तान की सरकार ने वहां से उड़ने या वहां ईंधन भरवाने की मंजूरी नहीं दी थी, हम सीधा मुंबई की ओर चले। हमने उनका तट छुआ लेकिन हवाईक्षेत्र में बिल्कुल नहीं घुसे। हम मुंबई में आधी रात के बाद दाखिल हुए।

मुंबई दुबई से एकदम उलट था। जब हमारा जहाज लैंड हुआ, हमें 3 जीपों ने घेर लिया। सामने वाला पायलट था। ऐसा लग रहा था जैसे हम कोई दुश्मन हों। चार्टर जहाजों के लिए कोई अलग टर्मिनल या पार्किंग बे नहीं थी। हमें हवाई अड्डे के एक अलग कोने में धकेल दिया गया। तीन जीपों ने जहाज के इर्द-गिर्द घेरा बना लिया। हमें वहीं रोक लिया गया और हम एयरपोर्ट की सुविधा नहीं उठा सकते थे। मुंबई में आज भी चार्टर विमानों के लिए अलग से कोई इमिग्रेशन की सुविधा नहीं है। हम उतरे तो तुरंत ही हमें कस्टम और हवाई अड्डे के अधिकारियों ने घेर लिया। हमें वहीं लैंडिंग, नेविगेशन और पार्किंग के पैसे देने पड़े।

हमने अधिकारियों को बता दिया था कि हम इमिग्रेशन की सभी प्रक्रिया बेंगलुरु में पूरी करेंगे। इसलिए हमें टर्मिनल में घुसने ही नहीं दिया गया। हम हवाई अड्डे के सुदूर और खुले इलाके में थे। वहां आस-पास कोई बाथरूम तक नहीं था। पलाटेस विमान में भी कोई रेस्टरूम नहीं था। हमने बगैर रेस्टरूम वाले विमान लिये थे क्योंकि हमने उन्हें पूरी तरह से कमर्शियल इस्तेमाल के लिए ही खरीदा था। इस वजह से हमें, सभी महिलाओं, बच्चों और विदेशी पायलटों को, निवृत्त होने के लिए मच्छरों से भरी झाड़ियों की शरण लेनी पड़ी। ये अपमान से कुछ कम भी नहीं था!

हमारे पायलट को हवाई अड्डे के दूसरे छोर पर जाकर लैंडिंग शुल्क देना पड़ा। एयरपोर्ट अथॉरिटी ऑफ इंडिया क्रेडिट कार्ड नहीं लेती थी। इसलिए

हमें नकद ही देना था। वो डॉलर में भी पैसे नहीं लेते थे। पायलट के पास भारतीय मुद्रा नहीं थी। अब उसे हवाई अड्डे के एक और छोर पर जाना पड़ा जहां मुद्रा बदलने वाले लोग थे।

हमें सबसे ज्यादा जिस बात ने चौंकाया, वो थी हमारे विमान में बचे हुए तेल पर लगने वाली कस्टम ड्यूटी। हमारे पास 200 लीटर से ज्यादा ईंधन था जो हमने दुबई में भरवाया था। कस्टम अधिकारियों ने कहा कि हमें 200 डॉलर देने होंगे क्योंकि हम वो तेल विदेश से लेकर आए थे।

मेरे खयाल में ये सबसे ज्यादा हास्यास्पद नियम है जो मैंने देखा है। मुझे रामकृष्ण हेगड़े की वो कहानी याद आ गई जिसमें सभी को मंदिर के बाहर ही जूते उतारने थे।

एक छोटा सा टर्मिनल बनाना या चार्टर विमानों के लिए कोई दूसरी बे बना देने में बहुत पूंजी या तकनीक नहीं लगेगी। इसके लिए बस दूरदर्शिता और इंसान की कद्र करने वाली मानसिकता की जरूरत होती है। ये भी सोचना चाहिए कि ये सभी ब्यूरोक्रेसी के गढ़—डीजीसीए, एएआई और कस्टम विभाग, ये सभी इसीलिए अस्तित्व में हैं क्योंकि लोग हवाई अड्डे पर आ-जा रहे हैं और टैक्स भर रहे हैं। ये अर्थव्यवस्था को चलाए रखने वाले लोग सब कुछ झेल रहे हैं। आज भी, अगर किसी चार्टर में कोई वीवीआईपी नहीं है, तो कोई भी हवाई अड्डा उन्हें सामान्य विनम्रता का भाव भी नहीं दिखाता। वो सभी अपने हाल पर छोड़ दिए जाते हैं।

हम सुबह 5 बजे बेंगलुरु के लिए निकले। हम 3 घंटे हवाई अड्डे पर थे। न हमने कुछ खाया था, न ही आराम किया था। हम भयानक तरीके से थके हुए थे। सूरज की पहली किरणों ने हममें ऊर्जा का संचार किया और हम अपने शहर की जमीन पर उतरे। घर आना कितना सुखद था।

पलाटेस से पीछे की कहानी

एक दिन जयंत और मैं जक्कुर की ओर जा रहे थे और रास्ते में अपने हेलीकॉप्टर बिजनेस को बढ़ाने के बारे में सोच रहे थे। हमारे पास अब बेंगलुरु में 2 हेलीकॉप्टर थे लेकिन उन्हें पूरे वक्त चलाये रखने भर का बिजनेस नहीं था। काम बढ़ाने के 2 तरीके थे। पहला- उड़ान के घंटे बढ़ाए जाएं। दूसरा- ज्यादा हेलीकॉप्टर ले आएं। ये भी बात थी कि इस बिजनेस का भविष्य देश

भर में हमारी पहुंच पर निर्भर करता था। हमें और भी शहरों में अपने केंद्र बनाने ही होंगे।

राजनीति की तस्वीर में लगातार और बहुत तेजी से बदलाव हो रहे थे। लोगों का मानना ये था कि राष्ट्रीय स्तर की पार्टियां क्षेत्रीय विकास को दरकिनार कर रही थीं। ये धारणा खाद बन गई जिसने क्षेत्रीय पार्टियों की मिट्टी को खूब उर्वरक बनाया। तेलुगु देशम पार्टी के चद्रबाबू नायडू आंध्र प्रदेश के मुख्यमंत्री बन गए थे और नए हीरो थे। एसएम कृष्णा कर्नाटक के मुख्यमंत्री थे। हालांकि वो कांग्रेस के पुराने चावल थे लेकिन कृष्णा ने राज्य में आईटी और बायोटेक्नोलॉजी इंडस्ट्री को खूब हवा दी थी। तमिलनाडु में भी ऐसा ही माहौल था जहां नयी ऊर्जा का संचार हो रहा था। महाराष्ट्र और गुजरात में ऐसा ही होता देखा जा रहा था। केंद्र में जो बदलाव हो रहे थे, उन्होंने राज्यों के बीच प्रतिस्पर्धा को जन्म दिया। अब राज्य अपने यहां राष्ट्रीय और अंतर्राष्ट्रीय संस्थाओं द्वारा किए जाने वाले निवेश की होड़ लगा रहे थे। कई नए प्रोजेक्ट शुरू किए जा चुके थे।

चंद्रबाबू नायडू आईटी पर काफी निर्भर करते थे और बेंगलुरु को पीछे करके हैदराबाद को देश की टेक्नोलॉजी की राजधानी बनाना चाहते थे। नायडू इंफ्रास्ट्रक्चर प्रोजेक्ट लाने वाले और उद्योगों को बढ़ावा देने वाले शख्स थे और आईटी पर उनका पूरा ध्यान होता था। वो राज्य सरकार को कॉर्पोरेट की तरह चलाना चाहते थे और *इकॉनोमिक टाइम्स* का बेस्ट सीईओ का अवार्ड उन्होंने जीता।

नायडू एक बार कर्नाटक चेंबर ऑफ कॉमर्स को संबोधित करने के लिए बेंगलुरु आए हुए थे। मैं वहां मौजूद था और मैंने उनका भाषण सुना था। नायडू ने कहा कि वो चाहते हैं कि कर्नाटक के उद्यमी वहां आएं और आंध्र प्रदेश में निवेश करें। उनकी सरकार लाल कालीन बिछा कर उन सभी का स्वागत करेगी। नायडू की आलोचना करने वाले लोग भी थे और वो कहते हैं कि वो विकास में प्राइवेट सेक्टर को लेकर कुछ ज्यादा ही जुनूनी थे। भारत में राजनीतिक विरोध में ये आम बात है। लोग अपने विपक्षी दल के हर काम में कोई नुख्स निकाल लेते हैं और जी भरकर आलोचना करते हैं। विपक्ष अपनी पहचान ही विरोध से बनाता है।

एक विरोधी दल के नेता के बारे में एक चुटकुला है जिसका जहाज टूट गया और वो अकेले एक आइलैंड पर फंस गया। अकेले जीवित रहने के कई सालों बाद, उस द्वीप के नजदीक से एक जहाज निकला। वो फंसा हुआ नेता

शोर करने लगा और खुद को बचाने की गुहार लगाने लगा। जहाज वापस मुड़ा और उसे बचाने आ गया। कैप्टन ने बचाव कार्य वाली नाव उतारी और तट तक पहुंच गया। इस बीच वो नेता लगातार कुछ न कुछ बोले ही जा रहा था। कैप्टन नाव से उतरा और उस नेता की तरफ बढ़ ही रहा था कि नेता ने जोरदार आवाज में उससे पूछा, 'क्या आप सरकार हैं? क्या आप सरकार हैं?' और बगैर जवाब सुने, उसने कहा, 'अगर आप सरकार हैं तो मैं विपक्षी दल हूं।'

नायडू के आलोचक कड़े शब्दों में ये भी कहते थे कि वो आने-जाने के लिए हेलीकॉप्टर पर कुछ ज्यादा ही आश्रित थे। उनका कहना था कि नायडू हेलीकॉप्टर में ज्यादा और जमीन पर कम रहते थे।

हम जक्कुर के लिए निकलकर काफी दूर आ गए थे, जब मेरे पास मेरे एक दोस्त का फोन आया। वो सेना के पूर्व अधिकारी थे और अब आंध्र सरकार के साथ पायलट थे। उन्होंने कहा कि चंद्रबाबू नायडू का हेलीकॉप्टर खड़ा हो गया है और उसमें बड़ी मेंटेनेंस की जरूरत है। अगले ही पल मैंने कुछ सोचा और जयंत से कह दिया, 'अगर नायडू का हेलीकॉप्टर जमीन पर है तो उन्हें जरूर एक और हेलीकॉप्टर चाहिए होगा। हम अपना एक हेलीकॉप्टर हैदराबाद में क्यों नहीं रखते?'

उसका जवाब सुनने से पहले ही मैंने जयंत से लौट चलने को कहा। मैंने कहा कि हम चलते हैं, कुछ कपड़े पैक करते हैं और हेलीकॉप्टर हैदराबाद ले चलते हैं।

मैंने अपने पायलट एपी सिंह से कहा कि वो हमें ले चले। मार्केटिंग टीम के सुगंधा राज भी हमारे साथ आए। हम अपने बैग पैक करके वापस आए और तुरंत निकल पड़े।

हम हैदराबाद हवाई अड्डे पर उतरे और सीधा सचिवालय पहुंचे। हमारे पास अपॉइंटमेंट तो नहीं था लेकिन हमने उसका इंतजार भी नहीं किया। उसमें कम से कम 10 दिन लग जाते। मैंने उनके पायलट से पता किया कि नायडू सचिवालय में ही थे। मैं मुख्यमंत्री के निजी सचिव के कमरे में घुस गया। वो एक सीनियर आईएएस अधिकारी थे। मैंने उन्हें अपना परिचय बेंगलुरु के एक उद्यमी के रूप में दिया। मैंने कहा कि मैंने नायडू जी का कर्नाटक चेंबर ऑफ कॉमर्स को दिया भाषण सुना था जहां वो कर्नाटक के उद्यमियों से आन्ध्र प्रदेश में निवेश करने की बात कह रहे थे। मैंने ये भी सुना था कि मुख्यमंत्री का हेलीकॉप्टर जमीन पर था, इसलिए मैं उन्हें अपना हेलीकॉप्टर देने आया था।

मैंने कहा कि मैं आंध्र प्रदेश में अपना हेलीकॉप्टर का बेस बनाना चाहता हूं। मैंने ये भी समझाया कि कैसे हेलीकॉप्टर विकास का एक प्रमुख हिस्सा बन गए थे और आंध्र प्रदेश में जिस निवेश और विकास की तैयारी की जा रही थी, उसके लिए ये कितना जरूरी था। उन्हें मेरी बात समझ में आयी और मैंने मुख्यमंत्री का आदेश मिलने पर 5 मिनट में हेलीकॉप्टर तैयार करने का वादा किया।

सेक्रेटरी को लगा कि मैं मजाक कर रहा हूं। क्योंकि हर कोई जानता था कि सरकारी इस्तेमाल के लिए किसी संसाधन की तैयारी की जाती है तो उसमें पूरी प्रक्रिया लगती है और बहुत सारा समय लगता है। इसके लिए खत लिखे जाते हैं, बोली लगती है, टेंडर खुलते हैं, उनका आपसी मिलान होता है और फिर मामला तय होता है। ये भी समझ ही लिया जाता है कि कंपनी अपनी तैयारी के लिए कुछ दिन लेगी और फिर संसाधन देगी। फिर, हेलीकॉप्टर कोई बहुत आम संसाधन भी नहीं था। मैंने सेक्रेटरी को समझाया कि मैं एकदम सीरियस था। मैंने कहा, 'मैं मजाक नहीं कर रहा हूं। मैं आपके शहर में अपना हेलीकॉप्टर लेकर आया हूं। मैं इसे मुख्यमंत्री के इस्तेमाल के लिए छोड़ जाऊंगा। मैं वापस इंडियन एयरलाइंस की फ्लाइट से चला जाऊंगा।'

सेक्रेटरी को कतई विश्वास नहीं हुआ। उन्होंने मुझसे कहा कि मैं उनके साथ चलूं। हम कुछ सीढ़ियां चढ़कर ऊपर मुख्यमंत्री के ऑफिस में पहुंचे।

मुख्यमंत्री कुछ मंत्रियों के साथ नीचे ही आ रहे थे। उनके निजी सचिव उनके करीब गए और उनके कान में फुसफुसाए। मैंने चंद्रबाबू नायडू को कहते हुए सुना, 'कौन है ये? मैं मिलता हूं तुरंत।' उन्होंने मंत्रियों को पीछे छोड़ा और मुझे अंदर ले गए। मैंने मुख्यमंत्री से कहा कि मैंने उनका भाषण सुना था। साथ ही मुस्कुराते हुए ये भी कहा कि हमने चेन्नई को छोड़कर हैदराबाद में निवेश करने का मन बना लिया था क्योंकि वो जो वहां कर रहे थे, बहुत अच्छा था।

चद्रबाबू नायडू ने कहा, 'ये तो बहुत ही अच्छी बात है! बताइए, मैं आपकी क्या मदद करूं।' मैंने कहा, 'मिस्टर नायडू, सबसे पहले तो मुझे एक टेलीफोन चाहिए होगा।' नयी सदी शुरू हो चुकी थी लेकिन अभी भी एक लैंडलाइन कनेक्शन के लिए बहुत वक्त लगता है। वीआईपी के हस्तक्षेप से ये काम कुछ जल्दी हो सकता था। इसके अलावा, हमारे काम में टेलीफोन का बहुत बड़ा रोल था। सेलफोन आ चुके थे लेकिन भारत भर में इसका नेटवर्क नहीं था। मुख्यमंत्री ने तुरंत ही अपने निजी सचिव को बुलाया और कहा कि टेलीफोन डिपार्टमेंट से बात करके हमें 3 लैंडलाइन कनेक्शन दे दिए जाएं।

मैंने कहा कि हमें हैदराबाद हवाई अड्डे पर हैंगर की जगह दी जाए जहां पार्किंग, मेंटेनेंस और औजार-उपकरण वगैरह रखने की जगह उपलब्ध हो। उन्होंने तुरंत ही उससे जुड़े निर्देश भी जारी कर दिए। ये बहुत बड़ी बात थी क्योंकि यदि आप इंडियन एयरलाइंस का हिस्सा नहीं हैं तो आपको वहां हैंगर की जगह नहीं मिल सकती थी। बातचीत खत्म करते हुए मैंने कहा कि वो हमारा हेलीकॉप्टर इस्तेमाल करें और जब तक प्राइवेट सेक्टर में हेलीकॉप्टरों की मांग बढ़ नहीं जाती, हमें सपोर्ट करते रहें। पलक झपकते ही उन्होंने कहा कि उनका जो हेलीकॉप्टर जमीन पर था, उसकी मेंटेनेंस के बाद उसे पुलिस को दे दिया जाएगा जिससे वो नक्सलियों से निपटेंगे और वो हमारा हेलीकॉप्टर ही इस्तेमाल करेंगे।

मैंने नायडू जी को हैदराबाद के अपने हेलीकॉप्टर बेस पर उद्घाटन के लिए आमंत्रित किया। मैंने कहा कि ये कार्यक्रम हम ऐसे दिन रखेंगे जब उन्हें राज्य में कहीं जाना होगा। वो राजी हो गए।

हमने बेहद खुश और उत्साही मन के साथ सचिवालय पीछे छोड़ा और तय किया कि होटल नहीं जाएंगे। हमने एक अपार्टमेन्ट लिया। सोने के लिए गद्दे खरीदे। रम और कोक पी और हैदराबादी बिरयानी खाई। ये हमारी सफलता का जश्न था। हैदराबाद बेस अस्तित्व में आ चुका था।

10 दिन बाद हमने अपना हैदराबाद का काम शुरू कर दिया। चंद्रबाबू नायडू ने ही इसका उद्घाटन किया और हमें राष्ट्रीय स्तर पर मीडिया ने कवर किया। नायडू अपनी बात के पक्के थे और वो 3 साल लगातार, हमारे सबसे बड़े कस्टमर रहे। वो महीने में 22 घंटे उड़ रहे थे। बाकी के उड़ान के घंटे कॉर्पोरेट सेक्टर के नाम जा रहे थे। चंद्रबाबू नायडू मेरे अच्छे दोस्त बन गए। मुझे उनकी नए आंध्र प्रदेश को लेकर दूरदर्शिता बेहद पसंद आती थी।

आंध्र प्रदेश का काम शुरू करने के बाद हमारे पास उत्तर की ओर बढ़ने के और मौके थे। उत्तर से पहली कॉल आई जम्मू-कश्मीर के गवर्नर के सचिव की। गवर्नर इससे पहले राज्य में पुलिस के इंस्पेक्टर जनरल रह चुके थे। ये कॉल वैष्णो देवी जाने के लिए हेलीकॉप्टर की जरूरत के बारे में थी। ये धार्मिक स्थल समुद्र तल से 2500 मीटर की ऊंचाई पर है। जैसे दक्षिण में तिरुपति है, वैसे ही वैष्णों देवी में भी लाखों की संख्या में श्रद्धालु आते हैं।

अमरनाथ और मानसरोवर के साथ वैष्णों देवी सबसे पुराने हिन्दू तीर्थस्थलों में एक है। मजेदार बात ये है कि यहां सपोर्ट इंफ्रास्ट्रक्चर का बहुत बड़ा हिस्सा मुस्लिम आबादी मुहैया कराती है जिसमें आवाजाही (खासकर घोड़े और खच्चर), खाना और रहना और तीर्थयात्रा का सामान शामिल है। स्थानीय मुस्लिम परिवारों ने दुकानें लगाई हुई हैं जहां पर्यटक सामान खरीद सकते हैं। धंधे में धर्म नहीं होता। रेशम उत्पादन में मेरा शामिल होना इस बात का सबूत था।

ये यात्रा कटरा नाम के गांव से शुरू होती है जो समुद्र तल से 600 मीटर ऊपर है और जम्मू से 55 किलोमीटर दूर है। यहां से माता वैष्णों देवी के लिए सीधी चढ़ाई है। ज्यादातर यात्री या तो चढ़ाई करते हैं या फिर खच्चर की सवारी करते हैं। जो नहीं चढ़ सकते, वो पालकी में जाते हैं। पवन हंस वहां हेलीकॉप्टर सेवा चलाती थी जो तीर्थयात्रियों को कटरा के हेलिपैड से उठाती थी और उन्हें तीर्थस्थल के मुंहाने पर उतार देती थी। जो बहुत जल्दी में होते थे या बहुत बीमार होते थे या शारीरिक रूप ये क्षमतावान नहीं थे, वो ये साधन लेते थे। ज्यादातर तीर्थयात्री पैदल ही चलना चाहते थे।

जब मुझे फोन आया, उस वक्त तक पवन हंस ने ये हेलीकॉप्टर सेवा बंद कर दी थी। वहां एक एक्सीडेंट हो गया था और कंपनी को काम चलाना मुश्किल मालूम हो रहा था। जो लोग रेगुलर इस सुविधा का लाभ उठा रहे थे, वो गवर्नर से इसे दोबारा शुरू करने के लिए कह रहे थे।

मेरी फोन पर जिनसे बात हो रही थी, वो गवर्नर के सेक्रेटरी अरुण कुमार थे। वो तीर्थ बोर्ड के भी सेक्रेटरी थे। उन्होंने मुझे गवर्नर के साथ एक मीटिंग के लिए बुलाया।

हर साल 60 लाख तीर्थयात्री वैष्णों देवी की यात्रा के लिए आते हैं। पीक सीजन में इतनी भीड़ होती है कि लोगों को अपनी बारी आने में 2 दिन का इंतजार करना पड़ता है। हर तरह के, हर पृष्ठभूमि के लोग इस यात्रा में शामिल होते हैं।

गवर्नर सीधे मुद्दे पर आए। उन्होंने कहा, 'कैप्टन, हम चाहते हैं कि आप ये हेलीकॉप्टर सेवा शुरू करें।' मेरी सबसे बड़ी चिंता थी आतंकवाद, जो उस वक्त अपने चरम पर था। मेरी हिचकिचाहट को भांपते हुए गवर्नर ने कहा कि इस काम में हिन्दू-मुस्लिम एकता का मसला था और वहां आतंकवाद से कुछ प्रभावित नहीं होगा। वो वैसे भी खतरा मोल नहीं लेना चाहते थे और उन्होंने मुझे सुरक्षा के पूरे इंतजाम के बारे में आश्वस्त किया।

मुझे सोचने के लिए कुछ समय चाहिए था। मौका अच्छा था। इससे हमारे ब्रांड की पहचान बन सकती थी, समाज सेवा भी होती और सभी इसे सराहते। मैंने कंपनी में पायलटों से बात की। उनमें से बहुत सारे लोगों ने जम्मू-कश्मीर में उड़ान भरी थी। लेकिन कोई जरूरी नहीं था कि वो वैष्णों देवी के लिए उड़ान भरना चाहेंगे? सभी पायलट एकमत से राजी थे।

हमने कॉन्ट्रैक्ट साइन किए और गवर्नर ने हमारी नयी सेवा का उद्घाटन किया। ये काम शुरू होते ही सफल हो गया। जल्द ही हमने हर दिन लगभग हजार तीर्थयात्रियों को लाना-ले जाना शुरू कर दिया। देश भर से हमें अच्छे काम की सराहना भरे खत मिलने लगे।

कैप्टन प्रीतम फिलिप डेक्कन एविएशन के संस्थापक सदस्यों में एक थे और वो हमारे अपतटीय काम को संभाल रहे थे। वो इससे पहले मलेशिया में ब्रिस्टो हेलीकॉप्टर (बाद में मलयेशियन हेलीकॉप्टर्स) के लिए उड़ान भरते थे। उन्होंने एक क्लायंट के लिए सेफ्टी मैनुअल तैयार किया था जिसे बाद में ब्रिस्टो मलेशिया और शेल ने लागू कर लिया था।

प्रीतम फिलिप ने वैष्णों देवी में कैंप लगाया और वहां मानक संचालन प्रक्रिया (एसओपी) का पूरा ढांचा तैयार किया। हमने कटरा बेस कैंप में 2 हेलीकॉप्टर रखे और यहां से तीर्थ तक के लिए शटल सेवा शुरू कर दी। हर शटल फ्लाइट में 4 से 5 तीर्थयात्री होते थे। वैष्णों देवी में मिली सफलता ने हमें अमरनाथ तीर्थ यात्रा का भी कॉन्ट्रैक्ट दिलाया जहां हम बालटाल बेस कैंप से यात्रियों को 4,500 मीटर ऊपर गुफाओं तक ले जाते थे।

डेक्कन ने समय के साथ-साथ काम के नए केंद्र शुरू किए। हमने श्रीलंका में स्थानीय पार्टनरों के साथ बेस चालू किया। ये हमारा पहला विदेशी काम था। ये 52 और 48 के अनुपात में बंटा हुआ था जिसमें एक हेलीकॉप्टर और एक छोटा जहाज शामिल था। डेक्कन की टीम के साथियों की और हर एक साथी की, कंपनी की सफलता की यात्रा में बड़ी भूमिका रही है। उन्होंने पाई-पाई का हिसाब रखा, कम संसाधनों में काम चालू रखा, कम से कम खर्च में काम चलाया और दिन-रात अथक परिश्रम किया। कंपनी बनने के साल भर के अंदर ही डेक्कन मुनाफा कमाने लगी थी और ये क्रम अब भी जारी है।

बेंगलुरु और हैदराबाद में शुरू हुए काम के अलावा, हमने मुंबई, दिल्ली और भुवनेश्वर में भी नियमित सेवाएं शुरू कर दीं। सूरत और राजमुंदरी से हम

ऑफशोर तेल की खोज और उत्पादन के लिए सेवाएं देते थे। हमारी कंपनी भारत में हेलीकॉप्टर चार्टर सेवा का दूसरा नाम बन गई।

काव्या की वापसी

समय के साथ-साथ मैं बिजनेस के बर्फीले उसूलों से घिर चुका था। मेरी भावनाओं और सहृदयता पर मुनाफे का पहरा लग चुका था। लेकिन जीवन में कई मौकों पर ऐसी चीजें होती हैं जो आपके अंदर छिपे इंसान को जगा ही देती हैं। ऐसा एक लड़की की आवाज के रूप में हुआ। मैं पहले तो उसे पहचान नहीं पाया, लेकिन फिर उसने जोर देकर मुझे याद दिलाया, 'सर, मैं काव्या हूं। वो लड़की जिसे अपने पापा के लिए हेलीकॉप्टर चाहिए था।'

जब हमारी आखिरी बातचीत हुई थी, उसके बाद से बहुत कुछ घट चुका था। काव्य की शादी हो चुकी थी और उसका पति उसका साथ दे रहा था। दोनों ने, साथ मिलकर अपने पिता को हेलीकॉप्टर राइड का तोहफा देने की योजन बनाई। मैंने उससे कहा कि उसका काम हुआ समझे। फिर मैंने उसके साथ एक नाटक की कहानी बनायी। मैंने काव्या से कहा, 'ऐसा करते हैं, हम मदिकेरी आएंगे। आप घर जाना, पापा को बाहर आने के लिए कहना। जब वो आएंगे तो उन्हें हेलीकॉप्टर का सरप्राइज देंगे। साथ में, हम आपको कावेरी नदी भी ले जाएंगे।' उसे ये आइडिया बहुत पसंद आया।

हमने इस प्लान में काव्या की मां और बहन को भी शामिल कर लिया था। उन्होंने उसके पापा का ट्रैवल बैग भी तैयार करके रखा हुआ था। जब काव्या अचानक अपने घर पहुंची तो उसके पापा बहुत खुश हुए। काव्या और उसके पति ने नाटक की कहानी को अच्छे से निभाया और उन्हें बाहर लेकर आए। काव्या के पिता ने हेलीकॉप्टर देखा।

काव्या ने मुझसे बाद में कहा, 'आपको पता है, उन्हें लगभग हार्ट अटैक आ गया था। मैं अपने पापा को खोने ही वाली थी बस।' उन्होंने फ्लाइट के दौरान हवा में केक काटा। पापा को याद ही नहीं था कि उनका जन्मदिन था। फिर हम उन्हें कावेरी फिशिंग कैंप ले गए। कावेरी नदी कुर्ग के लोगों के लिए खास आध्यात्मिक महत्व रखती है। फिशिंग कैंप से हम सभी बेंगलुरु उड़ गए।

हम जैसे-जैसे आगे बढ़े, बहुत कुछ मिलता गया। एक शख्स ने फोन किया जिसका बोलने का लहजा अमेरिकी-हिन्दुस्तानी था। वो अमेरिका से फोन कर रहा था और उसने अपना नाम मंजुनाथ बताया। उसने पूछा, 'क्या आप किराए पर हेलीकॉप्टर देते हैं?' मैंने कहा, 'हां, हम देते हैं।' मंजुनाथ अपने गांव के घर के ठीक सामने हेलीकॉप्टर लैंड कराना चाहता था। वो वहां से अपने मां-बाप और चाची को पिक करके चिकमंगलूर लाना चाहता था और वापस गांव छोड़ना चाहता था।

मंजूनाथ का गांव बेलूर के पास था। बेलूर में मंदिर के पास एक हेलीपैड था। मैंने कहा कि हम हेलीकॉप्टर वहां लैंड करवा सकते थे। अगर मंजूनाथ अपने मां-बाप और चाची को वहां तक ले आए, तो हम वहां से उड़ान भर लेंगे। गांव में लैंड करना काफी माथापच्ची का काम था।

मंजूनाथ अड़ा हुआ था। उसे फर्क नहीं पड़ता था कि कितने पैसे लगने वाले थे। वो मुंहमांगी कीमत देने को तैयार था। लेकिन उसकी ऐसी जिद थी क्यों?

मंजूनाथ हस्सन जिले के एक छोटे से गांव से आता था। उसके पिता एक गरीब किसान थे लेकिन उन्होंने अपने बेटे की पढ़ाई के रास्ते में गरीबी को नहीं आने दिया। मंजूनाथ एक होशियार लड़का था और वो लगातार अच्छे नंबर लाता था। आगे चलकर उसका दाखिला इंजीनियरिंग कॉलेज में हो गया। उन दिनों में उसके पिता उसकी पढ़ाई पर आने वाला छोटा खर्च भी नहीं उठा पाते थे। वो आस-पास कर्ज लेने के लिए गए। अमीर किसानों या देनदारों ने उनकी कोई मदद नहीं की। एक दिन, मंजूनाथ और उसके पिता गांव के पीपल के पेड़ के नीचे बैठे बुजुर्गों के बीच गए तो किसी ने कहा, 'अपने पैसे बर्बाद मत करो। तुम्हारा बेटा मवेशी चराएगा तो ही ठीक रहेगा।' इसके बाद वहां जोर का ठट्ठा हुआ। उस छोटे से लड़के के मन में ये बात बस गई।

उसने उस रोज कसम उठाई कि जब तक वो जीवन में कुछ कर नहीं लेगा, गांव में कदम नहीं रखेगा। उसके पिता ने जैसे-तैसे सामान गिरवी रखकर और उधार ले-लेकर उसकी इंजीनियरिंग पूरी करवाई। मंजूनाथ ने अमेरिका में अपनी मास्टर्स की पढ़ाई की और फिर जनरल मोटर्स जॉइन की। वहां वो कम्प्यूटर की मदद से चलने वाली डिजाइन और सिस्टम लैब का मुख्य अधिकारी बन गया।

हम मंजूनाथ को लेकर उसके गांव गए और उसके मां-बाप और चाची को पिक किया। वो लोग हतप्रभ थे और उनके मुंह से शब्द नहीं निकल रहे

थे। उन्हें विश्वास नहीं हो रहा था कि उनका बेटा अचानक गांव आया और उन्हें हेलीकॉप्टर की सैर करने को मिल रही है। बाकी का गांव आंखें फाड़कर ये दृश्य देख रहा था। सालों पहले, बचपन में मिली बेइज्जती का बदला लेने का ये सबसे सटीक और सभ्य तरीका था।

ऐसी कहानियां मीडिया में खूब देखने को मिलती हैं। मीडिया कवरेज के चलते मंजूनाथ को उसकी दुल्हन मिली और जब वो वापस अमेरिका गया तो साथ में वो भी थी।

10

ऐसा नहीं है कि मैं जीनियस हूं बल्कि मैं असीम जिज्ञासु हूं
मैं समस्या के साथ ज्यादा देर तक रहता हूं।

—अल्बर्ट आइंस्टीन

एयर डेक्कन : कम लागत वाली एयरलाइन की शुरुआत

हमने पलाटेस को बाजार में उतार दिया था और हेलीकॉप्टर सर्विस नेटवर्क को आगे बढ़ाने में व्यस्त हो गए थे। भारत में बदलाव की बयार बहने लगी थी। इसकी शुरुआत शांत और सूक्ष्म थी, लेकिन समय के साथ इसकी रफ्तार तेज होने लगी। लोग बदलाव के साथ-साथ नयापन भी चाहते थे। वे बेहतर मापदंड वाली वस्तुओं और सेवाओं की उम्मीद रखने लगे थे। वे नई संभावनाएं तलाश रहे थे। ये बात हमारे हेलीकॉप्टर बिजनेस पर भी लागू थी। लोग कुछ अलग चाहते थे। बेहतर से थोड़ा अधिक। चंद्रबाबू नायडू ने मुझसे पूछा, 'हेलीकॉप्टर कभी-कभार इस्तेमाल की जाने वाली सर्विस क्यों है? क्यों न विजयवाड़ा के लिए रेगुलर सेवा शुरू की जाए? नायडू ने सिरा खोला था और बाकी नेताओं ने इशारा समझ लिया था। वे अपने चुनावी क्षेत्रों के लिए नियमित रूप से हेलीकॉप्टर की मांग करने लगे। इनमें मुख्य तौर पर हुबली, बेलगांव, विजयवाड़ा और राजमुंदरी जैसे सेकेंड और थर्ड-टियर के शहर थे।

पैसों के मामले के कारण उनकी मांगों को पूरा करना संभव नहीं था। पूरा भरकर चलाने के बावजूद, हेलीकॉप्टर की एक सीट का भाड़ा प्लेन की बिजनेस क्लास सीट के भाड़े से दोगुना या तिगुना पड़ रहा था। ये काम चलने लायक नहीं था। मैं आगे के बारे में सोचने लगा। चीजें उस समय अलग दिशा में मुड़ गईं जब कर्नाटक के तत्कालीन मुख्यमंत्री एसएम कृष्णा ने पलानी में

एक मंदिर का दर्शन करने की इच्छा जताई। वे हेलीकॉप्टर से वहां नहीं जाना चाहते थे। उन्होंने बताया कि चॉपर से सफर करने में उन्हें असुविधा होती है। क्या मैं उन्हें प्लेन से ले जा सकता हूं? मैंने अपने पायलटों से सलाह-मशविरा किया। उन्होंने कहा कि वे उन्हें पलाटेस से मदुरै या कोयंबटूर पहुंचा सकते हैं। वहां से उन्हें पलानी के लिए सड़क से जाना होगा। सड़क से जाने में 2 से 3 घंटे लगने थे, और ये समस्या का समाधान नहीं था।

इतने में हमारा एक नौजवान पायलट भारत का एक पुराना मैप लेकर आया। ये मैप अंग्रेज सर्वे करने वालों ने तैयार किया था और इंडियन आर्मी और एयरफोर्स आज भी इसका इस्तेमाल करती है। राहुल ने मैप पर पलानी के पास डिंडिगुल में बने एक छोटे एयरफील्ड का जिक्र किया। ये एक सुखद आश्चर्य था! मैंने राहुल को मैप में दिख रहे एयरफील्ड का मुआयना करने के लिए कहा। राहुल ने एक कैब किराए पर ली और जीपीएस और एक तकनीकी शख्स के साथ डिंडिगुल गया। वहां पहुंचने के बाद उसने मुझे खुशी से ये बताने के लिए फोन किया कि एयरफील्ड वास्तव में बरकरार है। 'मुझे ये जगह ठीक दिख रही है,' उसने कहा। 'पट्टी पर चीटिंयो की 1 या 2 बांबियां हैं। कुछ आवारा जानवर घास चरते दिख रहे हैं। थोड़ी सी साफ-सफाई के बाद ये जगह लैंडिंग के लिए मुफीद हो जाएगी।' ये डेक्कन और मुख्यमंत्री के लिए सुखद खबर थी। हम पलाटेस को बेल्लारी और मैसूर में पहले भी घास की पट्टी पर उतार चुके थे। अब हम उसे डिंडिगुल तक उड़ाने और लैंड कराने के लिए तैयार थे।

मैंने राहुल से कहा कि वो उस जमीन के मालिक से मेरी बात कराए। उस एयरस्ट्रिप का मालिक अंग्रेजों की बनाई एक कपड़े की मिल चलाता था। राहुल ने उससे पूछा कि क्या वो मुख्यमंत्री का प्लेन लैंड कराने में मदद करेगा। उसने कहा कि ये मेरे लिए सौभाग्य की बात होगी, और जैसा कि भारत के ग्रामीण इलाकों में होता है, उसने उम्मीद से परे जाकर हमारी मदद की। वो सफाई के लिए मजदूरों को लेकर आया और रनवे तैयार करवाया। मैंने एसएम कृष्णा को फोन कर बताया कि हम मंदिर के पास लैंड कर सकते हैं।

हेलीकॉप्टर अज्ञात इलाकों में छोटी दूरी की यात्राओं के लिए मुफीद होते हैं। वहीं, अगर लैंडिंग की जगह उपलब्ध हो तो पलाटेस लंबी दूरी के लिए अनुकूल होते हैं। अफ्रीका में मिले अनुभव ने मेरे अंदर आत्मविश्वास भर दिया था। हमने देखा था कि पलाटेस को घास की पट्टी पर उतारा जा सकता है। हेलीकॉप्टर और पलाटेस की मौजूदगी ने हमारी काम करने की क्षमता को कई गुना बढ़ा दिया था। अब हमें विकल्प पेश करने के लिए संभावित ग्राहक चाहिए

थे। इसके लिए हमने एक विज्ञापन कैंपेन शुरू किया। ये हमारी सेवा की बजाए पर्यटन पर केंद्रित था। इसमें किसी सुदूर द्वीप पर एक लड़की को हेलीकॉप्टर के साथ दिखाया गया था। इसमें लड़की द्वीप पर मछली पकड़ रही थी और उसके बैकग्राउंड में हेलीकॉप्टर दिख रहा था। इस विज्ञापन में बस इतना लिखा था,'अगर कोई जगह मैप पर है, हम वहां आपको ले जाएंगे।'

इस विज्ञापन ने हमें उम्मीद से बढ़कर रिजल्ट दिया। लोग हमें दिन या रात में किसी भी समय फोन करने लगे। क्या हम उन्हें अभी तुरंत जबलपुर या ग्वालियर या नासिक या नैनीताल पहुंचा सकते हैं? वे हमें इसलिए फोन करते थे क्योंकि तब उन जगहों पर कोई एयरलाइन नहीं जाती थी। हमने अपनी कीमत बताई : दो लाख रुपए। जब कॉलर रकम सुनता, उधर से एक आह की आवाज आती, उसके बाद लंबी चुप्पी और फिर रिसीवर को डायल पर रख दिया जाता था। उनमें से कुछ कॉल मैंने भी उठाए और तब मुझे अहसास हुआ कि कॉल करने वाले मध्यवर्गीय परिवार के लोग थे। एक बैंक अधिकारी था, दूसरा टीचर था और तीसरा एक सरकारी अधिकारी था। वे हमारा विज्ञापन देखकर उत्साहित थे; वे हमारी सेवाएं लेने के लिए तत्पर थे। हमारे पास अचानक से टेलीफोन कॉल और ई-मेल की बाढ़ आ गई। ये ऐसे लोगों की तरफ से आ रहे थे, जो एक नई संभावना की तरफ आकर्षित हो रहे थे। वे खुद को एक अलग नजरिए से देखने लगे थे। ये अलग बात थी कि हेलीकॉप्टर के भाड़े से जुड़े मसले हमें उनकी इच्छाओं को पूरा करने से रोक रहे थे। लेकिन उन्होंने उस चीज में भरोसा जताया जो एक समय तक विकसित देशों के लोगों की पहुंच में माना जाता था। वे उस बदलाव का प्रतिनिधित्व कर रहे थे जिसका मैंने अभी तक संज्ञान नहीं लिया था। इसकी दो वजहें थीं। पहली, मैं अपने काम में पहले से उलझा हुआ था और दूसरी, मैं उस बदलाव को देखने में नाकाम रहा था। मैं उस पिता की तरह था जिसे एक दिन अचानक से अहसास होता है कि उसकी बेटी बड़ी हो गई है। मेरी बेटी कभी-कभी मेरे साथ वैसा ही करती है। वो मेरी तरफ मुड़ेगी और कहेगी, 'पापा, आप भूल गए हैं कि मैं 19 की हो चुकी हूं!'

इन कॉल्स ने मेरी आंखें खोल दीं थी। मैंने बदलाव के संकेतों को पहचानना शुरू कर दिया। मैंने उम्मीद, आशावाद और नए उभरते भारत को महसूस किया। मैंने अपनी सड़क-यात्राओं के दौरान देखा कि झोपड़ियों और गैराज में कंप्यूटर स्कूल चल रहे हैं। मैं तालुक शहर में एक ऐसे ही स्कूल में गया। उस स्कूल को एक नौजवान लड़का चलाता था। उसने कंप्यूटर के कुछ कोर्स किए थे और वो एक उद्यमी बनना चाहता था। वो एक जर्जर, पुरानी

इमारत थी। लेकिन उस नौजवान की आंखें उम्मीद से चमक रही थीं। मैंने अपने गांव को भी बदलते देखा। मुझे एक किसान युवती दिखी। वो रोजाना 40 से 50 रुपए कमाती थी। एक दिन गांव के साप्ताहिक बाजार से लौटते समय उसके पास फेयर एंड लवली फेस क्रीम की ट्यूब थी। जिस गांव को मैं जानता था, वहां लोग अपने बालों में अंडी का तेल और चेहरे पर हरे चने का लेप लगाया करते थे। टीवी के विज्ञापन से प्रभावित होकर खरीददारी का ये नया चलन ग्रामीण भारत में मजबूत हो रहा था। सुंदर दिखने की चाहत तक ठीक था लेकिन इसके साथ-साथ गोरे दिखने की इच्छा हमारी औपनिवेशिक मानसिकता की परिचायक थी! गांव के लड़कों ने नीम के दातुन की बजाए टूथब्रश और टूथपेस्ट का इस्तेमाल करना शुरू कर दिया था। थोड़े बड़े शहरों में रहने वाले दोस्त दिखाने के लिए ड्राइंग-रूम के बीचोंबीच फ्रिज लगाने लगे थे। गांवों में ज्यादा से ज्यादा लोग मोटरबाइक चलाने लगे थे। टीवी हर जगह पहुंच चुका था। ठीक-ठाक हैसियत वाले परिवार के पास कम-से-कम सेकेंड हैंड मारुति कार जरूर थी। अखबार में ही मैंने पढ़ा कि कोलगेट, यूनिलीवर और हीरो होंडा जैसी कंपनियों के लिए गांव नया बाजार थे।

मेरी और जयंत की भारत की नियति पर बहस करने की आदत थी। जयंत कभी-कभी खीझकर कहता कि हम भारतीयों में ही कुछ खामी है: हम एक हीन नस्ल के प्राणी हैं। वो कहता कि हम इसलिए अच्छी सड़क नहीं बना पाते या बिजली पैदा नहीं कर पाते या साफ पानी नहीं पहुंचा पाते और अपनी सड़कों को साफ नहीं रख पाते क्योंकि हम हीन हैं। मैं उससे सहमत होने के लिए विवश हो उठता। लेकिन फिर मुझे आश्चर्य होता कि अगर हम सच में हीन नस्ल के हैं तो फिर हमने ताजमहल या मदुरै मीनाक्षी मंदिर और बाकी चीजें कैसे बनाईं?

हमारे यहां भीमसेन जोशी, जाकिर हुसैन और एम. एस. सुब्बुलक्ष्मी जैसे महान संगीतकार कैसे हुए? मैंने धरातल पर बदलाव को गहनता से देखा। मैंने इसे पंछियों की नजर से भी देखा। मैं उन चीजों के बारे में जानने को लेकर उत्सुक था जो कुछ समय तक चमकने के बाद गायब हो जातीं थी। हालांकि, वे महज कोरी कल्पना भर नहीं थीं। एक बार गोवा से बेंगलुरू जाते हुए मैंने पायलट से कहा कि वो मुझे पहाड़ी की तरफ से ले जाए। पहाड़ी के पीछे मिट्टी के कई घरों की कतारें थी। कम ऊंचाई पर जाने के बाद मुझे पता चला कि वो चमकने वाली चीज क्या थी : वहां टीवी के बड़े-बड़े डिश एंटीना लगे हुए थे। हर पांच या छह गांव पर एक एंटीना लगा था। वे इस देश का नया

परिदृश्य बयां कर रहे थे। एक समय तक भारत को एक अरब भूखे लोगों का देश माना जाता था।

हमारी स्कूल की किताबों में लिखा होता था, 'भारत एक गरीब देश है क्योंकि यहां जनसंख्या जरूरत से बहुत ज्यादा है।'

ये हमारी छवि थी जिसे राजनेता और अर्थशास्त्री अपनी योजनाओं और एजेंडा के मुताबिक बदलते रहते थे। ये छवि असाधारण भूख और अथाह पेट से जुड़ी थी : इससे कोई मतलब नहीं कि देश में कितना अनाज उपजता है या कितनी फैक्ट्रियां लगाई जाती हैं, आबादी का बड़ा हिस्सा हमेशा गरीब, बेरोजगार और पिछड़ा ही रहेगा। जनसंख्या विस्फोट की छवि ने राजनीतिक पार्टियों को उत्तेजक चुनाव कैंपेन चलाने का मौका दिया। इसने सरकार को परिवार नियोजन की योजनाएं चालू करने का अवसर दिया; सब्सिडी, मदद और चैरिटी देने का भी। मैंने इस परिदृश्य को शांत और नई नजरों से देखा। मेरे लिए भारत खैरात की आस में खड़े एक अरब लोगों का देश नहीं बल्कि एक अरब ग्राहकों का विकसित हो रहा खजाना था। जाति और समुदाय की जटिलता और आंचलिक, नस्लीय और धार्मिक आधार पर प्रभावित हो रहे तंत्र से परे एक नयी ताकत जन्म ले रही थी। ये एक नयी जाति थी। ग्राहकों की जाति। जब दो अरब हाथ पैदा करने और एक अरब मुंह उसका उपभोग करने वाले हों तो दायित्व सबसे बड़ी पूंजी बन जाती है!

मैंने देखा कि भारत के गांवों में लोग कंज्यूमर स्पेस में अहम भूमिका निभा रहे थे। इन सबमें अनोखी बात ये थी कि लोग हवाई यात्रा की टिकटों को छोड़कर कुछ भी खरीदने के लिए तैयार थे। और इसी में भविष्य के डेक्कन वेंचर का बीज छिपा था। इसने मुझे एक झटका दिया था। भारत अपनी राह पर अग्रसर था और उसे एक भरोसेमंद छलांग की जरूरत थी। विकसित अर्थव्यवस्था बनने के लिए जरूरी था कि भारत का मिडिल-क्लास शहरों के बीच हवाई यात्राएं करने में सक्षम हो। भारत यहां से पीछे जाने वाला नहीं था; इसने उपभोक्तावाद की ऊंची लहर पर सवारी शुरू कर दी थी और इसे अगले 20-30 सालों में आर्थिक महाशक्ति बनने से कोई नहीं रोक सकता था।

दक्षिण अफ्रीका से लौटने पर सैम ने एक सुझाव दिया था, 'गोपी, हम लो-कॉस्ट एयरलाइन क्यों नहीं शुरू करते?' मैंने उस समय तो कोई जवाब नहीं

दिया लेकिन उसके शब्द हमेशा मेरे दिमाग के अंदर उमड़ते-घुमड़ते रहे। सैम ने दूसरी बार अमेरिका से लौटने के बाद भी यही बात दोहराई थी।

वो कम भाड़े वाली एयरलाइन में उड़ा था और उसको लेकर काफी उत्साहित था। उसने सोचा कि शायद हमें भी कुछ ऐसा ही करना चाहिए। मेरे दिमाग में मची हलचल उस सोच से मिल रही थी कि ऐसा करने से भविष्य में भारत का मिडिल-क्लास हवाई टिकट खरीदने में सक्षम होगा। मैंने उम्मीद के विपरीत डिंडिगुल के पास एक एयरस्ट्रीप खोज ली थी। इसमें कोई शक नहीं कि ऐसी कई और भी होंगी। क्यों ना उनकी तलाश की जाए? मैंने अपने पायलटों से भारत के मैप पर नई-पुरानी, इस्तेमाल-गैर इस्तेमाल, सभी एयरपोर्ट को चिह्नित करने के लिए कहा। भारत भर में पांच सौ एयरस्ट्रीप और एयरफील्ड्स थीं। लेकिन वहां कोई एयर कनेक्टिविटी नहीं थी। कुछ इतनी बड़ी थीं कि वहां बोइंग उतर सकता था। कुछ खाली पड़े रहने और नजरअंदाज करने के चलते खंडहर हो गईं थी। कुछ को नेताओं ने अपने इलाके के लोगों के लिए गिफ्ट के तौर पर बनवाया था। कुछ दूसरे महायुद्ध के समय की एयरस्ट्रीप थीं तो कुछ सेना के काम आतीं थी।

इसके कुछ दिनों बाद ही एक इंटरनेशनल हेलीकॉप्टर कन्वेंशन में हिस्सा लेने मुझे फ्लोरिडा जाना पड़ा। वहां मैं एक महिला से मिला। वो ग्रैंड केन्यन पर एक हेलीकॉप्टर टूरिज्म कंपनी चलाती थी। उसने मुझे अपने ऑफिस में आने का न्योता दिया। खुशी से वहां जाने के लिए तैयार हो गया। ग्रैंड केन्यन पर सिर्फ पर्यटकों के लिए बीस हेलीकॉप्टर्स तैनात थे। ग्रैंड केन्यन के रास्ते में मैं फीनिक्स एयरपोर्ट पर रुका। एयरपोर्ट पर अपने दोस्त के भेजे हेलीकॉप्टर का इंतजार करते हुए मैं पैसेंजर लॉन्ज में चला गया। वहां पर एक पट्टी लगी थी। उसमें लिखा था कि फीनिक्स एयरपोर्ट रोजाना एक हजार विमानों और एक लाख यात्रियों को संभालता है। मुझे ये भरोसा करने में बहुत अचरज हुआ कि सुदूर रेगिस्तान में बना एक एयरपोर्ट भारत के सभी चालीस एयरपोर्ट से अधिक यात्रियों और विमानों को अकेले संभाल रहा था। मुझे शंका हुई। फिर मैंने दोबारा उस पट्टी को पढ़ा! मैं कम लागत वाली एयरलाइंस की अगुआ साउथवेस्ट में बैठकर फीनिक्स जा रहा था। मेरी बगल वाली सीट पर एक कारपेंटर बैठा था। एक आम अमेरिकी ब्लू-कॉलर कर्मचारी। भारी-भरकम शरीर और कलाई पर नीले टैटू का निशान। कामगारों के चिर-परिचित यूनिफॉर्म में वो शख्स एक बड़े हैम्बर्गर पर हाथ साफ कर रहा था। उसके हाथ में एक नैपकिन थी। उस पर साउथवेस्ट का मोटो लिखा था, 'तीस साल: एक मिशन: कम किराया।'

उसी समय मेरे दिमाग में दो विचार एक साथ आए और मिलकर एक जुनून में बदल गए। भारत को हर जगह ले जाने वाली और लाखों लोगों को हवाई यात्रा का मौका देने वाली एक एयरलाइन की सख्त जरूरत थी।

मुझे इसकी सफलता का स्कोप बताने के लिए किसी मैकेंजी की जरूरत नहीं थी। बस, मुझे पता था। मुझे एक कन्नड़ की लोकोक्ति याद आई, 'हथेली का फोड़ा देखने के लिए आईने की जरूरत नहीं होती।' मैंने देख लिया था: आप इसे विजन कह सकते हैं; मैंने सुन लिया था: आप इसे भविष्यवाणी कह सकते हैं। अमेरिका एक दिन में 40 हजार से अधिक कमर्शियल फ्लाइटें चला रहा था। भारत में ये संख्या 420 थी। ये 2002 के मध्य की बात है, जब मुझे लगा कि हालिया वृद्धि दर के हिसाब से भारत में अगले तीस साल बाद हर साल एक अरब यात्री हवाई यात्रा कर रहे होंगे। ये आंकड़े जुनूनी थे: एक अरब सीटें और रोजाना 50 हजार से अधिक फ्लाइट! क्या ऐसा संभव है। मैंने नंबर्स से खेलना शुरू कर दिया। मैंने खुद में विचार किया कि अगर मध्यम वर्ग के 20 करोड़ लोग भी हर साल पांच बार ही हवाई यात्रा करें तो भी साल में एक अरब का मैजिक नंबर आसानी से हासिल किया जा सकता है। अंतर बहुत बड़ा था लेकिन फिर भी एयरलाइन बिजनेस में सौ गुणा बढ़ोत्तरी की उम्मीद थी। आंकड़े मोहित करने वाले थे। मैं जल्द से जल्द वापस लौटकर अपनी ऊर्जा नई दिशा में लगाना चाहता था। फीनिक्स पर पट्टी देखते हुए ही मैंने फैसला कर लिया था। अब सवाल ये था कि कैसे!

मैंने ग्रैंड केन्यन की ट्रिप खुशी खुशी पूरी की और वहां से सीधा भारत आ गया। बेंगलुरू में लैंड करने के बाद मैंने *इकोनॉमिक टाइम्स* के गिरीश राव को फोन किया। मैं अपनी बात के नफा-नुकसान के बारे में कतई नहीं सोच रहा था। मैंने पूरे जोश में ऐलान किया कि मैं आम आदमी के लिए एक एयरलाइन शुरू करने जा रहा हूं। गिरीश ने खबर चला दी। ये सभी अखबारों में छपी। मैंने ये आइडिया मोहन कुमार को बताया। मैंने भारत के पांच सौ से अधिक छोटे-मझोले शहरों का जिक्र किया। मैंने कहा कि हमें दिल्ली और मुंबई से आगे के बारे में सोचना चाहिए। बेल्लारी जैसा शहर एक उभरता हुआ इंडस्ट्रियल सेंटर और एक्सपोर्ट हब था। भारत के जींस उद्योग का 15 प्रतिशत हिस्सा बेल्लारी में था। इसके अलावा, पोल्ट्री, माइनिंग और टेक्सटाइल्स की फैक्ट्रियां भी थीं। साथ ही, बेल्लारी हम्पी के ऐतिहासिक भग्नावशेषों के लिए भी मशहूर था। शहर में तीन हवाई पट्टियां होने के बावजूद वहां कोई फ्लाइट नहीं उतरती थी। बेल्लारी में पहली और इकलौती फ्लाइट 1932 में डाक पहुंचाने के लिए लैंड हुई थी।

मैंने कई और भी ऐतिहासिक शहरों और कस्बों का जिक्र किया, जिनका समृद्ध इतिहास रहा और वे भविष्य में तरक्की करने वाले थे।

मैंने हरिद्वार और हिमालय के प्रवेश-द्वार देहरादून का उदाहरण दिया; कानपुर, इस शहर की आबादी चालीस लाख (लगभग नॉर्वे के बराबर) थी। और, अंग्रेजों के जमाने में मैन्युफैक्चरिंग हब रहा शहर, जहां दो-दो एयरफील्ड्स थीं लेकिन कोई कनेक्टिविटी नहीं; महाराष्ट्र का कोल्हापुर और नासिक। नासिक भारत के वाइन कैपिटल के तौर पर उभरा था और एबीबी और एचएएल ने वहां अपनी फैक्ट्रियां बिठाईं थी। वहां दो एयरफील्ड होने के बाद भी कोई एयर कनेक्टिविटी नहीं थी।

हर रोज 1.60 करोड़ भारतीय ट्रेन और 1.20 करोड़ बस से सफर कर रहे थे। ये मिलकर लगभग तीन करोड़ बैठते हैं। अगर इनमें से पांच प्रतिशत लोग भी हवाई यात्रा करने लगते तो ये संख्या एक साल में 53 करोड़ तक पहुंच सकती थी।

ये संख्या बहुत विशाल दिख रही थी। हालांकि, इसका ये मतलब नहीं था कि 53 करोड़ अलग-अलग लोग सफर करेंगे, बल्कि 20 करोड़ मिडिल-क्लास लोग साल में कम-से-कम 2.5 बार यात्रा करने वाले थे। अगले तीस सालों में ये बात अकल्पनीय नहीं थी। ये इबारत दीवार पर लिखी हुई थी और इसे समझाने के लिए किसी मार्केट रिसर्च की दरकार नहीं थी। मोहन कुमार ने मुझे गौर से सुना। फिर उन्होंने अपने नपे-तुले अंदाज में कहा, 'ठीक है, ये करते हैं।'

मैं पैसों के बारे में नहीं सोच रहा था। जैसा कि मैंने पिछली बार भी हेलीकॉप्टर बिजनेस में उतरते समय पैसों की चिंता नहीं की थी।

मैंने दूसरे बुनियादी तथ्यों के बारे में सोचा। बिजनेस मॉडल भारतीय रंग में रचा-बसा होना चाहिए था। इसे भारत के भूगोल, संस्कृति और विरासत से लबरेज होना था। भारतीय मानस को समाहित करने वाला होना था। एक ऐसा एयरलाइन बनना था जो आम भारतीय के लिए बना हो। मैंने रौशनी की एक लौ देखी थी जो अंधकार को भेदकर आगे की ओर बढ़ रही थी। हालांकि, रास्ते में चुनौतियों और बाधाओं की कोई कमी नहीं थी। कुछ की आंखों में चमक थी, बाकी किनारे हो लिए थे। भारतीय उड्डयन के उद्यम इतिहास के अपने मील के पत्थर और समाधि के स्तंभ हैं। ऐसी अफवाह थी कि टाटा-सिंगापुर एयरलाइन वेंचर सिर्फ इंडियन एयरलाइंस और जेट एयरवेज लॉबी के चलते विफल हो गया था।

अगर मैंने वो रास्ता चुना होता तो मेरी नियति भी वही होती। हालांकि, मुझे अपने आइडिया की शक्ति के बारे में पता था और मैं आम लोगों की हवाई यात्रा की पॉलिटिकली करेक्ट अपील के बारे में भी जानता था। किसी भी राजनेता के लिए भारत के शहर को गांवों से जोड़ने वाले इस बिजनेस प्रपोजल को मना करना मुश्किल होता। और तो और, किसी भी राजनेता के लिए ये कहना अपमानजनक होता कि आम आदमी हवाई यात्रा नहीं कर सकता। इस आइडिया की गूंज दूर तक जानी तय थी और बिलकुल वही हुआ भी। मुझे महसूस हुआ कि इस आइडिया को अलग किस्म के राजनीतिक समर्थन की जरूरत होगी। इसलिए, मैं उन नेताओं से बात करने लगा जिनसे पहले मुलाकात हो चुकी थी या जिन्हें मैं जानता था। मैंने वैंकैया नायडू, चंद्रबाबू नायडू और एस. एम. कृष्णा से मुलाकात की। उन्होंने भरपूर उत्साह दिखाया। उन्होंने महसूस किया कि कनेक्टिविटी से आर्थिक विकास होगा और एयरलाइन की वजह से निवेश भी आएगा। क्योंकि अगर टोयोटा या टाटा को ओड़िसा में किसी जगह पर फैक्ट्री लगानी होगी तो वे सबसे पहले एयर कनेक्टिविटी पर गौर करेंगे। मैं पूरी तरह आश्वस्त था। अगर एयरलाइन मॉडल दो विपरीत ध्रुवों पर खड़ी अर्थव्यवस्थाओं, अमेरिका और इंडोनेशिया में काम कर सकता है तो इसे भारत में भी करना चाहिए। भारत इन्हीं दोनों ध्रुवों के बीच में कहीं पर था। अब मुझे ऐसे कुछ लोग चाहिए थे जिन्हें लो-कॉस्ट एयरलाइन मैनेजमेंट के बारे में अच्छे से पता हो!

एयरलाइन की योजना

मैंने रिसर्च किया और लो-कॉस्ट कैरियर (एलसीसी) में हाथ आजमा चुके लोगों से जानकारियां जुटाता रहा। मैंने कोनोर मैक्कार्थी से बात की। कोनोर एक दशक से भी अधिक लंबे समय से रयान एयर से जुड़ा था और उसने रयान एयर के सीईओ लीजेंडरी माइकल ओ लेरी के साथ काम किया था। कोनोर ने मलेशिया में लो-कॉस्ट कैरियर कंपनी एयर एशिया की स्थापना करने में मदद की थी। रयान एयर के साथ कोनोर का जुड़ाव निर्णायक साबित हुआ था।

रयान एयर यूरोप की सबसे सफल लो-कॉस्ट एय़रलाइन थी और उसने एक यूरो की कीमत में सीट देकर इतिहास रच दिया था। रयान एयर ने नामुमकिन लक्ष्य हासिल किए थे। उसके पास प्रति यात्री रेवेन्यू सबसे कम था, उसकी संचालन कीमत सबसे कम थी, लेकिन बाकी एयरलाइन की तुलना

में उसका मुनाफा सबसे अधिक था। रयान एयर कॉस्ट-कटिंग के मामले में सबसे निर्मम थी। कोनोर मैक्कार्थी एक दशक से भी लंबे समय से रयान एयर का डिप्टी चीफ ऑपरेटिंग ऑफिसर था। मुझे उससे बात करनी थी। इस क्षेत्र के दांव-पेच उससे बेहतर शायद ही कोई जानता था। कोनोर मैक्कार्थी ने भारत में कम लागत वाली एयरलाइन के विचार को खारिज कर दिया। भारत ने तकनीक और सॉफ्टवेयर के क्षेत्र में पहचान कायम की थी लेकिन उसका एविएशन मध्यकालीन था। और, कोई भारत को गंभीरता से नहीं लेता था। कोनोर ने एलसीसी चलाने के लिए कुछ शर्तें बताई; उदार नियम और कानून और अनुकूल नीतियों के लिए माहौल; हाई लेवल का इंटरनेट और क्रेडिट कार्ड की शुरुआत; और मुख्य और वैकल्पिक हवाईअड्डों का एक नेटवर्क।

भारत इन शर्तों को पूरा नहीं कर पा रहा था: भारतीय उड्डयन सरकार के सख्त नियंत्रण में थी; इंटरनेट और क्रेडिट कार्ड का इस्तेमाल दो प्रतिशत से भी कम था; और काम लायक एयरपोर्ट की संख्या बेहद कम थी। हालांकि, मैं किसी भी ऐसे आदमी को सुनने के लिए तैयार नहीं था जो ये कहे कि एलसीसी भारत में काम नहीं करेगी। मुझे अपने आइडिया से मुहब्बत हो गई थी! मैंने खुद को एक बात याद दिलाई: 'दिल के तर्कों के बारे में दिमाग को कुछ पता नहीं होता।' मैंने दोबारा कोनोर मैक्कार्थी को फोन किया और कहा कि मैं सीएफओ के साथ उससे मिलकर एलसीसी के बारे में जानना चाहता हूं। कोनोर रूखा था। उसने बेअदबी से कहा, 'ऐसा है कि मेरे पास समय नहीं है। और अगर मेरे पास समय होगा तो तुम मुझे अफोर्ड नहीं कर पाओगे। मेरी कीमत बहुत ज्यादा है।' मैं उसकी बात सुनकर सुन्न रह गया। लेकिन उसकी प्रतिक्रिया से प्रभावित नहीं हुआ। मैंने उससे बात जारी रखने का फैसला किया। मैंने पूछा, 'तुम्हारी कीमत क्या है?' कोनोर ने कहा कि वो एक घंटे के 400 यूरो लेता है। मैंने कहा कि मैं पैसों पर मोलभाव नहीं करूंगा। 'मैं बुधवार रात को यहां से निकलूंगा। हम तुमसे गुरुवार और शुक्रवार को मिलना चाहते हैं। मुझे दोनों दिन तुम्हारे आठ-आठ घंटे चाहिए। तुम्हारी फीस 6400 यूरो होगी। मैं तुम्हें उसका भुगतान कर दूंगा। शुक्रवार की रात हम डिनर के लिए जाएंगे। मैं तुम्हारे डिनर का बिल भी दे दूंगा लेकिन उसके लिए नहीं जो तुमने टेबल पर कहा था।'

कोनोर मान गया। अगले दिन मुझे दो पन्नों का कॉन्ट्रैक्ट मिला। उसने 6400 यूरो की बजाए 13,400 यूरो का बिल भेजा था और ईमेल में इस बढ़ोत्तरी की वजह भी बताई थी। वो दो दिनों तक हमसे बात करने के लिए दो दिनों की तैयारी करना चाहता था। मैंने उसे कॉल किया और कहा, 'कोनोर, तुम

मुझसे ढाई कदम आगे चलने की कोशिश कर रहे हो। मैं तुम्हारे साथ आगे भी संबंध जारी रखना चाहता हूं। मैं तुम्हारे पास इसलिए नहीं आया कि तुम एक कॉलेज प्रफेसर हो बल्कि तुम एक काम के आदमी हो। मैं तुमसे बस इतना जानना चाहता हूं कि तुमने रयान एयर में क्या किया। तुमने ओ लेरी के साथ दस सालों तक काम किया है। मुझे ये बताओ कि तुमने वहां क्या किया। मुझे कोई पावरपॉइंट प्रजेंटेशन नहीं चाहिए। अगर तुम्हें मुझसे बात करने के लिए तैयारी की जरूरत है तो मैं मुझे तुम्हारी कोई जरूरत नहीं है।'

आखिरकार, कोनोर मेरी शर्तों पर राजी हो गया और हम बहुत जल्द जॉर्ज बर्नाड शॉ, जेम्स जॉयस और कैनेडी परिवार के शहर डबलिन में थे। मैं ऐतिहासिक पब और महान साहित्यकारों के लिए मशहूर उस खूबसूरत शहर को निहारना चाहता था। मैंने कोनोर को 20 घंटों के लिए बुक कर रखा था। पहले से तय बातों के लिए सोलह घंटे और चार घंटे डिनर के लिए।

मैंने मोलभाव करके डबलिन मुफ्त में घूमने का इंतजाम कर लिया। इसी दौरान मैंने एलसीसी के तयशुदा सिद्धांतों से अलग हटकर चलने के बारे में सोचा। एलसीसी चलाने के लिए सलाह दी जाती है कि एक ही तरह का एयरक्राफ्ट चलाया जाए। क्योंकि इससे ट्रेनिंग, स्पेयर पार्ट्स और रख-रखाव के पैसे बचते हैं। हालांकि, मैंने भारत को एविएशन के नजरिए से समझा था। यहां की जमीनी हकीकत कुछ अलग थी। हमने छोटे कस्बों और शहरों में मैप पर जो 500 हवाई पट्टियां चिह्नित की थीं, उन पर एटीआर जैसे छोटे एयरक्राफ्ट ही उतर सकते थे। पहले से चल रहे लगभग चालीस एयरपोर्टों पर बड़े बोइंग और एयरबस के अलावा छोटे एयरक्राफ्ट को भी देखा जा रहा था।

लेकिन बोइंग और एयरबस हमें मेट्रो तक ही सीमित कर देते और इसके लिए पहले से मौजूद एयर ट्रैफिक को तंग करने का कोई मतलब नहीं था। डेक्कन का एलसीसी तभी लाभ कमा सकता था अगर ये पूरे खेल को बड़ा कर देता और नए यात्रियों को आकर्षित करता। मेरा विचार था; 'दूसरे' भारत पर हाथ आजमाओ। एलसीसी के सफल होने के लिए, मुझे देहरादून और धर्मशाला से ग्राहक लाकर दिल्ली-मुंबई की फ्लाइट में भरना था। हम महानगरों के बीच बड़े एयरक्राफ्ट चला सकते थे और इसे छोटे शहरों से एटीआर में बिठाकर लाए गए यात्रियों से भर सकते थे। मुझे लगा, इस समागम के जरिए, हम भारत के टियर टू और टियर थ्री शहरों से एयर ट्रैफिक और एयर कनेक्टिविटी की विविधता के लिए माहौल तैयार करने वाले थे। मैंने मान लिया था कि ज्यादा से ज्यादा शहरों के जुड़ने से भारतीय उड्डयन को फायदा होगा। मुझे इसके

और अमेरिकी रेलरोड के अनुभव में कई समानताएं दिखीं। अमेरिका में रेलवे की शुरुआत 150 साल पहले हुई थी। इसने अमेरिका के विस्तृत स्वरूप और उसकी अर्थव्यवस्था को उभारने में मदद की। इसने तटीय शहरों को मिडवेस्ट और सुदूर इलाकों से जोड़ा था। अमेरिकन रेलवे के मामले में, इसके पुरोधाओं को रेड इंडियंस के हमलों से जूझना पड़ा था। मेरे मामले में, मुझे लालफीताशाही से जूझना था।

सौभाग्यवश, आम आदमी की उड़ान के विचार ने अफसरों की कल्पना को इतना प्रेरित किया कि नौकरशाही के गलियारे में हर किसी ने मेरी राह आसान की। दो तरह के एयरक्राफ्ट इस्तेमाल करने का मेरा आइडिया ग्रामीण भारत को विकसित करने के लिए उद्योगों को बढ़ावा देने की नीति से मेल खाता था। मैंने सोचा कि 'ग्रामीण भारत का विकास' वाली लाइन एक अच्छी पिच होगी। एक तथ्य ये भी था कि सरकार को सिर्फ पहले से बने एयरपोर्ट और रनवे को साफ करना था और गड्ढे भरने थे। भारत में सरकारों के लिए एविएशन प्रमुख क्षेत्रों में से नहीं है। इसे आर्थिक विकास के लिए बहुत अहम नहीं माना जाता। नेता अच्छे कामों की बजाए अच्छा समझे जाने वाले कामों के प्रति अधिक उदार दिखते हैं!

वे सड़कों के विकास, गांवों में बिजली लाने, कृषि और ग्रामीण स्वास्थ्य और शिक्षा जैसी चीजों के प्रति पक्षपाती दिखते हैं भले ही उन प्रोजेक्ट्स से गांवों के उत्थान का महान लक्ष्य हासिल ना हो रहा हो। राजनेताओं ने खुले तौर पर इन योजनाओं में व्याप्त भ्रष्टाचार की बात मानी है। उनकी गणना के अनुसार, इन योजनाओं के लिए भेजे जाने वाले एक रुपए में से सिर्फ दस पैसा ही लाभार्थी तक पहुंच पाता है। देश के लिए मेरी एक सोच थी। मैं छोटे शहर के आम व्यक्ति को हवाई यात्रा कराना चाहता था। मुझे गांव वाली थीम की पीठ पर अच्छे से सवारी करनी थी। मैं गांवों तक पहुंचना चाहता था और गांव वाली पिच मुझे वहां लेकर जाने वाली थी! मैं जानता था कि अगर मैं एविएशन इंडस्ट्री में बेतरतीब तरीके से घुसा तो मुझे आसानी से किनारे कर दिया जाएगा।

मेरे प्रतिद्वंद्वी बेहद शक्तिशाली थे और वे हर तरीके से मुझे खत्म करने की कोशिश करते। मुझे ये भी पता था कि मेरे प्रतिद्वंद्वी बड़े शहरों के बीच ऑपरेट करके खुश थे और वे टियर टू और टियर थ्री शहरों में निवेश करने के इच्छुक नहीं थे। इसलिए मैंने तय किया कि गैर-मेट्रो शहरी केंद्रों को जोड़ने की मेरी रणनीति उन्हें संतुष्ट रखेगी और वे हमें अकेला छोड़ देंगे। फिर भी, वे हमारी राह में छोटी-मोटी बाधाएं पैदा करके प्रोजेक्ट में देरी करवा ही सकते

थे। इससे हमारा खर्च बढ़ता और इसका असर बैलेंस सीट पर पड़ सकता था। अब जबकि लोगों को पता चल चुका था कि मैं एयरलाइन शुरू कर रहा हूं, मदद खुद चलकर दरवाजे तक आने लगी थी। पूरे देश में नेता ये जानना चाहते थे कि मैं कब अपनी एयरलाइन शुरू कर रहा हूं। क्या उनका शहर इस प्रोजेक्ट में शामिल है? बिल्डर्स एसोसिएशन, चैंबर्स ऑफ कॉमर्स एंड इंडस्ट्री भी हमसे जुड़ना चाहते थे। लागत, क्षमता और प्रति यात्री आय आदि की गणना के बाद हमने फैसला लिया कि 48 सीटों वाला एटीआर टर्बोप्रॉप एयरक्राफ्ट छोटे शहरों के बीच की यात्राओं के अनुकूल होगा। बिजनेस मॉडल को लेकर हमारे दो अप्रोच होंगे। पहला, छोटे कस्बों और शहरों के बीच की फ्लाइटों मेट्रो के बीच की फ्लाइटों के लिए फीडर का काम करेंगी। दूसरा, हमारा किराया तय करने का तरीका थोड़ा अलग होगा। भाड़ा कम होगा और इसका प्रतियोगिता रेलवे के फर्स्ट एसी क्लास के भाड़े से रहेगा।

हमारी गणना ये थी कि फर्स्ट एसी के किराये से 25 से 30 प्रतिशत ऊपर और सेकेंड एसी से काफी ऊपर का किराया एक व्यावहारिक बिजनेस मॉडल होगा।

आम आदमी की उड़ान जरूरी है

लो-कॉस्ट एयरलाइन लॉन्च करने का फैसला एक सहज तर्क से उपजा था, लेकिन उसके मकसद को पहचानने के लिए मुझे एक व्यवहारिक योजना चाहिए थी। योजना बनाने के लिए सही समय पर उसको अमल में लाना सबसे जरूरी है। एयरलाइन बिजनेस के तीन मुख्य तत्व होते हैं: एयरक्राफ्ट, पायलट और टेक्नीशियंस, और एक हैंगर, मेंटेनेंस की सुविधाएं और एयरपोर्ट स्पेस। इन तीनों को एक जगह पर इकट्ठा करना और उन्हें लयात्मक ढंग से चलाना भी जरूरी होता है। एयरक्राफ्ट काफी महंगे होते हैं लेकिन उनकी असली कीमत तभी होती है, जब वे हवा में होते हैं। वे जमीन पर हों तो बेकार होते हैं। मुझे ये पक्का करना था कि जब बाकी चीजें अपनी जगह पर आ जाएं, तभी एयरक्राफ्ट को भी लाया जाए। ना तो बहुत जल्दी ही और ना ही बहुत देर से। पायलटों और टेक्नीशियंस को वेतन देना था, लेकिन एयरक्राफ्ट के आने से पहले उनको एलसीसी के कॉन्सेप्ट और डेक्कन के मोटो और विजन से परिचित कराना आवश्यक था। इसके लिए भी बहुत जल्दी नहीं थी। हैंगर स्पेस में किराया लगता है और अगर टूल्स इस्तेमाल में ना हों तो जाम पड़ जाते हैं।

उन्हें तैयार रखना था लेकिन कोई जल्दबाजी नहीं थी। हालांकि, एयरलाइन का साजो-सामान जमा करने से पहले मुझे लाइसेंस और सरकारी समर्थन लेना था। मैंने पूरे जोशो-खरोश के साथ तैयारी कर ली थी। मैं बीजेपी के राष्ट्रीय अध्यक्ष वेंकैया नायडू को जानता था। वो सुधारवादी नेता थे। मैंने उनसे कहा कि वो मुझे सिविल एविएशन मिनिस्टर राजीव प्रताप रूडी से मिलवा दें।

दोनों नेता विकास को लेकर अपनी प्रगतिशील सोच के लिए जाने जाते थे। वेंकैया नायडू विजयवाड़ा से थे और रूडी बिहार से। वे दोनों ऐसे क्षेत्र का प्रतिनिधित्व करते थे जहां कनेक्टिविटी की सख्त दरकार थी। वेंकैया नायडू ने मेरी तरफ से राजीव प्रताप रूडी से बात की और उन्हें मेरे प्रस्ताव के बारे में बताया। रूडी जवान और ऊर्जावान होने के साथ-साथ स्पष्ट सोच भी रखते थे। मैंने रूडी के सामने अपना विजन पेश किया। एलसीसी लॉन्च करने का डेक्कन का प्रस्ताव। रूडी मेरे प्रतिद्वंद्वियों की तुलना में आधी कीमत पर टिकट बेचकर और फिर भी मुनाफा कमाने के विचार को लेकर आशंकित थे। उन्हें लगा कि मैं दिवालिया हो जाऊंगा। मैंने उन्हें एलसीसी का पूरा दर्शन समझाया। मैंने कहा कि ये कोई नया विचार नहीं, बल्कि ये इनोवेशन और दक्षता की पुरानी संस्कृति का पुनर्वतार है। ये पैसे और संसाधनों को लेकर हमारा मनोभाव है। ये वही संस्कृति है जो हमें गैरजरूरी चीजों पर खर्च करने से रोकती है। ये हमारी घरेलू संरक्षण की प्रवृति है। खाना, पानी, बिजली, पदार्थ और श्रम को बर्बाद ना करने की सोच। ये किफायत के बारे में है। फालतू के खर्च से बचने के बारे में है। मेरे पिता इसी संरक्षण की भावना के साथ जीते रहे। हम बेंगलुरू में अलग-अलग घरों में रहा करते थे। मैं कैंट एरिया में रहता था, जबकि वो 6-7 किलोमीटर दूर बसावनगुडी में रहते थे। वीकेंड्स पर मैंने अपना ड्राइवर उन्हें लाने के लिए भेजा। मेरे पिता ने गाड़ी से आने से मना कर दिया। उन्होंने कहा कार भेजने का ये मतलब नहीं है कि उन्हें उसका इस्तेमाल करना ही होगा। उन्होंने नजदीक के स्टॉप से बस पकड़ी और उतरने के बाद पैदल चलकर आए।

मैने एविएशन मामलों की पत्रकार कुकू पॉल के सामने एक दूसरे रूपक का इस्तेमाल किया था। मैंने कहा था कि एलसीसी उडुपी होटल के जैसा है। उसने अगले दिन के अखबार में लिखा कि मैं 'आसमान में उडुपी' लॉन्च करने जा रहा हूं। मैंने पहले भी बताया था कि उडुपी होटल एक फास्ट-फूड रेस्टोरेंट है। ये कम लागत वाला होटल है। ये गुणवत्ता से समझौता किए बिना कॉस्ट-कटिंग का बेहतरीन उदाहरण है। इसके बिजनेस का तरीका बिलकुल साफ है। लोगों को सर्विस काउंटर से खुद ही सर्व करना होता है और गोलाकार

टेबल या दीवार से लगे तख्त के किनारे खड़े होकर खाना पड़ता है। वहां समय बिताने, टहलने, सिगरेट पीने, किताब पढ़ने या दोस्तों से बात करने की ना तो कोई व्यवस्था होती है और ना ही इसके लिए प्रोत्साहित किया जाता है। यहां खाने के अलावा कुछ और नहीं मिलता। रेस्टोरेंट कई मोर्चों पर पैसे बचाता है। वहां कोई वेटर नहीं होता। इमारती तामझाम कम होते हैं। एसी डीलक्स रेस्टोरेंट की तुलना में रखरखाव का खर्च कम होता है। और, वहां कम मात्रा में बिजली की खपत होती है। बेंगलुरू शहर के उडुपी होटल हमेशा भरे होते हैं। प्रोपराइटर्स कम खर्च में अधिक कमाते हैं। ग्राहकों को अच्छा, साफ और गर्म खाना काफी कम कीमत में मिलता है। खाना जल्दी सर्व होने से सबका समय भी बचता है। उडुपी होटल का मालिक इस बात की ताकीद पहले ही कर देता है कि ये जगह खाना खाने के बाद निकलने के लिए है। जब ग्राहक उडुपी होटल में जाते हैं, उन्हें बिठाकर खाना परोसे जाने की कोई उम्मीद नहीं होती।

वे कुछ अलग उम्मीद नहीं रखते। उन्हें वही चीज मिलती है जिसके लिए वो आते हैं: अच्छा, किफायती और साफ माहौल में परोसा गया खाना। एलसीसी की धारणा भी कुछ-कुछ वैसी ही है। एलसीसी सबको समाहित करने, नया ईजाद करने और दक्षता के बारे में है। ये आम आदमी को हवाई यात्रा कराने का वादा करता है और टिकटों की कीमत इस तरह रखता है कि आर्थिक खांचे के निचले पायदान पर खड़े अधिकतर व्यक्ति भी एयरलाइन में बैठकर यात्रा कर सकें। अमीर और समृद्ध लोगों का भी स्वागत है लेकिन ये समझना होगा कि यहां बड़ी एयरलाइन की तरह उनका स्वागत-सत्कार नहीं किया जाएगा। एलसीसी इनोवेट करती है। ये पॉइंट टू पॉइंट उड़ान भरती है और सामान के ट्रांसफर में लगने वाला खर्च और समय बचाती है और कनेक्टिंग फ्लाइटों में तालमेल बिठाती है। पॉइंट टू पॉइंट एयरलाइन होने का मतलब ये है कि जैसे ही यात्री अपने डेस्टिनेशन पर पहुंचता है, वैसे ही उनका कॉन्ट्रैक्ट खत्म हो जाता है। किसी भी तरह का आगे का सफर एक नया कॉन्ट्रैक्ट होता है। आगे जाने वाले यात्रियों को अपना सामान खुद बटोरना करना होता है और फिर अगली चेक-इन लाइन में खड़ा होना पड़ता है। फुल-सर्विस एयरलाइन में दिल्ली से मुंबई जा रही फ्लाइट को लंदन और एमस्टर्डम से आने वाली ब्रिटिश एयरवेज के विमान के लिए इंतजार करना होता है। ऐसे हब एंड स्पोक्स मॉडल में जाने वाली फ्लाइटों का शेड्यूल आने वाली फ्लाइटों के हिसाब से तैयार किया जाता है। ऐसे में एयरक्राफ्ट लंबे समय तक जमीन पर रहते हैं और अंततः यात्रियों को इसकी कीमत भारी-भरकम भाड़े के तौर पर चुकानी पड़ती है।

एलसीसी कार्यकुशलता पर केंद्रित है। इसमें प्रति एयरक्राफ्ट उड़ान के घंटे अधिक होते हैं और इस तरह प्रति यात्री संचालन क्षमता भी बढ़ जाती है। एलसीसी एयरक्राफ्ट जल्दी काम शुरू करते हैं और देर रात तक उड़ान भरते रहते हैं। अगर फ्लाइट उपलब्ध हो और टिकट के दाम सामान्य से आधे हों तो फैमिली विजिट पर जाने वाला एक किफायती व्यक्ति या बिजनेस विजिट पर जाने वाला छोटा या मध्यम उद्यमी थोड़े पैसे की बचत के लिए सुबह पांच बजे भी सफर कर सकता है। बड़ी कॉरपोरेट कंपनियों का सीईओ कुछ समय की नींद के लिए अधिक पैसे देने को तैयार होगा और वो आठ बजे सुबह की फ्लाइट पकड़ना चाहेगा।

बचत तब भी संभव है अगर आप फ्लाइट में खाना सर्व ना करें। इससे साफ-सफाई आसान होती है और खाने के कंटेनरों को चढ़ाने और उतारने का समय बचता है। पुराने यात्रियों के उतरने और नए यात्रियों के बैठने के तुरंत बाद एयरक्राफ्ट टेकऑफ कर सकते हैं। अगर खाना देने की बजाए बेचा जाए तो ये आय का एक जरिया हो सकता है। जब लोग खाने के लिए अलग से भुगतान करते हैं तब वे ज्यादा सावधान रहते हैं। तब खाने की बर्बादी और चोरी भी कम होती है। लीगेसी एयरलाइंस के लिए जो चीज ऊपरी खर्च थी, वो एलसीसी के लिए कमाई का स्रोत बन गई। एक संसाधन के तौर पर पानी का इस्तेमाल भी लागत बचाने का अच्छा तरीका है। ये पर्यावरण की दृष्टि से भी समझदारी वाला काम है। कॉम्पलिमेंट्री सर्व किया जाने वाला पूरा पानी कभी खर्च नहीं होता। वहां पर भारी मात्रा में बर्बादी होती है। पानी खरीदने के बाद ग्राहक अधिक सतर्क रहते हैं। फ्लाइट पर पानी की कम बोतलों का मतलब कम वजन और इससे ईंधन की खपत घटती है। एक कॉस्ट फैक्टर मुफ्त में दिए जाने वाले अखबारों का भी है। आपको अखबार के साथ-साथ उसे लाने और पुराने अखबारों को उठाकर ले जाने वाले स्टाफ को भी भुगतान करना होता है। हर ट्रांजिट के दौरान ऐसा करने से समय जाता है और इसका असर कमाई पर पड़ता है। इनोवेशन से कॉस्ट-कटिंग के साथ-साथ आय के नए तरीके भी निकाले जा सकते हैं। हमने दोनों बिंदुओं पर गौर किया।

हम 23 प्रतिशत अधिक सीटें जोड़ने के लिए तैयार हो गए। हमने लीगेसी एयरलाइंस की तुलना में 144 की बजाय 180 सीटें लगाने का फैसला किया। हम बिजनेस क्लास नहीं रखने वाले थे। इसके अलावा, हम दूसरी एयरलाइंस की तुलना में 25 से 30 प्रतिशत अधिक समय तक उड़ान भरने वाले थे। दूसरा इनोवेशन डिस्ट्रिब्यूशन नेटवर्क से जुड़ा था। एलसीसी मॉडल में ब्रोकर्स और

एजेंटों की भूमिका खत्म कर दी गई। इससे लागत अचानक से 15 से 20 प्रतिशत तक घट गई। मैंने केंद्रीय उड्डयन मंत्री को पूरी बात बताई कि किस तरह से हमारी एलसीसी लागत घटाकर भाड़ा कम करेगी और आय के नए रास्ते भी निकालेगी। मैंने रूडी को कहा कि आपकी सरकार बदलाव के लिए सक्रिय है। लेकिन ये बदलाव कानपुर या रांची तक एयर कनेक्टिविटी के बिना नहीं पहुंच सकते। मैंने सड़क या रेल से चलने वाले 20 करोड़ लोगों से होने वाले समय की बर्बादी और इसके चलते राजस्व और उत्पादकता के नुकसान के बारे में भी बात की।

मैंने कहा कि जब टीचर्स और ट्रेनर्स, मैकेनिक और प्लंबर हवाई यात्रा करने में सक्षम होंगे तो अर्थव्यवस्था को भी इसका फायदा मिलेगा। मैंने समझाया कि कैसे हवाई जरिए से निवेश सुदूर इलाकों तक पहुंचेगा। रूडी काफी हद तक मेरी बात से सहमत थे। उन्होंने मुझे नागरिक उड्डयन के अधिकारियों को कम लागत वाली एयरलाइंस के बारे में बताने को कहा। मैंने वही किया और मीटिंग में बताया कि डेक्कन को विजयवाड़ा, राजामुंदरी और हुबली में एयरफील्डों की जरूरत होगी। मैंने इनमें से हर एक एयरपोर्ट को पहली बार जोड़ने के लिए मामूली निवेश की भी मांग की।

इन हवाई पट्टियों और उन्हें एटीआर एयरक्राफ्ट के टेकऑफ और लैंडिंग के लिए तैयार करना था। लोगों के खड़े होने और जहाजों का इंतजार करने के लिए एक शेड पर्याप्त थी। हमारा एयरक्राफ्ट लैंड करता, यात्रियों को बिठाता और बीस मिनट के अंदर रवाना हो जाता। मुझे बस एक कामचलाऊ शेड, अच्छे रनवे और एक टॉयलेट की दरकार थी! हुबली, विजयवाड़ा और राजामुंदरी भारत के नए उभरते आर्थिक केंद्रों के प्रतिनिधि थे। वे बहुत तेजी से विकसित हो रहे थे और विकास दर को कायम रखने और उसकी रफ्तार तेज करने के लिए कनेक्टिविटी की जरूरत महसूस कर रहे थे। सारी शंकाएं दूर करने के बाद मुझे हरी झंडी मिल गई। एयरलाइन के लिए लाइसेंस और परमिट समय पर मिल गए लेकिन सबसे जरूरी हुबली, विजयवाड़ा और राजामुंदरी में हवाई पट्टी की मरम्मत करने के लिए आवंटित किए जाने वाले कुछ करोड़ रुपए थे। अगले दिन अखबारों ने छापा कि भारत की पहली कम खर्च वाली एयरलाइन हुबली और विजयवाड़ा से उड़ान भरने के लिए तैयार है और ये भारत के उन हिस्सों को जोड़ेगी जो अभी तक आपस में जुड़े नहीं थे। इस खबर ने पूरे देश में तहलका मचा दिया। इसका अप्रत्याशित असर पड़ा। मेरे पास राज्यों के मुख्यमंत्री कार्यालयों से आने वाले फोनों की बाढ़ आ गई। वे जानना चाहते

थे कि हम उनके राज्यों में हवाई सेवा कब शुरू करने वाले हैं। उत्सुकता चरम पर थी और वहां समय गंवाने का कोई मतलब नहीं था। हमें सुरक्षित रहते हुए प्रोजेक्ट को बिजली की गति से आगे बढ़ाना था। रूडी से हामी मिलने के बाद मैंने मोहन कुमार को ये खबर सुनाई।

मार्च 2003 में डबलिन में कोनोर मैक्कार्थी से मुलाकात के बाद, मैंने छह महीने में एयरलाइन लॉन्च करने का फैसला किया। मैंने मीडिया में ऐलान कर दिया कि एयर डेक्कन अगस्त में शुरू हो जाएगी। बिसात बिछ चुकी थी। अब मेरे और मोहन के पास वेंचर के लिए एक तय रोडमैप था। हमें सरकार से हरी झंडी मिल चुकी थी, लेकिन हमारे पास गंवाने के लिए थोड़ा भी समय नहीं था। इससे पहले कि प्रोजेक्ट अपने रास्ते से भटक जाए या सरकार अपना मन बदल ले, हमें फंडिंग तलाशनी थी। हालांकि भारत में लगभग आइटी, बायोटेक्नॉलजी, सीमेंट, स्टील, ऑटोमोबाइडल, टेलीकॉम जैसे इकॉनमिक सेक्टर्स उभार पर थे। एविएशन का मामला ठंडा था। इसे किसी उदीयमान सेक्टर की नजर से नहीं देखा जाता है। शेयर मार्केट के विश्लेषक और आर्थिक मामलों के विशेषज्ञ भी ऐसा ही सोचते थे। यहां तक कि एयरक्राफ्ट बनाने वाली कंपनियां भी उदासीन थीं। इसके बावजूद कि 9/11 के नरसंहार के बाद इंडस्ट्री सेल्स के लिए बेचैन थी और भयानक मंदी से गुजर रही थी। 1990 के दशक में सरकार ने भारत को प्रतियोगिता के लिए खोल दिया था। कई एयरलाइनों ने एक जैसे बिजनेस मॉडल के साथ काम शुरू किया था। वे एक ही टुकड़े के लिए संघर्ष कर रहे थे। उन्होंने पैसेंजर ट्रैफिक बढ़ाने के नए रास्ते खोजने की कोशिश नहीं की थी। प्रतियोगिता भीषण था और कई एयरलाइंस बहुत जल्द बिजनेस से बाहर हो गईं। उनमें से कई दीवालिया भी हुईं। इनमें ईस्ट-वेस्ट, एनईपीसी, मोदीलुफ्त, दमानिया, यूबी एयरल और गुजरात एयरवेज शामिल थे। इस दिवालियेपन ने इंडियन एयरलाइंस, जेट एयरवेज और सहारा की मोनोपॉली स्थापित कर दी। चूंकि, उस समय अर्थव्यवस्था की रफ्तार स्थिर थी, किसी ने भी दिवालिया हुई एयरलाइंस को खरीदने के बारे में नहीं सोचा।

अब उभरती अर्थव्यवस्था थी। दिवालियेपन से अधिग्रहण और विकास बढ़ना था। 2002 में, इंडियन एयरलाइंस, जेट एयरवेज और सहारा ने मिलकर 1.30 करोड़ यात्रियों को हवाई यात्रा करवाई थी। वहीं, यूरोप में रयान एयर अकेले तीन करोड़ यात्रियों को सफर करवा रही थी। वो समय लो-कॉस्ट एयरलाइन के लिए आदर्श था। जब मोहन ने कहा कि हम शुरुआत में पांच

करोड़ रुपए के साथ लॉन्च के लिए तैयार होंगे, तब मैंने दिल्ली में लधानी से मिलने का फैसला किया। हमने दिल्ली से बेंगलुरु की जेट एयरवेज की फ्लाइट में इकॉनमी क्लास में साथ में सफर किया। मैंने लधानी को अपने बिजनेस प्लान के बारे में बताया। मैंने कहा कि एक पारंपरिक एयरलाइन बिजनेस क्लास में एक तरफ की यात्रा के लिए बीस हजार और इकॉनमी क्लास के लिए 12 हजार रुपए चार्ज करती है।

मेरी लो-कॉस्ट एयरलाइन इसी सेक्टर के लिए सिर्फ चार हजार लेगी। लधानी वो आदमी था जो दिल्ली से बेंगलुरु जाने के लिए चार्टर प्लेन ले सकता था लेकिन वो हमेशा इकॉनमी क्लास में ही सफर करता था। उसने सस्ती उड़ान वाले पहलू का स्वागत किया, भले ही इससे सीटें थोड़ी तंग हो रहीं थी। लाइसेंस में ये बात दर्ज थी कि एयरलाइन शुरू करने के लिए हमारे पास 12 महीने के संचालन के भीतर कम-से-कम पांच एयरक्राफ्ट का होना जरूरी था। हमने तय किया कि हम कम से कम नेटवर्क स्केल हासिल करने के लिए तीन एयरक्राफ्ट के साथ शुरुआत करेंगे और अगले छह महीनों में इसे बढ़ाकर पांच कर देंगे।

हमने 48 सीटों वाले टर्बोप्रॉप के साथ शुरुआत के बाद उसे अपग्रेड कर 72 सीटर करने का भी निर्णय लिया। टर्बोप्रॉप के साथ मेरे एयरलाइन की शुरुआत की खबर के बाद संबंधति कंपनियों के बहुत सारे प्रस्ताव आने लगे। एक और जरूरी फैसला, जिस पर हमारी एयरलाइन का भविष्य टिका था, वो ये था कि हम पहले दिन से टिकट सिर्फ इंटरनेट पर बेचेंगे। हम टिकट प्रिंट नहीं करेंगे। यात्रीगण सामने से भुगतान कर तीन महीने एडवांस में टिकट बुक कर सकेंगे। इससे एयरलाइन के पास कैश फ्लो बना रहेगा। मैंने मोहन को एयरलाइन के सपोर्ट के लिए आइटी इंफ्रास्ट्रक्चर तैयार करने के लिए कहा। इंटरनेट से टिकट बेचने से ट्रैवल एजेंटों पर हमारी निर्भरता खत्म हो जाती। बिजनेस मॉडल और बाकी प्रक्रियाएं तय करने के बाद मैंने लधानी से पैसों की बात की। वो जानता था कि एयरलाइन कंपनी को 100 से 200 करोड़ रुपयों के निवेश की जरूरत होती है। जब मैंने उससे पांच करोड़ मांगे, उसने तुरंत अपनी शर्तें बता दीं। उसने कहा कि मुझे अगले छह महीने में पैसे लौटाने होंगे। अगर मैं नाकाम रहा तो मुझे अपनी हेलीकॉप्टर कंपनी में 50 प्रतिशत हिस्सेदारी उसे सौंपनी होगी। लधानी को अहसास हो चुका था कि खुद से वादा करने के बाद मैं किसी भी हद तक जाने के लिए तैयार हूं। मैं एयरलाइन को खड़ा करने के विचार से पीछे हटने वाला नहीं था। उसने पैसों के ऊपर ब्याज की भी मांग की।

मैंने बिना इंतजार किए दस्तखत किए और मुझे पैसे मिल गए। लधानी का शुक्रिया, उसकी वजह से एयर डेक्कन का जन्म हो चुका था। अगर आप विविधता की चाह रखने वाली एक कॉरपोरेट कंपनी हैं तो आप कंपनी के लिए फंड आवंटित करेंगे, सीईओ की तलाश करेंगे और प्रोजेक्ट को लॉन्च करेंगे। अगर आप एक ऐसे उद्यमी हैं जिसके पास सपनों के सिवा कुछ नहीं है, तो आप अपने पास मौजूद चीजों से ही पहला कदम रखेंगे। उद्यमिता की मिट्टी बहुत उपजाऊ होती है। इसमें विचार और नई खोजें पनपती हैं। उद्यमिता के बीज में जबरदस्त ऊर्जा होती है। ये तनाव और पोषण की कमी की स्थिति में अंकुरित होते हैं। ये कठोर से कठोर सतह को चीरकर पनपते हैं। खुद पर भरोसे और सफल होने की इच्छाशक्ति की तुलना पैसों से नहीं की जा सकती।

एयरलाइन की शुरुआत होने से पहले ही माहौल बन चुका था। लोग इससे जुड़ाव महसूस करने लगे थे। उन्हें इसमें अपनी हिस्सेदारी दिखने लगी थी। सरकारी विभाग, डीजीसीए, मंत्रालय और एयरक्राफ्ट और इंजन बनाने वाली कंपनियां, हर कोई इस बिजनेस को सफल होते देखना चाहता था। ये आग की तरह फैल रहा था। हमने प्रतिस्पर्धी वेंडरों और सेवा प्रदाताओं के लिए तीन श्रेणियां निर्धारित कीं। पेशेवरता, गुणवत्ता और कंपनी के लिए क्या सबसे बेहतरीन है।

वहां पर किसी के पर्सनल एजेंडा या झुकाव के लिए कोई जगह नहीं थी। इससे हमें प्रतिस्पर्धी वेंडरों से बिजनेस के बारे में काफी कुछ सीखने का मौका मिला। उन्होंने हमें उनकी कंपनी के उत्पादों और सेवाओं का इस्तेमाल करने के फायदे और प्रतियोगिता के नुकसान के बारे में समझाया। एयरक्राफ्ट निर्माता का नाम तय करने से पहले, हमने एटीआर और बॉम्बार्डियर की तुलना की। टर्बोप्रॉप यूरोप और अमेरिका में चलन से बाहर होने लगे थे। वहां सिर्फ बॉम्बार्डियर और एटीआर ही बचे हुए थे। उनकी बिक्री गिर चुकी थी। इसलिए, वे इन्हें बेचने के लिए परेशान हो रहे थे। डेक्कन उन्हें नई जिंदगी देने के लिए तैयार थी। वेंडर्स को जल्दी ही अहसास हो गया कि हम कम लागत की बात कर रहे हैं और उन्होंने बेस्ट ऑफर्स पेश किए। एयरक्राफ्ट के विश्लेषण के बाद, हमने एटीआर को चुना। जल्दी ही उनका जवाब भी आ गया।

उनका प्रस्ताव अपेक्षाकृत बेहतर और प्रतियोगी था। सबसे जरूरी चीज, वे ना सिर्फ एयरक्राफ्ट लीज के लिए आर्थिक समाधान लेकर आए थे, बल्कि उन्होंने मेंटेनेंस, टूलिंग और लॉजिस्टिक्स, और पायलट/इंजीनियरिंग के प्रशिक्षण के लिए एक संरचना भी तैयार करके दी। ये इस तरह से बनाया गया था कि

इसने हमारे खर्चे को काफी घटा दिया। ये हमारी जैसी नई-कंपनी के लिए किसी वरदान से कम नहीं था। फिर भी मैंने टुलूज जाकर प्रबंधन सीखना, सीआईओ जीन मिशेल लियोनार्ड से मिलना और रिश्ते प्रगाढ़ करना बेहतर समझा। लंबे समय में एयरलाइन की सफलता के तार इस बात से जुड़े थे कि हम किस तरह इन सभी मोर्चों पर सुचारु रूप से काम कर पाते हैं।

एटीआर यूरोप की तीन दिग्गज एयरोस्पेस कंपनियों के आपसी सहयोग से बना था। जर्मनी (ईएडीएस), फ्रांस और इटली (एलेनिया)। टुलूज में मैंने एटीआर के अधिकारियों के सामने प्रजेंटेशन दिया। ये प्रजेंटेशन डेक्कन एविएशन की बजाए भारत के बारे में ज्यादा था। मैंने जोश और जुनून के साथ बताया कि कैसे भारत दुनिया का भविष्य बन सकता है। मैंने भारत के आर्थिक सुधारों और विकास के बारे में बात की। मैंने उन्हें एविएशन क्रांति के लिए तैयार भारत के बारे में बताया। मैंने कहा कि भारत एविएशन के फील्ड में दुनिया के सबसे बड़े रोजगार प्रदाता के तौर पर उभरेगा। मैंने ये भी बताया कि क्यों भारत को एक लो-कॉस्ट एयरलाइन की जरूरत है। मैंने इस बात पर जोर दिया कि आर्थिक विकास की वजह से जहाजों में ज्यादा से ज्यादा लोग सफर करेंगे। मैंने ये बात भी जोड़ी कि ये परस्पर संबंध वाली बात है।

मैंने उन्हें पांच एयरक्राफ्ट और हरसंभव मदद देने के लिए कहा। मैंने उनसे अंतिम समय तक मेरा समर्थन देने की गुजारिश भी की। अगर मैं फेल हुआ तो वे भी फेल होंगे। हम बिजनेस में साझेदार थे। उन्हें लॉन्ग टर्म में मुझसे पैसा कमाना था। अगर वे उस समय मुनाफा कमा लेते और मैं फेल हो जाता तो ये हम दोनों की हार होती। मैंने उनसे दोषी भाव से भारत के बारे में बात की। इस बात पर मेरा पूरा भरोसा था। मैंने साफ कर दिया कि एटीआर को संपूर्ण मेंटेनेंस पैकेज के साथ आना होगा। मैं घंटे की दर से लीज का किराया दूंगा और वे पूरी लॉजिस्टिक और इंवेंटरी सपोर्ट का ख्याल रखेंगे। वे हमारे पायलटों को ट्रेनिंग देंगे और लाइन मेंटेनेंस में स्टाफ की मदद करेंगे। प्रजेंटेशन के आखिर तक, उन्होंने भारत की उभरती अर्थव्यवस्था के विचार पर भरोसा कर लिया था। उन्हें बिजनेस के नजरिए से एविएशन उत्पादों का बड़ा संभावित बाजार दिखने लगा था।

दुनिया में आई मंदी की तुलना में भारत की अर्थव्यवस्था की रफ्तार ने उनका ध्यान आकर्षित कर लिया था। बिना किसी नकदी के मुझे उनसे पूरा पैकेज

मिल चुका था। भले ही एविएशन सेक्टर में मंदी थी और बहुत कम एयरक्राफ्ट आसमान में उड़ रहे थे, फ्लाइंग स्कूलों ने नए लोगों को पायलट बनाना नहीं छोड़ा था। नए पायलटों के लिए कोई नौकरी नहीं थी।

कुछ ने दूसरी नौकरियां पकड़ लीं। कुछ चीजों के बेहतर होने का इंतजार करने लगे। उनमें से अधिकतर ने अनपेड फ्रीलांस को-पायलट के तौर पर रजिस्टर करवा लिया था। वे बस अनुभव हासिल करने और उड़ान के घंटे दर्ज कराने के लिए ऐसा कर रहे थे। मेरे पास भारत के अलावा विदेश से भी कई फोन आए। वे नए प्रोजेक्ट के लिए उत्साहित थे और उसकी सफलता में योगदान देना चाहते थे। मेरे पास वरिष्ठ और अनुभवी पायलटों के फोन भी आए। इनमें से एक कॉल कैप्टन राजीव कोटियाल का था। वो एचएएल के चीफ टेस्ट पायलट थे। राजीव पायलट को भारत के सबसे प्रतिष्ठित टेस्ट पायलटों में गिना जाता है। उन्होंने नील आर्मस्ट्रांग और जॉन ग्लेन के पदचिन्हों पर चलना सीख लिया था। उन्होंने दो साल तक अमेरिका के एडवर्ड्स एयरफोर्स बेस पर टेस्ट पायलट के तौर पर ट्रेनिंग ली थी। उन्होंने अपने कैरियर में उनकी सफलताओं को भी दोहराया था। 2001 में उन्हें बेस्ट टेस्ट पायलट इन द वर्ल्ड का अवॉर्ड मिला। ये अवॉर्ड आर्मस्ट्रांग और ग्लेन को भी मिल चुका था। कोटियाल ने एचएएल में लाइट कॉम्बैट एयरक्राफ्ट की पहली टेस्ट फ्लाइट उड़ाई थी और वो लाइट कॉम्बैट जेट की डिजाइनिंग में प्रोजेक्ट डायरेक्टर कोटा हरिनारायण के साथ मिलकर काम कर रहे थे। कैप्टन कोटियाल टेस्ट पायलट के तौर पर रिटायर हो रहे थे और कमर्शियल एविएशन में काम करना चाहते थे। वो बोले कि उन्होंने मेरी एयरलाइन के बारे में पढ़ा है और मेरे साथ काम करना चाहते हैं।

कैप्टन कोटियाल अपनी वर्क प्रोफाइल को विस्तार देना चाहते थे और प्लेन उड़ाने से कुछ ज्यादा करने के इच्छुक थे। मुझे एक चीफ पायलट की तलाश थी। अगर मैं किसी पुरानी एयरलाइन के व्यक्ति को लाता तो मुझे कम से कम ढाई लाख डॉलर खर्च करने पड़ते। मैंने कोटियाल को भरोसे में लिया। मैंने कहा कि मैं उनका पूरा खयाल रखूंगा बशर्ते वे हमारे साझा सपने में सहयोग करें और बलिदान के लिए तैयार हो जाएं। मैंने उनसे पूछा कि क्या वो पूरी फ्लाइट ऑपरेशंस का जिम्मा संभालने के लिए तैयार हैं। राजीव कोटियाल ने 1 अप्रैल 2003 को एम्पलॉयी नंबर एक के तौर पर एयरलाइन को जॉइन कर लिया।

मैं उन सभी लोगों का आभारी हूं जिन्होंने कंपनी के शुरुआती दिनों में इसे जॉइन करने का फैसला किया। वे उस सफर के साथ जुड़े जिसके बारे में किसी को पता नहीं था। ये मेरे लिए बहुत जरूरी था कि टॉप पर जो कोई जुड़

रहा हो उसे मेरे सपने और आने वाली क्रांति में भरोसा होना चाहिए। मैंने साफ कर दिया कि उन्हीं को साथ में लिया जाएगा जो इंडियन एविएशन को बदलने का हौसला रखते हैं। मेरे साथ जुड़ने वाले अधिकांश लोगों का कमर्शियल एविएशन से कोई नाता नहीं था। वे सर्वश्रेष्ठ तरीकों में दक्ष नहीं थे। लेकिन वे नई चीजों को बनाने और सेल्स, मार्केटिंग, टिकटिंग, फ्लाइट ऑपरेशंस, आइटी, और फाइनेंस में पहले से स्थापित मानदंडों को चुनौती देने के लिए तैयार थे।

इसमें कोई दो राय नहीं कि हार्डकोर फ्लाइंग और इंजीनियरिंग में अनुभव और सर्वश्रेष्ठ मानदंडों से कभी छेड़छाड़ नहीं की जाती। हालांकि, फाइनेंस, मार्केटिंग, डिस्ट्रिब्यूशन, ऑपरेशंस, इंजीनियरिंग के मैनेजमेंट और फ्लाइट ऑपरेशंस जैसे लचीले क्षेत्रों में फेरबदल करना संभव था। डेक्कन से जुड़ा हरेक व्यक्ति मेरी ही तरह ऊर्जावान और उत्साहित था। वे रुढ़िवादी प्रक्रियाओं के लिए क्यों और नई चीजों के लिए क्यों नहीं का सवाल पूछने का हौसला रखते थे। कैप्टन कोटियाल के साथ आने के कुछ दिनों बाद ही मुझे विजया ग्लूकोज की एक चिट्ठी मिली। विजया ने एयर इंडिया के साथ एयर होस्टेस के तौर पर अपने कैरियर की शुरुआत की थी।

एयर इंडिया के बाद वो ईस्टर्न एयरलाइंस चली गई। वहां वो केबिन क्रू ट्रेनिंग की हेड थी। उसका पति सॉफ्टवेयर इंजीनियर था। वो कुछ सालों पहले भारत लौट आया था और विजया ने इन-फ्लाइट सर्विसेस के हेड के तौर पर ईस्ट-वेस्ट एयरलाइंस को जॉइन कर लिया था। मुझे किसी ऐसे शख्स की तलाश थी जो केबिन क्रू ऑपरेशंस की नियुक्ति, प्रशिक्षण, तराशने और ऑन-बोर्ड स्टाइल और सेवाओं को मैनेज कर सके। विजया ग्लूकोज आकर्षक थी, समझदार और पूरी तरह से प्रशिक्षित थी। उसकी योग्यताएं परफेक्ट थी। मगर मैंने कहा कि उस समय हम उसे बहुत बेहतर वेतन नहीं दे सकते। विजया ने कहा पैसों की कोई बात नहीं है। वो साथ में काम करने के लिए राजी हो गई।

विजया के बाद आर. कृष्णास्वामी साथ आ गए। उन्होंने मुझे एक नोट लिखा। उन्होंने बताया कि वो अभी-अभी इंडियन एयरलाइंस के रीजनल मैनेजर के पद से रिटायर हुए हैं और एयरलाइन ऑपरेशंस की बारीक जानकारियां रखते हैं। मैंने जवाब दिया कि मैं एयरलाइन बैकग्राउंड से आने वाले लोगों को नहीं ले रहा। मुझे इनोवेटिव और उदार लोग चाहिए थे। कृष्णास्वामी ने कहा कि मैं उनके बारे में राय बनाने में जल्दबाजी कर रहा हूं। वो मुझसे मिलने आए और मैं उनकी वचनबद्धता और चपलता देखकर काफी प्रभावित हुआ। हमने तय किया कि वो डेक्कन के लिए एयरपोर्ट सर्विसेज का काम संभालेंगे। सभी

विभागों के प्रमुख चुन लिए गए थे। पायलटों, केबिन क्रू और इन-फ्लाइट के और एयरपोर्ट सर्विसेज के।

मोहन ने फाइनेंस और रेवेन्यू मैनेजमेंट का जिम्मा संभाल लिया था। शुरुआती दौर में मैंने सेल्स और मार्केटिंग की जिम्मेदारी ली। एटीआर ने अपनी तरफ से इंजीनियरिंग डिपार्टमेंट का हेड देने का वादा किया था। अब जो एक हेड का पद खाली था, वो आइटी डिपार्टमेंट से जुड़ा था। उसे मोहन को रिपोर्ट करना था। 1 अप्रैल 2003 को डेक्कन एक कॉरपोरेट कंपनी के तौर पर स्थापित हो चुकी थी।

आइटी सिस्टम मेरे लिए सबसे बड़ी चुनौती साबित हो रहा था। मैं ईमेल नहीं भेज पाता था। मेरे अंदर कंप्यूटर के सामने बैठने तक का धैर्य नहीं था। मैं अधिकतम ब्लैकबेरी तक पहुंच पाया हूं। 1990 के दशक के आखिरी सालों में अर्थव्यवस्था का चरित्र मापने के लिए एक नया मापदंड सामने आया। इसके अनुसार, किसी भी विकसित अर्थव्यवस्था के सकल घरेलू उत्पाद का सबसे बड़ा हिस्सा आइटी से जुड़ी सेवाओं से आता है। मुझे इस नए मापदंड का तर्क पसंद नहीं आया। इसकी एक आम वजह ये थी कि हम सूचनाओं से पेट तो नहीं भर सकते थे। हमें फसल उपजाने, मशीन चलाने और घर बनाने वाले लोग चाहिए थे। हमें वैसे लोग चाहिए थे जो हमारे शहरों को साफ रखें, हमें पढ़ाएं, हमारा इलाज करें और हमारा खयाल रख सकें। मैंने हाल ही में एक बड़े इंवेस्टमेंट बैंकर के बारे में पढ़ा जो साधु बन गया था। उसने सब कुछ सिर्फ इसलिए छोड़ दिया था क्योंकि उसे महसूस हुआ कि कंप्यूटर हमें असली दुनिया से दूर ले जा रहे थे। कंप्यूटर से दूध और रोटी नहीं मिलती।

वो प्रकृति के साथ अपनी जड़ें फिर से स्थापित करना चाहता था। वो मिट्टी की गंध महसूस करना चाहता था। अपने हाथों को मिट्टी में गंदा करना चाहता था। उसे अहसास हुआ कि आदमी सिर्फ आइटी के सहारे नहीं जी सकता। इसलिए, इस बात की बहुत ज्यादा जरूरत थी कि ये दुनिया पुरानी और नई अर्थव्यवस्था में सामंजस्य बिठाए। एक तरफ खेती, उद्योग और निर्माण था, जबकि दूसरी तरफ सॉफ्टवेयर, आइटी और बाकी दूसरी सेवाएं थीं। कंप्यूटर में मेरी आस्था ना होने के बावजूद, एयरलाइन की सफलता के लिए आइटी सबसे महत्वूपर्ण कारक बनने वाला था।

हमें आइटी वाली छवि तैयार करनी थी जिससे हमारा ब्रांड लोगों के दिलोदिमाग में छप जाए। हमें एक ट्रिगर की जरूरत थी जो लोगों में ये भावना सहजता से भर दे कि 'सस्ता टिकट मतलब डेक्कन'। बात खत्म! मीडिया हमारे पक्ष में काम कर रही थी लेकिन हमें सभी पेच जगह पर बिठाने थे।

हमें संभावित ग्राहकों के मन में डेक्कन को स्थापित करना था। चाहे वे कोट्टायम में हों या कोलकाता में, दवनगिरी में हों या दिल्ली में, न्यू यॉर्क में हों या नागपुर में। हालांकि, एक बार वो डेक्कन से यात्रा करने का फैसला कर लें तो हमें उनके लिए फिजिकल टिकट मुहैया कराना था। हमें टिकट डिस्ट्रिब्यूशन सिस्टम तैयार करना था ताकि यात्रियों को किसी भी तारीख की किसी फ्लाइट में टिकट की उपलब्धता की जानकारी आसानी से मिल जाए। टिकटिंग का सिस्टम एयरलाइन बिजनेस की बुनियाद था। इसलिए, अगर ऐसा सिस्टम तैयार हो जाता जिससे यात्री आसानी से फिजिकल या वर्चुअल माध्यम से रिस्पॉन्ड कर पाए तो हमारा मकसद पक्का हो जाता। इसका जवाब सीधा और सपाट था। सिर्फ एक उन्नत इंटरनेट-आधारित रिजर्वेशन सिस्टम ही इस लक्ष्य की पूर्ति कर सकता था।

ये सिस्टम ग्राहक के सवालों का जवाब देने में सक्षम होता और इससे दुनिया में कहीं भी भुगतान किया जा सकता। ये हर सफल ट्रांजेक्शन के बाद खुद ही अपने आप को अपडेट कर लेता। ये डेटा डेक्कन के सभी आंतरिक विभागों के पास मौजूद होता।

यात्रियों के लिए बनाए जा रहे इंटरफेस के अलावा, सिस्टम विभिन्न विभागों के बीच समन्वय स्थापित करने और पारस्परिक रूप से एक-दूसरे की सहायता करने में सक्षम होगा। फ्लाइट ऑपरेशन, चेक-इन और प्रोसेसिंग, एचआर प्रोसेस और पायलट और केबिन क्रू रोस्टर, उड़ान कार्यक्रम और खाने-पीने के सामान और ईंधन आपूर्ति सहित आपूर्ति श्रृंखला की बाकी सभी शाखाएं आपस में जुड़ी रहेंगी ताकि एयरलाइन के सभी बिंदू हमेशा ऑपरेशनल हेड्स और निर्णय लेने वालों की नजर में रहें। ये नीचे के स्तर पर अलग-अलग बिंदुओं को सशक्त होने के लिए प्रेरित करेगा। वहां ऐसा सशक्तीकरण रचनात्मक और उपयोगी है।

टिकट सिस्टम को एक तरफ बैंक के भुगतान गेटवे से और दूसरी तरफ कॉल सेंटर से और नए जमाने के हजारों एजेंटों से जोड़ना होगा। सिस्टम को सॉफ्टवेयर सिस्टम से जोड़ा जाएगा जो यात्री द्वारा भुगतान किए जाने वाले किराए को तय करता है और एयरलाइन के भीतर डेक्कन के इंट्रानेट लिंकिंग

विभागों से भी जुड़ा होगा, विशेष रूप से हवाई अड्डे के काउंटर और चेक-इन और फ्लाइट के प्रस्थान के बीच।

सॉफ्टवेयर ने साधारण नियमों के आधार पर किराए की गणना की। इसने तय किया कि टिकट नब्बे दिन पहले खरीदे जा सकते हैं। पहले खरीदने वाले लोगों को टिकट सस्ता मिला। विमान की 180 सीटों को अलग-अलग खांचों में बांटा गया। हर एक खांचा एक निश्चित किराया दिखाता था जो बाद वाले खांचे की तुलना में कम होता था। उदाहरण के लिए, यदि टिकट यात्रा से नब्बे दिन पहले खरीदा जाता है, तो खांचे के पास एक-एक रुपए के दो टिकट होंगे। यदि वे उस दिन खरीदे गए थे, तो फेयर स्कैन अगले खांचे में चला जाएगा जहां टिकटों की कीमत थोड़ी अधिक थी, और इसी तरह प्रक्रिया आगे बढ़ जाती है। किराए का ढांचा टाइम-सेंसिटिव था और पिछले दिन टिकट नहीं खरीदे जाने के बावजूद अपने आप अगले खांचे में पहुंच जाता था। यात्रा का दिन नजदीक आते-आते कम किराए वाले टिकटों की संख्या घटती गई। यात्रा के दिन भी, टिकट की कीमत, शुरुआती दिन की पेशकश की तुलना में बहुत अधिक होने के बावजूद, पुरानी एयरलाइंस की तुलना में काफी कम होगी। यही एलसीसी का समग्र दर्शन था। सिस्टम सॉफ्टवेयर का एक अन्य खास पहलू ये तथ्य था कि इसे एयरलाइन की लाभप्रदता को ध्यान में रखते हुए प्रोग्राम किया गया था। इसने इस सिद्धांत पर काम किया कि एलसीसी लागत निकालने के साथ-साथ लाभ भी कमाएगी, भले ही शुद्ध लागत अभी भी लीगेसी एयरलाइंस की तुलना में आधे से भी कम थी।

किराया-निर्धारण करने वाला सॉफ्टवेयर मेरे आशावादी या निराशावादी होने से निकटता से जुड़ा था। ये मेरा सहज आकलन था। मोहन और मैं विमान के किराए और उसके भरने की दर के बीच संबंधों पर चर्चा कर रहे थे। मोहन ने विमान के 75 फीसदी भरे होने के आधार पर फेयर बास्केट का हिसाब किया था। यहां मैंने आशावादी होकर पूरा विमान भरा होने के आधार पर गणना की। इस हिसाब से जो किराया तय हो रहा था, वो 50 फीसदी सीटें भरी होने पर आने वाले किराये का आधा ही था। यात्रियों के लिए इस खर्च पर यात्रा करना कहीं अधिक आकर्षक होगा। और, जैसा कि हमें मालूम था, ये खुद को आगे बढ़ाता रहता। इस तरह से लोगों ने 100 प्रतिशत भरकर हमारे भरोसे को मजबूत किया।

इंटरनेट आधारित व्यवस्था टिकट बेचने और वितरण को स्वचालित और विनियमित करने के अलावा, विभिन्न विभागों के बीच समन्वय बिठाने में भी

सक्षम होगी। फ्लाइट ऑपरेशन, चेक-इन और बैगेज प्रोसेसिंग, एचआर प्रोसेस जैसे पायलट और केबिन क्रू रोस्टर, फ्लाइट शेड्यूल, और सप्लाई चेन, जिसमें खाने-पीने के सामान और ईंधन आपूर्ति शामिल हैं, ये ऑपरेशनल हेड्स के लिए खुला रहेगा और जरूरी फैसले लेने में मदद करेगा।

हमने हिसाब लगाया कि इंटरनेट पर टिकट वितरण पर लागत कम होने से हमें 20 प्रतिशत से अधिक की बचत होगी। प्रिंट टिकट नहीं छापने से भी बचत हो रही थी। आमतौर पर, एक अच्छी, आदर्श एयरलाइन अपना टिकट सुरक्षित प्रेस में छपवाती है और धांधली से बचने के लिए खास किस्म के कागज का इस्तेमाल करती है। कंपनी से ट्रैवल एजेंट से यात्रियों तक पहुंचाने में होने वाला खर्चा भी बचेगा।

3 चीजें एयरलाइन को अपनी गिरफ्त में रखती हैं: ट्रैवल एजेंट, एकायत्त रिजर्वेशन सिस्टम (जैसे सेबर, गैलीलियो और अमेडियस), और नेटवर्क सर्विस प्रोवाइडर। एयरलाइन की हर एक टिकट को इन तीनों से गुजरना होता है। ये तीनों ही एयरलाइन की इंवेंट्री और कैश-फ्लो को नियंत्रित करते हैं।

सिस्टम इस तरह से काम करता है। एक टिकट समेकनकर्ता (जिसके पास कई एयरलाइंस के टिकट होते हैं) होता है, जो इंटरनेशनल एयर ट्रांसपोर्ट एसोसिएशन (आईएटीए) से मान्यता-प्राप्त ट्रैवल एजेंट होता है। ट्रैवल एजेंट एकमात्र ऐसा व्यक्ति है जिसकी एयरलाइन की इंवेंट्री तक पहुंच होती है। एयरलाइन भी ट्रैवल एजेंट की दर से कम पर टिकट नहीं बेच सकती है। अधिकांश एयरलाइंस का एजेंटों के साथ एक अनकहा समझौता होता है।

ट्रैवल एजेंट 2 तरह के होते हैं, आईएटीए ट्रैवल एजेंट गैर-आईएटीए एजेंटों से अलग होते हैं। भारत में, 2000 आईएटीए ट्रैवल एजेंट और 8000 गैर-आईएटीए ट्रैवल एजेंट या सब-एजेंट हैं। गैर-आईएटीए एजेंट सबसे अधिक बुकिंग करते हैं लेकिन आईएटीए एजेंटों को ज्यादा कमीशन मिलता है : उत्पादकता का 7 से 10 प्रतिशत। गैर-आईएटीए सब-एजेंट लगभग 2 प्रतिशत कमाते हैं।

आईएटीए ट्रैवल एजेंटों को दरकिनार करने से डेक्कन को सीधे 10 प्रतिशत की बचत होगी। इसका एक और फायदा था। आईएटीए एजेंटों को एक साथ अलग-अलग फ्लाइटों में सीट ब्लॉक या होल्ड करने की इजाजत थी। वे भरी पूरी सेवाएं देने वाली एयरलाइनों के ग्राहक को दुलारने के सिद्धांत के तहत यात्रियों को तामझाम मुहैया कराते थे। यदि कोई यात्री अपनी यात्रा की तारीख के बारे में अनिश्चित है, तो ट्रैवल एजेंट भुगतान किए बिना तीन अलग-अलग

जहाजों में सीट ब्लॉक कर सकता है। यदि बुकिंग टिकट में नहीं बदलती तो कोई जुर्माना नहीं लगता। एजेंट अलग-अलग एयरलाइन पर कई टिकट रखते हैं। एयरलाइनों को यात्री के अंतिम फैसले के बारे में एकदम अंतिम समय पर पता चलता है। इसलिए, वे ओवर-बुकिंग करते हैं, जिससे कई बार सभी क्रॉस-बुक्ड पैसेंजरों के आ जाने से अराजकता फैलती है। हालांकि, अधिकतर उनकी बहुत सारी सीटें खाली रह जाती हैं और इसलिए उड़ान भरने वाले बाकी यात्रियों को खाली सीटों का खर्च उठाना पड़ता है। इस खर्च को हमेशा किराए में शामिल किया जाता है।

एयरलाइंस को फ्लाइट में चढ़ने में असमर्थ अतिरिक्त यात्रियों की देखभाल करनी पड़ती है। ठहरने और खाने का खर्च उठाने से लागत और अपव्यय बढ़ता है। इस सिस्टम से एयरलाइन बंधक होकर रह जाती है।

ट्रैवल एजेंटों का सिस्टम कोई गिरोहबंदी नहीं है, लेकिन ये अक्षमता, अपव्यय और अतिरिक्त लागत पैदा करती है। डेक्कन, इंवेंट्री को यात्रियों के नियंत्रण पर रखकर ये सब बदल देगा। ये ट्रैवल एजेंट को 10 प्रतिशत एजेंसी कमीशन और एयरलाइंस को नियंत्रित करने वाली मालिकाना आरक्षण प्रणाली तक पहुंच के लिए भुगतान की लागत को भी समाप्त कर देगा।

उदाहरण के लिए, लंदन से हेलसिंकी के लिए टिकट की खरीद पर घरेलू हिस्से में चार डॉलर और अंतर्राष्ट्रीय हिस्से में आठ डॉलर की फीस लगती है। ये फीस रिजर्वेशन सिस्टम को दी जाती है। ट्रैवल एजेंटों और रिजर्वेशन सिस्टम के बीच कनेक्टिविटी से टिकट बिकते हैं। रिजर्वेशन सिस्टम एसआईटीए जैसी नेटवर्क प्रदात द्वारा चलाई और नियंत्रत की जाती हैं। वे प्रति टिकट 2 डॉलर का अतिरिक्त शुल्क लेती है।

ट्रैवल एजेंटों ने संघ का गठन किया है और, जैसा कि अक्सर होता है, ये संघ मिलकर एयरलाइंस को नियंत्रित करते हैं। ट्रैवल एजेंटों और नेटवर्क प्रदाताओं ने आम तौर पर पैसा बनाया, जबकि एयरलाइंस को नुकसान हुआ या वे बस किसी तरह खींचने में कामयाब रहे। रियल-टाइम ट्रांजैक्शन के एक पखवाड़े या एक महीने बाद एयरलाइंस को उनका पैसा मिलता है। देरी होने से कैश फ्लो प्रभावित होता है। किसी भी मौके पर इंडियन एयरलाइंस या जेट एयरवेज जैसी एयरलाइन के पास लगभग एक हजार करोड़ रुपए तक की रकम होती है जिसका वो इंतजार कर रहे होते हैं।

एयरलाइंस द्वारा वहन की जाने वाली अन्य लागतों में खराब ऋण बीमा लागत, कार्यशील पूंजी लागत, ब्याज पर लागत, क्लियरिंग-हाउस की लागत

और बाकी दूसरे खर्चे शामिल हैं। लागतों के वर्गीकरण के लिए एयरलाइंस को पैसा खर्च कर अकाउंटेंटों की टीम रखनी होती है, जिनका एकमात्र काम ट्रैवल एजेंटों से मिलने वाले पैसों को समेटना रहता है।

टिकटों की सूची को ऑनलाइन चढ़ाकर इन प्रक्रियाओं और उनसे जुड़ी लागत को एक झटके में समाप्त कर दिया गया। अब एयरलाइन यात्री से टिकट बिकते ही पैसा प्राप्त कर सकती थी।

संशय रखने वालों ने कहा कि टिकट वितरण और संसाधन नियोजन और संचालन के लिए इंटरनेट-आधारित सिस्टम अमेरिका या यूरोप में काम कर सकता है। ये भारत के लिए सही नहीं है। इंटरनेट-आधारित रिजर्वेशन सिस्टम के साथ-साथ एलसीसी अमेरिका और यूरोप में काम कर रही थी, लेकिन मेरे विरोधियों को संदेह था कि डेक्कन भारतीय संदर्भ में पाएगा। हालांकि, डेक्कन ने ग्राहकों और भुगतान गेटवे के बीच इंटरफेस के निर्माण का बीड़ा उठाया और पॉइंट ऑफ सेल, साइबर कैफे और डाकघरों की अवधारणा में कई इनोवेशन लेकर आया। और, आईएटीए ने ट्रैवल एजेंटों के सिस्टम के एकाधिकार को तोड़ दिया। इससे काफी मदद मिली कि डेक्कन की टीम के अधिकतर लोग गैर-एयरलाइंस बैकग्राउंड से थे और इसलिए नए विचारों के प्रति उदार रहते थे। जहां तक मेरी बात है, कंप्यूटर की अधिक जानकारी नहीं होने के कारण, मैं चाहता था कि सिस्टम ऐसा हो कि जिन लोगों के पास कंप्यूटर नहीं है या जो इसका उपयोग नहीं कर सकते हैं, वे भी आसानी से हमारा टिकट बुक कर सकें।

जिस तरह से पुरानी एयरलाइंस एमेडियस जैसी लीगेसी रिजर्वेशन सिस्टम्स के एकाधिकारी की गुलाम थीं, उसी तरह एलसीसी भी एक चर्चित इंटरनेट रिजर्वेशन सिस्टम नेविटेयर पर आश्रित थी। इसका मुख्यालय अमेरिका के डेनवर में था। नेविटेयर के पास एलसीसी के लिए ओपन स्काई नाम का एक सॉफ्टवेयर प्लेटफॉर्म था। कंपनी को बाद में एक्सेंचर ने अधिग्रहित कर लिया। इस कंपनी ने दुनिया भर में लगभग 30 एयरलाइनों को इंटरनेट-आधारित सिस्टम मुहैया कराया। एकाधिकार होने के बावजूद ये लीगेसी एयरलाइंस द्वारा इस्तेमाल किए जाने वाले रिजर्वेशन सिस्टम के शुल्क का आठवां हिस्सा लेती थी।

कंपनी भारत को एविएशन के लिए बहुत विकसित नहीं मानती थी, इसलिए वो हमारे सवालों के प्रति ठंडी बनी रही। नेविटेयर भारत को एक सॉफ्टवेयर सुपरपावर मानती थी लेकिन उसे ये भरोसा नहीं था कि यहां एलसीसी मॉडल सफल हो पाएगा। भारत एक अनोखा हिस्सा था। केवल एक छोटा अल्पसंख्यक वर्ग क्रेडिट कार्ड और इंटरनेट का उपयोग करता था। उस समय

नेविटेयर के पास पर्याप्त कारोबार था। मुझे उनकी उदासीन प्रतिक्रिया समझ में आई और अंततः कंपनी के शीर्ष अधिकारी के साथ एक वीडियो कॉन्फ्रेंस तय हो गई।

हमें अपने आईटी विभाग को लीड करने के लिए किसी की जरूरत थी। मैं तकनीक को समझने वाले ऐसे व्यक्ति की तलाश में था जो विशेषज्ञ के तौर पर नहीं बल्कि ग्राहक के नजरिए से तकनी को समझे और जो ये समझता हो कि तकनीक का बिजनेस में कैसे इस्तेमाल किया जा सकता है। मेरी तलाश ऐसे व्यक्ति को लेकर थी जो तकनीक का बिजनेस में इस्तेमाल कर सके ना कि वो बस अपने लिए तकनीक के प्रति जुनूनी हो। इसी दौरान मेरी मुलाकात अजय भटकल से हुई।

अजय भटकल सॉफ्टवेयर इंजीनियर नहीं थे। उन्होंने आईटी कंपनियों के साथ एक लंबा समय बिताया था और उन्हें ग्राहकों के नजरिए से उत्पाद और सेवाओं को तैयार करने का अनुभव भी था और जानकारी भी थी। वो जमीनी थे और मुझे उनके अंदर नजरिए और तकनीकी कौशल की गहराई दिखी। मैंने अजय से कहा, 'ई-टिकटिंग हमारी पहचान होनी चाहिए: मुझे इसकी परवाह नहीं है कि इसके लिए क्या करना होगा, लेकिन हम टिकट प्रिंट नहीं करेंगे। आप कोई रास्ता खोजिए। उसके बाद ही आप हमारे साथ जुड़ सकते हैं।'

नेविटेयर के साथ कॉन्फ्रेंस कॉल चार घंटे तक चली। अगर नेविटेयर के साथ चर्चा विफल हो जाती तो मैं एक लोकल कंपनी को काम पर रखने के लिए तैयार था। ये जोखिम भरा होता, शायद आत्मघाती भी। लोकल आईटी कंपनियों को एयरलाइन रिजर्वेशन के संदर्भ में बहुत ज्ञान नहीं होता और मैं उनके प्रयोगों का मोहरा नहीं बनना चाहता था। हालांकि, ऑनलाइन टिकट सिस्टम के बिना एयरलाइन किसी भी स्थिति में उड़ान नहीं भर सकती थी। जोखिम न लेकर मर जाने से बेहतर है कि जोखिम उठाकर मरें।

नेविटेयर ने बताया कि उनका रिजर्वेशन प्लेटफॉर्म क्या करने में सक्षम होगा। रिजर्वेशन सिस्टम कॉल सेंटर और एयरपोर्ट से जुड़ेगा। वर्चुअल प्राइवेट नेटवर्क (वीपीएन) बैकबोन रिजर्वेशन प्लेटफॉर्म के लिए गंभीर होगा। ये मजबूत और निर्बाध कनेक्टिविटी प्रदान करेगा।

वीपीएन कई सारे संचार चैनलों को मिलाकर काम करता है। इसमें ऑप्टिकल फाइबर केबलिंग, डाक विभाग और टेलीग्राफ और सेल्युलर मोबाइल फोन इन्फ्रास्ट्रक्चर (बेस स्टेशन और सेल ट्रांसमीटर नेटवर्क) की बिछाई कॉपर लाइनें शामिल हैं। वीपीएन वर्चुअल सैटेलाइट कनेक्टिविटी का इस्तमाल करता

है। ये एक उपग्रह आधारित ट्रांसपॉन्डर और रिसीवर है। विशेष रूप से डिजाइन किए गए सॉफ्टवेयर ये तय करते हैं कि ये सिगनल कैसे सिस्टम को पार करते हैं, जिसमें ये सभी हिस्से जुड़े होते हैं। ये एक समर्पित नेटवर्क होगा जो जरूरत से ज्यादा होगा और बैक-अप भी रहेगा।

हमने अपनी तरफ से स्पष्ट कर दिया था कि हमें एक ऐसा सिस्टम चाहिए जो ट्रैवल एजेंटों और यात्रियों को एक समान इंटरनेट एक्सेस दे और डेक्कन की इंवेंट्री, जो सभी के लिए उपलब्ध थी, से टिकट खरीदने में सक्षम बनाए।

हमें ऐसे रिजर्वेशन सिस्टम की दरकार थी जो यात्री या ट्रैवल एजेंट को क्रेडिट कार्ड से भुगतान करने की अनुमति दे। हमें ऐसे सॉफ्टवेयर की जरूरत थी जो हमारे सिस्टम और बैंक को एक साथ जोड़े। हमें एक बैंक भी चाहिए था जो लेन-देन का प्रमाणीकरण और बैंक और कॉल सेंटर के बीच सुरक्षित और निर्बाध वीपीएन कनेक्टिविटी को संभाल सके। उन दिनों भारत में भारतीयों के लिए कॉल सेंटर नहीं थे। लेकिन भारतीयों द्वारा दूसरे देशों के लिए कई बीपीओ चलाए जाते थे। इसलिए, बेंगलुरु-लंदन या फ्रैंकफर्ट की ब्रिटिश एयरवेज की फ्लाइट की पूछताछ बेंगलुरु में होती थी, जबकि पैसे और टिकट का लेन-देन विदेश में होता था।

नेविटेयर ने कहा कि उनके सिस्टम पर काम करना शुरू करने से पहले हमें एक बयाना राशि जमा करनी होगी। पैसा जमा करने के बाद उन्होंने साठ दिन मांगे। इस दौरान यूरोप, अमेरिका और दक्षिण-पूर्व एशिया में संचालन में सिद्ध हो चुके टेम्पलेट को हमारे हिसाब से तैयार करते। सिस्टम को हमारे वीपीएन इंटरफेस और हमारे सॉफ्टवेयर से तालमेल बिठाना होगा और सिस्टम को निर्बाध रूप से काम करने के लिए ठीक से चलाना होगा। क्रेडिट कार्ड कंपनियों और बैंकों के मसले पर भी ध्यान देना जरूरी था।

लॉन्च में केवल 6 महीने रह गए थे। पायलटों के वेतन, एयरक्राफ्ट मेंटनेंस, अचल संपत्ति पर विलंब-शुल्क, जमीन पर होने की लागत और उधार के पैसे पर ब्याज का मीटर लगातार ऊपर जा रहा था। हमें भुगतान गेटवे बनाने और हमारे सॉफ्टवेयर से सामंजस्य बिठाने और सुरक्षित तरीके से लेन-देन संभालने के लिए एक बैंक की जरूरत थी। हमें कॉल सेंटर के लिए सॉफ्टवेयर बनाना था और सभी सॉफ्टवेयर को पारस्परिक रूप से सुगम, लयबद्ध बनाने और एक ही चाल पर चलने की आवश्यकता थी। हमें एक ऐसा सिस्टम चाहिए था जो पूरी तरह से सुरक्षित, निजी, निर्बाध और भरोसेमंद हो। हम सिस्टम और सॉफ्टवेयर डेवलपमेंट के लिए चार महीने से अधिक समय खर्च नहीं कर सकते

थे। उसके बाद हमारे पास परीक्षण करने और गड़बड़ियों और बग्स को ठीक करने के लिए 2 महीने का समय होगा।

मैंने टीम के सदस्यों को साफ-साफ कह दिया था कि उन्हें 2 बातों का हमेशा ध्यान रखना है: उन्हें सबसे कम लागत वाली एयरलाइन बनानी है और उसकी मदद के लिए एक मजबूत, लचीला और आसान आईटी सिस्टम तैयार करना है। एक यात्री को टिकट उतनी ही आसानी से मिले, जैसे कि उसने काउंटर से शैम्पू की बोतल खरीदी हो। वे तरीके खोजने के लिए स्वतंत्र थे लेकिन दोनों मांगें सबसे जरूरी थीं। स्वतंत्रता की भावना ने मदद की।

सीनियर मेनेजमेंट से लेकर नई भर्ती में आने वाले सभी लोगों में ये भावना भरनी होगी कि उनका एक प्रभाव-क्षेत्र है। प्रत्येक व्यक्ति को ये अहसास दिलाना था कि वो अपने प्रभाव-क्षेत्र में किए गए काम से कंपनी की नियति को बदल सकता/सकती है। किसी आम सपने का संदेश और अहसास लोगों को आगे बढ़ने के लिए प्रेरित करता है।

मैंने मार्केटिंग और सेल्स के प्रमुखों को हमेशा ही कहा कि लाखों लोगों ने माओ का अनुसरण एक विचार, एक सपने के लिए किया। लाखों लोगों ने गांधी, हिटलर और नेल्सन मंडेला का अनुसरण किया। अनुयायियों ने भरोसा किया, उन्हें भरोसा करने की वजह दी गई, कि वे बदलाव ला सकते हैं। ये डेक्कन में भी हो रहा था। मैंने अपनी टीम को रास्ता तलाशने और, अगर रास्ता न हो तो नया बनाने के लिए कहा।

डेक्कन में, प्रत्येक कर्मचारी सीईओ का विस्तार बन गया। सबने इस एडवेंचर में भाग लिया। ये सामूहिक रूप से लगाई गई एक साहसिक छलांग थी। टिकट नहीं छापने के इकलौते फैसले ने कई समाधान सुझा दिए थे।

दुनियाभर में एलसीसी की सफलता केवल ट्रैवल एजेंटों पर नहीं, बल्कि यूनिवर्सल एक्सेस पर निर्भर करती है। डेक्कन अपनी इंवेंट्री को ट्रैवल एजेंटों के चंगुल से निकालकर नई राह बनाने की कोशिश कर रहा था। ये साहस ही है जो नए रास्तों का निर्माण करता है। साहस की कमी वाले लोगों के लिए नई खोज संभव नहीं है।

स्थानीय कंपनियों ने भी आईटी-आधारित रिजर्वेशन सिस्टम बनाने के लिए प्रस्ताव भेजे। उनमें से किसी के पास दिखाने के लिए कोई सिस्टम नहीं था। ये अभी तक तो उनके दिमाग में या उनके लैपटॉप में बंद था। हम ऐसा सॉफ्टवेयर

चाहते थे जिसने विपरीत परिस्थितियों में मजबूती के साथ काम करके दिखाया हो।

नेविटेयर के पास वो सब था। उसका सिस्टम 30 एयरलाइंस इस्तेमाल कर रहीं थी। उन्हें टिकट प्रणाली के रॉल्स रॉयस के तौर पर जाना जाता था, लेकिन हमारे हाथ से समय निकला जा रहा था।

उनकी टीम के भारत आने से पहले हमने उनके साथ कई दौर की इंटरनेट/वीडियो-कॉन्फ्रेंसिंग कर चुके थे। टीम में भारत को लेकर कोई उत्साह नहीं था, उन्हें ये लग रहा था कि हम कम-से-कम दस साल पीछे चल रहे हैं। चूंकि हमारे पास कोई विकल्प नहीं था, इसलिए मैंने उनके सामने विनम्र बने रहने और उनके द्वारा मांगे जा रहे भारी-भरकम डिपॉजिट देने का फैसला कर लिया था। हमारे पास कोई विकल्प नहीं था।

नेविटेयर ने मेरी पूरी तकनीकी टीम के सामने प्रजेंटेशन दिया। इसमें सिटीबैंक के कुछ प्रतिनिधि भी शामिल हुए। हमारी जानकारी में सिर्फ सिटीबैंक ही थी जिसके पास इंटरनेट बैंक की सुविधा थी।

सिटीबैंक का संचालन वैश्विक था और हमारे साथ तभी साझेदारी करता जब उन्हें भविष्य में तरक्की की संभावना दिखती। मैंने सिटीबैंक के लोकल हेड को फोन किया और पूछा कि क्या उनका बैंक भारत में सबसे बड़ी बनने की काबीलियत रखने वाली एयरलाइन के साथ कदम मिलाने को तैयार है। मैंने कहा कि अगर हमारा मॉडल सफल हुआ तो बैंक को फायदा होगा और इससे बाकी एयरलाइन भी उनकी तरफ आकर्षित होंगे।

मैंने कहा कि सिटीबैंक का भुगतान गेटवे सॉफ्टवेयर मास्टर या वीजा कार्ड से दुनिया में कहीं भी हुए लेन-देन को पूरा करने में सक्षम होना चाहिए। ये लेन-देन आम लोगों, बुकिंग एजेंटों या कॉल सेंटरों द्वारा ऑनलाइन किए जा सकते थे। सॉफ्टवेयर को सेकेंडों में लेन-देन पूरा करने में सक्षम होना चाहिए, क्योंकि लेन-देन में लगने वाला लंबा समय या देरी, कॉल सेंटर कम्युनिकेशन का बिल बढ़ा देता। सॉफ्टवेयर को बिजली की गति से काम करना था और दो या तीन मिनट में, फर्स्ट क्लिक से बिक्री तक एंड-टू-एंड पूरा लेनदेन सुनिश्चित करना था।

पूरे लेन-देन में कई चरण शामिल थे: क्वेरी, टिकट लिस्ट की जांच, पुष्टि (चाहे उपलब्ध हो या नहीं—यदि नहीं, तो एक नई क्वेरी उत्पन्न होगी और फिर से दोहराई जाएगी), ग्राहक के क्रेडिट कार्ड डिटेल्स की जानकारी, क्रेडिट

कार्ड का अनुमोदन और रसीद, सिस्टम पुष्टिकरण और पीएनआर, और प्रिंट। अगर पूरी प्रक्रिया दो से तीन मिनट के भीतर पूरी करनी थी तो इन 8 चरणों में से हरेक को पूरा करने के लिए 15 सेकेंड से अधिक नहीं लगना चाहिए था, बशर्ते कि कोई पुनरावृत्ति न हो। ये सिस्टम की सबसे जरूरी आवश्यकताएं थीं और डेक्कन को इसके लिए एक बैंक के साथ मिलकर काम करना था।

इस बीच, आईएटीए से पंजीकृत ट्रैवल एजेंटों ने परोक्ष दबाव डालने और एयरलाइन को ब्लैकमेल करने का प्रयास किया। उन्होंने धमकी दी कि अगर मैंने इंटरनेट से टिकट बेचा तो वे मेरी एयरलाइन का बहिष्कार करेंगे। मैंने उनके प्रतिनिधि को समझाया कि मैं यात्रियों को सीधे ऑनलाइन या ट्रैवल एजेंटों के जरिए बुकिंग के बीच एक विकल्प देना चाहता हूं। बेशक, ट्रैवल एजेंटों को भी ऑनलाइन बुकिंग करनी होगी, और वे अपने ग्राहकों पर लगाए जाने वाले सेवा शुल्क की व्यवस्था कर सकते हैं। मैंने कहा कि ऑनलाइन बुकिंग के आइडिया पर काम करने का समय आ चुका है। अगर मैं नहीं करता तो कोई और कर लेता। मैंने साफ कहा कि मैं ट्रैवल एजेंटों के खिलाफ नहीं हूं, लेकिन इस बात पर कायम रहा कि मेरी एयरलाइन भारत में हवाई यात्रा के क्षेत्र में क्रांति लाएगी और यात्रियों की संख्या अभी की तुलना में कई गुना तक बढ़ जाएगी। मैंने कहा था कि एक बार एलसीसी मॉडल के स्थापित होने के बाद कुछ वर्षों में सालाना 10 करोड़ लोग उड़ान भरेंगे। इसलिए, जब 1.30 करोड़ की बजाए 10 करोड़ लोग उड़ान भरेंगे, तब वे कैक के 20 प्रतिशत हिस्से को काबू में लेकर ज्यादा लाभ कमा सकते थे। ट्रैवल एजेंटों आश्वस्त नहीं हुए। उन्होंने कहा कि मुझे आईएटीए ट्रैवल एजेंटों और यात्रियों के बीच टिकट का बंटवारा करना होगा और सब-एजेंटों को इससे बाहर करना होगा। मैं उनकी मांग के आगे नहीं झुका और वे पांव पटकते हुए चले गए।

नेविटेयर का प्रजेंटेशन पूरे दिन चला। सत्र के अंत में मैंने उनका रिजर्वेशन सिस्टम लेने के लिए दस लाख डॉलर डिपॉजिट करने का फैसला कर लिया। ये सारा पैसा जो मुझे न्यूनतम आय गारंटी के रूप में लधानी से मिला था, चाहे एयरलाइन ने कमाई शुरू की हो या नहीं की हो। अंतिम दस्तखत करने से कुछ मिनट पहले अचानक सिटीबैंक के प्रतिनिधि ने नेविटेयर के प्रतिनिधि से अचानक

पूछा कि वे भुगतान गेटवे के साथ काम करने के लिए किस सॉफ्टवेयर का इस्तेमाल करेंगे।

नेविटेयर ने उस सॉफ्टवेयर सिस्टम का नाम बताया, जिसका वे उपयोग कर रहे थे। इस पर सिटीबैंक के एग्जीक्युटिव ने कहा कि बैंक पहले ही पुराने सॉफ्टवेयर को अपग्रेड कर चुका है। उन्होंने कहा कि उन्हें लगता है कि नेविटेयर का सॉफ्टवेयर सिटीबैंक के अपग्रेड किए जा चुके सॉफ्टवेयर के साथ काम नहीं कर पाएगा और उन्होंने दो साल पहले ही पुराने सॉफ्टवेयर को छोड़ दिया था।

चार महीने की वीडियो-कॉन्फ्रेंसिंग और कुछ आमने-सामने की बैठकों के बाद ये निष्कर्ष निकला था। मैंने अचानक देखा कि सही से संवाद न करने की वजह से कई चीजें पूरी नहीं हो पाती हैं। हम ईमेल के पीछे छिपकर आमने-सामने बात नहीं करते हैं, जबकि ईमेल संचार की बारीकियों को ठीक से व्यक्त नहीं कर पाते। ये केवल आमने-सामने की बातचीत में ही संभव हो पाता है।

मैं चौंक गया। मैं नेविटेयर के प्रतिनिधि से कहा, 'मैंने आपको चार महीने पहले बेंगलुरु आने के लिए कहा था, लेकिन आप नहीं आए। आप सारा काम इंटरनेट पर कर रहे थे और अब आपको पता चल रहा है कि आपका सॉफ्टवेयर सिटीबैंक के साथ काम नहीं कर सकता। आप एक जैसी भाषा नहीं बोल पाते। सॉफ्टवेयर की भाषा को भूल जाइए, ये कॉमन सेंस है!' अब हम फंस चुके थे।

मैंने नेविटेयर टीम को फोन करके प्रबंधन के वरिष्ठ अधिकारियों से पूछने के लिए कहा कि क्या कंपनी नए सॉफ्टवेयर में निवेश करने के लिए तैयार है। तीन सदस्यों वाली नेविटेयर टीम के लीडर ने कहा कि फैसला लेने के लिए उन्हें वापस जाकर अपनी टीम से बात करनी होगी। हालांकि, मैं जल्दी में था। मैं लॉन्च में देरी नहीं कर सकता था। तीर कमान से निकल चुका था! मैंने कहा कि वे 1 या 2 दिन और रुकें और अपने साथियों के साथ मामले को सुलझा लें, लेकिन मुझे बता दें कि वे ये काम कर पाएंगे या नहीं।

टीम लीडर ने बाहर जाकर कुछ फोन किए। वापस लौटकर उसने कहा, 'कैप्टन, मुझे नहीं लगता कि मैं आपको कोई जवाब दे पाऊंगा। मुझे अपने हेड ऑफिस वापस जाकर सहयोगियों से बात करनी होगी।' मैं कुंद पड़ गया। मैंने दृढ़ता से कहा, 'देखो, अगर आप सौदा पूरा किए बिना इस कमरे से बाहर गए, तो मैं एमओयू रद्द कर दूंगा।' उसने अविश्वास से मेरी तरफ देखा। मैंने उन्हें अपना अंतिम फैसला बताने के लिए दो घंटे का समय दिया। इसके बाद वे आपस में उलझ गए।

एक भारतीय कंपनी इंटरग्लोब टेक्नोलॉजीज (आईजीटी) की मार्केटिंग टीम इस कॉन्ट्रैक्ट के लिए मेरे पीछे पड़ी थी। स्मार्ट लगने के बावजूद मैंने उन पर बहुत ध्यान नहीं दिया था, क्योंकि उनके पास पहले से चल रहा कोई सिस्टम नहीं था। मुझे पता था कि नेविटेयर सॉफ्टवेयर का बड़ा हिस्सा बेंगलुरु, पुणे या दिल्ली के बैक ऑफिस में डेवलप हो रहा है। मैंने नेविटेयर के लोगों को शुरुआत में ही बता दिया था कि मैं उनके पास सिर्फ इसलिए आया हूं क्योंकि उनके पास पहले से सिद्ध सिस्टम है।

जब नेविटेयर की टीम अपने सहयोगियों के साथ बात करने गई, तब मैं आईजीटी के नौजवानों की टीम से मिलने गया, जो नेविटेयर के साथ हमारी बातचीत की उत्सुकता से प्रतीक्षा कर रहे थे। ये सॉफ्टवेयर इंजीनियर्स अमेरिका से भारत रिवर्स 'ब्रेन ड्रेन' की लहर में बहकर आए थे। आईजीटी के 'लड़कों' ने ऊर्जा और उत्साह दोनों दिखाया था और मुझे पहले की बैठकों में प्रभावित भी किया था। मैं सोच रहा था कि काश मैं उन्हें कॉन्ट्रैक्ट दे पाता, लेकिन मुझे पहले ही चेतावनी मिली थी कि बिना अनुभव वाली किसी कंपनी को ये कॉन्ट्रैक्ट देना आत्मघाती था।

आईजीटी टीम ने दुविधाओं से डील करने और अराजकता के बीच काम करने में सक्षम होने की सहज भारतीय प्रवृति दिखाई थी। वे हमारी जरूरत की आईटी अवसंरचना की जटिलता के प्रति निर्भीक लगे। हमारा सॉफ्टवेयर और आईटी सिस्टम लॉजिक अद्वितीय था। हम इंटरनेट कैफे, पेट्रोल पंपों और डाकघरों में टिकट बेचेने वाले थे। यात्री बिना क्रेडिट कार्ड के हमारे कॉल सेंटर से टिकट खरीद सकेंगे, जो यात्रियों के शहर या एयरपोर्ट डेक्कन ऑफिस में नकद जमा करने का मौका देने के लिए कुछ घंटों तक टिकट रोक कर रखेगा। ये सारी जरूरतें जटिल थीं, लेकिन आईजीटी के भारतीय तकनीकी विशेषज्ञ समाधान देने के लिए तैयार थे। विदेशियों ने मुझसे कई बार कहा है, भारतीयों के साथ समस्या ये है कि वे ना कहना नहीं जानते।

कुछ समय बाद नेविटेयर के प्रतिनिधि ने ये बताने के लिए कॉल किया कि वो अपनी टीम से संपर्क नहीं कर पा रहे हैं। उन्हें फैसला लेने के लिए वापस लौटना होगा। मैं टस से मस नहीं हुआ। मैने कहा, 'इस कॉन्ट्रैक्ट को यहीं पर खत्म करते हैं।' अगली सुबह मैंने आईजीटी के साथ सौदा कर लिया। शुरुआत से सब कुछ पूरा करने के लिए हमारे पास पैंतालीस दिन बचे थे।

हमें कई और चीजों पर भी ध्यान देना था। सबसे जरूरी, हमें अपना खुद का कॉल सेंटर चालू करना था। हमें एयरक्राफ्ट की खरीद की कानूनी औपचारिकताएं भी पूरी करनी थीं और इंजीनियरिंग और मेंटनेंस को भी व्यवस्थित करना था। इसके अलावा, हमें पायलटों की नियुक्ति भी करनी थी और उन्हें एटीआर से प्रशिक्षण भी दिलाना था।

एक तरह के एयरक्राफ्ट, जैसे कि बोइंग, को उड़ाने के लिए योग्य पायलट एटीआर या एयरबस को आसानी से नहीं उड़ा सकते क्योंकि दोनों के उपकरण, प्रोसेस कंट्रोल और प्रदर्शन में काफी अंतर होता है। विकसित देशों में पायलट मानवीय इतिहास के एक अद्भुत आविष्कार सिम्युलेटर पर प्रशिक्षण लेते हैं। निर्माताओं ने इसमें लगातार सुधार किया है ताकि उड़ान के दौरान पायलट के सामने आने वाली असामान्य परिस्थितियों की नकल की जा सके। निर्माताओं को अहसास है कि सिम्युलेटर वास्तविकता की तुलना में वास्तविकता का एक संपूर्ण अनुभव देता है! सिम्युलेटर पर कंवर्जन ट्रेनिंग करने वाला पायलट, असली एयरक्राफ्ट पर ट्रेनिंग लेने वाले की तुलना में विमान उड़ाने के लिए बेहतर तैयार होता है। ये सुनने में अजीब है, लेकिन यही सच है। लगभग डेढ़ महीने की सख्त सिम्युलेटर ट्रेनिंग के बाद कोई भी पायलट औपचारिक जांच के बाद सीधे विमान को उड़ाने के लिए तैयार होते हैं।

भारत में, डीजीसीए 1937 में बने नियमों के आधार पर चलता था। डीजीसीए का नियम था कि एक तरह के विमान को उड़ाने के लिए प्रशिक्षित पायलट को प्रमाणन के लिए शासित ट्रेनी के तौर पर 300 से 500 घंटे उसी तरह के विमान पर बिताना जरूरी था। ये एक पुराना नियम था। और सिम्युलेटर आने के बाद डीजीसीए ने पायलटों को दोनों शर्त पूरा करने के लिए कहा: सिम्युलेटर पर ट्रेनिंग और प्रमाणन के लिए नए विमान पर 300 से 500 घंटे का समय बिताना। एयरलाइंस के लिए, ये बेमतलब का भारी खर्च है और हमारे जैसे स्टार्ट-अप के लिए, ये विनाशकारी हो सकता है।

मैंने डीजीसीए से वर्तमान की परिस्थितियों को स्वीकार करने और अपने नियमों को अमेरिका और यूरोपीय नियमों के बराबर लाने को कहा। मैं किसी भी तरह से सुरक्षा से समझौता करने के लिए नहीं कह रहा था। डीजीसीए को मेरी बात में दम दिखा। उन्होंने कुछ मामलों में कप्तानों के लिए उड़ान के अतिरिक्त घंटों को 500 से घटाकर 300 और बाकी में 300 से घटाकर 100 घंटे तक कम कर दिया।

एयरलाइन को चलाने के लिए जरूरी है कि सभी कार्यकारी बिंदुओं के बीच तारतम्यता हो। ये एयरलाइन संचालन के फ्रंट-एंड यानी बुकिंग, चेक-इन और प्रस्थान, और बैक-एंड यानी फ्लाइट ऑपरेशन, फ्लाइट इंजीनियरिंग, मेंटनेंस, और ग्राउंड-हैंडलिंग पर भी लागू होता है। मेंटनेंस के लिए चीफ इंजीनियर को आधी रात के बीच, यानी अंतिम उड़ान के बाद और सुबह 4 बजे, यानी पहली उड़ान से पहले, विमान के नियमित रखरखाव को ट्रैक करना होगा; समय पर और किसी भी चूक के बिना पुर्जों में बदलाव को ट्रैक करना होगा; पुर्जों को समय पर मंगाना और ये सुनिश्चित करना होगा कि हर चौबीस घंटे में सावधानीपूर्वक इंजीनियरिंग की जांच की जाती रहे।

हमें लाइन-मेंटनेंस इंजीनियरों की भर्ती करनी थी, सामान्य और विशेष उपकरण और शेड तैयार करने थे, हैंगर्स को लैस करना था, डीजीसीए की मंजूरी के लिए आवश्यक न्यूनतम इंवेंट्री हासिल करनी थी। हम विमानों के रखरखाव के लिए इंडियन एयरलाइंस के साथ गठजोड़ कर सकते थे। इंडियन एयरलाइंस तैयार थी, लेकिन उससे हमारी लागत का कॉलम बढ़ जाता। इसके अलावा, सरकारी होने के कारण, इंडियन एयरलाइंस मौके-बेमौके पर किए गए आपातकालीन अनुरोधों का जवाब देने में धीमी हो सकती थी। साथ ही, इंडियन एयरलाइंस पर निर्भर रहने से हम अपने खुद के रखरखाव और इंवेंट्री प्रबंधन की क्षमताओं को विस्तार देने के मामले में स्थूल हो जाते।

मैंने एटीआर के साथ समझौते में एक शर्त पहले ही शामिल कर दी थी कि वे हमें चीफ इंजीनियर, स्पेयर पार्ट, और भारी इंजीनियरिंग और बड़े बदलावों में मदद देंगे। मुझे यहां हितों के टकराव का आभास हुआ। निर्माण-संबंधी यदि कोई समस्या आती तो हमारे लिए निर्माता से शिकायत करना इतना आसान नहीं होता, बजाए इसके कि किसी तृतीय-पक्ष के साथ रखरखाव को लेकर अनुबंध होता या यदि हमने इसे खुद से करने का निर्णय लिया होता। हालांकि, ये केवल उद्यम की शुरुआत थी और हमें एटीआर के समर्थन की आवश्यकता थी, और इसके अलावा, हमारा सफल होना उनके हित में था। हमारे भारतीय इंजीनियर एटीआर के फ्रेंच इंजीनियर्स के मार्गदर्शन में रोजाना रखरखाव को संभालेंगे और वे कुछ पायलट प्रशिक्षकों को भेजकर भी हमारी मदद करेंगे।

अब सिर्फ डीजीसीए, ब्यूरो ऑफ सिविल एविएशन सिक्योरिटी (बीसीएएस), एएआई और सिविल एविएशन मिनिस्ट्री (एमसीए) की मंजूरी बाकी रह गई थी। सौभाग्य से, मुझे राजीव प्रताप रूडी का समर्थन प्राप्त था और इसलिए मैंने लॉन्च की तारीख तय कर दी। मैंने कार्यक्रम में शीर्ष राजनेताओं

को बुलाने का फैसला किया। ये मीडिया का ध्यान आकर्षित करने में हमारी मदद करेगा। हालांकि, एक बात मैंने धार्मिक रूप से देखी : मैं सुरक्षा से कोई समझौता नहीं करूंगा और सभी अनिवार्य शर्तों का 100 प्रतिशत पालन करूंगा। इससे मुझे ब्यूरोक्रेसी पर कागजी कार्यवाही करने और मंजूरी में तेजी लाने के लिए दबाव बनाने की नैतिक ताकत मिलेगी।

ब्यूरोक्रेसी अंतर्निहित बातों पर गौर करती है। एक बार ये पता चल जाए कि किसी प्रोजेक्ट पर मंत्री का वरदहस्त है, तो अधिकारी ये सुनिश्चित करने के लिए दोगुनी मेहनत करते हैं कि अनुमति और लाइसेंस समय पर मिल जाएं। रूडी ने संसद में घोषणा की थी कि एयर डेक्कन अभूतपूर्व कनेक्टिविटी तैयार करने के मकसद से संचालन शुरू करेगी। इस ऐलान का सभी दलों के नेताओं ने बेंच थपथपाकर स्वागत किया था। उनसे उनके साथी मंत्रियों और सांसदों ने लॉन्च की तारीख के बारे में जानकारी ली और पूछा कि क्या एयरलाइन जबलपुर, या रांची, या तूतीकोरिन, या नागपुर भी जाएगी।

कर्नाटक के मुख्यमंत्री एसएम कृष्णा मुख्य अतिथि बनने के लिए राजी हो गए थे। राजीव प्रताप रूडी, वेंकैया नायडू और रक्षा मंत्री जॉर्ज फर्नाण्डीस समारोह का हिस्सा बनने के लिए तैयार थे। फर्नाण्डीस ने कहा कि वो मेरी फ्लाइट में यात्रा करेंगे। पहले से मिल रही पब्लिसिटी और डीजीसीए, बीसीएएस, एएआई और एमसीए सहित नोडल एजेंसियों के सपोर्ट ने उम्मीद जगा दी थी और भारत में आम आदमी की एयरलाइन के लॉन्च के विचार ने खूब सुर्खियां बटोरीं।

हमें केबिन क्रू और उससे जुड़े मामलों को भी देखना था। विजया ग्लूकोज काम पर लगी थीं। हमें डिजाइनर्स की जरूरत नहीं थी क्योंकि विजया के पास शिष्ट पहनावे और सौंदर्यशास्त्र की शानदार समझ थी। मैंने उससे कहा: 'विजया, तुम्हें ड्रेस के बारे में इतना कुछ पता है। तुम यूनिफॉर्म खुद डिजाइन क्यों नहीं करती?' इसलिए महंगे डिजाइनर लेबल या महंगे फैशन डिजाइनर की कोई चर्चा नहीं हुई। हमारा मानना था कि हमारी एयर-होस्टेस को भड़काऊ नहीं दिखना चाहिए, क्योंकि हम अर्ध-शहरी या ग्रामीण क्षेत्रों में उड़ान भर रहे थे, हमारे कई ग्राहक पहली बार हवाई यात्रा करने वाले थे। हम उन्हें शर्मिंदा नहीं करना चाहते थे या उन्हें उस जगह के नाकाबिल महसूस नहीं कराना चाहते थे।

हम उड़ान को लेकर गढ़े सामाजिक अवरोध को कम कर रहे थे और हमें महसूस हुआ कि पहली बार हमारे विमान में कदम रख रहे यात्री को अभिभूत नहीं किया जाना चाहिए। हमें आम लोगों को समर्पित एयरलाइन की छवि बनानी

थी। हम एयरलाइंस के लिए लागत के अवरोध को खत्म कर रहे थे और मैं हमेशा कहता था कि एक खास संदर्भ में जाति की बाधा को भी तोड़ रहे थे।

विजया ने केबिन क्रू की भर्ती की। मैंने एयरलाइन के लिए एयर-होस्टेस को लेकर अपने विचार उनके साथ साझा किए थे। मैंने कहा था कि हमारे साथ गांव के साधारण लोग, ऑटो-रिक्शा चालक, मजदूर और निम्न-आय वर्ग के लोग होंगे। मैं नहीं चाहता था कि हमारा केबिन क्रू ग्राहकों को नीची नजर से देखे। मैंने कहा, 'हम नहीं चाहते कि शहरी पृष्ठभूमि और लहजे वाली लड़कियां हमारे ग्रामीण इलाकों से पहली बार हवाई यात्रा कर रहे लोगों को नीची नजर से देखें।' मुझे अच्छी तरह से तैयार लड़कियों की जरूरत थी, लेकिन जरूरी नहीं कि वे अंग्रेजी बोलने वाली हों। मैंने थाई एयरवेज या एयर चाइना की आकर्षक एयर-होस्टेस का जिक्र किया जो धाराप्रवाह अंग्रेजी नहीं बोलती थीं। मैंने विजया को केबिन क्रू में नर्स के गुणों की तलाश करने के लिए कहा : उन्हें यात्री को बैठने और उन्हें सीट बेल्ट बांधने में मदद करनी होगी। कुल मिलाकर उन्हें आगंतुक को सहज महसूस कराना था।

मैं एक समावेशी कार्य बल चाहता था। मैंने विजया ग्लूकोज को छोटे शहरों से लोगों को भर्ती करने के लिए कहा। मैंने कहा, 'जेट एयरवेज की एयर होस्टेस को मत लीजिए क्योंकि उन्हें ज्यादा सैलरी चाहिए। ग्वालियर या हुबली जैसे छोटे शहरों में जाइए। वहां लड़कियां नौकरी की तलाश में हैं। वे कम वेतन पर नौकरी करेंगी। संयोग से, एयरलाइन शुरू करने के 1 साल बाद, एक मंत्री ने उत्तर प्रदेश के धूल भरे कस्बे रायबरेली में केबिन क्रू ट्रेनिंग स्कूल खोलने के लिए मेरे ऊपर दबाव डाला था।

हमने जो वर्दी डिजाइन की थी, हमारी टीम के बच्चों ने उसे पहनकर दिखाया। इनमें मेरी और विजया की बेटी भी शामिल थीं। उन्होंने हमें दिखाया कि अलग-अलग यूनिफॉर्म दिखने में कैसी लगेंगी। हमने डिजाइन पर चर्चा के बाद टखने से दस इंच छोटी नीली-पीली यूनिफॉर्म को फाइनल कर दिया।

हमारा पूरा प्रयास एयरलाइन को समावेशी बनाने पर था। 'समावेशी बिजनेस मॉडल' यह पंक्ति इतनी आम बन चुकी है और लोग समावेशी विकास के बारे में बात करते नहीं थकते। एयरलाइन के मामले में बिजनेस को समावेशी होने के लिए इसे ऐसी कीमत तय करनी चाहिए, जिससे अधिक से अधिक संख्या में ग्राहक जुड़ें। इसका दायरा सुदूर इलाकों समेत व्यापक होना चाहिए। इसे निश्चित रूप से लोगों की रुचि बढ़ानी चाहिए, उनका ध्यान आकर्षित करना चाहिए और अपनी छवि मौजूदा एयरलाइंस द्वारा गढ़ी गई इमेज से

अलग बनानी चाहिए। इसे एक विचार के रूप में जनमानस की स्वीकार्यता भी मिलनी चाहिए। आखिरी और सबसे जरूरी बात, इसे देश और यहां के लोगों के जीवन में अंतर लाना चाहिए। अगर मैं कोई बदलाव नहीं ला रहा तो मेरे बिजनेस करने का कोई मतलब नहीं था।

एक उद्यमी को सिर्फ नया प्रोडक्ट नहीं बनाना चाहिए बल्कि मौलिक रूप से ग्राहकों के व्यवहार को बदलना चाहिए, उसे सामाजिक परिवर्तन लाना चाहिए। उद्यमी के पास ऐसा बिजनेस मॉडल होना चाहिए जो मौजूदा मॉडलों से अलग हो। हालांकि, बिजनेस मॉडल का अनोखापन व्यवहार्यता की कीमत पर नहीं होना चाहिए।

पुराने खिलाड़ियों ने नुकसान की शिकायत करते हुए कहा कि उन्हें अंदर के, गैर-लाभदायक क्षेत्रों में उड़ान भरने के लिए मजबूर होना पड़ा, जबकि मैं इन्हीं क्षेत्रों में उड़ान भरना चाहता था। फरिश्ते डर रहे थे, लेकिन मैं स्वेच्छा से वहां जाऊंगा। सरकार टियर टू और टियर थ्री के और भी शहरों को हवाई मानचित्र पर लाना चाहती थी। मैं साथ आया : मैं यही तो चाहता था।

प्रतिस्पर्धा आपको आगे नहीं बढ़ने देगी। लेकिन सामान्य परिस्थितियों में यहां प्रतिस्पर्धा आत्मसंतुष्ट थी। मैं उस 'दूसरे भारत' में उड़ान भर रहा था जिसकी उसे परवाह नहीं थी। छोटे शहरों तक उड़ान भरने के विचार ने मुझे रोमांच से भर दिया। वहां हमारा खुले दिल से स्वागत किया जाएगा। पुराने खिलाड़ी को चुनौती देने का यही एकमात्र तरीका था। इसके अलावा, किसी नई एयरलाइन के लिए इस इंडस्ट्री में जगह बनाने के लिए नया मार्केट तैयार करने के अलावा कोई और रास्ता नहीं था।

छोटे शहरों पर फोकस करने के बावजूद हमने राष्ट्रीय पटल पर उपस्थिति दर्ज कराने का मकसद नहीं भुलाया था। मुंबई-दिल्ली जैसे मार्गों को दरकिनार नहीं किया गया था। छोटे शहरों के बीच कनेक्टिविटी मुख्यधारा कनेक्टिविटी का विस्तृत रूप होगी। इसने मुझे अपनी एयरलाइन के ब्रांड की परिभाषा बताई। हमने खुद को क्षेत्रों में जाने वाली नेशनल एयरलाइन कहा। हमने बहुत मजबूत क्षेत्रीय उपस्थिति और भीतरी इलाकों से जुड़ाव दर्ज कराया था।

प्रतिस्पर्धा का क्षेत्रीय रास्तों पर जल्दी प्रभाव नहीं पड़ता। इसके अलावा, चूंकि फीडर और ट्रंक मार्गों के लिए केवल एक लाइसेंस लागू था, एक बार एयरलाइन को पार्किंग की जगह, हवाई अड्डे की जगह और संचालन के लिए लाइसेंस मिलने पर, मैं फीडर मार्गों में ट्रंक मार्गों को जोड़कर प्रतिस्पर्धियों को चकित कर सकता था।

व्यवहार्यता सुनिश्चित करने के लिए, मैं कंपनी में हर जगह लागत कम कर दूंगा। मैं लाभ में रहूंगा। मैं सुरक्षित और लाभदायक रहूंगा, लेकिन पहले की शर्त पर दूसरा नहीं होगा। एक विमान के लिए सबसे सुरक्षित स्थान हैंगर में है, लेकिन अगर वह उड़ान नहीं भरता है तो एयरलाइन का कोई मतलब में नहीं है। यदि कोई एयरलाइन असुरक्षित है तो लोग उड़ान नहीं भरेंगे और एयरलाइन दिवालिया हो जाएगी। एक एयरलाइन का सुरक्षित और लाभदायक, दोनों होना जरूरी है।

लाभप्रदता में एक और तत्व समाया है: रफ्तार। बाजार तक, तकनीक लगाने में, भर्ती में, संसाधन और फाइनेंस जुटाने में और अलग-अलग सरकारी एजेंसियों से मंजूरी हासिल करने में। सुरक्षित, तेज और लाभदायक होना हमारा मंत्र था। कम किराए से बाजार में तेजी आएगी। मौजूदा यात्री एक बार के बजाए चार बार उड़ान भरेंगे। ट्रेन के यात्री को रेलवे की बजाए उड़ान भरने के लिए विवश होंगे। एयरलाइन अपनी तरफ से भारत के सुदूर, अज्ञात इलाकों तक सफर कराएगी। ये हमारा अंदरूनी तर्क था।

11

रास्ता दिखाओ, उजियारा कर दो
तुम मेरे पैरों को ले लो : मैं नहीं कहूंगा दिखाने को
इस दूरी में मेरा एक ही पैर काफी है।

—चर्च की प्रार्थना

हमारी उड़ान

नई तकनीक उपभोक्ता के बर्ताव में बदलाव लाती है। मार्शल मैक्लुहन ने सच ही कहा है : माध्यम ही संदेश है। लेखन के आविष्कार ने मानव समाज को तीव्रता से बदला। प्रिंटिंग की वजह से विचार क्षेत्रीय सीमाओं के बाहर पहुंचे। रेडियो, टीवी और अब इंटरनेट के चलते मानवता वैश्विक गांव बनने की तरफ तेजी से अग्रसर है।

तकनीक आधारित उत्पाद या सेवा पहले से तय प्रक्रियाओं को बदल देते हैं। सेवा या उत्पाद के उपयोगी होने के लिए कई बार नियम-कानूनों में भी बदलाव की जरूरत होती है। इन बदलावों के लिए ब्यूरोक्रेसी के साथ मिलकर काम करना उद्यमी की जिम्मेदारी है। कुछ उद्यमी निजी पलों के दौरान सरकार की बुराई करते हैं लेकिन डर के चलते समस्याओं को सरकार के ध्यान में लाने से डरते हैं। उद्यमी में बिना अपमानित किए सरकार की आलोचना का साहस होना चाहिए। उसे बदलाव का वाहक होना चाहिए और अफसरशाही के साथ मिलकर काम करना चाहिए।

हमने ई-टिकट सिस्टम की शुरुआत की थी। अब सवाल ये था कि यात्रियों को ई-टिकट के जरिए एयरपोर्ट में दाखिला कैसे दिलवाया जाए। मैंने सरकार और नियम बनाने वाली एजेंसियों के साथ मिलकर ई-टिकटधारकों के लिए नियम बनवाए। हमने सरकार को समझाया कि हम ट्रैवल एजेंटों की बजाए

सीधे बुकिंग की प्रक्रिया अपना रहे हैं। हमने ये भी बताया कि अब एक ट्रैवल एजेंट भी ई-टिकट जारी कर सकता है।

सरकार ने अपनी तरफ से ई-टिकटधारकों को एयरपोर्ट में आने की इजाजत दे दी। डेक्कन ने ये अनिवार्य किया कि ऐसे यात्रियों को अपने साथ कोई निजी पहचान-पत्र लाना होगा। ये क्रेडिट कार्ड धांधली से बचने के लिए भी आवश्यक था। संशोधित नियमों से ये हुआ कि अब कोई यात्री देर रात को हमारे कॉल सेंटर में फोन करके तड़के सुबह की फ्लाइट बुक कर सकता था। उसे एक पीएनआर नंबर दिया जाता, जिसे एयरपोर्ट पर डेक्कन के टिकट काउंटर पर दिखाकर टिकट का प्रिंटआउट मिलता था। इसके जरिए यात्री चेक-इन कर सकता था।

तकनीक ने हमारा दायरा बढ़ा दिया था। मोबाइल फोन सेवा प्रदाताओं, पहले एयरटेल और बाद में रिलायंस ने लोगों के लिए हमारे कॉल सेंटर में कॉल करने की सुविधा उपलब्ध करा दी थी। हमारे पास टोल-फ्री नंबर नहीं था। अगर कोई यात्री दिल्ली से कॉल करता और टिकट खरीदने में एक घंटे का समय लगाता, जबकि दूसरा यात्री एक मिनट में टिकट खरीद लेता तो उस पहले वाले कॉलर का अतिरिक्त खर्च बाद वाले को उठाना पड़ता था। ये ना सिर्फ दूसरे यात्री के लिए गलत था बल्कि ये एलसीसी के उस दर्शन के भी खिलाफ था, जिसमें कहा गया था कि आप उसी वस्तु या सेवा के लिए भुगतान करेंगे, जिसका आपने इस्तेमाल किया हो। इसलिए, हमने तय किया कि ये ग्राहक के लिए लोकल कॉल होगी। तकनीक की वजह से ये संभव हो गया था। बाद में रिलायंस ने पूरे देश के लिए हमें एक नंबर दे दिया था। जैसे-जैसे हमने नए राज्यों में काम करना शुरू किया, हमने रिलायंस को बैडंविथ बढ़ाने के लिए कहा। रिलायंस को कॉल करने वाले ग्राहकों से आय होती थी और हमने एक कॉल की अवधि और संख्या से इतर दाम तय कर दिया था। इससे हमारे टेलीकॉम का खर्चा तय हो गया।

हमारे पास यात्रियों के लिए पहुंचने के कई जरिए थे। कॉल सेंटर, रिलायंस के साइबर कैफे, पेट्रोल स्टेशनों की दुकानें, बेकरी और ग्रोसरी, एजेंट और एयरपोर्ट टर्मिनल। घरों में कंप्यूटर और इंटरनेट कनेक्शन रखने वाले लोग निश्चित ही इंटरनेट से सीधे सबसे सस्ते दामों पर टिकट बुक कर सकते थे। एक बार टिकटिंग सिस्टम एकीकृत होने के बाद एयरपोर्ट के बाहर लगे टिकट काउंटर और चेक-इन काउंटरों को हमारे आइटी सिस्टम से जोड़ना था। हमने ये काम एचसीएल-इंफोसिस को आउटसोर्स कर दिया। वे एयरपोर्ट पर वीपीएन

और एलएएन और कंप्यूटरों को मेंटेन करने लगे। कॉल सेंटर का काम एयरटेल और रिलायंस को सौंप दिया गया था। इससे हमें देशभर में अपने काम को बिजली की गति से आगे बढ़ाने का मौका मिल गया।

हम अभी भी हैंगर स्पेस की कमी से जूझ रहे थे। अधिकतर हैंगर खराब और परित्याग की स्थिति में थे। जो कुछ कामचलाऊ थे, वे जेट, सहारा या इंडियन एयरलाइंस के पास थे। एएआई हमें जरूरी यंत्रों और स्पेयर पार्टों के भंडारण के लिए जगह नहीं दे सकती थी।

हमने इसके लिए इंडियन एयरलाइंस के साथ में समय बांटकर काम करने का फैसला किया। हमें एक दिन के हैंगर स्पेस के लिए 50 हजार रुपए देने थे। इंडियन एयरलाइंस एएआई को हैंगर के इस्तेमाल के लिए मामूली किराया देती थी, जबकि हमें भारी रकम चुकानी पड़ रही थी। इसके बावजूद हमें बार-बार धमकी दी जाती थी कि हैंगर स्पेस हमें खाली होने की स्थिति में ही मिलेगा। किसी एयरलाइन को चलाने के लिए हैंगर स्पेस बुनियादी जरूरत है, फिर भी हमें इसके लिए लड़ाई लड़नी पड़ रही थी।

इस संकट से निपटने के लिए मैंने भारी रखरखाव के लिए प्राइवेट एयरक्राफ्ट बिल्डर तनेजा एयरोस्पेस के साथ समझौता किया। ये बेंगलुरू से होसुर एयरपोर्ट पर था। इसका मतलब था कि हमें इंवेंट्री, मरम्मत और निरीक्षण का इंफ्रास्ट्रक्चर संचालन केंद्र से दूर बनाना पड़ा था। ये मेरे एयरक्राफ्ट के लिए अनुपयोगी साबित हो रहा था। एचएएल एयरपोर्ट से और एयरपोर्ट को जाने वाली फ्लाइटें खाली होती थीं। अभी भी एचएएल एयरपोर्ट और कई दूसरे एयरपोर्टों पर एयरक्राफ्ट को धूप और बरसात में डामर पर ठीक किया जाता है। इससे खर्च बढ़ रहा था। ये हमारी शुरुआत के लिए ठीक नहीं था।

हालांकि मैं एयरलाइन को धीरे-धीरे आगे बढ़ा रहा था, फिर भी मुझे एलसीसी के प्रति अविश्वास की भावना से जूझना पड़ रहा था। उनमें से एक इंडस्ट्री के दिग्गज नरेश गोयल थे। नरेश ने मेरे आइडिया का मजाक उड़ाया था और कहा था कि भारत में एयरलाइंस एक कोरी कल्पना है। उन्होंने कहा कि अगर एयरक्राफ्ट की खरीद की लागत, पायलटों का वेतन और इंफ्रास्ट्रक्चर पर लगने वाला खर्च पारंपरिक एयरलाइंस के बराबर हुआ तो एलसीसी का कम किराए का ऑफर असंभव होगा। मैंने उनकी बात का जवाब उडुपी होटल की सफलता का उदाहरण देकर दिया, जहां बेसिक इंफ्रास्ट्रक्चर का खर्च ताज या ओबेरॉय ग्रुप के होटलों के बराबर था। मैंने चिढ़कर कहा कि भारत के सभी होटलों में चावल का दाम और उसकी गुणवत्ता लगभग बराबर होती है, लेकिन

क्या ये उडुपी होटल चेन को चलने या आम आदमी की आवश्यकताओं की पूर्ति करने से रोकता है?

ये सच है कि लो-कॉस्ट एयरलाइंस में भी एयरक्राफ्ट का खर्च, किराए का खर्च और पायलट का वेतन एक जैसा ही होता है। हालांकि, एक एलसीसी कई मायनों में फुल कैरियर से अलग होती है। ये ज्यादा समय तक उड़ान भरकर, ज्यादा सीटों को भरकर, इंटरनेट पर टिकट बेचकर और अतिरिक्त सुविधाओं को हटाकर काफी पैसा बचाती है। इस दावे के पक्ष में ये कह सकता हूं, जिस वक्त मैं ये लिख रहा हूं, जेट और किंगफिशर भारी नुकसान के तले दबे हैं और अपनी 75 प्रतिशत उड़ानों को एलसीसी मॉडल में बदल रहे हैं।

रयान एयर के ओ' लेरी के बारे में एक दिलचस्प किस्सा है। एक बार एयरक्राफ्ट के निरीक्षण के दौरान, ओ' लेरी को एयरक्राफ्ट की कुछ खराब सीटें दिखीं। अधिकतर सीईओ इसको देखकर आगे बढ़ जाते, लेकिन ओ' लेरी ने इसे इंजीनियरिंग चीफ के पास भेजा। उसने नुकसान का पता लगाया। पता चला कि भारी-भरकम शरीर वाले यात्री जबरदस्ती सीट एडजस्ट करने की कोशिश कर रहे थे।

ओ' लेरी ने तय किया कि रयान एयर में एडजस्टेबल सीटें नहीं होंगी। ओ' लेरी ने एक बार निजी बातचीत के दौरान मुझसे कहा था कि वो हर सुबह हाथ में तलवार लेकर उठते हैं। मैं आज किस डिपार्टमेंट में खर्च कम कर सकता हूं? ये उनका रोज का सवाल होता था। मैंने फ्रांस के टुलूज से लंदन की रयान एयर की फ्लाइट पकड़ी। मुझे 59 यूरो देने पड़े। टिकट का दाम टैक्स मिलाकर 29 यूरो था। 15 यूरो एक बैग के लिए और 15 यूरो एक किलो अतिरिक्त सामान के लिए। ये तर्क अजीब मगर साधारण था। सेवा लीजिए, भुगतान करिए। यात्री हर अतिरिक्त सेवा के लिए पैसे देते थे। ओ' लेरी जानते थे कि छोटे शहरों में फ्लाइटों का स्वागत होगा। इससे एयर-ट्रैफिक में भारी बदलाव होगा।

इसलिए, उन्होंने कई छोटे एयरपोर्टों के म्युनिसिपल काउंसिल को प्रति यात्री पांच से दस यूरो एयरलाइन को देने के लिए तैयार कर लिया था! छोटे शहरों को महसूस हुआ कि एयर कनेक्टिविटी से पर्यटन, व्यापार बढ़ेगा और इससे रोजगार पैदा होंगे। इसलिए उन्होंने उनके एयरपोर्ट पर उतरने वाली एयरलाइन को प्रति यात्री पांच यूरो देने का फैसला कर लिया था।

ये विडंबना है किंतु सत्य है। जो एयरलाइन सबसे कम किराया लेती है, वो सबसे अधिक फायदे में रहती है। रयान एयर फायदे में है, वहीं पारंपरिक एयरलाइंस जैसे कि ब्रिटिश एयरवेज, यूनाइटेड एयरलाइंस और डेल्टा

एयरलाइंस बेहिसाब किराया लेने के बावजूद घाटे में चल रही हैं। ज्यादा सीटें होने से आराम में कमी आती है और घमंडी लोग आम आदमी के हवाई यात्रा करने की बात से नाक-भौं सिकोड़ने लगते हैं। रयान एयर को कई घटिया शब्दों से नवाजा गया। कुछ ने इसे कैटल क्लास कहा। अगर आप अकड़ू नहीं हैं तो आप एलसीसी के लाभकर्ताओं और उसके संरक्षकों का लिहाज करेंगे क्योंकि दरकिनार किए गए, बेनाम, बेचेहरा, बे वर्ग, मेहनत करने वाले मध्य-वर्गीय लोग ही असलियत में अर्थव्यवस्था की रीढ़ की हड्डी हैं।

मुझे संचालन की लागत घटाने के लिए दूसरे रास्ते तलाशने थे। मैंने एयरक्राफ्ट को एक शॉपिंग मॉल की तरह देखा जहां फुटफॉल्स तो नहीं थे लेकिन सामान भरे हुए थे। ताज या ओबेरॉय से खाना मंगाना बेहद महंगा था इसलिए हमने अतिरिक्त सुविधा को दरकिनार किया था। प्लेन में कोई निशुल्क खाना नहीं। यात्रियों को खाने या पानी पीने के लिए भी अलग से खर्च करना पड़ेगा। हम ऐसे केटरर की तलाश नहीं कर पा रहे थे जो हमें खाने की सेल्स बढ़ाने में मदद करे। फिर मुझे एक आइडिया आया। मैंने भार्गवी से बात की। वो एक बेकरी चलाती थी। मैंने पूछा कि क्या वो फ्लाइट में लंबे समय तक खराब ना होने वाले खाना परोसने का कॉन्ट्रैक्ट लेगी। वो हमें सेल्स के हिसाब से हर महीने एक तय रॉयल्टी दे सकती थी। हमारी एयर होस्टेज सेल्सगर्ल्स का काम करेंगी और पैसेंजर्स उसके निश्चित ग्राहक होंगे। हमने केबिन क्रू को कहा कि उन्हें फूड सेल्स पर 15 प्रतिशत का फायदा मिलेगा। ये सबके लिए सही था। भार्गवी को फायदा मिल रहा था, हमें फायदा मिल रहा था और केबिन क्रू को बोनस मिल रहा था। खर्च का स्त्रोत आय का स्त्रोत बन चुका था।

हमने साफ-सफाई पर लगने वाला खर्च भी बचाया था। हमने एयर होस्टेजों को ये काम करने के लिए कहा और उन्हें इसके बदले अलग से भत्ता दिया गया। हमने यात्रियों से गंदगी ना फैलाने की अपील की। हमने ठेके पर काम करने वाले सफाई कर्मियों को हटा दिया, इससे कॉन्ट्रैक्टरों का खर्च और सिक्योरिटी स्क्रीनिंग और इससे एयरक्राफ्ट को उड़ान भरने में लगने वाला अतिरिक्त समय भी बचा लिया था।

जब यात्रियों की संख्या लाखों में पहुंच गई, तब हमने कैफे कॉफी डे को ऑनबोर्ड कैटरिंग के लिए बुलाने का फैसला किया। वे सेल्स का एक तय हिस्सा हमें देते थे। और, ये यात्रियों की संख्या से तय होता था। इससे ऑडिट आसान हो गया था। कैफे कॉफी डे से हमें 80 लाख यात्रियों पर तीन से चार

करोड़ मिलने लगे थे। हर प्रयास या तो हमारी लागत को कम कर रहा था या हमारे खाते में कुछ जोड़ रहा था।

हमने गणना की कि अगर हम 80 लाख यात्रियों पर खाने के लिए सौ-सौ रुपए खर्च करते हैं तो हमें साल में 80 करोड़ देना होगा। उस पैसे से हम छह एयरबस एयरक्राफ्ट को लीज पर खरीद सकते थे। एयर-होस्टेस का वेतन बेसलाइन पर था, लेकिन सफाई भत्ता, वाहन भत्ता और कैफे कॉफी डे की सेल्स से मिलने वाला भत्ता आदि मिलाकर उन्हें जेट एयरवेज के केबिन क्रू से अधिक कमाई हो जाती थी।

पायलट की पिकअप और ड्रॉप और भोजन के अनुलाभ ने उन्हें भी कॉस्ट-कटिंग और व्यवहार्य बना दिया था। हेलीकॉप्टर का पायलट सुबह में अपने दिन की शुरुआत करता था और अपने साथ घर का बना खाना लाता था। वो अंदर के उन सुदूर इलाकों में जाता था, जहां खाना नहीं खरीदा जा सकता। स्वयंसेवा के अलावा, पायलट एयर ट्रैफिक कंट्रोल के पास फीस का भुगतान करने जाता और हेलीकॉप्टर साफ करता था। हमने सोचा कि अगर हेलीकॉप्टर का पायलट इतना कुछ कर सकता है तो एयरक्राफ्ट के पायलट भी कर सकते हैं। पायलट पहले तो ऐसा करने से ना-नुकूर करते रहे लेकिन जब मैंने उन्हें याद दिलाया कि लागत कम रखने से जहाज हमेशा भरे होंगे और किसी की नौकरी नहीं जाएगी, कि एयरपोर्ट का भविष्य खर्च कम रखने पर ही टिका है और ये आम आदमी को हवाई यात्रा कराने का सामाजिक उत्थान कार्यक्रम है, जिसे आज तक कोई नहीं कर पाया। वे मेरी बात मान गए और उन्होंने पिक-अप और भोजन के बदले भत्ता लेने पर रजामंदी जता दी। मैंने उन्हें समझाया कि रोजाना दो सौ रुपए से महीने के छह हजार हो जाएंगे और वे पंद्रह सालों में ब्याज के साथ 15 लाख हो सकते हैं। वे इस रकम को बच्चे की पढ़ाई के लिए बचा सकते थे। मैंने उन्हें सलाह दी कि वे अपने साथ घर से सैंडविच या परांठा ला सकते थे। ताज या ओबेरॉय को पैसे देने का कोई मतलब नहीं था। पायलटों के लिए पिक-अप और ड्रॉप वाली स्कीम बंद करके हमने वाहनों की खरीद, ईंधन और रख-रखाव का खर्च बचा लिया था। हमने ड्राइवर और को-ऑर्डिनेशन स्टाफ के वेतन और अन्य सुविधाओं के अलावा ऑफिस का खर्च भी बचाया था।

2003 में, एचएएल के अधिकारियों ने नए बेंगलुरु अंतर्राष्ट्रीय हवाई अड्डे की शुरुआत का विरोध किया था। उन्हें कमाई खत्म होने का डर था। उसी समय वे कमर्शियल इकाई जैसा काम नहीं कर रहे थे। उन्होंने मुझे पार्किंग और हैंगर की जगह देने से मना कर दिया था। सेवा प्रदाता के तौर पर, एचएएल ने फीस ली थी और पीडब्ल्यूडी और बिजली विभाग की तरह काम कर रहे थे। मुझे आवश्यक वजहों और नए एयरक्राफ्ट की डिलीवरी की शर्त पूरा करने के लिए पार्किंग और हैंगर स्पेस की जरूरत थी। मुझे डीजीसीए को ये दिखाना था कि मेरे पास प्रशिक्षित इंजीनियर्स हैं और ये सबूत भी देना था कि मैं एयरक्राफ्ट का रख-रखाव कर सकता हूं। मेरे पास मुंबई में रोजाना के रख-रखाव के काम के लिए इंडियन एयरलाइंस का हैंगर था। बड़ी मरम्मतों के लिए मैंने तनेजा एयरोस्पेस से बात कर रखी थी। लेकिन बेंगलुरु में रोजाना के मेंटनेंस के लिए जगह चाहिए थी और एक कंक्रीट की सतह वाला खुला पार्किंग स्पेस चाहिए था जहां सुबह उड़ान भरने वाली फ्लाइटों को रात में पार्क किया जा सके। एचएएल ने जगह देने से मना कर दिया था।

एचएएल ने कहा कि वे जमीन पर हमारा प्लेन संभालेंगे और उन्होंने इसके लिए प्रति एटीआर 30 हजार रुपयों की मांग की। इससे 48 सीटों वाले एयरक्राफ्ट में प्रति यात्री लगभग एक हजार रुपए का खर्च बढ़ रहा था। जेट एयरवेज खुद ही ग्राउंड हैंडलिंग कर रहा था और मैं भी वैसा ही करना चाहता था। मेरी उनसे अनगिनत मीटिंग हुईं और एचएएल सरकारी लालफीताशाही के मामले में सबसे बुरे सरकारी विभागों में से एक साबित हुआ।

नाराज होकर मैं दिल्ली में रक्षामंत्री जॉर्ज फर्नान्डीस से मिलने पहुंचा। मैं तब तक उन्हें अच्छे से जानने लगा था और वो लॉन्च में आने के लिए तैयार भी हो गए थे। मैंने कहा कि मैं एचएएल के मामले में पत्थर से सिर टकरा रहा हूं। उन्होंने तुरंत एचएएल चेयरमैन को फोन किया और कहा, 'ये एक एक्स-आर्मी ऑफिसर हैं। मैं चाहता हूं कि आप तय नियमों से परे जाकर इनकी मदद करें ताकि इन्हें पार्किंग स्पेस और एयरक्राफ्टों के रख-रखाव की सुविधा और ग्राउंड हैंडलिंग करने का अधिकार मिल सके। आपको इनके साथ अड़ियल होने की बजाए इनका स्वागत करना चाहिए।' सावधानी के लिए, मैंने जॉर्ज फर्नान्डीस से पूछा कि अगर काम नहीं हुआ तो क्या मैं दोबारा उनके पास आ सकता हूं। उन्होंने आंखों में चमक लेकर कहा, 'मैंने उससे आग्रह नहीं किया है। मैंने उसे आदेश दिए हैं।' उस कॉल का असर हो चुका था क्योंकि बेंगलुरु पहुंचने से पहले तक मेरे पास एचएएल चेयरमैन के दफ्तर से बीसियों कॉल आ चुके थे।

हमारे मार्केटिंग विभाग ने आय का स्रोत बढ़ाने के लिए कुछ नया तैयार किया था। उन्होंने सन माइक्रोसिस्टम्स के साथ एक डील की थी। इसके तहत हमें अपने एयरक्राफ्ट के बाहरी हिस्से को उनके ब्रांड के लोगो से रंगना था। इसके लिए वे महीने के 20 लाख रुपए दे रहे थे। ये रकम बहुत जरूरी थी क्योंकि इससे हमारे एयरक्राफ्ट की लीज की मासिक किश्त का 50 प्रतिशत पूरा हो रहा था। हम सन माइक्रोसिस्टम्स से एयरक्राफ्ट का बाहरी हिस्सा रंगवाने के लिए तैयार थे, लेकिन जब मार्केटिंग टीम डीजीसीए के पास गई तो उन्होंने मंजूरी देने से मना कर दिया। मुझे नहीं पता था कि असली वजह क्या है, इसलिए हमने आर्काइव को खंगाला और एयरक्राफ्ट के डिस्प्ले पर ब्रांडिंग से जुड़े सरकारी नियम तलाश लिए। एयरक्राफ्ट नियम 1937 के अनुसार, 'किसी भी एयरक्राफ्ट को किसी भी तरह के विज्ञापन से नहीं रंगा जा सकता जब तक कि उसे डीजीसीए से विशेष अनुमति ना मिल जाए।'

डीजीसीए के मुखिया सत्येंद्र सिंह थे। वो अच्छे आदमी थे लेकिन सभी अच्छे अधिकारियों की तरह वो भी लकीर के फकीर थे। मैंने उनसे मिलकर कहा कि मुझे बाहरी ब्रांडिंग के लिए इजाजत चाहिए। उन्होंने तुरंत ना कर दिया। उन्होंने कहा कि एयरक्राफ्ट नियम इसकी इजाजत नहीं देते। मैं पहले ही नियम पढ़ चुका था। मैंने कहा कि आपकी इजाजत से काम हो जाएगा। मैंने उन्हें एक पत्र दिया। उन्होंने अपने स्टाफ को वजह ढूंढने को कहा कि क्यों एयरलाइंस पर विज्ञापन लगाने की इजाजत नहीं दी जाती है। उनमें से एक ने कहा कि ये नियम सुरक्षा कारणों की वजह से बनाया गया। मैंने कहा कि चूंकि एयरक्राफ्ट पर उनका नाम लिखा होता है, इसलिए सुरक्षा का उससे कोई लेना-देना नहीं हो सकता। मेरे इंजीनियरों ने मुझे बता दिया था कि जब तक एयरक्राफ्ट निर्माता के मंजूर किए हुए रंगों से रंगा हो और रंग उखड़ कर इंजन तक ना पहुंच रहें हो, तब तक सुरक्षा की कोई चिंता नहीं होती। मैंने डीजीसीए से कहा कि हम निर्माता के बताए हुए रंगों का ही प्रयोग करेंगे और वीनाइल का प्रयोग नहीं करेंगे क्योंकि गर्म और ठंडे तापमान में उसकी परत उखड़ने लगती है।

मैंने ये भी कहा कि दुनियाभर में लो-कॉस्ट एयरलाइंस अपने एयरक्राफ्ट को ब्रांडों के साथ पेंट कर पैसा कमाती और भाड़ा घटाती रही हैं। सत्येन्द्र सिंह कागज के हिसाब से काम करने वाले थे। अब वो थोड़े मुश्किल में थे। उन्हें भरोसा था कि अगर कोई नियम 1937 से अभी तक कायम हो तो उसके पीछे कुछ तो वजह होगी। वो व्यक्तिगत तौर पर संतुष्ट होना चाहते थे। और, जब तक वो नहीं होते, तब तक एयरक्राफ्ट को पेंट करने की इजाजत नहीं देते। रूडी

से मुलाकात के दौरान मैंने उनसे इस बात का जिक्र किया। मैंने बताया कि हमें सन माइक्रोसिस्टम्स और एनडीटीवी से अच्छे ऑफर मिले हैं, लेकिन डीजीसीए इसकी इजाजत नहीं दे रही है। मंत्री ने सत्येंद्र सिंह को कॉल कर निवेदन किया कि या तो फाइल क्लियर करें या मंजूरी के लिए उनके पास भेज दें। सत्येंद्र सिंह ने कर्तव्यनिष्ठा का पालन करते हुए फाइल मंत्री के पास भेज दी।

बेंगलुरु-हुबली की पहली उड़ान की तैयारी

लॉन्च से पहले का समय किसी भी मामले में आसान नहीं था। उसी तरह की समस्याएं अंतिम मिनट तक खड़ी होतीं रही। ऐसा ही हेलीकॉप्टर संचालन के लॉन्च से पहले भी हो चुका था। शुरुआत में, प्रतियोगिता में खड़े कुछ लोग देश की नब्ज समझने और पकड़ने और राजनेताओं और अफसरों का समर्थन हासिल करने की बात को पचा नहीं पा रहे थे। इन रहस्यमयी विरोधियों ने सांसदों को सुरक्षा मानकों के संबंध में सिविल एविएशन मिनिस्ट्री को लिखने के लिए तैयार कर लिया। आधी-अधूरी जानकारी की वजह से एक राजनेता ने एक स्थापित एयरलाइन की तरफ से लिखा कि लो-कॉस्ट एयरलाइन के पास एयरक्राफ्ट के रख-रखाव पर खर्च करने लायक पैसे नहीं होंगे। इस मामले में हमारी तैयारी पूरी थी। संचालन सुरक्षा से जुड़े इन बेदम सवालों के लिए हमारे पास पहले से ठोस जवाब मौजूद थे।

हमारे लिए बड़ी चिंता की बात ये थी कि हमारे पास एटीआर एयरक्राफ्ट उड़ाने के लिए प्रशिक्षित इंडियन पायलट कैप्टन नहीं थे और हमें उन्हें विदेश से मंगाना पड़ रहा था। हमने गृह मंत्रालय के पास ऐसे 50 विदेशी पायलटों की लिस्ट सौंपी। मंजूरी से पहले उनका सीबीआई, पुलिस, नारकोटिक्स कंट्रोल ब्यूरो, रॉ और सिविल एविएशन मिनिस्ट्री जैसी एजेंसियों की स्क्रीनिंग से पास होना जरूरी था।

डेक्कन का लॉन्च न्यू यॉर्क में 9/11 के हमले के दो साल से भी कम समय के भीतर हो रहा था। सुरक्षा और खुफिया एजेंसियां विदेशी पायलटों को लेकर चिंतित रहने लगी थीं। मैंने मंजूरी के लिए जान-बूझकर कोई जोर नहीं दिया। आतंकी पहले एयरक्राफ्ट को हाईजैक कर यात्रियों और क्रू की जान खतरे में डालते थे, लेकिन अब उन्होंने एयरक्राफ्ट को मिसाइल में बदलकर हवा और जमीन में अकल्पनीय नुकसान करने का तरीका ईजाद कर लिया था।

ये रूडी का इलाका नहीं था और उन्होंने इससे हाथ खींचकर ठीक ही किया। मैंने डिफेंस में अपने संपर्कों का इस्तेमाल किया और मेरे पॉइंट मैन कर्नल डी. वी. सिंह अकेले दम पर सभी संवेदनशील एजेंसियों और मंत्रालयों से जरूरी क्लीयरेंस लाने में कामयाब हो गए। मैंने सुझाया था कि अगर किसी भी आवेदक पर थोड़ा सा भी शक हो तो उसे क्लीयर करने में एजेंसियां पूरा समय लें, लेकिन जो स्क्रीनिंग में बेदाग साबित हुए हों उन्हें क्लीयर कर दिया जाए। इससे मुझे संचालन शुरू करने की इजाजत मिल जाएगी।

लॉन्च से ठीक दो दिन पहले, मेरे एक अच्छे दोस्त, बेहद सकारात्मक व्यक्ति और एयर-वर्दीनेस के डायरेक्टर-जनरल पी. के. चट्टोपाध्याय का फोन आया। वो 48 सीटर एटीआर में एक एयर होस्टेस रखने के निर्णय के बारे में बात करना चाहते थे। उन्होंने कहा कि वो नहीं चाहते कि प्रति एयरक्राफ्ट न्यूनतम केबिन क्रू रखने के नियम का पालन ना करने की वजह से हमें अपना काम रोकना पड़े। हालांकि, नियम कहते थे कि एक एयरक्राफ्ट में प्रति पचास यात्रियों पर एक केबिन क्रू होना चाहिए और हमारे विमान में तो बस 48 सीटें थीं। इसलिए, हमें लगा कि हम एक एयर होस्टेस रखकर नियम का उल्लंघन तो नहीं ही कर रहे हैं।

मैंने डीजीसीए के कॉल के बाद दोबारा चेक किया। मेरी टीम के एक सदस्य ने कहा, 'सर, प्लेन में पचास यात्रियों के लिए एक एयर-होस्टेस चाहिए। दूसरे ने कहा, 'नहीं, कैप्टन, ये यात्रियों की संख्या से नहीं बल्कि एयरक्राफ्ट के एग्जिट दरवाजे से जुड़ा है। आपके पास हर एग्जिट को मेनेज करने के लिए कम-से-कम एक केबिन क्रू चाहिए।'

असल में नियम किसी ने नहीं देखे थे। उन्होंने सिर्फ स्थानीय डीजीसीए अधिकारी से संपर्क किया था और हरेक के पास नियमों का अपना संसकरण था। अब अपनी आंखों से देखना जरूरी हो गया था कि किताब में क्या लिखा है। उसमें ये लिखा था कि एक एयरक्राफ्ट में प्रति पचास यात्रियों पर एक केबिन क्रू होना चाहिए। मामला यहीं पर खत्म हो गया था। इस तरह मुझे अपने जीवन में जल्दी ही एक सीख मिल गई थी। जब लोग ये कहें कि ये चीज नहीं हो सकती तो उसे आसानी से स्वीकार नहीं करना चाहिए। इसकी बजाए हमें खुद से रूल बुक देखने की आदत डालनी चाहिए।

हमारा अगला लक्ष्य कमर्शियल ऑपरेशंस के लिए हुबली एयरपोर्ट को मंजूर कराना था। हुबली एयरपोर्ट में लैंडिंग की व्यवस्था नहीं थी और इसलिए हमारे चीफ पायलट ट्रायल लैंडिग नहीं कर सकते थे। हमें मौसम विभाग से

इजाजत चाहिए थी। ये विज्ञान और तकनीक मंत्रालय के अंदर आता था। एटीसी और मौसम विभाग के प्रतिनिधि वहां अभी तक नियुक्त नहीं हुए थे और उनमें से किसी एक के बिना भी हम उड़ान नहीं भर सकते थे। डामर भी तैयार नहीं था और बैगों के लिए एक्स-रे मशीन भी अभी तक नहीं लगी थीं।

एयरपोर्ट को सुरक्षा देने वाली बीसीएएस गृह मंत्रालय के अंतर्गत काम करती है। गृह मंत्रालय संबंधित एजेंसी की जरूरत के हिसाब से एएआई में लोगों की नियुक्ति करता है। ये लोग सुरक्षा के अलग-अलग पहलुओं की जिम्मेदारी उठाते हैं। एएआई एयरलाइन से यात्री सेवा शुल्क लेती है। उसका एक हिस्सा अपने पास रखकर बाकी पैसा गृह मंत्रालय को दे देती है।

अब हमें चकित करने की बारी एएआई की थी। अथॉरिटी ने कहा कि मुझे राज्य सरकार से पुलिस और फायर सर्विसेज का सपोर्ट लाना होगा। हुबली के पुलिस कमिश्नर मदद के लिए तैयार थे लेकिन उन्हें ये जानना था कि पुलिस की सेवाओं का भुगतान कौन करेगा। मैंने एएआई का नाम लिया। वो इस संबंध में एएआई की लिखित चिट्ठी चाहते थे। एएआई ऐसा करने से बच रही थी।

इस समस्या का समाधान तब हुआ जब मैं राज्य के गृह मंत्री मल्लिकार्जुन खड़गे से मिला। मैंने बताया कि एएआई को पुलिस के लिए यात्री शुल्क से भुगतान करना चाहिए। ये समय की बात थी और उन्हें अंत में ऐसा करना ही था, लेकिन पत्र का इंतजार करने के चक्कर में लॉन्च में देरी होती। खड़गे ने पुलिस कमिश्नर को फोन किया और उन्हें एयरपोर्ट के अंदर, बाहर और सिक्योरिटी क्लीयरेंस पोस्टों पर राज्य पुलिस तैनात करने के लिए कहा।

हर कदम पर मुझे मिनिस्ट्री या अफसरशाही से नियमों का उल्लंघन किए बिना काम निकालने के लिए नए रास्ते ईजाद करने पड़ रहे थे। अच्छी बात ये रही कि मैंने लोगों की एयरलाइन बनाने के मकसद ने मेरी भरपूर मदद की। राज्य सरकार ने नई एयरलाइन के साथ एक तरह की पहचान कायम कर ली थी। हुबली से बेंगलुरु की पहली उड़ान से ये संदेश जाता कि इस एयरलाइन का जन्म कर्नाटक में हुआ। आरंभिक उड़ान के लिए हुबली के चयन से उन लोगों के बीच जरूरी संदेश जा रहा था जिन्हें हम टार्गेट करना चाहते थे। इसी बीच में एयरपोर्ट की पुलिस सिक्योरिटी को लेकर ड्रामा हो गया। मैंने राज्य सरकार, एएआई और पुलिस विभाग के बीच मसला सुलझाने का काम किया।

राज्य सरकार ने अपनी पुलिस एयरपोर्ट के सिक्योरिटी बिंदुओं पर तैनात कर दी थी और समस्या लगभग समाप्त हो गई थी, तभी अचानक से मुझे बड़ा झटका लगा। इस बार ये झटका बीसीएएस की तरफ से आया था। किसी नाटक

में, किरदार खास भूमिकाएं निभाना चाहते हैं। कभी-कभार छोटी भूमिका निभाने वाले खुद को दरकिनार किया हुआ समझ लते हैं और मंच पर अपनी उपस्थिति दिखाने की कोशिश करते हैं। अब बीसीएएस इस नाटक में और एक्शन और डायलॉग की मांग करने लगी थी। एजेंसी ने कहा कि उन्हें राज्य सरकार से इस बात का सर्टिफिकेट चाहिए कि एयरपोर्ट की सिक्योरिटी में तैनात पुलिसवालों में से कुछ ने आतंकरोधी दांव-पेच सीखे हों।

हुबली एयरपोर्ट पर तैनात पुलिसवालों ने आतंकवाद से निपटने का प्रशिक्षण नहीं लिया था। वे राज्य की पुलिस के लिए केंद्र सरकार द्वारा आयोजित तीन-दिवसीय प्रशिक्षण कार्यक्रम में भी नहीं थे। हमारे पास सिर्फ दो दिन बचे थे। ये कोर्स की व्यवस्था के लिए पर्याप्त नहीं था। मैंने अपने सिक्योरिटी चीफ पी. एन. थिम्मैया से पुलिस के साथ मिलकर काम करने को कहा। डीजीपी ने धरती-पाताल एक कर ऐसे पुलिसवालों की तलाश की और उन्हें एयरपोर्ट पर तैनात किया जिन्होंने आतंक-रोधी प्रशिक्षण लिया था। लेकिन बीसीएएस को राज्य सरकार से इसकी पुष्टि वाला पत्र चाहिए था। मैंने वो पत्र हासिल किया और अपनी टीम और स्टाफ को आगाह किया कि वे आतंक-रोधी उपायों का गहनता से पालन करें। मैंने उन्हें निर्देश दिया कि हर बैग और सामान तब तक चेक किया जाए जब तक कि हर कोई और हर चीज सुरक्षित ना हो जाए।

एयरवर्दीनेस के निर्यात दस्तावेज और आयात की अनुमति में आई मामूली दिक्क्तों को सुलझाने के बाद एटीआर एयरक्राफ्ट टुलूज से लॉन्च से पांच दिन पहले रवाना हो गया। हमने जिन पायलटों को तैनात किया था, वे प्रशिक्षण के बाद लौटे और उन्हें डीजीसीए से मंजूरी भी मिल गयी। हम भारत में इतनी बड़ी संख्या में विदेशी पायलटों के साथ काम करने वाली पहली एयरलाइन थे। डीजीसीए टेस्ट करवाना चाहती थी क्योंकि बहुत पहले पायलट और एटीसी के बीच गलतफहमी की वजह से एक हादसा हो चुका था। इसके चलते डीजीसीए बहुत सख्त हो गई थी। पायलटों ने अंग्रेजी संचार और भारत के एयरोस्पेस नियमों के बारे में मौखिक परीक्षा दी।

राज्य सरकार काफी मददगार थी। उसने हमें कोई सब्सिडी नहीं दी लेकिन निचले दर्जे के अधिकारियों के लिए हवाई यात्रा का नियम बना दिया। उस समय तक सिर्फ आइएएस अधिकारियों को हवाई यात्रा की अनमुति थी। असिस्टेंट कमिश्नरों और तहसीलदारों को नहीं। एस. एम. कृष्णा ने राजपत्रित सूचना जारी कर लॉन्च की पूर्व संध्या पर इस नियम को लागू कर दिया। इससे

हमें सीधा फायदा होने वाला था। अब हम सरकारी मदद पर भी भरोसा कर सकते थे।

सबसे खास चीज ये हुई कि आइटी ने काम करना शुरू कर दिया था। सॉफ्टवेयर और नेटवर्किंग चालू हो चुके थे और लॉन्च से आठ दिन पहले सॉफ्टवेयर की यूजर टेस्टिंग भी हो चुकी थी। हमने ऑनलाइन बुकिंग काउंटर खोल दिया था और बुकिंग में मदद के लिए टीजर कैंपेन भी लॉन्च कर दिए थे। संचालन वृहत स्तर पर शुरू हो चुके थे और कई चीजों को बहुत जल्दी एकजुट करना था। जैसे, कॉल सेंटर, बैंक, दुनिया में किसी भी जगह पर मौजूद एजेंट, कम्युनिकेशन सेवा प्रदाता एयरटेल और वीपीएन और एलएएन सेवा प्रदाता एचसीएल-इंफोसिस को एकीकृत करना था। उन्हें निरंतरता से चलाना था। कॉल सेंटर संचालन हमारी प्राथमिकता में था और हमने इसके लिए 50 लोगों की नियुक्ति की थी।

हमारी एजेंसी, ओरचर्ड एडवर्टाइजिंग ने हमें शानदार प्रोफाइल दिया था। एजेंसी ने सिम्पलीफ्लाई (सहज) शब्द के साथ खेल कर कंपनी के लिए लोगो और टैगलाइन बनाई थी। इसका तात्पर्य ये था कि हम सभी के लिए हवाई यात्रा आसान बनाने आए हैं, वे डेक्कन के साथ बिना चिंता के सफर कर सकते हैं। हमने नीले और पीले को आधिकारिक रंग के रूप में चुना। ऊपर की तरफ खुली हुई दो हथेलियों के साथ खींची ऊंगलियां हमारा लोगो बनी। ये डायनेमिक लिफ्ट और निजी देखभाल की परिचायक थीं। इस तरह एयरक्राफ्ट तैयार हो चुका था।

22 सितंबर को जक्कूर में शाम को एक आयोजन रखा गया था। वहां पर एयरलाइन से जुड़ा एक ऑडियो-विजुअल शो होना था। इसमें दिखाया गया था कि किस तरह से ये देश के अलग-अलग हिस्सों की अर्थव्यवस्था को बदलेगा, नई नौकरियां पैदा करेगा, दूरियां मिटाएगा और लाखों लोगों की जिंदगी में बदलाव लाएगा। डॉ. एल. सुब्रमनियम ने यादगार प्रदर्शन किया। कर्नाटक के राज्यपाल और मुख्यमंत्री इस प्रोग्राम के विशिष्ट अतिथि थे। पहली फ्लाइट अगले दिन 10 बजे सुबह के लिए निर्धारित थी।

अंतिम समय पर होने वाली रुकावट एक शाश्वत सत्य है। आप अंतिम समय तक इसका अनुमान नहीं लगा सकते। हमारे पास पहली उड़ान के दिन सुबह के साढ़े नौ बजे तक प्लेन उड़ाने के लिए जरूरी एयर ट्रांसपोर्ट लाइसेंस नहीं पहुंचा था। राजीव प्रताप रूडी, एस. एम. कृष्णा, जॉर्ज फर्नान्डीज और

वेंकैया नायडू वहां पहुंच चुके थे। तभी मुझे मेसेज मिला कि लाइसेंस अभी तक नहीं पहुंचा है।

हमने इसकी उम्मीद कर रखी थी और मुझे पता था कि ये आएगा, लेकिन वहां पर कौतूहल की स्थिति पैदा हो गई थी। हेलीकॉप्टर लॉन्च के समय भी लाइसेंस फ्लाइट से बमुश्किल बीस मिनट पहले पहुंचा था। मेरे पास एक बैक-अप प्लान था। मैं हुबली तक एक तरफ का चक्कर लगाने के लिए तैयार था! लेकिन मुझे इसकी जरूरत नहीं पड़ी।

एस. एम. कृष्णा ने फ्लाइट को हरी झंडी दिखाई। इसके लिए हमारे पास दो एयरक्राफ्ट तैयार थे। एक में मीडिया और यात्रियों को बिठाकर हुबली ले जाया गया, जबकि दूसरे में जॉर्ज फर्नांडीज को बिठाकर मेंगलुरू ले जाया गया। जैसे ही फ्लाइट ने उड़ान भरी, दर्शक सम्मान में उठकर खड़े हो गए। कर्नाटक के मध्य में बसे एक धूल-धूसरित शहर हुबली के लिए उड़ी उस फ्लाइटों ने भारतीय उड्डयन क्षेत्र के इतिहास को हमेशा के लिए बदल दिया।

लॉन्च के पहले दिन से ही हमारी फ्लाइटों ने काफी ध्यान खींचा था। हम मेंगलोर-बेंगलुरु, बेंगलुरु-चेन्नई और बेंगलुरु-हैदराबाद रूट पर सौ प्रतिशत क्षमता के साथ उड़ान भर रहे थे। जहाज भर रहे थे और आइटी सिस्टम सुचारू ढंग से काम कर रहा था। हमारे दो एयरक्राफ्ट रोजाना दस उड़ाने भर रहे थे। हम अधिकतम क्षमता पर चल रहे थे। लोग भारत में और पूरी दुनिया में कहीं से भी टिकट बुक कर रहे थे।

दो दिनों के बाद ही मुझे एक और झटका लगा, जब मेरे पास सुबह के पांच बजे एक कॉल आया। लोकल डीजीसीए अधिकारी ने एयरपोर्ट जाकर सन माइक्रोसिस्टम्स के लोगो और ब्रांडिंग के साथ उड़ान भरने से हमें रोक दिया था। उसने बताया कि उसे अभी तक दिल्ली से अनुमति-पत्र नहीं मिला है। उसे इस बात से कोई मतलब नहीं था कि खुद नागरिक उड्डयन मंत्री ने दो दिन पहले ही अपने हाथों से ब्रांडिंग वाले एयरक्राफ्ट का उद्घाटन किया था।

हुआ ये था कि सत्येंद्र सिंह ने अनुमति के लिए फाइल मंत्रालय में भेज दी थी। फाइल को मंत्री के दफ्तर में पहुंचने में समय लग गया और ये घूम-फिरकर बेंगलुरु पहुंच गई। मुझे सुबह के पांच बजे जगाया गया। मैं भागकर एयरपोर्ट पहुंचा और डीजीसीए के अधिकारी से बात करने की कोशिश की। हालांकि, उसे कोई फर्क नहीं पड़ा क्योंकि उसे पत्र नहीं मिला था। मुझे ए. जी. गार्डिनर की कंडक्टर और कुत्ते के साथ बैठी महिला वाली कहानी याद आ गई, जो ये भूल गया थी कि नियम सिर्फ ग्राहकों के फायदे के लिए बनाए जाते हैं।

लंदन की एक सर्द रात, जब बर्फीली हवा चल रही थी और कंपकंपाती ठंड पड़ रही थी, वो एक बहुत बूढ़ी महिला को बस की छत पर बिठाकर घुमाता रहा। बावजूद इसके कि वो उस बस की इकलौती यात्री थी। उसने कहा, 'मैम, नियम तो नियम होते हैं। कुत्तों को नीचे बिठाने की इजाजत नहीं है।' उसने उस बूढ़ी महिला को ठंड से लगभग मार ही दिया था। हमारे पास ब्रांडिंग को पानी वाले पेंट से ढकने के अलावा कोई विकल्प नहीं था।

हमारी विज्ञापन एजेंसी ओरचर्ड के मुखिया जॉन कुरुविला ने नौकरी छोड़कर इंटरनेट पर प्रॉपर्टी का बिजनेस शुरू कर दिया था। वो डॉटकॉम का शुरुआती दौर था। जल्दी ही बुलबुला फूट गया और कंपनी ठप हो गई। वो हमारी एयरलाइन में आए और मैंने खुशी-खुशी उन्हें अपना मार्केटिंग हेड बना दिया। मैं ये मानता हूं कि एयरलाइन में शुरू की गईं अधिकतर नई चीजें जॉन के दिमाग की उपज थीं। जॉन ने वादा निभाया और वो अपने साथ भरपूर ऊर्जा लेकर आए। उनके पास नई सोच रखने वाले युवाओं की अच्छी टीम थी। उनमें से एक ने ये सुझाव दिया था कि हमें रिलायंस वेब-वर्ल्ड की दुकानों पर टिकट बेचने चाहिए।

इसने हमारी भुगतान वापसी की पेचीदा समस्या सुलझा दी थी। अगर कोई यात्री दिल्ली में ट्रैवल एजेंट से टिकट खरीद रहा है और बेंगलुरु में कैंसिल कर रहा है तो आप उसे उसका पैसा कैसे लौटाएंगे? हमारा नियम ये था कि यात्री को उसी एजेंट के पास वापस जाना पड़ेगा जिससे उसने टिकट खरीदा था। हो सकता था कि ट्रैवल एजेंट ने पैसेंजर को क्रेडिट दिया, इसलिए अगर हम यात्री को बेंगलुरु में भुगतान वापसी करते तो एजेंट के पास क्रेडिट खत्म हो जाता। हमारा मकसद था कि खरीद वाली जगह पर ही भुगतान वापसी की व्यवस्था की जाए।

जॉन ने सलाह दी कि हम देशभर में रिलायंस के इंटरनेट कैफे में टिकट बेचें। ऐसे लगभग तीन सौ कैफे छोटे और बड़े शहरों में हाल ही में खुले थे। रिलायंस को आय के अतिरिक्त स्रोत की जरूरत थी और उन्हें किसी ट्रैवल एजेंट की तरह ही टिकट पर पांच प्रतिशत का कमीशन मिलता था। हमें टिकट बेचने का एक नया जरिया मिल चुका था और इसने उनके आउटलेट्स के जरिए हमें देशभर में फैलने का मौका दिया।

जॉन की टीम क्रिएटिव बनी रही। वे ये आइडिया लेकर आए कि हम पेट्रोल स्टेशनों पर भी टिकट बेच सकते हैं। हमने हिंदुस्तान पेट्रोलियम के साथ देशभर में उनके एक हजार पेट्रोल स्टेशनों पर टिकट बेचने का करार किया।

ट्रैवल एजेंटों की तुलना में पेट्रोल स्टेशन हफ्ते के सातों दिन चौबीसों घंटे काम करते हैं। ये सही मायनों में कभी भी टिकट लेने का सेंटर था। जॉन का आइडिया काम कर गया। हमने नई सोच को आगे बढ़ाने का फैसला किया। हम इंटरनेट-आधारित मोबाइल वैन लेकर आए। ये इंटरनेट वाले मोबाइल पर काम करता था और इसने तहलका मचा दिया। रिजर्वेशन सिस्टम ने देशभर में कहीं भी एक्सेस देने का काम किया। शहरों में घूम रही गाड़ी से ई-टिकट लेना तो आसान हुआ ही, इसने हमारे ब्रांड का प्रचार करना भी जारी रखा।

ये आइडिया कई जगहों पर सफल रहा, कई स्थानों पर ये नहीं भी चला, लेकिन इसने डेक्कन के प्रति लोगों की जागरूकता बढ़ा दी थी। जॉन हर दूसरे दिन एजेंटों को जोड़ रहे थे और हम पहले पचास दिनों में ही अपनी क्षमता बढ़ाने की स्थिति में पहुंच चुके थे। मैंने महसूस किया कि किसी भी नए उद्यम या प्रयोग में कल्पना ही इकलौती चीज होती है जो हमें सीमित करती है। चैनल तलाशने के दौरान की सबसे चकित करने वाली खोज इंडियन पोस्ट एंड टेलीग्राफ डिपार्टमेंट था। संभवत: देश की सबसे पुरानी औपनिवेशिक संस्था भारतीय डाक और टेनीग्राफ विभाग, हालिया समय तक काफी प्रचलित रही। मुझे खंभों में लटके या गली के मुहाने पर रखे लेटर-बॉक्स आज तक याद हैं। इन बक्सों में छोटी सी काले रंग की खिड़की होती थी, जिसमें तीन संख्याओं और दो अक्षरों के लिए जगह बनी होती थी। ये खाली करने का समय दिखाता था। मैंने इंडियन पोस्ट एंड टेलीग्राफ को कभी डेक्कन के संभावित चैनल के तौर पर नहीं सोचा होता, लेकिन कर्नाटक की पोस्ट-मास्टर जनरल मीरा दत्ता की सोच कुछ अलग थी।

मैं मीरा दत्ता से एक फ्लाइट पर मिला था। वो नए खयालों वाली, ऊर्जावान और अपने काम के प्रति समर्पित महिला थी। उन्होंने कहा कि इंडियन पोस्ट एंड टेलीग्राफ इंटरनेट और मोबाइल फोन के आने से गहरे संकट में है। शुरुआत में डिपार्टमेंट ने कई डाकघरों को बंद करने पर विचार किया था। लेकिन उन्होंने ये विचार त्याग दिया, जब किसी ने सलाह दी कि वे इंश्योरेंस और बचत बांड जैसी चीजें बेच सकते हैं। वे तकनीक का इस्तेमाल करके संगठन में नई ऊर्जा भर सकते हैं। उन्होंने मुझे एक कहानी सुनाई जिसने मेरी आंखें खोल दीं। वो डेक्कन की एक फ्लाइट में हुबली से बेंगलुरु जा रहीं थी। उनके बगल में एक आम ग्रामीण महिला बैठी थी, जिसके बारे में कभी किसी ने नहीं सोचा होगा कि वो किसी जहाज में बैठ सकती है। मीरा ने उससे पूछा कि वो कहां से है और उसने कैसे टिकट खरीदा। उस महिला ने कहा कि वो

हुबली से एक घंटे की दूरी पर स्थित गडग से है। उसने अपने बेटे से टिकट खरीदवाया था। वो हुबली जाकर एयर डेक्कन का टिकट खरीदकर लाया। मीरा ने कहा, 'तब मेरे दिमाग में आया कि छोटे शहरों में डाकघर हैं जहां से लोग टिकट खरीद सकते हैं। उनमें से कुछ में इंटरनेट का इस्तेमाल भी होने लगा है। इसलिए डेक्कन को हमसे जरूर फायदा हो सकता है।'

मैंने पड़ताल की तो पता चला कि देशभर में इंडियन पोस्ट की 1,55,000 और कर्नाटक में 10,000 शाखाएं हैं। मीरा ने मुझे बताया था कि कर्नाटक में कुछ समय में एक हजार से अधिक डाकघर इंटरनेट आधारित हो जाएंगे। पांच सौ पहले से ही हो चुके थे। पोस्ट एंड टेलीग्राफ असल में देश में एक अरब लोगों तक पहुंच सकता है। ये किसी भी सामाजिक न्याय वाली सरकारी योजना या पूरी जनसंख्या को टारगेट करने वाले बिजनेस के लिए संभवत: सबसे बेहतरीन माध्यम है। मीरा दत्ता के साथ हुई बातचीत आगे चलकर इंडियन पोस्ट से समझौते का कारण बनी। हमने उनके आउटलेटों में टिकट बेचने का करार कर लिया। हमने विनिल बैकलिट वाले डिस्प्ले लगवाए, जिनके ऊपर लिखा होता था, 'यहां एयर डेक्कन का टिकट मिलता है।' अब डेक्कन की पहुंच राज्य के सुदूर इलाकों में हो चुकी थी।

हमने कई मार्गों पर उड़ानों की शुरुआत की थी और हम उन शहरों और कस्बों में उड़ान भरने वाले इकलौते थे। इन मार्गों पर हमारी सीटें सौ प्रतिशत भरी मिलती थीं। जिन मार्गों पर हम पारंपरिक एयरलाइन से कंपीट कर रहे थे, वहां हमारी लगभग 90 प्रतिशत सीटें भर जातीं थी। ये बेंगलुरु-हैदराबाद, बेंगलुरु-चेन्नई और बेंगलुरु-मेंगलोर जैसे सेक्टर थे। हम जेट एयरवेज और इंडियन एयरलाइंस की तुलना में आधा किराया ले रहे थे। मैंने इन एयरक्राफ्ट में बैठकर लोगों से बात करने और उनकी नब्ज पकड़ने का एक भी मौका नहीं छोड़ा।

लोग एटीआरएस को पसंद कर रहे थे। एयरक्राफ्ट छोटा था और चेक-इन और बोर्डिंग में कम समय लगता था। एयरक्राफ्ट में सीढ़ी लगी होती थी और यात्रियों को अलग से सीढ़ी आने या सामान उतारने के लिए हाई-लोडर का इंतजार नहीं करना होता था। प्लेन का माहौल अनौपचारिक था, जिससे लोगों को घर जैसा महसूस होता था। आगमन के स्थान पर, यात्रियों के सामान को तुरंत कन्वेयर बेल्टों पर भेज दिया जाता था।

प्रतियोगिता के चलते हमारे एयरक्राफ्ट की सुरक्षा और भरोसे को लेकर एक अफवाह फैल रही थी। लोग ये कहने लगे थे कि हम पुराने और असुरक्षित एयरक्राफ्ट का इस्तेमाल कर रहे हैं और ये हवाई यात्रा कर रहे नए लोगों में

भय पैदा करता है। लोगों ने इन अफवाहों पर भरोसा कर लिया था क्योंकि उन्हें लगता था कि अगर हम आधे दाम पर एयरलाइन चला रहे हैं तो हमने निश्चित ही सुरक्षा के मानकों से समझौता किया होगा। हालांकि, जल्दी ही लोगों को हमारे बिजनेस मॉडल के बारे में पता चल गया और हमारी छवि सुरक्षित और भरोसेमंद एयरलाइन की बन गई।

उद्घाटन के एक हफ्ते बाद मेरे पास बीबीसी के लंदन ऑफिस से एक कॉल आया। कॉल करने वाला 'भारत के अनजुड़े हिस्सों' पर दिए जोर को लेकर उत्साहित था। बीबीसी के प्रोड्यूसर ने कहा कि वे बेंगलुरु-हुबली फ्लाइट पर मेरा इंटरव्यू करना चाहते हैं और उसी दौरान यात्रियों से भी बात करेंगे। उन्होंने हुबली में दिन बिताने और चैंबर ऑफ कॉमर्स देखने की योजना बनाई थी। वे छोटे और मध्यम उद्यमियों से एयर कनेक्टिविटी और उनके बिजनेस पर पड़ने वाले प्रभाव के बारे में बात करना चाहते थे। और भी कई राष्ट्रीय और अंतर्राष्ट्रीय पत्रकारों ने मुझसे मिलकर मेरी एयरलाइन के बारे में लिखा था।

हमें डेक्कन के बारे में फैल रही उन अफवाहों को भी खारिज करना था जिनमें कहा जा रहा था कि हमारे एयरक्राफ्ट बहुत शोर करते हैं और हिलते रहते हैं। ये सच नहीं था लेकिन ये जरूर सच था कि लॉजिस्टिक्स की समस्या की वजह से हमारी फ्लाइटों में देर हो रही थी। हम हर महीने एक एयरक्राफ्ट की दर से आगे बढ़ रहे थे और हमने सात महीनों में सात एयरक्राफ्ट उतार दिए थे और छह महीने के भीतर हम एक दिन में 60 उड़ानें भर रहे थे। हमारी असली योजना अठारह महीनों में सात एयरक्राफ्ट उतारने का था। लेकिन सात एयरक्राफ्ट तैनात करने के बाद हमें 70 एयर-होस्टेस, 75 पायलट और 35 इंजीनियर्स चाहिए थे। कुछ समस्याएं विकास को मेनेज करने की वजह से हो रही थी लेकिन कईयों के लिए एयरपोर्ट इंफ्रास्ट्रक्चर की घटिया पहुंच जिम्मेदार थी।

फिर भी, हमें एयरक्राफ्ट की सुरक्षा को लेकर उपजी शंकाओं को जल्दी मिटाना जरूरी था। नए और पुराने एयरक्राफ्ट रख-रखाव और सुरक्षा की प्रक्रियाओं के पालन के आधार पर सुरक्षित या असुरक्षित होते हैं। उड़ान का अनुशासन इसका एक अन्य जरूरी कारक है। हम इनमें से किसी से भी समझौता नहीं कर रहे थे। ब्रिटिश एयरवेज या लुफ्थांसा जैसी एयरलाइंस दस, पंद्रह या कभी-कभी बीस साल पुराने एयरक्राफ्ट उड़ाते हैं। सिर्फ लो-कॉस्ट एयरलाइंस के पास अपेक्षाकृत नए एयरक्राफ्ट होते हैं। नकद की कमी के चलते

हमने पुराने एयरक्राफ्ट से शुरुआत की थी, लेकिन हम उनकी बेहतरीन देखभाल कर रहे थे। यही हमारा मंत्र था।

अफवाहें मेरे दिमाग में घूमने लगीं थी। अगर इनमें एक प्रतिशत भी सच्चाई हुई तो क्या होगा? मैं एयरपोर्ट और वर्कशॉप पर काफी समय बिता रहा था। मैं अपने लोगों को डरा रहा था। मैं नहीं चाहता था कि वो किसी भी तरह से समझौता करें। मैं उन्हें ये महसूस करा रहा था कि कम लागत का मतलब खराब गुणवत्ता और खराब सुरक्षा नहीं होता। हमने एक विज्ञापन भी जारी किया, 'हम लागत घटाते हैं, मापदंड नहीं।'

शुरुआत में यात्रियों के असंतोष की एक वजह पानी भी था। भारतीय मुफ्त में पानी चाहते हैं। वे हमसे ये सवाल करते थे कि जब पानी मुफ्त में बह रहा है तो हम उसे बेच कैसे सकते हैं। हमारे क्रू को ये समझाना पड़ता था कि क्यों पानी मुफ्त में नहीं दे रहे हैं। हमने इन-फ्लाइट मैगजीनों में विज्ञापन छापकर बताया कि हम क्यों फ्लाइट में मुफ्त पानी और खाना नहीं दे रहे हैं। कुछ ने शाबासी दी तो कुछ ने शिकायत की। कुछ ने हमें बताया कि डेक्कन को क्या करना और क्या नहीं करना चाहिए। डेक्कन लोगों की एयरलाइन बन चुकी थी।

मैंने प्रचार किया कि हम मुफ्त पानी नहीं दे सकते। मेरा तर्क था, 'आपको कर्नाटक राज्य सेवा की बस पर या एसी सेकेंड क्लास में मुफ्त में पानी नहीं मिलता। आपको मुफ्त पानी फर्स्ट एसी में मिलता है।' कुछ ने सलाह दी कि पानी की एक बोतल का दाम टिकट में जोड़ लेना चाहिए।

हालांकि, उस समय मेरी ऊर्जा दो मोर्चों पर केंद्रित थी: इंजीनियरिंग और फ्लाइट की सुरक्षा। कोई समझौता नहीं, गुणवत्ता से कोई छेड़छाड़ नहीं। मैंने यात्रियों को कहा कि हम एलसीसी के चार सिद्धांतों के प्रति प्रतिबद्ध हैं: सुरक्षित उड़ान, समय की सटीकता, सामानों की सुरक्षित और तेज डिलीवरी और न्यूनतम किराया। ये सभी वादे स्पष्ट थे।

अखबारों के मसले पर, मैं असली निर्णय पर अटक गया था। हालांकि, हमने कुछ प्रकाशकों को उनकी प्रतियां फ्लाइट में रखने की अनुमति दे दी थी। वे इसके लिए हमें भुगतान करते थे। हमने अपनी एक इन-फ्लाइट मैगजीन *सिम्पलीफ्लाई* प्रकाशित करने के लिए एक प्रकाशक को राजी कर लिया। मैंने इस मैगजीन का इस्तेमाल लो-कॉस्ट मॉडल के बारे यात्रियों को बताने और अपनी बात पहुंचाने के लिए किया। हमने इसमें शेड्यूल्स, विज्ञापन और अपडेट भी प्रकाशित किए। सबसे जरूरी चीज, इसके जरिए हमें विज्ञापन से भी कमाई होने लगी।

मेरे साथ डेक्कन एविएशन जॉइन करने वाली विजया मेनन ने एयर डेक्कन के लिए मीडिया रिलेशन का काम संभाल लिया था। वो मैगजीन के साथ-साथ कस्टमर रिलेशंस डिपार्टमेंट भी संभाल रही थी। उसने मीडिया रिलेशन का काम इतने अच्छे तरीके से किया कि हम हमेशा खबरों में बने रहते थे। लोग हमसे हमारी पीआर एजेंसी के बार में पूछने आने लगे थे। उन्हें भरोसा ही नहीं हो रहा था कि एक महिला अकेले ये सब कर रही थी। ये सच में विजया मेनन की विद्वता और क्षमता का सम्मान था।

याद रखने लायक ब्रांड इमेज बनाना एक मुश्किल कार्य है। कैसे एक ब्रांड का नाम बाकियों के बीच अपनी जगह बना सकता है? भारत में अधिकतम बीस कंपनियों को ये मुकाम हासिल हुआ होगा। किसी कंपनी को ये हासिल करने के लिए मीडिया और मार्केटिंग, दोनों में मेहनत की जरूरत होती है। हम न्यूनतम खर्च पर दर्शनीयता और रिकॉल वैल्यू हासिल करना चाहते थे। हमने मार्केटिंग टीम और ओरचर्ड की मदद से लोगों की कल्पना को समझने में सफलता हासिल कर ली। लोगों को डेक्कन का नाम याद हो गया था क्योंकि वे इसके वाहक और साझेदार बन गए थे। वे इसे अपनी खुद की एयरलाइन समझने लगे थे।

एक ब्रांड के तौर पर डेक्कन की ये पहचान ऐतिहासिक थी। भारत के सबसे बड़े वेंचर कैपिटल फंड आईसीआईसीआई वेंचर्स की सीईओ रेणुका रमानाथन ने अपने बेटे के बारे में एक दफा एक कहानी सुनाई थी। आईसीआईसीआई वेंचर्स ने बाद में डेक्कन में निवेश भी किया। रेणुका ने डिनर टेबल पर अपने दस साल के बेटे से पूछा कि क्या वो लो-कॉस्ट एयरलाइन का मतलब जानता है। इससे पहले कि वो अपना सवाल पूरा कर पातीं, उनके बेटे ने पलटकर पूछा, 'आप एयर डेक्कन की बात कर रही हैं, मम्मा?'

एक अन्य मौके पर मुझे मेरी एयरलाइन में निरंतर सफर करने वाले यात्रियों में से एक का गर्मजोशी से भरा खत मिला। वो एक महिला-रोग विशेषज्ञ थी जो प्रख्यात मणिपाल हॉस्पिटल से जुड़ी हुईं थी। वो मुझे एक घटना बताना चाहती थीं।

उन्होंने लिखा था, 'मेरे परिवार में आपका एक बड़ा प्रशंसक रहता है। वो सिर्फ नौ साल का है।' उन्होंने बताया कि बेटे का स्टडी टेबल जमाते हुए उन्हें कागज और कॉपियों के ढेर के नीचे डेक्कन का एक कार्टून मिला था। उनके बेटे ने सेंटर में एयरक्राफ्ट के साथ एक कार्टून बनाया था। उसके बगल में मेरी तस्वीर थी और उस पर डेक्कन का लोगो दर्शाया गया था। उन्होंने बताया कि

किसी ने भी उनके बेटे को कभी ऐसा करने के लिए नहीं कहा था। ये निश्चित ही ब्रांड के तौर पर डेक्कन की सफलता थी जिसने बच्चे की कल्पना को उड़ान दी। उन्होंने चिट्ठी के साथ-साथ कार्टून भी भेजा था।

एक ब्रांड के तौर पर डेक्कन की दर्शनीयता और व्यापक पहुंच का श्रेय नीतीश मुखर्जी की रचनात्मक सलाहों को जाता है। नीतीश ने जॉन के जाने के बाद ओरचर्ड एडवर्टाइजिंग के एमडी का पद संभाला था। अन्य लोगों में क्रिएटिव डायरेक्टर थॉमस और अकाउंट डायरेक्टर नूतन का नाम आता है। इन तीनों ने खुद को डेक्कन के साथ गहराई से जोड़ लिया था।

इन-फ्लाइट मैगजीन से डेक्कन के दो हित सध रहे थे। इसने हमें यात्रियों को लो-कॉस्ट कैरियर मॉडल के बारे में समझाने का और सुरक्षा पर उठ रहे सवालों का जवाब देने का मौका दिया। इससे हमें यात्रियों की संख्या के आधार पर रेगुलर कमाई भी हो रही थी। मैंने मैगजीन के संपादक को गुणवत्ता के चार मानकों को ध्यान में रखने के लिए कहा था। ये मानक थे, लेआउट, कागज की क्वालिटी, कवर डिजाइन की शैली और लेखों की विषयवस्तु। मैंने इसमें आगे बढ़कर हिस्सा लिया और उन लेखों को चुना जो मैं अपनी मैगजीन में छापना चाहता था। मैंने सलाह दी कि लेख पर्यटन, खूबसूरत स्थानों, भारत को बनाने वाली सांस्कृतिक कड़ियों और उद्यमियों के बारे में हों। ये एक आसान डील थी। मैगजीन के प्रकाशक हमें डेक्कन में सफर करने वाले यात्रियों की संख्या के हिसाब से पैसे देते थे। जैसे-जैसे संख्या बढ़ी, कमाई भी बढ़ती गई। प्रकाशकों को पैसा विज्ञापनों से मिलता था। हमने प्रकाशन का ठेका *बिजनेस इंडिया* के पूर्व संपादक और आनंद महिंद्रा ग्रुप से जुड़े राधाकृष्ण नायर को दिया था। हमने फ्लाइट में सामान बेचने का ठेका अलग से दिया था। हमने अपनी फ्लाइटों में ठेकेदार को ब्रांडेड सामान बेचने की इजाजत दी। इसके बदले हमें तय कमीशन मिलता था।

हमारी मार्केटिंग टीम ने इतनी मेहनत और सृजनात्मकता से काम किया था कि पहले साल के अंत तक पूरे देश में हम दो हजार स्थानों पर टिकट बेच रहे थे। तीन साल के बाद ये संख्या बढ़कर सात हजार हो चुकी थी। ये एयर डेक्कन के मान्यता-प्राप्त और आधिकारिक विक्रेता थे। पहले साल में, यात्रा प्रबंधन को एक आदमी संभाल रहा था। तीन साल के बाद ये संख्या चार हो चुकी थी। हमने आईएटीए के ट्रैवल एजेंटों के भीतर भरोसा जगा दिया था और

वे लौटने लगे थे। उन्हें महसूस हो रहा था कि ये मॉडल बिजनेस और उनके लिए अच्छा है। उन्होंने बहिष्कार का इरादा छोड़ दिया और हमारे साथ जुड़ गए।

जब उत्तर भारतीय राज्यों के मुख्यमंत्रियों ने हुबली और बेलगाम जैसे छोटे शहरों में डेक्कन की नियमित फ्लाइटों की सफल लॉन्चिंग के बारे में सुना, तब उन्होंने मुझे कॉल करना शुरू किया। उनमें झारखंड के मुख्यमंत्री अर्जुन मुंडा, हिमाचल के मुख्यमंत्री वीरभद्र सिंह और उत्तरांचल के मुख्यमंत्री नारायण दत्त तिवारी भी थे। वे उनकी अगली बेंगलुरु यात्रा के दौरान मुझसे मिलना चाहते थे। ये नए राज्य पुराने और बड़े राज्यों से काटकर बनाए गए थे। उत्तर प्रदेश से उत्तरांचल, मध्य प्रदेश से छत्तीसगढ़ और बिहार से झारखंड। राजनेता आर्थिक विकास का माहौल तैयार करने के लिए हवाई सफर शुरू करने को लेकर व्यग्र थे। ये धारा के बदलने का समय था। राजनेता अब उद्यमियों के पीछे जा रहे थे क्योंकि उन्होंने नए इंफ्रास्ट्रक्चर से होने वाले फायदे को पहचान लिया था। मुझे कुछ साल पहले की बेंगलुरु की एक घटना याद आ गई, जब कर्नाटक के एक मुख्यमंत्री और उनके मुख्य सचिव रतन टाटा को समय देने के बाद भी मिलने नहीं आए। एक घंटे तक इंतजार के बाद रतन टाटा को वापस लौटना पड़ा था।

राजनेताओं और ब्यूरोक्रेसी से आने वाले फोन बेचैनी भरे होते थे। वे पर्यटन और इंफ्रास्ट्रक्चर डेवलपमेंट विभाग के मुख्य सचिवों के होते थे, जो मुझे अपने मुख्यमंत्रियों से मिलवाना चाहते थे। ये अक्सर दोहराया जाता था कि वे अजीम प्रेमजी या राहुल बजाज या नारायणमूर्ति से मिले और उन्होंने उनके राज्यों में अपना आधार बनाने की इच्छा जताई, बशर्ते सरकार एयर लिंक प्रदान कर दे।

एयर कनेक्टिविटी के लिए राजनीतिक नेतृत्व का उत्साह गंभीर और व्यापक, दोनों था। एक समय पर, मैं एक साथ देश के 20 सुदूर एयरपोर्ट को ऑपरेशंस के लिए तैयार करने के काम में जुटा था। मैं आधिकारिक और कानूनी मंजूरियों की रफ्तार बढ़ाने के लिए अलग-अलग एजेंसियों के बीच को-ऑर्डिनेटर के तौर पर काम कर रहा था।

मैं संचालन का काम तेजी से बढ़ाना चाहता था। एक समय पर बीस एयरपोर्टों के साथ काम करके और चार में से एक को चालू करवा कर, मैं पांच एयरपोर्टों को जल्दी पूरा करवा सकता था। मेरी टीम ने ट्रेन और बस से उन सुदूर इलाकों का दौरा किया, जहां कोई नहीं जाना चाहता था। एक टीम लीडर के तौर पर मैं कठोर था। एक सख्त लीडर और एक लचीले लीडर की तुलना हो तो कोई भी आसान बॉस के साथ काम करना चाहेगा। लेकिन एक

लीडर अगर टास्कमास्टर नहीं है तो संस्था की कुल ऊर्जा नकारात्मक हो जाएगी और वहां काम करने वाले लोगों में उत्साह खत्म हो जाएगा।

ये 1971 के युद्ध के दौरान मेरा अनुभव था। पूर्वी पाकिस्तान में उतारी गई पाकिस्तान सेना नेतृत्वहीन थी। उनके सैनिक चरित्रहीन, भ्रष्ट और अनैतिक थे। पश्चिमी मोर्चे पर तैनात पाकिस्तानी सेना की गिनती दुनिया की सबसे बेहतरीन सेनाओं में होती थी। इसकी वजह ये थी कि वहां अच्छा नेतृत्व, अनुशासन, संगठन और ऊर्जा बची हुई थी।

एयरपोर्ट को चालू करवाने में मेहनत करने की एक वजह थी। हमें तीन और एटीआर एयरक्राफ्ट की डिलीवरी लेनी थी और फ्लीट को बढ़ाने के लिए एयरपोर्ट पर अधिक जगह की जरूरत होती है। अगर हमने उन्हें समय पर तैयार नहीं किया तो हमें मुंबई-दिल्ली या बेंगलुरु-चेन्नई या बेंगलुरु-हैदराबाद मार्ग पर फ्लाइटों की संख्या बढ़ानी होती। ये हमारी रणनीति और सोच के खिलाफ था। हमारा ध्यान जेट एयरवेज और इंडियन एयरलाइंस से मेट्रो रूटों पर प्रतिस्पर्धा करने की बजाए नए बाजार खोलने और नए ग्राहक तैयार करने पर केंद्रित था। किसी ने मुझे हल्के गर्म पानी में पड़े मेंढक का उदाहरण दिया था। एक बार पानी खुलने लगे तो वहां पहुंचने के बाद मेंढक की मौत हो जाएगी। लेकिन अगर मेंढक को खौलते पानी में फेंका जाए तो वो तुरंत कूदकर बाहर आ जाएगा।

हालांकि, इसके बावजूद, डेक्कन के बढ़ते प्रभाव ने पुराने कैरियर्स को गहरी नींद से जगा दिया। जेट ने नई ऊर्जा झोंकी और राजस्व प्रबंधन पर काम करना शुरू किया। उसने भाड़ा 25 से 40 प्रतिशत तक घटा दिया और सीटों की संख्या बढ़ा दी। ये नया बदलाव औसत बेसलाइन से ऊपर था और निरपेक्ष नहीं था। हालंकि, ये हमारी सफलता का सूचक था क्योंकि एयरलाइन पर निष्क्रियता हावी हो रही थी। लोग बढ़ गए थे और ये सकारात्मक बदलाव का संकेत दे रहा था। जेट फ्लाइटों और एयरक्राफ्ट की संख्या बढ़ा रहा था। इंडियन एयरलाइंस भी इसी राह पर चली। ये सामान्य समझ है कि एकछत्र राज बिजनेस में प्रतियोगिता को खत्म कर देता है। लेकिन मेरा अनुभव ये है कि प्रतिस्पर्धा ही ग्राहकों का दायरा बढ़ाती है और ग्राहकों की रक्षक होती है। एक बार मैं छुट्टी मनाने कर्नाटक के कोंकण तट पर गया। उस किनारे पर बहुत सारे कछुए थे। पानी निर्मल था और तैरने का अनुभव भी बेहतरीन था।

ये एक शांत और सुखद एकांत था, लेकिन जब मैंने व्यावसायिक पहलू पर विचार किया, तो यहाँ पसरे सन्नाटे ने मुझे परेशान किया। उस गुणवत्ता के किसी रिसॉर्ट में पर्यटकों की भीड़ होनी चाहिए थी। पर्यटक यहां नहीं आकर गोवा जाना पसंद क्यों करते हैं? बड़ी संख्या में लोग गोवा जाते हैं क्योंकि ये पर्यटन की सारी आर्थिक विविधता को पूरा करता है। यहां सबके लिए कुछ न कुछ है। अलग रहने में कोई प्रतिस्पर्धा नहीं है। मुझे हस्सन में इसी तरह का एक और अनुभव था। मैं जिला मुख्यालय के पास एक दवा दुकान में गया था। वहां पर एक दर्जन से अधिक दवाखाने थे। मैंने एक बार एक केमिस्ट से पूछा था, 'तुम्हारी दुकान उस जगह पर है जहां बीसियों दुकानें है। क्या इससे बिजनेस पर असर नहीं पड़ता?' मुझे जो जवाब मिला, वो ग्राहक मनोविज्ञान को समझने का एक अविस्मरणीय सबक है। उन्होंने कहा, 'सर, रिहायशी इलाके की किसी अलग-थलग केमिस्ट की दुकान में बाजार क्षेत्र की बीस दुकानों की तुलना में कम लोग आते हैं। आप पूछेंगे कि ऐसा क्यों? ऐसा इसलिए है कि क्योंकि लोग ये जानकर आते हैं कि जहां ज्यादा दुकानें होंगी वहां सारी दवाएं मिल जाएंगी। इसलिए डॉक्टर के पर्चे की दवा तलाशने वाला व्यक्ति दुकानों के समूह में जाना पसंद करेगा। जो एक दुकान में नहीं मिली, वो दूसरी में मिल जाएगी। क्या ये सुविधाजनक नहीं है?'

इसी किस्म का एक सिद्धांत हांगकांग के कॉव्लून द्वीप पर सिम शा त्सुई की गलियों में इलेक्ट्रॉनिक सामानों के सबसे बड़े बाजार में भी चलता है। बेंगलुरु के चिकपेट या दिल्ली के चांदनी चौक का भी यही हाल है। प्रतिस्पर्धा तभी बिजनेस को डुबो सकती है, जब वो अक्षम हो।

प्रतिस्पर्धा गुणवत्ता में सुधार लाने और कीमतें कम करने में मदद करती है और, इसलिए ये उपभोक्ता के लिए अच्छी है। दूसरी ओर, एकाधिकार हमेशा बिजनेस को प्रभावित करता है। ये ना तो उपभोक्ता के लिए अच्छा है और ना ही बिजनेस के लिए और ना ही इंडस्ट्री के लिए।

हैदराबाद से विजयवाड़ा और राजमुंदरी के लिए उड़ानें शुरू करने में मदद के लिए मैं एक बार फिर चंद्रबाबू नायडू से मिला। चंद्रबाबू नायडू बेहद संक्रिय मुख्यमंत्री थे। औपचारिक तौर पर बहुत शिक्षित नहीं होने के बावजूद वो सुधार, तकनीक और आधारभूत संरचना के विकास के महत्व को जानते थे। ये समझ उन्हें उपहार में मिली थी। राजनेता जानते हैं कि सब्सिडी जरूरतमंदों

तक नहीं पहुंचती। उन्हें मालूम होता है कि दलाल और भ्रष्ट नौकरशाह बीच में ही इसे चट कर जाते हैं। हालांकि, ये लोकलुभावन मुद्दा उन्हें सब्सिडी को मूल बुनियादी ढांचे के निर्माण के साथ बदलने की इजाजत नहीं देता। चंद्रबाबू नायडू अलग थे। वो लोकलुभावनवाद को दरकिनार कर बेहद तेज गति से बदलाव लेकर आए। हालांकि, अकेले इससे छोटे शहरों में रोजगार पैदा करने में मदद नहीं मिली थी: उसके लिए बिजनेस और इकॉनमी का इको-सिस्टम तैयार करने की जरूरत थी।

मैं विजयवाड़ा और राजमुंदरी के दो एयरफील्डों को चालू करने के बारे में सोच रहा था और इस काम के लिए रूडी और बीजेपी अध्यक्ष वेंकैया नायडू से मिल चुका था।

हालांकि, चंद्रबाबू नायडू और वेंकैया नायडू अलग-अलग पार्टियों से थे, लेकिन वे दोनों छोटे कस्बों और शहरों तक हवाई यात्रा की पहुंच के महत्व को समझते थे। वेंकैया नायडू ने विजयवाड़ा और राजमुंदरी में हवाई अड्डों की मरम्मत में तेजी लाने के लिए चंद्रबाबू नायडू और रूडी से बात की और चंद्रबाबू नायडू ने उड़ान शुरू करने की तारीख भी दे दी। डेक्कन का दूसरा लॉन्च पहले जितना ही महत्वपूर्ण था। ये इस विचार को पुष्ट करेगा कि डेक्कन देश को बदलने के लिए आया है।

भीतरी इलाकों में होने वाले लॉन्च मेरे लिए बेहद खास थे। मैंने कोल्हापुर, आगरा, पठानकोट, कांडला, देहरादून और शिमला समेत 67 में से 30 एयरपोर्टों के उद्घाटन समारोहों में खुद ही निगरानी की थी। इन हाई-प्रोफाइल कार्यक्रमों में मुख्यमंत्री, स्थानीय विधायक, स्थानीय सांसद और स्थानीय फिल्म स्टार की वीआईपी उपस्थिति होती थी। राज बब्बर आगरा और विनोद खन्ना पठानकोट के कार्यक्रम में आए थे। आध्यात्मिक बौद्ध नेता दलाई लामा धर्मशाला वाले कार्यक्रम में उपस्थित थे।

हमने हर एक लॉन्च से पहले विस्तृत तैयारी की। विजया मेनन और उनकी पीआर टीम बहुत पहले कार्यक्रम-स्थल का दौरा कर लेते थे। वे स्थानीय मीडिया में एयर कनेक्टिविटी और डेक्कन के कम लागत वाले अभियान के बारे में चर्चा शुरू करा देते थे। जॉन कुरुविला और उनकी टीम विजया की यात्राओं से पहले पहुंच चुकी थी। उन्होंने मार्केट का आकलन किया और टिकटों की बिक्री बढ़ाने के तरीके निकाले। उन्होंने ई-एजेंटों को नामित किया और बिक्री केंद्रों की पहचान की। लॉन्च से पहले की इन यात्राओं ने हमें एक अन्य भारत

का आइडिया दिया। हमने टियर टू और टियर थ्री शहरों के उपभोक्ताओं में उत्साह देखा जो किसी भी तरह से महानगरों की तुलना में कम नहीं था।

इन लॉन्च को स्थानीय पत्रकारों, चैंबर ऑफ कॉमर्स और छोटे और मध्यम उद्यमों का समर्थन मिला। राजनेताओं ने इसमें अपनी छवि चमकाने का अवसर देखा। सत्तारूढ़ दल ने नई सुविधा के लिए श्रेय लेने की कोशिश की और विपक्षी दल नाराज हुए।

मैं भी एक छोटे राजनीतिक विवाद में फंस गया था। जबलपुर के एक बीजेपी सांसद मुझसे संपर्क करने की लगातार कोशिश कर रहे थे। मैंने उनसे पूछा, 'मैं आपके लिए क्या कर सकता हूँ?' वो जबलपुर तक फ्लाइट लाने में मेरी मदद चाहते थे। मैं उनसे दिल्ली में कॉफी पर मिला और किसी ने हाथ मिलाते हुए हमारी एक तस्वीर खींच ली। मैंने सांसद महोदय को समझाया कि फिलहाल हमारे पास संसाधनों की कमी है। जबलपुर और भोपाल के लिए उड़ानें तुरंत संभव नहीं थीं, लेकिन ये हमारे भविष्य की योजना का हिस्सा थीं। हमने इसी बिंदु पर बात खत्म की। ये राजनीतिक तौर से महत्वहीन और सरल मुलाकात लग रही थी।

इसके कुछ ही दिन बाद, मेरे पास मध्य प्रदेश के एक मंत्री का फोन आया। उन्होंने पूछा कि भोपाल और जबलपुर की डेक्कन की उड़ानों के बारे में उन्हें क्यों नहीं पूछा गया। सांसद विपक्षी पार्टी के थे। उन्होंने मेरे साथ वाली तस्वीर एक स्थानीय अखबार में छपवा दी थी। तस्वीर के साथ में एक रिपोर्ट भी थी जिसमें कहा गया था कि उनके प्रयासों से मध्य प्रदेश के छोटे शहरों में डेक्कन की फ्लाइटें शुरू हो रही हैं। ऐसा करके उन्होंने अपना राजनीतिक कद बढ़ाने की कोशिश की थी।

जब मुख्यमंत्री हमारी फ्लाइटों का उद्घाटन करते थे, तब राज्य सरकार पूरे कार्यक्रम का खर्च उठाती थी। हमें 40-50 हजार रुपए से अधिक खर्च नहीं करना पड़ता था। लागत में बचत की इन योजनाओं से किराया कम करने में मदद मिली और कार्यक्रम भी सुचारू रूप से संपन्न होते गए। हालांकि, आयोजन ना तो घटनाविहीन होते थे और ना ही उनमें किसी असंबद्ध व्यक्ति के लिए हास्य की कमी होती थी। राजनेता सीधे-सादे, शुष्क प्रसंगों में हास्य का अनचाहा स्पर्श देने की जबरदस्त काबीलियत रखते हैं।

ऐसे ही एक कार्यक्रम में आगरा के तत्कालीन सांसद राज बब्बर शामिल हुए। हमने राज बब्बर को दिल्ली-आगरा की पहली फ्लाइट के उद्घाटन के लिए बुलाया था। तभी एक तरफ से दर्शकों ने उनके खिलाफ नारेबाजी शुरू

कर दी। इस नारेबाजी में पूर्व विधायक और पूर्व सांसद समेत विपक्षी पार्टी के कई नेता भी थे। अपनी पॉलिसी के अनुसार, हम स्थानीय विधायकों, सांसदों और सत्तारुढ़ दल के मंत्रियों और विपक्ष के बड़े नेताओं के साथ एक जैसा व्यवहार करते थे। हमें सत्ता पक्ष के समर्थन के साथ-साथ विपक्ष का आशीर्वाद भी चाहिए था। डेक्कन बिजनेस की समावेशी रणनीति को बढ़ावा देना चाहती थी। कई और कार्यक्रमों में, सत्ताधारी दल ने वाहवाही लूटी थी और विपक्ष काफी हद तक नाराज और असंतुष्ट अवस्था में पहुंच गया था।

मैं मंच पर राज बब्बर के बगल में बैठा था। नारा लगाने वालों ने सवाल उठाया कि उन्हें मंच पर क्यों नहीं बिठाया गया। हमें ग्रामीण राजनीतिक और सांस्कृतिक संवेदनाओं के प्रति संवेदनशील होना चाहिए था। राजनेताओं को उम्मीद होती है कि हम उन्हें दिखावा करने का मौका दें और उनके अहंकार को हवा दें। वे जनभावना की कद्र किए बिना घटिया ईर्ष्या भी दिखाते हैं। आगरा में ऐसा ही हुआ मैंने मंच पर और कुर्सियां रखने को कहा और विपक्ष के वरिष्ठ नेताओं को बैठने के लिए बुला लिया।

शिमला में, एक पूर्व विधायक ने अचानक से मंच पर चढ़कर माइक पकड़ा और मुख्यमंत्री को इस बात के लिए माफी मांगने के लिए कहा कि उन्हें मंच पर वीआईपी सीट पर नहीं बिठाया गया क्योंकि कार्यक्रम सत्ताधारी पार्टी नहीं बल्कि राज्य सरकार आयोजित करवा रही थी। इसके चलते धक्कामुक्की की स्थिति बन गई।

हैदराबाद में लॉन्च

हैदराबाद-विजयवाड़ा की फ्लाइट सही और गलत कारणों से यादगार बनी। इस पर डेक्कन का भविष्य टिका था। मैंने विजया मेनन को विजयवाड़ा जाकर ये सुनिश्चित करने के लिए कहा कि हर स्थानीय विधायक, पूर्व विधायक, सांसद, पूर्व सांसद, विपक्ष के नेता, पूर्व विपक्ष के नेता और राजनीतिक शक्ति रखने वाले हरेक नेता को आमंत्रित किया जाए। मैंने चंद्रबाबू नायडू के सबसे बड़े राजनीतिक प्रतिद्वंद्वी राजशेखर रेड्डी का नाम भी शामिल किया, जो नायडू के बाद प्रदेश के मुख्यमंत्री बने।

23 अगस्त को होने वाले कार्यक्रम के लिए टूलूज से दो एटीआर विमानों ने उड़ान भरी थी। एविएशन इंडस्ट्री में विमान निर्माता सुरक्षा और हवा में विमानों

की योग्यता मापने की प्रक्रियाओं में खास भूमिका निभाते हैं। एटीआर निर्माता ने दोनों विमानों पर दो सबसे महत्वपूर्ण प्रोटोकॉल, सी-चेक और डी-चेक, पूरा कर लिए थे। इनमें विमान के पुर्जों को खोलकर जंग के मामूली निशान का पता लगाने के लिए उनका विस्तृत निरीक्षण किया जाता है। वे एवियोनिक्स, इंजन और विमान के मुख्य भाग की पड़ताल करते हैं। नए विमान में प्रमुख निरीक्षण सी-चेक होता है और पुराने विमान में डी-चेक। एयरक्राफ्ट को लगभग पूरा खोलकर फिर से कसा जाता है। ये जांच सुनिश्चित करते हैं कि सभी मुख्य पुर्जों की कम-से-कम आधी जिंदगी बची है। जब निर्माता पूरी जांच करने के बाद किसी विमान को हरी झंडी दिखाता है तो वे लगभग नए जैसे ही होते हैं। टुलूज में हमारे दो विमानों ने दूसरी लॉन्चिंग के लिए इन जांचों को पास कर लिया था।

हमने अपने विमान किसी ब्रोकर से नहीं बल्कि सीधे निर्माता से लिए थे, और एक निर्माता निरीक्षण की प्रक्रिया से किसी तरह का समझौता नहीं करता है। इसके अलावा, हमारे पास एक थर्ड पार्टी ऑडिटर भी था जो डिलीवरी से पहले अंतर्राष्ट्रीय मानकों पर एटीआर का परीक्षण करता था। इस कदम से मानकों पर विवाद की आशंका समाप्त हो गई और इसने उन अफवाहों को दूर करने में हमारी मदद की कि हमारे विमान पुराने और असुरक्षित थे। विमान फ्रांस से 8000 किलोमीटर की उड़ान भरकर आए थे और पूरी तरह से सही-सलामत थे।

23 अगस्त को हैदराबाद हवाईअड्डे के डामर के किनारे पर वीवीआईपी लोगों की भीड़ इकट्ठा थी। राज्य की राजनीति और नौकरशाही का शीर्ष कार्यक्रम में मौजूद था। चंद्रबाबू नायडू, वेंकैया नायडू और राजीव प्रताप रूडी, तीन दिग्गज, जिन्होंने इसे संभव बनाया था, वहां मौजूद थे। स्थानीय और राष्ट्रीय मीडिया की भी अच्छी-खासी मौजूदगी थी। टीवी चैनलों ने उड़ान के शुरुआती पलों को कैद करने के लिए सुविधाजनक दूरी पर अपने कैमरे और ओबी वैन लगाए हुए थे।

विजयवाड़ा हवाई अड्डे पर विमान का स्वागत करने के लिए एक जोरदार समारोह की योजना बनाई गई थी। स्थानीय सांसद और विधायक ने बड़ी तैयारियां की थीं। हैदराबाद में भाषण हुए। राजीव प्रताप रूडी ने बताया कि कैसे एयर डेक्कन भारतीय उड्डयन का इतिहास बदलने के लिए तैयार थी। उन्होंने सभी से डेक्कन की सफलता सुनिश्चित करने की अपील की, क्योंकि डेक्कन के नाकाम होने का मतलब इंडियन एविएशन की विफलता थी। भाषणों और फीता कटने के बाद मेहमान विमान में सवार हुए। वेंकैया नायडू और चंद्रबाबू

नायडू भी बैठ गए। मैंने राजीव प्रताप रूडी के बगल वाली सीट ली। हमारे मुख्य पायलट कैप्टन राजीव कोटियाल इस फ्लाइट के कैप्टन थे।

हमने अपनी सीट बेल्ट बांध ली और थोड़ी व्याकुलता से विमान के टेक-ऑफ का इंतजार करने लगे। टर्बोप्रॉप चालू कर दिया गया था। हम उनकी कर्कश आवाज सुन सकते थे। केबिन क्रू ने अभी-अभी दरवाजे बंद किए थे। एयरक्राफ्ट के चलना शुरू करने से पहले के कुछ पल बिल्कुल शांत होते हैं। ऐसा कुछ सेकेंडों तक रहता है और फिर विमान चलना शुरू करता है। हमने अभी-अभी उस खामोशी का अनुभव करना शुरू किया था, तभी कोई चिल्लाया, 'आग!' मैंने रूडी से परे चेतावनी के स्रोत पर और खिड़की से बाहर देखा। मैंने टर्बोप्रॉप इंजन के पीछे धधकती आग की लपटों को देखा। लपटें लगभग 6 मीटर लंबी रही होंगी। और, ये इंजन के चालू होने पर हवा के दबाव से बाहर और पीछे की तरफ उड़ गई थीं। कुछ ही सेकेंड में मैंने आग बुझाने वाले तरल पदार्थ की आवाज सुनी और देखा कि कैसे नारंगी और पीले रंग की लपटें फोम के सफेद पहाड़ में बदल गई थीं। ये सब कुछ सेकेंडों तक चला। आग पर पूरी तरह से काबू पा लिया गया था, लेकिन इस बीच यात्रियों के चेहरे पर दहशत साफ दिख रही थी। रूडी ने सहज ही आपातकालीन निकास खोल दिया था और यात्री तेजी से विमान से उतरने लगे थे।

लोगों और बाहर के मीडिया ने आग की लपटों को निकलते और अग्निशामक को उसे बुझाते हुए ही देखा था। जैसे ही वीआईपी इस सदमे से उबरे, राजीव प्रताप रूडी, वेंकैया नायडू और मैं करीब आ गए। वेंकैया नायडू ने मेरा और रूडी का हाथ पकड़कर कहा, 'अब सबसे जरूरी ये है कि हम प्रेस में एक ही भाषा में बात करें।' डामर से हटने से ठीक पहले उन्होंने रूडी से कहा, 'कैप्टन गोपी के साथ ही रहना, डेक्कन का सफल होना इस देश के लिए बहुत जरूरी है।'

मेरे मुख्य पायलट राजीव कोटियाल और चीफ इंजीनियर ने बताया कि उड़ान के बीच में विमान के इंजनों में आग लगना असामान्य नहीं था। ऐसी स्थिति में, पायलट प्रभावित इंजन को बंद कर देता है और दूसरे इंजन की मदद से लैंड करता है। मौजूदा मामले में, उन्होंने कहा, आग इंजन के अंदर नहीं बल्कि इंजन के बाहर थी और संभावना है कि टर्बोप्रॉप के बाहर जमा हुए दहनशील ईंधन के कारण लगी थी। ईंधन दहनशील वाष्प को फंसाने वाली एक परत बनाता है। प्रोपेलर द्वारा पैदा की गई गर्मी, इंजन और उच्च वेग से हवा के

घर्षण के कारण जल गई होगी। ये आग चंद सेकेंड में अपने आप बुझ जाती और इसके लिए अग्निशमन की कोई जरूरत नहीं पड़ती।

मेरे पास घर, सहकर्मियों और व्यावसायिक सहयोगियों के कॉल आने शुरू हो गए थे। मार्केटिंग टीम पूरे विश्वास से मेरे पास आई और मुझे सलाह दी गई कि हमें एक महीने के लिए फ्लाइट ऑपरेशन स्थगित कर देना चाहिए और एयरक्राफ्ट की सुरक्षा पर तीसरे पक्ष से ऑडिट कराने के बाद ही दोबारा शुरू करना चाहिए। उन्होंने कहा कि इससे उपभोक्ताओं का विश्वास बढ़ेगा और तभी हमें क्लीन चिट भी मिलेगी। उन्हें लगा कि इस कदम से ये साबित होगा कि हमने सुरक्षा से कोई समझौता नहीं किया है। ठीक उसी क्षण, मेरे पास बेंगलुरु के आरचर्ड से फोन आया, वे जानना चाहते थे कि क्या उन्हें अगले दिन के लिए तय विज्ञापन रिलीज को आगे बढ़ाना चाहिए। प्रेस की डेडलाइन में बस 30 मिनट बचे थे।

मैंने कॉल को होल्ड पर रखा और कैप्टन कोटियाल से पूछा कि क्या सुरक्षा को लेकर कोई समस्या है। उन्होंने कहा कि ऐसा कुछ नहीं है और ऐसी घटनाएं असामान्य नहीं हैं। उन्होंने कहा कि वो उसी समय विजयवाड़ा के लिए उड़ान भरने के लिए तैयार हैं। मुझे विज्ञापन की रिलीज पर फैसला लेना था और उसके बाद मैंने एक सेकेंड की भी देरी नहीं की। मैंने आरचर्ड से कहा कि हम पहले की तरह ही आगे बढ़ रहे हैं। अगर मैं उस समय परेशान होता और एक महीने के लिए संचालन स्थगित करने की सलाह मान लेता तो डेक्कन फिर कभी उड़ान नहीं भर पाता। प्रतिस्पर्धा ने इस मौके का इस्तेमाल मुझे दफ्न करने के लिए किया होता। अगले दिन अखबारों में इस हेडलाइन से एक रिपोर्ट छपी थी: 'एयर डेक्कन में लगी आग, वेंकैया नायडू और चंद्रबाबू नायडू चमत्कारी रूप से बचे।' उस रिपोर्ट के बगल में नीचे की तरफ मुझे डेक्कन का एक विज्ञापन दिखा जिसमें ऐलान किया जा रहा था कि हम हैदराबाद और विजयवाड़ा के बीच उड़ान शुरू करने जा रहे हैं।

मीडिया मुझे धराशाई करने के लिए तैयार थी और मुझे हर तरफ से घेरा जाने लगा। इस घटना को टीवी चैनलों ने अच्छे से कैद किया था। उनमें से एक ने मुझसे दो टूक पूछा, 'तो, कैप्टन गोपीनाथ, क्या ये आपके सपने का अंत है?' मैंने अपना संयम बनाए रखा और तत्परता से जवाब दिया, 'एविएशन में ऐसी चीजें होती रहती हैं। जो चलता है वो ठोकर खाता है। लेकिन डेक्कन यहां कायम रहने के लिए आया है!' मैंने कहा कि जो कुछ हुआ वो दुर्भाग्यपूर्ण था। लेकिन कुछ महीने या कुछ साल बाद ऐसा कुछ हो सकता था। ये सिर्फ

दुर्भाग्य था। मैंने कहा कि हम आगे बढ़ने के लिए दृढ़-संकल्पित हैं। मैंने ये भी कहा था कि हमारा विमान पूरी तरह से सुरक्षित और हवा में उड़ान भरने के काबिल है और यही विमान टूलूज से 8000 किलोमीटर की दूरी तय करके यहां पहुंचा था।

हालांकि, मीडिया इससे शांत नहीं हुई। फिर वे रूडी पर झपट पड़े और पूछा, 'मंत्री महोदय, क्या आप इसके बाद भी डेक्कन को चलने देंगे? क्या कम लागत वाली एयरलाइंस सुरक्षित हैं?' रूडी ने कहा, 'मैंने अभी डीजीसीए से बात की है। सुरक्षा की कोई दिक्कत नहीं है और ये केवल एक अजीब दुर्घटना थी। देश को कम लागत वाली एयरलाइन की जरूरत है। डेक्कन उड़ान भरेगा!' प्रेस छोड़ने के मूड में नहीं थी और उसने एक दिन का इंतजार किया। मेरे और रूडी के जवाब को पूरे दिन चलाया गया।

मीडिया ने हमसे करीब दो घंटे तक पूछताछ की और साक्षात्कारों के दौर चलते रहे। मैंने इंजन के चालू होने की आवाज सुनी थी और कोटियाल अपने कॉकपिट में थे। उन्होंने थम्स-अप दिया और विजयवाड़ा के लिए रवाना हो गए, जिसे किसी ने रिपार्ट नहीं किया था। शायद इसमें पर्याप्त सनसनी और अच्छी कॉपी बनने का दम नहीं था।

मीडिया ने घटना को बढ़ा-चढ़ाकर पेश किया। कुछ टीवी चैनलों ने कहा कि वेंकैया नायडू विमान से कूद गए और चोटिल हो गए। बाकियों ने कहा कि कुछ लोग आगजनी में जख्मी भी हुए हैं। बेशक, ये सारी बातें सरासर झूठी थीं। दहशत की कोई बात नहीं थी क्योंकि कुछ ही सेकेंडों में आग बुझा दी गई थी। इस घटना ने कंपनी के कुछ लोगों, विशेषकर मेरी मार्केटिंग टीम में घबराहट पैदा कर दी।

मैं उस शाम बेंगलुरु लौटा और हालात का जायजा लेने के लिए एक मीटिंग बुलाई। कमर्शियल लॉन्च दो दिनों में होने वाला था और कमर्शियल ऑपरेशन शुरू करने से पहले मुझे अपने तकनीकी प्रमुखों से पुष्टि चाहिए थी। मैंने राजीव कोटियाल को बुलाया। उन्होंने शिद्दत से संकट का सामना किया था और उस समय सबसे अहम व्यक्ति थे।

हम सभी आश्वस्त थे कि आगजनी की घटना दो दिन पहले ही हुई है, इससे यात्रियों का उत्साह कम होगा और पहली कमर्शियल लॉन्चिंग में उनकी कम संख्या दिख सकती है। हम केवल दो या तीन यात्रियों के लिए भी तैयार थे, लेकिन जीवन आश्चर्य से भरा है। हैदराबाद से विजयवाड़ा की पहली फ्लाइट सौ प्रतिशत भरी हुई थी।

इस फ़ैसले में पूरा देश मेरे साथ था। आगे बढ़ते रहने के मेरे संकल्प की लोगों ने सराहना की। उन्होंने कहा, 'हार मत मानो। हम आपके साथ हैं।' लोगों ने पत्र लिखे और ईमेल भेजे। एक ने तो यहां तक लिखा कि भारतीय परंपराओं और मान्यताओं के हिसाब से लॉन्च के दौरान आग वाली घटना नए उद्यम के लिए शुभ थी। आग ने अपशकुन को भस्म कर दिया और प्रोजेक्ट से बुरी नजरें हट चुकी थीं। भारतीय मानस कई बार विचित्र तरीके से सोचता है। कर्म के सिद्धांत सिद्ध हैं और यदि आप उन्हें सही भाव से देखें तो ये संकट के समय बल प्रदान करते हैं।

हमने लॉन्च के चार महीनों के भीतर चार एयरक्राफ्ट उतार दिए थे और हम रोज की चालीस उड़ानें भर रहे थे। हम बेलगाम, हुबली, बेंगलुरू, मेंगलोर, कोयंबटूर, मदुरै, चेन्नई, हैदराबाद, विजयवाड़ा, राजमुंदरी और कोचीन समेत कई अन्य शहरों में उड़ान भर रहे थे। बिजनेस के लिए सबसे सुखद स्थिति ये थी कि हमने जल्दी ही सकारात्मक कैश फ्लो की स्थिति हासिल कर ली थी। डेक्कन सफलता का ग्राफ तैयार कर रहा था और निरंतर ग्रोथ को देखते हुए निवेश के प्रमुख सलाहकार बैंकों ने हमें बुलाया। उनमें रोथ्सचाइल्ड, आईसीआईसीआई, सिटीकॉर्प और मेरिल लिंच समेत कई कंपनियां शामिल थीं।

मैं हस्सन में अपने उद्यम के शुरुआती दिनों को याद करने से रोक नहीं पाया। मुझे कुछ हजार रुपयों के लिए बैंकों के चक्कर लगाने पड़े थे और आज इंवेस्टमेंट बैंकिंग के सबसे बड़े नाम मेरा अकाउंट हासिल करने के लिए प्रस्ताव भेज रहे थे। मुझे यह अच्छा लग रहा था।

मैंने हेड मुनीश खन्ना और उनके डिप्टी अमिताभ मल्होत्रा की वजह से रोथ्सचाइल्ड इंडिया को चुना। वे शानदार थे, ग्लोबल फाइनेंस में उनकी अच्छी नेटवर्किंग थी और हमारा अकाउंट हासिल करने के लिए उनमें जुनून दिख रहा था। उन्होंने पूरे समय तक साथ बने रहने का वादा किया और उनके प्रस्ताव का सबसे आकर्षक और ठोस पहलू हमारे साथ जुड़ने का उनका जुनून था।

टीम ने अगले छह महीनों तक आंकड़ों के साथ खेला, जिसमें संवेदनशीलता का विश्लेषण और तनाव परीक्षण भी शामिल थे। उन्होंने संभावित इक्विटी भागीदारों के लिए ज्ञापन तैयार किया, और हमारे रोड शो इन्हीं प्रारंभिक अध्ययनों पर आधारित थे।

हमने रोड शो के एशिया लेग के लिए सिंगापुर को चुना और यूरोप और अमेरिका में कई और ऐसे ही आयोजन किए। प्रतिक्रिया काफी अच्छी थी। कई संस्थान निवेश करने के इच्छुक थे। हमने बीस संभावित भागीदारों की एक सूची बनाई और फिर उनमें से चार को शॉर्टलिस्ट किया: टेमासेक, इंडिगो पार्टनर्स, कैपिटल इंटरनेशनल और आईसीआईसीआई कैपिटल।

टेमासेक एक बड़ा कंट्री फंड था जबकि इंडिगो पार्टनर्स के पास एविएशन का अनुभव था और उन्होंने पहले रयान एयर में निवेश किया था। कैपिटल इंटरनेशनल भी एक बड़ा नाम था जबकि आईसीआईसीआई कैपिटल डोमेस्टिक था।

टेमासेक किसी रेस का हिस्सा नहीं बनना चाहता था। उन्होंने सीधे 200 करोड़ रुपए देने की पेशकश की और कहा कि वे अपनी बात से पीछे नहीं हटेंगे। हालांकि, बाकी तीन अन्य का चयन उचित प्रक्रिया से हुआ था और अगर हम एक पर फैसला लेकर डील बंद कर देते तो ये उनके साथ अन्याय होता।

इंडिगो पार्टनर्स एयरलाइंस के लिए सबसे प्रतिष्ठित निवेशक था। कम लागत वाले एयरलाइन व्यवसाय के बारे में उनकी समझ बेजोड़ थी, रोथ्सचाइल्ड के दोस्तों ने मुझे निजी तौर पर इंडिगो के साथ जाने की सलाह दी। यह अच्छी बात हो सकती थी: उनके पास विशेषज्ञता थी और उन्होंने मुझे बाद में डेक्कन के सामने आने वाली कई अप्रत्याशित चुनौतियों और संकटों से बाहर निकाला होता। हालांकि, मैं इस बात से असुरक्षित था कि एक वैश्विक निवेशक के रूप में वे कंपनी के संचालन में बहुत अधिक हस्तक्षेप कर सकते हैं। आईसीआईसीआई चेयरपर्सन रेणुका रामनाथन जानकार हैं और मैं उन्हें एक दोस्त के रूप में जानता था। चूंकि मैं इंडिगो पार्टनर्स में किसी को नहीं जानता था, इसलिए मैंने आईसीआईसीआई कैपिटल के साथ जाने का फैसला किया और वे लगभग 180 करोड़ रुपए का निवेश करने के लिए तैयार हो गए।

हम संभावित निवेशकों के द्वारा भेजी गई शर्तों की जांच कर रहे थे, तभी मुझे सिंगापुर एयरलाइंस के चेयरमैन के ऑफिस से कॉल आई। मुझे चेयरमैन के साथ मीटिंग के लिए बुलाया गया था और इस संबंध में गोपनीयता बरतने का आग्रह किया था। इसलिए, मैं सिंगापुर गया। सिंगापुर एयरलाइंस अभी भी टाटा-सिंगापुर एयरलाइन टूट से परेशान थी। प्यार से सीएस के नाम से पुकारे जाने वाले चेयरमैन चून च्यू सेंग इंडियन एविएशन में निवेश के नए मौके तलाश रहे थे। उस समय केंद्र सरकार भारत में विदेशी एयरलाइंस द्वारा 49 प्रतिशत निवेश की अनुमति देने पर विचार कर रही थी।

द ग्रेट सिंगापुर आइकॉन, सिंगापुर एयरलाइंस की पहली नींव टाटा और एयर इंडिया ने रखी थी। चून च्यू सेंग के गुरु और सिंगापुर एयरलाइंस के पहले चेयरमैन एक भारतीय सिंगापुरी व्यक्ति थे। उन्होंने इस द्वीपीय देश की यात्रा के दौरान मुझसे कहा था कि यदि भारत सरकार विदेशी एयरलाइनों के निवेश के पक्ष में कानून बनाती है, तो सिंगापुर एयरलाइंस डेक्कन में निवेश करने के लिए तैयार है।

सिंगापुर एयरलाइंस संचालन और इंजीनियरिंग की बेहतरीन क्षमता वाली शानदार एयरलाइन है। ये अपने सेवा मानकों और ग्राहकों की सेवा के लिए जानी जाती है। एयर डेक्कन को सिंगापुर एयरलाइंस से काफी फायदा होने वाला था। मैंने चून च्यू सेंग और उनके डिप्टी लियाम सॉन्ग को बेंगलुरू आने के लिए आमंत्रित किया। वे आए और उन्होंने मेरी एयरलाइन के कामकाज और बुनियादी बातों को करीब से देखा। मैं उन्हें बेलूर और हेलबिड, काबिनी गेम रिजर्व के अलावा जंगल लॉज एंड रिसॉर्ट्स में भी ले गया।

उन्होंने वापस लौटकर इंवेस्टमेंट बैंकर्स यूबीएस, अमरचंद मंगलदास जैन के वकीलों, और फ्लाइट ऑपरेशनंस, मार्केटिंग, आईटी और इंजीनियरिंग के प्रमुखों की एक बड़ी टीम भेजी। उन्होंने पर्याप्त परिश्रम किया और अनुकूल कानून बनने की स्थिति में निवेश के लिए राजी हुए। हमने हाथ मिलाया। दुर्भाग्य से, राजनीतिक परिदृश्य बदल गया और चुनावों की घोषणा हो गई। भाजपा के नेतृत्व वाली सरकार विधेयकों को पारित करने की हड़बड़ी में थी, जिसमें विदेशी एयरलाइंस को भारतीय एयरलाइंस में भाग लेने की अनुमति देना भी शामिल था। माना जाता है कि कैबिनेट ने तय किया कि विधेयक पर और चर्चा की जरूरत है। भाजपा सत्ता में वापस नहीं आई। बिल ठंडे बस्ते में पड़ा रहा और कांग्रेस के नेतृत्व वाली सरकार ने इसे खारिज कर दिया। इसलिए सिंगापुर एयरलाइंस के साथ साझेदारी की हमारी उम्मीदें धराशाई हो गईं, और कानून ने दिग्गज रिचर्ड ब्रैनसन के साथ डेक्कन की एक और संभावित साझेदारी पर पहले ही रोक लगा दी।

सर रिचर्ड ब्रैनसन के साथ बातचीत

निवेश में भागीदारों के लिए हमारी तलाश जारी थी। एसआईए के बाद, मेरे पास रिचर्ड ब्रैनसन के ऑफिस से फोन आया। ब्रैनसन कई मायनों में एक सेलिब्रिटी हैं। उनके चरित्र के कई पहलू हैं। वो बेहद पसंद किए जाने वाले उद्यमी हैं

जिन्होंने अनगिनत चीजें की हुई हैं। उनके अंदर खुद को मानवीय, शारीरिक और मानसिक सहनशक्ति की सीमाओं तक धकेलने का एक स्थायी जुनून है। उन्होंने एडवेंचर स्पोर्ट्स के क्षेत्र में कई कारनामे करने की कोशिश की है। उन्होंने गर्म हवा के गुब्बारे, सेलबोट और स्पीडबोट सहित विभिन्न प्रकार के विचित्र यंत्रों में अटलांटिक, प्रशांत और दुनिया को पार करने का प्रयास किया है। उन्होंने पानी और जमीन, दोनों पर चलने वाली गाड़ी में इंग्लिश चैनल को सबसे तेजी से पार करने का रिकॉर्ड बनाया। उन्होंने टीवी धारावाहिकों और फिल्मों में अभिनय भी किया है। उनमें हिम्मती होने के साथ-साथ बिजनेस को दिशा देने का हुनर भी है। ये सारी चीजें मिलकर उनकी उद्धारक की छवि बनाती है। वो अपने करिश्मे, आभा, अभिमान और अदम्य लहजे से दुनियाभर के युवाओं को आकर्षित करते हैं।

ब्रैनसन के सचिव ने कहा कि वे मुझसे मिलना चाहते हैं। वो दुनिया की सबसे सफल फुल-सर्विस एयरलाइन वर्जिन अटलांटिक के मालिक हैं। ये एयरलाइन उन्हें बेहद प्रिय है। हालांकि, वर्जिन अटलांटिक की स्थापना से पहले ब्रैनसन ने वर्जिन एक्सप्रेस और वर्जिन ब्लू जैसी कम लागत वाली एयरलाइंस भी बनाई थी।

ये तय हुआ कि हम ऑक्सफोर्ड में ब्रैनसन के घर पर मिलेंगे। मेरी बेटी पल्लवी उस समय लिवरपूल में पढ़ाई कर रही थी। मैंने उसे साथ चलने के लिए कहा। मुझे पता था कि रिचर्ड ब्रैनसन ड्रेस कोड के पाबंद नहीं थे। इसलिए मैंने बिना टाई के सेमी-फॉर्मल पहनकर जाने का फैसला किया। हालांकि, पल्लवी का जोर था कि मुझे कम-से-कम जैकेट पहन लेना चाहिए।

रिचर्ड ब्रैनसन सफेद लिनन शर्ट और स्लैक पहने अनौपचारिक और बेतकल्लुफ दिख रहे थे। मुझे खुशी हुई कि मैंने टाई नहीं पहनी थी! हमें उनसे उनके ऑक्सफोर्ड वाले घर पर मिलना था, जहां रेस्टोरेंट के लिए निकलने से पहले ड्रिंक पर बातचीत होनी थी। हालांकि, लंदन का ट्रैफिक हमसे कहीं आगे था और हमने ये बताने के लिए फोन किया कि हमें पहुंचने में देर हो जाएगी। रिचर्ड ने सलाह दी कि हम सीधे रेस्टोरेंट ही पहुंचें। वहां वो गर्मजोशी से हमारा स्वागत करने के लिए मौजदू थे।

एक बार बैठते ही बातचीत शुरू हो गई। ब्रैनसन ने अपनी मशहूर काले चमड़े की डायरी निकाली और नोट्स लेने लगे। उनकी आत्मकथा के मुताबिक, उन्होंने कभी भी लैपटॉप या कंप्यूटर का इस्तेमाल नहीं किया, बल्कि पूरी तरह से अपने पारंपरिक कागज की नोटबुक पर निर्भर थे। वो नए विचारों से भरे,

नए विचारों का पीछा करने और चुनौती लेने के लिए तैयार रहने वाले व्यक्ति के तौर पर दिखे।

ब्रैनसन ने मुझे बताया कि उन्होंने ब्रुसेल्स में वर्जिन एक्सप्रेस को कम लागत वाली वाहक के रूप में स्थापित किया था, लेकिन एयरलाइन सफल नहीं हो पाई। उनकी एयरलाइन के सीईओ ब्रेट गॉडफ्रे ऑस्ट्रेलिया चले गए। गॉडफ्रे ने सुझाव दिया कि ब्रैनसन को कम लागत वाली एयरलाइन शुरू करनी चाहिए और गॉडफ्रे उसके लिए इसका प्रबंधन करेंगे। ब्रैनसन ने सिंगापुर एयरलाइंस से, जिसकी वर्जिन अटलांटिक में 49 प्रतिशत हिस्सेदारी थी, अपने नए उद्यम में एक करोड़ डॉलर का निवेश करने के लिए कहा। सिंगापुर एयरलाइंस ने मना कर दिया। उसने कहा कि कम लागत वाली एयरलाइन के साथ जुड़ने से उनका ब्रांड कमजोर होगा। चून च्यू सेंग ने बाद में मेरे सामने स्वीकारा कि वो एक बड़ी गलती थी। ऑस्ट्रेलिया में वर्जिन ब्लू को खूब सफलता मिली और सिंगापुर एयरलाइंस ने अपना एलसीसी, टाइगर एयरवेज लॉन्च किया।

वर्जिन ब्लू ने शुरू में पैसा नहीं कमाया लेकिन वो डटा रहा। जब चीजें खराब थीं और दिवालियेपन की तलवार लटक रही थी, तभी ऑस्ट्रेलिया की प्रमुख एलसीसी एनीसेट कोलैप्स कर गई। रातोंरात, पूरा पैसेंजर ट्रैफिक वर्जिन ब्लू में ट्रांसफर हो गया। दो सालों के भीतर, वर्जिन ब्लू लाभ कमाने लगी और ये शेयर मार्केट में सफलता का प्रतीक बनी, जिसने ब्रैनसन सहित बाकी निवेशकों को लाखों कमाकर दिए।

ब्रैनसन डेक्कन की कहानी सुनना चाहते थे, मैंने उन्हें हर भारतीय को उड़ान भरने के लिए सशक्त बनाने के अपने सपने और देश के अंदरूनी हिस्सों को जोड़ने की आवश्यकता के बारे में बताया। ब्रैनसन ने कहा कि वो डेक्कन में निवेश करना चाहेंगे। ये मेरे लिए बहुत अच्छी खबर थी लेकिन इसमें एक लोचा था। विदेशी एयरलाइंस को भारतीय एयरलाइंस में प्रत्यक्ष या अप्रत्यक्ष रूप से निवेश करने की अनुमति देने वाला कोई कानूनी प्रावधान नहीं था।

रेस्टोरेंट की सड़क के उस पार एक छात्रावास था, जिसमें लड़के और लड़कियां मौज-मस्ती कर रहे थे। जैसे ही उन्होंने रिचर्ड को रेस्टोरेंट से बाहर निकलते देखा, वे उनकी ओर 'रिचर्ड, रिचर्ड!' चिल्लाते हुए दौड़कर आए। रिचर्ड ने कहा, 'मुझे अभी के लिए निकलना होगा। मिल कर अच्छा लगा। अलविदा!' और अपनी कार की तरफ तेजी से बढ़ गए। लड़कियों ने उन्हें पकड़ लिया था और उनकी शर्ट की आस्तीन को खींच रही थीं। रिचर्ड ने घिसटती आवाज में कहा कि 'अगर तुम मुझे जाने नहीं दोगी तो मेरी पत्नी मुझे

तलाक दे देगी...' वो लड़कियों को अपनी आस्तीन से हटाने में कामयाब रहे और कार में बैठकर निकल गए।

रिचर्ड ब्रैनसन ने बाद में डेक्कन पर काम करने के लिए एक टीम भेजी। हर चीज का अध्ययन किया गया और उनका हमारे साथ अच्छा तालमेल बैठ गया था। हालांकि, जैसा कि एसआईए का मामला था, हम रिचर्ड ब्रैनसन के साथ काम नहीं कर सकते थे क्योंकि कानून इसकी इजाजत नहीं देता था। ये हम दोनों के लिए गहरी निराशा का विषय बना।

सिटीबैंक के साथ हादसा

एयरलाइन के सभी तंत्र धीरे-धीरे जगह पर आ चुके थे। हमारा आईटी सिस्टम बुनियादी ही था और ये हमारे लिए चिंता का विषय था लेकिन जल्दी ही हमने ज्यादातर दिक्कतों को ठीक कर लिया था। पैसा ग्राहक से बैंक में आ रहा था और वहां से कंपनी के खाते में जमा हो रहा था। हालांकि, एक छोटी समस्या हो रही थी।

ग्राहक के खाते से हमारे खाते में हम तक ट्रांसफर होने में, पैसे के लेन-देन में एक निश्चित समय लग रहा था। भुगतान गेटवे का प्रबंधन सिटी बैंक के पास था। लेन-देन तभी शुरू हो जाता था, जब कॉल सेंटर ऑपरेटर कार्ड स्वाइप कर नंबर डालते थे। भुगतान गेटवे लेन-देन को स्वीकारने में समय लगा रहा था, जिसके चलते पीएनआर नंबर जारी करने में देरी हो रही थी। हमने तीन मिनट तय किया था, इसकी बजाए ये सात से दस मिनट ले रहा था। ये बहुत लंबा समय था। डेटा से पता चला कि विलंब काफी ज्यादा था और इसके कारण ग्राहक कम हो रहे थे। लोग अत्यधिक समय तक रुकना पसंद नहीं करते हैं। इसके अलावा, हमारे कैश फ्लो की गंभीरता के बावजूद सिटीबैंक को हमारे पैसे ट्रांसफर करने में पांच से छह दिन लग रहे थे।

ये स्वीकार नहीं किया जा सकता था। मैंने सिटीबैंक को फोन किया और उनसे कहा कि वे लेन-देन का समय घटाकर ढाई मिनट करें क्योंकि मैं हर साल लाखों लोगों को हवाई यात्रा कराने वाला हूं। मैंने उन्हें याद दिलाया कि यदि कोई ग्राहक क्रेडिट कार्ड के भुगतान में एक दिन की भी देरी करता है, तो वे प्रति माह 2 प्रतिशत ब्याज लेते हैं। इसलिए, ये नियम इस मामले में भी लागू होना चाहिए। मैंने कहा, 'आप आठ दिन से मेरे पैसे पर बैठे हो। मुझे परवाह नहीं है

कि आप कितने समय तक पैसे पर बैठते हो, लेकिन मैं भी हर दिन के हिसाब से उसी दर से ब्याज लूंगा, जो आप क्रेडिट कार्ड के देनदारों से वसूलते हैं।'

सिटीबैंक के टीम लीडर ने कहा कि देरी खातों के मिलान के कारण हुई है। मैंने ये बात मानने से मना कर दिया। रास्ता निकालना उनकी जिम्मेदारी थी। मैं गुस्से में था लेकिन मैंने किसी वैकल्पिक व्यवस्था के बारे में नहीं सोचा था। हालांकि, उसकी एक टिप्पणी ने मुझे क्रोधित कर दिया। उसने कहा, 'कैप्टन, हम ऐसा करने की कोशिश करेंगे, लेकिन आपको पता होना चाहिए कि भारत में केवल सिटीबैंक के पास ही ये क्षमता है। आपका काम और कोई नहीं कर सकता।'

मैंने बहुत गुस्से में उन्हें चेतावनी दी कि मुझे कोई और मिल जाएगा। मैंने कहा, 'जो कोई सॉफ्टवेयर है, वो बेंगलुरु, पुणे या हैदराबाद के किसी बैक-ऑफिस में तैयार हुआ है। बेहतर होगा कि मेरा काम कर दो, वरना मैं किसी और को ढूंढ लूंगा।'

उसे मेरी बात पर भरोसा नहीं हुआ। मैंने तुरंत अजय भटकल को फोन किया और कहा कि सिटीबैंक हमारे लिए सही पार्टनर नहीं है और उन्हें किसी और के साथ बात शुरू कर देनी चाहिए। उस समय आईसीआईसीआई खुदरा बैंकिंग में था। छोटे शहरों तक पहुंचने की उनकी सोच मुझे पसंद आई थी। मैंने अजय भटकल को उनसे बात करने के लिए कहा। हम ग्राहकों को टिकट बुक करने के लिए आईसीआईसीआई या सिटीबैंक को चुनने का विकल्प दे सकते हैं। मुझे ब्लैकमेल होना पसंद नहीं था। मैं ऐसे किसी के साथ बिजनेस नहीं कर सकता था जो आत्मसंतुष्ट और घमंडी, दोनों हो। अजय ने आईसीआईसीआई को इस प्रोजेक्ट के लिए राजी किया और उन्होंने इसे 45 दिनों में पूरा कर लिया। 45वें दिन की आधी रात को हमने नए सिस्टम पर स्विच कर लिया, जिसके बाद ग्राहकों को आईसीआईसीआई और सिटीबैंक गेटवेज के बीच चुनाव का विकल्प मिल गया। आईसीआईसीआई के साथ लेन-देन में ढाई मिनट का समय लग रहा था, जिससे कॉल सेंटर में ऊर्जा का स्तर बढ़ गया और वे कॉल को जल्दी पूरा करने लगे।

आईसीआईसीआई के साथ हमारा पैसा ऑनलाइन ट्रांसफर हो रहा था, इसलिए किसी तरह की देरी का कोई सवाल नहीं था। पंद्रह दिन के ट्रायल पीरियड के दौरान सिस्टम सुचारू ढंग से चला, इसलिए हमने आईसीआईसीआई को पहले विकल्प के रूप में और सिटीबैंक को दूसरे नंबर पर रखा।

हमने ऐसी व्यवस्था बनाई कि 90 प्रतिशत कारोबार आईसीआईसीआई के पास और 10 प्रतिशत सिटीबैंक के पास चला गया।

सिटीबैंक के लोगों की नींद खुल चुकी थी। शीर्ष प्रबंधन ने ये पूछने के लिए फोन किया कि क्या गलती हुई। मैंने कहा, 'तुमलोग अहंकारी थे। मेरे पास यही रास्ता बचा था।' एक बार फिर से मुझे सबक मिला। यदि सिटीबैंक हमारे साथ बिजनेस गंवा सकता है तो हम भी अपने ग्राहकों के साथ बिजनेस गंवा सकते थे, अगर हम पूरी तरह से प्रतिबद्ध नहीं हुए या ग्राहकों की जरूरतों को समय से पूरा नहीं किया।

12

अगर कोई इंसान नहीं जानता कि वह किस बंदरगाह पर जा रहा है
तो हवा भी उसके अनुकूल नहीं होती।

—सेनेका

विकास, चुनौतियां, बदलाव

हालांकि हम लो-कॉस्ट थे और कम भाड़ा लेते थे, फिर भी हमारे यात्रियों की सूची में कई हाई-प्रोफाइल लोग भी शामिल थे। उनमें से कुछ डेक्कन की भिन्नता और नवीनता के चलते हमारे साथ सफर कर रहे थे। कुछ हमारी सेवाएं इसलिए ले रहे थे क्योंकि हम उन ग्रामीण और छोटे शहरों में जा रहे थे, जहां कोई दूसरी एयरलाइन नहीं जाती थी। महान सरोदवादक अमजद अली खान ने एक बार उनके पैतृक घर ग्वालियर ले जाने के लिए हमें भावुक होकर शुक्रिया कहा था। अन्य सेलिब्रिटी यात्रियों में अजीम प्रेमजी, सुनील दत्त, विनोद खन्ना और राज बब्बर थे। हमारी टीम में से किसी ने सलाह दी कि हमें उनमें से किसी एक से अपने ब्रांड का प्रचार कराना चाहिए। हालांकि, मैं कुछ अलग सोच रहा था। हम आम आदमी को प्लेन से सफर कराने के लक्ष्य पर काम कर रहे थे। मैं कभी-कभार यात्रा करने वाले स्टार की छवि के साथ एयरलाइन की इमेज नहीं जोड़ना चाहता था। दूसरी बात, सेलिब्रिटी ब्रांडिंग पर हमें ज्यादा खर्च आता। हम लागत घटाने के मामले में बहुत सख्त थे। और, ये नया खर्च हमारे विचारों के विसंगत था। इसके चलते हमें भाड़ा भी बढ़ाना पड़ता। भाड़े की गणना कुछ तय मानकों पर आधारित थी। और, किसी एक मानक से छेड़छाड़ से प्रक्रिया में बदलाव करने पड़ते। ये उचित नहीं जान पड़ता था। मैं चाहता था कि आम आदमी हमारे ब्रांड के साथ अपनापन महसूस करे।

एक बार ऐसे ही अखबार देखते हुए मुझे खयाल आया कि मुझे कैसी इमेज चाहिए। वो प्रख्यात कॉमन मैन बनाने वाले आरके लक्ष्मण का कार्टून था। आर.के. लक्ष्मण भारत के सबसे प्रतिष्ठित कार्टूनिस्टों में से एक रहे हैं। शुरुआती सालों में कॉमन मैन शहरी पुरुष हुआ करता था और उसमें 'आम आदमी' के सारे गुण थे। लक्ष्मण ने उसे गौणता के तर्क के जरिए परिभाषित किया था। वो गंवार नहीं है, संस्कार-शून्य नहीं है, वो किसी अनियंत्रित भीड़ का हिस्सा नहीं है, स्पेनी दार्शनिक ओर्टेगा गैसे के 'जन' का सदस्य नहीं है और ना ही लेनिन के 'मजदूर वर्ग' का। वो जागरुक, जहीन बुद्धि, संवेदनशील और राजनीतिक वाकपटुता में छिपे व्यक्तिगत एजेंडा को पहचानने वाला व्यक्ति है। उसके पास अपने विचार हैं। वो 'क्यों', 'क्या' और 'कैसे' जैसे सवाल करता है। वो अपनी तरह के दूसरे लोगों की भावनाएं भी समझता है। ये पात्र हंसकर चुनौतियों को झेलने की क्षमता रखता है। कॉमन मैन में बस एक कमी है। वो बोलता नहीं है। इसलिए वो ताकतवर लोगों के कोलाहल में गुम हो जाता है। इसके बावजूद, उसके पास ताकत का एक असीमित स्रोत है। उसकी मदद से वो सरकारों को हिला और धरती को घुमा सकता है। उसके पास मौन रहकर बहुत कुछ कह देने की शक्ति है। लक्ष्मण बड़ी चतुराई से कॉमन मैन के मौन को मानते हैं, उसी समय वो अपनी रचना में खामोश टिप्पणी की ताकत का जश्न भी मनाते हैं। सालों से कॉमन मैन शहरी सीमा से पार जा चुका है और उसने अपने जेंडर बायस को गौण कर दिया है। उसका चरित्र ग्रामीण के साथ-साथ स्त्री-विषयक भी है। आप उसे संपूर्ण तौर से भारतीय का रुपक भी कह सकते है!

मुझे कॉमन मैन की शक्ति के बारे में खयाल तब आया जब मैंने *टाइम्स ऑफ इंडिया* में एक कार्टून देखा। इसमें आम भारतीय होने और आम ना होने के दंभ पर टिप्पणी की गई थी। दोनों को रुपक और हाड़-मांस के इंसान के तौर पर दिखाया गया था। वे दोनों एयर डेक्कन की फ्लाइट में एक-दूसरे के बगल में बैठे हुए थे। किनारे की सीट पर बैठे व्यक्ति ने अपना एक पैर उठाकर सीट पर रखा हुआ था। आम ग्रामीण की तरह उसने पगड़ी, जुब्बा और धोती पहनी है। उसकी सीट के किनारे पर लोगों की परेशानी का सबब बने रेल वाटर का एक जग रखा था, जो कभी भी गिर सकता था। दक्षिण में इसे 'रेल चोम्बू' कहा जाता था। पानी का ये जग पानी की बोतल के चलन से पहले तक धड़ल्ले से इस्तेमाल किया जाता था। उसका बेडरोल केबिन में रखे होने के बावजूद दिख रहा था।

खिड़की वाली सीट पर अपनी विशिष्ट चेक वाला तुड़ा-मुड़ा कोट और धोती पहने खुद में मगन कॉमन मैन बैठा है। उसके चेहरे पर एक विस्मय का भाव है। उसके पास अपनी पुराने जमाने की लंबी छतरी है जो आर्मरेस्ट से लटकी हुई है। कॉमन मैन गंजा, अशिष्ट और मिलनसार है जो, यदि आप सुनने के इच्छुक हैं तो प्रिय और खुश करने की उत्सुक इच्छा प्रदर्शित करने वाला, दोनों है। कॉमन मैन का चेहरा अच्छे कपड़े पहने, ऊपर की तरफ देख रहे साथी यात्री की ओर मुड़ा है। बीच की सीट पर बैठा यात्री देहाती और कॉमन मैन के बीच में फंसा है। वो तकलीफदेह स्थिति में, असहज रूप से, हाथ जोड़कर, और सामाजिक क्लॉस्ट्रोफोबिया के आवरण को ओढ़कर बैठता है। वो ये दिखाता है कि वो उस तरह के सामाजिक परिवेश का अभ्यस्त नहीं है, जिसे डेक्कन उड़ान भरने के लिए प्रोत्साहित कर रहा है। वो विशिष्ट लोगों की संगति चाहता है, लेकिन अहंकारी नहीं दिखना चाहता। वो कहता है, 'मैं कोई घमंडी नहीं हूं, लेकिन अगर इन एयरलाइंस ने भाड़ा और कम किया तो मैं ट्रेन या बस से यात्रा करना शुरू कर दूंगा।'

ये कार्टून देखने के बाद, मैंने सोचा कि मुझे लक्ष्मण से इस बारे में बात करनी चाहिए कि वो अपने कार्टून का इस्तेमाल हमारे ब्रांड के लिए करने दें। मैं उन लोगों को जानता था जिन्हें हम अपनी सेवाओं के प्रति आकर्षित करना चाहते थे। वे इस कार्टून से जुड़ाव महसूस करते। डेक्कन के पीछे के विचारों का इससे स्मृतिजन्य और भावनात्मक प्रदर्शन इससे बेहतर कोई नहीं कर सकता था। जब मैंने लक्ष्मण से बात करने का सुझाव दिया तो मुझे रोक दिया गया। विज्ञापन एजेंसी के लोगों ने कहा कि जब उन्होंने किसी दूसरी कंपनी के लोगो के लिए उनके कार्टून का इस्तेमाल करने की इजाजत मांगी थी, तब उन्होंने सीधा मना कर दिया था। उन्होंने कहा कि मुझे अपना विचार भुला देना चाहिए। हालांकि, मैं फिर भी एक कोशिश करना चाहता था और इसलिए मैंने लक्ष्मण को चिट्ठी लिखी। वो मुझसे मिलने के लिए तैयार हो गए।

लक्ष्मण मुंबई के वर्ली में एक फ्लैट में रहते थे। उस फ्लैट में मिडिल-क्लास और पुराने मैसूर की झलक दिखती थी। फर्नीचर, सजावट, लाइब्रेरी और स्टडी टेबल, जहां लक्ष्मण रोजाना बैठकर कार्टून बनाते थे और उपमा खाते थे, सबमें सुख और शांति की झलक दिखती थी। वो 50 से अधिक सालों से निरंतर यही कर रहे थे।

मैंने दीवार पर एक लंबा फ्रेम किया हुआ कार्टून लगा देखा। इसमें एक लड़का हिसाब-किताब की मशीनों और गणित के फॉर्मुलों से घिरा और अपने

आप में खोया दिख रहा था। ये कार्टून लक्ष्मण के बेटे से प्रेरित था। मैंने उनसे पूछा कि क्या उनका बेटा भी कार्टून बनाता है। लक्ष्मण इस सवाल के लिए तैयार बैठे थे। उन्होंने निर्विकार भाव से उत्तर दिया, 'हां... वो बनाता है। (लंबा विराम।) वो बैंक से पैसे बनाता है।'

मैंने और लक्ष्मण ने अलग-अलग पहलुओं के बारे में बात की। मेरी एयरलाइन, मेरा दर्शन और आम आदमी को हवाई यात्रा कराने के मेरे सपने के बारे में। इसके बाद मैंने उनके कार्टून के बारे में बताया और उनसे पूछा कि क्या मैं उनके कॉमन मैन को डेक्कन के शुभंकर के तौर पर इस्तेमाल कर सकता था। लक्ष्मण इस विचार से बहुत खुश हुए और उन्होंने बिना हिचक के हां कह दिया। मैंने कहा कि हम अपने विमान को कॉमन मैन के डिजाइन के हिसाब से पेंट करेंगे। डेक्कन को आम आदमी की एयरलाइन के तौर पर जाना जाएगा और ये लक्ष्मण की प्रेरणा को मूर्त रूप देगा। लक्ष्मण राजी हो गए और हमने कॉमन मैन का अपने शुभंकर के तौर पर इस्तेमाल किया।

मैं मुंबई से शुभंकर के साथ लौटा था। अब हमारे पास मस्कट और रूपक थे, लेकिन हमें सभी चीजों को सही जगह पर बिठाना था। रूपक की ताकत ये होती है कि वो एक झटके में पूरा आइडिया बता देता है। हालांकि, वर्किंग सिस्टम कई तत्वों से मिलकर बने होते हैं और इसे पूरा करने के लिए लोगों को कल्पना करने का प्रयास करना और बड़ी तस्वीर बनानी होती है।

हमारे पायलट, इंजीनियर और मैनेजर काम में माहिर थे। लेकिन वो अलग-थलग होकर काम कर रहे थे। हर कोई व्यक्तिगत आभा में कैद था। किसी कंपनी की सफलता के लिए जरूरी है कि उसके सभी विभाग अलग-अलग रहकर भी एकजुट होकर काम कर सकें। इसके लिए उनके बीच बातचीत और सहयोग की जरूरत होती है। एक मौके पर ऐसा हुआ कि दो डिपार्टमेंटों के प्रमुखों ने एक-दूसरे को ईमेल भेजा और दोनों उसको गलत समझ बैठे। वे दोनों अगल-बगल के केबिन में बैठते थे। लेकिन कभी उनकी आपस में बात नहीं हुई थी। इसके चलते भारी तनाव पैदा हो गया था।

किसी तरह खतरे की तलवार टली। फिर हमने तय किया कि हर सोमवार को डिपार्टमेंट हेड्स आपस में मिलेंगे। वहां वे अपने विचार, अपनी चिंताएं साझा करने लगे और एक-दूसरे को समझने की कोशिश करने लगे। इसी तरह हमारे यहां महीने में एक बार देश भर के मैनेजरों की मीटिंग भी होती थी।

मैंने ये सुनिश्चित करने की कोशिश की कि बातचीत के दरवाजे खुले रहें और लोग एक-दूसरे की जरूरतों को समझें। इस काम को अमलीजामा पहनाने

के लिए, मैं तिरुअनंतपुरम, दिल्ली, बेंगलुरु, मुंबई, अहमदाबाद, कोलकाता, चेन्नई और हैदराबाद के अपने ठिकानों पर गया। मैं हर दो या तीन महीने में इन बेस के चक्कर लगाता रहा। मैंने जमीन और हवाई अड्डे पर मौजूद तकनीकी काम करने वालों और इंजीनियर्स से बात की। कई बार मुझे विस्मित करने वाली कहानियां सुनने को मिलीं। इन यात्राओं के दौरान मेरे साथ ऑपरेशंस के हेड, सीएफओ और एचआर हेड हुआ करते थे। मैंने उनसे रात में काम कर रहे इंजीनियर से मिलकर या लॉजिस्टिक्स सेंटर जाकर और टेक्नीशियंस से बात कर जमीनी हकीकत जानने के लिए कहा।

मुझे महसूस हो रहा था कि मैनेजमेंट की कोई भी मीटिंग जमीनी स्तर पर खुद से जाने बिना पूरी नहीं हो सकती। इन विजिटों से कर्मचारियों का उत्साह और मनोबल बढ़ गया था। मैं हर बार लौटकर यही सोचता था कि हम कर्मचारियों के हित के लिए पर्याप्त नहीं कर पा रहे हैं।

एएआई में व्याप्त मोनोपॉली प्लेयर्स के चलते कायम दबाव की वजह से हमें इंफ्रास्ट्रक्चर की दिक्कत हो रही थी। एक तरफ, इंडियन एयरलाइंस और जेट एयरवेज के पास मुंबई और दिल्ली में कई पार्किंग स्लॉट थे। इससे उन्हें रूटीन रिपेयरिंग और रख-रखाव में सहूलियत होती थी। इससे उन्हें खर्चा भी कम पड़ता था। उनकी तुलना में हमें एक एयरपोर्ट पर सिर्फ एक पार्किंग स्लॉट मिला था। इसलिए हमें इन दोनों केंद्रों में इस सुविधा के लिए अलग से खर्च करना पड़ता था। हमें सोलह एयरक्राफ्ट के लिए आठ ऑपरेशनल बेस इस्तेमाल करने पड़ते थे। इसका असर मेरी वित्तीय और प्रबंधन क्षमता पर पड़ रहा था।

एक ही एयरपोर्ट बेस पर पांच एयरक्राफ्ट के लिए स्लॉट हमारे लिए काफी उपयोगी होता। एक बेस पर पांच एयरक्राफ्ट के रख-रखाव की बजाए पांच बेस पर पांच एयरक्राफ्ट का रख-रखाव करने में अधिक लोगों और संसाधन की जरूरत पड़ती है। जल्दी ही ये संख्या आठ आधारों पर सोलह एयरक्राफ्ट तक पहुंच चुकी थी। ये हमारे लिए मुसीबत बन गई। हालांकि, कर्मचारियों की प्रतिबद्धता और प्रबंधन के भरोसे की बदौलत हमने इस समस्या से निजात पा लिया था। एक साल बीतते-बीतते इससे हमें फायदा होने लगा। क्योंकि अब हम राष्ट्रीय स्तर पर पहचाने जा रहे थे। और, हम अगले 45 महीनों तक महीने में एक बार देश में किसी नई जगह पर नए एयरक्राफ्ट को चालू करने में सक्षम हो चुके थे। हमें सार्वजनिक होने में पांच साल बचे थे। इस शर्त को पूरा करने के बाद हम आईसीआईसीआई और कैपिटल इंटरनेशनल से

इंस्टिट्यूशनल इक्विटी फाइनेंस ले सकते थे। एविएशन सेक्टर के प्रति उत्साह बढ़ रहा था और बाजार गर्म होने लगा था।

हर महीने एक एयरक्राफ्ट उतारना कंपनी के विकास के लिए अच्छा था, लेकिन इसका ये मतलब भी था कि हम एक साल का खर्च आगे बढ़ा रहे हैं। इसके लिए हमें लगातार पैसों की जरूरत थी ताकि तेज विकास के लिए हमारे पास संसाधन मौजूद रहें। नया एयरक्राफ्ट खरीदने से कैश-फ्लो की समस्या होनी थी। अगर हम नए एयरक्राफ्ट नहीं खरीदते और कंपनी का विस्तार नहीं करते, इसका मतलब ये होता कि हम कतार में आगे नहीं जाते और रेस में पीछे छूट जाते। इसका एक ही रास्ता था। हमें ऑपरेशंस को बहुत तेजी से आगे बढ़ाना था। हमने योजना बनाई कि हम 50 से 60 एयरक्राफ्ट उतारेंगे और फिर उसके बाद स्थिति का जायजा लेंगे। हम बाद में कैश-फ्लो बढ़ाने और लंबे समय में इसे निरंतर बनाने के लिए रूट्स निर्धारित करेंगे।

एक रुपए में टिकट

शुरुआत में हमारे पास पर्याप्त कैश फ्लो था, लेकिन हमें प्रतियोगिता का पता तब चला जब हमने दिल्ली-मुंबई जैसे मुख्य मार्ग पर चलना शुरू किया। जेट और इंडियन एयरलाइंस इन रूटों पर हर दिन 350 से अधिक फ्लाइट उड़ा रहे थे। उन्होंने भाड़ा भी कम कर दिया था। उनकी तुलना में हम दिन की 50 फ्लाइटें ही उड़ा रहे थे। इसी दौरान इंडियन एयरलाइंस कम भाड़े वाली 'चेक फेयर' स्कीम लेकर आई। दोनों ने आपस में एक डील कर ली थी। इसके तहत वे, खासकर इंडियन एयरलाइंस, डेक्कन की फ्लाइट से ठीक आधे घंटे पहले अपनी एक फ्लाइट शेड्यूल कर देती थी। जेट ने नेशनल कैरियर को बलि का बकरा बनने के लिए राजी कर लिया था, भले ही उन्हें हार झेलनी पड़े। वे कस्टमर को भाड़े की तुलना करने के बाद टिकट खरीदने के लिए उकसा रहे थे। एयरलाइंस जान-बूझकर हमें रास्ते से हटाने के लिए कम किराया ऑफर कर रही थीं। इसे प्रीडेटरी प्राइसिंग कहा जाता है। इसका इस्तेमाल बड़ी एयरलाइंस प्रतियोगिता खत्म करने के लिए करती हैं। अमेरिका में ऐसा करना गैर-कानूनी है। भारत में ऐसी कोई कानूनी व्यवस्था नहीं थी। और, मोनोपॉली रखने वाले गिरोह ने प्रीडेटरी प्राइसिंग के जरिए हमें हराने की कोशिश की। ये वैसे ही काम करता है, जैसे कर्नाटक में ग्रामीण मार्गों पर चलने वाली बसों को अव्यवहार्य साबित करने के लिए प्राइवेट बस ऑपरेटर्स करते हैं। प्राइवेट बस स्टॉप पर

सिर्फ एक मिनट पहले पहुंचती है और पैसेंजर्स को लेकर निकल जाती है। वे एक रुपए या उससे भी कम किराया ऑफर करते हैं। इस वजह से प्राइवेट बसें ठस भरी रहती हैं, जबकि सरकारी बसें खाली चलती हैं। प्राइवेट बस संचालन ऐसा करने के लिए सरकारी बसों के ड्राइवरों और कंडक्टरों को घूस खिलाने के लिए भी कुख्यात हैं।

हम जेट और इंडियन एयरलाइंस को दूर हटाना चाहते थे और इसलिए हमने लक्ष्मण के कार्टून से प्रेरणा लेकर डायनेमिक प्राइसिंग से संबंधित एक ऑफर पेश किया। हमने कुछ शुरुआती टिकट एक रुपए में देने का फैसला किया। हमें उम्मीद थी कि इससे हवाई यात्रा करने वाले लोगों की संख्या में अप्रत्याशित बढ़ोत्तरी होगी। लक्ष्मण का कॉमन मैन एक ऐसा ब्रांड बन चुका था जिससे अधिकतर लोग जुड़ाव महसूस करते थे। बेंगलुरू-दिल्ली फ्लाइट में इंडियन एयरलाइंस और जेट एयरवेज गिरोह एक तरफ का औसतन 12 हजार रुपए ले रहा था। हमने शुरुआती लोगों के लिए एक रुपए से भाड़ा शुरू किया और ये अंतिम समय में टिकट लेने वालों के लिए सात हजार रुपए तक पहुंचता था।

हमारे पास डायनेमिक प्राइसिंग का सिस्टम था जो फ्लाइट की तारीख के हिसाब से बदलता था। जैसे-जैसे प्रस्थान की तारीख नजदीक आती, भाड़ा ऊपर चला जाता था। चेक फेयर स्कीम की वजह से इंडियन एयरलाइंस और जेट को ये नुकसान हुआ कि उन्हें उन सेक्टर में भाड़ा बढ़ाना पड़ा, जहां वे ऑपरेट नहीं कर रहे थे। उन्हें शुरुआत में फायदा हुआ क्योंकि हमारी फ्लाइटों की सख्या कम थी। इसलिए उन्होंने इस बढ़त का आसानी से फायदा उठा लिया। मैंने देखा कि अगर हम अपना ऑपरेशंस तेजी से बढ़ाते हैं और देशभर में और भी फ्लाइटें चलाते हैं तो ये बढ़त खत्म हो सकती है और प्रीडेटरी प्राइसिंग का फैसला गिरोह के लिए आत्मघाती हो सकता है। यही हुआ भी। जैसे-जैसे डेक्कन को और रूट मिले और फ्लाइटें बढ़ीं, उन्होंने चेक फेयर स्कीम को तिलांजलि दे दी।

इसी बीच, हमारी फ्लाइटों पर यात्री आपस में अपना किराया चेक करने लगे थे कि उन्हें कितना खर्च आया। तब उन्हें शुरुआत में टिकट लेने का फायदा समझ में आया। इसका नतीजा ये हुआ कि हमारी फ्लाइटों में लोगों की संख्या बढ़ने लगी और जेट और इंडियन एयरलाइंस में इसका उलटा हुआ। दूसरी कंपनियों की फ्लाइट में 60-65 प्रतिशत से अधिक यात्री नहीं होते थे। एक रुपए में टिकट की योजना ने लोगों की सोच बदल दी थी और ये जल्दी

ही आम चर्चा का विषय बन गया। डायनेमिक प्राइसिंग सिस्टम के आलोचक मुझे इंडस्ट्री का विनाशक बताने लगे। मैंने इसका जवाब इस तरह दिया कि मैं कोई धर्म-प्रचारक नहीं हूं लेकिन मेरे अंदर उन्हीं के जैसा उत्साह है। और इससे मेरे बिजनेस को लाभ हुआ है क्योंकि कम किराया और कम लागत वाली चीजें हमारी कंपनी और देश के विकास का इंजन हैं।

हर वर्ग के लोग शहर के बुकिंग ऑफिसों में एक रुपए वाला टिकट बुक कराने के लिए आने लगे थे। उनमें से अधिकतर मध्यम वर्ग के लोग थे, लेकिन कई उच्चवर्गीय लोग भी आ रहे थे। ऑफिस जाने वाले कर्मचारी और फैक्ट्री में काम करने वाले कामगारों की संख्या सबसे अधिक थी। उनमें से कुछ रिक्शाचालक भी थे। मुझे जल्दी ही अहसास हो गया कि फाइनेंस को आगे बढ़ाते रहने से जल्दी ही हम पब्लिक होने के काबिल हो जाएंगे। आईसीआईसीआई और कैपिटल इंटरनेशनल के इक्विटी खरीदने के बाद हुई पहली ही बोर्ड मीटिंग में मैंने ये साफ कर दिया था। आईसीआईसीआई के एग्जीक्यूटिव चेयरमैन और निजी क्षेत्र के दिग्गज बैंकर केवी कामत ने सलाह दी कि मुझे समय बर्बाद नहीं करना चाहिए। उन्होंने कहा कि जब लोहा गर्म हो तब चोट करना बेहतर होता है। उन्होंने कहा, 'मार्केट को परखने की कोशिश मत करो। अगर मार्केट तरणशील है तो अपनी जरूरत के हिसाब से पैसा उठाओ। इंतजार मत करते रहो। अगर तुम्हें अभी पैसों की जरूरत है तो अभी उठाओ।'

हमने आइपीओ का प्रोसेस पूरा करने के लिए दो कंपनियों को नियुक्त किया। उनमें से एक ईएनएएम थी। इसे प्रतिष्ठित इंवेस्टमेंट बैंकर वल्लभ भंसाली चलाते थे। उन्हें मार्केट के सेंटीमेंट की अच्छी समझ थी। उन्होंने बेहतरीन नेटवर्क तैयार किया था और भारतीय बाजार की स्थितियों के बारे में काफी कुछ जानते थे। भंसाली की तरफ से आए प्रस्ताव में भरोसे की उम्मीद रहती थी। मैंने ईएनएएम को लीड और आईसीआईसीआई सिक्योरिटीज को अन्य बैंकर के तौर पर नियुक्त करने का फैसला किया।

भारत की अर्थव्यवस्था में उभार था और निवेश के प्रति भी उत्साह का माहौल था। इसलिए, जब डेक्कन ने पब्लिक इशू लाने का फैसला किया, इसने मीडिया का ध्यान अपनी तरफ खींचा। इससे भारत और बाकी दुनिया में हमारे रोडशो को सकारात्मक और विस्तृत कवरेज मिल गई। ये आम धारणा बन चुकी थी कि हमारे स्टॉक को 10 गुना या उससे अधिक बार सब्सक्राइब किया

ही जाएगा। ऐसे भी मार्केट नए स्टॉक्स के प्रति उदार रहता था। कई कंपनियों ज्यादा सब्सक्राइब हुई थी। उदाहरण के लिए, रिलायंस के लिए 60 गुना अधिक लोगों ने आवेदन किया था। संस्थागत निवेशक करोड़ों की रकम लगाने के लिए तैयार थे। हम 26 प्रतिशत इक्विटी देकर साढ़े सात से 10 करोड़ डॉलर की रकम उठाना चाहते थे।

मेरे पास प्राइवेट प्लेसमेंट का अनुरोध करने वाले बहुत कॉल्स आ रहे थे। सेबी के नियमों के अनुसार हमें पब्लिक होने के लिए नामांकन पत्र दाखिल करते समय अनुमति के लिए आवेदन करना था। चूंकि डेक्कन अभी तक एक भी बार टूटा नहीं था, इसलिए ये भी जरूरी था कि खुदरा निवेशकों को शेयर देने से पहले 50 प्रतिशत इक्विटी पहले संस्थाओं को मिले। हालांकि, निवेश का माहौल सकारात्मक था और कई इशूज ओवरसब्सक्राइब हुए थे, लेकिन हमारे आईपीओ से ठीक पहले बाजार में उतारे गए स्टॉक अच्छा प्रदर्शन नहीं कर पाए थे। भंसाली ने मुझे सलाह दी कि मैं इशू की कीमत बहुत अधिक न रखूं। जेट एयरवेज के शेयर 1200 रुपए पर जारी हुए थे, लेकिन इससे काफी नीचे कारोबार कर रहे थे। मैंने उनकी सलाह मानी और हमने अपने 10 रुपए के शेयर की कीमत 148 रुपए से 155 रुपए के बीच रखी।

कारोबार के पहले ही दिन हमें बड़ा झटका लगा। बाजार बुरी तरह से क्रैश हो गया था। भगवान ही जानता है कि क्या गलत हुआ, क्योंकि पहले घंटे के भीतर, बाजार 13,000 के मार्क से 1000 अंक गिर गया। इसे 150 वर्षों का सबसे भयावह मार्केट क्रैश बताया जा रहा था। कुछ ही घंटों में ये 2000 अंक तक गिर चुका था। ब्रोकर्स और म्युचुअल फंड्स इंवेस्टमेंट मैनेजर, डेक्कन इशू के लिए अपने फंड का हिस्सा आवंटित करने का निर्णय लेने की बजाए, ये तय करने में व्यस्त थे कि किन शेयरों को डंप किया जाए।

उन्होंने स्टॉक डंप करके एक ट्रेंड शुरू कर दिया: जैसे-जैसे और ब्रोकरों ने डंप किया, बाकी भी उसी राह पर गए। बाजार सूचकांक जो शुरू में फिसला था, जल्दी ही धड़ाधड़ गिरने लगा था। इसका व्यापक प्रभाव पड़ा और बाजार सदमे में था। सर्किट-ब्रेकर दो बिंदुओं पर स्वत: लागू हुए थे, जब गिरावट की दर बहुत ज्यादा थी। ट्रेडिंग को दो बार निलंबित किया गया था, लेकिन जब कुछ भी काम नहीं आया, तब वित्त मंत्री चिदंबरम ने विश्वास बहाल करने के लिए हस्तक्षेप किया। निवेशक दो तरह के होते हैं: कम से मध्यम अवधि और लंबी अवधि। अधिकतर आईपीओ निवेशक म्युचुअल फंड होते हैं जो अपने

निवेशकों के लिए लघु से मध्यम अवधि में पैसा कमाते हैं। उस भयानक दिन कोई भी खरीद नहीं रहा था।

म्यूचुअल फंड, जिनमें से कई विदेशी संस्थागत निवेशक या एफआईआई थे, कवर तलाश रहे थे। वे सिर्फ दो विकल्पों पर विचार कर रहे थे: बेचना या दबाए रखना। वे हमारे आईपीओ में निवेश करने की स्थिति में नहीं थे। किसी भी वित्तीय विश्लेषक के पास बाजार में हुई इस तबाही की भविष्यवाणी करने की नजर नहीं थी। संख्याओं के साथ खेलने वाले विश्लेषकों की वास्तविकता पर थोड़ी पकड़ है। बाजार ऐसे समय में क्रैश हुआ था जब अखबारों की रिपोर्ट्स में 13,000 के मार्क से आगे बढ़ने की भविष्यवाणी की जा रही थी थी। रिपोर्ट्स में इस बात की संभावना भी जताई गई थी कि सूचकांक 16,000 के मार्क को छू सकता है। उनका तर्क ये था कि अर्थव्यवस्था की सेहत के हिसाब से ऐसा होना ही था।

हादसे के बाद आ रहे विश्लेषण तेज थे। विश्लेषकों ने चतुराई से ये निष्कर्ष निकाला कि भारतीय बाजार अत्यधिक गर्म हो गया था और इसमें सुधार समय की जरूरत थी। दुर्घटना के बाद उपजी समझदारी का कोई मतलब नहीं था। वास्तव में, उनके पूर्वानुमान का मॉडल इतना विचित्र था कि उनकी तुलना में ज्योतिष सम्मानजनक लगने लगा था!

संस्थानों ने मुझे आइपीओ इस आधार पर वापस लेने के लिए कहा कि कम सब्सक्राइब आइपीओ अपमानजनक है। मुझे पूर्व ब्रिटिश प्रधानमंत्री विंस्टन चर्चिल का युद्ध के दौरान अपने लोगों को दिया जोरदार भाषण याद आ गया। 'यदि आप नरक से गुजर रहे हैं, तो चलते रहें।' ये टिप्पणी युद्ध के दौरान की प्रतिकूल परिस्थितियों के एक लंबे चरण का सामना करने की आवश्यकता के बारे में थी। मुझे एक अफ्रीकी कहावत का ध्यान आया: 'रेगिस्तान से बाहर निकलने का एकमात्र रास्ता इससे निकलने में है।' मैंने कहा कि मैं पीछे हटने वाला नहीं था।

मैंने मोहन, वल्लभ भंसाली, आईसीआईसीआई वेंचर्स की प्रमुख रेणुका रामनाथन और बाला देशपांडे, जो आईसीआईसीआई वेंचर्स का प्रतिनिधित्व करते थे और हमारे बोर्ड में थे, से विचार-विमर्श किया। वे सबसे भरोसेमंद व्यक्ति थे, जिन्होंने डेक्कन के जहाज को अब तक के सबसे भीषण तूफानों के दौरान बचाकर रखा था।

मैंने एसबीआई के एमडी, न्यू इंडिया एश्योरेंस कंपनी के एमडी और एलआईसी के चेयरमैन को फोन किया। मैंने उनसे एक घटना के आधार पर

डेक्कन को जज न करने को कहा। मैंने कहा कि ये अस्थायी स्पीड ब्रेकर थे और कहा कि डेक्कन और भारत की विकास गाथा लंबे समय तक सुनाई जाएगी। उन्होंने मेरे सपने में भरोसा जताया और चट्टान की तरह मेरे साथ खड़े रहे। जहां बहुप्रचारित फैंसी एफआईआई और म्युचुअल फंड घबराकर पीछे हट गए, वहां पर सार्वजनिक क्षेत्र के फंडों ने हमें मुश्किल से निकाल लिया।

डेक्कन में खुदरा निवेश पहले ही ज्यादा-सब्सक्राइब हो चुका था, लेकिन सेबी के दिशा-निर्देश कहते थे कि पहले संस्थागत निवेशकों को 50 प्रतिशत इक्विटी लेनी होगी। इसने हमें पैसा उठाने से रोका हुआ था। वल्लभ भंसाली ने मुझे इशू प्राइस कम करने की सलाह दी, जो यह सुनिश्चित करने का एकमात्र तरीका था कि निवेश करने वाले संस्थानों के लिए टेबल पर कुछ पैसा होगा। हम कीमत घटाकर 148 रुपए के निचले स्तर पर ले आए और बेसब्री से इंतजार करने लगे। ये प्रतीक्षा असाधारण रूप से लंबी थी, जो पूरे पांच दिनों तक चलती रही।

मैंने अपने भीतर यह महसूस किया था कि मुझे पीछे नहीं हटना चाहिए। ये भरोसा उन लोगों की वजह से था जिन्होंने मुझे कॉल किया था। वित्तीय संस्थानों ने हाथ-पांव ठंडे पड़ गए थे लेकिन खुदरा निवेशकों ने बहुत विश्वास दिखाया। जब वित्तीय संस्थानों ने ठहरकर सांस ली और हमारे स्टॉक को खरीदने का साहस जुटाया, तब डेक्कन मामूली रूप से ज्यादा-सब्सक्राइब हुआ। हमने उस आइपीओ में करीब साढ़े सात करोड़ डॉलर जुटाए थे। ये माउंट एवरेस्ट के ऊपर ऑक्सीजन मिलने के समान था।

कुछ कंपनियों ने अपने आइपीओ वापस ले लिए थे, लेकिन डेक्कन इस पर कायम रहा। हमें अपनी ब्रांड वैल्यू की रक्षा करनी थी और लोगों के विश्वास को सही ठहराना था। आखिरकार ये आम लोगों की एयरलाइन थी।

वित्तीय मोर्चे पर चीजें सुधर रही थीं और मुझे अब विश्वास था कि हम शॉर्ट टर्म में एयरलाइन को बनाए रखने में सक्षम होंगे, लेकिन मुझे लंबी अवधि के लिए फैसले लेने की जरूरत थी; बाजार और विकास के तर्क को समझने के लिए। मैंने इंडियन एयरलाइंस और जेट एयरवेज द्वारा डेक्कन के साथ खेले जा रहे घात लगाने के खेल से एक आकर्षक सबक सीखा। यदि हमारा विकास धीमा और सावधानी भरा होता, तो हम उस गति को कभी हासिल नहीं कर पाते जो हमें बचाए रखने के लिए जरूरी थी: वे निश्चित रूप से हमें अंडरप्राइस करते

और हमें प्रतिस्पर्धा से बाहर कर देते। इसलिए मेरी विकास योजना को तेज-तर्रार होना जरूरी था, या कम से कम इतना तेज तो होना ही था कि ये सुनिश्चित किया जा सके कि उनके चेक-फेयर और अन्य कम कीमत वाली योजनाओं का हम पर कोई असर ना पड़े।

मेरे पास दो विकल्प थे। पहला ये था कि हम एक रूढ़िवादी विकास योजना तैयार करें जो हमें शिकार बनने से रोक सकें। और दूसरा तरीका ये कि हम इतनी तेज गति से अपनी राह तैयार करें कि प्रतियोगिता का कोई मतलब ना रह जाए। इंडियन एयरलाइंस उस समय कई वर्षों से कोई नया विमान नहीं जोड़ रही थी और जेट एयरवेज भी स्थिर थी। मैंने तय किया कि इकलौता रास्ता बेहद तेज गति से संचालन का विस्तार करना और 50 से 60 विमान खरीदना, काम में लगाना और तैनात करना और एयरलाइन को तेजी से बढ़ाना था। ये एक अकल्पनीय अभियान होगा, अनुमान लगाने और इसकी तैयारी करने की बात तो दूर की कौड़ी थी।

वैश्विक परिस्थितियों ने भी इस योजना का समर्थन किया। 9/11 के हमले के बाद एविएशन सेक्टर अपने इतिहास की सबसे खराब मंदी का सामना कर रहा था। अमेरिका में लगभग 3000 विमान ग्राउंड पर पड़े हुए थे और नेवादा रेगिस्तान में एक हवाई अड्डे की खुली पार्किंग में खड़े थे। रेगिस्तानी हवा में सबसे कम नमी होती है और इससे विमान को सबसे कम नुकसान होता है। रख-रखाव की लागत को कम करने का ये नया और अच्छा समाधान था। दुनियाभर में एयरलाइंस ने उड़ानों की संख्या कम कर दी थी। अतिरिक्त क्षमता और इंवेंट्री वाले विमान निर्माता ग्राहकों को बेताबी से खोज रहे थे और सूची मूल्य से काफी कम कीमत पर बेचने के लिए तैयार थे। दो बड़े विमान निर्माताओं, बोइंग और एयरबस, के पास कोई ऑर्डर नहीं था।

इंडियन एविएशन में बड़े झटके की यादें अभी भी ताजा थीं और मिजाज ठीक नहीं था। हमेशा की तरह, जहां दूसरों ने उदासी देखी, मुझे रोशनी देखी या मैंने उम्मीद जगाई। मेरा सपना अभी भी जिंदा था: मैं भविष्य में कभी एक साल में अरब टिकट बेचूंगा। संभावित यात्री गायब नहीं हुए थे, बाजार बना हुआ था और उसे बस एक बूस्टर डोज देने की दरकार थी। जिस समय मैं विभिन्न संभावनाओं पर विचार कर रहा था, मेरे पास एक व्यक्ति आया, जिसकी एयरलाइन बड़े एविएशन घाटे के दौरान बंद हो गई थी। वो गुजरात एयरवेज के संचालन में शीर्ष पद पर था। उसने कहा कि वह अपना सिर झुकाकर बधाई देना चाहता है। मिलने पर उसने कहा, 'कैप्टन, आपमें हिम्मत है, आपको सलाम!'

मैंने उससे उसकी एयरलाइन और उसके बंद पड़ जाने के बारे में पूछा। उसने कहा कि ये छोटे पैमाने मुख्यत: गुजरात और महाराष्ट्र के छोटे स्थानों पर चलता था। एयरलाइन के पास 10 से 20 लोगों के बैठने की क्षमता वाले टर्बो-प्रोप का एक छोटा बेड़ा था।

पायलट किसी एयरलाइन की सबसे महत्वपूर्ण संपत्ति होते हैं। यदि आपके पास कोई पायलट नहीं है; आप काम नहीं कर सकते। पायलटों के समुदाय के भीतर, एक सामाजिक पदानुक्रम होता है। कम वेतन के अलावा, विमान जितना छोटा होगा, पायलट की प्रतिष्ठा उतनी ही कम होती है। कैरियर पायलट लगातार बड़े विमानों को उड़ाने की कोशिश करते हैं क्योंकि इससे उनकी छवि मजबूत होती है और इसका असर उनके आर्थिक हित और व्यावसायिक विकास पर पड़ता है।

मेरे मेहमान ने बताया कि उनकी एयरलाइन की विफलता का कारण पायलटों को मिले बेहतर करियर का लालच था। कंपनी के 15 पायलट एक सुबह उनके ऑफिस में आए और कहा कि वे सामूहिक रूप से इस्तीफा दे रहे हैं। जेट एयरवेज के ऑफर ने उन्हें आकर्षित किया था।

खतरे को भांपने की क्षमता एक सकारात्मक शक्ति है। ये हमारे उत्साह को बढ़ाती है और आपको काम करने के लिए प्रेरित करती है। अगर ये गुजरात एयरवेज के साथ हो सकता है तो डेक्कन के साथ भी हो सकता है। मुझे अहसास हुआ कि मुझे बिना एक पल गंवाए काम पर लग जाना चाहिए और मैंने वही किया।

मैंने 50 या 60 विमानों का ऑर्डर देने का फैसला किया, जिससे एक ही बार में दो समस्याओं का समाधान हो गया था। इससे मैं प्रतिस्पर्धा को टाल दूंगा और एयरलाइन के भविष्य में उस तरह का विश्वास पैदा करूंगा कि प्रतिस्पर्धा की संभावना खत्म हो जाएगी। वे पीछे की कतार में खड़ी सेना से इस तरह के हमले के लिए तैयार नहीं थे। ऐसा करके न केवल मैं अपने पायलटों को बनाए रखूंगा बल्कि इससे नई और अनुभवी प्रतिभाओं को भी आकर्षित करूंगा। अब मैं शिकार की बजाए शिकारी की भूमिका में रहूंगा। मेरे भीतर उत्तेजना का सोता फूट चुका था।

आगे बढ़ाना? हां, मैंने ये तय कर लिया था। लेकिन, मैं ये कैसे करने वाला था? मैं इस बाबत मोहन के साथ बैठा। एयरबस इंडस्ट्री के एक विमान की तय कीमत लगभग 5.5 करोड़ डॉलर थी। हमें 60 विमानों का ऑर्डर देने के लिए 3.3 अरब डॉलर जुटाना था। ये एक बहुत बड़ी रकम थी।

मोहन में सबसे असंभव कार्य को आसान बनाने की असामान्य क्षमता है। वो सहज रूप से एक बड़ी समस्या को छोटी, फिर सूक्ष्म उप-समस्याओं में तोड़ने में सक्षम है। वो कभी भी किसी समस्या की विशालता को अपने ऊपर हावी नहीं होने देता, वो उसे घटकों में तोड़ देता है जो एक समयरेखा के साथ टैग होते हैं। इस तरह, आप समस्या को सिर पर नहीं रखते, बल्कि उसे हिस्सों में लेते हैं, और ईएमआई की भाषा में, जिससे अधिकांश लोग परिचित हैं, मोहन आगे देखने में सक्षम है। वो उन मामलों में कमाई का रास्ता निकाल लेता है जिसे एक आम इंसान एक भारी लागत के बोझ की तरह देखता है।

60 विमान खरीदने के कार्य के संबंध में मोहन ने ऐसे तर्क दिया। निर्माता खरीददार से बारह से चौबीस महीने की अवधि में मिलने वाले विमानों के कुल बिक्री मूल्य का 15 प्रतिशत अग्रिम भुगतान के तौर पर मांगते हैं। बैंक पूरी लागत को किश्तों में भरने के लिए तैयार थे। मोहन की धारणा ये थी कि चूंकि हम 60 विमानों के निर्माण के लिए ऑर्डर दे रहे हैं, वे एक वर्ष में 10 विमानों की दर से हमें देंगे। उसने फाइनेंस को वार्षिक आधार पर चक्रित करने का एक संभावित तरीका देखा था। जब पहले वर्ष की प्रतिबद्धताएं पूरी हो जाएंगी तब हम इसे अगले वर्ष के लिए बढ़ा देंगे और ये सिलसिला चलता रहेगा।

उसने एक शानदार विचार दिया था। उसने सुझाया कि हम पूरे 60 विमानों के लिए एक प्रतिशत अग्रिम राशि का भुगतान करें। फिर उसने किश्तों में दी जाने वाली भुगतान अनुसूची की गणना की। हम पहले 10 विमानों पर पहले 15 प्रतिशत डिपॉजिट का भुगतान करेंगे। ये धीरे-धीरे स्थगित अवधि में पूरा किया जाएगा, पहले के लिए बारह महीने, दूसरे के लिए चौदह महीने, और इसी तरह आगे भी। एक बार जब पहले 10 विमानों की डिपॉजिट जरूरत पूरी हो जाएगी, तब ग्यारहवें, बारहवें और आगे डिपॉजिट को क्रमिक रूप से रिसायकल करना संभव होगा।

उदाहरण के लिए, पहले विमान पर भुगतान किया गया डिपॉजिट ग्यारहवें विमान के भुगतान के लिए जाएगा। उसने बैंक और निर्माता के बीच सीधे एक ग्रहणाधिकार ऑपरेट करने का तरीका निकाल लिया था। हम डिपॉजिट पर ब्याज भी देंगे लेकिन अगर किसी कारण से हम चूक गए, तो निर्माता बैंक को उस समय पैसा वापस कर देगा जब उसने विमान को किसी अन्य खरीददार को बेच दिया हो।

मोहन ने इस प्रकार के वित्तीय संबंध बनाने की संभावना को देखा, जो सभी पक्षों को फायदा दे रहा था। इसमें किसी को भी बड़ा जोखिम नहीं होता।

निर्माता विमान बेचता है और पैसा कमाता है; बैंक को उसका ब्याज मिलता है और उसका ग्रहणाधिकार सुरक्षित हो जाता है, और हमें अपनी शर्तों पर विमान मिलता है। ये वित्तीय सोच में हुई क्रांति थी: भारतीय संदर्भ में 15 प्रतिशत डिपॉजिट और पुनर्चक्रण। मोहन ने एसबीआई के बैंक अधिकारियों से बात की और वे इस व्यवस्था के लिए राजी हो गए।

अब हमारे पास फंड के तीन स्रोत थे: आइपीओ, ईक्विटी पार्टनर और बैंक ग्रहणाधिकार। मैंने आगे बढ़ने का फैसला किया। मैंने एयरबस में प्राइसिंग के लिए ग्लोबल हेड और एशिया हेड फॉर सेल्स किरण राव को फोन किया और कहा कि डेक्कन 60 एयरबस-320 विमानों के ऑर्डर देना चाहता है। ये सुनकर शायद उन्हें झटका लगा होगा! उन्होंने कहा कि वो अपने बॉस और मुख्य वाणिज्यिक अधिकारी, जॉन लेही के साथ बेंगलुरु आ रहे हैं।

किरण राव, और जॉन लेही और उनकी पत्नी, जल्द ही बेंगलुरु में थे। मैंने काबिनी गेम रिजर्व में हम सभी के लिए सैर-सपाटे का इंतजाम किया। मैं अपनी व्यस्त दिनचर्या से एक ब्रेक चाहता था। और, यहां अवकाश के साथ व्यापार की बात करने का सुनहरा अवसर था। उस यात्रा में भार्गवी भी हमारे साथ थी। गंभीर बात शुरू करने से पहले, हमें नरम और मधुर बनाने के लिए प्रकृति एक अच्छी बुनियाद है। हम देने के अधिक इच्छुक हो जाते हैं और किसी सौदे को पूरा करने के प्रति उदार होते हैं।

हमने डेक्कन के हेलीकॉप्टर से काबिनी के लिए उड़ान भरी, जहां हमने सफारी की, कुछ दूरी तक हाथियों का पीछा किया, और नदी किनारे आराम किया। हमने शाम को आग जलाई। काबिनी के तट पर दो दिन बिताने के बाद, हम हम्पी गए। मेरा मानना है कि हम्पी में दुनिया की सबसे विविधतापूर्ण चट्टान की संरचनाएं हैं। ग्रैंड कैन्यन के परिदृश्य की तुलना में इसका परिदृश्य कहीं विशिष्ट और अलग है। हम्पी के खंडहर लगभग 20 हजार हेक्टेयर पहाड़ी इलाके में चट्टान, बोल्डर और रिज पर फैले हुए हैं। तुंगभद्रा नदी इस बिखरी हुई स्थलाकृति से होकर गुजरती है, इससे यहां छोटे-छोटे पूल बनते हैं, जो नुकीले किनारों में बदल जाते हैं। इनमें से कई नदी के किनारे बोल्डर संरचनाओं से बने हैं, जो दर्शकों को चकित करते हैं।

वहां की जमीन नदी के किनारों को छोड़कर सूखी है, जहां पेड़ चट्टानों की दरार के बीच से निकलते है। नीचे बने पूल पवित्र हैं, और किंवदंती ये है कि प्राचीन ऋषियों ने उन स्थानों को यज्ञ और अनुष्ठान के लिए चुना था। सूर्योदय और सूर्यास्त के समय, हम्पी चट्टान और धरती के मटमैले नारंगी रंग

से भर जाता है। जैसे ही दिन ढलता है, धूल का एक मायाजाल सामने दिखता है। प्रकाश एक धीमा जलता हुआ तांबा है। इतिहासकारों को अचंभा होता है कि हम्पी के शासकों ने एक समय के देदीप्यमान शहर की महत्वपूर्ण स्थापत्य विशेषताओं के उत्तर-दक्षिण संरेखण में तालमेल कैसे बिठाया होगा।

हमने एक रिजॉर्ट चुना जो बड़े करीने से पहाड़ी पर बोल्डर के बीच छिपा हुआ था। हमने घूम-घूमकर खंडहर देखे और महल, मंदिर, संगीत स्तंभ और दरबार हॉल का विशाल तहबंद भी देखा।

वहां से निकलने से पहले शाम को जॉन, किरण और मैं तुंगभद्रा के किनारे बालकनी पर बैठे, जहां मैंने उन्हें पीने के लिए व्हिस्की पेश की। मैं अब तक व्यापार पर चर्चा करने से बच रहा था। पहला पेग पी चुकने के बाद जॉन अपने आप को और अधिक रोक पाने में असमर्थ थे, उन्होंने कहा, 'गोपी, मुझे लगा कि आपने हमें एयरबस विमान की खरीद पर बात करने के लिए बुलाया है। हम कल जा रहे हैं और आपने इस विषय पर अभी तक कोई बात नहीं की है।' मैंने कहा, 'जॉन, मैंने जानबूझकर इस विषय पर बेंगलुरू में या अभी तक बात नहीं की। यहां पर दो बातें हैं। मैं 60 विमानों का ऑर्डर देता हूं और हम एक घंटे में इस सौदे को अंतिम रूप देते हैं। दूसरी संभावना ये है कि मैं खरीद के लिए एक कमिटी बनाता हूं और बोइंग और एयरबस के बीच एक विस्तृत तकनीकी-आर्थिक तुलना करता हूं, ताकि आप एक-दूसरे के खिलाफ बोली लगाने के लिए 6 से 9 महीने तक का वक्त लें। मैंने अपना होमवर्क कर लिया है और मैं कई अंतर्राष्ट्रीय एयरलाइंस के सीईओ से भी मिला हूं। मुझे कीमतों के बारे में पता है। यदि आप मन का प्रस्ताव देते हैं, तो हम पहला विकल्प चुनेंगे और अगले एक घंटे में इसी पवित्र तुंगभद्रा के तट पर और इस ऐतिहासिक शहर के बीच इस सौदे को पूरा कर सकते हैं।' जॉन अविश्वास में घूरते रहे। उन्होंने कहा, 'आपने क्या कीमत सोची है?'

मैंने कहा, 'मैं आपसे 2.85 करोड़ डॉलर की दर से 60 नो-फ्रिल एयरबस-ए320 विमान खरीदने को तैयार हूं। यदि आप 2.9 करोड़ डॉलर कहते हैं तो हमें एयरबस और बोइंग के बीच बोली और मूल्यांकन की प्रक्रिया से गुजरना होगा। अब फैसला आपका है।'

जॉन और किरण अचानक मिले इस कोटेशन से भौंचक्के थे। उन्होंने अपने व्हिस्की के गिलास मेज पर छोड़ दिए और फ्रांस में एयरबस इंडस्ट्री के प्रबंधन से परामर्श करने के लिए घर के अंदर चले गए। वे एक घंटे बाद लौटे और कहा, 'हमें 2.9 दीजिए।' मैंने कहा कि ये संभव नहीं है। एक बार निवेशकों

का इक्विटी निवेश आने के बाद डेक्कन के सभी बड़े फैसलों का कड़ा ऑडिट होगा। तब मेरे विशेषाधिकार में कटौती की जाएगी। मैंने उन्हें सभी कारकों के बारे में सोचने को कहा और फैसला लेने के लिए अगले दिन तक का समय दिया। मैंने कहा, 'यदि आप राजी हैं, तो हम सुबह 10 बजे तक बेंगलुरु पहुंच सकते हैं और दोपहर 1 बजे तक खरीद के कागजात पर दस्तखत कर सकते हैं। मैं शाम 4 बजे प्रेस कॉन्फ्रेंस करूंगा।' किरण राव, जिन्हें मैं पहले से जानता था, ने उस शाम के खाने के बाद मेरे साथ सौदे को लेकर तर्क की कोशिश की। हालांकि, मैं अपनी बात पर कायम रहा और अपने ऑफर से पीछे हटने से इनकार कर दिया।

मैं पहले से ही नाश्ते की मेज पर बैठा था, जब जॉन अंदर आया, बैठते ही उन्होंने अपना हाथ बढ़ाया और कहा, 'कैप्टन, बधाई हो! चलो, हाथ मिलाते हैं। आपके पास 2.85 की डील है! लेकिन हमें बेंगलुरू जाना होगा क्योंकि हमें डील को पूरा करने लिए बहुत सारे दस्तावेज चाहिए होंगे।' मैंने तुरंत मोहन को फोन कर खुशखबरी दी। मैंने उससे कहा कि हम सुबह 10 बजे तक पहुंचेंगे और दस्तावेजों को अंतिम रूप देने के लिए हमारे पास तीन से चार घंटे होंगे। हम शाम 4 बजे प्रेस से मिलने वाले थे।

हमने अपने हेलीकॉप्टर में उड़ान भरी, विरुपाक्ष मंदिर की परिक्रमा की, हम्पी की भव्यता का एक हवाई नजारा प्राप्त किया, और सीधे बेंगलुरु के लिए निकल गए। दोनों टीमें समझौते के दस्तावेज की बारीकियों पर काम करने के लिए साथ आईं। मैंने विजया मेनन को फोन कर शाम 4 बजे प्रेस मीट आयोजित करने के लिए कह दिया था। मीडिया की भारी-भरकम उपस्थिति के बीचे हमने दस्तावेज पर हस्ताक्षर किए। अगले दिन हमारी खबर सभी प्रमुख समाचार पत्रों की सुर्खियों में थी। उन्होंने छापा था, 'डेक्कन का एयरबस इंडस्ट्री के साथ 60 विमानों का सौदा।'

जॉन और किरण सौदा पूरा होने से खुश थे। जॉन ने कहा कि वो डेक्कन को संयुक्त विपणन, प्रशिक्षित कैप्टनों की भर्ती, और सिस्टम और प्रक्रियाओं के लिए दुनिया के सर्वश्रेष्ठ सलाहकारों को नियुक्त करने के लिए अतिरिक्त 15 मिलियन डॉलर देंगे। इस 15 मिलियन के अलावा, डेक्कन को पायलट प्रशिक्षण और इंजीनियर प्रशिक्षण के लिए खरीद के हिस्से के रूप में 10 मिलियन डॉलर मिले, इस प्रकार हमें नकद के खर्च में 25 मिलियन डॉलर की बचत हुई, जो कि हमें सेकेंड-हैंड विमानों की खरीद के लिए देने होते। जश्न शुरू हो चुका था।

ये अविश्वसनीय था कि हमारे बैंक खाते में एक करोड़ रुपए से भी कम होने के बावजूद हमने 12,000 करोड़ रुपए के विमानों का ऑर्डर दिया था। इसने डेक्कन और इंडियन एविएशन को हमेशा के लिए बदल दिया।

जब मैंने अपने 60 एयरबस का ऑर्डर दिया तो अलग-अलग लोगों से अजीब प्रतिक्रियाएं आईं। मंत्री प्रफुल्ल पटेल सबसे पहले मुझे फोन करने वाले लोगों में से थे। उन्होंने पूछा, 'गोपी, क्या ये कोई मजाक है? मैंने सुना है कि आपने 60 एयरबस का ऑर्डर दिया है?' संसद में भारी हंगामा हुआ था- सदस्यों ने सवाल पूछा कि एयर डेक्कन जैसा एक नया स्टार्ट-अप कैसे 60 एयरबस का ऑर्डर दे सकता है, जबकि इंडियन एयरलाइंस 55 साल तक कारोबार करने के बावजूद गिनती के एयरक्राफ्ट ऑर्डर कर पाने के लिए संघर्ष कर रही है।

उसी समय, मुझे एक पूर्व सांसद का भी फोन आया। मैंने सोचा था कि ये उन नियमित कॉलों में से एक होगा जो मुझे राजनेता से छोटे शहरों का टिकट लेने के लिए करते थे—क्योंकि केवल डेक्कन ही था जो राजमुंदरी, जमशेदपुर, ग्वालियर आदि जैसे स्थानों के लिए फ्लाइट ऑपरेट करता था। लेकिन मुझे जल्द ही मालूम हुआ कि ये कॉल मेरी सोच से कहीं अधिक बड़ी वजह से आया था। इसलिए हमने इस मुद्दे पर मिलकर बात करने का फैसला किया।

जब हम मिले तो उन्होंने कहा कि वो कुछ दिन पहले संसद में एक दिग्गज राजनेता से मिले। राजनेता ने उनसे पूछा कि क्या वो मुझे अच्छे से जानते हैं और एयर डेक्कन के बारे में वे क्या सोचते हैं। फिर उन्होंने कहा कि 60 एयरबस को लीज पर लेने की फाइल उनकी डेस्क पर पहुंच गई है और पी. चिदंबरम तक पहुंचने से पहले उन्हें इसे क्लीयर करना था। आशय ये था कि या मुझे अपनी कंपनी के भाग्य को लटकाना था या अपने उन सिद्धांतों को जिन पर मैं कंपनी चलाता हूं!

उस रात मैं मुश्किल से सो सका और काफी सोच-विचार के बाद मैंने तय किया कि मैं रिश्वत नहीं दूंगा। अगली सुबह मैंने कैबिनेट मंत्री पी. चिदंबरम के सचिव को फोन किया और मिलने का समय मांगा।

पी. चिदम्बरम अपने तेज दिमाग और संवेदनशील रवैये के लिए जाने जाते हैं। उनके पास कभी बेवकूफाना चीजों के लिए समय नहीं होता। जब मैं उनसे मिला, तो एक छोटी औपचारिकता के बाद उन्होंने मुझसे मिलने का असली कारण पूछा। मैंने कहा कि मैं चाहता हूं कि वो अपने मंत्रालय का एक

खास नियम बदल दें। मैंने कहा कि जब मैं दुनिया भर में किसी भी कंपनी के खाते में कोई भी रकम भेज सकता हूं, जब मैं विमान खरीद रहा हूं, बिना किसी सरकारी मंजूरी के, जब मैं विमान पट्टे पर दे रहा हूं और बहुत कम रकम स्थानांतरित कर रहा हूं, तो मुझे वित्त मंत्रालय से औपचारिक मंजूरी की आवश्यकता है। मैंने जोर देकर कहा कि इससे मेरे समय, ऊर्जा और व्यवसाय की हानि हुई है। मेरी बात सुनकर मंत्री ने कहा कि मुझे ये सिखाने की कोशिश नहीं करनी चाहिए कि उन्हें मंत्रालय कैसे चलाना है। लेकिन हां, अगर मेरी कोई विशेष समस्या है तो वो निश्चित रूप से मेरी मदद करेंगे। इसलिए अनिच्छा से मैंने उन्हें घटना के बारे में बताया। उन्होंने नाम मांगा और मेरे पास उन्हें बताने के अलावा और कोई विकल्प नहीं था। मंत्री ने तब कहा कि अगर मैंने एक पैसा भी दिया तो मेरी फाइल क्लियर नहीं होगी, लेकिन हां, अगर कागजात सही होंगे तो मेरी फाइल जल्दी ही पास हो जाएगी। ये सुनकर मैं चला आया। मैं अभी भी अपने एयरबस के बेड़े और एयर डेक्कन के भविष्य के बारे में अनिश्चित था। जैसे ही मैं बेंगलुरु पहुंचा, मुझे चिदंबरम के सचिव का फोन आया। उन्होंने कहा कि फाइल को मंजूरी दे दी गई है!

जैसा कि घटनाओं के मोड़ से स्पष्ट है, डेक्कन के सितारे बुलंदी पर थे। जिस समय हमने एयरबस अनुबंध पर हस्ताक्षर किए, उसी समय एटीआर में एक नया सीईओ, फिलिपो बैगनाटो आया। फिलिपो बैगनाटो पैदाइशी इतालवी हैं और उन दुर्लभ लोगों में से एक हैं जिनसे सौभाग्यशाली लोग ही मिल पाते हैं। वो बहुत स्नेही व्यक्ति हैं और उच्च कोटि के बुद्धिजीवी भी है। वो बेहतरीन लीडर हैं। वो एक एयरक्राफ्ट डिजाइन इंजीनियर हैं, जिन्होंने यूरो-फाइटर, फरारी और बोइंग आदि पर काम किया है। जब उन्होंने एटीआर का अधिग्रहण किया, इस नियम के अनुसार कि सीईओ बारी-बारी से फ्रेंच और इतालवी होंगे, विमान निर्माता कंपनी को डेक्कन जैसी ही समस्या का सामना करना पड़ रहा था: अत्यधिक तेजी से हो रहे विकास का प्रबंधन। मैंने उन्हें ये बताने के लिए फोन किया कि डेक्कन की दिलचस्पी 30 एटीआर खरीदने में है। जब वो भारत आए तो मैं उन्हें बेल्लारी और हुबली और अन्य छोटे शहरों में ले गया और उन्हें बताया कि डेक्कन ने देश के इन टियर-टू और टियर-थ्री शहरों में उड़ान भरने की योजना बनाई है। मैंने कहा कि मैं 10 एटीआर लीज पर लेना चाहता हूं और 30 खरीदना चाहता हूं।

मोहन और मैं एटीआर के सौदे को अंतिम रूप देने के लिए पेरिस गए। ये सौदा बिलकुल एयरबस की तरह का ही था। मैंने उन्हें एक निश्चित दर पर विमान खरीदने का ऑफर दिया। फिलिपो सहमत हो गए और उन्होंने स्वेच्छा से इंजीनियरिंग से जुड़े कार्यों को मजबूत करने के लिए सहयोग की पेशकश की। फिलिपो, तब से, अच्छे दोस्त बन गए और मैंने कई मुद्दों पर उससे सलाह ली है। एक बार जब मुझे अपने बोर्ड के कुछ ऐसे सदस्यों के साथ समस्या हो रही थी जो एक सीईओ के तौर में मेरे कामकाज में दखल दे रहे थे, तब मैं फिलिपो के पास गया और उनसे सलाह मांगी कि एक सीईओ के रूप में वो अपने बोर्ड के सदस्यों के साथ कैसा व्यवहार करते हैं। उन्होंने कहा कि हर कीमत पर मजबूती से खड़े रहो और सीईओ के फैसले को बोर्ड के सामने कमतर नहीं होने दो। उन्होंने अंत में कहा कि बोर्ड को दिन के अंत में रणनीति, दृष्टि, कॉर्पोरेट प्रशासन और कंपनी के समग्र प्रदर्शन के बारे में चिंतित होना चाहिए, प्रबंधन के 'कामसूत्र' में नहीं।

मोहन कुमार वित्त का एक निरंतर चक्र जैसा कुछ बनाने में जुटे थे। उन्होंने साउथ अफ्रीका के बैंक इंवेस्टेक से जुड़ीं और लंदन में रह रहीं फाइनेंशियल एग्जीक्यूटिव रामकी सुंदरम के साथ टीम बनाई थी। रामकी के पास आईआईटी से इंजीनियरिंग की डिग्री है। उनका दिमाग तेज है और स्वभाव कमाल का है। मोहन ने रामकी सुंदरम से इस बेहतरीन कार्य प्रणाली पर चर्चा की। विचार ये था कि इंवेस्टेक उन 60 एयरबस विमानों को लेगा जिन्हें हमने अपने काम के लिए ऑर्डर किया था और वो हमें 100 मिलियन डॉलर अग्रिम किश्तों में देंगे। डेक्कन ने हरेक एयरबस विमान की कीमत के लिए निर्माता से मोलभाव किया था। विमान की कीमत समय के साथ बढ़ जाती है। इसलिए हम डिलीवरी से ठीक पहले विमान को लीज वाली कंपनी को 5-8 मिलियन डॉलर के लाभ पर बेच देंगे। डेक्कन और इंवेस्टेक आपस में इससे मिले लाभ को इस तरह विभाजित करेंगे कि इंवेस्टेक को अपना 100 मिलियन डॉलर और निवेश पर रिटर्न मिल जाएगा। 60 विमानों का इंवेस्टेक को असाइनमेंट डेक्कन के लिए हानिरहित था, उसने बिक्री और लीज-बैक खरीदने या शुरू करने का अपना पहला अधिकार खो दिया ताकि संचालन की योजना पहले के अनुसार चलती रहे। यदि डेक्कन किसी भी कारण से चूक जाता है, तो उसका कोई दुष्परिणाम नहीं होगा, यानी, डेक्कन की संपत्ति को छुआ नहीं जाएगा। हालांकि इंवेस्टेक

के पास 60 या डिफॉल्ट के समय जो संख्या बची हुई होगी, उतने विमान होंगे, और उनके लिए अधिक पैसा कमाने का मौका होगा।

इंवेस्टेक इस सौदे के लिए सहमत हो गया लेकिन वो एयरबस से सहमति पत्र चाहता था। शुरुआत में, एयरबस लेटर देने से हिचक रहा था, लेकिन मैंने उनका ध्यान समझौते की एक शर्त की तरफ दिलाया, जिसके अनुसार हम अपनी पसंद से किसी को भी एयरबस दे सकते थे। डेक्कन उस समय पूरी मुसीबत उठाने के लिए तैयार था, क्योंकि दूसरी तरफ उसे भरपूर लाभ का मौका मिल रहा था। अंत में एयरबस राजी हो गई। उस जादुई चाल को मान्यता मिल चुकी थी। उस वर्ष डेक्कन और इंवेस्टेक को यूरोमनी की मोस्ट इनोवेटिव फाइनेंशियल डील ऑफ द ईयर अवार्ड के लिए चुना गया। यूरोमनी एविएशन फाइनेंस से जुड़ा एक प्रसिद्ध प्रकाशक और प्रायोजक है।

मोहन कुमार की प्रतिभा प्रवाहित हो रही थी। इसके बाद वो निरंतर सफर करने वाले यात्रियों के लिए ई-कूपन का आइडिया लेकर आए। डेक्कन ने इन ई-कूपनो को एयरबस सेक्टर में एक लाख रुपए और एटीआर सेक्टर में 50,000 रुपए के एडवांस भुगतान पर बेचा। इन ई-कूपनों के ग्राहक को 35 टिकट मिले जिनका उपयोग वे एक वर्ष के लिए कर सकते थे। एक ई-कूपन का इस्तेमाल एक तरफ की यात्रा के लिए किया जा सकता था। लंबी दूरी की उड़ानों में नियमित रूप से यात्रा करने वाले कई यात्रियों ने ये सदस्यता खरीदी। हमने इन कूपनों को कालाबाजारी से बचाने के लिए ये व्यवस्था की कि खरीददारों को उन लोगों के नाम सूचीबद्ध करने थे जो उन कूपनों का इस्तेमाल करेंगे। डेक्कन ने यात्रियों को उनके आइडी कार्ड से चेक किया ताकि कोई धोखेबाज उनका इस्तेमाल न कर सके और कोई एजेंट उनका दुरुपयोग न कर सके। ई-कूपन से एयरलाइन को प्रतिबद्ध कस्टमर, एडवांस पैसे मिले और इससे जहाज का भरना भी बढ़ गया। ये लगातार सफर करने वाले यात्रियों के बीच काफी लोकप्रिय हुआ।

हर बार लेन-देन की प्रक्रिया पूरा होने के बाद सॉफ्टवेयर में भी बदलाव जरूरी था। सॉफ्टवेयर को डायनेमिक प्राइसिंग लूप से इतर ई-कूपन लेनदेन की अनुमति देने के लिए सॉफ्टवेयर में बदलाव किया गया। प्रत्येक लेन-देन को नोट किया जाता था और, जैसे ही ग्राहक अगला टिकट बुक करता, सिस्टम पिछली यात्रा को घटा देता था। ये सुचारू रूप से काम कर रहा था।

डेक्कन की 1 रुपए और 500 रुपए वाली जल्दी बुक करें, कम भुगतान करें की सोच से सीटें भरीं और हमें अच्छा-खासा कैश-फ्लो मिला। टिकट यात्रा से तीन महीने पहले खरीदे जा सकते थे। जिस दिन एक रुपए और पहले बुकिंग पर कम किराए वाले ऑफर लाए गए, उस दिन तकनीक-प्रेमी, दूसरों की तुलना में अच्छी डील हासिल करने में कामयाब रहे। उस दिन हमारा आइटी सिस्टम लोड की वजह से धीमा हो गया। तकनीक के विशेषज्ञ 24 घंटे के चक्र में काम करते थे और अक्सर इसे आधी रात को बुक करते थे और इसलिए, टिकट बुक करने में सबसे आगे होते थे। लोगों के मन में काफी हद तक ये संदेह था कि हमारा एक रुपए में टिकट का दावा शायद एक दिखावा था। कोई भी ऐसे टिकट खरीदने और यात्रा करने वालों से नहीं मिला था। हमने पत्रकारों को इनके नाम और नंबर दिए। पत्रकारों ने यात्रियों से संपर्क किया ताकि यह सुनिश्चित किया जा सके कि हम झूठ नहीं बोल रहे हैं। वास्तव में ऐसा हुआ था। इन्फोसिस का एक सॉफ्टवेयर इंजीनियर या एक रिटायर्ड सरकारी अधिकारी ऐसे ही लोग थे। बात फैल गई और ये एक सार्थक रणनीति साबित हुई जिसने और अधिक लोगों को हमारी तरफ आकर्षित किया।

जब भी मैं यात्रा करता था, मैं एयर होस्टेस को ये बताने के लिए कहता कि मैं बोर्ड पर हूं और यात्रियों से मिलूंगा। मुझे पहली बार यात्रा करने वाले यात्रियों और एक रुपए और 500 रुपए के टिकटधारकों से बात करने में दिलचस्पी थी। मैंने एयर-होस्टेस से कहा कि वो उन्हें पब्लिक एड्रेस सिस्टम सौंप दें और उनसे ये बताने के लिए कहा कि उन्हें टिकट कैसे और कहां से मिले। वहां एक व्यक्ति अपनी पत्नी के साथ जम्मू जा रहा था। वो माइक पर आया और कहा कि पहले वो अपनी पत्नी के साथ महीने में एक बार राजधानी एक्सप्रेस से सफर करता था, अब वे एयर डेक्कन से हवाई यात्रा कर रहे थे। उसने अपनी बात जारी रखी और बहुत मजाक किया। लोगों ने तालियां बजाई और उसका उत्साह बढ़ाया, जबकि उसकी शर्मीली पत्नी अपनी सीट में सिकुड़ गई और यात्रियों की नजरों से बचने के लिए उसने अपने चेहरे को अपने पल्लू से ढक लिया।

जिन भी लोगों ने मुझे कीमती और उत्साहजनक फीडबैक दिए, उनमें से एक सी.के. प्रहलाद थे। जब मेरे सचिव ने मुझे फोन थमाया तो मुझे नहीं पता था कि ये अंतर्राष्ट्रीय स्तर के दिग्गज मेनेजमेंट विजनरी सी.के. प्रहलाद हैं। उन्होंने कहा, 'कैप्टन गोपी, मैं दिल्ली एयरपोर्ट से फोन कर रहा हूं। मैं जयपुर जा रहा हूं। मेरे ठीक सामने तीन लंबनी आदिवासी महिलाएं हैं जो अपने जिप्सी

सामान के साथ सवार होने वाली हैं। मैं आपको बधाई देना चाहता था। आपने सच में आम लोगों को उड़ान का मौका दिया है। आपको सलाम है! मैं अगले हफ्ते बेंगलुरु आ रहा हूं। मैं आपसे कुछ चीजों पर चर्चा करना चाहता हूं। क्या आपसे मुलाकात हो सकती है?'

वो अगले हफ्ते आए और हमने साथ में डिनर किया। प्रहलाद के बोलने का तरीका आकर्षक है। वो बहुत जटिल चीजों को सरल बना सकते हैं। दूसरी ओर, यदि आप उन्हें बताते हैं कि आप कुछ कर रहे हैं, तो वो जल्दी से इसका एक पैटर्न तैयार करते और एक नया सिद्धांत ले आते जिसकी कहीं अधिक व्यापक अपील होती। इससे इसकी विशिष्टता स्पष्ट हो जाती थी। वह सही मायनों में मॉडल निर्माता, सिद्धांत प्रतिपादक, एक बोधगम्य विचारक हैं और उनकी उपस्थिति मंत्रमुग्ध करती है। हमने लगभग तीन-चार घंटे साथ में बिताए।

प्रहलाद ने बताया कि हाल ही में उनकी किताब *फॉर्च्यून एट द बॉटम ऑफ द पिरामिड* प्रकाशित हुई है। ये किताब चेताती है कि हमें आर्थिक रूप से वंचित लोगों को गरीब के रूप में नहीं बल्कि कस्टमर के रूप में देखना चाहिए। ये वे लोग हैं जो भाग्य के पिरामिड को शीर्ष पर बनाए रखते हैं। उन्होंने ये भी कहा कि वो इन्फोसिस परिसर में एक संगोष्ठी की अगुवाई कर रहे थे, और चाहते थे कि मैं इसे संबोधित करूं। इसके लिए मैं तुरंत सहमत हो गया। उनके पास एक और प्रोजेक्ट था। उन्हें दुनिया भर के ऐसे 30 उद्यमियों पर आधे घंटे की एक डॉक्यूमेंट्री बनाने के लिए कहा गया था, जिन्होंने पिरामिड के निचले तबके के लोगों को शामिल कर बिजनेस को बदल दिया था। मैं उन 30 लोगों में से एक था और वो डेक्कन और मेरे ऊपर एक फिल्म बनाना चाहते थे।

एयर डेक्कन की वेबसाइट भारत में सबसे बड़ी व्यावसायिक वेबसाइट बन गई। हमारा राजस्व शुरू में संभल-संभलकर बढ़ा और फिर अचानक ऊपर चला गया। तीन साल के बाद तक हमें रोजाना के 15 से 20 लाख डॉलर मिल रहे थे। इस कैश-फ्लो ने कंपनी को बढ़ने का मौका दिया। लेकिन डेढ़ साल बाद, कुछ ऐसी घटनाएं हुईं जिन्होंने कंपनी को तंग करना शुरू कर दिया।

चुनौतियां

तरक्की से मेरे प्रशंसकों की संख्या बढ़ गई। मैंने लोगों के बुलाने पर रात्रिभोज, वार्ता और दूसरे कार्यक्रमों में भाग लिया। उन्होंने कहा कि वे कंपनी का आदर करते हैं। गांव के बुजुर्गों ने मेरे ऊपर अपना आशीर्वाद बरसाया।

हालांकि, जैसे-जैसे समय बीता, तारीफों के बीच, लोग मेरे पास आने लगे और बहुत धीमे और झिझकते हुए बार-बार होने वाली देरी की शिकायत करने लगे। मैं इस तरह के नकारात्मक फीडबैक से बेहद शर्मिंदा था। मैंने तुरंत स्पष्टीकरण मांगा और इस मुद्दे से सख्ती से निपटा। लोगों की शादी छूट गई थी, परीक्षा के लिए देर हुई थी, एक को बैठक रद्द करनी पड़ी थी। ये किसी बुरे सपने की तरह था और इसने डेक्कन का नाम खराब किया। पत्रकार मेरी एयरलाइन में लगातार यात्रा करते थे। उनमें से कईयों ने पहले कभी हवाई यात्रा नहीं की थी लेकिन अब नियमित रूप से ऐसा कर रहे थे। डेक्कन की उड़ान में हमेशा एक ना एक पत्रकार होता था। जब भी किसी उड़ान में देरी होती तो एक रिपोर्टर उसकी कवरेज करने के लिए मौजूद होता था।

देरी या रद्द होने की वजहें थीं : नेतृत्व और योजना के बीच संचार या सामंजस्य की कमी। तेज गति से आगे बढ़ने के कारण हम कुछ परेशानी में थे। तीन वर्षों में, डेक्कन के पास एक से बढ़कर 36 विमान हो गए थे। साढ़े तीन सालों में, डेक्कन दो विमानों से 45 तक और एक दिन में 2000 यात्रियों से 25,000 यात्रियों तक पहुंच गया था और प्रतिदिन दो हवाई अड्डों की बजाए 67 हवाई अड्डों से उड़ान भर रहा था और हर दिन देशभर में 380 फ्लाइटें उड़ा रहा था। आगे बढ़ने की प्रक्रिया जारी थी। बड़ी समस्याओं में से एक ये थी कि चीजों का तालमेल ठीक करने के लिए सही जगह पर सही लोग नहीं थे। इसके अलावा, शुरुआत में मजबूत दिख रहा आइटी सिस्टम कमजोर दिखने लगा था और बढ़ोत्तरी को संभालने में असमर्थ हो रहा था।

मैंने इंडस्ट्री के सबसे काबिल लोगों को तलाशने के लिए मशहूर ग्लोबल कंपनी स्पेंसर स्टुअर्ट को काम पर रखा। उन्होंने बेल्जियम के थियरी लिंडेनौ को काम पर रखा। वो एविएशन में वरिष्ठ स्तर के प्लेसमेंट में विशेषज्ञता रखते थे। मैंने थियरी से कहा कि वो हमारे ऑपरेशंस डिपार्टमेंट को लीड करने के लिए रयान एयर या ईजीजेट या ईस्ट-वेस्ट के किसी काबिल व्यक्ति को ढूंढें। थियरी मेरे लिए रयान एयर से वारविक ब्रैडी को लेकर आए, जो हमारे साथ चीफ ऑपरेशंस ऑफिसर के तौर पर जुड़े। ब्रैडी और मैंने ब्रिटिश एयरवेज से हेवी

इंजीनियरिंग के प्रमुख, रयान एयर से लाइन मेंटनेंस के प्रमुख और केएलएम से फ्लाइट ट्रेनिंग के प्रमुख को बुलवाया।

हम अभी जिन समस्याओं का सामना कर रहे थे, रयान एयर ने उनमें से कई पर विजय पा ली थी। वो बिना सख्त कदम उठाए एक बिंदु पर पहुंच गया था। ब्रैडी ने एक नीति बनाई जिसके मुताबिक, यदि कोई उड़ान रद्द होती है तो वो रद्द ही रहेगी और यात्रियों को अनुबंध के अनुसार रिफंड मिलेगा। बस। इस मामले में मैं खुद को दोषी महसूस कर रहा था क्योंकि फंसे हुए यात्रियों के प्रति हमारी नैतिक जिम्मेदारी थी। ब्रैडी ने कहा कि पांच से छह महीने के भीतर समस्या ठीक हो जाएगी। फंसे हुए यात्रियों का ध्यान रखने और फुल सर्विस एयरलाइंस की तरह उनकी देखभाल करने की बजाए समस्या को ठीक करने पर ध्यान केंद्रित करने का यही एकमात्र तरीका था।

तरक्की के साथ अच्छा और बुरा दोनों तरह का प्रचार आया। हम अच्छी कारणों से नियमित रूप से टीवी पर थे: किसी नए रूट को शुरू करने के लिए या कोई नया मील का पत्थर हासिल करने के लिए; और गलत कारणों से भी: यात्रियों की उपेक्षा करने और उन्हें एक कच्ची डील देने के लिए। टीवी पर यात्रियों को अपना आपा खोते और अपना गुस्सा निकालते हुए, हमारे ग्राउंड स्टाफ के साथ बदतमीजी करते देखा जा सकता था। हमारे बिक्री केंद्रों पर भी हमले हो रहे थे। नहीं चाहते हुए भी हम मीडिया को चटपटी खबरों की सप्लाई कर रहे थे।

इसी समय पर हमने अपनी इंजीनियरिंग, उड़ान संचालन और लॉजिस्टिक्स की क्षमता को बढ़ाने में निवेश करने का निर्णय लिया। डेक्कन की अभूतपूर्व सफलता विमान बनाने वाली कंपनियों के लिए सकारात्मक बदलाव लेकर आई थी। एटीआर की विनिर्माण सूची पुनर्जीवित हुई। हालांकि, इंडियन एविएशन का पुनरुत्थान एटीआर और एयरबस दोनों के लिए एक चुनौती लेकर भी आया। दोनों को अपनी उत्पादन क्षमताओं को बढ़ाने के लिए मजबूर होना पड़ा। दोनों के पास सप्लाई चेन की बड़ी समस्याएं थीं क्योंकि उनके आपूर्तिकर्ता ऑर्डर बुक के हिसाब से सप्लाई करने के लिए तैयार नहीं हुए थे। पुर्जों की आपूर्ति के कारण एटीआर पीछे छूटा और हमें इसका नुकसान झेलना पड़ा। एटीआर ने तय मानकों से इतर स्पेयर पार्टों और पुर्जों की आपूर्ति करके स्थिति को और खराब किया। इससे हमारे और उनके इंजीनियरों के बीच आरोप-प्रत्यारोप

का दौर शुरू हो गया। ये किसी टेनिस गेम की रैली की तरह था। मैंने इसका व्यावहारिक समाधान निकालने के लिए फौरन हस्तक्षेप किया।

हमारे लिए समस्याओं का दूसरा स्रोत स्पाइसजेट, किंगफिशर, गो एयर, पैरामाउंट और इंडिगो जैसी नई एयरलाइंस का उदय था। नई एयरलाइंस को विमानों की आवश्यकता थी और उन्होंने दसियों विमानों का ऑर्डर दे दिया। इसका असर निर्माण और डिलीवरी के शेड्यूल पर पड़ा। एयरपोर्ट पर फ्लाइटों की संख्या बढ़ गई थी। एयरपोर्ट स्पेस और जमीन पर काम करने वाली सेवाओं पर दबाव था। नई एयरलाइंस प्रतिस्पर्धी किराए की पेशकश कर रही थीं जिसके चलते सीटों की संख्या काफी बढ़ गई और इसका हमारी आय और लाभप्रदता पर असर पड़ा। हमने बॉटम लाइन की मदद के लिए थोड़ा किराया बढ़ाया, लेकिन इससे हमारे कस्टमर छिटक गए।

विजय माल्या से मुलाकात

किंगफिशर एयरलाइंस शुरू करने से कुछ महीने पहले विजय माल्या मुझसे मिलना चाहते थे। एयरबस के किरण राव ने हमारी बैठक आयोजित की। किरण ने संकेत दिया कि विजय माल्या शायद मेरी एयरलाइन में निवेश करना चाहते हैं। मैं उनसे मिलने गया।

तब मैं विजय माल्या की भव्य हवेली वाली सड़क पर स्थित एक मामूली अपार्टमेंट में रहता था। मैं ऑफिस जाता था या छोटी कार चलाता था, इकोनॉमी क्लास में सफर करता था, अपने गेस्ट-हाउस में रुकता था और बहुत कम ही फाइव-स्टार होटलों में जाता था। मैं उस आदमी के बारे में जवानी के दिनों से पढ़ रहा था और उसकी ग्लैमर से भरी जीवन शैली से अवगत था।

विजय माल्या के बारे में सब कुछ भव्य और आलीशान है। उनके बंगले का रास्ता दोनों तरफ आकर्षक कुटी, फव्वारों, झरनों और पत्थरों पर बनी राजसी आकृतियों से घिरा हुआ है। एक नियंत्रित गली है जिसमें सजावटी पाम, लताओं और अच्छी तरह से सज्जित फूल हैं। जैसे ही मैं उनकी पुरानी महलनुमा हवेली की ओर बढ़ा, मैं एक उछलते हुए घोड़े पर सवार व्यक्ति की आकृति की तरफ आकर्षित हो गया।

मैं सोच में पड़ गया कि ये आदमी मुझसे क्या कहना चाहता है। क्या ये किसी साथी उद्यमी से मिलने की इच्छा थी? माल्या ने 1990 के दशक

की शुरुआत में यूबी एयर लॉन्च किया था। ये वो समय था जब ईस्ट-वेस्ट, दमानिया, मोदीलुफ्त, और गुजरात एयर उभरे थे और जितनी तेजी से आए, उतनी ही तेजी से बंद भी हो गए। यूबी एयर का एक विमान दुर्घटनाग्रस्त हो गया था लेकिन इसमें कोई हताहत नहीं हुआ था। हालांकि, एयरलाइन छह अन्य पुरानी एयरलाइंस की तरह ही दुर्घटना के तुरंत बाद बंद हो गई थी। क्या ये एयरलाइन शुरू करने के दूसरे प्रयास की प्रस्तावना हो सकती है?

अफवाह थी कि विजय माल्या एक नई एयरलाइन की योजना बना रहे हैं। उन्हें किंगफिशर एयरलाइंस का नाम सुझाया गया था। ये 'किंग ऑफ गुड टाइम्स' कैच-फ्रेज से लिया गया जो विजय माल्या के साथ जुड़ चुका है। किरण राव को यकीन था कि माल्या अपनी एयरलाइन फिर से लॉन्च करेंगे और ये मानते हुए, मैंने एयरबस और किरण राव से आग्रह किया कि वे हमें और किंगफिशर की डिलीवरी के बीच में छह महीने का अंतर रखें। किरण ने मेरी बात नहीं सुनी, और सेल्समैन के अडिग तर्क के साथ कहा कि अगर वे माल्या को नहीं बेचेंगे, तो बोइंग डील कर लेगा। मैंने विमान-निर्माताओं को चेतावनी दी थी कि बाजार के परिपक्व होने से पहले सभी को बेचना उनके लिए प्रतिकूल होगा। मेरा तर्क ये था कि इससे एक नया एविएशन तैयार होगा और एकाधिकार खिलाड़ियों के अलावा कोई भी नहीं बचेगा। मुझे अपने शब्दों भविष्यवाणी का संकेत स्पष्ट हुआ। सीईओ को बिक्री दिखानी होती है, और स्टॉक-मार्केट सीईओ पर छोटे समय में डिलीवरी करने का दबाव डालता है। एयरबस डेक्कन की ही तरह अल्पावधि में डिलीवर करना चाहती थी।

माल्या का बंगला सुव्यवस्थित लॉन और आंगन से घिरा हुआ है। घर में दाखिले से पहले एक विशाल पोर्टिको है। पोर्टिको से कुछ दूरी पर एक विशाल गैरेज है जहां माल्या परिवार की पुरानी कारों का संग्रहालय है। उनमें से चमचमाती लगभग 30 या 40 दीवार से सटाकर खड़ीं की गई थी। सामने के बरामदे में एक बेंटले थी। घास की पट्टी के पार एक चमचमाती नई मर्सिडीज और एक ताजातरीन स्पोर्ट्स कार खड़ी थी।

घर के अंदर, एक तरफ, एक मंदिर है जो बाकी के माहौल की तरह ही प्रभावशाली है। विजय माल्या बरामदे के चबूतरे पर लगे झूले पर बैठ गए। माल्या एक आधुनिक महाराजा के अच्छे परिचायक हैं। चबूतरे से बड़ा स्विमिंग पूल दिख रहा था। विजय माल्या से थोड़ी दूरी पर बैठे उनके ग्रुप सीएफओ रवि नेदुंगडी के सिगार में से धुएं का छल्ला निकल रहा था। रवि वहां बुद्ध की तरह अत्यंत शांत होकर बैठे थे। सिगार उनकी पहचान था। कुछ घरों को जलती हुई

धूप की तेज गंध से चिह्नित किया जाता है, कुछ को हवा में खनकती घंटियों की आवाज से, कुछ जगहों पर ऐसे चिह्न या निशान या आकृतियां होती हैं जिनपर आपकी नजरें टिकी सी रहती हैं, कुछ घरों के अंदरूनी हिस्से किसी पेंटिंग से पहचाने जाते हैं। माल्या के घर के भव्य अंदरूनी हिस्सों में सिगार, दृश्य और अहसास, दोनों रूपों में मौजूद था।

जब मैं करीब गया तो देखा कि विजय माल्या जिस झूले पर बैठे थे, वो ठोस चांदी का बना था, उनके पैर चांदी के एक स्टूल पर टिके हुए थे। और वो सब कुछ ठोस चांदी का था!

विजय माल्या ने मेरी उत्सुकता को परख लिया। मैं पहली बार किसी बड़े शहर में आए गाँव के लड़के जैसा था; जो पूरी तरह से नजारों और आवाजों के रोमांच में खो जाता है। मैंने इसे त्याग दिया; विस्मय होने पर कोई शर्मिंदगी महसूस नहीं हुई; मुझे इसे प्रकट करने में कोई बाधा नहीं थी। जिस चीज ने मुझे वास्तव में चकित किया था वे चांदी के दो ऊंचे स्तंभ थे, जो चांदी के फर्नीचर कुछ फीट की दूरी पर करीने से रखे हुए थे। उनकी शाखाओं पर ऊपर की ओर बढ़ती नुकीली पत्तियां नकली पाम की तरह थीं। मैंने रवि नेदुंगडी से पूछा कि ये क्या हैं। उन्होंने शांति से कहा, मानो कोई भी तेज आवाज उस माहौल की सौम्यता को भंग कर देगी, 'गोपी, ये मोमबत्तियां हैं।' मैंने होल्डरों में लगी बड़ी मोमबत्तियों की कल्पना की, जो हमेशा जलती रहती हैं। मैंने उस जैसा कुछ कभी नहीं देखा था, यहां तक कि हैदराबाद के प्रसिद्ध सालार जंग संग्रहालय में भी नहीं।

विजय माल्या ने मेरा स्वागत किया और सीधे मुझे ड्रिंक की पेशकश की। मैं बियर के लिए तैयार हो गया, जो तुरंत मुझे परोस दी गई। विजय माल्या एक मिलनसार और बहुत मेहमाननवाज व्यक्ति हैं। वो सावधानी से तैयार की गई अपनी मस्तमौला छवि को सामने रखते हैं। बिना किसी लाग-लपेट के वो सीधे मुद्दे पर आए। उन्होंने कहा, 'गोपी, तुम बेंगलुरु से हो। मैं बेंगलुरु से हूं। हमें दो एयरलाइनों की आवश्यकता क्यों है?' मैंने तुरंत उत्तर दिया, 'विजय, हम व्यक्तिगत तौर पर बिलकुल अलग हैं। हमारा दर्शन, जीवन को देखने का नजरिया और कार्य करने का तरीका अलग है। ये हमारी व्यक्तिगत सीमाओं और पहचानों को खत्म करने में कैसे मदद करेगा?' उन्होंने एक एयरलाइन के रूप में साथ काम करने का सुझाव दिया ताकि हम एक-दूसरे की हिस्सेदारी के लिए ना लड़ें। उन्होंने कहा कि वो मेरी एयरलाइन में निवेश करना चाहेंगे। शब्दों में

कोई उतार-चढ़ाव नहीं। विजय का बोलना ऐसा था मानो वो मुझे खरीदना चाह रहे हों। वो नई एयरलाइन को किंगफिशर एयरलाइंस कहेंगे।

मैंने कहा, 'हां, ये कोई बुरा विचार नहीं है, लेकिन मुझे इसके बारे में सोचने की जरूरत है। यदि हम डेक्कन में आपके निवेश के माध्यम से एक भी एयरलाइन नहीं बना सके, तो मुझे यकीन है कि हम साथ में काम कर सकते हैं। हम अपनी इंजीनियरिंग और अन्य संसाधनों को साझा कर सकते हैं।'

हमने लक्ष्यहीन और गैर-जरूरी चीजों पर बात की। वो मुझे पसंद आए। वो मिलनसार और खुशमिजाज थे, उनकी आंखों में चमक थी। मैं लगभग दो घंटे तक वहां रहा। बाहर आने पर किरण राव ने मुझसे पूछा, 'तुम्हारा क्या कहना है?' मैंने कहा, 'मुझे नहीं लगता कि ये काम करेगा। हम दो बिल्कुल अलग लोग हैं।' मैंने इसे वहीं छोड़ दिया। मेरा पूरा सपना इस एयरलाइन का निर्माण करना था ना कि अपने लिए पैसा कमाना। मैं बिजनेस बेच सकता था और मोटे मुआवजे पर रिटायर हो सकता था, और अगर ऐसा होता तो इंडियन एविएशन के इतिहास के साथ-साथ मेरे जीवन का रास्ता भी अलग होता।

एक बार विजय माल्या के करिश्मे और ऐश्वर्य की धुंध छंटने के बाद, मैं अपनी वास्तविक दुनिया में लौट आया था, जिसमें मेरे ऊपर कंपनी के मुख्य कार्यकारी के रूप में विश्वास दिखाया गया था। मुझे अपना मकसद याद आया: वो ये था कि कुछ नया करने की चुनौती के लिए जीना और मरना सार्थक है। इसे हासिल करना मेरा सपना था और मैंने इस सपने को एक टीम को बेचा था। मुझे उस मैत्री को 'ना' कहने में देर नहीं लगी। किंगफिशर एयरलाइंस अपने अवतार में पैदा हुई थी क्योंकि मैंने ना कर दिया था। अन्यथा, छह महीने के भीतर डेक्कन का किंगफिशर एयरलाइंस के रूप में पुनर्जन्म हो जाता।

लगभग उसी समय, कुछ ऐसी चीजें हुईं, जिनका डेक्कन के भविष्य पर प्रभाव पड़ा। डेक्कन को घाटा हो रहा था। उड़ानें रद्द हो रही थीं, उड़ानों में देरी हो रही थी। जब तक हम एक समस्या को सुलझाते, तब तक दूसरी सिर पर खड़ी हो जाती। जनभावना अब हमारे पक्ष में नहीं रही। समस्या का एक हिस्सा हमारे अंदर था, एक हिस्सा ये था कि परिस्थितियां हमारे खिलाफ थीं। नई एयरलाइंस को चलाने के लिए कुशल लोगों की जरूरत थी। उन्होंने हमारे लोगों से संपर्क किया और इससे हम दुर्बल हुए। हमें मानव संसाधन की भारी कमी का सामना करना पड़ा। प्रतिस्पर्धा के बीच हमने पायलटों और इंजीनियरों को गंवा दिया। एक सुबह मुझे खबर मिली कि हमारी अहमदाबाद-बेंगलुरु की फ्लाइट इसलिए रद्द करनी पड़ी क्योंकि पायलट और इंजीनियर ने किंगफिशर

एयरलाइंस को जॉइन कर लिया था। एक और दिन, पंद्रह को-पायलट सामूहिक इस्तीफा देकर इंडियन एयरलाइंस में शामिल हो गए।

नियमों के मुताबिक, एयरलाइंस को विदेशी नागरिकों को को-पायलट के रूप में नियुक्त करने की इजाजत नहीं थी और बाद में वे भी पलायन कर गए। हम एक गंभीर संकट में थे। मुझे इसका रास्ता निकालना था। मैंने सरकार को नियमों में बदलाव के लिए राजी किया ताकि विदेशियों को भारत में को-पायलट के रूप में काम करने की अनुमति मिल सके। कैप्टनों के साथ समस्या कहीं ज्यादा खराब थी। अन्य एयरलाइंस, विशेष रूप से किंगफिशर ने हमारे कैप्टनों को अपनी तरफ खींचने के लिए भारी-भरकम सैलरी की पेशकश की। मैंने उन्हें गैर-एविएशन क्षेत्र की कंपनियों और असाइनमेंट से भर्ती किया था, उन्हें जेट एयरवेज से 20 प्रतिशत कम भुगतान किया था। हालांकि, हमारे कर्मचारियों ने, जिनमें पायलट भी शामिल हैं, भत्तों के माध्यम से कहीं अधिक कमाई की थी। हमने कार्य प्रदर्शन के पैरामीटर के तौर पर लोड फैक्टर इंडेक्स लागू किया था। रैंक और काम से इतर सभी कर्मचारियों को हर महीने लोड फैक्टर भत्ता मिलता था। यदि वे लोड फैक्टर को बढ़ाते हैं, तो उन्हें अधिक भत्ता मिलेगा।

पायलटों को लोड फैक्टर अलाउंस के अलावा सेक्टर अलाउंस भी दिया जाता था। जितनी अधिक उन्होंने उड़ान भरी, उतना ही उन्होंने कमाया। उनका मूल वेतन और विभिन्न भत्तों को मिलाकर मिलने वाला पैसा जेट एयरवेज द्वारा ऑफर किए गए वेतन से कहीं अधिक था।

बाकी एचआर के काम भी प्रभावित हुए थे। कोर टीम और वे लोग जो कंपनी के साथ शुरुआत में जुड़ गए थे, वे बने रहे, लेकिन नए लोगों ने छोड़ना शुरू कर दिया। मुझे नए रंगरूटों के साथ बातचीत करने का अवसर नहीं मिला था। किंगफिशर एयरलाइंस और अन्य एयरलाइंस अपने खेल को लेकर बेशर्म थीं: उन्होंने हवाई अड्डों पर खुले तौर पर भर्ती के बाजार स्थापित किए। हमारा एयरपोर्ट हैंडलिंग आउटसोर्स किया गया था; एयरपोर्ट कैडर एक एजेंट के जरिए हमारे लिए काम कर रहे थे। किंगफिशर बाजारों ने एजेंटों के कर्मचारियों को आकर्षित किया और कईयों ने एक दिन की सूचना दिए बिना एजेंटों के साथ काम छोड़ दिया। हमें इंजीनियरों के साथ भी इसी तरह के संकट का सामना करना पड़ा। विजय माल्या ने अपनी नई भर्तियों को स्पष्ट आदेश दिया था : 'डेक्कन के सबसे बेहतर लोगों को लाएं,' और उन्होंने वही किया।

आईटी और फंड इकट्ठा करना

हमने अपने फ्रंटलाइन ग्राहक सेवा अधिकारियों को प्रशिक्षित करने के लिए हीरो माइंडमाइन जैसे गुणवत्ता वाले प्रशिक्षकों को काम पर रखा, लेकिन उनमें से कई अच्छे लोगों ने प्रशिक्षण के बाद छोड़ दिया। वे प्रतिस्पर्धा का हिस्सा बन गए, क्योंकि उन्हें अच्छे वेतन और एजेंट की बजाए सीधे कंपनी के साथ काम करने का ऑफर मिला था। पलायन थम नहीं रहा था। बाल्टी में छेद था जिसे हम ठीक नहीं कर पा रहे थे। मैं कुछ उदाहरण देता हूं कि बाल्टी लीक कैसे हुई। हमारा एक एयरपोर्ट मैनेजर था जिसे 35,000 रुपए महीने का वेतन मिलता था। वो रातोंरात स्पाइसजेट में चला गया क्योंकि उसे डेढ़ लाख रुपए मिल रहे थे। एयरबस को शामिल करने के बाद, हमने 2 लाख रुपए के वेतन पर एक और मुख्य पायलट की भर्ती की। किंगफिशर ने उसे 3,50,000 रुपए, एक कार और एक घर की पेशकश की तो उसने छोड़ दिया। ये उसी बुरे सपने की तरह था जिसके बारे में गुजरात एयरवेज के निदेशक ने मुझे पहले बता आगाह किया था।

एक दिन संकट उस समय गहरा गया जब बारह इंजीनियर इस्तीफा देकर किंगफिशर एयरलाइंस में चले गए। मैं विजय माल्या से नाराज था और मीडिया में उनकी अनैतिक गतिविधियों का प्रचार करने लगा। माल्या ने मुझ पर पलटवार करने के लिए मीडिया का इस्तेमाल किया।

हम इधर-उधर हुए। गुस्सा ठंडा होने पर हम दोनों मिले। मैंने कहा, 'आप जो कर रहे हैं वह उलटा साबित होगा और आगे जाकर आपको नुकसान करेगा। एक बार जब आप पायलटों के वेतन में वृद्धि करते हैं तो आप कम नहीं कर पाएंगे। उनकी संख्या सीमित है। आप उन्हें बाहर से क्यों नहीं लाते? लेकिन मेरे पायलटों और इंजीनियरों पर डोरे मत डालिए।' वो मेरे तर्क को समझ रहे थे और हमने एक-दूसरे के कर्मचारियों को न तोड़ने का समझौता कर लिया।

उस समझौते ने माल्या के एचआर को मेरे यहां से लोगों को खींचने से नहीं रोका था। माल्या असाधारण रूप से व्यस्त व्यक्ति हैं और मैं ये मानने को तैयार था कि वो शायद इस बारे में नहीं जानते होंगे। मैंने उन्हें कॉल कर अपना गुस्सा जाहिर किया। उन्होंने भी पलट कर जवाब दिया। हमारे बीच कुछ अमर्यादित शब्दों का आदान-प्रदान हुआ। हमारे समझौते का कोई फायदा नहीं हुआ था।

एयरलाइंस की संख्या में उछाल के कारण हवाई अड्डों पर भारी भीड़ हो रही थी। इस बड़ी संख्या का सामना करने के लिए बुनियादी ढांचा अपर्याप्त था। ये दिल्ली, मुंबई, कोलकाता, चेन्नई, बेंगलुरु और हैदराबाद में विशेष रूप से इतना खराब था कि विमान को उतरने से पहले नियमित रूप से एक घंटे तक एयरपोर्ट का चक्कर लगाना पड़ता था। एक मिनट की उड़ान में एक एटीआर पर 1300 रुपए और एक एयरबस पर 2200 रुपए का ईंधन खर्च होता है। इससे भारी नुकसान हुआ और हमारे फ्लाइट संचालन में और देरी करते हुए हमें सबसे अधिक चोट पहुंचाई।

जबकि अन्य एयरलाइंस के पास देरी की स्थिति में अतिरिक्त विमान थे, हमारे पास कोई नहीं था। इंजीनियरिंग की कई समस्याओं को ठीक करने के बाद भी हमारी प्रतिष्ठा अटकी हुई थी।

कम लागत वाली एयरलाइन होने की वजह से हम छोटे एयरपोर्टों के लिए उड़ान भर रहे थे। इससे एक नई समस्या पैदा हुई। इनमें से कुछ एयरपोर्ट रक्षा मंत्रालय के अधीन थे और शाम 4 या 5 बजे तक बंद हो जाते थे। अगर हमें कहीं और देरी होती है तो हम इन हवाई अड्डों पर नहीं उतर सकते थे और इससे हमारी परेशानी और बढ़ गई। उदाहरण के लिए, जम्मू और ग्वालियर भारतीय वायुसेना के अधीन थे, जबकि विजाग नौसैना का एयरपोर्ट था। यदि ग्वालियर जाने वाले किसी विमान को दिल्ली में देर हो जाती और समयसीमा के कारण वो वहां नहीं उतर पाता है, तो उसे दिल्ली लौटना पड़ता था। कई छोटे हवाई अड्डों पर रात में लैंडिंग की सुविधा नहीं थी। अन्य जगहों पर, एयरपोर्ट के सरकारी कर्मचारी केवल शाम 6 बजे तक काम करते थे। इतनी सारी नई एयरलाइंस का परिचालन शुरू करने के बाद भी एएआई ने अतिरिक्त लोगों की भर्ती नहीं की थी।

समस्याएं एक के आगे एक आती गईं। संचालन की लगभग सभी गड़बड़ियों को ठीक करने के बाद भी हम प्रति यात्री औसतन मूल लागत से 300 रुपए से 500 रुपए कम पर थे। हम पर बहुत कम कर्ज था, हमारा टर्नओवर 2000 करोड़ रुपए को पार कर गया था। हमें केवल कुछ समय और बाजार में बने रहने की जरूरत थी। हालांकि, जब हम एयरपोर्टों के बुनियादी ढांचे में सुधार का इंतजार कर रहे थे, एक भयानक दुर्भाग्य हमारे सामने आकर खड़ा हो गया : हमारा आईटी सिस्टम ध्वस्त हो गया था।

ये एक बहुत बड़ी आपदा थी। हमने रिजर्वेशन सिस्टम के संचालन को इंटरग्लोब टेक्नोलॉजीज (आईजीटी) को आउटसोर्स किया था। इस कंपनी को राहुल भाटिया चलाता था। मैंने कंपनी में भाटिया, जिससे मैं बहुत बाद में मिला, के चलते नहीं, बल्कि सॉफ्टवेयर इंजीनियरों की युवा, उत्साही और मेहनती टीम की वजह से गहरा भरोसा दिखाया था, जिन्होंने मुझे नेविटेयर का एक अच्छा विकल्प प्रदान किया। मुझे अफवाहें सुनने को मिलीं कि भाटिया अपनी खुद की एयरलाइन शुरू करने जा रहा है। मैंने भाटिया को फोन किया और कहा कि मैंने जो सुना, अगर वो सच है तो ये हितों का टकराव था। मैंने कहा कि वो मेरा प्रतियोगी बन जाएगा और मेरा पूरा डेटा उसके पास होगा। उसने अफवाह को नकार दिया, लेकिन जब मैंने उससे लिखित में ऐसा करने को कहा तो उसने टाल दिया।

अपनी सभी समस्याओं के बावजूद डेक्कन बड़ा हो रहा था और उसकी शक्ति बढ़ रही थी। यदि भाटिया ने डेक्कन के आईटी सिस्टम पर थोड़ा और समय बिताया होता और इसे और अधिक मजबूत और बहुमुखी बनाया होता, तो इसने उसे वैश्विक मंच पर पहचान दी होती और उसे नेविटेयर और सेबर की कतार में खड़ा कर दिया होता।

भाटिया की आईजीटी ने अनुबंध की कीमत पर हमें वे सभी सुविधाएँ देने के लिए हमारे साथ एक अनुबंध पर हस्ताक्षर किए थे जो नेविटेयर दे रहा था; साथ ही आवश्यकता पड़ने पर अतिरिक्त सुविधाएं, जिसके लिए एक अलग शुल्क पर बातचीत की जानी थी और उसका हमारे द्वारा भुगतान किया जाना था। आईजीटी को कॉन्ट्रैक्ट के 90 दिनों के भीतर एक पूर्ण विशेषताओं वाला, मजबूत सिस्टम तैयार करना था। हालांकि, डेढ़ साल बाद भी डायनेमिक प्राइसिंग और बुनियादी आवश्यकताओं का सिस्टम विकसित नहीं हुआ था। आईजीटी ने हमें इंटरनेट-आधारित आरक्षण प्रणाली, दो-कंपोनेंट वाले सॉफ्टवेयर में से दूसरा, अपने सबसे सरल रूप में दिया था: इसे यात्रियों की बड़ी आवक को संभालने के लिए मजबूत बनाया जाना था, जिस पर अधिक ध्यान देने और निवेश बढ़ाने की जरूरत थी। भाटिया ने इनमें से कुछ भी नहीं किया था। जाहिर है, आईजीटी ग्राहकों की बढ़ती संख्या को संभालने के लिए सिस्टम को अपग्रेड करने के लिए निवेश करने में विफल रही। मुझे मार्केटिंग के अधिकारियों और निवेशकों ने बताया कि भाटिया अपनी खुद की एयरलाइन स्थापित कर रहा है। मुझे उन पर विश्वास नहीं हुआ लेकिन धीरे-धीरे आईजीटी द्वारा एयर डेक्कन के पक्ष में

निवेश की कमी स्पष्ट हो रही थी, क्योंकि सिस्टम हमारी वेबसाइट पर यात्रियों की बढ़ती संख्या और यातायात को संभालने में सक्षम नहीं था।

मेरी टीम ने मुझे कई बार आगाह किया था। उन्होंने कहा था, 'कैप्टन, सब साफ दिख रहा है। कृपया इस पर गौर करिए। अपनी आंखें मत फेरिए।' उन्होंने डेक्कन और आईजीटी के बीच हितों के टकराव के तीन क्षेत्रों की पहचान की। तब तक भाटिया ने यूएस एयरवेज के प्रेसिडेंट के पद से इस्तीफा देकर आए मशहूर एविएशन प्रफेशनल राकेश गंगवाल के साथ साझेदारी में इंडिगो लॉन्च कर दी थी। मेरी मार्केटिंग टीम के अधिकारियों ने बचाया कि हितों का पहला टकराव इस तथ्य में निहित है कि हमारा आइटी सिस्टम मुसीबत में था, धीमा चल रहा था और यात्रियों को असुविधा हो रही थी, इसके बावजूद इसे सही या अपग्रेड नहीं किया जा रहा था। हर बार जब हमारा सिस्टम ध्वस्त हुआ, तब संचालन ठप पड़ गए। ट्रैवल एजेंट टिकट बुक नहीं कर सकते थे, स्टेटस नहीं बदल सकते थे, आरक्षण रद्द नहीं कर सकते थे या रिफंड नहीं कर सकते थे। यात्रियों के पास सिस्टम तक पहुंचने का कोई उपाय नहीं था। जब-जब हमारा सिस्टम क्रैश हुआ, इंडिगो और अन्य कम लागत वाली एयरलाइंस को फायदा हुआ।

मेरी कार्यकारिणी ने भाटिया की आईजीटी के साथ हितों के दूसरे टकराव की पहचान की। उन्होंने जो नई एयरलाइन शुरू की थी, उसके लिए भाटिया ने अपने आईजीटी के सिस्टम का इस्तेमाल नहीं किया था, बल्कि नेविटेयर को लागू किया। नेविटेयर की उनकी पसंद ने साफ कर दिया था कि उन्हें अपने सिस्टम में बहुत कम विश्वास था।

तीसरा, भाटिया की आईजीटी के पास मेरी एयरलाइन का डेटा था जिसका उपयोग वो अपने रूटों और कीमतों के निर्धारण में कर सकता था। ये मेरी एयरलाइन को पतन की तरफ धकेल सकता था। मोहन और मैंने अविश्वास से ये सब सुना और हम बहुत डर गए। हमने राहुल से डटकर मुकाबला करने का फैसला किया और उससे कहा कि हम माइग्रेट करना चाहते हैं। हमारी टीमों के बीच कई बैठकों के बाद, राहुल ने अंतत: हमें सिस्टम बेचने की पेशकश की। उसने वर्जन 2 डेवलप किया था और हम 70 लाख डॉलर में अपग्रेड खरीदने के लिए तैयार हो गए। हालांकि इसमें नए सिस्टम में माइग्रेशन शामिल था और इसके लिए भाटिया और उसकी टीम के सक्रिय सहयोग की आवश्यकता थी। अपनी तरफ से ट्रांजिशन को पूरा करने में उसे कोई जल्दी नहीं थी और हरेक दिन की देरी का मतलब डेक्कन के लिए पीड़ा और व्यापार का नुकसान था।

इसका मतलब ये भी था कि उसके पास हमारा सारा डेटा था, जिससे वो जान सकता था कि हमारे लिए कौन सा सेक्टर ज्यादा लाभदयाक है। उसके हाथ में हमारा डेटा और नए आईटी सिस्टम में होने वाली देरी मिलकर उसके लिए वरदान और हमारे लिए आपदा साबित हो रही थी। ये सीधे तौर पर हितों के अनसुलझे टकराव का मामला था।

मैंने एक बार विप्रो के अजीम प्रेमजी से पूछा था कि भारतीय आईटी कंपनियां, जो दुनिया भर में अपने सॉफ्टवेयर प्रोग्रामिंग की उत्कृष्टता के लिए जानी जाती है, उनकी एविएशन रिजर्वेशन सिस्टम में कोई मौजूदगी नहीं थी, जबकि ये अरबों डॉलर का बिजनेस है। फुल सर्विस एयरलाइंस के लिए गैलीलियो, एमॅड्यूस और सेबर और कम लागत वाली एयरलाइंस के लिए नेविटेयर थी। विप्रो और इंफोसिस जैसी भारतीय आईटी कंपनियां इस रेस में शामिल क्यों नहीं हुईं?

अजीम प्रेमजी ने कहा, 'कैप्टन, मिशन-क्रिटिकल आईटी के लिए भारी-भरकम निवेश की जरूरत होती है। आपको सिस्टम का निर्माण और उसका परीक्षण करना होता है। कोई भी एयरलाइन गड़बड़ी के डर से बेहद जरूरी सेवाओं के लिए किसी नई आईटी कंपनी के पास नहीं जाती। यदि आप गड़बड़ियों से बचना चाहते हैं तो आपको भारी मात्रा में धन, समय और संसाधनों का निवेश करना होगा। ऐसा इसलिए है क्योंकि आपको अपना आईटी सॉफ्टवेयर ऐसे प्लेटफॉर्म पर चलाना होता है जहां वो काम करे। एयरलाइंस के साथ 15-20 साल काम करने वाले आईटी के लोगों को बहुत फायदा होता है। उन्होंने सीधे प्लेटफॉर्म पर सिस्टम का डेवलपमेंट और परीक्षण किया होता है। वे इससे परिचित होते हैं। आपका प्लेटफॉर्म आईजीटी के लिए बहुत बड़ा रहा है। आपने उन्हें उनके सिस्टम को अपने प्लेटफॉर्म पर बनाने और लाइव परीक्षण करने का मौका दिया है।'

जब मुझे अपनी बेबसी और डेक्कन के अस्तित्व का अहसास हुआ, मेरी रीढ़ की हड्डी के नीचे कंपकंपी दौड़ गई। मोहन और मैं इस बात से भली-भांति परिचित थे कि स्थिति कितनी विकट और गंभीर है। कपटी दुश्मन से खुद को बचाने के लिए हमें तेजी से लेकिन सावधानी से आगे बढ़ना था। हमने नेविटेयर से संपर्क किया और उनसे अपना सिस्टम बेचने की गुजारिश की। वे भाटिया से नो-ऑब्जेक्शन सर्टिफिकेट चाहते थे। हमने भाटिया से बात की और उसने नेविटेयर को एक कानूनी नोटिस भेज दिया, जिसमें ये कहा गया था कि वे डेक्कन के साथ तब तक सौदा नहीं कर सकते, जब तक कि आईजीटी

का कॉन्ट्रैक्ट पूरा नहीं हो जाता। वो रास्ता हमारे लिए बंद हो चुका था। हमने दूसरे संभावित सॉफ्टवेयर साझेदारों की तलाश की और तब हमें अमेरिका की आईटी कंपनी रेडिक्स मिली।

हमने यात्रियों की बड़ी संख्या को संभालने और बढोत्तरी को समायोजित करने में सक्षम सिस्टम तैयार करने के लिए रेडिक्स के साथ काम शुरू किया।

हमने रेडिक्स के साथ चुपचाप काम किया। वो अपना सिस्टम लाए और उन्होंने उसे हमारे हिसाब से तैयार कर दिया। तीन महीने में हम नए रेडिक्स के सिस्टम पर चले गए। यह बदलाव आधी रात को हुआ। पिछले दिन शाम के पांच बजे, जब अदालतें बंद हो रही थीं, हमने सभी संबंधित हाईकोर्टों में एक प्रतिवाद दायर किया कि हम एक नए आईटी सिस्टम को अपनायेंगे, क्योंकि मौजूदा सिस्टम यात्रियों के हित और एयरलाइन के बिजनेस को खतरे में डाल रहा था। हमने कहा कि ये एक मिशन-क्रिटिकल बदलाव था और अगर आईजीटी अदालत पहुंचती है तो डेक्कन को प्रतिनिधित्व का मौका दिए बिना इस पर रोक नहीं लगानी चाहिए। हमने हर्जाने की भी मांग की थी।

हमने सिस्टम बदल दिया था और बेसब्री से इस बात का इंतजार कर रहे थे कि नया सिस्टम कैसे काम करता है। चिंता की वाजिब वजहें थीं। अगले दिन कई हवाई अड्डों पर भगदड़ थी और सैकड़ों यात्रियों के नाम मेनिफेस्ट में नहीं थे, इसके बावजूद कि उन्होंने आईजीटी के सिस्टम में ई-टिकट लिए। शाम तक हमें पता चला कि हमने यात्रियों का डेटा गंवा दिया है, लेकिन हमें इसके दायरे का पता नहीं था। सीटों को खाली मानकर रेडिक्स सॉफ्टवेयर ने टिकट बेच दिए थे। हालांकि, हमें आश्चर्य तब हुआ जब आईजीटी के सिस्टम द्वारा जारी टिकट खरीदने वाले यात्री आने लगे। अनिश्चितता तीन महीने तक बनी रहने वाली थी, जब तक डेटा की अफरा-तफरी के बीच टिकट की बुकिंग की गई थी। हमें इसका सामना करना था और यात्रियों को मुआवजा देने के अलावा हमारे पास कोई विकल्प नहीं था।

मीडिया के लिए दिन काफी व्यस्त था। उन्होंने डेक्कन पर अपने कैश फ्लो को बढ़ाने के लिए फ्लाइटों की अधिक बुकिंग करने का आरोप लगाया। वे तीन महीने डेक्कन के इतिहास में सबसे बुरे थे। हमने बुकिंग डेटा और यात्रियों के संपर्क रेकॉर्ड खो दिए थे। हमारे कैश फ्लो को भारी नुकसान हुआ था। हमें मजबूरन यात्रियों को असुविधा का सामना कराना पड़ा और इससे हमारी सार्वजनिक छवि को धक्का लगा। हम लगभग घुटनों पर आ गए थे।

ये विडंबना ही थी क्योंकि हमने एक दिन में 7 करोड़ रुपए जुटा लिए थे, जबकि हमें तेज रफ्तार के लिए लगभग 8 करोड़ रुपए की जरूरत थी। हमें एक दिन में एक करोड़ का नुकसान हुआ। इसने हमारे द्वारा जुटाई गई सारी पूंजी को गौण कर दिया। इससे हमें कोई राहत नहीं मिली कि बाकी एयरलाइंस को भी घाटा हो रहा था। एविएशन सेक्टर एक बार फिर तंगहाली में था। जेट एयरवेज पब्लिक मार्केट में एक डॉलर भी नहीं जुटा पाई। किंगफिशर को खुले बाजार में कोई इक्विटी नहीं मिल रही थी। इंडिगो भी पैसा जुटाने में नाकाम रही। डेक्कन को अपनी आईटी की समस्या को सुधारने और खामियों को दूर करने में तीन महीने लग गए। इसने फ्लाइटों में समयबद्धता का पालन किया, देरी में कमी की और इंजीनियरिंग के मुद्दों को दुरुस्त किया।

ऐसा प्रतीत हुआ कि डेक्कन फिर से खड़ा हो सकता है, इसने अपनी असली छवि को फिर से हासिल करना शुरू कर दिया था। लोग हमारा मजाक उड़ाने की बजाए फिर से विश्वास करने लगे थे। मुझे बदलाव देख रहे यात्रियों से चिट्ठियां और ईमेल प्राप्त हुए। बहुत कम फ्लाइटें रद्द हो रही थीं और समय पर प्रस्थान और आगमन के मामले में हम सबसे बेहतर थे। मैंने डीजीसीए से हर महीने सभी एयरलाइंस के समयपालन के आंकड़े को प्रकाशित करने के लिए कहा था। डेक्कन ने बाकियों को पीछे छोड़ दिया था।

डेक्कन ने अन्य मापदंडों पर भी अपनी पहचान फिर से हासिल कर ली थी। नेटवर्क विस्तार के मामले में ये में यह जेट एयरवेज और इंडियन एयरलाइंस के 43 शहरों की तुलना में 67 शहरों के साथ सबसे आगे था। यात्रियों के शेयर के मामले में, जेट 22.6, डेक्कन 22 और इंडियन एयरलाइंस 19 प्रतिशत पर थी। चार साल से भी कम समय के अंतराल में, डेक्कन सबसे बड़ी एयरलाइन बन गई थी, जिसने देश के करियर के तौर पर इंडियन एयरलाइंस की जगह ले ली थी। राजनीतिक नेतृत्व ने भारत के दूर-दराज के इलाकों तक पहुचंने के लिए इंडियन एयरलाइंस की बजाए डेक्कन की ओर देखना शुरू कर दिया था।

थोड़ा और समय मिलता, तो डेक्कन तूफान का सामना कर सकता था और नकदी की कमी को दूर कर सकता था लेकिन समय बीत रहा था। मैंने इसे भंवर से निकाल लिया होता अगर मेरा आईटी सिस्टम ध्वस्त नहीं होता। हमें चार हजार कर्मचारियों के कल्याण को ध्यान में रखना था; पब्लिक इंश्योरेंस फंड और खुदरा निवेशकों को जवाब देना था। हमारे पास क्षेत्रीय अर्थव्यवस्थाओं में हिस्सेदारी रखने वाले द्वितीयक रोजगार से जुड़े लोग भी थे।

जब मैंने इस बारे में सोचा, तो मेरे लिए शीर्ष पर बने रहना या नहीं रहना मायने नहीं रखता था। बाहरी फंडिंग से मेरा नियंत्रण कम हो जाएगा और कंपनी के रोजाना के संचालन में मेरी भूमिका कम हो जाएगी, लेकिन बाहरी पूंजी लाने से डेक्कन बच जाएगा। मैंने मन ही मन सोचा, सपना कायम रहना चाहिए।

मैंने बाजार में इक्विटी जुटाने के लिए मुंबई की एक मशहूर निवेशक सलाहकार फर्म एडलवाइस को काम पर रखा।

विजय माल्या मुझे हमारी दो एयरलाइनंस का विलय करने के लिए मनाने की कोशिश करते रहे। मैंने उनके प्रस्ताव का विरोध किया और कहा कि ये शादी नहीं चलेगी। विवाह की उपमा में दम था। मैं अक्सर इसका इस्तेमाल ये बताने के लिए करता था कि हमारे हित और लक्ष्य कितने अलग थे। मैंने एक दिन प्रेस में कहा कि विजय माल्या शुक्र से थे और मैं मंगल ग्रह से। हम दोनों कैसे साथ आ सकते थे? हम अपनी सोच, जीवन शैली और कारोबार के दर्शन में मौलिक रूप से अलग थे। विलय डेक्कन के विकास का रास्ता नहीं तैयार कर सकता। डेक्कन एक अभूतपूर्व ब्रांड था; एक महान निवेश। इसके राजस्व की तुलना में कंपनी का कर्ज नगण्य था।

रिलायंस से मैत्री

डेक्कन में कोई भी नया निवेशक शानदार लाभ के साथ शुरुआत करेगा। उन्हें पहले से तैयार इंफ्रास्ट्रक्चर, फ्लीट, रूट, मैनपावर और विशेषज्ञता मिलती। चेन्नई में हमारा अपना हैंगर था, भारत भर में आठ ठिकाने (दिल्ली, मुंबई, कोलकाता, तिरुवनंतपुरम, बेंगलुरु, हैदराबाद, अहमदाबाद और चेन्नई) थे। लगभग 500 पायलटों और 500 प्रशिक्षित इंजीनियरों के साथ, हमारे पास पूरे भारत में इंजीनियरिंग और परिचालन की काबिलियत थी। हम सबके दिलों में थे और डेक्कन का नाम राष्ट्रपति से लेकर चपरासी तक, सबकी जुबान पर था। हमारी कम लागत की संस्कृति थी, जिसमें प्रति किलोमीटर सबसे कम खर्च आता था, जो किसी भी निवेशक की चाह हो सकती है। और, सॉलिड मटेरियल एसेट्स के अलावा हमारा कार्य नैतिकता सटीकता पर जोर देता था।

मुझे एक ऐसा साथी चुनना था जो एयरलाइन में मुझसे बड़ी हिस्सेदारी ले। मैं बड़ी जेब वाले की तलाश में था। मुझे यकीन नहीं था कि हमें मूल पर आने में कितना समय लगेगा, हालांकि हमें प्रति यात्री केवल 600 रुपए की

जरूरत थी। ये अनिश्चितता तेल की भाग रही कीमतों, हवाई अड्डों पर भीड़ और डेक्कन सहित सभी एयरलाइंस द्वारा विमानों को लगातार शामिल करने की वजह से पैदा हुई थी। मैंने महसूस किया कि डेक्कन के ब्रांड और आकार और मजबूत शेयर बाजार की भावना के कारण, विकास को बढ़ावा देने के लिए हिस्सेदारी कम करने और इक्विटी बेचने का समय आ चुका है। अगर संयोग से हम आगे बढ़ते हुए भी मूल लागत नहीं पा सके और बाजार ढह गया, तो ये कर्मचारियों, विक्रेताओं, निवेशकों और ग्राहकों के लिए बड़ी आपदा होगी और मैं इसका जिम्मेदार रहूंगा। मैंने वादा किया कि 'मैं एयरलाइन के भविष्य में अपने अहंकार को आड़े नहीं आने दूंगा।' मुझे सहज ही ये महसूस हुआ, जैसा कि मैंने पिछले मौकों पर भी किया था, कि अगर मुझे कम किराए वाले मॉडल और आम आदमी के हवाई यात्रा के सपने को जिंदा रखना है तो मुझे तेजी से आगे बढ़ना होगा और फंडिंग पूरी करनी होगी।

रिलायंस म्युचुअल फंड के प्रमुख मधु केला ने मुझे सबसे पहले कॉल किया। उन्होंने पूछा, 'कैप्टन गोपी, आप हमें हिस्सेदारी क्यों नहीं देते?' मैं वहां गया और अनिल अंबानी के दाहिने हाथ अमिताभ झुनझुनवाला से मिला। फिर मैं खुद अनिल अंबानी से मिला। वो अभी-अभी अपने भाई मुकेश अंबानी के साथ एक बहुत ही भद्दे सार्वजनिक झगड़े से बाहर आए थे और अपनी योग्यता साबित करते हुए बेदाग निकले थे। भाईयों के बीच हुई जुबानी जंग ने कॉर्पोरेट, नौकरशाही और राजनीतिक हलकों में बेशुमार रुचि पैदा कर दी थी।

अंबानी बंधु भारत का सबसे बड़ा बिजनेस साम्राज्य चला रहे थे। लोग ये सोचते थे कि क्या अनिल अंबानी अपने भाई के बिना व्यावसायिक योजनाओं को अंजाम दे पाने में सक्षम होंगे। अप्रत्याशित परिणाम ये हुआ कि कंपनी दो हिस्सों में बंटने की बजाए दो बिजनेस बन गए। एक भाई नंबर एक बना, दूसरा नंबर दो।

अनिल अंबानी अपने सभी उपक्रमों में बहुत आक्रामक थे। उनका म्यूचुअल फंड सबसे बड़ा बन गया। उनके इंफोकॉम बिजनेस ने पिछला घाटा खत्म करके मुनाफा कमाना शुरू कर दिया था। वे एयरटेल से आगे निकल गए थे।

मैं अनिल अंबानी से दूसरी बार विस्मय में उनके ऑफिस में मिला। अंबानी परिवार में एक मानसिक और आनुवंशिक बनावट है जो आपको सब कुछ छोड़कर चौबीसों घंटे काम करने के लिए प्रेरित करती है। वे अपने निवेशकों और शेयरधारकों को भरोसा देते हैं कि वे किसी भी हद तक जाएंगे

और सफल होने के लिए जो कुछ भी करना होगा करेंगे, लेकिन वे उन्हें निराश नहीं होने देंगे।

हमारी मुलाकात लंच पर हुई। उन्होंने मुझे खुद खाना परोसा और एक विनम्र मेजबान की तरह पेश आए। वो कम तड़क-भड़क वाले नहीं थे, लेकिन उन्होंने अपनी शक्ति की शांत स्वीकृति प्रदान की थी। सभी प्रकार की शक्तियों के इर्द-गिर्द चुंबकीय क्षेत्र होते हैं। उनके सामने बैठकर मुझे अपार धन-सम्पत्ति और दूरगामी प्रभाव की शक्ति का आभास हुआ। वो मीटिंग साढ़े तीन घंटे तक चली। मैंने आधे घंटे तक अपने सपनों के बारे में बात की। अनिल अंबानी अगले तीन घंटे तक बिना रुके बोलते रहे। उन्होंने रिलायंस के बारे में कुछ नहीं कहा, डेक्कन में निवेश के बारे में कुछ नहीं कहा। उन्होंने मुझे कहानी सुनाई कि कैसे उनके पिता ने रिलायंस का निर्माण किया था। उनके पिता धीरूभाई अंबानी एक पेट्रोल स्टेशन पर काम करते थे और साइकिल से स्कूल जाते थे। उन्होंने कड़ी मेहनत की और उन लोगों के लिए धन कमाया जिन्होंने उन पर भरोसा किया था। वो ये बताने की कोशिश कर रहा था कि अगर वो मेरे साथ जुड़ने का फैसला करते हैं, तो वो हमें एक ऐसा नाम देंगे जो उनके लिए अमूल्य है; वो मुझे ये बताने की कोशिश कर रहे थे कि वो तब तक साझेदारी नहीं करेंगे जब तक उन्हें विश्वास नहीं हो जाता कि नाम खराब नहीं होगा। मुझे संदेश मिल चुका था।

जब मैं निकलने लगा तो अनिल अंबानी ने अखबारों में छपे मेरे एक बयान की तारीफ की, जिसमें मैंने नरेश गोयल को राजनेताओं के पीछे छिपने के बजाए बाजार में मुझसे लड़ने के लिए कहा था। अनिल ने कहा कि वो मेरी हिम्मत की कद्र करते हैं। वो निवेश करने के इच्छुक थे लेकिन फाइनेंस के उनके लोग पहले संख्या पर मंथन करते।

मैंने अब तक दोस्त और सलाहकार बन चुके केवी कामत से पूछा कि क्या अनिल अंबानी निवेश को लेकर गंभीर थे। मैं अपना और उनका समय बर्बाद नहीं करना चाहता था। कामत ने ये बताने के लिए वापस कॉल किया कि अनिल अंबानी वास्तव में आगे बढ़ने के इच्छुक थे, 'लेकिन', उन्होंने कहा, 'अंतिम फैसला आप दोनों को करना है।'

उसके बाद मैं कई बार अनिल अंबानी से मिला। दोनों कंपनियों की फाइनेंश टीमों ने अगले दो या तीन महीनों में जबरदस्त मेहनत की। उन्होंने हमारे नंबरों को वैलिडेट किया, हमारे बिजनेस मॉडल की पड़ताल की और इसे स्ट्रेस टेस्ट में मापा। इस पूरी प्रक्रिया में अमिताभ झुनझुनवाला शामिल थे।

हमने अंत में हाथ मिलाया और एक प्रारंभिक शर्तनामे पर दस्तखत किए और अंतिम करारनामे पर दस्तखत की एक तारीख तय की। मीडिया को भनक लग चुकी थी कि रिलायंस के डेक्कन में निवेश करने की संभावना है। ये लीड स्टोरी बन गई। रिलायंस ब्रांड की इतनी ताकत है कि डेक्कन के साथ जुड़ने के एक संकेत मात्र ने स्टॉक की कीमतों को बढ़ा दिया। संभावित निवेशकों के लिए ये इतनी अच्छी बात नहीं होती, क्योंकि जब स्टॉक की कीमतें बढ़ती हैं, तो उसे स्टॉक के लिए अधिक कीमत चुकानी पड़ती है। हम इस बात पर सहमत थे कि अनिल अंबानी कंपनी में 26 फीसदी हिस्सेदारी लेंगे, और सेबी के दिशानिर्देशों के अनुसार, वो जनता के लिए 20 फीसदी की खुली पेशकश के लिए बाध्य होंगे। उन्हें कंपनी में सीधे निवेश करने की कीमत से मेल खाने वाली न्यूनतम कीमत पर सार्वजनिक शेयरों का अधिग्रहण करना होगा।

कुछ ही लोग होते हैं जिन्हें बिजनेस की सहज समझ होती है। उनके पास पैसे को सूंघ लेने की शक्ति होती है। मुझे नहीं लगता कि ये बात किसी एमबीए प्रोग्राम में सिखाई जा सकती है। वे बस इतना जानते हैं कि किसी बिजनेस को कौन सी बात प्रभावित करती है। इतना जानते हैं कि किसी बिजनेस को आगे बढ़ाने के लिए क्या करने की जरूरत होती है। माहौल को साधने में वह बहुत सहज होते हैं। मुझे लगा कि रिलायंस के साथ गठजोड़ करना कंपनी और निवेशकों के हित में होगा। अनिल अंबानी ने कहा कि वो जानते हैं कि नकदी की कमी कुछ और समय तक जारी रह सकती है, लेकिन विकास को जारी रखने के लिए जो कुछ भी करना होगा वो करेंगे। उनकी एकमात्र चिंता निवेशकों को रिटर्न सुनिश्चित करना था। अनिल अंबानी ने कहा कि जिस तरह डेक्कन ने आम आदमी के लिए हवाई यात्रा संभव बनाई, उसी तरह रिलायंस ने आम आदमी के लिए पब्लिक शेयरों में निवेश करना और उस पर अच्छा रिटर्न हासिल करना संभव बनाया। इसका मतलब ये था कि अगर नुकसान जारी रहा, तो मैं उन्हें मेजोरिटी इंवेस्टमेंट के माध्यम से कंपनी को नियंत्रण में लेने से नहीं रोक पाऊंगा। ये निश्चित रूप से मेरी अपनी स्थिति को खतरे में डाल देगा, लेकिन मैं इसके लिए राजी था क्योंकि कंपनी और उसके कर्मचारी और निवेशक सबसे अधिक मायने रखते थे।

हम इस बात पर सहमत थे कि रिलायंस अधिक पैसा निवेश कर सकता है, भले ही इसका मतलब ये था कि वे कंपनी में 51 प्रतिशत की हिस्सेदारी मांगें। हमने बैठकर शेयर की कीमत, शुरुआती डिपॉजिट, नए बोर्ड में विभिन्न पक्षों की संरचना और भूमिका और उनके कार्यों और विशेषाधिकारों को तय

करने वाला कानूनी दस्तावेज तैयार किया। हमने अंतिम करारनामे पर हस्ताक्षर करने के लिए एक तारीख भी तय की। प्रारंभिक दस्तावेज पर दस्तखत करने के ठीक पंद्रह दिन बाद। हमने सौदे के प्रति अपनी पूर्ण प्रतिबद्धता की पुष्टि करते हुए हाथ मिलाया।

हालांकि हम रिलायंस और डेक्कन के बीच एक सैद्धांतिक व्यवस्था पर पहुंचे थे, लेकिन हमने इसे कानूनी नहीं बनाया था। मैं अंतिम क्षणों में होने वाले कई संभावित हृदय-परिवर्तनों से अवगत था और मैंने सौदे को खुला रखा। मैंने निवेशकों के सवालों का जवाब देना भी जारी रखा। ऐसा ही एक सवाल डेविड बॉन्डरमैन की अध्यक्षता वाले टेक्सस स्पेसिफिक ग्रुप की तरफ से आया था, जिसने अमेरिका की कई एविएशन कंपनियों में निवेश किया था। वो रयान एयर के चेयरमैन रह चुके थे। उन्होंने एक या दो बार हमारे हेलीकॉप्टरों का इस्तेमाल किया था और मैं मुंबई में उनकी टीम को जानता था।

मैं अभी भी एक चिंता में डूबा हुआ था। अगर रिलायंस का सौदा आखिरी समय में फेल हो गया तो मैं क्या करूंगा? ये असंभव था, लेकिन असंभव तो कुछ भी नहीं था। मेरे मन में अभी भी दुनिया को लेकर ठीक-ठाक संदेह बना हुआ था।

ये खबर जल्दी ही फैल गई कि रिलायंस ने डेक्कन में निवेश करने का फैसला किया है। विजय माल्या ने फिर से अपना प्रस्ताव भेजना शुरू किया लेकिन मैं उनका कॉल लेने से बचता रहा। इसलिए, उनकी तरफ से वरिष्ठ राजनेताओं, वरिष्ठ अधिकारियों और माल्या के शुभचिंतकों के फोन आने लगे। यहां तक कि एयरबस के किरण राव भी आए। उन्होंने मुझसे माल्या के प्रस्ताव पर फिर से विचार करने के लिए कहा : वो मेरी सभी मांगों को पूरा करने के लिए तैयार थे। वो इंडियन एविएशन के पटल पर डेक्कन-किंगफिशर गठबंधन को एक प्रकाशस्तंभ के रूप में देख रहे थे।

उन्हें लगा कि हमारे मिल जाने से बाजार को स्थिर करने में मदद मिलेगी। इससे संसाधन, विशेषज्ञता, फ्लाइट और इंजीनियरिंग ऑपरेशन, लॉजिस्टिक्स, मेंटनेंस और इंवेंट्री में तालमेल दिख रहा था। उन्होंने कहा कि परिचालन की भाषा में ये बिल्कुल सही मिलन था। किंगफिशर एयरलाइन के पास एयरबस और एटीआर थे, ये डेक्कन के पास भी थे। वे एक अंतर पर सहमत थे। वो ये कि माल्या की एयरलाइन पूरी सुविधा वाली थी और हमारी कम लागत वाली। उन्होंने समानता देखी। मैंने अपने दर्शन और काम करने के तरीके में अंतर देखा। मैं मंगल से था और माल्या शुक्र ग्रह से।

पंद्रहवां दिन आ गया। इसी दिन रिलायंस और डेक्कन को अंतिम समझौते पर दस्तखत करने थे। वे मुझे डिपॉजिट की रकम देने वाले थे। अमिताभ झुनझुनवाला ने ये बताने के लिए कॉल किया कि रिलायंस एक और एयरलाइन के साथ भी चर्चा कर रही है और वो दोनों सौदों को एक साथ पूरा करना चाहेंगे। क्या मैं उन्हें पंद्रह दिन और दे सकता हूँ? मैंने कहा कि मैं एक अविवाहित दुल्हन की तरह हूं और पंद्रह दिनों तक और इंतजार कर सकती हूं, हालांकि मैं नैतिक रूप से बाध्य नहीं हूं और अगर किसी और ने प्रस्ताव दिया तो मैं मना नहीं कर सकती।

मेरे पास रिलायंस के भरोसे पर संदेह करने का कोई विशेष कारण नहीं था। हम श्रमसाध्य वार्ताओं, ऑडिटों और दस्तावेज तैयार करने की लंबी प्रक्रिया से गुजरे थे, लेकिन व्यापार की दुनिया कोई धर्मार्थ मेला नहीं है। लोगों ने केवल सहायता के मकसद से गिरे हुए को नहीं उठाया। यहां कोई रहम खाने वाला नहीं है। हालांकि, किसी भी चीज से ज्यादा, मुझे शेयर बाजार के उतार-चढ़ाव के बारे में पता था और डेक्कन की मजबूत ब्रांड इक्विटी से अच्छी तरह वाकिफ था। इसके असफल होने का मतलब होगा ब्रांड इक्विटी का पतन, बातचीत की मेज पर अपने पत्ते कमजोर कर लेना और समझौते में नरम पड़ जाना। मुझे इस बात की चिंता हुई कि अगर रिलायंस ने अपनी बात नहीं रखी और हाथ खींच लिया तो मैं क्या करूंगा।

अमिताभ झुनझुनवाला ने मुझे आश्वस्त किया था कि चीजें ठीक हो जाएंगी। लंदन में रहने वाले प्रवासी भारतीय बुलो कोन्साग्रा, जो स्पाइसजेट को प्रोमोट कर रहे थे, उन्होंने ये बताने के लिए फोन किया कि रिलायंस उनकी एयरलाइन में निवेश की बात चला रही है, इसलिए इसमें कुछ भी संदिग्ध नहीं है। जिस बात ने मुझे चिंतित और परेशान किया, वो ये थी कि 'सौदा तब तक पूरा नहीं होता जब तक कि ऐसा सच में नहीं हो जाता—और मेरे बैंक में पैसे आ जाए। क्या मैं एक मौका ले सकता हूं? क्या हो अगर...

जिस दिन मुझे अमिताभ का फोन आया, मैं शाम की फ्लाइट से मुंबई से वापस बेंगलुरु जा रहा था। मुझे कर्नाटक के कांग्रेस पार्टी के वरिष्ठ नेता और पूर्व मंत्री आर. वी. देशपांडे का फोन आया। वो मुझसे मिलना चाहते थे। मैं रात के साढ़े 9.30 बजे घर पर था और तभी देशपांडे पहुंच गए।

डेक्कन-किंगफिशर गठजोड़ को हरी झंडी

देशपांडे ने इस विषय को छेड़ा था। उन्होंने कहा कि ये कर्नाटक के लिए अच्छा होगा अगर मैं और माल्या साथ में काम करें। उन्होंने कहा कि हम दोनों में कई चीजें समान हैं और हमें इसका फायदा उठाकर लोगों को एविएशन में सबसे बेहतरीन डील मुहैया करानी चाहिए। मैंने धैर्यपूर्वक उन्हीं शब्दों को दोहराया जो मैं अपनी परस्पर भिन्नता को बताने के लिए करता आ रहा था। अंत में देशपांडे ने कहा कि मैं कम से कम इतना तो कर ही सकता था कि उस रात माल्या का फोन उठा लूं। मैंने कहा कि मैं ये जरूर करूंगा।

उस रात 10 बजे के थोड़ी देर बाद विजय माल्या ने मुझे फोन किया। उन्होंने प्यार और भाईचारे की भावना से बात की। उन्होंने कहा, 'मैं जानता हूं कि आपने रिलायंस से हाथ मिलाया है। इससे कोई फर्क नहीं पड़ता कि उन्होंने आपको क्या ऑफर किया। मैं सौदे की हर शर्त को बेहतर करने के लिए तैयार हूं। आप कीमत बताइए। मैं नेगोशिएट नहीं करूंगा। हम डील करते हैं।'

माल्या मॉन्टे कार्लो से फोन कर रहे थे, जहां उनकी 100 मिलियन डॉलर की निजी नौका, इंडियन एम्प्रेस लगी थी। वो फॉर्मूला वन रेस की पूर्व संध्या पर अपने चर्चित सालाना जलसे की मेजबानी कर रहे थे। उन्होंने कहा, 'मैं मॉन्टे कार्लो से फोन कर रहा हूं। मैं कई वीवीआईपी के साथ डिनर टेबल पर बैठा हूं। मोनाको के राजकुमार यहां हैं, फॉर्मूला वन के सितारे भी हैं। मैं आपको इन सबके बीच इसलिए कॉल रहा हूं क्योंकि ये मेरे लिए बहुत जरूरी है। प्लीज, सौदे की सभी प्रमुख शर्तों को नोट कर लें। मैं बाद में फोन करूंगा।'

उस रात बिस्तर पर जाने से पहले मैंने सभी नॉन-नेगोशिएबल शर्तों को लिखा जिन्हें मैं माल्या के साथ मिलने पर सामने रखना चाहता था। मैं रिलायंस के पीछे हटने से निराश था लेकिन माल्या के हठ से हैरान भी था। दिन बहुत लंबा गुजरा था। मैं जल्दी ही नींद के आगोश में समा गया।

सुबह के 4 बजे, जब मैं गहरी नींद में था, मेरे फोन की घंटी बजी। मुझे लगता है कि उन्होंने दूसरी और तीसरी बार फोन किया। मैंने उठकर फोन रिसीव किया और अपनी पत्नी को परेशान करने से बचाने के लिए बालकनी में आ गया। मैंने कहा, 'विजय, मैं चाहता हूं कि आप जान लें कि मामला गंभीर है। मैं पहले ही अनिल अंबानी से हाथ मिला चुका हूं लेकिन उन्हें 5-6 दिन और चाहिए। हालांकि, मुझे पहले से ही उनसे एक प्रारंभिक नियमों की लिस्ट मिल

गई, इसलिए अगर आप कुछ प्रमुख बिंदुओं को पूरा नहीं करते तो इस पर बात ना करें। पहला बिंदु ये है कि आप इस बिजनेस मॉडल को कमजोर नहीं करेंगे।'

माल्या मुझसे कन्नड़ में बात कर रहे थे। वो असहाय लग रहे थे और उन्होंने एक विस्तृत पिच पर शुरुआत की। वो जल्दी में लेकिन निर्दोष लग रहे थे। उन्होंने कहा कि बाजार के निम्न, मध्यम और उच्च हिस्से को लक्षित करना उनकी सोच है। उन्होंने व्हिस्की और बियर के साथ ऐसा किया था। उन्होंने कहा कि वो कम लागत वाली एयरलाइन के प्रति मेरी प्रतिबद्धता से अवगत हैं और वो इसका सम्मान करते हैं। हम साथ मिलकर इस इंडस्ट्री को बेहतर बना सकते हैं। हालांकि, इस क्षेत्र में रिलायंस के आने से हलचल जारी रहेगी। हमारे साथ आने से परिदृश्य बदल सकता था।

विजय माल्या ने मुझसे पूछा कि क्या मेरे पास लिस्ट तैयार है। मैंने अपनी शर्तें पढ़ी जिसमें माल्या को रोकने वाली शर्तें भी शामिल थीं। मैंने कहा, 'अगर आप डेक्कन में निवेश को लेकर गंभीर हैं तो आपको तुरंत 200 करोड़ रुपए जमा करने होंगे। फिर आपको कंपनी में प्रत्यक्ष निवेश के जरिए 26 प्रतिशत और सार्वजनिक शेयरधारकों से खुली पेशकश के जरिए 20 प्रतिशत हिस्सेदारी लेनी होगी। आपको लगभग 1000 करोड़ रुपए के कुल निवेश के लिए तैयार रहना होगा। बोर्ड में आपके तीन निदेशक होंगे और तीन मेरे। इसके अलावा, हमारे द्वारा संयुक्त रूप से चुने गए अन्य छह स्वतंत्र निदेशक होंगे। मैं चेयरमैन रहूंगा।' विजय ने यहां पर मुझे टोका, 'क्या मैं वाइस-चेयरमैन बन सकता हूं?'

मैंने कहा, 'ठीक है। हमारे पास छह स्वतंत्र निदेशक होंगे जो वास्तव में स्वतंत्र होंगे। एक सीईओ होगा जो मुझे नहीं बल्कि बोर्ड को रिपोर्ट करेगा। जब तक हमें कोई विकल्प नहीं मिल जाता, तब तक हमारे सीएफओ रामकी सुंदरम कार्यवाहक सीईओ रहेंगे। सबसे महत्वपूर्ण बात, मैं केवल तभी आप पर भरोसा कर सकता हूं कि यदि आप तीन दिनों के भीतर डिपॉजिट जमा कर देंगे। अन्यथा, ये सौदा बंद है।'

किसी भी समझदार निवेशक को सैकड़ों करोड़ का निवेश लाने में कम-से-कम तीन महीने का समय लगेगा। रिलायंस के पास हजारों करोड़ थे, लेकिन उसे फैसला करने में तीन महीने लग गए। मुझे बिलकुल भी भरोसा नहीं था कि माल्या के पास उस तरह का पैसा है या वो इतने कम समय में ये रकम जुटा सकते हैं।

माल्या सारी शर्तों पर राजी हो गए लेकिन उन्होंने अनुरोध किया कि 200 करोड़ का डिपॉजिट बहुत ज्यादा है वो इसके बदले 100 करोड़ देने के लिए

तैयार थे। मैंने कहा, 'नहीं होगा।' उन्होंने कहा, 'हम 150 पर फाइनल कर लेते हैं।' मैंने कहा, 'ठीक है, और मैं ये भी चाहता हूं कि आप मुझे प्रति शेयर 160 रुपए दें।' उन्होंने सौदेबाजी की और '155 रुपए' का सुझाव दिया। मैं सहमत हो गया, लेकिन उन्हें अगले चार हफ्तों में शेष 410 करोड़ रुपए का भुगतान करना होगा, वरना उनका 150 करोड़ का डिपॉजिट जब्त कर लिया जाएगा। वो राजी हो गए।

ये अजीब जान पड़ता था। वो मॉन्टे कार्लो में अपनी आलीशान नौका में थे, मैं हजारों मील दूर था। डील 45 मिनट में पूरी हो चुकी थी। ये उस स्तर की किसी सौदेबाजी में लगा संभवत: न्यूनतम समय था।

विजय माल्या ने बातचीत ये कहकर समाप्त की, 'गोपी, गुरुवार दोपहर को 2 बजे तक डीडी तुम्हारे पास पहुंच जाएगा। शुक्रवार को हम मुंबई में प्रेस से मिलते हैं।' मैंने उनसे कहा कि मैं गुरुवार शाम 4 बजे बोर्ड की बैठक करूंगा। अगर मुझे दोपहर 2 बजे तक डीडी नहीं मिला, तो मैं इसे रद्द कर दूंगा। मैंने अपनी बात पूरी गंभीरता के साथ कही थी।

माल्या के साथ टेलीफोन पर हुई सौदेबाजी के बाद मैं चैन की नींद सो गया, आधी-अधूरी नींद की थकान से और आधे उत्साह से। मैं दोपहर से ठीक पहले तब उठा जब रवि नेदुंगडी का फोन आया। हमने दोपहर 2 बजे ओबेरॉय में मिलने का फैसला किया। रवि वहाँ था, उसके मुंह में एक जला सिगार था। हमने जरूरी दस्तावेजों के बारे में बात की। दोनों पक्षों के ऑडिटरों और वकीलों ने सौदे के ब्योरे को तय करने के लिए मंगलवार और बुधवार को साथ में बैठकें की। उन्होंने सेबी के दिशानिर्देशों और अनुपालन के मुद्दों पर गौर किया और गुरुवार सुबह 4 बजे तक शर्तनामा तैयार हो गया। मुझे होटल में बुलाया गया। ये बहुत बड़ा दस्तावेज था जिसके पन्नों की संख्या बहुत अधिक थी। मैंने प्रमुख विवरणों पर नजर दौड़ाई और माल्या के प्रतिनिधि रवि नेदुंगडी के साथ एक प्रारंभिक समझौते पर हस्ताक्षर कर दिए। हालाँकि, मैंने रवि को ये स्पष्ट कर दिया कि यदि डिमांड ड्राफ्ट दोपहर 2 बजे तक मेरे पास नहीं पहुँचा तो इस शर्तनामे का कोई मतलब नहीं रह जाएगा। और ये भी कि यदि शेष राशि चार सप्ताह के भीतर नहीं आई तो ये पैसा जब्त हो जाएगा। किंगफिशर के प्रतिनिधि इस पर सहमत हो गए।

डील हो गई। मुझे नहीं पता था कि मैंने जो किया वह सही है या गलत: जूरी अभी भी उस पर राय नहीं बना पाई है। कई लोगों का सोचना था कि मुझे

रिलायंस से हाथ मिला लेना चाहिए था, लेकिन माल्या के साथ सौदा उस समय सबसे अच्छा रास्ता दिख रहा था।

मैंने बोर्ड की बैठक बुलाई। डेक्कन के शेयरों की कीमत 125 रुपए थी और मैं उन्हें 155 रुपए में बेचने जा रहा था। मुझे 560 करोड़ रुपए इक्विटी में मिल रहे थे। कोई इसका खंडन नहीं कर सकता था। मुझे हमेशा की तरह विश्वास था कि बोर्ड मेरे निर्णय का समर्थन करेगा। वे अच्छे से जानते थे कि मैंने वही किया जो कंपनी और हितधारकों के हित में होगा।

गुरुवार को बोर्ड की बैठक हुई। मीडिया को डील की खबर मिल गई थी और जब दोपहर 1 बजे मैं पहुंचा, डेक्कन का ऑफिस किले में तब्दील हो चुका था। प्रेस ने इसे घेर लिया था और बाहर डेरा डाले हुए थे। उन्होंने ऑफिस के चारों तरफ ओबी वैन लगा रखी थी। मीडिया पूरे कार्यक्रम को लाइव कवर करना चाहती थी। मैंने उन्हें अंदर जाने दिया, इसलिए उन्होंने बोर्ड रूम के अंदर कैमरे लगवा दिए। मैंने सोचा था कि इससे कंपनी को अच्छा प्रचार मिलेगा। उस समय भी मैं यही सोच रहा था कि क्या पैसा सच में समय पर हम तक पहुंच जाएगा। ये आंख मूंदकर दांव खेलने जैसा था।

विजय माल्या के लिए मेरा सम्मान बढ़ गया। उन्होंने मुझसे आमने-सामने किसी बात पर चर्चा नहीं की थी; उन्होंने हमारी बैलेंस शीट नहीं देखी थी; कोई औपचारिकता भी नहीं की थी। वो डेक्कन को हासिल करना चाहते थे और तेजी से आगे बढ़े थे। वो डील पूरी करना चाहते थे। उनके लिए ये बात ज्यादा मायने नहीं रखती थी कि मैं चेयरमैन हूं। वो कंपनी में अपनी जगह बना लेंगे और कंपनी के 46 फीसदी हिस्से के मालिक होंगे। यदि रिलायंस ने बिजनेस को अपने हाथ में ले लिया होता, तो उनके लिए अपने नुकसान की भरपाई करना लगभग असंभव हो जाता। रिलायंस ने उनके लिए एक विकट चुनौती पेश की होती।

उन्हें ये भी अहसास हुआ कि वो भारत की सबसे बड़ी एयरलाइन बनाएंगे। डेक्कन का आकार किंगफिशर से दोगुना था। हमारा राजस्व अधिक था, हमारे पास अधिक विमान थे, और हम अधिक मार्गों पर चलते थे। डेक्कन के बिना, उन्हें शायद डेक्कन के पैमाने को हासिल करने के लिए तय राशि का तीन गुना, यानी कि 3000 करोड़ रुपए खर्च करने होते।

दोपहर 1.30 बजे तक डीडी नहीं पहुंचा था, तब मुझे फोन आया। फोन करने वाले ने कहा कि डीडी खरीद लिया गया है और कूरियर आ रहा है। किंगफिशर भी चिंतित था कि अगर ड्राफ्ट दोपहर 2 बजे से पहले नहीं पहुंचा

तो मैं सौदा रद्द करने का फैसला कर सकता हूं। ड्राफ्ट उस समय सीमा से कुछ मिनट पहले आ चुका था।

बोर्ड की बैठक डेढ़ घंटे तक चली और संभवत: भारत में पहली बार किसी बोर्ड मीटिंग का सीधा प्रसारण किया गया। पत्रकारों ने हमसे ज्वलंत सवाल पूछे। अखबारों में अगले कुछ दिनों तक कार्टून छपे, जिनमें 'दो एयरलाइंस की शादी' का मजाक बनाया गया था। कैप्शन में कहा गया कि ये देश में कम लागत वाली हवाई यात्रा के युग के अंत का संकेत है। उन्होंने कहा, 'अधिक किराए का भुगतान करने के लिए तैयार रहें।'

विजय माल्या ने अपना वादा पूरा किया। उन्होंने अगले चार हफ्तों में हमें बाकी के 400 करोड़ रुपए भेजे, एक पब्लिक ऑफरिंग दी और कुल 1000 करोड़ रुपए का निवेश किया। अगले दिन मैं मुंबई पहुंचा, विजय पेरिस से आए और हम ओबेरॉय में मिले। हम दोनों ने एक खचाखच भरे हॉल में प्रेस कॉन्फ्रेंस को संबोधित किया। विजय माल्या अपने आकर्षण के चरम पर थे और उन्होंने सभी असहज सवालों को सफलतापूर्वक टाल दिया, लेकिन उन्होंने कहा कि वो डेक्कन को कम लागत वाले कैरियर के तौर पर चलाने के लिए प्रतिबद्ध हैं।

हालांकि, विजय माल्या को बोर्ड में शामिल होने में तीन महीने और लगते, लेकिन मैंने उन्हें प्रबंधन की बैठकों में शामिल होने के लिए आमंत्रित किया। मैं उनका विश्वास जीतना चाहता था और एयरलाइन चलाने के अपने तरीके से उन्हें परिचित कराना चाहता था। मैंने उनसे कहा कि एक पेशेवर प्रबंधन संरचना को एक साथ रखने से हम दोनों को रोजाना के मैनेजमेंट कार्य से राहत मिल जाएगी। पहली बैठक में वो दो घंटे तक रहे। आम जन में विजय माल्या की छवि एक अत्यंत रईस व्यक्ति की है जो हमेशा पार्टी करता रहता है; जो आकर्षक महिलाओं की संगति में दिखना पसंद करता है; और, जो दुनिया भर में महंगी कारों, नौकाओं, जेट विमानों, विला और द्वीपों पर समय बिताता है। हालांकि, मुझे पहली दो बैठकों के बाद ये अहसास हो गया कि वो भी काम के प्रति दीवाने हैं। यद्यपि वो स्क्रीन पर और मीडिया में आडंबर के साथ सामने आते हैं, आमने-सामने मिलने पर वो आकर्षित करते हैं। वो गलतियों के प्रति विनम्र हैं और एक उदार मेजबान हैं। वो अपार करिश्मा भी दिखाते हैं। मुझे जल्द ही पता चल चुका था कि वो हो बेहद चतुर, चालाक और एक बेहतरीन बाजारिया हैं। उनकी एकमात्र कमजोरी ये है कि वो मीटिंगों में देर, बहुत देर से पहुंचते हैं। आम धारणा के उलट, वो हर समय पार्टी नहीं करते, उनके पास करने के लिए सौ चीजें हैं। वो हमेशा किसी बैठक में या काम में मशगूल होते

हैं। जगहें अलग और ग्लैमरस होती हैं: चाहे उनका घर हो या आलीशान नौका या अपने किसी द्वीप या बिजनेस जेट पर। हालांकि, वो काम और निजी जीवन के बीच अंतर नहीं करते। वो मीटिंग्स की योजना इस तरह से नहीं बनाते, जो उनका इंतजार कर रहे लोगों को समझ में आए। उनकी योजना बनाने का तरीका अजीबोगरीब है।

चेयरमैन के तौर पर मैंने उनसे यथासंभव विनम्रता से कहा कि अगर वो समय पर नहीं आए तो मैं उनके बिना मीटिंग शुरू कर दूंगा। मुझे बोर्ड के एक जनरल सहित अन्य निदेशकों के प्रति सम्मान दिखाना था। उन्होंने कोशिश की और वो केवल डेढ़ से दो घंटे लेट आए। मुझे बताया गया कि ये उनके समयपालन के मानकों में एक असाधारण सुधार था। उन्होंने जो प्रयास किया था, उससे मेरी नजर में उनका सम्मान और बढ़ गया।

फिर से ब्रांडिंग और विलय

विजय माल्या प्रबंधन की अगली बैठक में गहन शोध के साथ आए। उन्होंने फील्डवर्क के लिए मार्केटिंग एजेंसियों को काम पर रखा था, उन्हें इस बारे में कुछ बेवकूफाना शोध करने के लिए कहा गया था कि संयुक्त ब्रांड को लोग कैसे देख रहे थे। माल्या ने ब्रांड पावर को वैल्यू के साथ जोड़ा और दोनों के आधार पर अपने प्रोडक्ट की कीमत तय की। उन्होंने कहा, 'मैं 500 रुपए खर्च कर सकता हूं और इसे 5000 रुपए जैसा दिखा सकता हूं, इसलिए मैं ज्यादा चार्ज कर सकता हूं।' मैं आम तौर पर उनसे सहमत था, लेकिन कम लागत वाले मॉडल के लिए एक रुपया भी महत्वपूर्ण होता है। पांच सौ रुपए तो बहुत थे। इसलिए, मैंने इस बात पर जोर दिया कि हमें लागत को नियंत्रित करने की जरूरत है। ये हमारे बीच दरार का मूल कारण था।

माल्या ने अपने मार्केट रिसर्च के परिणामों के आधार पर एक प्रजेंटेशन दिया। वो चाहते थे कि हम डेक्कन को रीब्रांड करें और तालमेल बिठाने और चलाने के तरीके सुझाए। डेक्कन और किंगफिशर आपस में सामान और मानव संसाधन, उपकरण और सुविधाएं साझा करेंगे। मैंने कहा कि हम ऐसा तभी कर सकते हैं जब हम कर्मचारियों को एक संयुक्त एयरलाइन का हिस्सा महसूस कराएं। हालाँकि, वो एक ऐसे विचार के साथ आए, जिसके कारण हमारी लागत लगातार बढ़ती चली गई।

डेक्कन और किंगफिशर ने मार्केट रिसर्च के लिए स्वतंत्र टीमों को लगाया। डेक्कन के बारे में दोनों टीमें एकमत थीं : कि उसके पास एक उत्कृष्ट ब्रांड रिकॉल था और वो सबसे पसंदीदा ब्रांड था। नकारात्मक पक्ष ये था कि इसे देरी का पर्याय माना जाता था और ये उच्च गुणवत्ता नहीं देता था। इन निष्कर्षों के आधार पर, प्रबंधन ने डेक्कन ब्रांड को फिर से स्थापित करने और कंपनी को किंगफिशर एयरलाइंस के अंदर लाने का फैसला कर लिया।

रीब्रांडिंग प्रक्रिया पर मुझे रिटेल के दिग्गज किशोर बियानी से बात करने का मौका मिला। किशोर बिग बाजार रिटेल चेन चलाते हैं, जिसकी देशभर में मौजूदगी है। वो डेक्कन की रिपोजिशिनिंग के खिलाफ थे। उन्होंने कहा, 'दोनों को यथासंभव अलग रखें। डेक्कन एक बेहतरीन ब्रांड है। किंगफिशर एक बेहतरीन ब्रांड है। दोनों की स्थिति बदलने से आप अंतर को गायब कर देंगे। इससे दोनों की ब्रांड वैल्यू कम हो जाएगी। आपको सभी तालमेल केवल बैक-एंड में ही बिठाना चाहिए।'

डेक्कन के बोर्ड में स्वतंत्र निदेशक और आईआईएम-बी में मार्केटिंग के प्रोफेसर प्रो. थिरुनारायण ने माइकल पोर्टर का हवाला देते हुए 'बीच में फंसने' के खतरे की ओर इशारा किया, जिन्होंने कहा था कि एक ब्रांड ऐसा करने से अपनी विशिष्टता और स्थिति खो देता है।

विजय माल्या ने हमारी दोनों टीमों के सामने प्रेजेंटेशन दिया। इसमें उन्होंने डेक्कन को बड़े लाल फॉन्ट में चित्रित किया। उन्होंने कहा कि हमारे पास एक समान रंग होना चाहिए: लाल। उन्होंने एयर डेक्कन का नाम बदलकर सिम्पलीफ्लाई डेक्कन करने का प्रस्ताव रखा। एयरलाइन के लिए सरलता से क्या खड़ा था। उन्होंने कहा कि किंगफिशर पक्षी शुभंकर सभी विमानों की पूंछ पर और हवाई अड्डे के लिए बसों में दिखाई देगा। उन्होंने कहा, यह साथ मिलकर काम करने को आसान बना देगा।

ब्रेक के दौरान, मैंने अपनी टीम से सुझावों पर विचार करने और अपना आकलन करने के लिए कहा। मैं सेवा समझौता नहीं बल्कि तर्कसंगत विचार-विमर्श चाहता था; एक सार्थक, उचित निर्णय।

टीमों ने अलग-अलग बैठक की और विचार-विमर्श किया। मेरी मार्केटिंग टीम में अधिकांश नए प्रवेशकों ने कहा कि उन्हें नया रूप पसंद आया। उन्होंने महसूस किया कि इस 'चमक-धमक' से हम एक ग्राहक शिफ्ट प्राप्त करने में सक्षम होंगे और उन लोगों को फिर से लुभाएंगे जिन्हें हमने अपनी 'घटिया' उपस्थिति के कारण खो दिया था। उनका मानना था कि नवीनीकृत छवि हमें

थोड़ा और चार्ज करने की अनुमति देगी। यह मेरे लिए एक आश्चर्य के रूप में आया, लेकिन चर्चा खुलेपन की भावना से हुई और उन पर आधारित थी। मैं रीब्रांड करने के लिए सहमत हो गया। लेकिन अब मुझे लगता है कि मुझे शायद सहमत नहीं होना चाहिए था।

मैंने खुद से पूछा कि एयरलाइन को फिर से ब्रांड करने में क्या खर्च आएगा; क्या यह इतनी सस्ती थी? हम पैसे गंवा रहे थे; माल्या के पैसे डूब रहे थे। री-ब्रांडिंग पर कंपनी को 70 करोड़ रुपए से अधिक की लागत आने का अनुमान था। इसमें पैंसठ हवाई अड्डों में बिक्री और ग्राहक संबंधों के नवीनीकरण के बिंदु शामिल थे; नए साइनेज का निर्माण, नई वर्दी, और हवाई अड्डे के नए काउंटर और तीसरे देश के गंतव्यों में विमान को फिर से रंगना और राजस्व का सहवर्ती नुकसान। यह एक बड़ी लागत थी। हमने इसे लागू करने की सामर्थ्य को निर्धारित करने के लिए कोई वित्तीय विश्लेषण नहीं किया था। क्या री-ब्रांडिंग का कोई सस्ता तरीका नहीं था?

विजय माल्या को विश्वास था कि यह डेक्कन के लिए अच्छा होगा और किंगफिशर के लिए भी अच्छा होगा। उन्होंने मुझे पैसे की चिंता न करने के लिए कहा; वह देने को तैयार थे। आखिरकार खर्च किया गया पैसा किंगफिशर का नहीं था, बल्कि डेक्कन के खाते से आया था—नकदी प्रवाह से नहीं बल्कि उस कीमती इक्विटी से जिसे माल्या ने घुसाया था। इससे डेक्कन का नुकसान और बढ़ गया।

एक और विकास हुआ जो डेक्कन के चरित्र को नष्ट कर रहा था : एक रुपए का टिकट बंद कर दिया गया था। किंगफिशर ने राजस्व प्रबंधन टीम को न्यूनतम किराया 500 रुपए से अधिक के स्तर पर बनाए रखने का निर्देश दिया था।

मुझे पता चला कि सभी एयरलाइनों ने एक साथ सभी उड़ानों पर न्यूनतम किराया लागू कर दिया था। और, उनके और डेक्कन के बीच किराए का अंतर लगभग खत्म हो चुका था। ये मूल्य निर्धारण के लिए की गई गिरोहबंदी थी, जिसका मैंने पहले विरोध किया था। भारतीय एयरलाइंस संघ ने इससे पहले सभी एयरलाइंस के लिए न्यूनतम मूल्य संरचना पर चर्चा करने के लिए बैठक की थी। मैं पूरी चर्चा के एजेंडे के निशाने पर था क्योंकि डेक्कन में डायनेमिक प्राइसिंग की व्यवस्था थी। मैंने न्यूनतम मूल्य-निर्धारण का विरोध किया क्योंकि ये अलग-अलग एयरलाइंस के व्यक्तिगत किराए को प्रतिबिंबित नहीं करता था। मैंने कहा था कि अगर एक फुल लीगेसी एयरलाइन एलसीसी की तरह न्यूनतम

किराया तय करती है तो यात्री एफएसए में चले जाएंगे। मैंने ये भी कहा कि ये इंडस्ट्री की गिरोहबंदी का प्रतीक है। भारत में एमआटीपी एक्ट के हल्के-फुल्के अपवाद को छोड़कर कोई कानूनी बाध्यता नहीं थी। मैं उस बैठक को छोड़कर बाहर आ गया था। अब सभी एयरलाइनों ने मिलकर न्यूनतम किराया तय कर दिया था और प्राइस फिक्सिंग के आरोप से बचने के लिए इसे फ्यूल सरचार्ज का नाम दे दिया था, जबकि असल में ये प्राइस-फिक्सिंग ही थी।

अब जबकि नई राजस्व प्रबंधन टीम किराया निर्धारण के लिए सहमत थी, शुरुआती स्तर का किराया 2900 रुपए हो गया। इससे कम लागत वाली वाहक एयरलाइन और फुल सर्विस वाली एयरलाइन के बीच के किराए का अंतर 400 से 500 रुपए तक कम हो गया। यदि एलसीसी और एफएसए में शुरुआती स्तर पर किराया एक जैसा हो, तो ऑक्युपेंसी या लोड फैक्टर फुल सर्विस एयरलाइंस के पक्ष में जाता है। कम लागत वाली एयरलाइंस ने फुल सर्विस एयरलाइंस के बढ़ते दबाव के आगे घुटने टेक दिए और अपना घाटा कम करने के लिए उन्होंने किराया बढ़ा दिया। उन्होंने घाटे में चल रहे मार्गों में कटौती की लेकिन उपयोगी रखने के लिए विमान को फिर से तैनात नहीं किया। विमान के कम उपयोग का मतलब था कि प्रति किलोमीटर लागत बढ़ गई, और इसे एयरलाइंस में सफर करने वाले यात्रियों से वसूल किया जा रहा था। इससे किराया बढ़ गया। जब आप लंबे समय तक उड़ान भरते हैं, तो विमान अधिक उपयोगी होता है, उसी तरह एचआर, प्रबंधन, एयरपोर्ट सेवाएं और स्थान, निश्चित लागत, बीमा, और पूर्ण उपयोग वाले पायलट। एक एयरलाइन लागत में बचत के माध्यम से गुणात्मक प्रभाव हासिल करती है।

विजय माल्या के साथ मेरी तीखी बहस हुई। मैंने इसे हारा-किरी का नाम दिया। अगर हमने लागत में कटौती नहीं की तो चीजें नियंत्रण से बाहर हो जाएंगी।

किंगफिशर प्रबंधन ने सोचा कि वे तामझाम जोड़कर और कस्टमर्स को आकर्षित कर लेंगे। उन्होंने डेक्कन की फ्लाइटों में मुफ्त पानी और अखबार देने का फैसला किया। मैंने इन कदमों का विरोध किया। मैंने कहा कि किंगफिशर कम लागत पर जेट से बेहतर एयरलाइन होनी चाहिए और डेक्कन कम लागत पर बाकी एलसीसी की तुलना में बेहतर होनी चाहिए। मेरी सलाह का कोई असर नहीं हुआ।

लगभग एक साल बाद, जब किंगफिशर प्रबंधन अतिरिक्त तामझाम के लिए जोर दे रहा था और डेक्कन प्रबंधन उपेक्षित महसूस कर रहा था और

घाटा बढ़ता जा रहा था, विजय माल्या आए और एक जादुई चाल चली और अनोखी तरकीब निकाली। उन्होंने कहा कि उनके पास एक और मार्केट रिसर्च है जो बताती है कि वो डेक्कन ब्रांड के कारण पैसे गंवा रहे थे।

माल्या की मार्केट रिसर्च घाटे के लिए डेक्कन को जिम्मेदार बता रही थी, लेकिन उसी महीने सीएनबीसी ने 65 हवाई अड्डों पर एक स्वतंत्र एजेंसी द्वारा किए गए सर्वे के आधार पर डेक्कन को कंज्यूमर अवॉर्ड दिया था। डेक्कन को ये पुरस्कार समयपालन, कनेक्टिविटी और रूटिंग नेटवर्क के लिए मिला था। ये कोई फर्जी अवॉर्ड नहीं था। उन्होंने उपभोक्ता अनुसंधान और सर्वे की एक निष्पक्ष कंपनी को काम पर रखा था। कंपनी ने उपभोक्ताओं से बात करने के बाद विभिन्न मानकों पर एयरलाइंस का मूल्यांकन किया था।

विजय माल्या ने मुझे और निदेशक मंडल को यह समझाने की कोशिश की कि उनके सर्वे का रिजल्ट घाटे और डेक्कन ब्रांड यानी की कम किराए से जुड़ा हुआ है। परिणाम ये बता रहे थे कि डेक्कन की छवि ने हमें किराया बढ़ाने की अनुमति नहीं दी, इसलिए हम घाटे में जा रहे थे। वास्तविकता इसके बिलकुल उलट थी। और ये बात जाहिर हो चुकी थी कि जब आप कम लागत वाले मॉडल को बढ़ावा देते हुए लागत और किराए में वृद्धि करते हैं, तो यात्रियों की संख्या घटती है और इससे घाटा होता है। विजय माल्या ने मार्केट रिसर्च के परिणामों का लाभ उठाते हुए सुझाव दिया कि हमें किंगफिशर के साथ जुड़ाव स्थापित करने के लिए किंगफिशर लाइट या किंगफिशर रेड की तरह री-ब्रांडिंग करनी चाहिए।

मैं इस कदम का विरोध कर रहा था। मुझे लगा कि विजय माल्या तुगलक की तरह काम कर रहे हैं जिसने दो बार अपनी राजधानी बदली थी। मैंने उन्हें उनकी पुरानी बातों का हवाला दिया। मैंने याद दिलाया, 'हमने 70 करोड़ खर्च करके अभी-अभी ब्रांड बदला है, आप डेक्कन के विमान पर किंगफिशर बर्ड लोगो का इस्तेमाल करना चाहते थे। तब आपने कहा था कि सिम्पलीफ्लाई सबसे अच्छा ब्रांड नाम है और जिस किसी से भी आपने बात की, आपने कहा कि डेक्कन सबसे जीवंत ब्रांड है।'

उन्होंने मेरी तरफ देखते हुए कहा, 'गोपी, तुम जानते हो, जब मैं अपने प्राइवेट जेट से उतरता हूं तो सबसे पहले मैं हवाईअड्डों पर लगे कूड़ेदान को देखता हूं। क्या तुम जानते हैं कि मुझे वहां क्या दिखा? डेक्कन के फटे फेंके हुए बैगेज टैग। ये साफ है कि यात्रियों को डेक्कन पर यात्रा करने में शर्म आती है।' मैंने उस बात पर वापस आते हुए कहा, 'विजय, वॉलमार्ट में खरीददारी

करने वाले लोग उसे लुई विटां की तरह प्रदर्शित नहीं करते हैं। वॉल मार्ट फिर भी दुनिया का सबसे बड़ा रिटेलर और सबसे बड़ा ब्रांड है। रयान एयर पर एक यात्री अपना बैगेज टैग फेंक भी सकता है, लेकिन रयान एयर लाभ में है।'

विजय अमृतराज उस दिन बोर्ड की बैठक में थे। मैंने विजय अमृतराज की तरफ इशारा करते हुए कहा, 'अगर यहां पर विजय अमृतराज विंबलडन मैच हार जाते हैं, तो उन्हें प्रशिक्षण और कड़ी मेहनत करके अपने खेल में सुधार करना होगा। उन्हें मैच जीतने के लिए अपना खेल बदलना होगा ना कि अपना नाम। मेरा एक दोस्त था जिसने आर्थिक तंगी का सामना किया था। एक ज्योतिषी ने उसे अपना नाम बदलने की सलाह दी क्योंकि उसके वर्तमान नाम का अंक ज्योतिष के हिसाब से अच्छा नहीं था। आर्थिक तंगी का हल निकालने की बजाए, मेरे दोस्त ने अपना नाम बदल लिया। उसे एफिडेविट बनाना पड़ा। अलग-अलग एजेंसियों को बताना पड़ा, अपना आइडी कार्ड, पासपोर्ट और बैंक का विवरण तक बदलना पड़ा। वो नाम बदलने पर समय और पैसा बर्बाद करता चला गया और अंत में दिवालिया हो गया।'

हालांकि, विजय माल्या को इस बात पर पूरा भरोसा था कि ब्रांड उन्हें पैसा कमाने से रोक रहा है। संकट से निकलने का उनका तरीका यह था कि वह 500 रुपए खर्च करेंगे; इसे 5000 रुपए जैसा दिखाएंगे, और ज्यादा भाड़ा लेंगे। हालांकि, एलसीसी के लिए सही रास्ता, जैसा कि रयान एयर ने दिखाया था, उन्हें इनोवेट करना था। सामान के सटीक उपयोग के लिए तकनीक से लाभ उठाना था। एयरलाइंस ने तकनीक के जरिए संकटों को टाला है। एयरलाइंस ने नयी सोच कायम रहने की जीजिविषा, लचीलापन और साहस का इस्तेमाल किया है। मैंने विजय माल्या को कहा कि चूंकि तेल की कीमतें और हवाईअड्डे का किराया बढ़ गया है और औसत यात्री 50 प्रतिशत थे, इसलिए हमें लागत में कटौती करनी चाहिए। हालांकि, उन्होंने मेरी बात नहीं सुनी।

तब मुझे एहसास हुआ कि एक आदमी के लिए कंपनी चलाना कंपनी के लिए संघर्ष करने से कहीं बेहतर था। इसके अलावा, मेरे दिमाग में ये विचार आया कि उन्होंने कंपनी में 1000 करोड़ रुपए लगाए हैं और इसका सम्मान होना चाहिए। उसी समय ये हुआ कि विजय माल्या ने मुझे इंजीनियरिंग, राजस्व प्रबंधन और एयरपोर्ट सर्विसेज के प्रमुखों को सीधे उन्हें रिपोर्ट करने के लिए कहने को कहा। ये उन्हें उनके साथ तालमेल स्थापित करने और ज्यादा राजस्व हासिल करने मे मदद करता। मैं राजी हो गया और मैंने अपनी प्रबंधन टीम को

ये बताने के लिए फोन किया कि विजय माल्या उनसे क्या चाहते हैं और उन्हें उनको रिपोर्ट करने के लिए कहा।

ये मेरी टीम के लिए आघात का समय था। लॉजिस्टिक्स की प्रमुख रेशमा, इन-फ्लाइट प्रमुख विजया ग्लूकोज, कैप्टन प्रीतम फिलिप और कैप्टन सैम जैसे प्रबंधन के वरिष्ठ लोग मेरे ऑफिस में आए। उनकी आंखों में आंसू थे।

वे डेक्कन से जुड़े हुए थे और किंगफिशर के संचालन के तरीके से आहत थे, जिसने डेक्कन के मूल्यों को लगभग खत्म कर दिया था।

विजय माल्या ने अपनी नई रणनीति को तेजी से लागू किया। उन्होंने कीमत निर्धारण करने के तरीके को पूरी तरह से बदल दिया। किराए के लिए एक निचली सीमा लागू की गई और शुरुआती यात्रियों के लिए कम पैसे में टिकट की स्कीम खत्म कर दी गई। सीट भरना अब उतना महत्वूपर्ण नहीं रह गया, जितना की पहले था। अव्यवहार्य मार्गों पर परिचालन बंद कर दिया गया लेकिन पुराने उपयोग के स्तर को बनाए रखने के लिए विमानों को फिर से तैनात नहीं किया गया था। किंगफिशर की उड़ानें डेक्कन की उड़ान से पहले चलाई जानें लगी। कई मार्गों पर डेक्कन की उड़ानें पूरी तरह से रोक दी गईं। जिसके चलते लोग डेक्कन को छोड़कर दूसरी एलसीसी जैसे स्पाइसजेट या इंडिगो की ओर जाने लगे। वे डेक्कन से किंगफिशर की ओर नहीं आए, जिसकी उम्मीद की जा रही थी। जिन मार्गों पर डेक्कन और किंगफिशर दोनों चलतीं थी, और जिन यात्रियों को तामझाम की जरूरत नहीं थी, वे डेक्कन में चलने लगे।

डेक्कन को किंगफिशर ब्रांड के अंदर समाहित करने दूसरे अनपेक्षित परिणाम थे। दोबारा रंगने और ब्रांड बदलने की कवायद दूसरी बार और पूरी गंभीरता से शुरू हुई। नीले और पीले रंग के लोगो और एयर डेक्कन के नाम को लाल रंग से रंगा गया। कुछ का नाम बदलकर किंगफिशर रेड कर दिया गया। इसमें काफी खर्चा आया।

मुझे चिंता थी कि डेक्कन का नाम बदलकर किंगफिशर लाइट या किंगफिशर रेड करने से ब्रांड ओझल हो जाएगा। ज्यादा अंतर न पाकर किंगफिशर इकॉनमी में सफर करने वाले यात्री किंगफिशर रेड या लाइट में सफर करेंगे। एक जैसी दिखावट और अनुभव मूल ब्रांड के लिए गलाकाट प्रतिस्पर्धा पैदा करेगा। माल्या अपने लिए मुसीबत खड़ी कर रहे थे। मैंने उनसे कहा कि ठीक ऐसा ही हुआ था जब ब्रिटिश एयरवेज ने गो की स्थापना की और केएलएम ने बज की। दोनों एयरलाइंस ने अंत में अपनी कम लागत वाली सहायक कंपनियों को खत्म कर दिया। लोगों ने मूल ब्रांड का इस्तेमाल बंद कर

दिया क्योंकि सहायक कंपनियां कम किराया ले रहीं थी। सिंगापुर एयरलाइंस ने मूल ब्रांड से अंतर बनाए रखने की जरूरत को ध्यान में रखकर टाइगर एयरवेज की स्थापना की। कंटास का नजरिया एक जैसा ही है। इसका जेटस्टार एक अलहदा किस्म का ब्रांड है।

विजय माल्या और मैं एक बड़े टकराव की तरफ बढ़ रहे थे। मैंने उनसे, जितना हो सकता था, उतनी विनम्रता से अपनी पूरी बात कही। मैंने उससे कहा, 'विजय, चाहे जो कुछ भी हो, कुछ है जो मुझे तुमसे जरूर कहना चाहिए। ये उन लोगों के बारे में है जो आपके करीबी हैं। उनमें एक या दो को छोड़कर अधिकतर चापलूस ही हैं। वे भविष्य में एक बड़ी कमजोरी साबित हो सकते हैं।'

उसके बाद मैंने कुछ नहीं कहा, लेकिन हम अच्छे दोस्त बने रहे। वो व्यक्तिगत स्तर पर दिलकश इंसान थे। वो अपना तर्क दृढ़ता से रखते थे, मैं अपना। एक दिन उन्होंने कहा कि अगर हमें इसी तरह आगे बढ़ना है तो अच्छा होगा कि हम दोनों कंपनियों का विलय कर लें।

मेरा मानना था कि विलय से शेयरधारकों का नुकसान होगा और इससे डेक्कन ब्रांड का भी पतन होगा। हालांकि, उन्होंने जोर देकर कहा कि ये आगे बढ़ने का सबसे अच्छा तरीका है, और विलय का निर्णय एक पूर्व निष्कर्ष बन गया।

विजय माल्या ने स्पष्टता से कहा कि वो कंपनी को अपने हिसाब से चलाना चाहते हैं। उन्होंने इसका नाम और बिजनेस मॉडल बदल दिया। विलय को दोनों पक्षों के लिए निष्पक्ष होना था, मैंने कहा कि अगर डेक्कन को नुकसान हुआ, तो उन्हें भी नुकसान होगा। मैंने अपना स्टॉक नहीं बेचा था, लेकिन अफवाहों के बाजार में अलग चर्चा चल रही थी। अफवाह थी कि ये एक बिकवाली है। ऐसा लग रहा था मानो डेक्कन की जीवन प्रणाली बुझ रही हो।

मैं विलय के लिए सहमत हो गया। अगर मैंने उनकी हिस्सेदारी को 51 फीसदी पर समेकित नहीं किया होता तो वे अपनी मर्जी चला सकते थे। मैंने अपने पैरों के नीचे खुद ही गड्ढा खोद लिया होता और इससे दरार पैदा कर सकता था। इससे कंपनी को भारी नुकसान होता। मैं गहरे दर्द और दुख के साथ विलय के लिए सहमत हुआ था।

इस विलय को बोर्ड, शेयरधारकों, बैंकों, आपूर्तिकर्ताओं और पट्टेदारों जो लेनदार थे, और कर्नाटक उच्च न्यायालय द्वारा अनुमोदित किया जाना था। हमें हेलीकॉप्टर कंपनी डेक्कन एविएशन में शेयर कालिकाने की संरचना का

पता लगाना था, जिसकी पेरेंट कंपनी मैंने ही बनाई थी। माल्या ने कहा कि वे हेलीकॉप्टर कंपनी को अलग कर देंगे, जिसे मैं स्वतंत्र रूप से चला सकता हूं। वे मेरे रास्ते में नहीं आएंगे। हमने एक सौदा किया। हेलीकॉप्टर कंपनी में उनकी हिस्सेदारी अल्पमत की होगी और मेरे पास बहुसंख्यक शेयर होंगे। वो अध्यक्ष होंगे और मैं विलय के बाद नई बनी किंगफिशर एयरलाइंस का उपाध्यक्ष रहूंगा।

दोनों कंपनियों के विलय का निर्णय लेने से पहले बोर्ड की कई बैठकें हुई। हमारे सामने ये खतरा था कि कम लागत वाला मॉडल मर जाएगा। मुझे लोगों से हजारों ईमेल मिले। देश भर के यात्रियों ने मुझे लिखा। सांसदों, मंत्रियों, पत्रकारों, जिनमें से कुछ के साथ मेरे अच्छे संबंध बन गए थे, उन्होंने मुझे व्यक्तिगत चिट्ठियां लिखकर बताया कि वे कैसा महसूस करते हैं। सबने कहा कि वे डेक्कन को अपनी एयरलाइन के तौर पर पहचानने लगे थे। उन्होंने कहा कि उन्हें उन यात्रियों के लिए दुख है जिन्होंने डेक्कन को संरक्षण दिया था। उन्होंने शंका जताई कि ये विलय शायद पुराने सपने को मार देगा।

पहली पीढ़ी के उद्यमी के रूप में, मैंने डेक्कन के साथ पहचान की एक मजबूत भावना विकसित कर ली थी। जुनूनी लगाव किसी उद्यमी के लिए अपने बिजनेस को पेशेवर धारा में मोड़ना मुश्किल बना देता है। इक्विटी भी एक जुनून हो सकता है और उद्यमी को जकड़ सकता है। एक छोटी कंपनी में बड़ी हिस्सेदारी रखने की तुलना में अरबों डॉलर वाली किसी कंपनी में छोटी हिस्सेदारी होना ज्यादा बेहतर है। जब कोई छोटी कंपनी से चिपकता है, तो हमेशा ये खतरा होता है कि किसी दिन एक बड़ा खिलाड़ी आएगा, बेहतर तकनीक पेश करेगा और आपको बाजार से गायब कर देगा। एक तरफ मेरा दिल डेक्कन के लिए धड़क रहा था, जो मेरे हाथ से फिसल रहा था। दूसरी ओर, मुझे इंफोसिस या लार्सन एंड टुब्रो की तर्ज पर एक बहुत बड़ी कंपनी बनाने की एक अदम्य इच्छा महसूस हो रही थी। वो सुप्त इच्छा अब जाग्रत होने लगी थी।

इससे पहले कि मैं नए सपने की तरफ बढ़ता, मुझे एक समस्या का समाधान करना था। ये था, कंपनी में 200, 500 या 1000 शेयरों के खुदरा शेयरधारकों का भविष्य क्या होगा। शुरुआती दौर में शेयरधारकों की बैठकों में, वे मुझसे पूछा करते थे कि: 'कैप्टन, हम आपके साथ हैं और हम आंख मूंदकर आपका अनुसरण करेंगे, लेकिन हमें एक बात बताएं कि स्टॉक कब हमें

फायदा देगा? हम कब पैसा कमाएंगे?' मेरा जवाब होता था: 'कब का तो नहीं कह सकता, लेकिन हम जरूर करेंगे। आपको मेरे ऊपर विश्वास करना होगा।'

डेक्कन का विकास वास्तव में प्रेरणादायक था, लेकिन शेयरधारकों को स्पष्ट जवाब न दे पाने के कारण मैं खुद को दोषी महसूस कर रहा था। एक समय के बाद, व्यक्ति अपनी नियति को लहरों के हवाले कर देता है। कुछ शेयरधारक डेक्कन की कम भाड़े की नीति से नाखुश थे। खुशी की बात ये रही कि किंगफिशर-डेक्कन गठबंधन के भीतर तमाम उथल-पुथल के बावजूद, नियति हमें मनचाही मंजिल तक ले गई। मेरा शेयरधारकों से किया वादा झूठा नहीं साबित हुआ। डेक्कन-किंगफिशर के विलय से ठीक पहले, डेक्कन के शेयर 330 रुपए प्रति शेयर के शिखर पर पहुंच गए और डेक्कन का मार्केट कैप 1.1 अरब अमेरिकी डॉलर तक चला गया। हालांकि मुझे पता था कि कंपनी का मार्केट कैपिटल कंपनी की वास्तविक कीमत नहीं बताता, लेकिन मुझे इस बात से खुशी मिली कि जिन निवेशकों ने विश्वास जताया था उन्हें अच्छा रिटर्न मिला। लढानी, संस्थागत निवेशकों और खुदरा निवेशकों समेत कई शुरुआती निवेशक बढ़िया रिटर्न लेकर बाहर निकल गए।

मेरे अपने शेयर, क्योंकि मैंने उन्हें कभी नहीं बेचा था और कैप्टन सैम के शेयर मिलाकर अच्छी-खासी राशि हो रही थी। मैंने इस कमाई को एक नई कंपनी में लगाने का फैसला किया जिसे मैं लंबे समय से तैयार कर रहा था। हमने नए सिरे से शुरुआत करने के बारे में सोचा। सैम ने मुझसे कहा, 'गोपी, तुम मेरे स्टॉक का इस्तेमाल अपने हिसाब से कर सकते हो।' जब मेरे पास कुछ भी नहीं था, तब मैंने डेक्कन की स्थापना की थी। अब मेरे पास पर्याप्त रकम थी जो मुझे फिर से नई शुरुआत करने की अनुमति दे रही थी। मैंने एनडीए में अपनी डेस्क पर रखी किपलिंग की कविता 'इफ' को याद किया और एक नए उद्यम पर अपना सबकुछ झोंकने का फैसला किया, जिसे मैं मन ही मन पाल रहा था।

अगर तुम तब भी अपने दिमाग पर काबू रख सकते हो
जब सभी बेकाबू होकर तुम्हें दोष दे रहे हों
अगर तुम खुद पर भरोसा कर सकते हो
जब सब तुम पर शक कर रहे हों
पर उनके शक पर ध्यान भी दे सकते हो

अगर तुम इंतजार कर सकते हो और इंतजार से थको नहीं
या झूठ के बीच झूठ न बोलने लगो
या नफरत किए जाने पर नफरत न करने लगो
फिर भी बहुत अच्छे नहीं दिखो, न बहुत समझदार बातें करो

अगर तुम सपने देख सको उन्हें अपना मालिक बनाए बिना
अगर तुम सोच सको सोचने को अपना लक्ष्य बनाए बिना
अगर तुम जीत और हार का सामना कर सकते हो
दोनों ढोंगियों के सामने एक जैसे बने रह सकते हो

अगर तुम अपने बोले सच को
धोखेबाजों द्वारा तोड़ने-मरोड़ने पर बर्दाश्त कर सकते हो
जो कि वे मूर्खों को फंसाने के लिए करते हैं
या जिन चीजों के लिए तुमने अपनी जिंदगी लगा दी
उन्हें बिखरते हुए देख सकते हो
और नीचे उतर अपने टूटे औजारों से उन्हें फिर से बना सकते हो

अगर तुम अपने जीवनभर की कमाई को एक साथ रख
उसे खेल की एक ही चाल में खोने का जोखिम उठा सकते हो
और सब कुछ हार कर फिर से शुरुआत कर सकते हो
अपनी हार पर कभी एक भी शब्द बोले बिना

अगर तुम सब कुछ चले जाने के बाद भी
अपने दिल, रगों और शिराओं से दोबारा अपने दिन फिरने तक
काम ले सकते हो
और डटे रह सकते हो अपने भीतर कुछ शेष न रहते हुए भी
सिवाय उस इच्छाशक्ति के जो उन्हें कहती हो 'डटे रहो!'

अगर तुम भीड़ से बात करते हुए भी गुणवान बने रह सकते हो
और राजाओं के साथ चलते हुए भी जनता से जुड़े रह सकते हो
अगर न दुश्मन-न ही दोस्त तुम्हारा दिल दुखा सके
अगर सब तुम पर भरोसा रख सकते हों
पर जरूरत से ज्यादा नहीं

अगर तुम मुश्किलों भरे एक मिनट को
साठ सेकंड की दौड़ वाली ऊर्जा से भर सकते हो
तो ये सारा जहां और इस जहां का सब कुछ तुम्हारा है
और इस सबसे ज्यादा तुम एक इंसान बनोगे
मेरे बेटे

—रुडयार्ड किपलिंग

एनडीए में हर कैडेट की डेस्क पर यह कविता फ्रेम होकर लगी होती।

13

तकदीर भी हिम्मतवालों का साथ देती है।

—वर्जिलो

एक नए एडवेंचर की शुरुआत

विलय से कुछ वक्त पहले, मुश्किल भरे समय में मैंने एक कंपनी के बारे में विचार पालने शुरू कर दिये थे। एयर डेक्कन के शुरुआती समय में हमें जिस तरह के बुरे अनुभवों से गुजरना पड़ा था, उसी को ध्यान में रखते हुए इसके बारे में सोचा गया था। ये अनुभव मुख्यत: स्पेयर पार्टों की वजह से मिले थे। स्पेयर पार्टों के अभाव की वजह से, जिसमें प्रोपेलर ब्लेड जैसी छोटी-छोटी चीजें शामिल होती थीं, फ्लाइटें देरी से उड़ रही थीं, यहां तक कि कितने ही जहाज उड़ ही नहीं पा रहे थे। हमें विदेशी सप्लायरों से ये पार्ट हवाई रास्तों से मंगवाने पड़ते थे। विदेश से चौबीस घंटे के अन्दर ये पार्ट भारत में आ जाते थे। लेकिन मुंबई में उतरने के बाद ये पार्ट भारतीय सिस्टम के हाथ लगते थे और यहां से उन्हें गुवाहाटी, जम्मू या जबलपुर जैसी छोटी जगहों तक पहुंचने में दो से बीस दिन का समय लग जाता था। ये मुझे परेशान करता था और इसके बारे में सोचते ही मैं वैसे विचलित महसूस करने लगता था जैसे डेक्कन एयरलाइंस की शुरुआत करने के खयाल पर करता था। मुझे समझ में आया कि छोटे शहरों तक जाने वाली कोई भी कार्गो एयरलाइन अस्तित्व में थी ही नहीं।

एक दिन, दिल्ली से कोलकाता के लिए उड़ी एक फ्लाइट से एक चीज टकरा गई। बीच उड़ान में पायलट एक इंजन खो चुका था। इस तरह एक इंजन खो देना पायलटों के लिए कोई बड़ी बात नहीं है। पक्षी या किसी छोटे टुकड़े के टकराने पर, या तकनीकी खराबी आने पर एक इंजन खराब हो जाता है और ऐसा होने पर पायलट दूसरे इंजन का इस्तेमाल करने लगता है। हालांकि

उस एक मौके पर, जब तक फ्लाइट लैंड नहीं हुई, मैं बहुत ही ज्यादा बेचैन था। एक बार जब जहाज कोलकाता में उतर गया, पायलट और इंजीनियर उसे देखने के लिए निकले। उन्होंने देखा कि पक्षी के टकराने से एक इंजन पूरी तरह से बर्बाद हो चुका था। उन दिनों डेक्कन अपने संसाधनों का काफी अच्छे से इस्तेमाल किया करती थी। जैसे ही यात्री नीचे उतरे, दूसरी यात्रा के लिए तैयार लोग उस पर चढ़ने को तैयार होने लगे। बहुत ही कम ऐसा होता था कि किसी समस्या के आने पर यात्रियों को इंतजार करना पड़ता था। कोलकाता वाली इस घटना में 180 यात्री जहाज पर चढ़ने को तैयार थे। वो लोग जैसे ही कोच में घुसने वाले थे, इंजीनियर ने बताया कि फ्लाइट कैंसिल की जा चुकी थी।

हवाई अड्डे पर एक छोटा-मोटा दंगा होता दिखा। यात्रियों ने हमारे एयरपोर्ट काउंटरों को क्षति पहुंचाई और स्टाफ के साथ बेअदबी से पेश आए। टीवी ने इस कुरूप घटना को दिखाया। हमारे पास एक भी जहाज मौजूद नहीं था और इंजन बदलने में 24 घंटों का समय लग सकता था। हमारे पास दिल्ली और बेंगलुरु में अतिरिक्त इंजन रखे हुए थे लेकिन कोलकाता में नहीं। एक नए इंजन में लगभग 15 मिलियन डॉलर की लागत लगती थी। ऐसे में अगर हम उन हर पंद्रह शहरों में एक इंजन रखते, जहां हम उड़ान भरते थे, तो हमारे लिये ये बहुत ही ज्यादा महंगा साबित होता। ये लॉजिस्टिक्स और इंवेंट्री मैनेजमेंट के लिए एक बड़ी समस्या थी।

दूर दराज तक संसाधन पहुंचाने में तेजी वही कंपनियां दिखा पाती हैं जिनके पास हवाई और जमीनी कार्गो की सुविधा होती है। एक इंजन सड़क के रास्ते नहीं भेजा जा सकता था। उसे नीयत जगह पहुंचने में सात दिन लग जाते। और चूंकि सड़क खस्ताहाल होती थीं इसलिए सड़क के रास्ते भेजे जाने पर इंजन की गारंटी नहीं रह जाती थी। अगर आप उसे सड़क के रास्ते भेजना ही चाहते हैं तो उसे एयर-कुशन से सुरक्षित किया जाता है और गाडी बहुत ही धीमी रफ्तार से चलानी पड़ती है। उस एक मौके पर हमने तय किया कि हम इंजन हवाई रास्ते से भेजेंगे। ये होगा कैसे, इस बात का हल निकालने में हमें पूरा एक दिन लग गया। मेरी टीम को कोई ऐसा ऑपरेटर नहीं मिला जो कोलकाता तक उसे उड़ाकर ले जाए। क्योंकि भारत में ऐसा कोई भी एयरक्राफ्ट नहीं था जो इंजन का भार संभालकर हवा में उड़ सके।

भारत में ब्लू-डार्ट एकमात्र ऐसी कंपनी थी जो कार्गो का काम और संसाधन पहुंचाने का काम करती थी, लेकिन उसके पास भी ऐसा कोई जहाज नहीं था जिसमें इंजन लाया जा सके। फेड-एक्स सिर्फ मुंबई और दिल्ली तक

ही सीमित था और उन्हें भारत में कहीं और काम करने की अनुमति नहीं मिली हुई थी। हम चक्कर में फंसे हुए थे। किसी ने सलाह दी कि हमें रूसी एंटोनोव की मदद लेनी चाहिए। हमने उसके दुबई स्थित एजेंट से बात की जिसने हमसे एक चौथाई मिलियन डॉलर एडवांस में जमा करने को कहा। मालूम पड़ा कि रूस से जहाज आने में तीन दिन का समय लगेगा। हम अधीर हो रहे थे।

होते करते हमें इस मुसीबत का हल मिला और हमने वो इंजन दिल्ली से कोलकाता पहुंचाया। ये हमने कैसे किया? हमने वो इंजन दिल्ली से सिंगापुर भेजा और वहां से सिंगापुर एयरलाइंस के कार्गो से वो कोलकाता पहुंचा। इसमें हमें 6 दिन लगे!

पूरे 6 दिन, उस जमीन पर पड़े जहाज के चलते हमें आर्थिक नुकसान होता रहा। वो एयरबस-320 था जो दिन भर में 6-7 बार उड़ान भरता ही था। वो बेहद खराब समय था। हम फ्लाइट रद्द कर रहे थे, परेशान यात्रियों का सामना कर रहे थे और उन्हें उनके पैसे लौटा रहे थे इस पूरे मामले से हमारी साख पर भी असर पड़ रहा था।

मुझे समझ में आया कि भारत में ऐसी कोई कंपनी नहीं थी जो पूरी तरह से साधन-संसाधन पहुंचाने का सारा काम संभाल रही हो। ऐसा जो भी थोड़ा बहुत काम हमारे देश में हो रहा था, वो मेट्रो शहरों तक ही सीमित था और छोटी जगहें नजरंदाज की जा रही थीं। मुझे लगा कि मेरे सामने एक बहुत बड़ा मौका था। जब मैंने इस दिशा में सोचना शुरू किया तो मालूम पड़ा कि दुनिया की सबसे बड़ी एयरलाइनें असल में लोगों को नहीं बल्कि माल की ढुलाई करती हैं। दुनिया की सबसे बड़ी कम्पनियों में न लुफ्थांसा, न एयर फ्रांस का नाम शामिल था। असल में तो ये खिताब फेड-एक्स और यूपीएस के पास था जो मिलकर लगभग 1600 हवाई जहाजों की मालिक थीं। ये दोनों कंपनियां मिलकर लगभग 90 बिलियन डॉलर की कमाई करती हैं और 200 देशों में अपनी सेवाएं देती हैं। मैंने इस बारे में पढ़ा था कि कैसे फ्रेड स्मिथ ने फेड-एक्स नाम की इस शानदार कंपनी की नींव रखी थी।

फ्रेड स्मिथ ने सबसे पहले एमबीए के अपने शोध में लॉजिस्टिक्स के हब और स्पोक्स मॉडल के बारे में लिखा था। मुख्य विचार के पीछे एक कहानी भी है लेकिन वो मनगढ़ंत गप्प भी हो सकती है। इस कहानी के मुताबिक, फ्रेड स्मिथ ने सुन रखा था कि भारतीय डाक विभाग डाक को छांटने और उसे बांटने के लिए नागपुर में हब का इस्तेमाल करता था। नागपुर भारत का भौगोलिक केंद्र है। भारतीय सर्वेक्षण विभाग ने एक लाट भी लगाई है जहां

अक्षांश और भूमध्य रेखा एक दूसरे से मिलती हैं। कई जगहों से आने वाली इंडियन एयरलाइंस की फ्लाइटें रात को यहां कुछ वक्त के लिए रुकती थीं और फिर अपनी यात्रा पर निकल पड़ती थीं। कहा जाता है कि ये फ्लाइटें चेन्नई, तिरुवनंतपुरम, हैदराबाद, मुंबई, कोलकाता, जयपुर और दिल्ली से शुरू हो रही होती थीं। जहाज एक के बाद एक, एक साथ खड़े हो जाते थे। उसके बाद, उनके सामान रखने वाली जगह से हवाई अड्डे पर मौजूद कर्मचारी डाक के बड़े-बड़े बोरे उतारते और उन्हें टर्मिनल पर मौजूद डाक केंद्र तक लेकर आते। वहां डाकिए उनकी छंटाई करते, उन्हें नए बोरों में रखते और उस गंतव्य तक जाने वाली फ्लाइट में रखवा देते। इस जानकारी से फ्रेड स्मिथ को प्रेरणा मिली थी और उन्होंने फेड-एक्स का प्रारूप तैयार किया था। फ्रेड स्मिथ को एमबीए के शोध वाले निबंध में तो सी ग्रेड मिला था लेकिन उन्होंने उसी के दम पर दुनिया का सबसे बड़ा लॉजिस्टिक्स कैरियर बनाया और पूरी दुनिया के व्यापार जगत की सूरत बदल के रख दी।

बैंक, मोबाइल फोन, इंटरनेट, सभी इसी तरह से काम करते हैं। उद्गम के बिंदु से चीजें केंद्रीय हब तक पहुंचती हैं जहां उन्हें छांटा जाता है और वहां से उनके गंतव्य तक उन्हें पहुंचाया जाता है। बैंक में अगर आपने अपने पड़ोस में किसी को एक स्थानीय बैंक की चेक दी जो दूसरे बैंक का ग्राहक है, तो उसका बैंक उस चेक को एक कॉमन सेंटर तक पहुंचाता है जिसे क्लियरिंग हाउस कहते हैं। इस जगह पर अलग-अलग बैंकों के प्रतिनिधि आते हैं और आए हुए चेकों का उनके खातों से मिलान करते हैं। और यहां से वो चेक सही पाये जाने पर आगे की कार्रवाई करते हैं। इंटरनेट में अगर आप ऑफिस में किसी दोस्त या साथी को मेल भेज रहे होते हैं तो बिट्स की एक श्रृंखला पहले सर्वर पर जाती है जो दुनिया में कहीं भी हो सकता है। सर्वर उस केंद्र का काम करता है जहां आपका ईमेल एड्रेस मिलता है और उसी पते पर वो मेल चला जाता है। दफ्तरों में कई मौकों पर ईमेल ऐसे लोगों को भेजा जाता है जो आपसे कुछ हाथ की दूरी पर ही बैठे होते हैं। ऐसा ही मोबाइल फोनों में भी होता है। सिग्नल आपके फोन से निकलकर पास के एक कॉमन पॉइंट तक जाता है जहां से वो रिसीवर तक भेजा जाता है जो आपके घर में ही दूसरे कमरे में हो सकता है।

लॉजिस्टिक्स वाली कम्पनियों जैसे ब्लू डार्ट एक्सप्रेस (जो भारतीय कार्गो कंपनी है लेकिन उसे जर्मनी की कार्गो कंपनी डीएचएल ने खरीद लिया था) और फेड-एक्स और यूपीएस ने भारत को बाकी दुनिया से जोड़ने के लिए काम

शुरू किया था। उनका मुख्य फोकस आयात-निर्यात पर था। लेकिन एक भी ऐसा कार्गो नहीं था जो जमशेदपुर या कोयंबटूर जाता हो। उनकी यात्रा महज 6 मेट्रो शहरों तक होती थी, बस।

देश के छोटे शहरों को ध्यान में रखते हुए कार्गो कैरियरों का विचार उन चार-पांच दिनों में मेरे दिमाग में घर कर चुका था जब हम इंजन को सिंगापुर के रास्ते दिल्ली से कोलकाता मंगवा रहे थे।

इंजन को कोलकाता तक लाने के लिए दिल्ली से सिंगापुर और फिर वहां से कोलकाता की यात्रा करवानी पड़ी और इसमें कस्टम का कोई मामला बनता ही नहीं था। लेकिन फिर भी कस्टम के अधिकारी नाक घुसाने लगे। वो पूछ रहे थे कि आखिर हम इंजन को देश से बाहर भेजकर बगैर किसी मरम्मत के वापस देश में क्यों मंगवा रहे थे। कस्टम अधिकारी इस बात को समझने के लिए तैयार ही नहीं थे कि इस देश में इंजन को बगैर नुकसान पहुंचाए दिल्ली से कोलकाता नहीं पहुंचाया जा सकता था। हमने उन्हें विश्वास दिलाने में अच्छा-खासा वक्त बिताया।

एक और क्रांतिकारी बात हुई। बगैर कुछ और सोचे, मैंने फोन उठाया और बेल्जियम स्थित अपने दोस्त को कॉल किया। ये स्पेंसर स्टुअर्ट के थियेरी लिंडनू थे जिनकी वजह से मुझे एयर डेक्कन के सीओओ वॉरविक ब्रेडी मिले थे। मैंने उनसे कहा, 'थियेरी, मुझे एक सीईओ चाहिए। या फेड-एक्स से, या यूपीएस या डीएचएल से।'

मुझे पल भर में समझ में आ चुका था कि मैं एक लॉजिस्टिक्स कंपनी शुरू करूंगा जो सारा काम संभाला करेगी। मैं एयर कार्गो नहीं बनाना चाहता था। एयर कार्गो काफी अलग चीज होती है। मुझे नहीं मालूम था कि डेक्कन का विलय हो जाएगा और इस बात का विश्वास पाले हुए था कि 2 से 3 साल में डेक्कन पूरी तरह से स्थिर हो जाएगी। बस एक बार वो बड़ी हो जाएगी तो मुझे एक और कंपनी बनाने में कोई समस्या नहीं आएगी। विचार पैदा हो चुका था और वो मुझे पूरी तरह से जकड़ भी चुका था। इसके बाद वो खुद ही जीवित होता गया।

मैं और थियेरी 6 महीनों में एक सीईओ ढूंढ पाये। दुनिया भर के लोगों का हमने इंटरव्यू लिया और 20 साल तक फेड-एक्स के साथ काम करने वाले ज्यूड फोंसेका को अपने साथ जोड़ा। मैंने ज्यूड से कहा कि इस बार हम कुछ अलग काम करेंगे। डेक्कन से हमें कई सबक सीखने को मिल सकते थे। कई गलतियां की गई थीं। हमारे पास मौका था कि हम अच्छे डीएनए के

साथ एक नयी कंपनी शुरू कर सकें। मैं उसका चेयरमैन बनने वाला था और उसमें इंवेस्टर और उसकी देखरेख करने वाले की भूमिका निभाने वाला था। मैं लाइसेंस और शुरुआती रकम का इंतजाम करने वाला था। ज्यूड को नेता-मंत्रियों के साथ समय बर्बाद नहीं करना था। उन्हें साफ लक्ष्य बता दिए गए थे। वो एक टीम लाएंगे, 2 साल में उसे बनाएंगे और बढ़ाएंगे और मैं सब कुछ देखते हुए उन्हें राह दिखाता रहूंगा। मैंने कहा कि मैं एक ऐसी कंपनी बनाना चाहता था जिसका कॉर्पोरेट तंत्र अच्छा हो और जो भारत के लिए अच्छा इंफ्रास्ट्रक्चर बना सके।

ज्यूड को सीईओ बनाते ही मैंने मोहन कुमार को फोन किया और कहा कि वो आकर तुरंत प्रभाव से नयी कंपनी को संभालें और ज्यूड को राह दिखायें।

मैंने ज्यूड को बताया कि हमारी फैक्ट्री और इंडस्ट्री देश के बेहद अंदरूनी हिस्सों में थीं। मैंने उसे बताया कि किसान जम्मू में सेब की खेती करते थे, गुजरात और केरला में मछलियों की पैदावार करते थे और पंजाब में धान की खेती होती थी। देश का एक बहुत बड़ा हिस्सा लॉजिस्टिक्स के संचार तंत्र की बाट जोह रहा था। किसानी और इंडस्ट्री, दोनों ही क्षेत्रों में हल्केपन के साथ काम हो रहा था और लॉजिस्टिक्स सपोर्ट की उन्हें सख्त जरूरत थी। नयी कंपनी पूरे देश को एक तकनीकी प्लेटफॉर्म पर लेकर आने वाले थी जहां ट्रांसपोर्ट और डिलीवरी से लेकर भंडारीकरण की भी सेवा मिलने वाली थी। भारत एक ट्रिलियन डॉलर से भी ज्यादा की आर्थिक शक्ति बन चुका था लेकिन हमारे पास सिर्फ पांच कार्गो वाले हवाई जहाज थे जो सभी ब्लू डार्ट के पास थे। वहीं चीन के पास ऐसे 100 जहाज थे।

ये वो समय भी था जब बड़े शहरों ने भयानक तरक्की कर ली थी और अपनी सीमाओं का विस्तार कर लिया था। ऐसे में वहां उत्पादन या भंडारण के लिए जगहों का निकलना बड़ा मुश्किल हो रहा था। मौजूदा उत्पादनकर्ता और सेवा प्रदाता वहां से पलायन कर रहे थे और ग्रामीण इलाकों में पनाह ले रहे थे। बड़ी कम्पनियों के लिए ये फायदे का सौदा भी था क्योंकि इससे शहरी इलाके की महंगी जमीन छूट रही थी। ये कंपनियां विशेष आर्थिक क्षेत्रों की तरफ आकर्षित हो रही थीं जो हर जगह बनाए जा रहे थे। यहां सरकार टैक्स में छूट दे रही थी और जमीन सस्ते दामों में या लगभग मुफ्त में मुहैया करवाने जैसी सुविधाएं भी थीं।

जब मैं नयी कंपनी के विचार को आकार दे रहा था, मैंने विजय माल्या को बताया कि मैं एक नयी कंपनी डेक्कन कार्गो एंड लॉजिस्टिक्स को संभालने

की तैयारी में लगा हुआ हूं। विजय माल्या ने कहा, 'तुम क्यों करना चाहते हो ये? रिटायर होकर अपने फार्म पर क्यों नहीं चले जाते?' मैंने कहा, 'विजय सर, ये तो वही बात हुई कि आप सुब्बलक्ष्मी से कहें कि वो गाना बंद कर दें या रवि शंकर से कहें कि वो सितारवादन रोक दें।'

विजय माल्या ने कहा कि अगर मैं नो-कंपटीशन एग्रीमेंट पर साइन कर दूं तो मुझे मुआवजा देंगे। मुझे लिखित में ये वादा करना था कि मैं एविएशन सेक्टर में कुछ भी शुरू नहीं करूंगा क्योंकि किंगफिशर कार्गो, एमआरओ जैसे क्षेत्रों में काम शुरू करने वाली थी। मैंने कहा, 'ठीक है, मैं एयरलाइन चालू न करते हुए नो-कंपटीशन एग्रीमेंट पर साइन कर दूंगा। लेकिन जैसा कि मैंने कहा कि मैं उद्यमी हूं, मैं वो काम करूंगा जिससे मेरे शरीर में स्फूर्ति आती है, जो मेरे जीवन को एक मकसद देता है। मैं चीजें बनाऊंगा और ईजाद करूंगा। मैं फिर से शुरुआत करूंगा।'

नो-कम्पटीशन समझौते के तहत मैंने ये वादा किया कि मैं एक और एयरलाइन नहीं बनाऊंगा लेकिन जिस क्षेत्र में मैं पहले से काम कर रहा था, उसमें मुझ पर कोई पाबन्दी नहीं लगाई जाएगी। मैंने कहा कि मुझे डेक्कन का नाम इस्तेमाल करने की पूरी छूट मिलनी चाहिए क्योंकि वो तो उसको किसी भी हाल में खत्म करने ही वाले थे।

मैंने विजय माल्या से ये भी कहा कि किंगफिशर को जिंदा रहने के लिए डेक्कन की जरूरत पड़ने वाली थी क्योंकि लोग डेक्कन की सेवाएं लेने से पहले ट्रेन से यात्रा कर रहे थे। ये एक प्राकृतिक बढ़ाव था कि लोग ट्रेन से कम लागत वाले हवाई सफर पर आए और अब एक पूरी सेवा देने वाली एयरलाइन का सफर करने जा रहे थे। मैंने सीके प्रह्लाद का जिक्र किया, 'भारत में पैसा सबसे ऊपर बनता है। लेकिन अगर बीच का और निचला हिस्सा फल-फूल नहीं रहा है, तो ऊपरी हिस्से के लिए जिंदा रहना मुश्किल होगा।' उदाहरण के तौर पर, राहुल बजाज को मर्सिडीज बेंज खरीदकर ओबेरॉय में खाना खाने और अपना बिजनेस जेट उड़ाने के लिए लाखों-करोड़ों मध्यमवर्गीय लोगों को मोटरसाइकिल और स्कूटर बेचना पड़ेगा। जब तक एक बड़े से सिस्टम के पास मासिक आय पर चलने वाला मध्यमवर्ग नहीं है, वो ऊपरी हिस्से में पैसा नहीं बना पाता है।

मुझे समझ में आया कि आगे का काम बहुत भारी होने वाला था। ये उद्यम बहुत ही बड़ा होने वाला था। जिस दिन हमने इसे लॉन्च किया, हमारे पास

अपने प्रतिद्वंदियों की पहुंच की दोगुनी पहुंच होगी। हमारे पास दोगुनी कार्गो क्षमता होगी और पहुंच भी दोगुनी होगी। हम भारत के एक बहुत बड़े हिस्से को मेट्रो शहरों से जोड़ देंगे। हम वहां जाएंगे जहां इंडस्ट्री जा रही होगी। हम वहां जाएंगे जहां स्पेशल इकॉनमिक जोन जा रहे होंगे। हम चड़ीगढ़ और उत्तराखंड जैसे शहरों में जाएंगे। हीरो हॉन्डा हिमाचल में और बजाज उत्तराखंड में इंडस्ट्री लगाने वाली है। ये प्रदेश प्रलोभन दे रहे हैं। हम कांडला और तूतीकोरिन जैसे तटों पर जाने वाले हैं जो संबद्धता के लिए बहुत वक्त से कोशिश में लगे हुए थे। ये काम डेक्कन से कहीं बड़ा होने वाला है।

मैंने नागपुर में 50 एकड़ जमीन ले ली है जहां कार्गो हब बनेगा। हैदराबाद से ऊपर मैंने नागपुर को चुना क्योंकि हमें महाराष्ट्र सरकार से जमीन और बाकी संसाधन आसानी से मिल गए। नागपुर कोई जाना नहीं चाहता था इसलिए सरकार ने हमें स्पेशल पॅकेज दिया। नागपुर असल में अल्पविकसित विदर्भ के दिल में बसता है। विदर्भ कम विकसित है क्योंकि वो बाकी जगहों से बहुत अच्छे से जुड़ा नहीं है और वहां इंफ्रास्ट्रक्चर की कमी है। मैंने फैसला किया है कि वहां इंफ्रास्ट्रक्चर बनाने के लिए मैं सबसे आगे रहूंगा और इंफ्रास्ट्रक्चर के साथ ही वहां निवेश भी आएगा। नागपुर भारत का गोदामों का सबसे बड़ा केंद्र बनकर रहेगा।

मैंने एक लंबा गोता मारा है और जो कुछ भी मेरे पास है, इसमें निवेश कर दिया है। मेरे कई दोस्तों ने कहा कि मैं पागल हूं। उन्होंने सलाह दी कि मैं अपने फार्म पर लौट जाऊं और वहां रहने लगूं। वो चाहते हैं कि मैं जाऊं और गोल्फ खेलूं, शायद एक द्वीप खरीद लूं। मुझे लगता है कि असल रस पैसा बनाने में है। उसे खाली एक जगह रखे रहना एक अपराध है। पैसे को एक जगह बचाकर रखना न मेरे खून में है और न दिल में।

सफल व्यवसायी इसलिए सफल होते हैं क्योंकि उन्होंने जोखिम उठाये होते हैं। सबसे बड़ा जोखिम यही है कि एक बार सफलता पाने पर वो जोखिम उठाना छोड़ देते हैं। मैं जोखिम नहीं लेता था तो असहज हो जाता था। बगैर जोखिम लिये जीवन निरर्थक मालूम देने लगता और ऐसा लग रहा था कि जब मैं डेक्कन बना रहा था, तब तो मेरे पास हिम्मत थी, लेकिन अब मैं छोटा हो गया हूं क्योंकि मैं अपनी रकम बचाना चाहता हूं। मुझे ऐसे खयाल बहुत ही परेशान करते हैं और मैं खुद से यही कहता हूं, 'पैसे को कैद कर के रखना अपराध सरीखा है। यूलसीज की तरह ही मुझे भी फिर से शुरुआत करनी ही चाहिए।'

ज्यूड और डेक्कन के हवाई पक्ष के कई लोग मेरे साथ आए और कैप्टन प्रीतम उनके मुखिया बने। कई नए और बेहद तेज दिमाग के बच्चे भी मेरे इस नए काम में साथ आए। इन सभी के साथ मैं खुद से ये शब्द कहता हूं: 'हजारों मील की यात्रा, पहले कदम के साथ शुरू होती है।'

निर्माण करने में, रचने में ही सारा रस है। मैं एक बार फिर, एक नए सफर पर निकल रहा हूं। मेरे पुराने दोस्त सैम, जो हमेशा परदे के पीछे रहते हैं, और जयंत और विष्णु, डेक्कन के बचे हुए हिस्से को संभाल रहे हैं। भविष्य हमारी राह तक रहा है। आने वाले समय में हमारे लिये और भी एडवेंचर तय हैं।

मैं यात्रा से आराम नहीं ले सकता, पै पियूंगा
जी भरकर, हर वक्त मजा किया मैंने
बहुत ज्यादा, झेला भी बहुत, इन दोनों के साथ
जो मुझसे चाहते हैं, और यही ...
कड़ी मेहनत, तलाश, खोज, और किसी के सामने न झुकना

—लार्ड अलफ्रेड टेनसन

गोपी का फार्म

हेनरी मिंत्जबर्ग

गोपी हंसता बहुत है। इसलिए जब मैं उससे पहली बार मिला, मैंने उसे बहुत सीरियसली नहीं लिया। ये मेरी पहली भूल थी।

गोपी एक ऐसे शहर में रहता है जहां वो अपना काम करता है और अपने फार्म चला जाता है जहां वो नारियल की खेती करता है। ये सब देख के मुझे लगा कि वो एक सज्जन किसान है। ये मेरी दूसरी भूल थी।

शहर दक्षिण भारत में बसा है और इसका नाम है बेंगलुरु। जागृत बेंगलुरु, जहां गोपी जीता है। अब मामला हेलीकॉप्टरों का है। और ब्रेड का। इससे पहले सिंचाई प्रणाली का था। उससे पहले हॉन्डा डीलरशिप का। उससे पहले बहुत कुछ था।

डेक्कन एविएशन, 'आसमान में आपकी लिमोजीन', लगभग हर वो काम कर सकती थी जो उसके हेलीकॉप्टर कर सकते थे। जैसे सिंगापुर से पहली बार बेंगलुरु आना। गोपी ने हेलीकॉप्टर के उड़ने के समय से दस मिनट पहले कॉन्ट्रैक्ट पर साइन किया था। उसने और उसके साथी पायलट ने उसे मलेशिया के ऊपर उड़ाया, फिर थाईलैंड, फिर म्यांमार, फिर बांग्लादेश और फिर भारतीय उपमहाद्वीप में आए। वो तरल नाश्ते के लिए हर कुछ सौ किलोमीटर के बाद रुक रहे थे। पांच दिन में बीस बार रुके। हेलीकॉप्टर वाकई बेहद प्यासा था। डेक्कन अपने प्रमोशन में पूरे अधिकार के साथ दावा करता है- 'कोई लक्ष्य

असंभव नहीं। कोई सीमा होती ही नहीं।' उनके पास कुल 6 हेलीकॉप्टर हैं। कम से कम मेरे लिखने तक तो इतने ही हैं। गोपी 3 और का रास्ता देख रहा है।

ब्रेड परिवार का हिस्सा थी। कम से कम केटी के परिवार (बेंगलुरु की एक मशहूर पुरानी बेकरी) का तो थी ही। केटी ने गोपी की बहन से शादी की। गोपी को समझ में आ गया था कि सारा खेल फ्रेंचाईजी का ही था। इसलिए वो अब इसका खयाल रखता है। वो लन्दन में एक फ्रेंचाईजी खोलना चाहता है। मैंने मजाक में उससे कहती हूं, तुम्हें उसका नाम देना पड़ेगा 'गोपीज बेकरी'। मुझे मालूम होता है कि वो मुझे चुप करवाते हुए कहेगा, 'उन्हें ब्रेड खाने दो।'

भार्गवी गोपी की पत्नी है। वो प्रोडक्शन का काम देखती है। हे भगवान! मैंने भार्गवी से मिलने से पहले सोचा था, गोपी ने बेकरी के मालिक से शादी की है। बेचारा गोपी। ये एक और भूल थी। भार्गवी छोटी सी है और बेहद प्यारी है। आप उसे देखकर सोच ही नहीं सकते कि वो एक बेकरी चलाती है, ये तो छोड़ ही दें कि वो 17 साल की पल्लवी की मां है जिसकी शर्म से भरी एक नजर हेलीकॉप्टर को रोक दे। कृतिका उसकी दूसरी बेटी है जो 11 साल की है, जो एक छोटी गोपी की तरह पूरे घर में नाचती फिरती है।

गोपी का परिवार शहरी है। इसलिए मुझे आश्चर्य हुआ कि भार्गवी से मिलने के कुछ ही वक्त बाद, जब हम साइकिल खरीदने जा रहे थे, उसने कहा, 'मुझे फार्म की बहुत याद आती है।' उसकी आंखें बस डबडबाने ही वाली थीं।

कार से उन्हें फार्म पहुंचने में 4 घंटे लगते हैं। चूंकि बच्चे स्कूल में हैं (इसी वजह से वो बेंगलुरु गए थे), भार्गवी बहुत ही कम बार एक दिन से ज्यादा वक्त के लिए वहां जा पाती है। आपको उसकी भावनाओं के बारे में तब मालूम चलेगा जब आपको पता चलेगा कि भार्गवी फार्म पर पहुंची कैसे थी।

कैप्टन गोरूर आर ऐयंगर गोपीनाथ ने 27 साल की उम्र में सेना छोड़ दी थी। इसका पूरा श्रेय एक बड़े अधिकारी से लिये गए हस्ताक्षरों को जाता है। वो अपने घर वापस आया और उसने पाया कि उसका पैतृक गांव संकट में था। एक बांध बना दिया गया था जिसने उसके पुरखों की जमीन को जलमग्न कर दिया था। सरकार ने मुआवजा दिया। लेकिन वो बस पैसा था जो बहुत ही तेजी के साथ काम में आता जा रहा था। एक और जमीन भी उन्हें दी गई लेकिन वो दूर थी और कोई भी उससे खुश नहीं था। सिवाय गोपी के। उसने तय किया कि वो जाकर उसे एक नजर देखेगा। वो मोटरसाइकिल पर चढ़ा और जब सड़क खत्म हो गई, वो आखिरी के 4 किलोमीटर झाड़ियों के बीच चला। वो वापस आया और उसने परिवार के सभी लोगों की जमीन पांच साल

में पैसा देने की शर्त पर खरीद ली। वो सभी राजी हो गए क्योंकि उनके लिए ये भयानक फायदे का सौदा था।

गोपी ने तय किया हुआ था कि वो उस जमीन पर नारियल उगाएगा। इसलिए वो अपने साथ गांव के एक लड़के राजू को लेकर गया, वहां एक आर्मी का टेंट लगाया और फिर उन्होंने नारियल के पेड़ लगाने शुरू किए। फिर बारिश आ गई और उन नारियल के पौधों को अपने साथ बहाकर ले गई। उन्होंने फिर से काम करना शुरू किया। इस बार उन्होंने पौधे मौसम के हिसाब से कुछ जल्दी लगाए और उन्हें मजबूती दी। सूखे मौसम में, जब बिजली का वादा टूटता दिख रहा था, गोपी और राजू अपने हाथों से पानी लाकर खेतों कि सिंचाई कर रहे थे। वो खेत के हर छोर पर बाल्टियों से पानी डाल रहे थे। हजार पेड़ों में हर पेड़ हफ्ते में लगभग 4 बाल्टी पानी की मांग करता था।

लगभग एक साल ये सब चला और गोपी गधों के सपने देखने लगा। उसे एक डील मिली- 90-90 रुपए के 4 गधे (उन दिनों के 7 डॉलर)। उसने पैसे यूं वसूले: वो पानी ढोने के मामले में गोपी से कम उत्साहित होते थे, घास चरते-चरते थक चुके होते थे तो गोपी की उगाई फलियां खाने की फिराक में लगे रहते थे। वो फलियां जो गोपी को बाजार में बेचनी थीं। स्थानीय किसान आते और ये सब देखकर हंसते थे। अच्छी बात ये हुई कि बहुत ही जल्द बिजली वहां तक पहुंच गई थी।

जब गोपी की शादी होने का समय आया, गोपी के सामने एक रिश्ता लाया गया। ये सब कुछ ठेठ भारतीय रीतियों के अनुसार ही हुआ। भार्गवी और उसकी मां और उसकी बहन एक बैलगाड़ी में बैठकर फार्म देखने को निकलीं। गोपी को वो कहानी सुनाने में सबसे ज्यादा मजा आता है। (असल में, गोपी को अपनी सारी कहानियां सुनाने में बहुत मजा आता है।) बैल गाड़ी के दोनों छोरों पर एक-एक बड़ा लकड़ी का पहिया लगा होता है। ये दोनों ऊबड़-खाबड़ रास्तों पर आगे-पीछे होते रहते हैं। इसलिए दोनों में एक ऐसी पिन लगाना हितकारी रहता है जो दोनों को अपनी जगह पर बनाए रखें। वरना एक होने वाली शादी मिट्टी में मिल सकती थी। और एक घंटे की यात्रा से आने के बाद मालूम ये चला कि कोई वो पिन लगाना ही भूल गया था। असल में कोई और ही गोपी और भार्गवी का खयाल रख रहा था।

लेकिन ये दोनों अभी इतनी जल्दी ठीक जगह नहीं पहुंचने वाले थे। भार्गवी की मां ने वहां के दृश्य पर एक नजर डाली और अपनी बेटी को उस कथित खतरनाक शादी के बारे में आगाह करने की कोशिश की। नारियल के पेड़ बड़े

होने के लिए 10 साल का समय लेते हैं। इतने समय में वो लोग क्या खाएंगे और उस टेंट में कैसे जीवन काटेंगे? लेकिन शादी पूरे तौर तरीके से होती या नहीं, भार्गवी ने अपना मन बना लिया था। यानी, गोपी को ऐसी साथी मिली जो उसके ही जितनी हठी थी।

उन्होंने एक साथ नारियल के पौधों की रोंपाई की। और फिर एक साथ ही फार्म को बड़ा किया। इस पूरे दौरान वो रेशम के कीटों के बल पर जी रहे थे। वो एक मिट्टी के घर में छप्पर डालकर रह रहे थे जिसे गोपी ने टेंट की जगह बनाया था। जब पल्लवी इनके जीवन में आयी और उसके स्कूल जाने का समय हुआ, ये परिवार हस्सन चला गया। हस्सन भार्गवी के गांव के नजदीक है और वहां गोपी ने अपना व्यवसाय करना शुरू किया। इसके बाद ये लोग बेंगलुरु चले गए, जो एक बड़ा शहर है और वहां बड़ी डील मिलती हैं। इस पूरे दौरान ये लोग अपनी प्यारी जमीन पर प्यार उड़ेलते रहे।

जो लोग डील करते हैं, उनकी ही तरह गोपी भी रोलेक्स की घड़ी पहनते हैं। उन्हीं की तरह वो भी अपनी घड़ी पर गर्व करते हैं। लेकिन बाकी लोगों ने रोलेक्स की वो घड़ी खरीदी थी। गोपी ने वो घड़ी कमाई थी।

उस घड़ी के पीछे लिखा है, 'उद्यमिता के लिए रोलेक्स अवार्ड'। साथ में गोपी का नाम भी है। लेकिन ये ऐसे काम के लिए नहीं था जिसकी आप कल्पना करेंगे। ये अंतर्राष्ट्रीय अवॉर्ड गोपी को जैविक खेती के क्षेत्र में योगदान के लिए मिला था। एक शानदार किताब, जो इस घड़ी के साथ मिली थी, उसमें लिखा है कि उसके काम ने 'पर्यावरण के अनुकूल रेशम उत्पादन को बढ़ावा दिया जिससे जीवन स्तर बेहतर हुआ।' ये बताता है कि कई फसलों से जूझने के बाद, रेशम उत्पादन के हल्के नतीजों के बाद, गोपी ने 'अपने तरीकों में बहुत बड़ा बदलाव किया।'

इसके बाद कई बड़े बदलाव सामने आए। शहतूत की पैदावार बढ़ाने के लिए 'गोपीनाथ ने जमीन को जोतना कम कर दिया। इसकी बजाए वो जमीन को घास की मोटी परत से ढंक देता था। गोपीनाथ रेशम के कीटों को पाउडर वाले कीटनाशकों या फफूंदनाशियों से नहीं बचाता था। ... चूहों को दूर रखने के लिए उसने बाहर बिजली वाली तारें बिछाई हुई थीं। मच्छरदानियों से रियरिंग हाउस का बचाव हो रहा था। पूरे प्रांगण में चींटियां न आएं, इसके लिए उसने पानी की नालियां बनाई थीं।'

गोपी ने उसकी जैविक खेती पर छपे कई लेखों का एक बड़ा बंडल भेजा। कुछ उसने लिखे थे और कुछ दूसरे लोगों ने। कुछ ऐसे पेपर हैं जो कांफ्रेंस में

जमा किए गए हैं और कुछ ऐसे हैं जिन्हें किसानी से जुड़ी मैगजीनों में जगह मिली है। राष्ट्रीय अखबार *द हिन्दू* में गोपी ने एक टिप्पणी लिखी थी। ये बताती है कि वो क्या सोचता है:

> किसानों ने और किसानी से जुड़े विभाग के लोगों ने मुझे सलाह दी कि मुझे मिट्टी को 'साफ' रखना चाहिए और दीमकों के हमले से बचने के लिए रसायनों का इस्तेमाल करना चाहिए। मैंने सवाल रखा: अगर दीमक असल में इतने खतरनाक हैं तो कैसे इतने बड़े-बड़े जंगल हजारों सालों में नष्ट ही नहीं हुए। दीमकों को किसी मौके पर आकर उन जंगल की लकड़ियों पर हमला बोल देना चाहिए था और उन्हें बर्बाद कर देना चाहिए था। लेकिन जंगल तो चलते आ रहे हैं। दीमक भी ... मुझे लगा कि दीमक असल में जंगल की जमीन पर पाये जाने वाले कूड़े-करकट पर जिन्दा रह रहे थे। मैं अपने फार्म पर ऐसा ही माहौल तैयार करने की कोशिश में लगा हुआ था ... मैंने पेड़ के तनों के पास पत्तियां और कूड़ा-करकट वगैरह डाल दिया। मैं आशा कर रहा था कि दीमक पेड़ों के पास पड़े उस कूड़े का भोग लगाएंगे। मुझे मालूम चला कि असल में पेड़ के तनों को नुकसान पहुंचाने की बजाए दीमक उस कूड़े को चट कर गए और उन्हें वो खूब पसंद आया। उन्होंने पेड़ों को जस का तस रहने दिया।

द मार्च ऑफ कर्नाटक नाम की मैगजीन में छपे एक और लेख से हमें पानी के बारे में मालूम पड़ता है।

> उन्होंने महसूस किया कि भूजल के स्तर में कमी आ रही थी और फार्म के पास बहने वाली धारा बारिश के बाद जल्दी सूखने लगी थी। उन्होंने 'जीरो कल्टीवेशन' के बारे में सुन रखा था जिससे भूजल के स्तर में सुधार आता है। धारा के बगल का तीस फीट का इलाका ऐसे ही छोड़ दिया गया। वहां कोई खेती नहीं की गई। जल्द ही वहां झाड़ियां उग आईं ... पेड़ भी दिखने लगे। घास-फूस को हाथ भी नहीं लगाया गया। जल्द ही कटान कम हो गई। पानी रुकने लगा। सूक्ष्मावास नए सिरे से शुरू हुआ। कीड़े-मकोड़े, पक्षी और केचुओं की संख्या में इजाफा हुआ। उर्वरक मिट्टी जमा होने लगी जिससे जमीन की उर्वरता में बढ़ोत्तरी हुई। भूजल स्तर बढ़ गया।

गधों को छोड़कर कुछ भी!

गोपी घास-फूस और कीटों को चाहनेवाला है। उसने एक रिपोर्टर से कहा, कुछ घास-फूस रख लेनी चाहिए और उनका फिर से इस्तेमाल करना चाहिए। वो 'स्वस्थ मिट्टी का सूचक होते हैं...' और किसानों को 'अपनी फसल का एक हिस्सा कीड़े-मकोड़ों या चूहों के लिए बचाकर रखना चाहिए।' वो 'मिट्टी को हवादार और समृद्ध बनाते हैं और अपने मल से और मृत शरीर से उर्वरता बढ़ाते हैं। आप कीट-मकोड़ों का समूल नाश किए बिना उनसे छुटकारा नहीं पा सकते, जो असंभव है। इसलिए यदि हम प्रकृति के तौर-तरीकों की बारीकियां समझते हैं, तो हम, उदाहरण के तौर पर, एक चूहे को नारियल खाते देखकर आवेश में नहीं आएंगे और न ही परेशान होंगे।' गोपी के लिए मिट्टी निर्जीव नहीं है। उन्होंने एक अखबार के रिपोर्टर से कहा, 'खेती भौतिक विज्ञान नहीं बल्कि जीव विज्ञान है।'

जिन दिनों मैं गोपी को एक जेंटलमैन फार्मर के रूप में जानता था, उन्होंने मुझे अपने फार्म पर आने का न्योता दिया। असल में, उन्होंने मुझे साइकिल के सफर का लालच दिया था और उन्हें मालूम था कि मैं उसे न नहीं कह पाऊंगा। अपने आर्मी के दिनों से वो साइकिल पर नहीं बैठे थे। उन दिनों में हर जूनियर ऑफिसर को बेस में इधर-उधर आने-जाने के लिए एक साइकिल मिलती थी।

इसी वजह से मैं बेंगलुरु में भार्गवी के साथ साइकिल की दुकान पर पहुंचा था। जिस गोपी को मैं नहीं जानता था, उसके बारे में मैंने सोचा कि उसके लिए कोई आम साइकिल नहीं खरीदनी चाहिए। इसलिए हमने शूं-शां वाली दो साइकिलें खरीदीं: सेमी-माउन्टेन बाइक, जिनमें 5 गियर थे और उनका हैंडल एकदम सपाट था। अगले दिन, हम निकल पड़े। गोपी ने एक वैन किराए पर ली थी, जिसके पीछे वो साइकिलें लदी हुई थीं।

बाद में, जब मैंने किसी को बताया कि मैं एक जैविक फार्म पर गया था, तो उसने कहा, 'वो तो काफी गंदा रहा होगा।' कूड़े-करकट के सड़ रहे ढेर, घास-फूस और कीड़े-मकोड़े। ये एक और गलती थी।

हम एक बेहद प्यारी जगह पहुंचे—अलग, एकदम साफ, खूबसूरती के साथ जिसकी देख-रेख की गई थी। ऊंचे पेड़ों पर नारियल लदे हुए थे और पूरे माहौल में चार चांद लगा रहे थे। उनकी पत्तियां हवा की वजह से सरसराहट पैदा कर रही थीं। ये एक अलग ही दुनिया थी। अब समझ में आया कि भार्गवी इस जगह से इतना क्यों प्यार करती है। एक लंबे, खूबसूरत दिखने वाले शख्स (उसका नाम राजू है) ने हमारा स्वागत किया। वो अभी भी यहीं हैं और पूरे काम पर निगरानी रखते हैं। यहां कुछ छोटी बिल्डिंगें बन गई हैं जिसमें एक

भारतीय घर भी है। आपको टॉयलेट में उकड़ू बैठना होता है, नहाने के लिए खुद पर पानी डालना पड़ता है, एक कठोर बिस्तर पर सोना पड़ता है, और खाना बाहर आग के सामने खाना पड़ता है, जिससे पहले नारियल के पानी के साथ रम मिलती है, जो गोपी की पसंदीदा है। यहां कोई डील नहीं होती और न ही मोबाइल फोन काम करते हैं। (बेंगलुरु में तो गोपी पूरे वक्त अपने मोबाइल फोन पर लगे रहते हैं।)

सूर्यास्त के वक्त नारियल के पेड़ों के बीच टहलते हुए एक अलग ही शांति का अनुभव है। गोपी लगातार, बिना रुके, मुझे कहानियां सुनाते जा रहे हैं। मैंने सुना कि कैसे एक तेंदुआ आकर एक-एक करके कुत्तों को खींच कर ले जा रहा था। गोपी मुझे बताते हैं कि वो अभी भी आस-पास ही कहीं होगा। कोबरा की ही तरह।

ज्यादातर कहानियां गोपी के प्रयोगों की कहानियां थीं। वो एक पेड़ के इर्द-गिर्द उस घेरे को दिखाते हैं जिसमें वो कूड़े वाली खाद डाली जाती है जो कीड़ों को बहुत पसंद आती है। फार्म के एक छोर पर, जहां रेशम के कीट हैं, गोपी मुझे एक ढांचा दिखाते हैं जिसकी दीवारें प्लास्टिक की शीट की हैं जिसे लपेटा जा सकता है। उसकी छत भी हटाई जा सकती है। कई सालों से, गोपी चाहते थे कि रेशम के कीड़ों को बाहरी वातावरण में लाया जाए, जहां उन्हें प्राकृतिक रूप से हवा मिलती रहे। उन्होंने टीवी पर, ऐसे गुंबदनुमा स्टेडियम देखे थे, जिनकी छत हटाई जा सकती थी। लेकिन गोपी के लिए भी वो काफी महंगी होने वाली थी। लेकिन फिर उन्होंने हॉलैंड में ऐसी जगहें देखीं जहां ट्यूलिप उगाए जाते थे। फिर वो एक डच शख्स को लेकर आए और वैसा ही ढांचा वहां भी बनवाया। वो देखना चाहते थे कि उनके रेशम के कीड़ों को वो भाएगा या नहीं। घर पहुंचने पर, बरामदे में बैठे हुए गोपी ने मुझे हमारे ऊपर झूलती पत्तियों के एक गोल झुरमुट की ओर इशारा किया। उन्होंने बताया कि वो चींटियों की कॉलोनी थी। उन्होंने उसमें एक छेद किया और एक पत्ती उठाकर हमें अंदर चल रहे क्रियाकलाप की झलक दिखाई। हम कौतुहल से चींटियों को उस कटे-फटे हिस्से को वापस जोड़ते हुए देख रहे थे।

गोपी इस बात पर बहुत गर्व करते हैं कि वो दूसरे किसानों के आइडिया को अपनाते हैं और लोगों को बताते हैं कि उन्हें उससे क्या हासिल हुआ। *मार्च ऑफ कर्नाटक* ने लिखा, 'प्रदेश के हर कोने से लोग उनके फार्म पर आते रहते हैं और वो लोगों को उनके तौर-तरीके बदलने की सलाह देते रहते हैं।' (शर्तिया ऐसा ही होता होगा।) वो अभी भी देखने आते हैं, लेकिन अब हंसते नहीं हैं। गोपी

को ये एक बात परेशान करती है कि अगर कोई 'प्राकृतिक ढंग से किसानी' करने की बात करता है तो 'किसानों का एक तबका' उसे 'पुरातनपंथी' घोषित कर देता था। गोपी तो नहीं रुकते हैं लेकिन वो ये जरूर लिखते हैं कि 'जब आस-पास का हर किसान जहर का छिड़काव कर रहा हो, आप अकेले प्रकृति के साथ रहते हुए किसानी नहीं कर सकते हैं।'

अगले दिन हम साइकिल के सफर पर निकले। मैंने पूछा था कि क्या हम ऐसी सड़क ढूंढ सकते हैं जहां शांति हो और बहुत ट्रैफिक न हो। आप कह सकते हैं कि गोपी ने वही किया। दोपहर तक हमने जो भी गाड़ियां देखीं, वो सभी खेतों में चलने लायक थीं: तीनों बैल-गाड़ी और साइकिलें।

बेंगलुरु में कुछ दिन बाद उनकी बहन ने हंसते हुए मुझसे कहा, 'मैं यकीन से कह सकती हूं कि उन्होंने रुक-रुक कर हर पेड़ के बारे में आपको बताया होगा।' मैंने कहा कि नहीं, हर पेड़ तो नहीं। हालांकि उन्होंने मुझे हर आम के पेड़ के बारे में जरूर बताया (जो उन्हें खास-तौर पर पसंद हैं)। असल में गोपी को बहुत सारी चीजें पसंद हैं, इसलिए हम साइकिल कम चला रहे थे और टहल ज्यादा रहे थे। जब हम एक शानदार फूलों से लदे पेड़ के पास रुके तो गोपी ने कहा, 'ये जंगल की आग की तरह दिखते हैं। हेनरी, काश मैं एक मधुमक्खी होता!' वो शहद से लदे हेलीकॉप्टर समान होती हैं। मुझे लगता है कि वो सीरियस थे।

कुछ वक्त में हम एक छोटे शहर में पहुंचे जहां हम एक मंदिर गए और हमारे माथे पर हिन्दू पुजारी ने लाल टीका लगाया। वो गोपी के मित्र थे और उन्होंने हमें चाय पर अपने घर बुलाया। उसके बाद, एक साइकिल की दुकान पर हम साइकिल के गियर सही करवाने के लिए बस कुछ देर के लिए ही रुके थे कि वहां बच्चों का जमावड़ा लग गया। यहां तक कि उस दुकान के मालिक ने गियर वाली साइकिल पहली बार देखी थी। इसके बाद हम फिर से खड़ंजे के रास्ते वापस फार्म की ओर चल पड़े। बीच-बीच में इक्का-दुक्का बस या ट्रक गुजर रहे थे।

एक बच्चा अपनी साइकिल पर हमारा पीछा कर रहा था। मैं चाहता था कि वो लौट जाए। थोड़ी ही देर में मैंने सुना, 'ये काफी बेहतर है!' मैं पीछे मुड़ा तो देखा कि दांत दिखाते हुए गोपी उस बच्चे की साइकिल पर बैठा है। ये एक डील थी जिस पर दोनों पक्षों ने सहमती जताई थी।

अगले दिन, गोपी अपने दोस्त सुनील के यहां जाने वाला है जो अपने परिवार के कॉफी के बागान की देख-रेख करता है। हम फिर से वैन में बैठे हैं।

सड़क का रास्ता खूबसूरत है और आस-पास नारियल के बाग हैं (बहुत सारे नारियल के बाग)। मैं खुद से कहता हूं कि ये काफी प्रतिस्पर्धा वाला बिजनेस है।

जब हम पहाड़ों वाले हिस्से में आए, जहां बेहद शानदार नजारे थे, मैंने कहा कि मैं वहां साइक्लिंग करना चाहता था। बगैर किसी देरी के, ये तय हो गया था कि अगले साल हम वही करेंगे। हम सुनील के कॉफी के बागान से गोपी के फार्म तक साइकल से आएंगे। हम जैसे-जैसे गाड़ी में आगे बढ़ते जा रहे थे, गोपी दांव बढ़ाते जा रहे थे। वो कह रहे थे कि हम रास्ते में ही कैंपिंग भी करेंगे। उन्होंने कहा कि ऐसा भी हो सकता था कि राजू आकर हमारे लिये टेंट लगा दे। वो हमारे आने तक खाना तैयार कर देगा (मीठे नारियल पानी और रम के साथ)। क्या पता उनके परिवार वाले भी आना चाहते हों। आठ दिन के लिए ऐसा किया जा सकता था। शुक्र है कि इतने में हम वहां पहुंच गए जहां के लिए निकले थे, वरना वो हिमालय में साइकल चलाने की बात कर चुके होते।

सुनील ने अपने लिये पहाड़ी पर नया घर बनाया। क्या शानदार घर है! हर जगह मार्बल लगा हुआ है। अच्छी प्लानिंग के साथ बना वो घर एकदम साफ था। हम उधर की तरफ चलकर पहुंचे जहां कॉफी के बीज साफ किए जा रहे थे। सुनील ने मुझे बताया कि जो बचता है, उसमें केमिकल मिलाया जाता है और फिर उसे नदी में छोड़ा जाता है। मुझे गोपी का दिमाग चालू होता हुआ सुनाई दे रहा था। जैसे कोई हेलीकॉप्टर हो। उन्होंने कहा, 'तुम उसे वापस पहाड़ पर ही क्यों नहीं डाल देते?' सुनील बताते हैं कि उन्हें ऐसा करने की अनुमति नहीं है। इस बारे में कुछ नियम बनाए गए हैं। गोपी दूसरी दिशा में देख रहे हैं। उनकी किताबों में ऐसे 'नियमों' की कोई जगह नहीं।

हम बागान में घूम रहे थे। घर की ही तरह जमीन भी एकदम साफ थी। लेकिन गोपी साफ-सफाई से अलग कुछ और चीजें देख रहे थे। उनका दिमाग अलग ही स्तर पर चल रहा था। वो एक के बाद एक सलाह दिये जा रहे थे।

उन्होंने पत्तियां देखीं, उन पर सफेद चकत्ते पड़े हुए थे। उन्होंने बताया कि ये जगहें दुनिया की सबसे ज्यादा छिड़काव वाली जगहें हैं। (उन्होंने एक लेख में लिखा था, 'कॉफी की खेती करने वाले अपनी खेती को कीटनाशक और कवकनाशी से नहलाया करते हैं ... और अपनी फसल को रासायनिक उर्वरकों से पाटे रहते हैं।') गोपी ने सुनील से कहा, 'तुम एक सेक्शन को अलग करके कुछ नयी चीजें क्यों नहीं करते?' उन्हें जवाब मिला, 'मुझे ये करना चाहिए।'

मैंने सोचा, एक मिनट! अगर ये 'बागान' है तो गोपी के पास 'फार्म' क्यों है? फार्म पर आप जो बोते हैं, वही काटते हैं। लेकिन बागान में आप जो बोते

हैं उसका एक छोटा सा उत्पाद आपके काम का होता है। अगर गोपी नारियल के लिए पेड़ लगाता है तो वो किसानी किसकी करता है?

फिर मुझे कल वो सभी नारियल के 'फार्म' याद आए जो सड़क के किनारे थे। बेंगलुरु में मैं एक नारियल 8 रुपए में खरीद सकता हूं और वो उसे काटकर खोलता है और एक स्ट्रॉ अंदर लगा देता है। फिर जब मैं उसका पानी खत्म कर देता हूं तो वो एक हिस्सा काटकर उसे चम्मच का आकर देता है जिससे मैं नारियल के अंदर का सफेद गूदा खा सकता हूं। ये सब कुछ, फार्म से आता है और 8 रुपए में मिलता है। आपको मालूम है कि आसमान में उड़ती उन लिमोजीन से एक घंटे में गोपी को जितना मिलता है, उतने के लिए कितने नारियल चाहिए होंगे : 10 हजार। नहीं, गोपी इस धंधे में नारियल की वजह से नहीं था। ये डील समझ में नहीं आती। लेकिन गोपी इसमें पूरी निष्ठा के साथ लगा हुआ है। ऐसा क्यों है?

फिर मुझे समझ में आता है: गोपी असल में है तो किसान ही। वो फसल नहीं बल्कि नए-नए आइडिया उगाता है। अमूमन किसान काम करते हैं, गोपी खोज करता है। वो अपने प्रयोगों के बीज बोता है, उन्हें अपनी कल्पना से उर्वरता देता है और फिर जब एक आइडिया अपनी जड़ें मजबूत कर लेता है, तो उसकी फसल की कटाई करता है। इसके बाद इन्हें वो खुले बाजार में सभी के सामने रखता है और उसके बदले हमारा ध्यान खींचता है।

अगर आपको लगता है कि ये सब कुछ आसान है, तो आप एक और गलती कर रहे हैं। क्योंकि ये सभी आइडिया बहुत मेहनत के बाद फलते हैं। रसायनों के इस्तेमाल से वातावरण को साफ रखना बेहद आसान है। इसीलिए इस दुनिया में इतनी गड़बड़ियां भरी पड़ी हैं। और इसीलिए मैंने गोपी की कहानी लिखी है।

आभार

इस किताब को लिखने में बहुत से लोगों ने मेरी मदद की, और मैं विशेष रूप से आभार व्यक्त करना चाहूँगा अपनी सहकर्मी, प्रत्यक्षा सिंह का, जिन्होंने कई दिनों, कई महीनों तक मेरी 260 घंटे की रिकॉर्डिंग्स को ट्रांसक्राइब किया—ये सच में एक असंभव टास्क था!

'बहुत से काम सँभालने वाले' एम.के. शंकर, जिन्होंने लगभग छह महीने पूरे धैर्य के साथ बैठकर, मेरी कहानी को सम्पादित और पुनर्लेखन किया। उनका शुक्रिया अदा करने के लिए मेरे पास शब्द नहीं हैं। मेरे मुश्किल शेड्यूल के साथ ताल मिला पाना सच में मुश्किल होता है।

मेरी एक और प्यारी सहकर्मी, सिसिलिया का आभार, जिन्होंने 600 पन्नों की बार-बार प्रूफ रीडिंग की। मैं आज भी किसी कंप्यूटर के सामने नहीं बैठ सकता हूँ, और पता नहीं उनके बिना मेरा क्या होता।

विजया मेनन का आभार, जिन्होंने सारा डाटा और पिक्चर्स इकट्ठा करके पब्लिशिंग का काम संभाला।

लेखक एवं अनुवादक परिचय

कैप्टन जी.आर. गोपीनाथ डेक्कन 360 संस्थापक, अध्यक्ष व प्रबंध निदेशक हैं। डेक्कन 360 से पूर्व, कैप्टन गोपीनाथ ने वर्ष 2003 में भारत की पहली, सबसे सस्ती एयरलाइन एयर डेक्कन की स्थापना की थी।

1951 में, कर्नाटक के हस्सन जिले के एक दूर-दराज गाँव में पैदा हुए, कैप्टन गोपीनाथ ने सातवीं कक्षा तक, गाँव के ही एक कर्नाटक-माध्यम के स्कूल से शिक्षा प्राप्त की। बाद में उन्होंने प्रतिष्ठित नेशनल डिफेंस एकेडमी (एनडीए) में पढ़ाई की और 1971 इंडियन आर्मी में बतौर अफसर आपकी नियुक्ति हुई और आपने बांग्लादेश की आज़ादी की लड़ाई में भाग लिया। आठ सालों की सर्विस के बाद आपने फ़ौज से इस्तीफा दे दिया और अपने लिए एक नई राह चुनने का निर्णय लिया। मई 2006 में आपको फ्रांस सरकार द्वारा दिए जाने वाले सर्वोच्च नागरिक पुरस्कार से सम्मानित किया गया। आपको मिले बहुत से पुरस्कारों में से एक पुरस्कार 'लौरेट अवार्ड' भी है, जो एविएशन में सर्वश्रेष्ठ ग्लोबल सीईओ को प्रदान किया जाता है।

केतन मिश्रा पत्रकार हैं, जो मुख्य रूप से फिल्मों और क्रिकेट पर लिखते हैं। आप लम्बे अरसे तक लल्लनटॉप के साथ जुड़े रहे और अब ऑल्ट न्यूज़ में कार्यरत हैं। इस किताब से पूर्व आप राजदीप सरदेसाई की किताब *टीम लोकतंत्र* और रामचन्द्र गुहा की *क्रिकेट का कॉमनवेल्थ* का भी अनुवाद कर चुके हैं।